HEYNE
JUBILÄUMS
BAND

# Die Wahrheit über Akte X
# Akte X – wie es wirklich war

### Die wahren Hintergründe
### der unheimlichen Fälle des FBI

Aufgezeichnet von Ngaire Genge

WILHELM HEYNE VERLAG
MÜNCHEN

# HEYNE JUBILÄUMSBÄNDE
## Nr. 50/130

QUELLENHINWEIS

Ngaire Genge, DIE WAHRHEIT ÜBER AKTE X / The Unofficial
X-Files Companion
Copyright © 1995 by N.E. Genge
This translation published by arrangement with
Crown Publishers, Inc., New York
Copyright © 1996 der deutschen Ausgabe
by Wilhelm Heyne Verlag GmbH & Co. KG, München
Aus dem Amerikanischen von Volker Teitscheid
(Der Titel erschien bereits in der Allgemeinen Reihe
mit der Band-Nr. 01/9866.)

Ngaire Genge, AKTE X – WIE ES WIRKLICH WAR / The Unofficial
X-Files Companion, Volume 2
Copyright © 1996 by N.E. Genge
Published by arrangement with Avon Books The Hearst Corp.
Copyright © 1997 der deutschen Ausgabe
by Wilhelm Heyne Verlag GmbH & Co. KG, München
Aus dem Amerikanischen von Will de Blôme
(Der Titel erschien bereits in der Allgemeinen Reihe
mit der Band-Nr. 01/10251.)


*Umwelthinweis:*
Das Buch wurde auf
chlor- und säurefreiem Papier gedruckt.

Copyright © 1997 dieser Ausgabe by Wilhelm Heyne Verlag GmbH & Co. KG, München
Printed in Germany 1997
Umschlaggestaltung: Atelier Ingrid Schütz, München
Druck und Bindung: Presse-Druck Augsburg

ISBN: 3-453-13170-3

# DIE WAHRHEIT ÜBER AKTE X

*J. H. Sainsbury gewidmet,*
*der an die Bedeutung von klassischer Erziehung,*
*Neugier und Toleranz glaubte.*
*Ich vermisse dich.*

# Inhalt

## Erste Staffel DIE DEEP-THROAT-JAHRE

7

## **Zweite Staffel** NACH DEEP THROAT

# Danksagung

Ein Projekt wie dieses hängt von der Unterstützung vieler wunderbarer Menschen ab, und ich bin glücklich über die Gelegenheit, mich an dieser Stelle öffentlich bei ihnen für all die Dinge zu bedanken, die sie für mich getan haben.

Für die stets richtigen Auskünfte zur genau richtigen Zeit danke ich den zuvorkommenden Angestellten, die in den Papierstapeln der Queen-Elizabeth-II-Bibliothek der Memorial University (St. John's), der Medizinischen Bibliothek des Health Science Center (St. John's) und des Raymond J. Condon Memorial Library and Resource Center (Labrador City) wühlten.

Für die Hilfe bei der Recherche von seltsamen Phänomenen jenseits des großen Teiches danke ich den Angestellten des Victoria and Albert Museum und der British Library.

Für viel Geduld und wichtige Hinweise der Public-Relations-Abteilung des Federal Bureau of Investigation (FBI).

Für Unterstützung, die weit über normale Dienstpflichten hinausgeht, Ling Lucas und Ed Vesneske Jr., guten Agenten und noch besseren Menschen.

Für ihre Hilfe bei den Recherchen zu dieser Sammlung obskurer Details: Patty Eddy, Elke Villa, Adrienne Ingrum, Steve Weissman, Lauren Dong, Chris Pike, Laurie Stark und meiner Verlegerin Wendy Hubbert.

Und das Wichtigste: Ich danke Peter für die Reste meiner geistigen Gesundheit, nie nachlassende Unterstützung, bedingungslose Liebe und dafür, daß er die Arbeit beider Elternteile und eines Hausmannes übernommen hat, ohne darum gebeten werden zu müssen.

9

# Einleitung

rotz des inzwischen unbestreitbaren Erfolges von *Akte X – Die unheimlichen Fälle des FBI* (ständig steigende Einschaltquoten, eine ganze Reihe von Titelgeschichten in verschiedenen Programmzeitschriften und Illustrierten und einer blühenden Fangemeinde) war die Serie zu Beginn ein Wagnis.

Ganz am Anfang stellte sich die Frage, ob eine Fernsehserie, die konsequent bequeme Stereotype unterläuft, überhaupt an den argwöhnischen Geldgebern vorbeikomme und einzelne Zuschauer zu einem Publikum bündeln könne, das gar nicht danach verlangt hatte.

»Es *ist* eine Action-Serie, stimmt's?«

»Na ja, zum Teil.«

»Und es kommen Außerirdische darin vor, oder?«

»Ähm ... ja, manchmal.«

»Hat sie nicht einen männlichen und einen weiblichen Hauptdarsteller?«

»Ja.«

»Gut, dann ist es nicht so ein männerlastiges Ding.«

»Hm, nein.«

»So ungefähr *Twilight Zone* plus Krimi?«

»So ungefähr.«

Die *Akte X* besaß keine der stereotypen Zutaten, mit denen Hits gemacht werden. Es gab keinen berühmten, vernarbten, markanten männlichen Hauptdarsteller und keine langbeinige blonde Partnerin, die dekorativ um seine Schultern gelegt wird. Der Schöpfer der Serie, Chris Carter, hatte auch nicht die Absicht, so etwas anzubieten und veralteten Erfolgsrezepten hinterherzulaufen. Er wehrte sich sogar gegen die Bezeichnungen ›Science-fiction‹ oder ›Horror‹, um die entsprechenden Fans anzuziehen, die in ihrem Lieblingsgenre einfach alles verschlingen. Trotz einer beunruhigend kurzen Liste bisheriger Erfolge hatte Carter eine klare, kraftvolle Vision von seiner Serie, und von der war er felsenfest überzeugt. Aber es mußte sich erst noch herausstellen, ob andere diese Überzeugung teilten und die Idee »intelligente Frau und feinfühliger Mann jagen riesige Parasiten und kleine grüne Männchen« das Interesse Amerikas wecken konnte. Wenn Amerika am Freitag abend überhaupt zu Hause war.

Erste Meinungen dazu, zum Beispiel in *Entertainment Weekly,* lauteten: »Ein geborener Verlierer.« Bedenkt man, daß spekulative Fiction bereits wöchentlich mit Serien wie *Highlander, Forever Knight* und dem eben wieder auflebenden *Star Trek*-Universum in die Wohnzimmer gepumpt wurde, versuchte die *Akte X* mit ihren ersten Folgen, ein Stück von einem bereits verteilten Kuchen zu ergattern. Wie viele Science-fiction- oder Horrorfans gab es? Und – noch wichtiger – wie launenhaft war dieses Publikum? Mit der Ausnahme von *Star Trek: Das nächste Jahrhundert* hatte es noch keine moderne Serie mit dieser Art von Fiction geschafft, in eine dritte Staffel zu gehen. Die großen Sender waren auf der Suche nach Dauerbrennern wie *Mord ist ihr Hobby.* Da paßte eine Serie mit etwas Science-fiction, ein bißchen Horror und einem Schuß Dramatik einfach nicht ins Schema. Wenn die *Akte X* dem Science-fiction-Muster gefolgt wäre, hätte sie sich kaum länger als Mayonnaise gehalten.

Doch Gallup-Meinungsumfragen ergaben regelmäßig, daß mehr als 40 Prozent der Amerikaner glaubten, im Universum ›nicht allein‹ zu sein. Darüber hinaus waren die Fernsehgewohnheiten der Generation X der Filmindustrie immer noch ein Rätsel; und außerdem war ganz Amerika von allem fasziniert, was nur entfernt an New Age erinnerte. Vielleicht war es also doch einen Versuch wert?

Wer das stete Anwachsen der Einschaltquoten bei *Akte X* argwöhnisch verfolgte, dem kam das Ende der ersten Staffel ein wenig zu schnell. Trotz des ständigen Zuwachses gestanden die Neilsons der Serie am Ende der ersten Staffel nur ›durchschnittlichen Erfolg‹ zu. Eine Gruppe treuer Zuschauer schaltete jede Woche ein, aber würde das reichen, um die Serie durch eine zweite Saison zu bringen? Die Antwort der Zauberer, die man

Marketingexperten nennt, lautete »Ja!«. Sie werteten die Zahlen demographisch aus und verdeutlichten, was die *Akte X* und ihre Fans von anderen unterschied und warum eine Serie, die unter einhundertachtzehn bewerteten Sendungen nur auf Platz 102 landete, fortgesetzt werden sollte.

Natürlich kam *Akte X* nicht im entferntesten an den Erfolg von Klassikern wie *Mord ist ihr Hobby* heran. Doch während die Serie weniger Zuschauer hatte, waren diesen Zuschauern wichtige Merkmale zu eigen, die die Marketingexperten nicht ignorieren konnten: X-Fans waren intelligente, meist gut ausgebildete Büroangestellte, die noch jung genug waren, um ihr Kleingeld auch auszugeben. Sie gehörten zu einer Altersgruppe, die die Werbemacher so schwer erreichten, wie die Programmgestalter der Sender sie verstanden.

Das Bemerkenswerte war, daß sich diese Fans intensiv mit der Serie beschäftigten. Fast schon in einer Art Ritual versammelten sich Angestellte am Montag morgen an den Getränkeautomaten ihrer Büros, sahen sich Ehepaare die Folgen an, bevor sie die Wochenenden im Freundeskreis verbrachten, surrten die Videorecorder, und in allen größeren Computernetzen schossen Online-Foren aus dem Boden. Buchhandlungen sahen sich mit Kunden konfrontiert, die nach nicht existierendem Begleitmaterial zur *Akte X* fragten, und die lokalen Fernsehsender erhielten eine beispiellose Zahl von Anfragen, ob die Serie fortgesetzt werde. Die Gespräche auf der Straße, diese sich selbst nährenden Quellen der Popularität, sind der Heilige Gral des Marketings – und die *Akte X* war Straßengespräch.

Aber würde das von Dauer sein? Auch über der *Akte X* hing, wie bei so vielen anderen Serien mit phantastischem Hintergrund, die ihrem Ruf auf Dauer nicht gerecht werden konnten, wie ein Gespenst ein Damoklesschwert, und aller Augen richteten sich auf die alles entscheidenden Quoten.

Die Quoten für die Sommerfolgen überzeugten dann allerdings alle Zweifler. Tatsächlich passierte etwas Ungewöhnliches – die Serie, die im Sommer nur als Wiederholung zu sehen war, gewann mehr und mehr Fans – Fans, die ebenso in der Lage waren, Produktionstechniken zu diskutieren wie auch den literarischen Hintergrund einer Folge oder die, zugegeben, verführerischen körperlichen Eigenschaften der Hauptdarsteller. Zu diesen bekennenden X-Fans gehörte die Creme der Universitäten, gehörten Anwälte, Ingenieure, Wissenschaftler, gefeierte Künstler und sogar Agenten des FBI.

Vielleicht zum ersten Mal in der Geschichte des Fernsehens identifizierten sich die Fans dadurch, daß sie *keine* ›Couch potatoes‹ waren!

Die zweite Staffel stellte besondere Anforderungen an die Darsteller und die Crew, von denen die hohen Erwartungen der Zuschauer nicht die unwichtigsten waren – Zuschauer, die in der Zwischenzeit ein noch breiteres Programmangebot serviert bekommen hatten. Um sich ihren Platz im Angebot zu sichern, mußte die *Akte X* gegen einen wahren Boom paranormaler Serien antreten, einschließlich der Serie, aus der sie Anregungen bezogen hatte: *Twilight Zone* war wieder da, zusammen mit *Star Trek: Voyager, SeaQuest DSV, Babylon 5* und *Earth 2*. Der große Kuchen des Science-fiction sah plötzlich wie ein Törtchen aus.

Zu einer Zeit, als man der *Akte X* jede Art von Tricks verziehen hätte, mit der sie sich im Wettbewerb mit den anderen Serien Vorteile hätte verschaffen können, geschah etwas Seltsames. Statt die Gunst der Zuschauer mit berühmten Schauspielern oder den neuesten Spezialeffekten zu umwerben, baute die *Akte X* ihre ureigenen Stärken aus. Die Autoren gruben sich immer tiefer in das, was uns erschreckt und fasziniert, und erfanden beängstigende Geschichten, brachten die Fans dazu, auch über die subtilsten Hinweise und Äußerungen zu rätseln, bevor sie durch die Werbeunterbrechungen hechelten. In Folgen wie ›Der Zirkus‹, ›Seilbahn zu den Sternen‹ und ›Todestrieb‹ zum Beispiel zeigten David Duchovny und Gillian Anderson die Bandbreite ihres großartigen Talentes, ohne daß auch nur ein einziges Mal die Glaubwürdigkeit ihrer Figuren darunter litt. Hinter den Kameras suchten und fanden Regisseur und Crew neue Wege, dem Zuschauer ihre Vision eindrucksvoll zu vermitteln. Die Regeln waren jetzt klar. Die *Akte X* würde ihren Platz behaupten, aber nicht dadurch, daß sie die Hauptfiguren an einem freien Wochenende miteinander ins Bett schickte oder sich auf den kleinsten gemeinsamen Nenner des Zuschauergeschmacks konzentrierte.

Bei einer Serie, die suggeriert, daß die Lösung ›irgendwo da draußen‹ liegt, und gleichzeitig die Tatsachen so realistisch wie ein Zeitungsartikel beschreibt, haben manche Zuschauer vielleicht authentische Fälle als Vorlagen vermutet. Kaum eine andere TV-Sendung hatte sie auf eine so sorgfältige Vermischung von Realität und Fiktion vorbereitet. Sie verloren den Überblick darüber, wo die Tatsachen endeten und eine geschickte Recherche begann. Die perfekt aufeinander abgestimmte Integration von Buch,

Schauspielern und Stilelementen schuf ein so rundes, in sich realistisches Paket, daß sich die Fans, egal, wie bizarr der Inhalt einer Episode war, immer wieder fragten: Was wäre, wenn?

Während der zweiten Staffel, als die *Akte X* den höchsten Grad ihrer Popularität erreichte, wurde den Touristenführern in den Washingtoner FBI-Büros von Studenten, die die Zentrale besichtigten, die Frage gestellt:»Können wir auch die X-Abteilung sehen?« Zweigniederlassungen wurden mit Anfragen überschwemmt, und Journalisten standen nach Exklusivinterviews Schlange.

Am Ende dieser zweiten Staffel wurde die *Akte X* mit einem Golden Globe und dem Prädikat ›Beste Fernsehserie‹ ausgezeichnet (was den X-Fans natürlich schon längst klar war). Irgendwie hatten die Frau mit dem bestechenden Verstand und der tadellose Held uns für sich gewonnen – zusammen mit unerklärlichen Phänomenen und Außerirdischen. Achtundvierzig Minuten pro Woche saßen die X-Fans wie festgeschweißt vor ihren Fernsehern und spielten in den verbleibenden 10 032 Minuten bis zur nächsten Folge immer wieder das ›Was-wäre-wenn-Spiel‹.

Es dauerte nicht lange, und den X-Fans wurde plötzlich ebensoviel Aufmerksamkeit in den Medien zuteil wie der *Akte X* selbst. Weit entfernt von den ›Ich-habe-Elvis-gesehen‹-Freaks, als die sie die Presse nach den ersten Folgen noch verspottet hatte, wurden die X-Fans für ihre Neugier, ihren Scharfsinn und ihre Intelligenz bekannt – ungewöhnliche Eigenschaften für die Mitglieder einer Serienfangruppe!

Oft erhöht das Bewußtsein, daß Figur und Schauspieler nicht identisch sind, den Genuß an der Darstellerleistung. Ähnlich verhält es sich auch mit den Details der *Akte X* – verstehen wir die Einzelheiten, machen sie das vollendete Ganze noch spannender. Deshalb werden wir auf den folgenden Seiten die spannenden Theorien untersuchen, die unsere Lieblingsagenten so leicht aufzustellen vermögen, und Sie mit Rätseln herausfordern und hoffen, daß Sie mit uns zusammen schmunzeln, wenn – trotz der besten Absichten – den hervorragenden Leuten des X-Teams ein Fehler unterlaufen ist. Viel Spaß dabei!

# DIE DEEP-THROAT-JAHRE

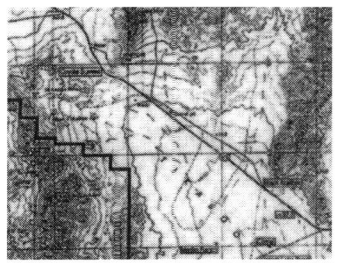

# Codename: ›Gezeichnet. Der Pilotfilm‹

**ZUSAMMEN-FASSUNG**

Agent Dana Scully, eben erst einer umstrittenen Abteilung zugewiesen und mit der geheimen Instruktion ausgestattet, die Arbeit eines älteren und erfahreneren Kollegen zu überwachen, findet sich gleich in einen Fall verstrickt, der anders ist als alles, auf das man sie während ihrer Ausbildung vorbereitet hatte. Ihr neuer Partner schleppt sie quer durchs ganze Land, um Nachforschungen über ›Entführungen durch Außerirdische‹, wie er es nennt, anzustellen. Als ein exhumierter Leichnam einige ungewöhnliche Merkmale aufweist, kommt Scully ins Grübeln. Egal, ob es sich um einen Scherz oder um etwas Außerweltliches handelt – dieser Fall ist die erste Bewährungsprobe für das neue Team.

**HINTERGRUND**

## Vierzig Sekunden Neugier

Fangen Sie immer mit einem Knall an. Ob es sich bei Ihrem Produkt nun um eine Serie, ein Haarwasser oder einen neuen Kriminalroman handelt – Sie müssen Ihr Publikum erst mal fesseln, bevor Sie ihm etwas verkaufen können. Die *Akte X*, die mehr Schocks in ihre achtundvierzig Minuten Sendezeit packt als jede andere Sendung, nimmt sich diesen Rat zu Herzen. Schon der

**ZITAT**

»Wem haben Sie denn dieses Detail abgeluchst, Scully?«

– MULDER in ›Gezeichnet‹

16

Vorspann bannt den Zuschauer durch eine Bildermontage, die nach einer Erklärung schreit.

In den etwa vierzig Sekunden, die es dauert, bis die Namen des Schöpfers, der Autoren, Produzenten, Regisseure, Haupt- und Nebendarsteller eingeblendet worden sind, bietet *Akte X* dem Zuschauer zehn verschiedene Einstellungen, nur einige wenige davon mit den Darstellern. Hat das erste Bild gerade die Netzhaut erreicht, verlangt schon das nächste die Aufmerksamkeit des Publikums. Während die mysteriösen Sequenzen mit der erforderlichen Gruselmusik einen passenden Hintergrund für den Vorspann bilden, sprechen sie gleichzeitig die Hauptthemen an, die diese einzigartige Serie untersucht.

Sollten Sie es irgendwie geschafft haben, den Medienrummel zu verpassen, noch nie eine Folge gesehen haben und wider alle Wahrscheinlichkeit in ihrem Freundeskreis keinen X-Fan haben, würde Ihnen die erste Einstellung mit der klassischen Fliegenden Untertasse und der in einer Ecke fast versteckten Schrift ›FBI Photo Interpretation‹ mitteilen, daß Sie in etwas Ungewöhnliches gestolpert sind. Das FBI und UFOs? Wie paßt das zusammen?

Sie sollten nicht allzu lange darüber nachdenken, wenn Sie eine Chance haben wollen, die folgenden Bilder zu identifizieren. War das gerade die Kontur eines Blumengebindes oder eine Art seltsamer Radarschirm, was da unter der zeigenden Hand schimmert? Und was war das für eine Kugel? ›Government Denies Knowledge‹ – die Regierung bestreitet, Kenntnis zu haben – wovon?

Normalerweise wird ein Vorspann entworfen, um Informationen zu vermitteln (und die Beteiligten zufriedenzustellen). Doch die Montage bei *Akte X* scheint eher dazu geeignet zu sein, noch mehr Fragen aufzuwerfen, als Antworten zu präsentieren!

**David Duchovny hat – im Gegensatz zu Mulder – keine Vorliebe für Sonnenblumenkerne. Dafür ist Chris Carter süchtig danach.**

Vielleicht am längsten von allen Einstellungen bleibt die sanft leuchtende blaue Hand mit dem roten Knochen im Gedächtnis haften – ein stilisiertes Foto, das an die Kirlianfotografie erinnert, die einst als Beweis für die geistige Aura eines Menschen gefeiert wurde. Es repräsentiert die regelmäßigen Exkursionen der *Akte X* in Gefilde, die so geheimnisvoll sind wie die UFOs, aber um einiges menschlicher.

Die schwebende weiße Silhouette – ein weiterer Klassiker der paranormalen Felder und Hinweis auf die Erfahrung des nahen Todes – paßt nach den Ereignissen in Episoden wie ›An der Grenze‹, ›Die Kolonie – Teil 2‹ oder ›Totenstille‹ noch besser, als man beim Dreh des Pilotfilms ›Gezeichnet‹ einmal angenommen hatte.

Eine weitere eindrucksvolle Einstellung ist die Kugel, eine kleinere Version jener elektrostatischen Kugeln, die Schulkindern beim Museumsbesuch die Haare zu Berge stehen lassen. Sie sind für Erwachsene genauso spaßig wie für Kinder, bleiben dabei aber Teil der seriösen Wissenschaft, die Scully allein aufgrund der wilden Theorien Mulders nicht zu verlassen bereit ist.

Wer die Episoden wirklich genießen will, muß aktiv geistig mitarbeiten. Während wir den Machern der Serie vertrauen können, daß sie auf die Versprechen ihres Vorspanns aufbauen, uns durch das verschlungene Gewebe der Bundespolitik führen, uns erschrecken und faszinieren, ergibt sich aus dem Vorspann nur eine Frage, auf die wir nie eine Antwort bekommen: Warum sehen sich die Unterschriften von Mulder und Scully so ähnlich?

## Chronologie der Akte X

Die *Akte X* hat, im Gegensatz zu den meisten anderen episodisch aufgebauten Serien, keine ›Serienbibel‹, in der Hintergrundstory und Geschichte der Figuren fest-

Ein elektrostatischer Generator: die neueste Version der Lavalampe

gehalten werden, die sich die Macher jede Woche ausdenken. Aus Besorgnis darüber, daß eine solche Festlegung die Kreativität ersticken oder den Themenspielraum der *Akte X* einengen könnte, verläßt sich die Filmcrew auf ihr Gedächtnis, Chris Carters Führung und das hauptsächlich aus festen Mitarbeitern bestehende Autorenteam, um die Serie von Folge zu Folge in sich geschlossen zu halten.

Alles in allem scheint das sehr gut funktioniert zu haben. Vor allem deshalb, weil Autoren eher Worte erinnern als Zahlen, haben sich aber trotzdem einige Fehler im inneren Zeitablauf der *Akte X* eingeschlichen. Haben Sie sich mal gefragt, wie lange Scully vermißt wurde, nachdem Duane Barry sie entführt hatte? Oder wie lange es normalerweise dauert, einen Fall abzuschließen? Haben Sie sich noch nie darüber gewundert, daß zwei so interessante Figuren kein Privatleben zu haben scheinen? Lehnen Sie sich zurück und folgen Sie der chronologischen Übersicht, wie sie in der Serienbibel stünde, wenn es eine gäbe.

In dieser Episode bittet Mulder Scully, eine Autopsie von Ray Soames' Leichnam durchzuführen. Seltsam, daß Ray Soames' Grabstein in anderen Episoden am anderen Ende des Landes auftaucht. Achten Sie mal drauf!

| Datum | Schlüsselereignis (in X-Zeit) |
| --- | --- |
| 11. Oktober 1960 | Geburt von Fox Mulder |
| 23. Februar 1964 | Geburt von Dana Scully |
| 1965 | Geburt von Samantha T. Mulder |
| 27. November 1973 | Samantha T. Mulder wird von zu Hause entführt. Obwohl Mulder angibt, zu dieser Zeit zwölf Jahre alt zu sein, muß er dreizehn gewesen sein. Hoppla! |
| Oktober–Dezember 1988 | Mulder macht seinen Abschluß in Quantico und wird gleich darauf der VCS (Violent Crimes Section – Abteilung für Gewaltverbrechen) zugeteilt. Hier schreibt er das Profil, das zur Ergreifung |

| Datum | Schlüsselereignis (in X-Zeit) |
|---|---|
| | des Serienmörders Monthy Props führt. |
| 16. September 1989 | John Irving Barnett, der Täter in Mulders erstem Fall, ›stirbt‹ im Gefängnis. |
| 7. März 1992 | Special Agent Dana Scully kommt zur X-Abteilung des FBI. |
| 22. März 1992 | Fünfzehn Tage später bearbeiten Scully und Mulder ihren ersten gemeinsamen Fall: X-1.01, ›Gezeichnet‹. |
| Genaues Datum unbekannt | Fall X-1.02, ›Die Warnung‹ |
| 23. Juli 1993 | Beim Abschluß des Falles X-1.03, ›Das Nest‹, sorgen Scully und Mulder dafür, daß Tooms in eine psychiatrische Abteilung eingewiesen wird. |
| 9. August 1993 | Obwohl ›Der Teufel von Jersey‹, Fall X-1.05, nach ›Signale‹ gesendet wird, steht er in der internen Akte-X-Chronologie vor diesem Fall. |
| 26. August 1993 | Fall X-1.04, ›Signale‹ |
| 26. September 1993 | Das Team der Akte X wird auf den Fall X-1.06, ›Schatten‹, angesetzt. |
| 5. Oktober 1993 | ›Schatten‹ wird gelöst. |
| 24. Oktober 1993 | Mulder und Scully stoßen in ›Die Maschine‹, Fall X-1.07, auf einen ganz besonderen Außerirdischen. |
| 7. November 1993 | Fall X-1.08, ›Eis‹, wird eröffnet. |
| 11. November 1993 | ›Eis‹ wird gelöst, aber erst, nachdem Mulder und Scully unter Quarantäne gestellt worden sind. |
| Genaues Datum unbekannt | ›Besessen‹, Fall X-1.09 |
| Genaues Datum unbekannt | ›Gefallener Engel‹, Fall X-1.10 |
| Genaues Datum unbekannt | ›Eve‹, Fall X-1.11 |
| Genaues Datum unbekannt | ›Feuer‹, Fall X-1.12 |
| Genaues Datum unbekannt | ›Die Botschaft‹, Fall X-1.13 |

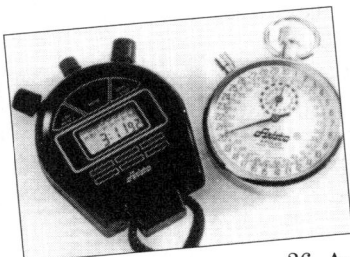

| Datum | Schlüsselereignis (in X-Zeit) |
|---|---|
| Genaues Datum unbekannt | ›Verlockungen‹, Fall X-1.14 |
| Genaues Datum unbekannt | ›Lazarus‹, Fall X-1.15 |
| Genaues Datum unbekannt | ›Ewige Jugend‹, Fall X-1.16 |
| Genaues Datum unbekannt | ›Täuschungsmanöver‹, Fall X-1.17 |
| 7. März 1994 | Am Jahrestag der Überstellung von Scully zum Akte-X-Team wird der Fall ›Der Wunderheiler‹, X-1.18, eröffnet. |
| Genaues Datum unbekannt | ›Verwandlungen‹, Fall X-1.19 |
| Genaues Datum unbekannt | Für den Fall X-1.20, ›Der Kokon‹, wurden zwar keine Angaben gemacht; es ist aber schwer zu glauben, daß dieser Fall und drei weitere zwischen dem 7. und dem 27. März 1994 behandelt werden konnten. Man bedenke: Scully und Mulder lagen nach diesem Fall mit Verletzungen im Krankenhaus. |
| Genaues Datum unbekannt | ›Ein neues Nest‹, Fall X.-1.21 |
| 27. März 1994 | ›Wiedergeboren‹, Fall X-1.22, beginnt. |
| 19. April 1994 | In Mulders Unterlagen werden die letzten Notizen zu ›Wiedergeboren‹ gemacht. |
| 25. April 1994 | ›Roland‹, Fall X-1.23 |
| 8. Mai 1994 | ›Das Labor‹, Fall X-1.24 |
| ca. 11. Mai 1994 | Die X-Abteilung wird geschlossen. |
| August 1994 | Ungefähr drei Monate später wird sie wieder geöffnet. |
| Genaues Datum unbekannt | ›Kontakt‹, Fall X-2.01 |
| Genaues Datum unbekannt | ›Der Parasit‹, Fall X-2.02 |
| Genaues Datum unbekannt | ›Blut‹, Fall X-2.03 |
| Genaues Datum unbekannt | ›Schlaflos‹, Fall X-2.04 |
| Genaues Datum unbekannt | ›Unter Kontrolle‹, Fall X-2.05 |
| Genaues Datum unbekannt | ›Seilbahn zu den Sternen‹, Fall X-2.06 |
| Genaues Datum unbekannt | ›Drei‹, Fall X-2.07 |
| Genaues Datum unbekannt | ›An der Grenze‹, Fall X-2.08 |

1. Spooky
2. Ärztin
3. Sonnenblumenkerne, eine Vorliebe, die er mit seinem Schöpfer teilt
4. Fox
5. Samantha
6. Seide. Siehe ›Gezeichnet‹
7. »Die folgende Geschichte beruht auf wahren Tatsachen.« Die Betonung liegt auf ›beruht auf‹, damit die Zuschauer nicht zu der Annahme verleitet werden, daß in den Kellern des J. Edgar Hoover Buildings wirklich eine Abteilung Akte X untergebracht sei. Die Akte X ist *keine* Abteilung des FBI, es gibt *keine* X-Fälle, und die Ereignisse in den Episoden basieren nur sehr vage auf authentischen Ereignissen. Die Serie ist reine Unterhaltung.
8. Monty Props
9. »I want to believe.« (dt. »Ich möchte es glauben.«)
10. *Einsteins Twin Paradox: A New Interpretation* (dt. Einsteins Doppelspalttheorie. Eine Neuinterpretation)

Ihre Punktzahl:

Tragen Sie beim Weiterlesen immer Ihre Punktzahl ein, und vergleichen Sie sie abschließend mit der Tabelle am Ende. Dann sehen Sie, ob Sie für das FBI taugen.

| Datum | Schlüsselereignis (in X-Zeit) |
|---|---|
| 11. November 1994 | ›Der Vulkan‹, Fall X-2.09 wird eröffnet. |
| 13. November 1994 | Nachdem ›Der Vulkan‹ abgeschlossen ist, sollen Scully und Mulder dreißig Tage unter Quarantäne gestellt werden. Wie sie es schaffen, vor dem 14. November noch drei Fälle zu bearbeiten, ist eine eigene X-Akte wert... |
| Genaues Datum unbekannt | ›Rotes Museum‹, Fall X-2.10 |
| Genaues Datum unbekannt | ›Excelsis Dei‹, Fall X-2.11 |
| Genaues Datum unbekannt | ›Böse geboren‹, Fall X-2.12 |
| 14. November 1994 | ›Todestrieb‹, Fall X-2.13, wird von zwei Agenten eröffnet – und aufgeklärt –, die noch neunundzwanzig Tage in Quarantäne sind! |
| Genaues Datum unbekannt | ›Satan‹, Fall X-2.14 |
| Genaues Datum unbekannt | ›Frische Knochen‹, Fall X-2.15 |
| Wahrscheinlich 16. Januar 1995 | ›Die Kolonie‹ – Teil 1, Fall X-2.16 |
| 3. Februar 1995 | ›Die Kolonie‹ – Teil 2, Fall X-2.17 |
| Genaues Datum unbekannt | ›Sophie‹, Fall X-2.18 |
| Genaues Datum unbekannt | ›Totenstille‹, Fall X-2.19 |
| Genaues Datum unbekannt | ›Der Zirkus‹, Fall X-2.20 |
| Genaues Datum unbekannt | ›Heilige Asche‹, Fall X-2.21 |
| Genaues Datum unbekannt | ›Verseucht‹, Fall X-2.22 |
| 17. März 1995 | ›Das Experiment‹, Fall X-2.23. Es ist bekannt, daß Bantons erstes Opfer am 17. März starb. Wenn – den Angaben Mulders zufolge – das X-Team erst fünf Wochen später hinzugezogen wurde, wurde ›Das Experiment‹ am 21. April begonnen – nach ›Anasazi‹. |
| 31. März 1995 | Das dritte Opfer im Fall ›Das Experiment‹ stirbt. |
| Genaues Datum unbekannt | ›Unsere kleine Stadt‹, Fall X-2.24 |
| 10. April 1995 | ›Anasazi‹, Fall X-2.25 |

# Codename: ›Die Warnung‹

Als die Frau eines vermißten Piloten das FBI um Hilfe bittet, sehen sich Mulder und Scully mit dem beachtlichen Potential einer geheimen Luftwaffenbasis konfrontiert. Trotz der Warnungen eines modernen ›Deep Throat‹ (der eigentliche Deep Throat gab die entscheidenden Tips zum Sturz Nixons in der Watergate-Affäre) ist Mulder entschlossen herauszufinden, was (oder wer) für die seltsamen Lichter im Luftraum der Basis verantwortlich ist – und warum ein hervorragender Pilot nicht mehr weiß, wie man fliegt. Doch beim ersten Versuch, sich in die Basis zu schmuggeln, wird er aufgespürt. Sein Schicksal hängt davon ab, ob Scully bereit ist, die Dienstordnung zu übertreten.

**ZUSAMMEN-FASSUNG**

## Area 51 – Das verbotene Land

**HINTERGRUND**

Selbst auf den offiziellen Landkarten der Regierungsbehörden befindet sich ein seltsam formloser Abschnitt mit der Bezeichnung ›Area 51‹. Diesen Karten zufolge hören an den Grenzen zu dieser Area Flüsse auf, existieren darin keine Straßen, ist ihre Oberflächenbeschaffung einheitlich eben. Genauere Nachforschungen würden ergeben, daß Area 51 ein ab-

**ZITAT**
»Sagen wir einfach, daß ich in einer Position bin, in der man eine Menge Dinge weiß.«
– DEEP THROAT in ›Die Warnung‹

gelegener Teil der Hochsicherheitseinrichtungen des Luftwaffenstützpunktes Nellis ist.

Wie die erfundene Forschungseinrichtung, die in dieser Episode ›Luftwaffenstützpunkt Ellens‹ heißt, ist Area 51 ein unglaublich gut gesichertes Stück wertlosen Bodens. Aber das Gebiet und der Luftwaffenstützpunkt existieren wirklich. Viele glauben, daß man hier die Überreste eines UFOs finden würde, das in Roswell, Nevada, abgestürzt ist.

Area 51 ist das am besten und zugleich am schlechtesten gehütete Geheimnis der vergangenen Jahrzehnte. Jeder weiß, daß es existiert. Bei all den auffälligen Warntafeln, die dem Besucher den Eintritt verwehren, und den Aufforderungen, Fotoapparate und Videokameras nicht auf das zu richten, was sich hinter dem ausgedehnten Zaun befindet, wäre es auch schwierig zu behaupten, daß dahinter nichts sei ...

›Area 51‹, ›Traumland‹, ›Stinktierreich‹, ›Die Ranch‹ – oder wie man das Gelände sonst nennen will – bietet nicht viel Sehenswertes, jedenfalls nicht von den wenigen Aussichtspunkten aus, die noch nicht zu dem Gebiet gehören. Ein paar Gebäude, eine fünf Kilometer lange Landebahn und eine Menge Satellitenschüsseln – das ist alles. Und doch: Hier wurde die U-2 entwikkelt und getestet, hier erblickte das Spionageflugzeug SR-71, das in den sechziger Jahren über Kuba flog, in aller Stille das Licht der Welt. Die Basis ist auch die Heimat der Stealth-Bomber, deren Existenz die Regierung noch Monate, *nachdem* die ersten Fotos an die Öffentlichkeit gelangt waren, leugnete.

Trotz der langen Geschichte der geheimen aeronautischen Forschungen in Area 51 und obwohl jeder weiß, wo er hinsehen muß, bleibt es schwierig, die Meldungen über bizarre Lichter am Himmel, seltsame Geräusche (die von dem Testgelände ausgehen sollen) oder die wenigen konkreten Angaben darüber, daß regelmäßig UFOs über das Gelände flögen, zu beweisen.

Area 51 ist nur ein Teil des riesigen Testgeländes von Nevada, das nicht für die Öffentlichkeit zugänglich ist. Auf der einen Seite bildet der Groom Mountain eine gewaltige physische Barriere. Die verbliebenen Zufahrtswege erfordern eine mehrstündige Fahrt durch die offene Wüste.

Wenn man etwas so offensichtlich versteckt, werden die Menschen neugierig. Findet dann, wie im Jahr 1984 geschehen, jemand ein Dokument, welches besagt, daß ein ›Projekt Aquarius‹ unter der Leitung einer Organisation namens ›Majestic‹ (alias MJ-12) schon seit 1972 die Technologie Außerirdischer, die den Luftraum von Nevada durchflögen, untersuche, sind die Menschen wild entschlossen herauszubekommen, was da wirklich vor sich geht. Doch wie immer, wenn es um Area 51 geht, wollte auch damals niemand reden.

Die *National Security Agency* (NSA – Nationale Sicherheitsbehörde) bestätigte umgehend die Existenz eines Projektes Aquarius und bestritt genauso schnell, daß das Projekt irgend etwas mit UFOs zu tun habe. So bleibt es also ein Geheimnis, was genau das Projekt Aquarius eigentlich ist. Doch Geheimnisse werfen immer mehr Fragen auf; die Fragen zu Area 51 steigerten die Angst und die Faszination der Öffentlichkeit der Einrichtung gegenüber weiter. Die vielen Enteignungen, die die expandierenden Grenzen nach sich gezogen hatten, hatten die Gemüter ohnehin erhitzt.

Bei den vielen öffentlichen Anfragen und den ausbleibenden offiziellen Stellungnahmen sorgte das plötzliche Auftauchen eines gewissen Mr. Bob Lazar für einige Unruhe unter denen, die herauszubekommen versuchten, was im Traumland wirklich geschah ... Da gab es plötz-

**Akte X** wird in mehr als sechzig Ländern ausgestrahlt – teilweise in der englischen Originalfassung, meistens aber übersetzt in die Landessprache. In Taipe, Taiwan und der Volksrepublik China heißt die Serie *X-Dang An.* In Deutschland, Österreich und der Schweiz wird sie mit dem Untertitel *Die unheimlichen Fälle des FBI* gesendet. In der Schweiz gibt es natürlich auch noch die französische Version zu sehen, *Aux Frontières du Réel* (dt. An den Grenzen der Wirklichkeit). In Schweden schauen sich die Fans *Arkiv X* an, während sich die Finnen vor der Flimmerkiste versammeln und auf *Salaiset Kansiot* warten (dt. Die Geheimen Akten).

lich einen Mann, der nicht nur behauptete, in den geheimen Einrichtungen gearbeitet zu haben, sondern auch bereit zu sein schien, über das, was er gesehen und gehört hatte, in aller Öffentlichkeit auszusagen!

In einer Nachrichtensendung aus Nevada behauptete Lazar, im Abschnitt S-4, gleich außerhalb von Area 51, gearbeitet und dabei nicht weniger als neun außerirdische Raumschiffe untersucht zu haben. ›Zylinder‹, ›Standardmodell‹ und ›Sportcoupé‹ waren nur ein paar

Area 51

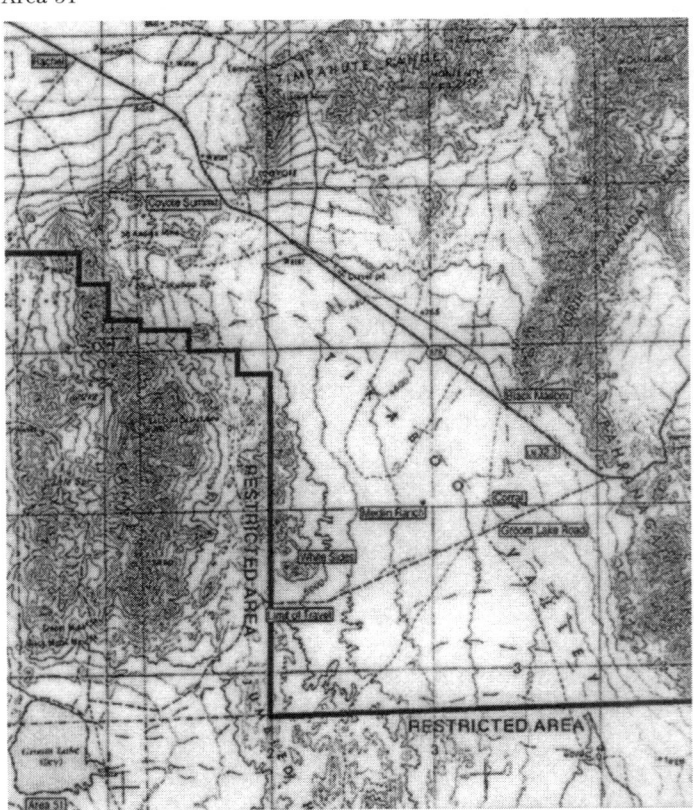

von den Namen, mit denen Lazar die Schiffe, die er gesehen haben will, bezeichnete.

Seine Beschreibungen, die zu denen weit entfernter Beobachter aus Deutschland und Argentinien paßten, erschütterten sowohl Skeptiker als auch Anhänger. Die Skeptiker waren von Lazars Frechheit beeindruckt, mit der er vorgab, die außerirdischen Raumschiffe nicht nur gesehen, sondern sogar berührt zu haben. Seine ›Anhänger‹ überfluteten die wenigen Aussichtspunkte rund um Area 51 und verschlangen jedes Wort Lazars. Falls er die Wahrheit sagte, besäße man den ersten konkreten Beweis dafür, daß all die Spekulationen, die vielen Stunden, die man damit verbracht hatte, von Freedom Ridge über die Wüste zu spähen, die Verbissenheit, mit der man Tausende von Dokumenten durchgewühlt hatte, die aufgrund der Informationsfreiheit zugänglich waren – daß all das mehr gewesen war als die sinnlose Zeitverschwendung ›fantasierender Gehirne‹!

*Falls* Lazar die Wahrheit sagte... Denn auch nach vielen Jahren konnte diese Frage nicht beantwortet werden.

Lazar gibt an, Abschlüsse an mehreren Universitäten gemacht zu haben. Diese Hochschulen wiederum sagen, er habe nie an einem ihrer Studienprogramme teilgenommen. Er behauptet, auch in Los Alamos, einer weiteren Hochsicherheitseinrichtung, gearbeitet zu haben. Dort bestreitet man das kategorisch. Selbst das Krankenhaus, in dem er zur Welt gekommen sein will, kann seine Existenz nicht bestätigen.

Das genügte denen, die das Ganze schon immer für einen ›Scherz‹ gehalten hatten, um die Affäre zu den Akten zu legen. Für jene aber, die die von Lazar hervorgerufenen Bilder nicht aus ihren Gedanken verdrängen konnten, war das ein Neubeginn auf ihrer Suche nach der Wahrheit.

**Andrew Johnson, der in dieser Folge Colonel Robert Budahas spielte, erscheint in ›Die Kolonie – Teil 1‹ als Agent Barry Weiss.**

Sorgfältige Nachforschungen brachten Informationen ans Licht, die mit der offiziellen Erklärung, daß Bob Lazar ein Lügner sei, nicht übereinstimmten. Im internen Telefonverzeichnis der Testeinrichtungen von Los Alamos aus dem Jahr 1982 steht Lazars Name genau da, wo er es angegeben hatte, nämlich zwischen denen anderer Techniker und Wissenschaftler. Trotzdem weicht die Verwaltung von Los Alamos nicht von ihrer Aussage ab, daß ein Lazar dort nie gearbeitet habe. Ein Bericht, der im gleichen Jahr in einer Zeitung von Los Alamos erschienen ist, führt Lazar als Bewohner des Geländes auf und bezeichnet ihn als Physiker in Los Alamos und Freund von Sportwagen. Das ist nicht viel, aber es reicht, um weitere Nachforschungen anzuregen.

Falls Lazar die Wahrheit sagt, wäre das der erste Spalt in einer Mauer des Schweigens, die ein halbes Jahrhundert lang gehalten hat. Vielleicht müssen die Beobachter am Ende gar nicht mehr zum Freedom Ridge wandern. Vielleicht kommt das, was im Area 51 ist, eines Tages zu ihnen heraus...

## Der echte Deep Throat

Es gelingt *Akte X* immer, neben der erfundenen Welt nahtlos eine zweite, realistische Ebene einzubauen, indem sie in ihren Episoden auf authentische Ereignisse aus der amerikanischen Geschichte Bezug nimmt. Selbst skeptischen Zuschauern fällt es schwer, angesichts der häufigen Berichte über Vertuschungsversuche von Behörden und Mißbrauch von Staatsgewalt die Themen der Serie mit einem Schulterzucken abzutun – ungeachtet der wenig seriösen Berichterstattung über UFO-Sichtungen oder Mutanten auf den Titelseiten der Regenbogenpresse.

Als das Team den anonymen Informanten der X-Ermittler ›Deep Throat‹ taufte, stellte es bewußt eine Verbindung zwischen dem erfundenen FBI der Serie und dem realen Watergate-Skandal her. So fließen natürlich auch Geschichten über die Rivalität innerhalb der Behörde, über düstere Verschwörungen und über Amtsmißbrauch mit in die Episoden ein. Ohne eine einzige eigene Dialogzeile verleiht dieser erfundene Deep Throat den Ereignissen, die sich auf der Mattscheibe abspielten, einen geheimnisvollen und bedrohlichen Charakter, sogar eine gewisse Art von Authentizität.

Für alle, die sich aus eigener Erfahrung an die Ereignisse von 1972 erinnern können, ist diese Episode eine beinahe unwiderstehliche Gelegenheit, über die Identität des fiktiven Deep Throat zu spekulieren. Kameraüberwachung, geheime Mitteilungen und zwielichtige Treffen an bizarren Orten suggerieren dem Zuschauer auf spannende Art und Weise, daß zumindest ein Teil von dem, was er sieht, wirklich so geschehen ist.

Alle, die zu jung sind, um die Paranoia wahrgenommen zu haben, die damals die Hauptstadt Amerikas durchdrungen hatte, bekommen eines der ungelösten großen Geheimnisse Amerikas dramatisch veranschaulicht: Irgendwann im Mai oder Juni 1972 installierte G. Gordon Liddy, ein ehemaliger FBI-Agent, zusammen mit James McCord und E. Howard Hunt, beide ›pensionierte‹ CIA-Beamte, Abhöreinrichtungen in den Watergate-Büros der Opposition gegen den republikanischen Präsidenten Richard M. Nixon im Democratic National Committee. Betroffen waren dessen Vorsitzender Lawrence O'Brien und der damalige Sprecher Spence Oliver.

Genau wie Mulder später in der Episode ›Kontakt‹ hörte damals ein echter FBI-Agent, Alfred C. Baldwin III., stundenlang Telefonate auf Olivers Apparat ab. Damals wußte Baldwin nicht, daß er inoffiziellen Ge-

## RÄTSEL 2

**Leichte Fragen – 1 Punkt für jede richtige Antwort:**

1. Wie viele Flugobjekte sehen Mulder und Scully über dem gesperrten Gebiet?
2. Was überzeugt Mulder davon, daß Colonel Budahas wirklich ... anders ist?
3. Warum glaubt Scully die UFO-Geschichte der Teenager nicht?
4. Womit zerschlägt Mossinger Scullys Autofenster?
5. Wo treffen sich Mulder und Deep Throat zum ersten Mal?

**Es wird schwieriger – 2 Punkte für jede richtige Antwort:**

6. Wie lautet der Name der erfundenen Luftwaffenbasis, auf der sich Mulder einschleicht?
7. Wieviel muß Mulder im Restaurant für das UFO-Foto bezahlen?
8. Wie heißt Mrs. Budahas mit Vornamen?
9. Was ist an Scullys Landkarte ungewöhnlich?
10. Budahas ist Fan eines Footballteams. Welches ist das?

sprächen im DNC-Büro lauschte. Die von ihm so gründlich überwachten Telefonate standen, wie sich später herausstellte, mit geheimen Kontakten zu einer Organisation in Zusammenhang, die die höchsten politischen Ebenen – bis hinauf zu Senatoren und Kongreßmitgliedern – mit Edel-Callgirls versorgte. Aus irgendeinem Grund schien O'Briens Falle, die eigentlich belastendes Material aufdecken sollte, nicht zuzuschnappen.

Am 16. Juni, als sie die Wanze auswechseln und Unterlagen kopieren wollten, wurden McCord und seine angeheuerten Helfershelfer auf frischer Tat ertappt. Ihre Aktion, die im Büro des damaligen Generalstaatsanwalts John C. Mitchell geplant, mit politischen Geldmitteln finanziert und auf Präsident Nixons Anweisung von Regierungsbeamten durchgeführt worden war, platzte wie eine Bombe.

In diesem Tohuwabohu tauchte Deep Throat plötzlich auf, ein geheimnisvoller Informant, dem man heute das Hauptverdienst daran zuschreibt, daß zwei Reporter der *Washington Post,* Bob Woodward und Carl Bernstein, die Vertuschung des Watergateskandals verhindern konnten. Trotz der Zuverlässigkeit seiner Informationen warf die Tatsache seiner Anonymität ein gewisses Zwielicht auf Deep Throats Rolle in dem Fall und öffnete weiteren Spekulationen die Tür.

In vielen Büchern über die Watergate-Affäre wird Deep Throat als hochrangiges Mitglied eines der amerikanischen Geheimdienste enttarnt, wahrscheinlich des CIA. Er habe nach einer militärischen Laufbahn die hohe Kunst des politischen Täuschungsmanövers erlernt und sei in Wahrheit alles andere als ein ›Freund‹ der *Washington Post* und Bob Woodwards, sondern vielmehr ein gerissenes politisches Raubtier. Er habe die kaum verborgene Abneigung der *Post* gegen Nixons Regierung benutzt, um die Aufmerksamkeit auf das Weiße Haus zu lenken. So habe er die Verwicklung der

CIA in einen Prostituiertenring vertuschen wollen, die Teil einer anderen Geheimdienstoperation gewesen sein könnte. Einem solchen Trick könnte der erfundene Deep Throat aus *Akte X* Beifall zollen. Wenn es tatsächlich so war, hätte dieses Manöver zwei Jahrzehnten konzentrierter Nachforschungen getrotzt!

Zu den Ähnlichkeiten zwischen dem erfundenen und dem wirklichen Deep Throat gehören neben den allgemeinen Zügen auch kleine Details. In ihrem Buch ›Die Watergate-Affäre‹ beschreiben Woodward und Bernstein auch einige der komplizierten Signaltechniken, die sie benutzten, wenn sie ihren ›gefährdeten‹ Informanten treffen wollten. Ein X-Fan erkennt diese Techniken sofort wieder. Bernstein und Woodward verschoben Blumentöpfe, stellten einen gelben Papierkorb verkehrt herum auf eine Feuerleiter, zogen auch einen Vorhang als Signal in Erwägung.

Fox Mulder leuchtete mit einer blauen Glühbirne aus seinem Fenster oder klebte ein X auf die Scheibe. Wie der echte Deep Throat benutzte auch Mulders Informant gern die abonnierte Zeitung des Agenten für seine Botschaften. Selbst Bob Woodward ist es immer ein Rätsel geblieben, wie Deep Throat seine *New York Times* abfangen und den Zeitpunkt des nächsten Treffens auf die Innenseite schreiben konnte. Mulder, der auch Tonbänder und Unterlagen in seiner Zeitung fand, hatte Glück, das sich seine Nachbarn das Blatt nicht unter den Nagel rissen – im Gegensatz zu denen Woodwards, die sich sehr für seine Ausgabe der *Times* interessierten!

Auch nach Deep Throats Verschwinden aus der Serie hält sein Einfluß an. *Akte X* benötigt keine komplexen Szenen oder langen verbalen Erklärungen mehr, um klarzumachen, daß finstere Mächte am Werk sind. Das ist spätestens seit dem Tod von Deep Throat zweifelsfrei bewiesen.

# Codename: ›Das Nest‹

**ZUSAMMEN-
FASSUNG**

Scully ist Eugene Victor Tooms auf den Fersen, einem mutierten Serienmörder, der sich besonders gern in Abflußrohren und Kaminschächten bewegt. Dabei gerät sie beruflich in eine prekäre Konfliktsituation zwischen zwei ziemlich entschlossenen FBI-Agenten.

Auf der einen Seite steht Tom Colton, ein ehemaliger Klassenkamerad von Scully mit Bilderbuchkarriere beim FBI, der ihre Vorliebe für nüchterne wissenschaftliche Erklärungen teilt. Auf der anderen Seite ist Fox Mulder mit seinen scheinbar unwiderlegbaren, aber fantastisch anmutenden Beweisen, und einer Karriere in einem Kellerbüro. Muß Scully ihren Überzeugungen abschwören, um diesen Fall erfolgreich abschließen zu können?

**ZITAT**

»Gibt es eine Möglichkeit, wie ich das Zeug schnell von meinen Fingern runterkriegen kann, ohne mich lächerlich zu machen?«

– MULDER in ›Das Nest‹

**HINTERGRUND**

## Fingerabdrücke: ein natürlicher Identifikationscode

Wenn der Serienmörder Eugene Victor Tooms öfter mal aus seinem Loch gekrochen wäre – oder die Zeitungen gelesen hätte, bevor er sie zerriß –, wüßte er, welche Fortschritte die Kriminologie seit der Zeit gemacht hat, als man Fingerabdrücke noch persönlich ins Labor bringen mußte.

## WIE IM MÄRCHEN

Wie die meisten neu entwickelten Technologien wurde auch die Technik, mit der man Fingerabdrücke nehmen konnte, von der Justiz weder automatisch eingeführt noch besonders enthusiastisch begrüßt. Richter, Kommissare und Justizvollzugsbeamte wollten nicht glauben, daß diese Linien und Rillen einmalig waren und jeder Mensch einen natürlichen, individuellen Code besitzt: Es war fast zu schön, um wahr zu sein.

Nachdem die Individualität unterschiedlicher Fingerabdrücke bewiesen war, regte sich in der Bevölkerung ein unvermeidlicher Widerstand. Plötzlich wurde dem Bürger klar, daß die Anonymität des einzelnen für immer verloren und sein Schicksal unwiderruflich an ein paar Tintenflecke geknüpft war. Es dauerte ein ganzes Jahrzehnt, bis die Vorschriften, unter welchen Umständen man Fingerabdrücke nehmen und wie man damit umzugehen habe, sowohl Verbrechensbekämpfer als auch Bürgerrechtler zufriedenstellten.

Selbst wenn man Tooms damals schon gefaßt hätte, wären seine Fingerabdrücke – immerhin jeweils gut fünfundzwanzig Zentimeter – wahrscheinlich eher in einer Kuriositätensammlung als im Polizeiarchiv gelandet. Es war zwar erlaubt, Fingerabdrücke zu nehmen, aber kaum jemand wußte, wie man sie vernünftig archivieren sollte. So blieb die Bevölkerung vorläufig skeptisch.

Eine Erzählung von Mark Twain ist in diesem Zusammenhang ein gutes Beispiel dafür, wie das Leben die Kunst imitiert. In seinem Roman ›Querkopf Wilson‹ fesselten Fingerabdrücke die Fantasie des amerikanischen Durchschnittsbürgers zum ersten Mal. Das Buch

**Wenn Sie hören wollen, wie Doug Hutchison (Tooms) einen ganzen Satz spricht, sollten Sie sich ein paar seiner anderen Filme ansehen: ›Der Rasenmäher-Mann‹ (1992), ›Zärtliche Liebe‹ (1988), ›Fresh Horses‹ (1988)**

wurde 1894 veröffentlicht und war wahrscheinlich das erste literarische Werk, welches das neue kriminalistische Hilfsmittel bei seiner erfolgreichen Anwendung beschrieb.

Die Hauptfigur, Wilson, ist kein Mann von besonderer Geschicklichkeit oder Intelligenz. Er hat eigentlich nur deshalb eine Glasplattensammlung mit den Fingerabdrücken seiner Gäste, weil er sie kurios findet. Niemand ist überraschter als er selbst, als seine bizarre Sammlung zum Kernstück polizeilicher Ermittlungen wird. Twains vielgelesene Geschichte wurde oft als die beste Werbung für diese neue Methode bezeichnet – selbst die Polizei hätte sich keine bessere ausdenken können. Zweifellos führte ›Querkopf Wilson‹ einer ganzen Verbrechergeneration vor Augen, wie wichtig Handschuhe waren. Pech, daß Eugene gerade zu diesem Zeitpunkt sein Nickerchen machte.

1901 gründete Scotland Yard sein Fingerabdrucklabor. Die neue Abteilung wartete sehnsüchtig auf eine Gelegenheit, sich Meriten zu verdienen, indem sie einen *berüchtigten* Verbrecher mit Hilfe der Fingerabdrücke überführte. Leider sollte es so schnell nicht dazu kommen. Harry Jackson war der erste Verbrecher, der mit Hilfe von Fingerabdrücken überführt wurde. Im Jahre 1902 – ein Jahr, bevor Tooms seinen über ihm wohnenden Nachbarn tötete – erlangte er deshalb kurzfristige Berühmtheit. Sein Vergehen? Er hatte einen Satz Billardkugeln aus Elfenbein gestohlen.

Doch schließlich ernteten auch die eifrigen jungen Fingerabdruckspezialisten von Scotland Yard die verdienten Lorbeeren, sowohl im Gerichtssaal als auch in unzähligen Geschichten und Erzählungen, die sich um den Abdruck eines Fingers drehten. Natürlich hätte Tooms – wenn es ihn wirklich gegeben hätte – auch das unter dem Straßenpflaster von Exeter Street verschlafen.

## Das FBI betritt die Bühne

Bis jetzt ist der Fall Tooms der einzige, mit dem sich Scully und Mulder zweimal befassen mußten.

Zwei wichtige Ereignisse in der Geschichte der Verbrechensbekämpfung geschahen im Jahr 1911. Sie sollten das Wesen der Strafverfolgung in den Vereinigten Staaten für immer verändern – obwohl das damals noch niemand ahnte.

Im September 1911 trat Kadett John Edgar Hoover nach dem Abschluß der High School in die Kompanie B des ROTC (*Reserve Officer's Training Corps*) ein und entschied sich damit endgültig dagegen, Pastor zu werden. Im selben Jahr wurden Fingerabdrücke zum ersten Mal als Beweismittel vor einem amerikanischen Gericht zugelassen.

Auf den ersten Blick scheinen diese Ereignisse nichts miteinander zu tun zu haben. Sie rücken erst dadurch wieder in einen Zusammenhang, daß 1924 der ehemalige Kadett Hoover zum Direktor des neu gegründeten *Federal Bureau of Investigation* ernannt wurde – des FBI.

Obwohl sich die neue Technik in der Zwischenzeit etabliert hatte, war sie ohne eine zentrale Behörde, durch die *jeder* Polizeibeamte in *jedem* Bundesstaat auf *jeden* Fingerabdruck Zugriff hatte, völlig nutzlos. Wie immer man Hoover sonst auch beurteilen mag, er war sich der Bedeutung der Fingerabdrücke voll bewußt und kämpfte hart, um das weitgespannte Netz der Informationen, die etwas mit Fingerabdrücken zu tun hatten, unter seine Kontrolle zu bringen.

Bevor sie beim FBI untergebracht wurden, hatten die Fingerabdrücke der Amerikaner unter der Verwaltung der Strafvollzugsbehörden gestanden. Man hatte Gefängnisinsassen – die natürlich alles andere als rechts- und gesetzestreu waren – dazu gezwungen, als Teil ihrer Wiedergutmachung an der Gesellschaft die

35

Fingerabdruckkarteien zu führen. Es erübrigt sich zu erwähnen, daß viele der Karten ›zufällig‹ verloren gegangen waren.

Selbst nachdem man die Führung der Karteien Leuten übertragen hatte, die sich der Identifizierung und Ergreifung von Verbrechern mit etwas mehr Eifer widmeten, hatte es noch genug Schwierigkeiten gegeben. Hunderte von Arbeitsstunden waren erforderlich gewesen, um einen einzigen, an einem Tatort entdeckten Fingerabdruck einer bestimmten Karteikarte zuzuordnen.

Tooms' Pech war es, daß die Fingerabdruckkarteien im Jahre 1933, als er wieder aus seinem Kokon schlüpfte, bereits von einer Behörde verwaltet wurden, die nicht nur Abdrücke aus dem ganzen Land zusammentragen, sondern sie genauso schnell auch wieder verteilen konnte. Das war vor allem Henry Battley von Scotland Yard zu verdanken, der 1930 ein ideales Ordnungsschema entwickelt hatte. Obwohl das Verfahren immer noch jung war, war es schnell in Mode gekommen, und man hätte Tooms' Abdrücke mit nahezu religiöser Hingabe aufgespürt.

Tooms muß sich zu Beginn des Jahres 1963 wieder schlafen gelegt haben, denn sonst hätte er die Schlagzeilen über die Festnahme des Mörders von Martin Luther King gelesen. Obwohl Hoover, immer noch Direktor des FBI, dem Reformer King nicht gerade positiv gegenübergestanden hatte, wurden die Fingerabdruckkarteien des FBI mit seiner Zustimmung zu Rate gezogen, um einen Teilabdruck auf dem Gewehr des Mörders zu identifizieren.

Während der Mutant im Winterschlaf lag, führte das FBI das *Automated Identification Division System* ein, das die angeschlossenen Systeme des ganzen Landes miteinander verband. Daraus entwickelte sich später das NCIC, ein zentrales System, das sämtliche Systeme vernetzte. Bis 1986 befanden sich schon 178 Millionen Fingerabdrücke in dieser Kartei.

Die Fingerabdruckabteilung des FBI begann sich dann darauf zu spezialisieren, Abdrücke von den unterschiedlichsten Oberflächen zu nehmen. Sichtbare Abdrücke – zum Beispiel in Blut oder Schmutz – oder ›dreidimensionale‹ Abdrücke auf weichen Oberflächen konnten direkt fotografiert werden. Latente, also eigentlich unsichtbare Fingerabdrücke, wurden auf glatten Oberflächen durch Einstäuben und auf porösen Oberflächen durch chemische Methoden zum Vorschein gebracht.

Heute identifiziert man Fingerabdrücke aufgrund gewisser Grundeigenschaften und einer signifikanten Anzahl von Eigentümlichkeiten, die man ›Punkte‹ nennt. Dazu gehören Abzweigungen, Endfurchen und Wirbel im Fingerabdruckmuster. Wenn genügend Punkte gefunden worden sind, die in räumlicher Beziehung zu anderen Punkten stehen, existiert eine Grundlage, um den Fingerabdruck mit anderen zu vergleichen. Früher hielt man zwölf solcher Punkte für notwendig, um einen Fingerabdruck eindeutig zuzuordnen, aber in der modernen Praxis mit ihren verbesserten Abnahmemethoden kommt man auch mit weniger Punkten aus. Sogar Abdrücke von Handflächen und Fußsohlen sowie Teilabdrücke werden vor Gericht verwendet.

Fingerabdrücke können inzwischen auch von der menschlichen Haut genommen werden, den Innenseiten von Behältern, in denen sich chemische Flüssigkeiten befanden, und sogar von so schwierigen Oberflächen wie Felsen oder Mauern. In der Zukunft wird es auch möglich sein, ältere Fingerabdrücke zu verwerten. Tragbare Laser- und UV-Strahlengeräte werden dafür sorgen, daß man keine Abdrücke mehr übersieht, und – wenn immer mehr Kindern Fingerabdrücke ab-

RÄTSEL 3

Leichte Fragen – 1 Punkt für jede richtige Antwort:
1. Welche Farbe haben Reticulaner?
2. Wo stöbert Scully Tooms zum ersten Mal auf?
3. Welchen Beruf übte Tooms sowohl 1903 wie 1993 aus?
4. Wie lautet Tooms' vollständiger Name?
5. Was stiehlt Tooms von Scully?

Es wird schwieriger – 2 Punkte für jede richtige Antwort:
6. In welchen Jahren beging Tooms seine Morde?
7. Wie lautet Tooms' vollständige Adresse?
8. Frank, der Polizist, der die Angriffe von 1933 und 1963 beschreibt, hat ein ungewöhnliches ›Souvenir‹ aus seinen Ermittlungen behalten. Um was handelt es sich?
9. Welche Nummer hat Scullys Apartment?
10. Warum mag Mulder keine Microfiche-Geräte?

genommen werden – einen noch größeren Datenpool zur Verfügung stellen.

Wenn unser fiktionaler Mutant Scully und Mulder in der Gegenwart entkommen wäre, hätte er bei seinem nächsten Auftauchen im Jahr 2023 wahrscheinlich feststellen müssen, daß selbst Handschuhe ihn nicht mehr vor einer Identifizierung schützen können.

Nur ein kleiner Snack ...

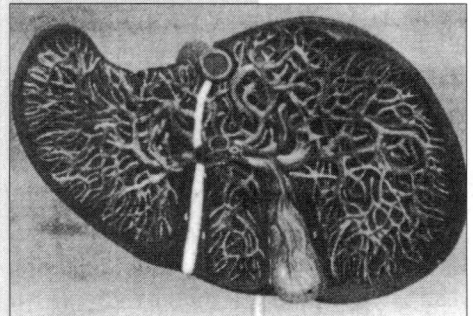

# Codename: ›Signale‹

Die Mutter von Ruby Morris behauptet nach dem Verschwinden ihrer Tochter vom Familien-Campingplatz, daß sie von Außerirdischen entführt worden sei. Nur Mulder glaubt ihr – bis die *National Security Administration* aufgrund der Strichmännchen des jüngeren Morris-Sohnes ihre Ohren spitzt.

Mulder, von Erinnerungen an seine eigene verschwundene Schwester getrieben, ist davon überzeugt, daß Kevin der Schlüssel sein muß, mit dessen Hilfe sie das eine oder vielleicht sogar beide vermißte Mädchen wiederfinden werden. Er läßt es nicht zu, daß sich Kevins Mutter, die auf einmal sehr zurückhaltend geworden ist, zwischen ihn und die Wahrheit stellt.

**ZUSAMMEN-FASSUNG**

## Entführt!

**HINTERGRUND**

Da greifbare Beweise fehlen, hängen Berichte von UFOs, Entführungen und außerirdischen Besuchen zum größten Teil von der Glaubwürdigkeit der Augenzeugen und der Genauigkeit ihrer Angaben ab.

Weltweit warten Tausende von eingeschworenen Ufologen auf eine Nachricht über das Telefon,

**ZITAT**

»Ich wußte, daß mich, wenn ich nur laut und lange genug schreien würde, jemand hören würde. Aber das FBI hätte ich nicht erwartet.‹

– DARLENE MORRIS in ›Signale‹

39

das Fernsehen oder – heutzutage häufiger – E-Mail, die ihnen die Sichtung eines UFOs in ihrer Nähe mitteilt. Ihre Ausrüstung, sei es Geigerzähler oder Tonbandgerät, steht immer bereit. Ihre Autos sind rückwärts eingeparkt, damit sie beim Start wertvolle Sekunden sparen, und immer vollgetankt. Viele UFO-Beobachter schlüpfen schneller als die Feuerwehr in die neben ihrem Bett bereitliegende Kleidung.

Eine derart intensive Vorbereitung grenzt zwar schon an Besessenheit, aber Ufologen bleibt keine andere Wahl. Sie haben erkannt, daß ihre ›Beweise‹, ungeachtet der Anzahl ihrer Zeugen und deren Glaubwürdigkeit, kaum jemals so zahlreich und zwingend sein werden, daß sie die bereits existierenden Berichte im nachhinein plötzlich glaubwürdig machten.

Auch bei den berühmtesten UFO-Fällen bleiben nach objektiven Untersuchungen immer eine Reihe von Fragen offen, selbst dann, wenn ganz normale Bürger darin verwickelt sind, die mit wilden Fantasien nichts zu gewinnen hätten ...

## BETTY UND BARNEY HILL

Im September 1961 fuhren die Eheleute Betty und Barney Hill, zwei ganz normale Bürger, nach einem erholsamen Urlaub durch New Hampshire nach Hause zurück. Da bemerkten sie plötzlich ein Licht, das sich über ihren Köpfen bewegte. Sie hielten an, um das Objekt durch das Fernglas zu beobachten, doch es entfernte sich zu schnell. Weil sie nur ein Licht gesehen hatten, für das ja alle möglichen Ursachen in Frage kamen, zuckten sie die Schultern und fuhren weiter.

Sie waren erst ein kurzes Stück gefahren, als das Licht zurückkam und ihnen so lange folgte, bis sie wieder anhielten. Über ihnen schwebte ein rundes Flugobjekt, hinter dessen blaugefärbten Fenstern sich schemenhafte Gestalten bewegten. Fasziniert stieg Barney aus dem Auto und näherte sich dem Objekt, vorsichtig, doch ohne Furcht – bis auf beiden Seiten der Maschine plötzlich Flügel ausklappten.

Obwohl nichts Bedrohliches passierte, kein hohes, schrilles Summen eine bevorstehende Explosion oder etwas Ähnliches ankündigte, fand sich Barney, ehe er sich versah, von Panik getrieben auf wilder Flucht zu seinem Auto laufend. Als er sich umdrehte, war das Flugobjekt verschwunden.

Obwohl die Hills auf direktem Weg nach Hause fuhren und ihr kurzer Aufenthalt nur wenige Minuten gedauert hatte, kamen sie zwei Stunden später als geplant zu Hause an.

Während der nächsten Tage wurde Betty in ihren Träumen von bizarren Entführungsszenarien verfolgt. Die Tatsache, daß ihnen zwei Stunden ›fehlten‹, wurde für sie immer bedrohlicher. Schließlich suchte sie in ihrer Verzweiflung und Angst Hilfe bei einem Hypnotiseur, um diese fehlende Zeit in ihrer Erinnerung wieder zu füllen. Ihr Mann begleitete sie.

Betty und Barney Hill

Dr. Benjamin Simon, der Hypnotherapeut, den die Hills konsultierten, war wie Fox Mulder ein Anhänger hypnotischer Regression. Er gab den Eheleuten getrennte und gemeinsame Termine für die Behandlung und dokumentierte ihre unglaubliche Geschichte. Übereinstimmend berichteten die Eheleute unter Hypnose von Ereignissen, die sich dramatisch von denen unterschieden, an die sie sich im Wachzustand erinnern konnten: Sie hielten ihr Fahrzeug bei der zweiten Sichtung des UFOs gar nicht selbst an – es blieb einfach stehen. Das über ihnen schwebende Schiff landete, einige Außerirdische tauchten auf und zogen das Ehepaar aus dem Auto, über die Straße und eine Rampe hinauf in das UFO.

Dort trennte man die Hills voneinander. Sie wurden einer Prozedur unterzogen, die Mulders Rekonstruktion von Scullys Entführung oder den immer wieder durchlebten Erinnerungen Duane Barrys an seine Entführung ähnelte. Man könnte sie vielleicht am ehesten als ›Untersuchung‹ bezeichnen. Bevor die Hills zu ihrem Auto zurückkehren durften, zeigten die Außerirdischen Betty eine leuchtende dreidimensionale Sternenkarte. Auf Drängen der Außerirdischen studierte sie diese Karte sorgfältig; unter Hypnose war sie später in der Lage, eine Kopie davon anzufertigen. Kurz darauf durften die Hills gehen. Betty saß schon wieder im Auto, als Barney erwachte und erstaunt bemerkte, daß er rannte.

So absonderlich all das auch klingt, die Berichte der Hills stimmten beim Vergleich bis in die kleinsten Details überein!

Die Karte, das einzige greifbare Indiz ihrer Begegnung, wurde einer Astronomin gezeigt, die versuchte, eine Übereinstimmung zwischen der Konstellation auf dieser Karte und einer den Menschen bekannten Sternenkonstellation zu finden; es sollte fünf Jahre dauern, diese Übereinstimmung zu finden. Die Astronomin kam zu dem Schluß, daß – der Karte zufolge – die Hills Einwohnern des Zeta-Reticuli-Systems begegnet waren!

Ein paar Jahre später wurde die Story publiziert, als die Zeitschrift *Look* die Ereignisse zu einer Reportagenfolge verarbeitete und John Fullers bekanntes Buch *Interrupted Journey* erschien, das unter dem Titel ›Begegnung aus dem Nichts‹ verfilmt wurde. 1975 kam diese ›erfundene, aber auf Tatsachen beruhende‹ Version über das Leben eines normalen Postbeamten und seiner ebenso normalen Frau, einer Sozialarbeiterin, in die Fernsehhaushalte ganz Amerikas.

Die Geschichte der Hills garantierte großartige TV-Unterhaltung, aber wie ernst sollte die UFO-Gemeinde sie nehmen? Streng auf der Basis wissenschaftlicher Untersuchungen und ohne ein moralisches Urteil über die Hills zu fällen, läßt der Fall einiges zu wünschen übrig. Vereinfacht gesagt, beruht seine Glaubwürdigkeit einzig und allein auf ein paar recht schlichten Behauptungen.

## BEHAUPTUNG 1:
## HYPNOTISIERTE PERSONEN KÖNNEN NICHT LÜGEN

Falsch! Die meisten Menschen lügen unter Hypnose zwar tatsächlich nicht, aber die meisten nicht-hypnotisierten Menschen tun das ja auch nicht. Menschen, die unter hypnotischem Einfluß stehen, können lügen und haben dies auch schon getan. Manche haben darüber hinaus zu drastischen Hilfsmitteln gegriffen, um die Lügendetektoren irrezuführen – wie etwa Reißzwecken in den Schuhen.

Hypnotisierte sind in der Lage, die Erinnerung an eine Erinnerung statt an das wirkliche Geschehen zu reproduzieren und haben im Versuch auf Kontrollfragen falsch geantwortet, obwohl der Versuchsleiter wußte, daß der Patient die richtige Antwort kannte. Falls die Hills versucht haben, der Öffentlichkeit einen Streich zu spielen, hatten sie genug Zeit, um ihre Geschichten aufeinander abzustimmen. Und die Karte wurde nur von Mrs. Hill gezeichnet.

## BEHAUPTUNG 2:
## DER HYPNOTISEUR GLAUBTE, WAS ER HÖRTE

Falsch! Obwohl Dr. Benjamin Simon der Schweigepflicht auch noch gehorcht hatte, als der Fall veröffent-

## RÄTSEL 4

Leichte Fragen – 1 Punkt für jede richtige Antwort:

1. Welche zwei Zahlen benutzt Kevin beim Zeichnen seiner Bilder?
2. Welche Tätowierung hat der Barkeeper auf dem Arm?
3. Was fällt Mulder an Darlene Morris' Wohnanhänger auf?
4. Wie heißt Darlene Morris' verschwundene Tochter?
5. An welche Abteilung schickt Mulder die Bilder von Kevin?

Es wird schwieriger – 2 Punkte für jede richtige Antwort:

6. Wann wurde Samantha Mulder geboren?
7. Wie lautete die Anschrift der Familie Mulder zu der Zeit, als Samantha entführt wurde?
8. Wie heißt der See, den Mulder als Gebiet für häufige UFO-Sichtungen erwähnt?
9. Welche Nummer hat der Stellplatz der Mulders?
10. Wie lautet Samantha Mulders mittlere Initiale?

licht und sein Ruf in Zweifel gezogen worden war, gab er seine Meinung zu Protokoll, nachdem der Film gezeigt worden war.

Betty Hill, die sich als Kind gefürchtet hatte, wenn ihre Schwester ihr Geschichten vorgelesen hatte, war schon vor der ›Begegnung‹ in New Hampshire von Entführungsalpträumen heimgesucht worden. Wenn sie aus diesen Alpträumen erwacht war, hatte sie dem Menschen, der ihr am nächsten stand, also ihrem Mann, in der Dunkelheit des Schlafzimmers die schrecklichen Bilder ihres Traumes geschildert. Nach Dr. Simons Meinung hatte Barney die Worte seiner eloquenten Ehefrau später einfach wiederholt.

Als geachteter Mediziner hatte Dr. Simon Hunderte von Stunden mit dem Ehepaar verbracht, bevor er eine persönliche Beurteilung gewagt hatte: Mrs. Hill verlagere – genau wie Tausende anderer Menschen – ihre beängstigenden Fantasien nur in eine sichere Umgebung.

## BEHAUPTUNG 3: DIE KARTE WAR ECHT

Zwar saß die Astronomin Jahre über Mrs. Hills reproduzierter Karte, aber sie war von Beruf eigentlich Lehrerin und betrieb die Astronomie nur als Hobby und Zeitvertreib. Sie gab auch zu, daß die Übereinstimmung zwischen Karte und Zeta Reticuli nur eine von vielen Möglichkeiten sei. Ein anderer Astronom, Donald Menzel, bewies statistisch, daß jede Anordnung von Linien und Kreisen, die man auf eine zweidimensionale Fläche projiziere, zu irgendeiner Konstellation im Weltraum paßt.

Der Fall Hill wird die Ufologie nicht in den Kreis der ernsthaften Wissenschaften bringen, aber selbst für den, der die Geschichte der UFOs nur oberflächlich verfolgt, zeigen sich hier wenigstens die gewohnten

Elemente der Entführungen durch Außerirdische. Genau diese Elemente werden mit großer Wirkung in den erfundenen Geschichten wie der Folge ›Signale‹ und anderen Episoden von *Akte X* eingesetzt.

Die Details solcher Entführungen durch Außerirdische haben sich in der populären Kultur derart eingebürgert, daß sie selbst von Zuschauern, die sich nicht für Ufologie interessieren, wiedererkannt werden. Die hellen Lichter, die schwebenden Gestalten von Duane Barry und Samantha T. Mulder, die Lähmung des jungen Fox Mulder und die Pseudo-Erinnerungen, die selbst ein erwachsener Mulder mit Psychologiestudium nicht analysieren kann – all das geht auf den klassischen Entführungsfall zurück: Zuerst fesselte eine Reihe heller, sich bewegender Lichter Mr. und Mrs. Hills Aufmerksamkeit. Sowohl Betty wie auch Barney berichteten von einem Gefühl der Schwerelosigkeit, als sie in die Fliegende Untertasse hinein- bzw. herausgebracht worden waren. Unter Hypnose erzählten sie als erstes von einem eigenartigen Erstarren ihrer Muskulatur. *Akte X* macht keinen Hehl daraus, daß die Handlung frei erfunden ist, aber sie hat aus der gewaltigen Masse der Entführungsliteratur all das verarbeitet, was dem Plot in irgendeiner Art nutzen kann.

Wer paranormale Phänomene ernsthaft studiert, findet im Fall Hill ein gutes Beispiel für das bekannte Dilemma mit dem Huhn und dem Ei: Sind sich die Entführungsgeschichten deshalb so ähnlich, weil alle auf den Medienrummel und die Erzählungen zurückgehen, die sich auf die Originalgeschichte stützen? Oder finden sich, wie die Anhänger der Entführungsthese behaupten, deshalb Ähnlichkeiten in den Geschichten, weil es tatsächlich Entführungen durch Außerirdische gegeben hat?

**Obwohl wir die vollständige Adresse noch herauskriegen müssen, wissen wir wenigstens, daß Scullys Apartment die Nummer 402 hat. Ihre Hausnummer, 1419, ist die Seriennummer des ersten Lochstreifenlesers von IBM.**

## ASTROLOGISCH GESPROCHEN ...

**Scully ist Sternzeichen Fisch.** Unter diesem Zeichen Geborene neigen zum Fantasieren, Träumen und einem festen Glauben an übernatürliche Dinge. Welche Ironie.

### FISCHE:

**Eigenschaft: wechselhaft**
**Element: Wasser**
**Kernaussage:»Ich glaube.«**

BESCHREIBUNG
**Der Fisch ist aufgeschlossen. Er hat die Fähigkeit, zu glauben und alle Arten menschlicher Erfahrungen zu verstehen.**

POSITIVE
EIGENSCHAFTEN
**Leidenschaftlich, mitfühlend, gefühlsbetont, opferbereit, intuitiv, reflektierend, musisch/künstlerisch**

NEGATIVE
EIGENSCHAFTEN
**Zögerlich, redselig, melancholisch, pessimistisch, emotional gehemmt, schüchtern, unpraktisch, träge**

---

Personalakte Nr. 121-627-161

Name:                   **Dana Katherine Scully**
Rang:                   Special Agent, DOJ,
                        Federal Bureau of
                        Investigation
Derzeitige Abteilung:   Akte X
FBI-ID-Nummer:          2317-616
Telefon:                (Privat) 202-555-6431
                        (Handy) 555-3564

Angaben zur Person

---

Geburtsdatum: 23. Februar 1964
Größe:        167 cm
Haarfarbe:    tizianrot
Augenfarbe:   blau/grün/braun
Familienstand: ledig/nicht geschieden/keine
              Kinder
Eltern:       Vater: Captain Jim Scully (ver-
              storben)
              Mutter: Margaret Scully
Geschwister:  Zwei Brüder (einer älter, einer
              jünger), beide unauffällig. Eine
              ältere Schwester – Melissa –,
              die mit New-Age-Gedankengut
              liebäugelt
Im Notfall:   Margaret Scully (Mutter) benach-
              richtigen
              Religionszugehörigkeit: römisch-
              katholisch (zur Beachtung: Ein
              Testament befindet sich in den
              Unterlagen)

Ausbildung

---

Agent Scully studierte Physik an der Universität Maryland, bevor sie ein Medizinstudium aufnahm. 1992 erfolgreicher Abschluß der FBI-Ausbildung in Quantico. (Zur Beachtung: Sie

46

unterhielt während ihrer Ausbildung eine intime Beziehung zu
ihrem Ausbilder Jack Willis.)

## Berufliche Tätigkeit (chronologisch)

Assistenzzeit im Krankenhaus
Beordert zur Ausbildungseinrichtung Quantico als Ausbilderin
Beordert zur Abteilung Akte X als Agentin (6. März 1992)
Rückbeordert zur Ausbildungseinrichtung Quantico als Ausbilderin
Rückbeordert zur Abteilung Akte X als Agentin

## Bemerkungen (chronologisch)

1. Die Abteilung hegt die Hoffnung, daß Agent Scully, die eine
   >traditionelle< wissenschaftliche Haltung vertritt und der Naturwissenschaft verpflichtet ist, in der Lage sein wird, den
   Wert der Arbeit von Agent Mulder vernünftig zu beurteilen und
   dabei gleichzeitig das allgemeine Verhalten und den geistigen
   Zustand des Agenten zu beobachten.
2. Aufgrund eines vor kurzem geführten Gespräches hat unser Vernehmungsbeamter Grund zu der Annahme, daß wir mit der Überstellung von Agent Scully zur Akte X weniger gut beraten
   waren, als wir zuerst dachten. Während die Agentin sich im
   allgemeinen an die hergebrachten Ermittlungstechniken hält,
   die von unserer Abteilung für optimal erachtet werden, ist bei
   ihr eine Tendenz zur >Aufgeschlossenheit< festgestellt worden.
3. Nach einer mit ihrer beruflichen Tätigkeit in Zusammenhang
   stehenden Entführung durch Duane Barry (ein bekannter Psycho-
   tiker, der vermutlich mit einem Komplizen gearbeitet hat),
   mußte Agent Scully medizinisch behandelt werden. Sie wurde
   aufgefordert, den Vorfall mit dem hauseigenen Psychiater zu
   diskutieren. Da solche Unterredungen unter die ärztliche
   Schweigepflicht fallen, sind derzeit keine Informationen verfügbar. Beurteilungen ihrer Tauglichkeit für den aktiven Einsatz bestätigen ihre Entscheidung, zu ihren vorherigen Aufgaben zurückzukehren. Dennoch werden weiterhin regelmäßig
   Berichte über ihre Ermittlungen angefertigt.

(Zur Beachtung: Bis Agent Scully in der Lage ist, einen Bericht
über die Ereignisse bei ihrer Entführung anzufertigen, gilt der
Fall Nr. 73317 weiterhin als offen.)

# Codename:
# ›Der Teufel von Jersey‹

**ZUSAMMEN-FASSUNG**

Als Mulder behauptet, daß Bigfoot in den Hinterhöfen von Atlantic City umgehe, findet sogar Scully, daß er sich jenseits dessen befinde, was sich noch im Grenzbereich der Wahrscheinlichkeit bewegt. Trotzdem fällt es ihr nicht leicht, Mulder und seine Theorien für eine Weile zu vergessen, um ihre wohlverdiente Freizeit zu genießen. Zum Glück für Mulder.

**HINTERGRUND**

### Der Teufel von Jersey hat viele Gestalten

Chris Carter hat den Teufel von Jersey für diese Episode nicht frei erfunden, aber auch nicht einfach nur die Bigfoot-Legende kopiert. Der Teufel von Jersey treibt seit mindestens 1780 sein Unwesen in New Jersey; man kann seine Wurzeln in der Überlieferung noch fünfzig Jahre weiter zurückverfolgen. Seine Geschichte führt die Forscher auf einem verschlungenen Pfad zu verschiedenen Manifestationen und Beweggründen, die so unterschiedlich sind, daß sie – außer dem Namen – nicht viel miteinander gemeinsam haben.

Die früheste Version war der ›Leeds-Teufel‹, wie er in manchen Gegenden heute noch genannt

**ZITAT**
»Dieses Ding hat jemandem den Arm abgebissen! Das kann man wohl kaum ›Verteidigung‹ nennen!«
– SCULLY in ›Der Teufel von Jersey‹

wird. Irgendwann im Jahr 1735 kursierte das Gerücht, eine Mrs. Leeds habe nach der Geburt ihres dreizehnten Kindes entsetzt mitansehen müssen, wie dieses ›Teufelskind‹ durch den Schornstein davongeschwebt sei. Akribische Nachforschungen in örtlichen Chroniken ergaben keinen Hinweis, der die Geschichte bestätigt oder widerlegt hätte. Eine Menge Familien mit dem Namen Leeds oder dem Namenskompositum ›aus Leeds‹ tauchen in den Kirchenbüchern und amtlichen Verzeichnissen auf, und Kinderreichtum war damals in Mode. Den Forschern fehlt eine direkte, zeitgenössische Quelle, die bestätigt, daß das dreizehnte Kind einer Familie namens Leeds verschwunden sei.

Beweise waren dagegen immer schon sekundär, wenn es darum ging, eine schöne Legende – egal, ob wahr oder falsch – fortzuspinnen. Der Leeds-Teufel besaß ein paar Eigenschaften, die sehr zu seinem mythischen Überleben beitrugen. Das Bild vom ›Teufel‹ lieferte zwar einen so allgemeinen Bezugspunkt, daß man darunter alles mögliche verstehen konnte, aber wegen seiner ursprünglichen Beziehung zu einer ganz bestimmten geografischen Region wurde dieser Teufel – genau wie das Ungeheuer von Loch Ness – von den Bewohnern dieser Region in ihre Überlieferungen aufgenommen. Mit der emotionalen Bindung an die Kreatur entstand das Bedürfnis, sie in lebendiger Erinnerung zu behalten.

In den folgenden Jahrzehnten des Jahrhunderts schmückten die Zeitgenossen die Originalgeschichte aus. Das Monster ihrer Berichte wurde älter und wuchs zu einem Wesen von der Größe eines Erwachsenen heran, das glücklicherweise nicht mehr durch die Kamine paßte. Die meisten ›Zeugen‹ beschrieben es als geflügeltes Untier mit dem Kopf eines Widders oder eines Bullen, also ganz im Einklang mit dem Teufelsbild jener Zeit, in der ›gehörnte Teufel‹ mit dem Kopf eines Tieres statt eines Menschen erschienen.

Die Veränderungen der Gestalt des Jersey-Teufels in den nächsten zweihundert Jahren sind ein Zeichen für die erstaunliche Fähigkeit einer Legende, sich geografisch zu verbreiten und sich dabei an die entsprechende Situation anzupassen. In den Jahren bis heute trat er in so vielen verschiedenen Manifestationen auf, daß davor sogar der Einfallsreichtum von *Akte X* bezüglich der Verwandlungsfähigkeit ihrer Figuren verblaßt.

Als sich in der Gegend zwischen 1830 und 1840 rätselhafte Todesfälle unter Haustieren häuften und kein Grund dafür gefunden werden konnte, entwickelte der Jersey-Teufel plötzlich die Fähigkeit, unsichtbar zu werden und selbst bei schärfster Bewachung zwischen den Tieren herumzulaufen und sie zu töten.

Etwa dreißig Jahre später gewann er dann seine sichtbare Gestalt zurück. Er behielt seinen Widderkopf und bekam, passend zu seinen Flügeln, einen Vogelkörper. Der Jersey-Teufel hatte jetzt zwar eine bizarre Gestalt, aber die erklärte eben die mysteriösen Fußspuren, die man im frischen Schnee gefunden hatte. Danach verwandelte er sich in einen fliegenden Löwen, anschließend in eine undefinierbare, aber äußerst gewandte gefiederte Kreatur mit vier Beinen. 1928 wurde er – noch vager – schlicht ein ›Monster‹. Im Jahr 1932 war der Teufel von Jersey ›halb Mensch, halb Tier‹ und am Ende ein herkömmlicher Teufel mit spitzen Ohren und Schwanz.

Besonders deutlich zeigt sich die Überlebens- und Wandlungsfähigkeit der Legende in der Version des Jersey-Teufels von 1948. Nur ein Jahr nach dem Roswell-Absturz – die Vereinigten Staaten wurden von UFOs geradezu überschwemmt – verlor er plötzlich alle Teufels- und Tierattribute. Statt dessen wurde er mehrfach als ›grünes, eindeutig männliches, aufrechtgehendes Wesen‹ beschrieben. Man kann es Mulder nachsehen, wenn er dieses Wesen als Abbild der Außerirdischen bezeichnet, die damals über die Umschläge der Science-fiction-Bücher und die Filmposter huschten.

Bei seinem nächsten Erscheinen kehrte der Jersey-Teufel wieder zu seiner tierischen Natur zurück. Vielleicht unter dem Einfluß der Bigfoot-Geschichten entwickelte er sich langsam zu einer Kreuzung zwischen tasmanischem Teufel und menschlichem Wesen.

Obwohl Chris Carters Version wenig Ähnlichkeit mit einem Kind hat, das durch einen Kamin fliegt, bleibt sie dennoch im historischen Rahmen der Überlieferung. Außerdem war es, rein praktisch gesehen, sicherlich leichter, die geisterhafte Gestalt von Claire Stansfield zu filmen, die Carters Teufel spielte, als einen geflügelten Löwen oder einen widderköpfigen Vogel-Strauß.

## Victor, der Wolfsjunge aus Frankreich

Chris Carter ließ sich für diese Episoden der *Akte X* von Zeitungsartikeln inspirieren, die seine Fantasie anregten, von Alpträumen, aus denen er, nach dem Lichtschalter tastend, erwachte, und von den zahlreichen Nachschlagewerken, die sich langsam in einem besonderen Teil eines Bungalows in einem abgelegenen Winkel des Twentieth-Century-Fox-Geländes angesammelt hatten.

In ›Der Teufel von Jersey‹ suchen Mulder und Scully mit Hilfe eines Wildhüters aus New Jersey und eines Anthropologen von Scullys Alma mater verzweifelt nach einer verwilderten Frau, die offenbar Menschen in ihren Speiseplan aufgenommen hat. Die Hauptdarsteller der Serie geben übrigens zu, daß man sich Geschichten von Bigfoot und anderen Tiermenschen erzählt habe, als die Crew zum ersten Mal am Lagerfeuer zusammengesessen habe.

Eine dieser Geschichten ist wirklich passiert. Anfang des 19. Jahrhunderts wurde ein Junge, den man aus einer Wolfshöhle bei Aveyron in Frankreich geholt hatte, im nationalen Institut für Taubstumme in Paris untergebracht. Das laut Schätzungen etwa zwölf Jahre alte Kind leckte Wasser, nahm keine Nahrung außer rohem Fleisch zu sich (das möglichst noch warm sein und von frisch geschlachteten Tieren stammen mußte), biß jeden, der ihm zu nahe kam oder ihm sorglos den Rücken zudrehte, und verbrachte seine Nächte mit Knurren und die Tage mit dem Grunzen unartikulierter Laute und schrillem Geheul. Jean Marc Itard, der den Jungen für den Rest seines Lebens unterrichtete, brauchte beinahe einen Monat, bis er sich dem Kind soweit nähern konnte, daß er eine drei Zentimeter breite und sechs Zentimeter lange Narbe über seinem Kehlkopf entdeckte.

Obwohl es damals keine Richtlinien für die Behandlung von derart außergewöhnlichen Patienten gab, wurde der Junge, der eine kleine Berühmtheit war, gut behandelt. Itard war davon überzeugt, daß irgendwo in dieser knurrenden, pockennarbigen Gestalt ein menschliches Wesen verborgen sei. Er gab ihm den Namen Victor und entwickelte ein Lernprogramm, mit dem er hoffte, den Jungen wieder gesellschaftsfähig zu machen. Aber er kam nur schleppend voran; einige – freilich sehr interessante – Verhaltensweisen führten zu zahlreichen Rückschlägen. An dem Tag, an dem Victor im Garten herumzuscharren begann, endeten seine Freiheiten erst einmal für ein paar Monate.

Für Itard stellten sich eine Menge Fragen. Wie konnte das Kind herumsitzen und ins Nichts starren, ohne auch nur mit der Wimper zu zucken, wenn eine Pistole keine drei Meter vor ihm abgefeuert wurde? Und warum reagierte das gleiche Kind sofort und oft gewalttätig, wenn hinter ihm eine Nußschale aufgeknackt wurde? Überzeugt davon, daß Victors Sinne gesund, aber ›gesellschaftlich eingeschlafen‹ seien, begann Itard, die Behandlungsmethode behutsam zu verändern. Er ergriff Maßnahmen, die Victors Sinne stimulieren und eine Brücke zu seinem oft abwesenden Verstand schlagen sollten.

Zehn Jahre lang wurde Victor jeden Tag gekitzelt, in warmem und kaltem Wasser gebadet und massiert. Langsam entwickelte sich eine Art von Kommunikation, mit deren Beschreibung sich Itard allerdings selbst schwertat:

> »Er beißt mich nicht mehr, wenn er verärgert ist. Statt dessen knabbert er so lange an seinen Fingern, bis die Umgebung zu seiner Zufriedenheit verändert ist. Er umarmt mich, wenn er wieder glücklich ist. Das Beißen in meinen Nacken und mein Gesicht ist jetzt bloß noch ein Zwicken. Ich vermute, er will damit seine Zuneigung ausdrücken, denn er tut es nur, wenn er besonders entspannt ist. Wenn ich doch nur etwas Menschlichkeit in seinen Augen entdecken könnte.«

Es dauerte noch weitere fünf Jahre, bevor man es wagte, Victor in eine normale Umgebung zu entlassen. Er war endlich in der Lage, gewöhnliche Nahrung anders als mit bloßen Händen zu sich zu nehmen, sich anzukleiden und seine heftigsten Gefühlsausbrüche zu kontrollieren. Man erlaubte ihm den Umgang mit den anderen Bewohnern des Instituts. Die Hoffnungen Itards, Victor werde durch diese Begegnung mit einer neuen Umgebung, neuen Menschen und neuen Freiheiten seine Menschlichkeit wiedergewinnen, wurden aber schnell enttäuscht. Obwohl die gewalttätigen Phasen seiner Kindheit nicht wiederkehrten, wimmerte und weinte der inzwischen dreißigjährige Victor, wenn man ihn von seinem Lehrer trennte. Seine ohnehin unvollkommene Sprechfähigkeit schwand vollends, und er verbrachte seine Tage in selbstgewählter Isolation, starrte gegen die Wand, schaukelte auf seinen Hacken

Ihre Punktzahl:

und vermied jeden Blickkontakt. Es half auch nichts, daß man ihn schließlich in sein gewohntes Quartier zurückbrachte.

Der enttäuschte und ratlose Itard griff nun auf eine aggressivere Version des Stimulierungsprogrammes zurück, mit dem er den Jungen früher behandelt hatte. Das Kitzeln wurde durch neu entwickelte Schocktherapien ersetzt, aus den warmen und kalten Bädern wurden Dampfbehandlungen und Eisbäder. Nichts schien zu helfen.

»Ich zweifle an so vielen Dingen... Ob ich jemals einen Schimmer von Menschlichkeit sah, ob es richtig war, ihn hierherzubringen, ob alles, was ich tue, zu seinem Besten ist!
Fast wünsche ich mir seine früheren Wutanfälle. Wenigstens in der Wut konnte ich mich mit ihm identifizieren.«

Victor zeigte in all den Jahren im Institut kein Interesse für Frauen. Kinder behandelte er so, wie eine sozialisierte Person eine Welpe behandelt. Nie versuchte er auszubrechen.

Er starb im Alter von vierzig Jahren. Bis zuletzt hatte er sich den Menschen gegenüber distanziert verhalten und war dem Mann ein Geheimnis geblieben, der fast dreißig Jahre mit ihm verbracht hatte. Hinter Itards Rücken bezeichneten viele Kollegen Victor als den Hund, den der Forscher als Kind nie gehabt habe. Sie deuteten an, daß Itard sein Leben damit verbracht habe, Rousseaus ohnehin kaum noch beachtete Idee vom ›edlen Wilden‹ zu widerlegen, und behaupteten, Itard hätte schon zu Beginn erkennen müssen, daß »der Junge kein Idiot geworden ist, weil man ihn im Wald ausgesetzt hatte, sondern daß er vielmehr im Wald ausgesetzt worden ist, weil er ein Idiot war«.

Itard war aber längst nicht so naiv, wie seine Kollegen glaubten. Natürlich hatte er eine Verbindung zwischen der Narbe auf der Kehle des Jungen und der zu vermutenden Vorgeschichte hergestellt: Der Junge hatte den Mordversuch eines Menschen überlebt, der sich nicht mit einem ›Idioten‹ hatte belasten wollen. Einige Jahre nach Victors Tod schrieb Itard:

> »Ich bereue nicht einen Augenblick dieser Jahre, keinen einzigen. Ich bereue nur – wenn es denn Reue ist –, daß ich mich bis jetzt nicht davon überzeugen konnte, daß Victor nicht vielleicht dort, wo man ihn gefunden hatte, besser aufgehoben war. Ich möchte nicht zu seinem Elend beigetragen haben, nicht absichtlich.‹

Es bleibt umstritten, ob man Itard für die von ihm angewandten Methoden verantwortlich machen kann, die man in der modernen Medizin barbarisch nennen würde. Zweifellos aber ist seine Arbeit mit Victor grundlegend für die Berührungstherapie geworden, die heute eine der sehr wenigen wirksamen Behandlungsmethoden für autistische Kinder und Erwachsene ist. Itards Fürsorge beschützte Victor, denn in jener Zeit hätte der ›Wolfsjunge‹ ebensogut als Schaustück in einem Zirkus enden können. Außerdem war Itard vielleicht der erste, der seine Behandlungsmethode eines geistig behinderten Patienten methodisch aufzeichnete und es zuließ, daß diese Aufzeichnungen von außenstehenden Experten beurteilt wurden. Wenn man Itards Maßnahmen heute kritisieren kann, so ist das erst seiner Bereitschaft zu verdanken, sich der zeitgenössischen Kritik zu stellen.

Vielleicht hätte Itard als einer von wenigen Menschen Mulders verzweifelte Bemühungen verstanden, die Tierfrau vor einer harten und rücksichtslosen Behandlung zu beschützen und bereitwillig den ›Mühlstein der Erniedrigung‹ bei der Suche nach der Wahrheit zu tragen.

Der fälschlich als ›Bigfoot‹ bezeichnete Wendigo ist eine kanadische Erscheinung, die in der Umgebung des Drehortes der *Akte X* bei Vancouver sehr bekannt ist. Als Mischung aus Phantom und Tier lebt der Wendigo in den Wäldern und lauert Menschen auf, besonders Kindern. Der Glaube an dieses Monster geht weit zurück bis in die Indianerlegenden, in denen berichtet wird, daß der Wendigo das Fleisch seiner Opfer verschlinge. R. S. Lambert schreibt in seinem Buch *Exploring the Supernatural*: »Wendigos (die männlich oder weiblich sein können) sollen einen Pakt mit bösen Geistern geschlossen haben, die im Wald lauern und ihnen dabei helfen, ihre Opfer zu töten.« W. T. Cox listet in *Fearsome Creatures in the Lumber Woods* (1951) noch eine Reihe weiterer kanadischer ›Waldschrecken‹ auf: Hodags, Heuler, Ringelschlangen, Feen und Filamaloos.

# Codename: ›Schatten‹

**ZUSAMMEN-FASSUNG**

Als das Foto einer automatischen Überwachungskamera die Sekretärin Lauren Kyte und den Schatten eines unidentifizierten Mannes mit dem ungewöhnlichen Tod zweier Einbrecher in Verbindung bringt, müssen Mulder und Scully herausbekommen, ob Kyte Täter oder Opfer ist. Ein Auto, das von selbst – also ohne Fahrer – losfährt, drei weitere Todesfälle und die Verwicklung der Firma, bei der Kyte arbeitet, in Waffengeschäfte wirken geradezu harmlos, verglichen mit den Geschehnissen, die sich nun ereignen. Ob Ursache oder Ziel dieser Vorgänge: Lauren Kyte ist der einzige Schlüssel zur Lösung des Rätsels.

**HINTERGRUND**

## Ein schauerliches Erlebnis

Der Trick von *Akte X*, alten Aberglauben in moderne Formen zu prägen, lockt die Zuschauer Woche für Woche vor die Mattscheiben. In ›Der Teufel von Jersey‹ oder ›Der Vulkan‹ werden alte Geschichten für ein junges und breites Publikum neu erzählt. Dabei kann es kaum überraschen, daß die Handlung die eigentliche Geistergeschichte in den Hintergrund drängt. In ›Schatten‹ spinnt die

**ZITAT**

»Ich würde niemals lügen. Ich habe nur absichtlich an einer Desinformationskampagne teilgenommen.«
– Agent MULDER in ›Schatten‹

In einem Interview in der Sendung *Midday* von CBS enthüllt Gillian Anderson, daß sie in ihrem neuen Haus in Vancouver selbst einmal die Anwesenheit eines ungewöhnlichen ›Etwas‹ gefühlt habe. Dem Ratschlag eines Freundes folgend, habe sie die Zimmer von einem indianischen Schamanen ›reinigen‹ lassen. Daraufhin sei das Gefühl verschwunden.

X-Crew eine Legende weiter, die vielleicht zu den ältesten überhaupt zählt.

Für eine Serie wie diese, die Berge von Material in einer beschränkten Sendezeit verarbeiten muß, ist es von Vorteil, mit einem Erzählerbericht zu beginnen. Weil jeder Zuschauer die grundlegenden Elemente einer Gespenstergeschichte kennt, können die Autoren dann relativ gefahrlos mitten in die Geschichte hineinspringen, ohne ihr Publikum zu verwirren. Haben die Zuschauer erst einmal angebissen, geben die Autoren ihrer Geschichte eine beliebige neue Wendung.

## DER TRADITIONELLE GEIST

Geister stammen bei allen Völkern im allgemeinen aus dem Reich der Toten; meistens sind es die Toten selbst, die keine Ruhe finden können. Klassische Gespenstergeschichten beginnen in der Regel mit einem rastlosen Geist, dessen Ruhe von irgendeinem unerfüllten, drängenden Wunsch gestört wird. Oft ist dieser Schatten durch eine bestimmte Person oder eine bestimmte Örtlichkeit, zu der er zu Lebzeiten eine enge Beziehung hatte, mit dem Diesseits verbunden. Deshalb ist es ihm auch unmöglich, seine Aufgabe ohne Mithilfe der Lebenden zu erfüllen.

Der Londoner Tower ist durch seine blutige Geschichte als Aufenthaltsort für unzufriedene Geister geradezu prädestiniert. Die vielen Gespenster, die seine feuchten Räume jahrhundertelang durchwander-

### RÄTSEL 6

Leichte Fragen – 1 Punkt für jede richtige Antwort:

1. Wie lautet Laurens Nachname?
2. Was ist an dem Überwachungsfoto der automatischen Kamera ungewöhnlich?
3. Was ist am Licht von Scullys und Mulders Auto ungewöhnlich?
4. Hellseher, Psychokineten, Telepathen: Wer kann Gegenstände durch die Kraft seiner Psyche bewegen?
5. Was wird in dieser Folge illegal verkauft?

Es wird schwieriger – 2 Punkte für jede richtige Antwort:

6. Welches Zitat von Benjamin Franklin hängt in Howard Graves' Büro?
7. Wie lautet Laurens Adresse?
8. Wie heißt Howard Graves' Tochter?
9. Wie heißt die erfundene Firma, bei der Lauren einen Anhänger mietet?
10. Welche Sehenswürdigkeit möchte Mulder sehen, bevor er Philadelphia verläßt?

ANTWORTEN

Ihre Punktzahl:

ten, trugen zur Entwicklung der klassischen Gespenstergeschichte bei. Man sah zum Beispiel zwei junge Prinzen, die dort 1483 ermordet worden waren, jahrhundertelang die Wendeltreppen hinauf und hinab schweben, durch Wände gehen und an Fenstern vorüberhuschen. 1674 fand man ihre Knochen und setzte sie in einem ordentlichen Begräbnis bei. Danach wurden die Geister nie wieder gesehen.

Das berühmteste Gespenst des Towers ist Anne Boleyn, eine Ehefrau Heinrichs VIII., die auf seinen Befehl 1536 geköpft wurde. Im Gegensatz zu den kleinen Prinzen, die ziellos umherzuwandern schienen, war Anne – und ist es vielleicht heute noch – wahrscheinlich auf der Suche nach ihrem treulosen Gemahl. Schrille Schreie mitten in der Nacht, kalte Berührungen im Gesicht und am Hals der Besucher, sogar ein Stoß auf einer langen Treppenflucht wurden Anne Boleyn zugeschrieben. Ihre reichlich unirdischen Streiche hatten sich bis 1992 derartig gehäuft, daß man die Besucher ermahnte: »Halten sie sich auf dem Weg nach oben am Geländer fest. Sonst könnte Anne Sie hinunterschubsen.« Da Heinrich schon lange tot ist, wird Anne wohl bis in alle Ewigkeit den Tower auf der Suche nach Rache durchgeistern.

## DER POLTERGEIST UND MODERNE LEGENDEN AUS DER STADT

In letzter Zeit sind die Menschen immer weniger geneigt, einen Geist einfach nur als Geist zu sehen. Sie haben das Bedürfnis, nicht nur die klassischen Geistererscheinungen zu erklären, sondern auch all die unheimlichen Vorgänge, die sich nicht sichtbar manifestieren.

Etwa in den fünfziger Jahren erreichte die Geschichte des deutschen Poltergeistes die Vereinigten

Staaten, wo sie in neue und ältere Geschichten aufgenommen wurde. Der Poltergeist, den man gewöhnlich
für einen ungebundenen, energetischen, körperlosen
Knäuel reinen Willens hält verdrängte die alten Geister. Mit Hilfe der modernen New-Age-Theorien, die
sich häufig um neutrale, aber mächtige Gewalten drehen, die das Gewebe von Raum und Zeit durchdringen,
blieb dieser neue Poltergeist für Jahrzehnte präsent.

Gleichzeitig begannen Legenden aus den Städten zu
zirkulieren, deren Grusel im allgemeinen weder auf
übernatürliche Erscheinungen noch auf Geister zurückgeht. Beispiel: Die Geschichte der Hausfrau, die einen
Einbrecher in ihrem Haus ertappte, nachdem der Tierarzt einen Finger des Einbrechers in der Kehle ihres
Hundes entdeckt hatte. Solche Geschichten verlassen
sich auf reinen Horror.

## DIE PARANORMALE HEIMSUCHUNG

In den frühen achtziger Jahren schlüpfte die Geister-
überlieferung in ihre nächste Inkarnation. Zunehmen-
des Interesse an Psychokinese und Telepathie führte
zu der Theorie, daß Menschen für das Klopfen, Klappern, Stöhnen und auch die visuellen Effekte verantwortlich seien, die man lange Zeit Wesen von jenseits
der materiellen Welt zugeschrieben habe. Alle diese
Erscheinungen konnten mit Hilfe der Parapsychologie
beschrieben werden; es gab nichts, was nicht durch
die eine oder andere ihrer verschiedenen Disziplinen
erklärt werden konnte.

In dieser ersten Geisterepisode von *Akte X* gibt es
mindestens drei mögliche Lösungen des Rätsels. Wird
Lauren von ihrem Chef Graves verfolgt, einem rastlosen Geist, der versucht, seine Ermordung zu rächen?
Ist die unglückliche Lauren der Brennpunkt einer Pol-
tergeist-ähnlichen Energieform, die das Licht eines

Autos noch lange nach dem Abschalten der Zündung weiterleuchten lassen kann? Oder führt Lauren die mysteriösen Ereignisse selbst herbei? Vielleicht ist ihr unbewußtes Wissen um die Vorgänge in ihrer Firma und ihre Furcht vor dem FBI Ursache der schwebenden Gegenstände.

## E.T., DAS GESETZ UND SIE

Um für alle Fälle gerüstet zu sein – und zweifellos noch im Zuge des Verfolgungswahns der McCarthy-Ära –, gab es in den Vereinigten Staaten ein Gesetz, das es den Amerikanern verbot, »sich außerirdischen Bürgern zu nähern, mit ihnen zu sprechen oder irgendwelche Absprachen mit ihnen zu treffen«. Verstöße gegen das Gesetz konnten mit »Bußgeldern bis zu 5000 Dollar, Gefängnisstrafe oder beidem« geahndet werden.

# Codename: ›Die Maschine‹

Eine neue Form fremder Intelligenz erwacht in den Tiefen des EURISKO-Gebäudes – COS, eine künstliche Intelligenz, die um jeden Preis überleben will. Mulders ehemaliger Partner ist das erste Opfer des Gebäudes, das auf dem besten Weg ist, der erste architektonische Serienmörder der Welt zu werden. Bei ihren Recherchen sehen sich unsere beiden Agenten mit Stromschlägen, einem Garagentor, das enthauptet, einem mörderischen Belüftungsventilator und der amerikanischen Regierung konfrontiert, die das Monster gern für ihre eigenen Zwecke nutzen will.

**ZUSAMMEN-FASSUNG**

**ZITAT**

»Es ist ein Rätsel, Miß Scully, und verdrehte Gehirne wie meines lieben Rätsel. Wir lieben es, auf unvorhersehbaren Denkwegen zu wandeln, in unbekannte Winkel zu spähen. Aber im allgemeinen begehen wir verdrehten Gehirne keinen Mord.«
– BRAD WILCZEK in ›Die Maschine‹

## Künstliche Intelligenz: Wie man die Leistungen des Verstandes erhöht

**HINTERGRUND**

Für Fox Mulder muß ›Die Maschine‹ ein Alptraumfall sein, denn er benutzt für seine Notizen am liebsten einen Notizblock und läßt seinen neuen Computer verstauben. Künstliche Intelligenz, Apparate, die Telefone fangen, seinen Partner in Belüftungsschächte ziehen und Morde begehen – das alles paßt einfach nicht in sein Weltbild.

Die Computertechnik hat immer schon seltsame und unerwartete Richtungen eingeschlagen. In dieser Episode erfand das X-Team den ersten empfindungsfähigen Computer und spielte so mit unserer Haßliebe für die elektronischen Kisten, die wir vielleicht nie ganz verstehen werden.

Als die Computer noch in den Kinderschuhen steckten, versprach die Wissenschaft Roboter, die uns eines Tages die profanen Arbeiten abnehmen würden, Maschinen, die schwere körperliche Arbeit verrichten, und gewaltige Datenbanken, die den technischen Fortschritt sichern würden. Diese Versprechen sind mehr oder weniger in Erfüllung gegangen, wenn man das auch nicht immer gleich auf den ersten Blick nachvollziehen kann.

Wer würde zum Beispiel sagen, daß er Haushaltsroboter besitze? Trotzdem haben die meisten von uns welche im Haus. An Stelle eines herumschwirrenden *Jetson*-Roboters hat uns die Wissenschaft mit hochentwickelten Maschinen gesegnet, um unseren Abwasch zu erledigen, den Staub aus den Teppichen zu bekommen und unsere Kleidung zu reinigen. Diese Erfindungen übernehmen unsere alltäglichen Arbeiten, entsprechen aber – im Gegensatz zu Data aus *Star Trek* – nicht unseren Vorstellungen von einem Roboter. Sie haben keinen individuellen Charakter, nichts, was sie voneinander unterscheidet.

Das gleiche gilt auch für die Masse der Computer, die aus den Elektronikgeschäften nach Hause geschleppt werden. Selbst wenn der PC die Zahl Pi bis zur n-ten Stelle berechnen kann, hat man ihn deshalb noch nie als intelligent bezeichnet (oft sogar als das Gegenteil!). Trotzdem war es ursprünglich das Ziel gewesen, eine Maschine zu konstruieren, die unsere Art zu denken, unsere Kreativität, selbst unsere Persönlichkeit widerspiegelt. Man wollte eine nach außen verlegte Erweiterung unseres Verstandes schaffen, so wie ein Hebel eine Erweiterung unseres Körpers ist. Schon ein kurzer Blick in die Literatur zeigt, daß uns dieses Ideal nicht erst seit gestern vorschwebt. Wenn Pinocchios ›Vater‹, Gepetto, in unserer Zeit gelebt hätte, wäre er nicht Puppenschnitzer, sondern Experte für künstliche Intelligenz geworden.

In ihrer einfachsten Form ist künstliche Intelligenz ein System, das menschliches Denken imitiert. In ›Die Maschine‹ erwähnt Deep Throat ein Schachprogramm, das in der Lage ist, einen Großmeister zu besiegen. Auf dem Markt befinden sich buchstäblich Hunderte ähnlicher Programme für Backgammon, Othello, Canasta, Poker und Schach, die alle in der Lage sind, es mit einem menschlichen Gegner aufzunehmen. Das Einmalige an LESTER ist, daß es betrügt.

Die meisten Spielprogramme halten sich an bestimmte Regeln. Beim Schach berechnet das Programm jeden möglichen und erlaubten Zug und entscheidet sich dann für den vorteilhaftesten. LESTER ging einen Schritt weiter. Während des Spiels lernte das Programm, daß bestimmte Züge nie gemacht wurden, obwohl sie absolut den Regeln entsprochen hätten. Indem die Programmierer den logischen Pfad Zeile für Zeile analysierten, begriffen sie, daß das Programm keine dieser Möglichkeiten falsch einschätzte, sondern sie einfach ignorierte. Genau wie sein menschlicher Gegner zog das Programm nur die relevanten und nicht alle Züge in Erwägung. Mit der Zeit entwickelte es

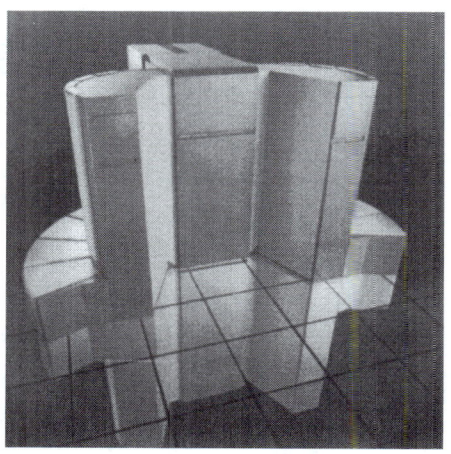

CRAY, der große Bruder von COS

Der Schauplatz dieser Episode, Crystal City in Virginia, existiert in Wirklichkeit nicht. Er ist eine Anspielung auf Silicon Valley.

so ein Spielmuster, daß kaum noch von einem menschlichen zu unterscheiden war.

Noch unglaublicher war, daß es seine menschlichen Gegner zu erkennen lernte und sich dem ›Stil‹ jedes einzelnen anpassen konnte. LESTER lernte, daß einige seiner Gegner bei ähnlichen Situationen immer die gleichen Zugfolgen spielten, daß andere bestimmte Angriffstaktiken bevorzugten und wieder andere dazu neigten, Lücken in ihrer Verteidigung zu übersehen. Wenn der Gegner seinen Namen eintippte, paßte das Programm seine Parameter sofort an. Es veränderte sein Verhalten als Reaktion auf seine Umwelt.

Die schwierigste Aufgabe war es, eine Situation zu erschaffen, in der das Programm außerhalb seiner Regeln arbeiten und sozusagen selbständig denken mußte. Nach ein paar ergebnislosen Versuchen, ein solches Szenario zu erfinden, stolperte das Forschungsteam zufällig darüber, als es ein Unterprogramm, das den menschlichen Spieler auf einen ausgeführten, aber unerlaubten Zug hinwies, einfach entfernte. Die meisten Gegenspieler LESTERS waren hochrangige Meister, die kaum unerlaubte Züge machen würden, und man hielt das Unterprogramm deshalb für überflüssig. Nach kaum einer Woche beschwerte sich ein Großmeister, daß ein lebenswichtiger Teil des Programms gestört sei, denn LESTER führe regelwidrige Züge aus.

In der Besorgnis, daß sie versehentlich ihre Daten verdorben hätten und daß alle bisher gespielten Spiele, die LESTER zu solchem Können gebracht hatten, vergeblich gewesen wären, verloren die Programmierer keine Minute und überprüften ihr Programm Schritt für Schritt. Die Tests ergaben, daß LESTER keine Fehlfunktion hatte, sondern genau das tat, was sie sich erhofft hatten – er erweiterte seine Parameter. Irgendwann, nachdem das Unterprogramm entfernt worden war, hatte der Großmeister tatsächlich einen unerlaubten Zug gemacht. Als LESTER sich in einer Situation befunden hatte, in der ihm kein erlaubter Zug mehr zum Sieg hätte verhelfen können, hatte er genau den gleichen unerlaubten Zug einfach imitiert. Obwohl LESTER keine wirkliche Person war, unterschied er sich offensichtlich von allen anderen Spielprogrammen. Und das ist nur der Anfang.

Gedächtnis, Entscheidungen fällen, Prioritäten erkennen und andere Denkprozesse können nicht einfach zerlegt werden. Man kann sie nicht direkt beobachten, und doch machen sie das Wesen des Menschen aus.

Mit dem Erfolg traditioneller Systeme künstlicher Intelligenz war es theoretisch möglich, ein ›Silikon-Gehirn‹ zu konstruieren, in dem Wissenschaftler nicht nur eines, sondern Tausende von Signalen in ihrem Zusammenwirken beobachten konnten. Diese komplexen Systeme – wie das Central Operating System, das im EURISKO-Gebäude arbeitet – sind die nächsthöhere Stufe in der Entwicklung künstlicher Intelligenz.

Während COS vielleicht nie Realität sein wird, sind die Themen, die in ›Die Maschine‹ angesprochen werden, doch von erheblicher Bedeutung für Computerwissenschaftler, Neurobiologen, Psychologen, Mediziner, Philosophen und sogar Theologen. Genau wie ihre Kollegen in der Molekularbiologie, die mit den ethischen Implikationen der Schöpfung neuen Lebens durch Genmanipulation ringen, fragen sich auch die Forscher, die sich mit künstlicher Intelligenz beschäftigen: Was ist eigentlich Leben? Würde COS als Lebensform gelten? Allen geläufigen Definitionen von Leben zufolge – einschließlich jener, anhand derer man den Tod feststellt – muß COS als Lebewesen betrachtet werden. War also der Versuch, COS zu zerstören, Mord?

## Der Computerfriedhof

In *Akte X* sind Computer eine vom Aussterben be-
drohte Art. Gleich in der ersten Episode geht Scullys
Hotelzimmer mit ihrem geliebten Notebook in Flammen auf. In ›Die Maschine‹ übergibt ihr privater PC
seine gesamten Daten selig der erstbesten Maschine
mit einem schnelleren Prozessor, die sie abruft. Seitdem sind ein Dutzend unterschiedlicher PCs durch die
Hände der beiden Agenten gegangen. Die Fluktuations-
rate ist hoch – fast jede Woche landet ein neues Modell
auf einem ihrer Schreibtische!

Für die Fans ergeben sich aus diesem Technologie-
rausch mehr als einmal witzige Szenen; die kauzigste
geschieht in dieser Episode. Zuschauer, die sich öfter
mit Werwölfen oder der Entführung durch Außerirdische beschäftigen, hätten sicher keine Schwierigkeiten,
sich vorzustellen, daß eine hochentwickelte Maschine
Scullys Namen von einem Tonband abliest. Sie würden auch nicht bestreiten, daß der Computer diesen
Namen einer Telefonnummer aus einer Datenbank zu-
ordnen kann oder daß COS in der Lage ist, Scullys
Computer via Modem anzurufen.

Aber sie können sicher ein Schmunzeln nicht unter-
drücken, wenn ihnen jemand erzählen will, daß COS
Daten aus einem Computer herausgeholt habe, der nicht
eingeschaltet war. Jeder Besitzer einer Kaffeemaschine
weiß, daß eine ausgestöpselte Maschine keinen Kaffee
mehr macht, gleichgültig, wie perfekt sie sonst sein mag.

Eine ähnliche, wenn auch nicht ganz ernst ge-
meinte Mißachtung der Computerregeln erschüttert
das Zwerchfell scharfsichtiger Fans noch mehr. Wenn
Sie jemals versucht haben, ein DOS-Programm auf
einem nicht IBM-kompatiblen Rechner laufen zu lassen, kennen Sie die Piepser und Fehlermeldungen, die
ein Computer seinem Benutzer so entgegenschleudern

kann. Viele Betriebssysteme, die auf dem einen Computer Wunder vollbringen, können auf dem der Konkurrenz nicht benutzt werden.

Nun, *Akte X* macht möglich, was eine Menge Computeranwender sich in der Realität verzweifelt ersehnen: Sie stellt eine bizarre Kreuzung der meisten gängigen Betriebssysteme her. In den Aufnahmen des Computerbildschirms liegen die .bin- und .hex-Dateien eines Mac friedlich neben der Autoexec.bat und Config.sys der auf DOS basierenden Anwendungen. Und für den Fall, daß das noch nicht reicht, um die Kompatibilitätsprobleme der unterschiedlichen Betriebssysteme zu lösen, erfand die Filmcrew ein komplett neues Betriebssystem und eigene Dateien und Programme wie das File namens AUTOEXEC.BAT.SYS.

Außerdem braucht man in der Welt von *Akte X* nicht einmal den eigenen PC zu benutzen, um die Antworten zu bekommen, die man haben will. In ›Die Kolonie – Teil 2‹ zum Beispiel holt sich Scully ihre E-Mail von Mulders Computer. Hunderte von Benutzern des Internet würden diesen Trick liebend gern kennen…

Da es anscheinend keine grundsätzlichen Einschränkungen für die Fähigkeiten dieser Wundermaschinen gibt, ist es auch nicht weiter erstaunlich, daß die Abteilung *Akte X* so viele wie möglich davon ausprobieren will.

## Die EXperten dort draußen

Wenn man die Sterblichkeitsrate der Spezialisten in Mulders und Scullys Bekanntenkreis bedenkt und die ohnehin geringe Zahl der Informanten, denen sie überhaupt trauen können, wäre es ein Wunder, wenn sie keine private Kontaktliste führen würden, um die strenge Befehls- und Informationshierarchie ihrer Behörde zu umgehen.

Das würde erklären, warum Scully in der Episode ›Heilige Asche‹, wo sie ein Münchhausen-Syndrom vermutet, denselben Sozialarbeiter zu Rate zieht, der ihr auch schon in ›Todestrieb‹ so aufmerksam zugehört hat. Wenn wir einen Blick in die persönlichen Aufzeichnungen von Scully und Mulder werfen könnten, würden wir vielleicht folgende Liste finden:

BERUBE, TERRENCE ALLEN (DR.)
Fall X-1.01
Gentechniker; ermordet.

BRAUN, SHEILA (DR.)
Fall X-1.22
Kinderpsychologin; wenig hilfsbereit, verwirft absurde Theorien.

BRIGGS, FRANK (DET.)
Fall X-1.03, X-1.21
Detective, pensioniert; Verfügt über spezielles Wissen über Eugene Victor Tooms; hat seine Bereitschaft gezeigt, zur Klärung des Falles beizutragen.

CARPENTER, ANNE (DR.)
Fall X-1.24
Pathologin; unter mysteriösen Umständen ums Leben gekommen, als sie bei den Ermittlungen half.

DASILVA, NANCY (DR.)
Fall X-1.08
Toxikologin; hat sich im Einsatz in diversen Situationen bewährt. Steht vielleicht für zukünftige Zusammenarbeit zur Verfügung.

DIAMOND (DR.)
Fall X-1.05
Professor am Institut für Anthropologie; bewies, daß er sowohl im theoretischen Bereich wie auch in der Feldforschung ein Experte ist. Ist vielleicht in Zukunft zur Unterstützung bereit.

GENEROO, MICHELLE
Fall X-1.09
Kommunikationsexpertin, NASA; Mrs. Generoos Wissen in Kombination mit ihrer Kenntnis der NASA-Programme könnte sich als nützlich erweisen, um gezielte Falschinformationen von wahren Informationen zu unterscheiden; vor allem dann, wenn es bei zukünftigen Sichtungen von offizieller Seite heißt, Wetterballone oder Satelliten seien die Ursache.

GERARDI, FRANCIS (DR.)
Fall X-2.04
Schlafspezialist; Offenheit und Kooperationsbereitschaft zur Zeit unbekannt.

GREEN, PHOEBE (INSPECTOR)
Fall X-1.12
Kontakt: Scotland Yard;
Miß Green ist eine erfah-
rene Ermittlerin aus
London.

GRISSOM, SAUL (DR.)
Fall X-2.04
Schlafspezialist; verstor-
ben.

HAKKIE, DEL (DR.)
Fall X-2.05
Psychiater; behandelnder
Psychiater von Duane Barry,
zufällig in die Geiselnahme
involviert. Wahrscheinlich
nicht hilfsbereit.

HODGE (DR.)
Fall X-1.08
Arzt; wird wahrschein-
lich nicht zu Projekten
hinzugezogen, die seine
eigenen Forschungen
berühren.

KEATS (DR.)
Fall X-1.23
Ingenieur (Aeronautik, Antriebstechnik); wahrscheinlich nicht zur Unterstützung
bereit.

KENDRICK, SALLY (DR.)
Fall X-1.11
Eugenik-Spezialistin; Aufenthaltsort unbekannt, wahr-
scheinlich verstorben.

LONE GUNMEN, die
(persönliche Kontaktleute)
haben sich als vertrauenswürdig bewährt und stehen
für weitere Zusammenarbeit
zur Verfügung (bekannte Mitglieder: Frohike, Langly,
Byers, Der Denker).

MURPHY, DENNY (DR.)
Fall X-1.08
Geologe. Spezialbereich: Eis-
fluß; verstorben.

NEMMAN, JAY (DR.)
Fall X-1.01
Polizeiarzt (Allgemeinarzt),
Oregon; da Dr. Nemman Au-
topsieberichte gefälscht hat,
muß sein Wert als lokaler
Kontaktmann bezweifelt wer-
den.

NOLETTE, FRANK (DR.)
Fall X-1.23
Ingenieur (Aeronautik, An-
triebstechnik).

PIERCE, ADAM (DR.)
Fall X-2.09
Vulkanologe; verstorben.

RIDLEY, JOE (DR.)
Fall X-1.16
Transgeniker, Altersforscher;
Dr. Ridleys ethische Vergangenheit macht ihn zu einer
unverläßlichen Quelle; wahrscheinlich ohnehin verstorben.

SECARE, WILLIAM (DR.)
Fall X-1.24
Spezialgebiet unbekannt;
ermordet.

SPITZ (DR.)
Fall X-1.22
Psychologe, Spezialist für hypnotische Regression; hat an früheren Regressions-Behandlungen teilgenommen. Scheint bereit weiterzumachen. Allen Theorien gegenüber offen.

SURNOW, RONALD (DR.)
Fall X-1.23
Ingenieur (Aeronautik, Antriebstechnik).

TREPKOS, DANIEL (DR.)
Fall X-2.09
Vulkanologe; Leiter des Firewalker-Projektes. Unbestritten ein Experte auf diesem Feld, dennoch soll sein Aufenthaltsort unbekannt bleiben.

WILCZEK, BRAD
Fall X-1.07
Informatiker, Softwareentwickler, Programmierer; Brad Wilczeks Fachkenntnis auf dem Gebiet der künstlichen Intelligenz und der Nervensysteme machen ihn zweifellos zu einer bedeutenden Quelle; sein Aufenthaltsort ist aber unbekannt.

# Codename: ›Eis‹

Als eine Gruppe von Forschern – die eigentlich glücklich und begeistert über ihre bahnbrechende Bohrung im arktischen Eis sein sollte – beginnt, sich gegenseitig abzuschlachten, unternehmen Scully und Mulder zusammen mit einem Ermittlungsteam eine Blitzreise nach Norden. Schnell wird deutlich, daß das Vertrauen der Forscher untereinander als erstes starb. Ein Krankheitserreger grassiert unter den Wissenschaftlern und ruft einen mörderischen Wahnsinn hervor, und so können die Agenten nur noch einander vertrauen – falls sie überhaupt noch das sind, was sie zu sein glauben!

**ZUSAMMEN-
FASSUNG**

## Arktische Eisbohrprojekte fördern eine eingefrorene Vergangenheit zutage

**HINTERGRUND**

Obwohl bei Eisbohrungen in Wirklichkeit keine Parasiten mit Lust auf menschliches Adrenalin ausgegraben wurden, gibt es in den Eisfeldern sehr wohl Leben, und zwar mehr, als man lange Zeit für möglich hielt. Selbst in der Antarktis gedeihen in sauerstoffarmen Tümpeln mitten in der Eisdecke mikrobenartige Organis-

**ZITAT**
»Bevor jemand sein Urteil abgibt, möchte ich Sie daran erinnern, daß wir uns in der Arktis befinden.«
– Agent FOX MULDER in ›Eis‹, als man ihn einer Ganzkörperuntersuchung unterzieht

men. Man hat in beiden Hemisphären Algen gefunden, die durch Eis hindurchwachsen und in jede Spalte und Furche eindringen. Grüne und braune Streifen deuten auf kilometerlange Algenbänke hin, die im Eis Bereiche mit hohem Sauerstoffgehalt erzeugen.

Das Leben dort ist aber keineswegs auf das Mikroskopische beschränkt. Ein Rudel ›Eiswühler‹ kann ziemlich furchterregend sein. Sie wurden von Aprile Pazzo entdeckt, die Pinguine in der Ross-See studierte. Als sie auf dem Rückweg zu ihrem Lager war, schrien die Pinguine plötzlich auf und flüchteten wie wild. Die Tiere waren offensichtlich in Panik. Als sie sich nach einem größeren Raubtier umsah und keines bemerkte, versuchte Miß Pazzo den einzigen Pinguin der Gruppe zu fangen, der nicht geflohen war. ›Beunruhigt‹ wäre nicht ganz das richtige Wort für ihre Reaktion, als sie entdeckte, daß der Vogel in Schmelzwasser zu versinken drohte. Schmelzwasser existiert in der Antarktis zu dieser Jahreszeit nicht. Dennoch stieg um den flatternden Vogel herum Wärme auf.

Sie griff nach ihm, um ihn vor dem Versinken zu bewahren, und zog, bis sie ihn befreit hatte – und entdeckte ein neues Tier! An dem Vogel hingen ein Dutzend haarloser Kreaturen, deren Zähne tief in sein Fleisch geschlagen waren. Sobald der Vogel befreit war, ließen sie von ihm ab. Miß Pazzo konnte nur noch eines der etwa zwölf Zentimeter langen Wesen fangen, die sie als ›widerlich!‹ bezeichnete. Der Rest versank im Schmelzwasser.

Nach dieser ersten Begegnung machte Aprile Pazzo es zu ihrer Aufgabe, die ›heißköpfigen, haarlosen Eiswühler‹, wie sie sie nannte, zu beobachten. Ein ausgewachsenes Exemplar ist nicht länger als zwölf Zentimeter und wiegt nur ein paar Gramm. Die Größe selbst würde sie nicht gefährlicher machen als eine bissige Maus. Obwohl die Eiswühler mit den Nagetieren verwandt sind, haben sie ein paar einzigartige Anpassungen durchgemacht, durch die sie perfekt in ihren antarktischen Höhlen leben können.

Bei einer unglaublich hohen Stoffwechselrate liegt die normale Körpertemperatur des Eiswühlers bei etwa 43 Grad Celsius. Der größte Teil dieser Hitze wird offenbar durch eine Knochenscheibe an der Stirn abgegeben, die von so vielen Blutgefäßen überzogen ist, daß sie leuchtend rot erscheint. Diese natürliche Kochplatte erklärt nicht nur das Schmelzwasser, das sich plötzlich unter dem Pinguin auftat, sondern auch die Geschwindigkeit des Eisbohrers. In einem Zeitraum von mehreren Monaten entdeckte Pazzo, daß die maulwurfsartige Kreatur schneller wühlen kann, als ein Pinguin über das Eis watschelt, und fast so schnell, wie ein Mensch in Kälteschutzkleidung über das Eis läuft.

Wenn die Eiswühler sich unter einer Pinguinkolonie befinden, versammeln sie sich unter einem Opfer und wühlen sich durch Eis und Schnee hinauf. Der Pinguin versinkt plötzlich in einer Schmelzwasserpfütze. Die Eiswühler, die zu 90 Prozent aus Zähnen zu bestehen scheinen, zerfleischen das unglückliche Tier dann in Minutenschnelle. Pazzo stellte fest, daß sie nur die Schwimmfüße und den Schnabel zurücklassen und sogar den 1,30 Meter großen Kaiserpinguin angreifen.

Geschöpfe wie die Eiswühler, die man nun auch für das Verschwinden des Forschers Philippe Poisson verantwortlich macht, erinnern daran, daß die Wahrheit viel seltsamer und erschreckender sein kann als jede Erfindung. Zum Glück für all diejenigen, die in der hohen Arktis an Projekten wie dem *Greenland Ice Sheet Project* (GISP) arbeiten, scheint der Eiswühler ausschließlich in der Südpolarregion heimisch zu sein.

Am Rande der Welt entdecken die Forscher auch interessante Hinweise auf unsere Geschichte, die im Eis versteckt sind. Von der *National Science Foundation* finanziert, stieß das GISP in Grönland kürzlich bis auf Bodenfels durch und förderte den längsten zusammenhängenden Eisbohrkern aus dem Norden zutage.

In Grönland ist im Laufe der Jahrhunderte ein ›Eisschichtenarchiv‹ entstanden, weil der Schnee die Gase, Chemikalien und den Staub der Atmosphäre konservierte und schließlich zu Eis zusammenpreßte. Der GISP2-Kern und ein zweiter, ergänzender Bohrkern aus dem *European Greenland Ice Cor Project* (GRIP) umfassen zusammen mehr als 100 000 Jahre Geschichte!

Die Auswertung der Bohrkerne interessiert so unterschiedliche Wissenschaftsgebiete wie Landwirtschaft und Astronomie. Eine der merkwürdigsten Thesen, die von der Bohrkernanalyse gestützt wird, ist die Theorie des ›meteoritischen Fußabdrucks‹. 1908 stürzte ein Meteor in die Atmosphäre über dem Gebiet des Tunguska-Flusses in Sibirien, explodierte mit einer Sprengkraft von etwa 15 Megatonnen und fällte Bäume auf einer Fläche von einigen hundert Quadratkilometern.

Vorläufige Analysen des Oberflächenbohrkerns (durch Robert Sherrell von der Rutger-Universität, Edward Boyle vom *Massachusetts Institute of Technology* und Robert Rocchia vom *Centre des Faibles Radioactivités* in Frankreich) ergaben einen 24fachen Anstieg der Iridium-Konzentration im Grönlandeis seit 1908. Iridiumrückstände weisen auf einen Meteorabsturz hin, weil extraterrestrisches Material weit größere Mengen dieses Elementes enthält als die Erdkruste. Wenn sich der Befund bestätigt, ist dies der erste Beweis für die ›Aufzeichnung‹ eines Meteorabsturzes im Eis – genau das Ereignis, das die X-Crew in ›Eis‹ aufgreift.

Die Schwierigkeit für die grönländische Forschungsgruppe bestand darin, die Kennzeichen eines Meteoraufschlages von denen eines Vulkanausbruchs zu unterscheiden. Die Forscher stellten einen 18fachen Anstieg der Iridiumkonzentration im Grönlandeis und eine deutlich erhöhte Konzentration von Schwefel fest, die vom Ausbruch des isländischen Vulkans Lakigigar aus dem Jahr 1783 stammt. In dem Eis von 1908 fanden sie keinen solchen vulkanischen Fingerabdruck, was ihre Hypothese, die Ursache sei im Tanguska-Gebiet zu suchen, stützte.

Da die Meteortheorie gesichert zu sein schien, konnten sich die Teams den längerfristigen Folgen des Aufschlages zuwenden. Kurzfristig gesehen, waren die Folgen tödlich. Nach einiger Zeit aber haben möglicherweise die im Meteoriten enthaltenen Mineralien das Gebiet frisch gedüngt und neues Pflanzenwachstum ermöglicht. Nicht wenig Kopfzerbrechen bereitete die beim Aufschlag freigesetzte Energie, die sich ja nicht einfach in Luft aufgelöst haben konnte. Über das ganze Gebiet in Sibirien sind Enklaven reicher Vegetation verstreut, was die Wissenschaftler auf abstürzende Meteortrümmer in der Eisdecke zurückführen. Vielleicht ist die Idee vom Wachstum neuen Lebens inmitten eisiger Kälte am Ende gar nicht so weit hergeholt.

**Der Hund in ›Eis‹ ist im richtigen Leben der Vater von David Duchovnys Hund Blue.**

# Codename: ›Besessen‹

**ZUSAMMEN-FASSUNG**

Als ein Kommunikationsspezialist der NASA auf eine Reihe von Sabotageakten aufmerksam macht, die zum Tod weiterer Astronauten führen könnten, erfüllt sich Mulder einen Kindheitstraum – er besucht Mission Control! Unglücklicherweise teilen nicht alle seine Begeisterung für das Weltraumprogramm. Da Scully ihn auf den Boden der Tatsachen zurückholt, können die beiden Agenten Mulders blinde Heldenverehrung für den früheren Astronauten Colonel Aurelias Bolt überwinden und zu einer Lösung des Falls kommen, die nicht ganz von dieser Welt ist.

**ZITAT**

»Das Ventil wird aus einer Eisenkohlenstoff-Titanverbindung hergestellt. Dieses Material muß die extrem hohen Temperaturen aushalten können, die auf einer Raketenabschußrampe entstehen. Wenn sich mal jemand von der NASA diese Analyse anschauen würde, müßte er zugeben, daß es für einen Menschen unmöglich wäre, einen solchen Schaden zu verursachen.« – MICHELLE GENEROO in ›Besessen‹

**HINTERGRUND**

## Armstrongs Engel und andere Begegnungen

In dieser Episode kombiniert Autor Chris Carter NASA-Geschichte, Astronauten, Außerirdische und Marsmenschen miteinander und stützt sich damit auf die beliebtesten Theorien der Ufologen und eine der Grundlagen der Science-fiction-Literatur. In den vergangenen Jahren haben verschiedene Gruppen immer wieder behauptet, daß die NASA mehr über UFOs wisse, als sie zugebe. Es wurde gemunkelt, daß Astronauten der NASA Flugobjekte mit eigenen Augen und aus nächster Nähe gesehen hätten und daß sogar Fotografien existierten, um die Existenz von UFOs zu beweisen. Die NASA weigere sich aber, sie zu veröffentlichen.

Tatsache ist, daß auch Astronauten nur Menschen sind; einige von ihnen vertreten persönlich auch die Meinung, daß wir im Universum nicht allein seien. Wenn die persönliche Meinung einzelner als offizielle Stellungnahme der NASA mißverstanden wird, entsteht natürlich Verwirrung. Ein paar Berichte aber sind nicht so ohne weiteres abzutun, weil die Astronauten ihre Aussagen in der Öffentlichkeit wiederholt haben.

## MAJOR GORDON COOPER

Cooper war bei seinen zweiundzwanzig Erdumrundungen mit der Mercury-Kapsel als letzter Astronaut allein im All. Er startete am 15. März 1963. Einigen Zeugen zufolge nahm er bei seiner letzten Erdumrundung mit der Leitstation Muchea in der Nähe von Perth/Australien Kontakt auf, um ein grünes Objekt zu melden, das sich seiner Kapsel nähere. Auch die Radarstation Muchea hatte das Objekt auf ihren Schirmen. Verschiedene Berichte geben an, daß Major Cooper schon 1951, als er in einem F-86 Sabrejet die Bundesrepublik Deutschland überflog, ein untertassenförmiges UFO gesehen habe.

In einem Interview sagte Major Cooper: »Lange Zeit habe ich mit diesem Geheimnis gelebt, weil es für alle

Astronautikspezialisten einen Geheimhaltebefehl gab. Ich kann Ihnen heute mitteilen, daß in den USA täglich Objekte unbekannter Form und Zusammensetzung auf den Radarschirmen auftauchen. Außerdem gibt es Tausende von Augenzeugenberichten und jede Menge Dokumente, die das beweisen, doch niemand will sie veröffentlichen. Und warum? Weil die Regierung fürchtet, daß die Menschen an Gott weiß was für schreckliche Invasoren denken. Deswegen lautet die Losung immer noch: Wir müssen um jeden Preis eine Panik vermeiden.«

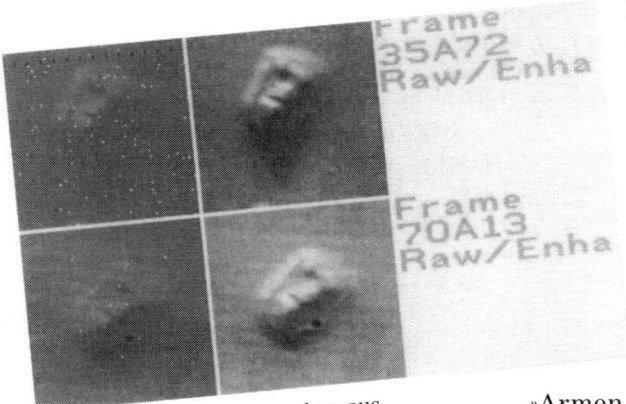

Das Gesicht des Marsmenschen aus Colonel Bolts Alpträumen

### ED WHITE UND JAMES MCDIVITT

Im Juni 1965 überflogen Ed White, der erste frei im Weltraum schwebende Astronaut, und James McDivitt in ihrem Gemini-Raumschiff die Insel Hawaii, als sie ein seltsam aussehendes Flugobjekt mit »Armen, die in alle Richtungen herausragten«, sahen. Man munkelt, daß McDivitt mit einer Filmkamera Aufnahmen gemacht habe, die aber nie veröffentlicht worden sind.

### JAMES LOVELL UND FRANK BORMAN

Im Dezember 1965 sahen die Gemini-Astronauten James Lovell und Frank Borman während der zweiten Umlaufbahn ihrer vierzehntägigen Reise dem Vernehmen nach ein UFO. Man sagt, daß Borman ein unidentifiziertes Flugobjekt in der Nähe der Kapsel gesichtet habe. Gemini Control in Cape Kennedy teilte ihm über Funk mit, daß es das Endstück seiner eigenen Titan-Antriebsrakete sei. Borman bestätigte, daß er die Antriebsrakete, aber auch noch etwas ganz anderes sehe. Obwohl die Funkverbindung zwischen Gemini 7 und der Erde schlecht und deshalb anfällig für Mißverständnisse war, behaupteten einige Zuschauer, daß Lovell gesagt habe: »Wir können deutlich mehrere Objekte sehen.«

## MAJOR ROBERT WHITE

Am 17. Juli 1962 meldete Major Robert White ein UFO, als er mit der X-15 in etwa 100 Kilometer Höhe flog. Major White berichtete: ›Ich habe keine Ahnung, was es sein könnte. Es ist grau und etwa 10 bis 15 Meter von mir entfernt.« Dann schrie Major White der Zeitschrift *Time* zufolge in das Funkgerät: »Da draußen gibt es etwas! Da ist tatsächlich etwas!«

## COMMANDER EUGENE CERNAN

Der Kommandant von Apollo 17, Eugene Cernan, sagte 1973 in einem Artikel der *Los Angeles Times* über UFOs: »Man hat mich [nach UFOs] gefragt, und ich habe öffentlich erklärt, daß ich glaube, sie [die UFOs] seien etwas Fremdes, eine andere Zivilisation.«

Natürlich spielt es für Chris Carters Absichten kaum eine Rolle, ob die Astronauten wirklich Kontakt mit UFOs hatten, ob die NASA Wissen verbirgt, oder ob der ganze Versuch, die Astronauten mit dem UFO-Phänomen in Verbindung zu bringen, nichts anderes ist als ein Zugeständnis an den beachtlichen Einfluß der NASA. Immerhin könnte dieser Einfluß helfen, die Ufologie in das Feld der ernsthaften Wissenschaften aufzunehmen.

Es gibt eine Anekdote, die immer wieder erzählt und nie dementiert wird. Neil Armstrong, Amerikas vielleicht bekanntestem Astronauten, sei bei einer seiner frühen Missionen eine regenbogenartige Erscheinung aufgefallen, die sich einige Zeit lang gut sichtbar über eine größere Fläche erstreckt habe. Was man seitdem als ›Armstrongs Engel‹ bezeichnete, war allerdings in Wirklichkeit der Abfall, der aus Armstrongs Kapsel ausgestoßen wurde ...

# Codename: ›Gefallener Engel‹

Mulder wird dabei erwischt, wie er sich in ein Gelände schleicht, das er für das Absturzgebiet eines UFOs hält; Scully ist in der unangenehmen Lage, ihn herausboxen zu müssen. Trotz des Verbotes, das Gelände zu betreten, und unbeeindruckt von der Androhung offizieller Sanktionen, wendet Mulder seine Aufmerksamkeit Max Fenig zu, einem UFO-Jäger, der offenbar schon *vor* dem Absturz vor Ort war.

Wer eigentlich wen jagt, bleibt ziemlich unklar, bis Militärs, FBI-Agenten, Fenig und eine gefährliche, unbekannte Lebensform schließlich aufeinandertreffen ...

**ZUSAMMEN-FASSUNG**

**ZITAT**

»Sir, der Meteor scheint über einer kleinen Stadt im Osten von Wisconsin zu schweben.«

– Chief KORETZ, Projekt Falke in ›Gefallener Engel‹

## Jagd auf das Licht

**HINTERGRUND**

Eine größere Anzahl von Organisationen wurde gegründet, um die jährlich mehr als 1200 gemeldeten UFO-Sichtungen zentral zu sammeln, zu vergleichen, zu ordnen

81

und auszuwerten. Beobachter in buchstäblich jedem Bundesstaat und jeder Gegend Amerikas durchforsten den Himmel und warten auf den nächsten Anruf.

Alles andere als Freaks wie etwa jene, die in den Talkshows anrufen und behaupten, den Geist von Elvis im Supermarkt gesehen zu haben, sind die Mitglieder dieser Organisationen Ingenieure, Militärs, Anwälte, Ärzte und Angestellte. Diese ›normalen‹ Menschen haben sehr unterschiedliche Motive, fanden aber in den gesammelten Berichten alle etwas, das sie veranlaßte, ihre Zeit und ihren Ruf für eine Jagd zu riskieren, die viele für reine Zeit- und Energieverschwendung halten.

BORDERLAND SCIENCES RESEARCH FOUNDATION (BSRF)
Garberville, Kalifornien
Gegründet 1945. Die BSRF ist ein eingetragener Verein, der Informationen über UFOs, Erdstrahlen, Hypnose, Parapsychologische Phänomene und Ähnliches sammelt.

THE FUND FOR UFO RESEARCH, INC.
Mt. Rainier, Maryland
Ein eingetragener, gemeinnütziger Verein mit Sitz in Washington D.C., dessen Ziel es ist, Spenden für wissenschaftliche Forschung und öffentlich geförderte Projekte zu beschaffen, die sich mit dem UFO-Phänomen befassen.

INTERNATIONAL FORTEAN ORGANIZATION (INFO)
Arlington, Virginia
Ein eingetragener Verein, der zwecks wissenschaftlicher und allgemeinbildender Erforschung parapsychologischer Phänomene gegründet wurde. INFO ermittelt in den seltsamen und widernatürlichen Ereignissen, die in der Welt passieren. Dazu gehören UFOs, verlorene Zivilisationen, physikalische Anomalien, Atlantis, Bigfoot, untergegangene Zivilisationen etc.

ISLAND SKYWATCH
Queens, New York
Eine gemeinnützige Gesellschaft, deren Ziel die wissenschaftliche und objektive Erforschung der UFO-Phänomene ist. Hier steht auch eine Beratungsgruppe für die Unterstützung von UFO-Entführten bereit.

J. ALLEN HYNEK CENTER FOR UFO STUDIES (CUFOS)
Chicago, Illinois
Ein eingetragener Verein, dessen Hauptziel die Förde-

rung seriöser Erforschung der UFO-Phänomene mit Hilfe von Experten internationaler Wissenschaftler-, Akademiker- und Freiwilligengruppen ist. CUFOS unterhält die weltweit größte Datenbank über UFO-Phänomene, die nur noch von jener der amerikanischen Regierung übertroffen wird.

MULTINATIONAL INVESTIGATIONS COOPERATIVE ON AERIAL PHENOMENA (MICAP)
Wheat Ridge, Colorado
MICAP ist eine internationale Vereinigung, die sich der wissenschaftlichen Erforschung der UFO-Phänomene widmet.

MUTUAL UFO NETWORK, INC. (MUFON)
Seguin, Texas
MUFON, eine internationale, wissenschaftliche Stiftung, widmet sich dem Studium und der Erforschung der UFO-Phänomene. Die Mitglieder von MUFON glauben, daß eine konzentrierte wissenschaftliche Erforschung durch engagierte Ermittler und Forscher die endgültige Antwort auf das UFO-Rätsel erbringen könne.

THE NATIONAL SIGHTING RESEARCH CENTER (NSRC)
Emerson, New Jersey
Eine Nonprofit-Organisation, die Informationen sammelt.

Sie stellt riesige Datenmengen zusammen, um dem professionellen UFO-Ermittler oder -Forscher eine computergestützte, grafische Datenzusammenfassung aller bekannt gewordenen Sichtungen und ungewöhnlicher Himmelserscheinungen in den Vereinigten Staaten zur Verfügung zu stellen.

THE SOCIETY FOR THE INVESTIGATION OF THE UNEXPLAINED (SITU)
Little Silver, New Jersey
Ein gemeinnütziger, eingetragener Verein, der Daten über unerklärliche Phänomene sammelt, ernsthafte Forschung sowohl individueller Berichte als auch allgemeiner Themen fördert und seinen Mitgliedern wichtige Neuigkeiten mitteilt.

UFO INFORMATIONAL RETRIEVAL CENTER (UFOIRC)
Phoenix, Arizona
Eine mitgliedschaftsfreie Vereinigung, die Informationen über UFOs sammelt, analysiert, veröffentlicht und verbreitet.

UFO INVESTIGATORS LEAGUE
New Brunswick, New Jersey
Ein junger Verein, der ein internationales Netz von Ermittlern aufbauen will, die UFO-Fälle in ihrer Region dokumentieren möchten.

UFOLOGY RESEARCH OF MANITOBA (UFOROM)
Winnipeg, Manitoba/Kanada
UFOROM ist eine private Stiftung mit freiwilligen Helfern, die nichtspekulative Gespräche, Ermittlungen und Forschungen über Ufos und verwandte Phänomene veranstaltet (einschließlich Spurensicherung, Absturzstellen-Sicherung, Entführungen und Viehverstümmelungen).

VICTORIAN UFO RESEARCH SOCIETY, INC. (VUFORS)
Moorabbin, Victoria/Australien
VUFORS ist die größte UFO-Gesellschaft in der südlichen Hemisphäre und existiert schon seit den 50er Jahren.

## Sind wir allein im All?

Dr. Frank Drake, ein amerikanischer Astronom am *National Radio Astronomy Observatory* in Green Bank/West Virginia und Vorsitzender des SETI-Projektes, hat sich bei dem Versuch, eine Antwort auf die Frage zu finden, ob wir allein im Universum seien, immer wieder über die vage Auskunft geärgert, daß »dieses Universum eben groß ist«.

Deshalb stellte er 1961 eine Gleichung auf, die so viele Ergebnisse hat, wie Sterne im Universum sind. Die Zahl der Sterne ist ein Faktor in dieser Gleichung:

$$N = N^* f_p n_e f_1 f_i f_c f_L$$

Um N – die Zahl der fortgeschrittenen Zivilisationen – zu erhalten, multiplizieren Sie einfach

$N^*$ die Zahl der Sterne in der Milchstraße mit
$f_p$ dem Anteil der Sterne mit Planeten mit
$n_e$ der Zahl der Planeten, die Leben begünstigen, mit
$f_1$ der Zahl der Planeten, die Leben begünstigen und auf denen Leben wirklich existiert, mit
$f_i$ dem Anteil der Planeten, auf denen sich intelligentes Leben entwickelt, mit

$f_c$ dem Anteil der Planeten mit intelligentem Leben, aus dem sich eine technisch fortschrittliche Zivilisation entwickelt, mit

$f_L$ dem Anteil der Zeit, die eine technische Zivilisation überlebt.

Die Gleichung wird des öfteren ›Wasserglasgleichung‹ genannt, denn das Resultat hängt davon ab, wie optimistisch oder pessimistisch der Mathematiker ist. Während man sich nicht auf präzise Werte dieser Variabeln einigen kann, deuten selbst die zurückhaltendsten Schätzungen an, daß wir nicht allein sind.

Aber selbst wenn es da draußen Planeten gibt, die vor Leben bersten, machen es doch die gewaltigen Entfernungen im Weltraum unwahrscheinlich, daß wir jemals auf einen Außerirdischen stoßen werden. Alpha Centauri mit seinen drei Sonnen – das Sternensystem, das der Erde nach der Sonne am nächsten liegt – ist nur etwa 4,3 Lichtjahre entfernt. Um das in Kilometer umzurechnen, multiplizieren Sie 4,3 mit 9,39 Milliarden.

Aber ob nun in Lichtjahren, Kilometern, Astronomischen Einheiten (AEs) oder Parsec – die Möglichkeit, eine Reise nach Alpha Centauri zu machen, bleibt ziemlich unwahrscheinlich ...

## RÜCKBLICK: ABTEILUNGSLEITER JOSEPH McGRATH

Joseph McGrath, Chef der Abteilung für Diensttauglichkeit, ist der vielleicht gefährlichste Mann, mit dem es Scully und Mulder jemals aufnehmen mußten.

McGrath wird seine Agenten wohl nicht erschießen, mit außerirdischer DNS infizieren oder sie ohne Gasmaske zu Ermittlungen in eine tödliche Quarantänezone schicken. Er arbeitet auch nicht in den düsteren Gefilden eines Smoking Man oder eines Mr. X. Doch nach dem Tod von Deep Throat ist er potentiell gefährlicher als der verrückteste Kriminelle.

Die Abteilung für Diensttauglichkeit erfüllt Aufgaben, die mit denen der Inneren Abteilung größerer Polizeitruppen vergleichbar sind. Es ist die einzige Stelle, die über die Einsatztauglichkeit eines Agenten entscheidet. Der Zuschauer kennt die guten Absichten Mulders und die ›inoffiziellen‹ Hindernisse, die man ihm in den Weg legt, und weiß, daß Mulder sich nicht immer an die Vorschriften halten kann. Aber McGrath hat von den Ermittlungen und Hinweisen Mulders nicht viel gesehen. Bisher wurde er nur durch das Eingreifen von Deep Throat daran gehindert, die neugierigen Agenten auszuschalten.

Seine Ziele und Beweggründe sind manchmal mysteriös. In der Realität hätten Mulder und Scully ihm schon mehr als genug Anlässe geliefert, für ihre Entlassung zu sorgen – und ihnen ein Zeugnis auszustellen, mit dem sie für alle Zeit in der Warteschlange vor dem Arbeitsamt stehen würden! Mulders kleiner Ausflug nach Puerto Rico zum Beispiel verletzt ein halbes Dutzend Strafgesetze (Einbruch, Diebstahl, keine Mitteilung über einen Mordfall). Er handelt gegen die Dienstvorschriften, als er sein Amt zu persönlichen Vorteilen mißbraucht, was schon seit Hoovers Zeit beim FBI verboten ist. Auch Scully predigt Mulder immer wieder, daß er selbst sein schlimmster Feind sei. Immer wieder hält er seine persönlichen Interessen für wichtiger als seinen Beruf, ignoriert Vorschriften, veranlaßt nichtautorisierte Ermittlungen, prahlt mit seiner FBI-Autorität, verschafft sich durch seine Position Ausrüstungsgegenstände, dringt in Sperrgebiete ein und spannt andere Agenten für seine illegalen Aktivitäten ein. Das muß Mulder früher oder später selbst bei den liberalsten Elementen im FBI in Verruf bringen.

# Codename: ›Eve‹

Als zwei junge Mädchen an entgegengesetzten Enden der USA ihre Väter durch völlig identische Mordfälle verlieren, fragen sich Mulder und Scully, ob zwischen beiden Fällen ein Zusammenhang besteht. Ihre Ermittlungen werfen weitere Fragen auf: Wie können zwei nicht miteinander verwandte Kinder genetisch völlig identisch sein? Und warum sollten sie beide ihre Väter ermorden?

**ZUSAMMEN-FASSUNG**

## Der genetische Verbrecher – XXX/Y

**HINTERGRUND**

Ein Familienvater kommt nach Hause, schickt den Babysitter weg, sperrt sich mit seinen beiden süßen Kindern in der Küche ein und zerhackt sie in neunzehn Stücke. Mitten in dieser blutigen Schlächterei wischt er die Blutstropfen von seiner Lieblingstasse und trinkt seinen Nachmittagstee.

Etwa dreißig Tage später behauptet sein Anwalt vor einem New Yorker Gericht, sein Klient sei ›genetisch‹ zur Gewalttätigkeit programmiert und nicht in der Lage, etwas anderes zu sein als die in seinen Genen vorprogrammierte Person. Im ganzen

**ZITAT**
»Nein, er erinnert sich an das Kind. Es hat ihm empfohlen, die Kaulquappen im Swimmingpool mit Chlor zu vernichten. Kommt Ihnen das irgendwie bekannt vor?«
– MULDER in ›Eve‹

**E'san'gui'na'tion,**
**Neutrum, [von lat. ex-**
*sanguinatus* **blutleer,**
**von ex- + sanguin,**
**sanguis, Blut] (ca.**
**1909): der Verlust**
**oder das Aussaugen**
**von Blut.**

Land fragen sich die schockierten Zuschauer der Abend-
nachrichten:»Wie konnte er ... Könnte ich so etwas tun?
Könnte mir das auch passieren?«

Solche Dinge geschehen. Sie kommen in den sauberen Vorstädten und in den besten Familien vor. Die
Brutalität solcher Verbrechen und unser Unverständ-
nis für die Täter stoßen uns ab und faszinieren uns zugleich. Aus diesem Stoff entstehen ›Filme der Woche‹,
Live-Berichterstattungen von Gerichtsprozessen und
eine Welle wissenschaftlicher Forschungen über den
›genetischen Killer‹.

Kein Wunder, daß der Geisteszustand solcher Killer
die Aufmerksamkeit der *Akte-X*-Autoren Kenneth Biller
und Chris Brancato auf sich zog. Sie begnügten sich
nicht einfach mit der Frage, was sich im Kopf des Tä-
ters abspielte, sondern zerstörten jedes Stereotyp, das
dem Zuschauer einen Halt in der schockierenden Story
hätte bieten können. Aber um das zu erreichen, mußten
sie erst einmal die Fakten über den ›genetischen Killer‹
kennen, und das ist gar nicht so einfach. Biologen und
Psychologen streiten sich immer noch über die Frage,
ob angeborene Natur oder gesellschaftliches Umfeld für
die Tat verantwortlich sind. Währenddessen tasten sich
die Genetiker langsam an ein Verständnis dessen heran,
was überhaupt vererbbar ist und was nicht.

Auf der einen Seite führen Anhänger der Vererbungshypothese als Beispiele Kinder aus einem schwierigen Umfeld an, die es in ihrem Beruf trotzdem zu
Spitzenpositionen gebracht haben. Sie sehen es als belegt an, daß Menschen, deren Umgebung nicht för-
dernd oder unterstützend wirkt, hervorragende Leistungen erbringen können, und führen das auf ›gute
Erbanlagen‹ zurück,»die sich immer durchsetzen werden«.

Auf der anderen Seite geben die Anhänger der Um-
feld-These zu bedenken, daß diese Individuen vielleicht

wesentlich mehr erreicht hätten, wenn ihnen auch nur die primitivsten Hilfsmittel und genug Möglichkeiten, sie zu nutzen, zur Verfügung gestanden hätten.

Leider kann ein Mensch sein Leben nicht zweimal leben, um der Wissenschaft einen Dienst zu erweisen. Deshalb bleibt die Frage, ob unter uns geborene Killer wandeln, vorerst unbeantwortet. Selbst in den seltenen Fällen, wo Zwillinge schon bei der Geburt getrennt wurden, gibt es Indizien für beide Thesen.

Die Jim-Zwillinge Jim Lewis und Jim Springer heirateten beide Frauen namens Linda und ließen sich beide wieder scheiden, um Frauen namens Betty zu heiraten. Der eine taufte seinen Sohn auf den Namen James Allan, der andere gab seinem Sohn den Namen James Allan. Beide besaßen Hunde mit dem Namen Toy, waren Kettenraucher und bevorzugten die gleiche Zigarettenmarke. Sie waren von Beruf Hilfssheriffs, fuhren Chevrolets, nahmen an Seifenkistenrennen teil und hatten eine Werkbank im Keller. Beide Männer bauten eine runde weiße Bank um den Baum in ihrem Vorgarten. Beide kauten ihre Nägel. Beide trugen einen Schnurrbart, mochten aber keinen Vollbart.

Auch ihre Krankengeschichten glichen sich auf frappierende Art. Beide hatten im gleichen Alter zugenommen bzw. Gewicht verloren, beide litten an Krankheitssymptomen, die irrtümlich für Herzinfarkte gehalten worden waren, und beide litten seit dem achtzehnten Lebensjahr nachmittags an Kopfschmerzen. Nach einer Reihe gewöhnlicher Untersuchungen waren vier Psychologen mit mehr als zwanzigjähriger Berufserfahrung nicht in der Lage zu sagen, welches Testergebnis warum zu welchem der Brüder gehörte.

Wenn die Jim-Zwillinge für getrennte Zwillingspaare typisch wären, hätten die Anhänger der Genhypothese einen wichtigen Beweis für eine unveränderliche, ererbte Persönlichkeitsstruktur.

**Wissenschaftliche Anmerkung: Das Arzneimittel Digitalis wird aus der Pflanze Fingerhut gewonnen – nicht umgekehrt, wie in dieser Episode behauptet wird.**

Aber obwohl die Jims große Übereinstimmungen in allen Testbereichen aufwiesen, blieben sie das einzige von mehreren hundert Zwillingspaaren. Statistisch gesehen waren die Jim-Zwillinge also nichts weiter als eine kuriose Ausnahme – bis eine ganz andere Gruppe interessanter Statistiken bekannt wurde.

Als die Genetik in den fünfziger Jahren lautstärker argumentierte, behaupteten beide Seiten, Beweise ermitteln zu können, die die Angelegenheit endgültig klären würden. »Zeigt uns doch mal ein Verbrecher-Gen«, verlangten die Anhänger der Umfeldhypothese. Aber die Wissenschaft ist selten so schnell, wie sie im Film oder Fernsehen dargestellt wird.

Mit nur minimalen Hinweisen darauf, welches von den Hunderttausenden von Genen das gesuchte sein könnte, begannen die Anhänger der Genhypothese mit einer einfacheren Untersuchung des Erbmaterials Krimineller. Eines der am leichtesten festzustellenden Merkmale war die Anzahl der vorhandenen Chromosomen (oder Gengruppen).

Die meisten Menschen besitzen dreiundzwanzig Chromosomenpaare, wobei im dreiundzwanzigsten Paar das X- oder Y-Chromosom unser Geschlecht bestimmt. Ein Mensch mit zwei X-Chromosomen – XX – ist weiblich. Ein Mensch mit einem X- und einem Y-Chromosom – also XY – ist männlich. Eine leicht zu beobachtende Anomalie ist das gelegentliche Vorhandensein eines zusätzlichen Chromosomes. Egal, wie viele X-Chromosomen ein Mensch im dreiundzwanzigsten Paar besitzt – wenn darunter nur ein einziges Y-Chromosom ist, ist er männlich. Ein Mensch mit XXY-Kombination ist männlich, ebenso einer mit XXXY-Kombination oder, natürlich, einer XYY-Kombination.

Frühere Studien unter Gefängnisinsassen ergaben, daß einige tausend Kriminelle die leicht nachweisbare XYY-Kombination besaßen. Da diese Menschen typischerweise größer, kräftiger und aggressiver waren, nannte man sie ›Supermänner‹. Das beantwortete aber nicht die Frage, ob dieses zusätzliche Y das gesuchte Verbrecher-Gen war. Wie häufig trat dieses Extrachromosom in der Gesamtbevölkerung auf? Schließlich hatte man bei der Studie nur jene Kriminellen im Gefängnis untersucht, also diejenigen, die man erwischt hatte.

In Dänemark führte man 1976 eine sehr viel breitere Untersuchung durch, in die alle Männer, die zwischen 1944 und 1947 geboren worden waren, einbezogen wurden. Unter mehr als 30 000 Männern entdeckte man nur zwölf mit der XYY-Kombination, und von diesen zwölfen waren fünf wegen eines oder mehrerer Verbrechen verurteilt worden. Bei einer Gesamtbevölkerung mit einer Kriminalitätsrate von weniger als zwei Prozent hatten die XYY-Männer einen Anteil von nahezu 50 Prozent! Es sah fast so aus, als ob es den genetischen Verbrecher wirklich gäbe. Auch die Entdeckung von XXX- oder XXXX-Frauen unter den weiblichen Gefängnisinsassen stützte diese Hypothese zunächst.

Eine genauere Analyse der Zahlen aber erbrachte entscheidende Argumente für die Gegenseite. Fünf jener zwölf Dänen waren in der Tat vorbestraft, aber nicht wegen Gewaltverbrechen – in vielen Fällen hatten die Männer einfach nur einen Diebstahl begangen. Einer hatte den Rasenmäher seines Nachbarn entwendet, und ein solches Vergehen ist wohl kaum mit dem Verbrechen des Tee trinkenden Mörders vergleichbar.

Der nächste entscheidende Schlag gegen die Vererbungshypothese war der fast durchgehend niedrige Intelligenzquotient in der XYY-Gruppe. Wie auch jene Menschen, die am Down-Syndrom leiden – ebenfalls eine Anomalie, die durch ein zusätzliches Chromosom verursacht wird –, erreichten die ›Supermänner‹ und ›Superfrauen‹ bei den IQ-Tests nur unterdurchschnittliche Ergebnisse. War der höhere Anteil der XYY-Männer unter den Kriminellen vielleicht eine Folge dessen, daß sie zu dumm waren, ihre Verbrechen richtig vorauszuplanen, geschweige denn, ein perfektes Verbrechen zu begehen? War der wirklich furchterregende Killer der genetisch normale XY-Mann? Da es keine neuen Resultate gab, um die Hypothese vom genetischen Killer zu stützen, wurde die finanzielle Unterstützung für weitere Studien stark eingeschränkt. Das Thema verschwand aus dem Bewußtsein der Öffentlichkeit.

Etwa zu diesem Zeitpunkt nahmen sich die Autoren Biller und Brancato der Geschichte an. Die Rolle der Bösewichter besetzten sie mit weiblichen Personen, eine Idee, die selbst in der heutigen Zeit, wo sich auch die Frauengefängnisse schnell füllen, noch zu schockieren vermag. Sie brachen einen weiteren Stein aus dem Stereotyp des Serienkillers, als sie Kinder zu Mördern machten. Und schließlich basiert die Story auf der immer noch ungeklärten Frage, ob ein Mörder genetisch als Mörder vorprogrammiert sein könne.

Hier treten die Eves ins Rampenlicht. Ihre genetische Struktur weist beinahe die doppelte Anzahl von Chromosomen auf, als normal wäre, ihre Intelligenzquotienten liegen in extrem hohen Bereichen der Skala. Sie verfügen über eine immense körperliche Kraft und haben eine sehr niedrige moralische Hemmschwelle. Als diese Verbrecher, die es mit unseren beiden Agenten leicht aufnehmen können, kreiert waren, konnte die Episode gedreht werden.

Inzwischen hat die Wirklichkeit in den Labors des echten FBI die Fiktion eingeholt. Als Biller und Brancato die Eves zu unserer Unterhaltung in Szene setzten, begann das FBI mit ernsthaften Versuchen, die vielen tausend Blutproben aus seinen Labors zu katalogisieren. Mit der Vision, daß eines Tages DNA-Abdrucksammlungen genauso umfassend und hilfreich sein würden wie die seit fünfzig Jahren geführten Fingerabdruckkarteien, hofft man bald in der Lage zu sein, Rätsel wie die in ›Eve‹ lösen zu können.

## Gedankenkriege: die letzte Schlacht

Als Deep Throat in dieser Episode das Litchfield-Experiment detailliert beschreibt und dessen Ziel, mittels Gentechnik den perfekten Soldaten herzustellen, erwähnt er auch die Kraft und Intelligenz der Eves. Er erklärt aber mit keinem Wort, warum sie wissen, wie sie unabhängig voneinander identische Morde begehen können.

Der Zuschauer muß sich in die Zeit des Kalten Krieges zurückversetzen und sich den Verfolgungswahn vor Augen halten, der damals zwei Kontinente beherrschte: McCarthyismus in den Vereinigten Staaten, Gulags voller politischer Häftlinge in der Sowjetunion. Im Kalten Krieg suchten beide Supermächte verzweifelt nach einem Vorteil gegenüber dem Gegner. Sie forschten nach einer Waffe, die nicht mehr einfach dadurch übertroffen werden konnte, daß die Gegenseite die gleiche Waffe herstellte, nur eine Nummer größer.

Es ist auch nach einem halben Jahrhundert schwer festzustellen, wer – die USA oder die UdSSR – damit angefangen hat. Zweifellos steckten beide Seiten einen Teil ihres Verteidigungsbudgets in die langfristige Entwicklung psychogener Waffen. Im Rahmen von Projekten, in deren Beschreibungen Worte wie ›psychisch‹ oder ›paranormal‹ sorgfältig vermieden wurden und statt dessen von einem ›neuen biologischen Informationsübermittlungssystem‹ gesprochen wurde, gab die CIA 1978 allein 100 000 Dollar für den Versuch aus, den Stand der sowjetischen Forschung festzustellen.

Die Marine bestritt ihre Teilnahme an einer Studie über psychische ›U-Boot-Ortung‹ zwischen 1976 und

1978, bestätigte aber bereitwillig »eine Untersuchung zur Fähigkeit bestimmter Individuen, über weite Entfernungen schwache elektromagnetische Stimuli auf einer nichtkognitiven Bewußtseinsstufe wahrzunehmen«. Sieben Jahre nach den Fernsichtexperimenten der Maimonides-Reihe – die untersuchte, wie genau Medien ihnen unbekannte Örtlichkeiten beschreiben konnten – entdeckte Maimonides-Leiter Stanley Krippner, daß die ›privaten Sponsoren‹, die das Projekt gefördert hatten, in Wirklichkeit die CIA war.

Während dessen arbeitete die Sowjetunion unter noch größerer Geheimhaltung als die USA ebenfalls an solchen Projekten. Russke Kroyke (die Bezeichnung für die Versuchsreihen, die in verschiedenen Forschungszentren der UdSSR durchgeführt wurden) bestand aus folgenden Versuchen:

- Eine Moskauer Computergruppe sollte untersuchen, ob es einem Menschen möglich war, durch reine Willenskraft schwache elektronische Impulse, wie man sie zum Beispiel bei einem Taschenrechner findet, zu stören.
- Auf der Grundlage der Theorie, daß Pflanzen fähig seien, Gefühle zu empfinden, wurden sowjetische Landarbeiter aufgefordert, während der Aussaat »intensiv an wachsende Samen zu denken«.
- Sowjetische Soldaten aus der Leningrader Gegend nahmen an einem ›fortgeschrittenen‹ Nahkampfkursus teil, in dem ihnen – in einer Mischung aus Parapsychologie und den Traditionen der östlichen Nachbarn – nicht viel mehr beigebracht wurde, als den Gegner anzustarren, bis er geistig besiegt war.

Obwohl manche dieser Unternehmungen heute ziemlich töricht erscheinen, war es sowohl den sowjetischen als auch den amerikanischen Forschungsteams

sehr ernst damit, ein für allemal festzustellen, ob
psychische Kriegsführung möglich sei. Die Vorstellung, daß ein Gedanke das elektronische Zielsuchsy-
stem zum Beispiel einer Fernlenkrakete ›irreführen‹
könnte, war genauso erschreckend wie die atomare
Bedrohung. Lieber – und da war man sich wohl
einig – galt man kurzfristig als dumm, als daß man
langfristig tot wäre. Wenigstens gehörten diese Experimente zu den billigsten, die beide Seiten je durchgeführt haben.

---

**Personalakte Nr. J-27061965-0105-2**

Name:                          Unbekannt
Bekannte Pseudonyme:           **Deep Throat**
Geburtsdatum:                  Unbekannt
Staatsangehörigkeit:           Amerikanisch
Anschrift:                     Unbekannt
Telefon:                       Unbekannt

**Beurteilungen (chronologisch)**

1. Die unter dem Namen Deep Throat bekannte
   Quelle operierte während des Konfliktes zwischen den USA und Vietnam im Kriegsgebiet.
   Obwohl er sich in den vergangenen Monaten auf
   die Seite verschiedener Fraktionen innerhalb
   der Strafverfolgungsbehörden, insbesondere
   einer kleinen Abteilung im Federal Bureau of
   Investigation, gestellt hat, war der Informant früher bekanntermaßen Mitglied der Central Intelligence Agency.
2. Die derzeitige Zugriffsberechtigung des Informanten auf Geheimmaterial ist unbekannt.
   Überwachungsteams konnten aber feststellen,
   daß er freien Zugang zu einer Reihe von Hoch-
   sicherheitsbereichen hat. Obwohl das auf eine
   hohe Einstufung für den Umgang mit Geheim-

material hindeutet, bleibt unklar, wie weit
er sensitive Bereiche bereits unterwandert
hat.

3. Der Informant kennt die International Extraterrestrial Biological Entity Directive und
hat an der Durchführung dieser Direktive mindestens zweimal mitgewirkt. Da eine der wenigen bekannten Kontaktpersonen des Informanten
dabei beobachtet wurde, wie sie die Ausführung der Internationalen EBE-Direktive zu
behindern versuchte, scheint es, daß Deep
Throats Aktivitäten seinen Kontaktpersonen
zumindest zum Teil unbekannt sind.

4. Der Kontakt zwischen dem Informanten und seinen >Agenten< findet verdeckt statt. Direkte
Beobachtungen deuten darauf hin, daß man Deep
Throat einfach dadurch kontaktiert, daß eine
blaue Lampe in ein Fenster gestellt wird. Es
wurde festgestellt, daß die Antwort des Informanten jedesmal auf einen kurzen Anruf beschränkt blieb, der nur aus einer Serie von
Klickgeräuschen besteht. Trotz fortgesetzter
Überwachung fand sich keine Verbindung zwischen diesen Geräuschen und dem Treffpunkt.
Offensichtlich benutzte er ein komplexes,
wechselndes Kodierungsschema.

5. Es ist schwer festzustellen, zu welcher Organisation die Quelle Deep Throat gehört, da
>schwarze Kassen< existieren, d.h. geheime
Budgets. Dadurch wird verdeckt, daß er auf
einer Gehaltsliste der CIA oder in den geheimen Budgets der Abteilungen einer Reihe anderer Geheimdienste geführt wird.

6. Diskrete Observierungen der Wohnungen einiger
Kontaktpersonen Deep Throats enthüllten, daß
der Informant in mindestens zwei Fällen wichtige Unterlagen an nicht zugangsberechtigte

Agenten weitergegeben hat. Um den Verdacht zu bestätigen, werden weitere Ermittlungen angestellt.

7. Ungeachtet der formellen Zugehörigkeit des Informanten haben seine Zugriffsmuster auf geheimes Material übereinstimmend gezeigt, daß er mehr als nur oberflächlich mit verschiedenen militärischen Organisationen bekannt ist. Das könnte in Zukunft bei Unterwanderungen Schwierigkeiten bereiten.

8. Es scheint einige Bereiche zu geben, auf die der Informant kaum Einfluß besitzt. Dazu gehört besonders die Hochsicherheitseinrichtung, in der zur Zeit bestimmte tiefgefrorene Materialien aufbewahrt werden. Es könnte sein, daß diese Abteilungen sich zu einem späteren Zeitpunkt für das Ausstreuen von Falschinformationen eignen.

9. Der Informant wurde ausgeschaltet. Akte geschlossen.

(Bemerkung: Da sich diese Quelle den Standardüberprüfungen des Geheimdienstes weiterhin entzieht, ist derzeit kein Standardformat für die Abfrage der Informationen verfügbar. Es wird daher allen, die diese Akte einsehen wollen, empfohlen, assoziative an Stelle von linearen Suchmethoden anzuwenden.)

# Codename: ›Feuer‹

**ZUSAMMEN-FASSUNG**

Als eine alte Flamme Mulders amerikanischen Boden betritt, fliegen an diversen Fronten die Funken. Sie soll für die Sicherheit eines britischen Diplomaten sorgen, der von einem Feuerteufel bedroht wird. Mulder versucht, sowohl seine stürmische Beziehung zu der lebenslustigen Inspektorin Phoebe Green als auch eine in ihm lauernde Kindheitsfurcht vor Feuer in den Griff zu bekommen. Währenddessen enthüllen Scullys nüchternere Ermittlungen die Gefahr, die den beiden droht.

**HINTERGRUND**

### Rauchen verboten! Die plötzliche Selbstentzündung

Genau wie Mulder haben viele Menschen Angst vor dem Feuer. Um wieviel schrecklicher muß es für solche Leute sein, hautnah mit einer plötzlichen Selbstentzündung konfrontiert zu werden? Das Phänomen beruht auf der Theorie, Menschen könnten ohne erkennbaren Grund plötzlich in Flammen aufgehen.

Nur wenige bekannte Fälle einer solchen

**ZITAT**

»Das ist typisch Phoebe Green. Die herausragende Spielerin des Geistes. Ich habe zehn Jahre gebraucht, um diese Frau zu vergessen, und dann platzt sie mit so einem Fall in mein Leben!«

– MULDER in ›Feuer‹

plötzlichen Selbstentzündung sind sorgfältig dokumentiert. Neben der Sensationslust der makabren Seite unserer menschlichen Natur gibt es verständlicherweise ernsthafte Anstrengungen, diese Fälle zu verstehen und in Zukunft zu verhindern. Wenn ein Mensch plötzlich grundlos in Flammen aufgehen kann, dann könnte das jedem anderen auch passieren. Auch Ihnen oder mir!

Die wenigen Fälle, die dokumentiert sind, haben alle eine Reihe ähnlicher Umstände gemeinsam. Die auffälligsten sind das Fehlen jeglicher Hitzequelle, die fast vollständige Verbrennung von Knochen und Fleisch (nur die Extremitäten bleiben unbeschädigt) und eine örtlich eng auf das Opfer begrenzte Brandstelle. Manchmal nimmt nicht einmal die Kleidung des Opfers Schaden. Die Häufung dieser Ereignisse in Häusern und Autos deutet darauf hin, daß die Phänomene von geschlossenen Räumlichkeiten positiv bedingt werden. Es haben sich aber auch einige Fälle im Freien ereignet.

## FALLBEISPIELE

Der berühmteste Fall ist – zum Nachteil der Forscher – nur durch das große Medieninteresse bekannt geworden, das sich auf ihn konzentriert hat, und nicht deshalb, weil er das beste Beispiel für das Phänomen plötzlicher menschlicher Verbrennung wäre.

Mrs. Mary Reeser aus Florida wurde gegen neun Uhr abends zum letzten Mal lebend gesehen, als sie in ihren Schlafanzug und ihren Lieblingsbademantel schlüpfte und es sich in ihrem Sessel bequem machte. Nachdem ihre Vermieterin die Wohnung verlassen hatte, rauchte Mrs. Reeser vor dem Zubettgehen noch eine Zigarette.

Elf Stunden später, also am folgenden Morgen, kam die Vermieterin zurück, um ein Telegramm abzugeben und vielleicht eine Tasse Tee mit ihr zu trinken. Sie be-

**PYROMANIE**
Der krankhafte Zwang, Gegenstände anzuzünden. Pyromanen benutzen Feuer als Mittel, einen bestimmten Aspekt ihres Lebens unter ihre Kontrolle zu bringen. Sie ist eine der wenigen Geisteskrankheiten, die eher bei Kindern als bei Erwachsenen auftritt. Kinder sind häufig vom Feuer fasziniert. Indem sie ein Feuer entzünden, üben sie Kontrolle über ein Element aus, das zerstören kann. Dabei übertreten sie gleichzeitig eines der frühesten Kindheitsverbote, das ihnen von den Eltern auferlegt wird.

merkte, daß der Türknauf heiß war. Beunruhigt rief sie zwei in der Nähe arbeitende Maler hinzu und betrat mit ihnen gemeinsam das Zimmer. Ein Holzbalken brannte, von der Mieterin aber war nichts zu sehen. Wegen des Balkens rief man die Feuerwehr. Sie fand bei den Löscharbeiten einen Haufen Asche, einen Fuß, der noch in einem Pantoffel steckte, eine verkohlte Leber an einem Stück Rückenwirbel und einen verschrumpelten Kopf, so klein und hart wie ein Baseball. Mrs. Reesers Lehnstuhl und alles in einem kreisrunden Flecken von anderthalb Metern Durchmesser war verkohlt. In der Nähe stehende Plastikgegenstände waren geschmolzen, aber Textilien hatten sich nicht entzündet. Ein Stapel Zeitungen am Rand des Kreises war nicht einmal angebräunt.

Beim Betreten der Wohnung hatten die Feuerwehrmänner keinen Geruch von verbranntem Fleisch wahrgenommen, den man schon im Freien fast nicht los wird, geschweige denn in geschlossenen Räumen. Es wurde nie eine Spur brennbarer Chemikalien gefunden. Dennoch konnten die Ermittler kaum glauben, daß eine einzige Zigarette einen derartigen Schaden angerichtet hatte. Auch die Medien glaubten nicht daran und brachten Beiträge über den ›neuesten Fall plötzlicher Verbrennung‹.

Aber selten haben die Medien das letzte Wort in Sachen Wahrheit. Zwei Ermittler der Spurensicherung suchten weiter, und obwohl sie in einigen nebensächlichen Punkten unterschiedlicher Meinung waren, erklärten beide später einvernehmlich, daß durchaus erklärbare Umstände Mrs. Reesers Tod verursacht hätten. Sie erläuterten, daß Mrs. Reeser nach Einnahme ihres gewohnten abendlichen Beruhigungsmittels schläfrig geworden sei und ihre Zigarette habe fallen lassen. Dadurch habe sich ihr Rayon-Bademantel entzündet, und sie sei verbrannt, ohne überhaupt reagieren zu können. Als sich das Feuer ausgebreitet habe, sei ihr Körperfett geschmolzen und habe die Flammen zusätzlich angefacht – derselbe Effekt wie bei einer Kerze. Ein schmieriger Belag bedeckte tatsächlich den Boden rund um die Überreste der Leiche.

Um endgültig zu entscheiden, ob es sich um eine Selbstentzündung oder um eine besonders unglückliche Serie von Zufällen gehandelt hat, mußte hauptsächlich geklärt werden, ob die durch die Zigarette verursachte und durch das Körperfett und den Rayon-Bademantel angefachte Glut überhaupt zu einer derartigen Verbrennung hatte führen können. Ein Mediziner, der Leichen aus Krematorien untersuchte, die Temperaturen von über 1000 Grad Celsius ausgesetzt waren, fand noch nach acht Stunden erkennbare Knochen. Andere versicherten dagegen, daß Knochen nach den für diesen Fall ermittelten elf Stunden auch bei niedrigeren Temperaturen vollständig zu Asche verkohlt sein würden. Mrs. Reesers Fall kam nach den Ermittlungen in die Ablage mit den ›unglücklichen, aber nicht ungewöhnlichen Fällen‹.

Mrs. Reevers Tod trug aber trotzdem dazu bei, die Öffentlichkeit auf die plötzliche Selbstentzündung aufmerksam zu machen. Auch andere seltsame Fälle wurden nach ihrem Bekanntwerden unter diesem Aspekt untersucht. Ein wirklich bizarrer Fall war der von Billy Thomas Peterson, der anscheinend bereits tot war, als er Feuer fing.

Peterson war in seine Garage gegangen, hatte die Tür verschlossen, den Motor seines Wagens gestartet und Selbstmord begangen. Als man die Leiche fand, wies Petersons Körper schwerste Verbrennungen auf. Eine Heiligenstatue auf dem Armaturenbrett des Fahrzeugs war geschmolzen, aber nichts sonst schien in Mitleidenschaft gezogen worden zu sein. Petersons Kleidung – sogar seine Unterwäsche – war völlig unbeschädigt. Sein unverbranntes Körperhaar trat aus der getrockneten Haut heraus, und seine Locken hingen über seine aufgeplatzte Stirn herab.

Auch von anderen Gegenständen wird behauptet, daß sie plötzlich in Flammen aufgehen können; sie werden zusammen mit den Fällen plötzlicher menschlicher Verbrennung untersucht. Bei unserem Hang zum Makabren ist es unwahrscheinlich, daß Fälle, in denen es nur um Gegenstände geht, solche plötzlicher menschlicher Verbrennung aus den Medien und der Fantasie des Durchschnittsbürgers verdrängen werden.

## Für internationale Kooperation: Scotland Yard

Scotland Yard – der eigentlich New Scotland Yard heißt, was aber sogar die eigenen Beamten zu vergessen pflegen – ist eigentlich das Hauptquartier einer städtischen Polizei, der London Metropolitan Police. Vielleicht, weil es kürzer ist und sich einmal so eingebürgert hat, oder vielleicht wegen ihres beachtlichen Rufes sowohl in der Wirklichkeit wie auch in Erzählungen wurde die LMP seit ihrer Gründung im Jahr 1829 nur *The Yard* genannt.

Von Sir Robert Peel gegründet, ersetzte der Yard eine andere Polizeitruppe, die Bow Street Police. Das erste Hauptquartier des Yard befand sich in Whitehall Place 4, der in den Great Scotland Yard mündete. Der große Platz, auf dem man ohne weiteres einen Einspänner wenden konnte, war nach dem ›Stadtschloß‹ der schottischen Königsfamilie benannt, das bei königlichen Besuchen benutzt worden war und ursprünglich an dieser Stelle gestanden hatte.

Trotz der guten Adresse in einem vornehmen Stadtviertel – von dem die Vorgänger in der Bow Street nicht einmal zu träumen gewagt hatten – sah sich Scotland Yard mit den gleichen Problemen wie die Truppe konfrontiert, die sie ersetzt hatte. Sie zu Beamten zu machen, verbesserte das Image der Polizisten noch nicht. Anfangs wurden die Beamten von Scotland Yard von der Öffentlichkeit vielleicht sogar noch schlechter behandelt. Da Scotland Yard als erste Polizeiorganisation auch Zivilbeamte einsetzte, hielten die Bürger sie 1842 für nicht viel besser als eine Spionagetruppe, die im Inland operierte. Wie auch das FBI später erfahren mußte, wollten die Menschen nicht bespitzelt werden. Vielleicht wegen der Protestschreie gegen seine Beamten erlegte sich Scotland Yard selbst strenge Richtlinien auf, die Probleme verhindern sollten, unter denen andere Organisationen der damaligen Zeit zu leiden hatten. Als der Yard 1878 sein *Criminal Investigation Department* (CID) gründete, genoß er deshalb bereits einen großen Rückhalt in der Öffentlichkeit.

Das CID war anfangs eine kleine Truppe, die lediglich Informationen über kriminelle Aktivitäten sammeln sollte. Diese Informationen wurden der Hauptabteilung zugeleitet, um die Verhaftung von Kriminellen zu ermöglichen. Das war der erste Versuch, Verbrechen zu *verhindern,* statt nur im nachhinein auf sie zu reagieren. Mit einer wachsenden Liste erfolgreich gelöster Fälle bekam das CID mehr Personal und Haushaltsmittel, die für das Wachstum der Abteilung wichtig waren. Zu der technologisch gut ausgerüsteten Truppe gehören heute mehr als tausend Detectives. Sie genießt einen Respekt, der die Bow Street Police in höchstes Erstaunen versetzen würde, die damals hin und wieder zu drastischen Mitteln greifen mußte, um die Wohnungen ihrer Mitarbeiter vor den Übergriffen der Bürger zu schützen.

Um die Jahrhundertwende war das Polizeiquartier am Scotland Yard restlos überfüllt. 1890 wurde ein neues Hauptquartier am Themseufer errichtet, das man ›New Scotland Yard‹ nannte. Auch das entpuppte sich rasch als zu klein; 1967 verlegte man das Hauptquartier in ein funkelnagelneues Gebäude am Broadway. Der Name blieb: New Scotland Yard.

Der Yard hat unter der Leitung seines Commissioners die gleichen Aufgaben wie bei seiner Gründung. An vorderster Stelle stehen die Verbrechensbekämpfung und -vorbeugung, der Schutz der öffentlichen Ordnung und – im Falle eines Notstandes – auch der Zivilschutz. Neben diesen Pflichten sorgen die Beamten dafür, daß Fahrzeuge richtig angemeldet werden, und sichern Fußgängerüberwege für Kinder, die aus der Schule nach Hause gehen. Trotz seiner inzwischen internationalen Reputation ist der Yard im Grunde immer noch eine städtische Polizei.

Diese gespaltene Natur zeigt sich auch in seinem inneren Organisationsaufbau. Seine vier Hauptabteilungen unterstehen der Leitung von vier Assistant Commissioners: Verwaltung, Verkehr, Kriminalabteilung (das CID) und Polizeirekrutierung sowie Ausbildung.

Das CID kümmert sich um alle Aspekte der Verbrechensbekämpfung. Dazu gehören das Archiv der Kriminalakten, die Fingerabdruck- und Fotoabteilung, die Abteilung für Wirtschaftskriminalität, eine sehr bewegliche Polizisteneinheit, die auch die ›fliegende Abteilung‹ genannt wird, das städtische Polizeilabor sowie die Ausbildungsakademie für Kommissare. In dieser Hinsicht gibt es einige Parallelen zwischen dem CID in Großbritannien und dem FBI in den USA. Tatsächlich betitelte man Scotland Yard während des Umzuges von 1967 scherzhaft als Hooversche Organisation, weil riesige Aktenberge von der Themse zum Broadway geschleppt wurden.

Es gibt aber einen wichtigen Aufgabenbereich des Yard, in dem seine amerikanischen Cousins nicht tätig sind. In Amerika ist der Secret Service für die Sicherheit der Politiker und der zu einem Staatsbesuch anreisenden Würdenträger zuständig. Wie das Erscheinen Phoebe Greens gemeinsam mit der Familie Marsdens richtig zeigt, übernimmt diesseits des Teiches Scotland Yard diese Aufgabe. Da Scotland Yard außerdem dafür zuständig ist, die Verbindung zwischen den britischen Kriminalbehörden und Interpol zu koordinieren, wäre Phoebes Kontakt zu den lokalen amerikanischen Behörden zu Hause sehr wahrscheinlich in ihren Aufgabenbereich gefallen.

Obwohl die Zuständigkeit Scotland Yards eigentlich auf London beschränkt ist, tritt er auch jenseits der Stadtgrenzen in Erscheinung. Wie auch beim FBI der Fall, wird er oft von der Polizei anderer Länder um Hilfe gebeten und schreitet auch ein, wenn in England schwierige oder bizarre Fälle zu lösen sind.

---

### Gillian Anderson

| | |
|---|---|
| Geburtsdatum: | 9. August 1968 |
| Geburtsort: | Chicago, Illinois |
| Größe: | 167 cm |
| Haarfarbe: | blond; tizianrot gefärbt |
| Augenfarbe: | braun |
| Familienstand: | verheiratet mit Errol Clyde Klotz, seit dem 1. 1. 94 |
| Kinder: | Tochter Piper, geb. am 25. 9. 94 |

Dank geschickter Kameraaufnahmen war es tatsächlich möglich, Andersons Schwangerschaft vollkommen aus der Serie herauszuhalten. Sie stand bis zwei Tage vor der Geburt (Kaiserschnitt) vor der Kamera, nahm die Arbeit wieder auf, nachdem sie nur eine einzige Episode verpaßt hatte – und kein Zuschauer merkte etwas!

| | |
|---|---|
| Eltern: | Rosemary und Edward |
| Geschwister: | zwei |

**Wohnorte:** Als junges Mädchen unternahm Gillian Anderson ausgedehnte Reisen. Sie folgte ihrem Vater, der ebenfalls Schauspieler ist, von Puerto Rico nach London, Grand Rapids und Chicago. Seitdem lebte sie in New York und Los Angeles; ihren augenblicklichen Wohnsitz hat sie in North Vancouver, British Columbia/Kanada.

## Ausbildung

Besuchte die Fountain-Grundschule in Grand Rapids, Michigan.
Abschluß 1988 auf der City High School in Grand Rapids.
Besuchte die prestigeträchtige Goodman Theater School an der DePaul's University, machte dort einen Abschluß als *Bachelor of Fine Arts*.
Studierte am National Theater of Great Britain an der Cornell-University, Ithaca/New York.

## Berufliche Tätigkeiten

Andersons schauspielerische Laufbahn nahm ihren Anfang in Grand Rapids, wo sie an einer städtischen Bühne mitarbeitete. Während sie die DePaul's University besuchte, bekam sie eine Rolle in *The Turning*, wandte sich dann aber nach Osten – nicht nach Westen, also nach Hollywood – und entschied sich für eine Theaterkarriere und gegen den Film. Drei Jahre später trat sie in *The Philanthropist* im Long Warf Theater auf und gewann einen *Theater World Award* für ihre Leistung in einer Aufführung von Alan Ayckbournes *Abwesende Freunde*.

Nach einem ersten Ausflug zum Fernsehen in *Land in Flammen*, einer Hörspielkassette von *Exit to Eden* und einer Folge von *Tote haben keine Namen*

war sie bereit, eine Rolle in einer Fernsehserie zu übernehmen. Die Figur Dana Scully,
eine kluge Frau, die ihre Weiblichkeit ihrer
beeindruckenden Karriere nicht opferte, übte
einen unwiderstehlichen Reiz auf sie aus.

Chris Carter hatte sich schnell entschieden. Er
war überzeugt davon, daß Anderson wie geschaffen für diese Rolle sei. Trotz einiger >Fragen<
der Fernsehgesellschaft (die währenddessen weitere Schauspielerinnen zu Proben einfliegen
ließ) bekam Anderson die Rolle der Scully. Der
Rest ist *Akte-X*-Geschichte.

**Gillian Anderson und Clyde Klotz wurden von einem buddhistischen Priester auf einem Golfplatz (17. Loch) auf Hawaii getraut. Anderson hatte Klotz, der zum Team der Akte X gehörte, erst kurze Zeit vorher auf dem Set kennengelernt.**

# Codename: ›Die Botschaft‹

**ZUSAMMEN-FASSUNG**

Als Scully nach dem plötzlichen Tod ihres Vaters zu ihrer Arbeit zurückkehrt, ist sie besonders anfällig für den verführerischen Blick, den Serienmörder Luther Lee Bogg ins Jenseits wirft. Nachdem Mulder angeschossen wurde und sie den Fall alleine weiterverfolgt, muß sie sich auch noch mit dem Tod ihres Vaters abfinden. Doch dann schlägt sie sich Boggs aus dem Kopf und kann zwei unschuldigen Teenagern das Leben retten.

**ZITAT**

»Im Alter von sechs Jahren schlachtete Luther Boggs jedes Haustier in seinem Wohnblock. Als er dreißig wahr, erwürgte er fünf Familienmitglieder beim Erntedank-Essen und setzte sich dann vor den Fernseher, um das letzte Viertel des Spiels von Detroit gegen Green Bay anzuschauen.«

– MULDER in ›Die Botschaft‹

**HINTERGRUND**

## Von der Séance zum Channeling: Eine Tür wird geöffnet

Obgleich die Episode ›Die Botschaft‹ bei den X-Fans eine der beliebtesten ist – vor allem bei denen, die auf eine Folge mit Scully als Hauptperson gewartet haben –, ist sie auch eine der enttäuschendsten. Die X-Fans diskutieren gern darüber, ob künstliche Intelligenzen verrückt werden können oder ob es möglich ist, daß Außerirdische unser Sonnensystem besuchen. Aber ob Scully oder Luther Lee Boggs letzten Endes die Quelle der Visionen und Vorausahnungen dieser Episode sind, darüber können sie nur streiten.

Manche Zuschauer bleiben dabei, daß Scully sich am besten noch ein paar Tage mehr Urlaub gegönnt hätte. Andere sind sich nicht sicher, ob hier vielleicht doch eine seltsame Kraft am Werk war. Schließlich versuchen die Menschen schon seit sehr langer Zeit, einen verstohlenen Blick in das Jenseits zu werfen.

Vor der griechischen Renaissance, als Geisterbeschwörung (Prophezeiungen aufgrund von Kontaktaufnahme mit den Toten) ein Teil zeremonieller religiöser Handlungen wurde, warfen frühe Orakel und Medien Knochen oder schauten tief in die Innereien von Tieren. Obwohl Blicke in die Kristallkugel oder den Kaffeesatz heute ihre Verbindung mit dem Reich der Toten verloren haben, gehörten sie ursprünglich auch zu den Pfaden, auf denen Tote mit den Lebenden Kontakt aufnehmen konnten.

In der Mitte des 18. Jahrhunderts kam die Séance als Kommunikationsform in Mode. Sie war trotz ihrer Neuheit genauso rituell und starr wie die griechischen Beschwörungen. Boggs behauptet, die Fähigkeit des ›Channeling‹ zu besitzen, das manchmal auch als Séance für eine Person bezeichnet wird. Es ist trotz seiner Verbindung mit New-Age-Theorien eine Wiederkehr der frühesten Techniken seherischer Kommunikation. Sowohl die Séancen als auch das Channeling erleben zur Zeit ein Revival.

Während des Channelings wird das Medium selbst zum angerufenen Geist. Stimme, Haltung, Sprachmuster, selbst die Gesichtszüge können sich verändern, wenn das Medium die Eigenschaften der kontaktierten Person annimmt. In einer Séance dagegen ist die Rolle des Mediums etwas distanzierter. Die meisten Medien, die mit einer Gruppe arbeiten, stehen mit einem ihnen bekannten Geist in Verbindung, der als Führer und Botschafter zwischen ihnen und anderen Geistern dient. Der Beweis für das Zustandekommen einer Verbindung ist nicht vom Medium abhängig. Vielmehr hört man Stimmen, die ohne körperliche Materialisierung erklingen, oder Musik, die aus dem Nichts zu kommen scheint. Der Geist nimmt keine Gespenstergestalt an, sondern erscheint als geheimnisvolle Substanz namens Ektoplasma, die sich um das Medium zu verdichten scheint.

Ein weiteres Mittel, mit dem das Medium Kontakt mit einem Geist aufnehmen kann, ist das Automatische Schreiben. Es wird im allgemeinen nur von Medien angewendet, die mit dem Channeling arbeiten. Vielleicht liegt das daran, daß sie zum Schreiben die Hände benutzen müssen, die während einer Séance auf andere Weise beschäftigt sind, vielleicht aber auch an der naheliegenden Annahme, daß das Medium eins mit dem Geist geworden sei. Solange das Medium unter dem Einfluß des Geistes steht, zeichnet es auf einem Stück Papier. Manchmal dient das dazu, eine Handschriftprobe des Geistes zu bekommen, um sicher zu sein, den ›richtigen‹ Geist erwischt zu haben; manchmal ist es für den Geist eine Möglichkeit, Fragen zu beantworten oder den Lebenden Botschaften zukommen zu lassen.

Automatisches Schreiben war im 19. Jahrhundert jahrzehntelang äußerst populär. Um die Jahrhundertwende kam mit der Verbreitung psychologischer Schriften eine weitere, fundiertere Theorie in Mode. Ein großer Teil von dem, was da ›automatisch‹ geschrieben wurde, schienen Gedankenfragmente mit fantastischen Elementen zu sein. Deshalb behaupteten Psychologen, daß ein Medium keineswegs fähig sei, mit den Toten Kontakt aufzunehmen, sondern einfach mit dem eigenen Unterbewußtsein kommuniziere – was an sich schon eine ungewöhnliche Fähigkeit ist.

In letzter Zeit interessieren sich die Psychologen vor allem für die Eigenschaft des Mediums, andere Persönlichkeiten anzunehmen. Manche glauben, daß die Channeler uns eine Tür zu unserem Unterbewußtsein öffnen können – in eine Welt, die mindestens ebenso rätselhaft ist wie das Leben nach dem Tod.

Bei Séancen greift man nur selten auf das Automatische Schreiben zurück. Hier wird es der Gruppe durch ein anderes Zeichen des Geistes – den Automatismus – ermöglicht, vereint mit dem Medium zu agieren. Das Ouija-Brett, ein verbreitetes Hilfsmittel beim Automatismus, ermöglicht es sogar, daß der traditionelle Händekreis der Séance geschlossen bleibt. Auf Vorwürfe von außen, daß Hilfsmittel wie das Ouija-Brett manipuliert werden könnten, antworten Spiritualisten, daß in der Séance auch so bestimmte unterschwellige Gedanken und Botschaften empfangen werden könnten. Nur weil diese durch das Ouija ausgedrückt würden, seien sie nicht weniger authentisch. Aufgabe des Mediums ist es, für eine Umgebung zu sorgen, in der auch der Durchschnittsmensch mit der Geisterwelt Kontakt aufnehmen kann, selbst wenn das unbewußt geschieht.

Viele Channeler glauben, daß das Channeling als Handlung eines einzigen Individuums eine Weiterentwicklung der Séance darstelle. Sie behaupten, daß jeder in der Lage sei, mit einer anderen Welt Kontakt aufzunehmen, wenn er seine Hemmungen erst einmal überwunden habe.

## Wo wird gedreht? In British Columbia!

Obwohl die Agenten Scully und Mulder bei den Ermittlungen zu ihren Fällen scheinbar durch ganz Amerika und sogar nach Puerto Rico und Norwegen geführt werden, fanden die Produzenten der Serie die exotischen Schauplätze in Wirklichkeit alle in British Columbia in

### RÄTSEL 13

**Leichte Fragen – 1 Punkt für jede richtige Antwort:**

1. Welchen Kosenamen gab Scully ihrem Vater?
2. Wie heißt Scullys Mutter mit Vornamen?
3. Wie wurde Scully von ihrem Vater genannt?
4. Welches Lied wurde bei der Hochzeit von Scullys Eltern gespielt?
5. Wie stirbt Scullys Vater?

**Es wird schwieriger – 2 Punkte für jede richtige Antwort:**

6. Für welches Verbrechen wurde Boggs eingesperrt und zum Tode verurteilt?
7. Welches Kleidungsstück bekommt Boggs von Mulder, um es während eines Channeling zu benutzen?
8. Mit welchem anderen Requisit versucht Mulder, Boggs auf die Probe zu stellen?
9. Vor welchem Gegenstand wird Mulder von Boggs gewarnt?
10. Mit welchem berühmten Musiker soll Boggs auf Mulders Bitte hin Kontakt aufnehmen?

Kanada. Wie die Crews vieler anderer Serien, dreht auch das Team von *Akte X* die Außenaufnahmen in der Nähe von North Vancouver. Der Pilotfilm ›Gezeichnet‹ führte die X-Crew zum ersten Mal nach British Columbia, denn in der Umgebung von Los Angeles fand man einfach keine Wälder. In Kanada gibt es dafür um so mehr.

Hier einige der anderen Locations:

- ›Ein neues Nest‹ wurde nicht in der Exeter Street 66 oder sonstwo in Baltimore gedreht. Statt dessen versucht der leberfressende Mutant, sich ein gemütliches Nest unter einem Aufzug im Einkaufszentrum von Vancouver zu bauen.
- Der Buntzen Lake in Port Coquitlan muß als Lake Okobogee herhalten, wo beinahe der Wohnanhänger einer Frau gegrillt und ihre Tochter entführt wird.
- Während die Zuschauer glauben, daß der Wurmmann fröhlich durch Rohre und Becken des Abwassersystems von Newark schwamm, hatte er in Wirklichkeit ein etwas kleineres Revier in der Iona-Island-Kläranlage.
- Durch die Kombination vorher angefertigter Aufnahmen des berühmten J.-Edgar-Hoover-Gebäudes mit Aufnahmen der Simon Fraser University in Burnaby erweckte die Crew den Eindruck, daß Mulder und Scully von ihrem Büro aus nur mal eben um die Ecke laufen müßten, um Literatur zu ihren neuesten Fällen zu bekommen. Das Schild des Hoover-Gebäudes auf dem häßlichsten Gebäude der SFU anzubringen war vermutlich eine qualitative Verbesserung.
- Der Leuchtturmpark von West Vancouver war der Schauplatz der EMA-preisgekrönten Episode ›Der Kokon‹. Gleich jenseits der Grenze zum Staat Washington, wo die Episode angesiedelt ist, fand sich schnell eine Landschaft, die den Olympic National Forest darstellt.

- Als die Crew Räumlichkeiten für einen Außerirdischen brauchte, firmierten die Powertech Labors in Surrey als Mattawa Inc., Washington – komplett bis zur Ebene 6 herunter, auf der Mulder die einzigartige Gelegenheit verpaßt, einen Außerirdischen zu sehen.
- Manche Orte auf der Welt sind so schön, daß man sie zweimal besucht. Genau das tat die Crew der *Akte X*, die Stevenson Village in Richmond zweimal als Location wählte. Zuerst wurde es zu Steveston im Staat Maine, der Heimat der Brüderschaft. Als man dann einen Schauplatz für die Zeltstadt des Wunderheilers brauchte, machte man es kurzerhand zu Kenwood, Tennessee.
- Statt von einer namenlosen Mole in einem Hafen von Maryland zu springen, flog Dr. Secare in ›Das Labor‹ in Wirklichkeit vom Ende der Versatile Shipyards in das kalte Wasser bei North Vancouver.
- Boundary Bay Airport in Ladner ist normalerweise die Heimatbasis einiger Sport- und Segelflugzeuge, aber in ›Die Warnung‹ wurde der stille kleine Flugplatz zur Ellens Luftwaffenbasis in Idaho umfunktioniert.
- Damit David Duchovny in ›Unter Kontrolle‹ von einem Skilift baumeln kann, wurde der Drehort in zwei nahegelegene Skigebiete, Grouse Mountain und Seymour Mountain, verlegt.
- In ›Blut‹ benutzte die Filmcrew einen Turm der University of British Columbia, wo der manische Scharfschütze seinen Beobachtungsposten aufschlägt.
- Das neue Haus von Pavel Bure, einem Eishockeyspieler der Vancouver Canucks, wurde für kurze Zeit zum Versteck des Vampir-Fetischisten, als man dort die Episode ›Drei‹ drehte. Danach konnte der Eishockeystar endlich in seine neue Wohnung einziehen.
- Bei ausgefallenen Szenen braucht man manchmal unbedingt den echten Hintergrund. Es gibt ein paar

**Der Song, der ge-
spielt wird, als man
Captain Scullys
Asche in alle Winde
verstreut, ist Bobby
Darins *Beyond the
Sea.* So lautet auch
der Originaltitel die-
ser Episode.**

Tricks, um die Schwierigkeiten zu umgehen, die sich ergeben, wenn der Schauspieler direkt am Schauplatz des Geschehens sein soll. Als man eine Aufnahme von Mr. X beim Verlassen der Oper im Kennedy Center brauchte, drehte ein zweites Produktionsteam vor Ort. Der Herr, den man beim Verlassen des Centers sieht, ist aber nicht Steven Williams, der Mr. X spielt, sondern ein Angestellter des *Film Commissioners Office* für den District of Columbia, der zufällig am Drehort war und das entsprechende Körperprofil besaß, um als Ersatz für Williams herhalten zu können.

Den X-Fans, die im Gebiet von Vancouver leben und einfach nicht genug von ihrem Lieblingsduo bekommen können, genügen oft schon die schwarzen und orangefarbenen Schilder mit der Aufschrift *AKTE X* als Ersatz – selbst wenn es sich nur um ein Team handelt, das Establishing Shots dreht, und kein Schauspieler weit und breit zu sehen ist.

# Codename: ›Verlockungen‹

Weil Männer und Frauen gleichermaßen zu den Opfern eines Serienmörders gehören, fragt sich Scully, ob sie es hier mit einem Bisexuellen oder einem Transvestiten zu tun haben. Mulders Theorie, daß die wechselnden sexuellen Praktiken des Killers über einen gewöhnlichen Kleider- oder Partnerwechsel hinausdeuten, scheint erst einmal ziemlich unglaubwürdig. Dann stoßen Mulder und Scully auf einen Kult, dessen Mitglieder auf Fremde eine seltsame Faszination ausüben.

**ZUSAMMEN-FASSUNG**

## Duftstoffe

**HINTERGRUND**

Mulder wundert sich darüber, daß seine kluge Partnerin mit Bruder Andrew nur aufgrund eines Geruches ins Bett geht. Offenbar weiß er doch nicht so gut über Duftstoffe Bescheid, wie sich zu Beginn von ›Verlockungen‹ andeutet, als er Duftstoffe für eine plausible Erklärung für die Reihe von Todesfällen hält.

Duftstoffe (Pheromone) sind möglicherweise die in der Natur am weitesten verbreiteten Chemikalien und scheinen im Tierreich – außer bei Vögeln – eine wichtige Rolle zu spielen. Genau

> **ZITAT**
> »Ich weiß, was ich gesehen habe, Scully! Ich habe gesehen, wie Sie es mit einem Ihnen völlig Fremden gemacht haben!«
> – MULDER in ›Verlockungen‹

115

genommen ist ein Pheromon jede Chemikalie, die von Organismen abgesondert wird, um andere Organismen zu beeinflussen. Duftstoffe werden durch spezielle Drüsen sekretiert oder durch Schweiß, Urin, Atem, selbst mit den Fetten von Haut und Haaren abgegeben. Sie können ungezielt abgesondert werden, damit sie sich in der Luft oder mit jedem anderen Stoff, mit dem der Körper in Kontakt kommt, verbreiten, aber auch gezielt auf einen besonders ausgewählten Ort gerichtet sein. Duftstoffe sind keineswegs auf das Tierreich beschränkt. Manche Pilze, Sumpfpflanzen und Algen verströmen Duftstoffe, die Teile des Organismus anregen, sich zusammenzuballen und zu verwachsen.

Nicht nur am Beispiel der Algen hat man festgestellt, daß Duftstoffe der Förderung des Zusammenlebens dienen, indem sie Individuen ermuntern, sich zueinander zu gesellen, damit die Gruppe für eine bestimmte Aufgabe als Einheit funktionieren kann. Wenn Ameisen Nahrung gefunden haben, legen sie auf dem Rückweg in ihren Bau eine Duftspur an. Es verwundert nicht, daß Stoffe, die die Gruppenbildung fördern, auch zur Auflösung von Gruppen führen können. In einem Fischschwarm geschieht es oft, daß ein verwundetes Mitglied einen bestimmten Geruch verströmt, der für den Rest des Schwarmes als Alarmsignal dient.

Wissenschaftler und Laien wenden ihr Interesse natürlich in erster Linie der Funktion der Duftstoffe für das Geschlechtsleben zu. Sexualduftstoffe haben die Eigenschaft, um ein vielfaches länger als die Alarmduftstoffe zu wirken. Das könnte ein besonderer Hinweis darauf sein, daß sie für die Pheromonproduzenten sehr viel wichtiger sind. Der Warnduftstoff der Motten verbreitet sich in einem Umkreis von fünf Kilometern, aber man hat festgestellt, daß ihre Sexuallockstoffe noch über eine Entfernung von fünfzehn Kilometern wirken!

Bei manchen Säugetierarten ist das Vorhandensein von Sexualduftstoffen in ihrem Revier eine unbedingte Voraussetzung für ihre geschlechtliche Reifung. Einzeltiere, die man von der Herde trennt, bleiben bis zu ihrem Tod in einem geschlechtlich unterentwickelten Zustand. Ein anderer Duft ruft eine Eltern/Kind-Reaktion hervor und verstärkt den Trieb, Schwache zu beschützen und zu ernähren. Es gibt deutliche Anzeichen dafür, daß Jungtiere beinahe jeder Gattung ihre Nahrungsbeschaffer zuerst nur am Geruch erkennen.

Das derzeit wachsende Interesse an menschlichen Duftstoffen wurde lange Zeit durch falsche Ansichten über den Geruchssinn des Menschen behindert. Nach Vergleichen mit anderen Tieren glaubte man, daß der Geruchssinn des Menschen verkümmert sei. Während ein neugeborenes Kaninchen fast so viele Geruchsempfindungszellen wie Zellen in der Haut hat, liegt das Verhältnis von Geruchs- zu Hautzellen beim Menschen etwa bei 1 : 10 000. Wir können uns längst nicht mit dem Hai vergleichen, dessen Zellverhältnis von 50 : 1 es ihm erlaubt, Dinge auf zwei Kilometer Entfernung zu riechen – wir würden diese Düfte nicht einmal dann wahrnehmen, wenn wir direkt daneben stünden.

Was uns an Quantität fehlt, gleichen wir auf andere Weise aus, wie man allmählich zu verstehen beginnt. Wir haben nämlich – im Gegensatz zu vielen Tieren – Schmerzsensoren an der Stelle, wo eigentlich unsere Geruchsnerven sein sollten. Wir Menschen nehmen also ›absichtlich‹ nicht alle Gerüche wahr – es gibt Düfte, die wir nicht riechen *wollen!* Andere sind uns lediglich unangenehm, wieder andere haben wir besonders gern. Obwohl die Forschung auf diesem Gebiet noch lückenhaft ist, deutet vieles darauf hin, daß die Evolution an einem bestimmten Punkt entschieden hat, bestimmte Gerüche als für uns gefährlich zu betrachten. Sie werden von unseren Schmerzzellen als

Ihre Punktzahl:

schmerzhaft empfunden, selbst dann, wenn nichts in der Nähe ist, was uns beißen will.

Der Geruch von verdorbenem Fleisch zum Beispiel löst an Stelle einer Geruchswahrnehmung hemmenden Schmerz aus. So unwahrscheinlich es ist, daß ein Hund, dessen ausgeprägten Geruchssinn wir ja auch für unsere Zwecke nutzen, verdorbenes Fleisch fressen würde – noch zehnmal weniger wahrscheinlich ist es, daß wir ohne die großen gelben Bögen ein McDonald's-Restaurant fänden.

In der Nasenhöhle des Menschen gibt es viel mehr Schmerz- als Geruchsnerven (fragen Sie mal jemanden, der eins auf die Nase bekommen hat). Diese Nerven sind besonders geeignet, auch auf schwächste Gerüche wie beispielsweise Orangenöl zu reagieren. Starke Gerüche wie Ammoniak rufen Reaktionen hervor, die so heftig sind, daß sie uns bewußt werden.

Wenn der Mensch wirklich so empfindlich ist – selbst wenn der Rest des Tierreiches dem nicht zustimmen würde –, bleibt eine Frage: Wie vermeiden wir dann einen dauernden Schmerzzustand?

Durch Gewöhnung. Menschen gewöhnen sich an Gerüche und ignorieren sie unbewußt, wenn das für sie wichtig ist. Es ist immer noch ein Rätsel, wie wir das genau anstellen, aber Menschen, die ein Schlachthaus betreten und sofort zu würgen beginnen, können den Gestank nach einer Stunde vollständig ›ausblenden‹. Seltsamerweise gewöhnt man sich um so schneller an einen Geruch, je stärker er ist. Der Geruch von etwas, das auf dem Herd verbrannt ist, bleibt uns noch zwanzig Minuten länger in der Nase als der Gestank in der Schlachterei.

Es ist nichts Neues, daß Menschen Geschmacksrichtungen in Gruppen wie ›sauer‹ oder ›süß‹ zusammenfassen. Die meisten stimmen zu, daß eine Zitrone sauer, Zucker süß, eine Mandel bitter schmeckt. Ein bestimmtes Objekt wird bei der großen Mehrheit dieselbe Geschmacksempfindung auslösen. Neu ist, daß wir das gleiche mit Gerücher machen. Da zum Beispiel Immergrün und Eukalyptus für die meisten Menschen in die gleiche Geruchskategorie fallen, können wir so lange am Immergrün schnüffeln, bis wir keine Geruchsempfindung mehr verspüren, den Duft also ausgeblendet haben. Danach sind wir aber auch nicht mehr in der Lage, Eukalyptusgeruch wahrzunehmen.

Dieses neue Verständnis des menschlichen Geruchssinnes führte kürzlich zu einer Untersuchung über unsere Reaktion auf Duftstoffe. Können wir Pheromone riechen und selbst produzieren?

In beiden Fällen lautet die Antwort: Ja!

Rückblickend sieht man schnell, daß die Zeichen immer schon darauf hindeuteten. Parfümhersteller verarbeiten schon seit langem den Duftstoff Moschus in ihren Produkten. In Haushalten, wo mehrere Frauen im menstruationsfähigen Alter zusammenleben, erkannte man eine Tendenz ihrer Menstruationszyklen, sich zu synchronisieren. Daß Frauen zur Zeit ihres Eisprungs für Moschusduft sehr empfänglich sind, ist ein deutlicher Anhaltspunkt dafür, daß Männer früher – wahrscheinlich auch heute noch – ein moschusartiges Pheromon produziert haben. Nachdem man Beweise gefunden hatte, daß der Mensch auf Duftstoffe reagiert, begann man mit Forschungsarbeiten, um diese Duftstoffe zu finden.

Bei der Untersuchung von menschlichen Vaginalsekreten kamen bestimmte Fettsäuren zum Vorschein, die beinahe identisch mit Verbindungen sind, welche bei anderen Primaten als Duftstoffe fungieren. Geruchstests zeigten, daß Männer auf diese Fettsäuren reagieren. Es bleibt noch zu erforschen, ob auch eine Quelle für männliche Pheromone gefunden werden kann. Da Männer in der Frühgeschichte meistens die Aggressoren waren, ist es möglich, daß heutzutage kein solcher Duftstoff mehr existiert. Aber da bei den meisten Spezies spiegelbildliche Pheromone bei männlichen und weiblichen Artgenossen gefunden wurden, setzt man die Suche fort. Die Existenz menschlicher Duftstoffe könnte sogar Liebe auf den ersten Blick erklären.

## ES WIRD EIN JUNGE: ES WIRD EIN MÄDCHEN! ES WIRD ...?

Das Thema wechselnder Sexualität, das in ›Verlockungen‹ etwas übertrieben behandelt wird, ist den meisten Biologen längst vertraut. Einige Tierarten haben die Fähigkeit, ihr eigenes Geschlecht oder das ihrer Nachkommen allein über den Willen zu bestimmen. Selbst beim Menschen sind die Anlagen beider Geschlechter noch für eine ganze Zeit nach der Empfängnis vorhanden. Embryos machen eine Phase durch, in denen beide Geschlechtsmerkmale zumindest zum Teil ausgebildet werden. Es gehört aber nicht zu den zweifelsohne zahlreichen Talenten der Menschen, als Erwachsene ihr Geschlecht vollständig zu verändern ...

Zu den Tierarten, die ihr Geschlecht willentlich – oder wenigstens als Reaktion auf ihre Umwelt – verändern können, gehören: Guppies (die auf demographischen Druck reagieren), bestimmte Froscharten (die das Leben mit einem Geschlecht beginnen und es mit dem anderen beenden) und ein paar größere Amphibien Südamerikas, die beide Geschlechter auszubilden scheinen, wenn sie erwachsen sind, und dann das seltener vorkommende Geschlecht annehmen.

Insekten mit einem ›sozialen Bewußtsein‹ wie Ameisen oder Bienen produzieren gewöhnlich Nachkommen nur eines Geschlechtes (oder ganz ohne Geschlecht), indem sie ihre Umgebung mit einem geschlechtsspezifischen Duftstoff überfluten (Ameisen) oder sie nur mit bestimmter Nahrung wie Königinnenhonig (Bienen) füttern.

Das wirklich Außergewöhnliche an den Mitgliedern der Familie in ›Verlockungen‹ ist nicht ihre Fähigkeit, das Geschlecht einmal zu wechseln, sondern zwischen den Geschlechtern hin- und herzupendeln! Nur wenigen Arten auf der Erde hatte man zugetraut, mehr als einmal im Leben ihr Geschlecht wechseln zu können, und selbst bei denen steht der endgültige Beweis noch aus.

# Codename: ›Lazarus‹

Bei der Erstürmung einer Bank, in der sich ein moder- **ZUSAMMEN-**
nes Bonnie-und-Clyde-Pärchen verschanzt, wird Scullys **FASSUNG**
ehemaliger Geliebter und Kollege Jack Willis zusammen mit dem Verbrecher Warren Dupree niederge-
schossen. Während ihre verzweifelten Versuche, Willis
von der Schwelle des Todes zurückzuholen, erfolgreich
zu sein scheinen, ist sich Mulder gar nicht so sicher, ob
Willis wirklich Willis ist.

## Ein Agent kommt selten allein

**HINTERGRUND**

Ob skeptisch, offen oder leichtgläubig – die Agenten,
denen wir in den einzelnen Episoden begegnen, haben
eine sehr unterschiedliche Einstellung zur Abteilung
Akte X. Wem können Mulder und Scully bei so fragwürdigen Kollegen wie Krycek oder Mr. X trauen?

SPECIAL AGENT TOM COLTON
(X-1.03)
Obwohl Agent Colton begabt ist und in der Hierarchie
des FBI ziemlich weit oben rangiert,
bekundet selbst Scully, seine ehemalige Schulkameradin, ihr Mißfallen an seiner Unfähigkeit, vor-
handenes Beweismaterial richtig
auszuwerten. Man denke auch an

**ZITAT**
»Du *bist* Jack Willis!«
– SCULLY in ›Lazarus‹

seinen Versuch, Mulder um Informationen anzugehen, ohne zu einer Gegenleistung bereit zu sein.

SPECIAL AGENT NANCY SPILLER
X-1.07
Das Verhältnis zu dieser Agentin ist distanziert. Agent Scully hat auf der Akademie bei ihr Gerichtsmedizin studiert. Obwohl Scully über Spillers Spitznamen – ›die eiserne Jungfrau‹ – herzlich lacht, hat sie offensichtlich gewaltigen Respekt vor der Agentin. Es steht nicht fest, ob sie exotischen Theorien gegenüber offen ist.

SPECIAL AGENT JERRY LAMANA
X-1.07
Von Agent Jerry Lamana als ehemaligem Partner Mulders hätte man erwarten dürfen, daß er die Arbeit der Abteilung Akte X unterstützt. Statt dessen hat sein derzeitiger Status beim FBI als Agent auf Probe zu einem anderen Verhalten geführt. Er lehnt es ab, über Mulders Theorien eines ›empfindenden‹ Computersystems nachzudenken, entwendet aber trotzdem das von Mulder erarbeitete Persönlichkeitsprofil, um es als seines auszugeben. Die Frage nach der zukünftigen Unterstützung durch Agent Lamana hat sich erledigt, da er im Verlauf des o.g. Falles stirbt.

SPECIAL AGENT JACK WILLIS
X-1.15
Agent Willis hat beruflich wenig mit der Akte X zu tun (die einzige Ausnahme bildet eine Überwachungsaktion). Er unterhielt eine intime Beziehung mit Scully, als er Ausbilder und sie Studentin in Quantico war. Wenn sich dieses intime Verhältnis auf die Arbeit übertragen hätte, wie es bei Agenten nicht selten der Fall ist, wäre er vielleicht zur Unterstützung der Akte X bereit gewesen. Jack Willis starb aber während der Ermittlungen im o.g. Fall.

SPECIAL AGENT REGGIE PURDUE
X-1.16

Reggie Purdue war zwar bestimmt kein blauäugiger Anfänger mehr, aber er hatte noch keine so festgefahrene Meinung entwickelt, daß er die Theorien eines Agenten einfach ignoriert hätte, der als einer der besten und gescheitesten im FBI gilt. Ohne sich Mulders Interpretationen sklavisch unterzuordnen, war Agent Purdue durchaus in der Lage, jenseits der gewohnten Möglichkeiten zu denken, wenn es die Situation erforderte. Er wurde von John Barnett getötet.

SPECIAL AGENT HENDERSON
X-1.16

Ein Technikexperte auf dem Gebiet der Dokumentenanalyse. Agent Henderson signalisiert Bereitschaft, Mulders Theorien zu überdenken. Es ist sehr wahrscheinlich, daß der zukünftige Umgang mit diesem Agenten auf einer Basis gegenseitigen Respektes stattfindet.

SPECIAL AGENT LUCY KAZDIN
X-2.05

Anfänglich ist Kazdin skeptisch, was Mulders Theorien betrifft. Aber sie ist nicht so engstirnig, Beweise zu ignorieren, die ihr offen auf den Tisch gelegt werden. Sie räumt ein, den Duane-Barry-Fall falsch eingeschätzt zu haben. Falls Agent Kazdin in Zukunft mit den Agenten Mulder oder Scully zusammenarbeiten sollte, kann man wohl mit ihrer Kooperation rechnen.

SPECIAL AGENT BOCKS
X-2.13

Im Gegensatz zum größten Teil des Personals des FBI hat Agent Bocks keine Schwierigkeiten damit, unwahrscheinliche Theorien zu formulieren. Er beeindruckt

RÄTSEL 15

Leichte Fragen – 1 Punkt
für jede richtige Antwort:

1. Was schenkte Scully Jack Willis zum Geburtstag?
2. Was nimmt ›Willis‹ von der Leiche Warren James Duprees mit?
3. Welche körperliche Besonderheit von Warren Dupree überträgt sich auf Jack Willis?
4. Jack Willis hat eine lebensbedrohliche Krankheit. Welche?
5. Wo verbringen Scully und Willis ein gemeinsames Wochenende?

Es wird schwieriger –
2 Punkte für jede richtige Antwort:

6. An welchem Tag haben Scully und Willis gemeinsam Geburtstag?
7. Welches Verbrechen wird außerdem verübt, als Willis und Dupree erschossen werden?
8. Scullys Geburtstagskarte warnt Mulder, daß mit Willis etwas nicht stimmt. Wodurch?
9. Wo verstecken Dupree und Lula Phillips normalerweise Sachen, die nicht gefunden werden sollen?
10. Wo lernten sich Scully und Willis kennen?

Ihre Punktzahl:

sogar Mulder mit seinem Geschick, paranormale Umstände und irdische Ereignisse in einen Zusammenhang zu bringen. Obwohl Agent Scully Bocks Fähigkeit, einen Tatort objektiv zu analysieren, in Frage stellt, ist es ziemlich sicher, daß er das Team der Akte X auch in Zukunft unterstützen wird.

SPECIAL AGENT BARRY WEISS
X-2.16
Scullys und Mulders Zusammenarbeit mit Weiss wird zwar durch seine Ermordung abrupt beendet, doch immerhin war er bereit, den Washingtoner Agenten die Unterstützung seiner Abteilung zu gewähren.

---

In dieser Episode kann Scullys Aufenthaltsort nicht durch das Signal ihres Handys ermittelt werden. Am Ende der zweiten Staffel dagegen hat der Smoking Man überhaupt keine Schwierigkeiten, Mulder mitten in der Wüste anhand von dessen Handy-Signal aufzuspüren ...

# Codename: ›Ewige Jugend‹

Ein komplizierter Fall muß wieder aufgerollt werden, als der Verdächtige einer fünf Jahre zurückliegenden Untersuchung nach seinem Tod plötzlich Drohbriefe an Mulder zu schreiben beginnt und seine Freunde ermordet. Als Scullys medizinische Informanten eine erschreckende Beziehung zwischen Mulders Verdächtigen, John Barnett, und einem modernen Dr. Frankenstein zutage fördern, fügt sich das Bild zusammen. Die Frage ist nur, ob Mulder Barnett finden kann, bevor Barnett Scully findet.

**ZUSAMMEN-FASSUNG**

## Zwischen den Zeilen

**HINTERGRUND**

Die Handschriftenexpertin in ›Ewige Jugend‹ gibt zu, nur angegeben zu haben, als sie behauptete, ein paar außergewöhnliche Dinge über John Barnett zu wissen. Vielleicht stimmt das, vielleicht aber auch nicht. 1993 überführte ein Experte für Graphologie einen Mörder, indem er aus dessen Handschrift ableitete, daß Mittelfinger und Daumen seiner rechten Hand gelähmt waren.

Die Arbeit eines solchen Dokumentanalytikers beschränkt sich nicht auf die Handschrift. Zu seinen Aufgaben gehören auch die

**ZITAT**
»Es sieht so aus, als hätte John Barnett die perfekte Verkleidung gefunden – die Jugend.«
– MULDER in ›Ewige Jugend‹

125

Untersuchung von Schreibmaschinenschriften, Tinte, Papier und Schrifttypen, die Identifikation von Hand- oder Maschinenschriften, die Erkennung von Hinweisen auf die Herstellung des Schriftstückes und den Umgang damit, die Analyse der Veränderungen innerhalb des Geschriebenen und dessen ungefähres Alter. Handschriften werden wie andere Indizien aufgrund individueller Eigenschaften identifiziert. Kinder lernen alle auf die gleiche Art Buchstaben zu formen, aber sie beginnen rasch, die Buchstabenform und das Buch-

---

**Sehen Sie sich doch nur so zum Spaß mal ihre eigene Handschrift an, und versuchen Sie, ein paar der folgenden Eigenschaften darin zu entdecken:**

- **GROSSE SCHLEIFEN verraten einen extrovertierten und selbstbewußten Charakter.**
- **GESCHLOSSENE WINKEL gelten als Hinweis auf einen Entscheidungsträger.**
- **KREISE STATT PUNKTE ÜBER DEM I deuten auf eine fröhliche Person hin.**
- **ABSTRICHE (die Teile der Buchstaben unter dem Hauptkörper, wie zum Beispiel der Abstrich im y), die länger als Aufstriche sind (der Teil der Buchstaben über dem Körper, wie der Aufstrich im d). Man hat das oft bei Menschen mit latenten sensitiven Fähigkeiten entdeckt. Das Gegenteil deutet eher auf ein logisch ausgeprägtes Naturell hin.**
- **ALLGEMEIN KLEINE BUCHSTABEN findet man oft bei Menschen mit organisatorischen Fähigkeiten.**
- **GRÖSSERE BUCHSTABEN deuten auf eine künstlerische Veranlagung hin.**
- **EINE UNLESERLICHE SCHRIFT ist ein sicherer Hinweis auf einen angehenden Arzt.**

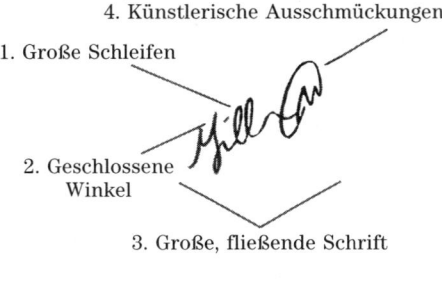

4. Künstlerische Ausschmückungen

1. Große Schleifen

2. Geschlossene Winkel

3. Große, fließende Schrift

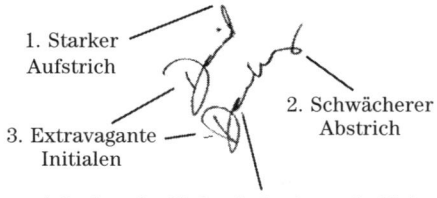

1. Starker Aufstrich

2. Schwächerer Abstrich

3. Extravagante Initialen

4. Ineinanderfließende horizontale Linien

stabenschreiben mit Eigenheiten zu versehen. Die Handschrift Erwachsener hat deshalb individuelle Eigenschaften angenommen, mit deren Hilfe man die Schrift analysieren kann.

Graphologen halten es für unmöglich, die Handschrift eines Menschen perfekt nachzuahmen. Körperhaltung, Geschicklichkeit, der Winkel des Stiftes und andere Faktoren, die das Resultat lebenslanger Gewohnheiten sind, können nicht in einem Augenblick und auch nicht innerhalb von Tagen erlernt werden, ganz egal, wie geschickt der Fälscher ist. Unter dem scharfen Auge des Experten verbinden sich der Winkel eines Striches, die Größe eines Kringels und die Art des i-Pünktchens zu einem Stil, der so individuell ist wie ein Gesicht.

Wenn Schrift oder Unterschrift selbst noch nicht ausreichen, können die Experten für ihre Gutachten noch eine Reihe anderer, hilfreicher Indizien untersuchen. Zum Beispiel garantiert die Benutzung einer Schreibmaschine keneswegs die vielleicht erhoffte Anonymität, sondern erleichtert die Arbeit des Experten. Marke und Typ der Schreibmaschine, die bei der Erstellung eines Schriftstückes verwendet wurde, können durch die Analyse der Schrifttypen und Vergleiche mit Informationen in Referenzakten und Unterscheidungskategorien bestimmt werden. Man kann das Schreibwerk einer bestimmten Schreibmaschine identifizieren, wenn es genug eindeutige Unterscheidungsmerkmale aufweist, zum Beispiel beschädigte, ›hüpfende‹ oder schlecht ausgerichtete Buchstaben, solche, die auf der einen Seite fester anschlagen als auf der anderen, oder zurückprallende Buchstaben.

Mechanische Eigenschaften des Typenkorbes oder des Zeilennachschubs können ebenfalls einen unterscheidenden Charakter haben. Da es unmöglich ist, ein Papier exakt in der vorherigen Position wieder in eine

Schreibmaschine einzuspannen, kann man hinterher feststellen, ob ein Schriftstück in einem Durchgang getippt oder ob es mehrfach in die Maschine eingespannt worden ist.

Ein Tintenvergleich ist häufig von großem Nutzen. Man kann aber leider nicht die individuellen Eigenschaften einer bestimmten Tinte aus einem bestimmten Tintenfäßchen analysieren, das heißt, es ist unmöglich zu beweisen, daß die Tinte aus einer ganz bestimmten Quelle stammt. Trotzdem werden chemische Tests unterschiedlichster Art bei Tintenvergleichen benutzt, und man kann wenigstens den einen oder anderen Verdacht aufgrund der Zusammensetzung der Tinte ausschließen.

Die Papiersorte kann aufgrund von Faserstruktur, Füllmasse und Größe identifiziert werden. Fasern kann man durch unterschiedliche Färbemethoden und mikroskopische Untersuchungen erkennen. Die Füllmasse wird durch Röntgenstrahlenbrechung sichtbar gemacht, da es sich um eine kristalline Substanz handelt. Chemische Tests wendet man bei der Analyse der Bestandteile des Papiers an, dessen Herkunft man so häufig feststellen kann.

Fragen nach der Reihenfolge beim Schreiben eines Dokumentes – zum Beispiel, ob die Tinte einer Signatur über oder unter den maschinegeschriebenen Buchstaben verläuft – werden wichtig, wenn es die Echtheit eines Dokumentes zu beweisen gilt. Bei diesen und ähnlichen Problemen (wie beispielsweise dem Entziffern oder Restaurieren verwischter oder gelöschter Schriften) kommen – je nach Art des zu lösenden Problems – Stereomikroskope, Ultraviolett- und Infrarottechniken oder chemische Tests zum Einsatz.

Während die Untersuchungsmethoden der Experten sich generell ziemlich ähnlich sind, stößt man bei der Bewertung bestimmter Eigenschaften auf Unterschiede. Die meisten Graphologen messen den Wortendungen – verläuft der Strich aufwärts, horizontal oder abwärts? – und den Verbindungslinien zwischen den Buchstaben besondere Bedeutung bei, weil das die einfachsten Vergleichspunkte sind. Wenn die Experten heute eine ausführliche Studie anfertigen, untersuchen sie mit ihren Mikroskopen jeden Strich des Bleistiftes oder Kugelschreibers.

In seltenen Fällen werden die Graphologen auch vor besonders verzwickte Probleme gestellt, wenn zum Beispiel unsichtbare 'Tinte' benutzt wurde wie Milch, Zitronensaft oder Speichel. Man hat aber herausgefunden, daß solche Schriften bei richtiger wissenschaftlichen Behandlung und bei bestimmter Beleuchtung wieder lesbar gemacht werden können. Manchmal zeichnen Fälscher eine Unterschrift auf einem anderen Stück Papier nach. Selten benutzen sie Tintenkiller, Radiergummis oder Messer, um Unterschriften zu entfernen. Wenn das Papier aber verändert worden ist, können Löschungen – gewöhnlich mit Hilfe von ultraviolettem Licht – ohne große Mühe gefunden werden.

Die Zukunft birgt für die Analytiker von Schriftstücken große Herausforderungen – nicht so sehr durch die menschliche Handschrift als durch die Technologisierung. Fotokopierer sind inzwischen so leistungsfähig, daß Geldscheine, die auf hochauflösenden Geräten fotokopiert wurden, sogar Bankangestellte getäuscht haben. Desktop Publishing ist inzwischen auch für Laien möglich, so daß beinahe jeder Schecks herstellen kann, die von echten nicht zu unterscheiden sind. Laserstrahldrucker kommen mit dem Papier, das sie beschreiben, überhaupt nicht mehr in direkte Berührung, so daß Indizien (wie noch bei der Schreibmaschine) nicht existieren.

Während die Bemühungen bisher darauf gerichtet waren, Fälschungen nach erfolgter Tat aufzuspüren,

## RÄTSEL 16

**Leichte Fragen – 1 Punkt für jede richtige Antwort:**

1. Wer war der Verdächtige in Mulders erstem Fall?
2. Wie alt war Mulder, als er zum FBI kam?
3. Was steht in der ersten Nachricht?
4. Wie lang sollte Barnetts Haftstrafe ursprünglich sein?
5. Welche Todesursache stand in dem offiziellen Totenschein?

**Es wird schwieriger – 2 Punkte für jede richtige Antwort:**

6. Wo wurde die Asche des Krematoriums ausgestreut?
7. Aus welchem Bundesstaat stammt Barnett?
8. Welche Krankheit behandelt Dr. Ridley am National Institute for Health?
9. In welcher Verkleidung verschafft sich Barnett Eintritt in die Music Hall?
10. In welchem Schließfach versteckt Barnett die Forschungsergebnisse?

Ihre Punktzahl:

werden sich die zukünftigen Techniken, mit denen Fälschungen verhindert werden sollen, wahrscheinlich auf die Herstellung nicht reproduzierbarer Bilder konzentrieren. Statt als Arbeitsbereich zu verschwinden, tritt die Dokumentenforschung in ihre erfinderischste Phase.

## PROGERIE

Dr. Ridleys Spezialgebiet ist eine Erkrankung, bei der der Alterungsprozeß so schnell abläuft, daß ein Zehnjähriger nicht nur aussieht wie ein Greis, sondern auch alle Krankheiten eines hohen Alters ertragen muß. Die Opfer werden selten älter als zwanzig. Obwohl die Krankheit selten ist, wird die Erforschung mit ungewöhnlich hohen finanziellen Mitteln gefördert, weil viele Wissenschaftler glauben, daß die Entdeckung eines Heilmittels für die Progerie auch den Schlüssel zum Verständnis des Alterungsprozesses im allgemeinen birgt.

**Duchovny (sprich: *Du-koff-ni*) kommt aus dem Russischen und heißt ›spirituell‹.**

### Filmografie

Die Waffen der Frauen (1988)
Neujahr in New York (1989)
Twin Peaks (1990)
Todfreunde – Bad Influence (1990)
Julia und ihre Liebhaber (1991)
Fast Food Family (1991)
Irrwege der Leidenschaft (1991)
Ein Hund namens Beethoven (1992)
Baby Snatcher (1992, TV)
Ruby (1992)
Chaplin (1992)
Wilde Orchidee 3 (1992, TV)
Venice/Venice (1992)
Kalifornia (1993)

Duchovny hat außerdem in drei Werbespots mitgewirkt: für Löwenbräu-Bier (1987), AT&T (1993), NYNEX (1995).

## David William Duchovny

| | |
|---|---|
| Geburtsdatum: | 7. August 1960 |
| Wohnort: | New York City |
| Größe: | 180 cm |
| Haarfarbe: | braun |
| Augenfarbe: | braun |
| Erkennungszeichen: | Leberfleck auf der rechten Wange |
| Familienstand: | ledig, nie verheiratet, hat aber zur Zeit eine ernsthafte Beziehung |
| Haustiere: | Blue, ein Mischlingshund, weiblich |
| Eltern: | Amram und Margaret Duchovny |
| Geschwister: | Daniel (älter), lebt in Los Angeles Laurie (jünger), lebt in New York |
| Hobbies: | Sport, sowohl Individual- (Joggen, Schwimmen und Yoga) als auch Teamsport (Basketball und Baseball). Schreiben (auch Gedichte). Musik. Theater. |

### Ausbildung

Collegiate Prep, Manhattan
Princeton University, B.A.
Yale University, M.A. (Dissertation in Anglistik, nicht beendet). Magisterarbeit: ›Magie und Technologie in der zeitgenössischen Dichtung und Prosa‹
Schauspielschule The Actor's Studio

# Codename:
# ›Täuschungsmanöver‹

**ZUSAMMEN-FASSUNG**

Vage Hinweise aus obskuren Quellen und eine dramatische Häufung von UFO-Sichtungen bringen Mulder auf den Gedanken, einer Außerirdischen Lebensform (*Extraterrestrial Biological Entity*, kurz E.B.E.) auf der Spur zu sein – einer lebenden! Scully, die den Machenschaften Deep Throats mißtraut, ist sich da nicht so sicher. Die Einmischung der Lone Gunmen, einer Organisation, die mindestens so unter Verfolgungswahn leidet wie Mulder, trägt wenig dazu bei, ihr die Sorgen zu nehmen.

**HINTERGRUND**

### Die Lone Gunmen

Die Lone Gunmen sind die Verkörperung des Verfolgungswahns. Obwohl sie nur in fünf Episoden der ersten beiden Staffeln auftreten – diese hier mitgerechnet –, bringt jede Folge neue, faszinierende Hinweise auf die Organisation. Ihr Name und der Titel ihres Mitteilungsblattes entstammen der ›Lone-Gunman-Theorie‹, derzufolge Präsident John F. Kennedy von einem Einzeltäter, nämlich Lee Harvey Oswald, erschossen wurde.

Vielleicht versteckten sie sich hinter einem Grashügel oder be-

**ZITAT**

»Deshalb mag ich Sie, Mulder. Ihre Ideen sind noch verrückter als unsere.«
– The Lone Gunmen in ›Täuschungsmanöver‹

saßen einfach Verstand genug, in Deckung zu gehen – jedenfalls sind schon sechzehn Episoden abgedreht, bevor die Lone Gunmen auftauchen. Sie erscheinen erstmals in ›Täuschungsmanöver‹, als Mulder das Trio um Informationen über die UFO-Sichtungen bittet. Wegen der Fähigkeit der drei, die Sätze der jeweils anderen zu Ende sprechen zu können, ihres gemeinsam genutzten Informationspools und ihres Zynismus ist es ziemlich schwierig, sie als Individuen voneinander zu unterscheiden.

Die Lone Gunmen treten erneut kurz in ›Blut‹ und ›An der Grenze‹ auf und erlauben es den Zuschauern dort, sie allmählich auseinanderzuhalten zu lernen. Am auffälligsten ist Frohike, der sein Interesse für Scully mit einem genialen, halb im Scherz gemeinten »Sie ist lecker« zeigt. Er hat eine etwas altmodische Vorliebe für Blumen im Revers, wohlfrisiertes Haar und teure Anzüge. Wenn ein Mann, der Nachtsichtgeräte gegen Telefonnummern tauscht, einen Kamm und Brillo-Seife verschenkt, muß das wahre Liebe bedeuten.

In ›An der Grenze‹ wird der Zuschauer auch mit dem geheimnisvollsten Mitglied dieser seltsamen Organisation, einem Hacker mit dem Pseudonym ›Der Denker‹, bekannt gemacht. Der Zuschauer kann in den Bildern, die über den Computerschirm fließen, zwar kein Gesicht erkennen, aber diese Geheimnistuerei um das Gruppenmitglied macht es nur um so faszinierender. In ›Sophie‹ bekommen wir dann endlich Gelegenheit, den Gesichtern auch Namen zuzuordnen. Weil Langly diesmal nicht bei dem Trio ist, muß Byers der dunkelhaarige Mann mit der Schwäche für Kleidung im IBM-Stil sein. Daraus folgt, daß der Blonde Langly ist.

Die Episode ›Anasazi‹ mag eine Menge Fragen aufwerfen, aber denjenigen, die sich für die Lone Gunmen interessieren, präsentiert sie das fehlende Stück, um

Der erste in der Öffentlichkeit bekannt gewordene Absturz eines UFOs.

das Puzzle zu vervollständigen: den Denker. Zum ersten Mal kommen die Gunmen zu Mulder, nicht umgekehrt. Einer von ihnen ist in Schwierigkeiten und will nur mit Mulder persönlich sprechen. Endlich erfährt der Zuschauer seinen Namen: Kenneth Soona. Aber dieser Name ist, wie sich herausstellt, möglicherweise nur ein Pseudonym. Mulder trifft sich mit Soona, und wir sehen auch sein Gesicht. Das ist leider schon alles.

Das Rätselraten geht weiter ...

## Special Effects: sfX

Der Bereich Spezialeffekte ist der am schnellsten wachsende und sich am schnellsten verändernde Sektor bei Film- und Fernsehproduktionen. Immer verwöhntere Zuschauer erwarten immer mehr von der Fernsehunterhaltung und der großen Kinoleinwand.

Der Siegeszug der Computertechnik hat diesem Bereich zweifellos wichtige Impulse gegeben. In Serien wie *Babylon 5* zum Beispiel werden regelmäßig ganze Szenen eingebaut, die nur in einem Computer existieren. Die Computertechnik ermöglicht es, spektakuläre visuelle Effekte einzusetzen – wie zum Beispiel Menschen, die seltsame Schatten werfen (in ›Das Experiment‹) oder die Gestaltverwandler in ›Die Kolonie‹ –, aber das sind bei weitem nicht die einzigen Tricks aus der Kiste der Special-Effects-Abteilung.

Auch die fotografischen, mechanischen, pyrotechnischen und modellierenden Techniken gehören zum weiten Feld der Spezialeffekte. Dazu kommen dann die Make-up-Künstler, die Kostümbildner sowie die Bühnenbildner. Über zweihundert Menschen haben an den einzelnen Spezialeffekten der *Akte X* mitgewirkt. Optische und mechanische Effekte können gemeinsam oder einzeln verwendet werden, je nachdem, welchen Bildeindruck man erzielen möchte. Das bedeutet, daß man gelegentlich eine ganze Spezialfirma benötigt (wie zum Beispiel für den Wirbelwind im Pilotfilm ›Gezeichnet‹).

Der vielleicht wichtigste Ausrüstungsgegenstand für optische Effekte wie Matten, Bluescreen, Hochgeschwindigkeitsaufnahmen und Überblendungen ist der Optical Printer, eine Kombination aus Kamera und Projektor. Mit seiner Hilfe kann der Kameramann einen Film von einem Film machen. Einzelbilder können mehrmals hintereinander geschnitten werden, um eine Szene zu verlangsamen oder ein Bild einzufrieren, womit sich kostspielige Effekte wie Samanthas schwebender Körper leichter herstellen lassen. Schneidet man einzelne Bilder heraus, hat der Zuschauer den Eindruck, die Bewegungen seien schneller. Wenn man die letzten Bilder einer Szene mit den ersten Bildern der nächsten Szene mischt, erreicht man auf einfache Weise einen Überblendungseffekt. Kompliziertere Manipulationen ermöglichen Mehrfachaufnahmen, das Übereinanderblenden mehrerer Aufnahmen und die Kombination von gezeichneten Sequenzen und echter Filmaufnahmen. So kann man zum Beispiel ein Feuer und die Schauspieler zusammenblenden. Auch ein Vollbild-Freiluft-Printer erzeugt großartige Effekte: Auf einer Plattform wird eine Glasplatte so ausgerichtet, daß die Bilder, die von unten darauf projiziert werden, im richtigen Winkel reflektieren. So kann das Team künstliche Effekte und die zu filmende Handlung so präzise aufeinander abstimmen, daß sie in einer Einstellung gedreht werden können – was der Produktion viel Zeit erspart.

Die Technik, beim Optical Printing zwei Filmsequenzen so zu kombinieren, daß eine neue Sequenz entsteht, die beide Ursprungssequenzen enthält, erweitert in Kombination mit anderen Techniken die Bandbreite

## RÄTSEL 17

**Leichte Fragen – 1 Punkt für jede richtige Antwort:**

1. Wo ist die Wanze in Mulders Apartment versteckt?
2. Worauf führt Scully die Erkrankung des Truckers zurück?
3. Was findet Scully in ihrem Kugelschreiber?
4. Was ist in der 20-Dollar-Note?
5. Nennen Sie die Namen der Lone Gunmen.

**Es wird schwieriger – 2 Punkte für jede richtige Antwort:**

6. Wie nehmen Mulder und Deep Throat miteinander Kontakt auf?
7. Was ist eine E.B.E.?
8. Was stimmt mit dem Mond auf dem Foto nicht?
9. Zu welcher Abteilung will Deep Throat während des Vietnamkrieges gehört haben?
10. Welche Ebene der Anlage versuchen die Agenten zu erreichen?

der Möglichkeiten noch einmal. Ein Optical Printer kann zusammen mit Bluescreen-Aufnahmen beispielsweise nahtlos aneinandergefügte Bilder fliegender (oder schwebender) Personen erzeugen (wie das von Duane Barry in ›Unter Kontrolle‹). Später werden dann noch unheimliche Lichter und Töne hinzugefügt, ohne daß der Hintergrund durch die sich bewegenden Figuren hindurchschimmert.

Die Bluescreen-Technik nutzt die Empfindlichkeit des Filmmaterials für blaues Licht aus. Man läßt einen Schauspieler vor einer blauen Leinwand agieren, die von hinten beleuchtet wird (um Schatten zu vermeiden) und nimmt das Ganze auf einen Eastman-Film Nr. 5247 auf. So erhält man ein dichtes schwarzsilbernes Bild überall dort, wo normalerweise das Blau sichtbar gewesen wäre. Auf dieses Positiv werden jetzt andere Aufnahmen kopiert. Schauspieler und (neuer) Hintergrund können dann auf einem Film miteinander kombiniert werden. Dadurch wird es den Schauspielern ermöglicht, sich an einer Vielzahl von Orten zu bewegen, die sie in Wirklichkeit nie gesehen haben. Für dramatische Szenen wie Feuersbrünste ist die Bluescreen-Technik eine der beliebtesten – sowohl bei den Schauspielern als auch bei den Special-Effect-Crews.

Manchmal verwendet man aber auch kleinere Effekte. Bei den künstlichen optischen Effekten hat es zwar unbestreitbar große Fortschritte gegeben, aber ein paar Sachen werden doch nach wie vor am besten von den Fachleuten für physikalische Effekte gehandhabt. Aufplatzende Eiterbeulen, alternde Menschen, explodierende Geschwüre und unter der Haut lebende Parasiten entstehen zum Beispiel durch die Zusammenarbeit der Make-up- und der Special-Effects-Abteilung.

Prothesen (eigentlich künstliche Körperteile, aber in der Special-Effects-Branche mit einer etwas erweiterten Bedeutung) werden sehr gründlich getestet, bevor der Schauspieler sie benutzen darf. Selbst die kleinste Prothese kann schmerzhafte Wirkungen haben, wenn sie nicht genau an den Schauspieler angepaßt ist, unsauber befestigt ist oder wenn ein Schauspieler allergisch auf das Material reagiert. Der Prozeß der Anpassung einer Ganzkörperprothese wie beim Wurmmann in ›Der Parasit‹ ist derart kompliziert, daß die Reaktion der Schauspieler auf die Kreatur schon längst im Kasten ist, während die Figur noch von den Technikern zusammengebastelt wird.

Prothesen können sehr einfach (wie die schwarzen Punkte in der Episode ›Eis‹) oder sehr kompliziert sein, wenn sie zum Beispiel versteckte Wasserblasen oder mechanische Elemente enthalten, um Bewegung unter der Haut vorzutäuschen, oder Behälter mit anderen Flüssigkeiten, die aus der Prothese herausquellen, -sprudeln oder -sprizen sollen. Bei Prothesen, die beschädigt werden sollen, gibt es wieder andere Probleme. Manchmal ist es nötig, vom ganzen Arm oder Bein eines Schauspielers einen Abguß herzustellen oder ein Modell zu bauen, so daß die Live-Action und der Trick im Film ohne sichtbaren Bruch miteinander kombiniert werden können. Sicher war Schauspieler Darin Morgan nicht scharf darauf, unter dem herunterfallenden Gatter herumzustehen, von dem Flukeman in zwei Hälften zerschnitten wird.

Die häufigsten Modelle sind natürlich maßstabsgetreue Verkleinerungen, mit denen riesige Gegenstände so klein gemacht werden, daß man sie problemlos filmen kann. Daneben gibt es Modelle, die um ein Vielfaches größer sind als ihre Originale. Bei der Herstellung von maßstabsgetreuen Modellen, die auf der Leinwand realistisch aussehen sollen, müssen die Techniker mit zwei großen Schwierigkeiten fertig werden. Das naheliegende Problem, ein Modell zu bauen, das dem Original bis ins Detail gleicht, ist dabei einfacher zu lösen. Talentierte Modellbauer verwenden viel Zeit darauf, ihren Gegenstand genau zu untersuchen, Vorzeichnungen und Rohentwürfe herzustellen, bevor sie das eigentliche Modell in Angriff nehmen.

Das schwierigere Problem besteht in der Aufnahme. Bei beweglichen Objekten ist es sehr schwierig, eine gleichmäßige Bewegung zu erzeugen, die auch noch mit Objekten im Hintergrund zusammenpaßt. Wenn man nicht sehr auf die Details achtet, wirken die Modelle dilettantisch und nicht überzeugend.

Man begegnet dieser Gefahr auf zweierlei Art. Zum einen erzeugt man durch Hochgeschwindigkeitsaufnahmen einen Zeitlupeneffekt, bei dem die Bewegungen des Modells fließender erscheinen. Außerdem wird eine feste Verbindung zwischen Kamera und Modell hergestellt. Mit einer beweglichen Kamera und einem feststehenden Modell erreicht man oft realistischere und gleichmäßigere Einstellungen, selbst bei Nahaufnahmen.

Manchmal überläßt es *Akte X* dem Zuschauer selbst, sich Effekte vorzustellen, wenn die Handlung nicht direkt gezeigt wird. Dann muß die Fantasie des Zuschauers die Lücken füllen. Trotzdem greift die Serie immer wieder auf kleine und große Spezialeffekte zurück: von bedrohlich aufragenden Brieföffnern über pulsierende Geschwüre und extraterrestrische Silhouetten bis hin zu schwebenden Kindern gibt es wenig, was das Team noch nicht ausprobiert hat.

# Codename:
# ›Der Wunderheiler‹

Die Behauptung des Wunderheilers, Kranke heilen und Tote zum Leben erwecken zu können, ist eigentlich nichts Ungewöhnliches, genau wie die entsprechenden Beschwerden. Wenn es da nicht eine Reihe von Todesfällen in seinem Zelt gegeben hätte, hätte das FBI Scully und Mulder nie dorthin geschickt. Was eine scheinbar unkomplizierte Morduntersuchung werden sollte, bekommt plötzlich eine viel größere Dimension, als Mulders lange gesuchte Schwester erscheint und die Toten tatsächlich auferstehen.

**ZUSAMMEN-FASSUNG**

**ZITAT**

»Ich habe den Kranken meine Hände aufgelegt und ihnen Gesundheit geschenkt. Ich habe die Leidenden geheilt. Ich habe die Sterbenden berührt und ihnen das Leben gegeben. Gott hat mir eine besondere Gabe verliehen.«

– SAMUEL HARTLEY in
›Der Wunderheiler‹

## Heilung durch Handauflegen

**HINTERGRUND**

Geistheilung, Glaubensheilung, Wunder oder wie man es auch nennen will: Berichte über plötzliche Heilungen, die jenseits der Möglichkeiten der Schulmedizin liegen, gibt es, seit es Krankheiten und Unfälle gibt. Genauso zeitlos ist die von den meisten Heilern unbeachtete Frage: »Hat es funktioniert?«

Im Zeitalter der vom Fernsehen übertragenen Wunder müßte es eigentlich leichter denn je sein, diese Frage zu beantworten: Nehmen Sie mit ihrem Videorecorder eine beliebige Show irgendeines Predigers auf, machen Sie die auf wundersame Art geheilten Teilnehmer ausfindig, und fragen Sie sie. Nichts scheint leichter als das, und tatsächlich gehen viele Forscher so vor. Die gleiche Methode wählen Scully und Mulder im ›Wunderheiler‹, um etwas über das wirkliche Talent des mysteriösen Mannes zu erfahren.

Wie alle Neugierigen zuvor müssen sie feststellen, daß es hier nicht – wie in der Medizin – üblich ist, Fachkollegen zu kritischen Stellungnahmen zu ermutigen. Wunderheiler behaupten, daß ihr Erfolg vom Glauben beider – also des Heilers als Stellvertreters einer größeren Macht und des Geheilten – abhängt. Wolle man das Offensichtliche beweisen, werde ein Zweifel ausgedrückt oder wenigstens impliziert, der den bereits erzielten Heilungserfolg zunichte machen könne. Bevor der Zweifler auf die Mitarbeit des Heilers oder des Geheilten rechnen darf, wird von ihm erwartet, bei einer Untersuchung der Wunderheilung von vornherein auf wissenschaftliche Methoden zu verzichten, da es sich hier um spirituelle Erfahrungen handle. Ihm wird nahegelegt, das Problem von einem historischen oder holistischen Standpunkt aus anzugehen.

## DIE MODERNE, REISENDE MISSIONSSTATION

Zeltmissionen waren früher in Amerika sehr populär. Ihre Gewohnheit, einer Jahrmarkts- oder Zirkusroute zu folgen, der charismatische Stil der meisten Prediger und die Freundlichkeit der Helfer, die den Hut herumgehen ließen, gaben der Angelegenheit beinahe den Charakter einer Kirchweih. Wenn die Prediger mit Feuer und Asche drohten, um so besser: Nachdem sie eine gewisse Furcht erregt hatten – die etwa auf demselben Niveau wie bei harmlosen Horrorfilmen lag –, wurde der Zuschauer mit dem kathartischen Gefühl, er sei von seinen Sünden gereinigt worden, nach Hause geschickt. Bald gesellten sich zu den Predigern auch Wunderheiler, die als so etwas Ähnliches wie die Pausenfüller im Zirkus agierten.

Erst in den fünfziger Jahren, als die Wunderheiler selbst zur eigentlichen Attraktion wurden, begannen sich manche Menschen Sorgen zu machen. Sie fürchteten, daß in den weißen Zelten etwas Gefährliches geschehe, daß die Wunderheiler Lügner seien und daß diese Lügen Leben kosten könnten.

Einer der Forscher, die sich ernsthaft mit dem Problem befaßten, war Peter May. Er sah sich die Zeltshows nicht nur im Fernsehen an, sondern besuchte sie – und kam mit tiefen Vorbehalten wieder heraus. Er hatte gesehen, wie die Leute ihre Medikamente und Krücken, Brillen und Hörgeräte wegwarfen, wie Kranke jubelten, sie seien endlich vom Krebs und von den Ärzten befreit worden. Wenn das alles stimmte, dann war es in der Tat wunderbar. Wenn nicht, mußten diese Menschen wahrlich verzweifelt sein.

May faßte einen bestimmten Prediger in London ins Auge. Für seine Studien konnte er auf Plakate und Werbespots aus mehreren Jahren zurückgreifen, die alle voller Behauptungen waren, und – zumindest anfangs – auch auf die Unterstützung der Anhänger des Wunderheilers. Seine Untersuchung ließ sich vielversprechend an, aber die Schwierigkeiten, mit denen May sich dann bald konfrontiert sah, hätten durchaus die Vorlage für die erfundene Begegnung Scullys und Mulders mit dem Wunderheiler abgeben können. Nach wenigen Wochen war May mitten in verwirrende Diagnosen und Prognosen geraten. Es gab unbewiesene Heilungserfolge, Widersprüchlichkeiten zwischen den

Angaben der Ärzte und der Patienten und – was das Wichtigste war – Angst. Ob es nun die Furcht der Geheilten vor ihrer Krankheit war oder die Furcht davor, erneut untersucht zu werden: Die Angst warf ihren Schatten auf jeden Fall. Selbst mit einer Fülle an Zeugenaussagen war es schwierig, der Wahrheit näher zu kommen.

May legte seine Forschungsmaterialien beiseite und bat den Wunderheiler, drei Fälle zu nennen, die er für die besten Beispiele für seine letzten Heilungen hielt. Während er auf die Antwort wartete, entdeckte er, daß schon die Behauptung des Wunderheilers, alle Menschen kämen zu ihm, um geheilt zu werden, falsch war. Vierhundertfünfzig Anhänger erklärten, bereits vorher geheilt gewesen zu sein. Endlich erhielt May von dem Heiler eine Liste mit fünf Namen. Er untersuchte sie Fall für Fall.

Sheila L., eine fünfundvierzigjährige Frau, die seit fünfzehn Jahren unter Rückenschmerzen litt (man führte diese auf einen Bandscheibenvorfall zurück), hatte ihren Beruf aufgeben müssen und war für Ausflüge auf einen Rollstuhl und daheim auf Krücken angewiesen. Sie hatte es mit Schmerzmitteln, Physiotherapien, Akupunkturen und Korsetts versucht. Während eines Gottesdienstes hatte ihr dann der Wunderheiler die Hand aufgelegt und für ihre Genesung gebetet. Sofort war der Schmerz verschwunden, und seitdem war Sheila L. – den Angaben des Predigers zufolge – gesund. Alles wies also auf eine Geistheilung hin.

Eine Überprüfung von Sheila L.'s Krankengeschichte brachte Röntgenbilder zutage, die einen Verschleiß der zwischen dem fünften Brustwirbelknochen und dem ersten Lendenwirbelknochen liegenden Bandscheibe zeigten. Osteophyten (Knochengeschwülste) waren in den Zwischenraum gedrungen. Ihr Orthopäde gab den Grad des Verschleißes als so schwerwiegend an, daß dieser für erhebliche Schmerzen verantwortlich sein könnte. In seiner langen Praxis hatte der Arzt viele ähnliche Fälle gesehen, aber Sheila war als einzige in einem Rollstuhl gelandet. Außerdem bezeichnete er sie als die depressivste unter seinen Patienten und berichtete, sie quäle sich manchmal mit Selbstmordgedanken. Der Schmerz, der bis in ihren Nacken und ihre Arme ausstrahlte, paßte aber nicht zu dem BWK5/LWK1-Problem.

May fand heraus, daß eine Röntgenaufnahme, die nach der angeblichen Wunderheilung gemacht worden war, absolut keine Veränderung zeigte. Sheilas Akten gaben auch Auskunft über weitere Rückenschmerzen nach der Messe, die mit Medikamenten behandelt wurden. Es kann nicht bewiesen werden, ob Sheila selbst sich für geheilt hielt, aber die Tatsachen ihrer Krankengeschichte stehen im direkten Widerspruch zu den Behauptungen des Wunderheilers.

Allen Kindern, die von einer Sehbehinderung ›geheilt‹ worden waren, hatte man die Brille abgenommen. Nur ein Elternpaar – die Eltern des dreijährigen Azam – erklärten sich mit einer erneuten Untersuchung einverstanden. Auch hier existierte eine dokumentierte Krankengeschichte. Kurz vor dem Besuch der Mission hatte man den Verdacht gehabt, daß der Junge schiele, und entsprechende Untersuchungen in die Wege geleitet. Wie zu erwarten war, stellte sich heraus, daß Azams linkes Auge von Kurzsichtigkeit und Astigmatismus geschwächt war.

Nach dem Besuch der Mission hatten umfassendere Untersuchungen etwas bessere Ergebnisse für das linke Auge ergeben als die groben Schätzungen vorher. Azams Mutter glaubte seitdem an ein Wunder, obwohl der Augenarzt betont hatte, daß sich nicht nur die Untersuchungsmethode geändert habe, sondern daß die Untersuchung außerdem früher am Tag stattgefunden habe und Azam nicht so müde gewesen sei wie bei den ersten Tests. An den grundlegenden Problemen – Astigmatismus und Kurzsichtigkeit des einen Auges – habe sich nichts geändert.

Nach der Warnung des Arztes, der Junge könnte seine Sehkraft ganz verlieren, wenn er das Auge nicht benutze, gaben die Eltern Azam seine Brille zurück. Obwohl sie den Wunderheiler baten, den Fall ihres Sohnes nicht für seine Werbung zu verwenden, tauchte darin bald folgendes ›Zitat‹ auf: »Mein Sohn hatte sehr schlechtes Augenlicht und konnte auf dem linken Auge kaum sehen... Seit MTL ist er geheilt und kann jetzt auf beiden Augen wieder gut sehen.«

Georgina M., eine sechsundvierzigjährige Frau, die behauptete, von einem bösartigen Tumor geheilt worden zu sein, stand ganz oben auf der Beweisliste des Wunderheilers. Ihr Arzt war anderer Meinung. Vor der ›Heilung‹ hatte Georgina wegen exzessiver Blutungen während der Menstruation im April 1992 ärztliche Hilfe gesucht. Anschließende Hormonuntersuchungen hatten ergeben, daß sie unter einem Symptom litt, das häufig vor der Menopause auftritt. Um die Möglichkeit von Tumoren oder anderen Geschwüren auszuschließen, hatte ihr Arzt eine Ultraschalluntersuchung durchgeführt – und keinen Tumor gefunden. Auch von einem anderen Arzt durchgeführte Tests hatten keine Anzeichen auf einen Tumor ergeben, was ja auch kein Wunder war. May war der Ansicht, daß es sich bei all diesen Fällen um Verhaltens- und Glaubensmuster handelte, die unter unglücklichen Umständen tödliche Folgen haben könnten.

Kein Wunder, daß die X-Crew hier Material für eine Horrorgeschichte um die Lichter und Blitze einer Zeltmission fand. Da sie wie immer keine Stereotypen übernehmen wollte, machte sie nicht den Wunderheiler oder seinen vor Diamanten blinkenden Hauptprediger zum Bösewicht – es stellt sich vielmehr heraus, daß Mulder Samuel zu Recht vertraut hat. In einer Zeit, in der die Fernsehprediger von einem Skandal nach dem anderen geschüttelt werden, ist das um so überraschender.

## Samanthas unsichtbarer Einfluß

Da heute das Fernsehen alles möglichst ›hautnah‹ zu zeigen versucht, ist es schon ungewöhnlich, einer ›unsichtbaren Figur‹ zu begegnen, deren Abwesenheit andere Figuren motiviert, in Aktion zu treten, und die sowohl die Geschichte als auch die Handlung vorantreibt. Samantha Mulder ist so eine Figur (ungeachtet dessen, was die Zuschauer sehen mögen, als ein oder zwei Samanthas erscheinen).

Seit der ersten Folge ist der Zuschauer Zeuge von Mulders leidenschaftlicher Suche nach der Wahrheit über seine Schwester und seines verzweifelten Bedürfnisses, endlich mehr zu erfahren. Wir billigen seine fragwürdigen Tricks, weil wir seine hehren Ziele anerkennen, selbst wenn wir froh sind, nicht selbst Gegenstand seiner bohrenden Ermittlungen zu sein. Sein Überlebenssyndrom, das Schuldgefühl, das in seinen Kleidern hängengeblieben ist, rühren das Herz des Zuschauers. Weil der Zuschauer die Vorgeschichte dieses ernsten Mannes kennt, werden Erwartungen erzeugt, die nie explizit im Dialog oder in der Handlung zum Ausdruck kommen müssen.

Chris Carter hat erkannt, daß die Schwächen der Hauptfigur zu ihren Stärken in enger Beziehung stehen müssen. Deshalb stellt er seinem Publikum einen Helden vor, der immer ein bißchen weiter als seine Kollegen vorausschaut, dessen Verstand scharf genug ist, ihn über die Spötteleien und das Gekichere hinwegsehen zu lassen, und der es mit gewaltigen, unpersön-

## RÄTSEL 18

**Leichte Fragen – 1 Punkt für jede richtige Abtwort:**

1. Was dringt an dem Tag, als Samuel angeklagt wird, durch die Luftschächte des Gerichtssaales?
2. Weshalb ist Leonard Vance berühmt?
3. Wie lautet der Name der reisenden Zeltmission?
4. Wen erweckt Samuel von den Toten?
5. Wie stirbt Samuel?

**Es wird schwieriger – 2 Punkte für jede richtige Antwort:**

6. Was hat Samuel angeblich mit dem biblischen Moses gemeinsam?
7. Wie lautet das Nummernschild auf Reverend Hartleys Cadillac?
8. Welcher Religion gehört Scully an?
9. Wie werden die Opfer wirklich getötet?
10. Was geschieht nach den Angaben von Schwester Salinger mit Samuels Leiche?

lichen Mächten aufnimmt. In mancher Hinsicht hat Carter damit eine Figur wie aus einer Heldenlegende geschaffen und ihm mit Samantha seinen Heiligen Gral gegeben. Ohne sie wäre dieser Held vielleicht in das allzu normale Leben des Durchschnittsamerikaners geraten und damit uninteressant geworden. Wer würde schon gerne einem Beamten bei seinem Alltag zusehen?

Selten hat Samantha Mulder direkten Einfluß auf Fox Mulders Leben genommen. In ›Der Wunderheiler‹ zum Beispiel spornt allein die angebliche Fähigkeit Samuels, ihr Bild zu projizieren oder aus den Tiefen von Mulders Gedanken hervorzuholen, Mulder auf seiner Suche nach Antworten an. Der Fall wäre auch so interessant gewesen, hätte dann aber Mulders eigentliche Lebensaufgabe nur ganz am Rande berührt. Die Erscheinung einer erwachsenen Samantha, einer lebenden, atmenden Frau, die sogar die alten Stratego-Spielsteine wieder aufnehmen will, verstärkt nicht nur Mulders Anstrengungen, die echte Frau hinter dem Phänomen zu finden. Samantha Mulder ist auch die Antwort auf das ungelöste Rätsel, weshalb die grünblütigen Klone Mulders Aufmerksamkeit erregen.

Mit jeder Bewegung beeinflußt diese abwesende Figur die Arbeit ihres Bruders, und mit subtilen Anstößen auch den Verlauf der *Akte X*.

# Codename: ›Verwandlungen‹

**ZUSAMMEN-FASSUNG**

Ein Indianerjunge wird von einem Rancher getötet, der behauptet, auf ein Tier geschossen zu haben. Scully weist Mulders Theorie von Lykanthropie (Verwandlung eines Menschen in einen Werwolf) sofort zurück. Nicht einmal der erste Fall der Abteilung *Akte X*, bei dem es ebenfalls um Lykanthropie ging und der lange vor der Wiederbelebung der verstaubten Abteilung durch Mulder eröffnet worden war, kann sie davon überzeugen, daß sich Menschen über ihre physischen Grenzen hinaus verändern können. Jedenfalls nicht ohne harte, greifbare Beweise. Darunter stellt sie sich eigentlich nicht eine bizarre Fußspur, einen Hautfetzen und Geschichten vor, die man sich in den verräucherten Tavernen des Reservates erzählt.

## Im Mondschein: Der Lykanthrop ist unter uns

**HINTERGRUND**

Wenn der Werwolf durch das Unterholz streicht und darauf lauert, aus den Schatten zu springen und seine Zähne tief in die pulsierende Kehle seines Opfers zu schlagen, hätte der Laie Mühe, ihn von seinem Cousin, dem Vampir, zu unterscheiden. Er würde den Werwolf (oder Lykanthropen) zwar wohl für

**ZITAT**
»Ich könnte schwören, daß ich... rote Augen... und Reißzähne gesehen habe.«
– JIM PARKER in ›Verwandlungen‹

147

einen behaarten Vampir halten, aber eben immer noch für einen Vampir. In ›Dracula und der Werwolf‹ und einer ganzen Reihe Filme mit dem Titel ›Der Sohn von …‹, die sich Jugendliche im Vorabendprogramm ansehen können, ist der Werwolf oft kaum mehr als das Anhängsel des berühmten Vampirs, ein Haustier, das die Vorlieben seines Herrn teilt.

Vor langer Zeit waren die Unterschiede zwischen den beiden in Rumänien, China, sogar in Paris wohlbekannt. Sie wurden lebhaft in Zeitungsberichten beschrieben, die sich wie makabre Autopsieberichte lasen. Der Vampir dürstet demnach nach Blut und braucht es, um zu überleben. Wenn er keines bekommt, leidet er den gleichen krampfhaften Hunger, den ein Mensch verspürt, der mehrere Tage keine Nahrung zu sich nimmt. Nicht auf die Jagd zu gehen, ist für den Vampir gleichbedeutend mit Selbstmord. Er bleibt für alle Ewigkeit ein Vampir und kann nicht mehr in die menschliche Welt zurückkehren, ist also unmenschlich.

Die Toten interessieren den Vampir nicht, und er stört kein Grab außer seinem eigenen. In einigen Legenden taucht er als hungriger Schafhirte auf, der sich um das Überleben seiner Herde kümmert. Er ist also alles andere als ein pathologischer Mörder.

Vergleichen wir das mit dem klassischen Fall von Lykanthropie, einem Pariser namens Bertrand, der auf einem der Höhepunkte seiner abwechslungsreichen Laufbahn eine fünfundfünfzigjährige Frau eine Woche nach ihrer Beerdigung aus ihrem Grab ausbuddelte. Er benutzte die Schaufel nur für die harten Knochenstücke, die er mit seinen Händen nicht herausbrachte, riß die Leiche in Stücke, warf die Überreste zurück in das Grab und wühlte in ihnen herum. Danach knabberte er noch ein wenig an einem ihrer Finger und schlief dann erschöpft ein. Nachdem man ihn kurz nach seinem Eindringen in einen mit Fallen bestückten Friedhof gefangen hatte, gestand er der Polizei seine Geschichte.

Zu den Untaten, die er zugab, gehörte die Entweihung des Grabes eines siebenjährigen Kindes, das er buchstäblich entzwei gerissen hatte. Das erste Mal sei er von seinem unstillbaren Verlangen überwältigt worden, als er mit einem Freund zufällig eine Beerdigung gesehen habe.

Obwohl man Werwolf und Vampir gleichermaßen als Geschöpfe der Nacht bezeichnet, existieren in der Überlieferung zwischen ihnen mehr Unterschiede als Gemeinsamkeiten. Der vielleicht auffälligste Unterschied liegt in ihrer Schöpfung oder Herkunft. Er könnte erklären, warum der Vampir für viele Völker eine Weiterentwicklung der Menschheit symbolisiert, während der Werwolf nur in der westlichen Literatur und in Filmen auftaucht. Vampire wählen ihr Schicksal nicht selbst. Als gewöhnliche Sterbliche sind sie den unbezwingbaren Fähigkeiten des Vampirs, seiner Beute aufzulauern, sie zu überwältigen oder zu verführen, hilflos ausgeliefert. Neue Vampire beginnen ihre Existenz als Opfer. Kraft und Gewandtheit, Charisma und die magischen Fähigkeiten des Vampirs haben mit diesen Opfern leichtes Spiel.

Ganz anders der Werwolf, der in fast jeder Legende sein Schicksal selbst wählt. Die Volksmärchen romantisieren den Vampir und beschreiben seine Versuche, in dem neuen Leben Würde zu finden, als Heldentum. Bei einem Werwolf dagegen findet man kaum Edles, besteht doch dessen größte Freude darin, an den verrottenden Leichen seiner Artgenossen herumzunagen. Obwohl beide, Werwolf und Vampir, in einer bizarren Weise als Kannibalen auf die Menschen lauern, kann das Bedürfnis des Vampirs auf vernünftige Art erklärt werden. Die Motivation des Werwolfes bleibt uns unverständlich, und deshalb haben wir auch kein Mitgefühl mit ihm.

Dr. Park Deitz, ein Gerichtspsychiater, der an so berühmten Fällen wie dem von Jeffrey Dahmer gearbeitet hat und am Ausbildungszentrum des FBI in Quantico unterrichtet, hat die Theorie aufgestellt, daß unsere Unfähigkeit, die eigenen animalischen Impulse zu verstehen und zu akzeptieren, zur Werwolflegende geführt habe. Deitz ist durch seine praktische Arbeit zu der Ansicht gekommen, daß es nur sehr wenige Dinge gebe, zu denen Menschen nicht fähig seien. Manche Taten seien derart bestialisch und grausam, daß es fast unmöglich scheine, sie mit Menschen in Verbindung zu bringen. Ein Tiermensch aber, ein Werwesen, könne solche Verbrechen begehen, ohne daß die Verantwortung dafür dem ganzen Menschengeschlecht angelastet werden müsse, selbst wenn es sich nur um eine Legende handle. Schon die Zahl und Vielfalt der Werwölfe in der menschlichen Geschichte unterstützen diese Theorie.

Posttraumatische Streß-Syndrome hat man heute längst als psychische Krankheiten mit bestimmten Symptomen erkannt, die sich so präzise äußern, daß man sie relativ leicht erkennen kann. Solche Syndrome lagen natürlich noch einige hundert Jahre lang im Schoß der Zeit verborgen, als die Wikinger – aus sozialen Nöten – ihre Kriege geführt hatten. Wegen der

Holzschnitt, ca. 1792

150

Wolfsfelle, die sie beim Kampf trugen, hatte man sie auch Wolfsköpfe genannt. Möglicherweise hatten die Wikinger eine besondere Methode entdeckt, mit den seelischen und emotionalen Narben des Krieges fertig zu werden.

In Dutzenden von nordischen Liedern und Gedichten wird ein Geisteszustand beschrieben, der als ›Berserkerstadium‹ oder ›Berserkerwut‹ bekannt ist. Wie der Bertrand aus Paris fielen die Wolfsköpfe über ihre Opfer her und zerrissen die Leichen und die noch lebenden Gegner mit bloßen Händen und Zähnen. Nach einiger Zeit ebbte die Raserei ab, und sie richteten ihre Aufmerksamkeit wieder auf etwas anderes. Bei manchen führte der veränderte Zustand zu einer so vollständigen Amnesie, daß der Berserker an die Phase vom Beginn des Kampfes bis zu dem Zeitpunkt, da er Stunden später wieder zur Besinnung kam, keine Erinnerung mehr hatte. Der Berserker erliegt schließlich einer Müdigkeit, die tiefer ist als die Erschöpfung nach Tagen anstrengender Arbeit. In einem sehr wörtlichen Sinn hatten die Nordmänner dadurch, daß sie in Tierfelle gehüllt waren, ihre Menschlichkeit mit dem Betreten des Schlachtfeldes hinter sich gelassen.

Die freie Wahl dieser frühen Werwölfe, die durch das freiwillige Anlegen der Tierfelle symbolisiert wird, findet sich auch in den Geschichten von den abessinischen Werhyänen. Das waren Krieger, die in Hyänenfellen durch die Savanne streiften, um die Gräber benachbarter Stämme zu schänden.

Selbst Völker, die sich nicht in Felle hüllten, führten komplizierte Rituale durch, um ihren Austritt aus der menschlichen Daseinsform zu erreichen. Aus diesen Ritualen ohne Felle stammt wohl auch die Vorstellung, daß das Fell des Werwolfes auf der Innenseite seiner Haut gefunden werden kann und nur darauf wartet, hervorgekehrt zu werden. Der russische Werwolf, der *Orborot*, wechselt genauso willentlich in den Wolfszustand wie der nordische. Ein Mensch, der zum Werwolf werden möchte, geht alleine in den Wald und sucht sich einen umgestürzten Baum. Er durchbohrt ihn mit einem Kupfermesser, wobei er einen Zauberspruch aufsagt. Sowie er sich um den Baumstamm herumbewegt, verändert sich seine Gestalt, und nach kurzer Zeit ist er vom Geist des Werwolfes besessen. Obwohl er selbst sich später nicht mehr an Einzelheiten erinnern kann, war allgemein bekannt, daß mit der Besessenheit durch den Wolfsgeist auch dessen Fell erscheinen würde. Es gibt kaum Schilderungen, in denen jemand mit Gewalt in ein Werwesen verwandelt wird, aber jede Menge Fälle, wo aus dem Nichts auftauchende Werwesen versuchen, andere zum Mitmachen bei ihrem nächtlichen Toben zu verführen.

Der vielleicht berühmteste, mit Sicherheit aber detaillierteste Bericht stammt aus dem Mund von Jean Grenier, einem französischen Jungen, der eine ganze Reihe blutiger Morde gestand und folgende Geschichte erzählte: Ein Mann namens Pierre Labourant, der mit seinem weit geöffneten Werwolfmaul unablässig an seinem eisernen Halsband kaute und über einen Ort herrschte, an dem seine zahlreichen Genossen auf eisernen Stühlen zwischen glühenden Kohlen saßen, versprach Grenier die Fähigkeit, wie ein Wolf jagen zu können – im Austausch gegen seine Seele. Der arme Grenier, der keine Lebensperspektive hatte, stimmte zu. Labourant, den Grenier ›Monsieur de la Forêt‹ nannte, gab ihm ein Wolfsfell und eine magische Salbe mit den Anweisungen, wie beide zu benutzen seien. Grenier behauptete, den Zauber schon nach wenigen Tagen beherrscht zu haben, auf die Jagd gegangen zu sein und fünf Kinder gefressen zu haben.

Man fand es ziemlich beunruhigend, daß ein Jugendlicher so eine Geschichte erfinden konnte. Noch beunruhigender war, daß Greniers Beschreibungen mit den Fällen und Tatsachen übereinstimmten. Obwohl er auch ein paarmal eindeutig gelogen hatte, war er doch in der Lage, die genaue Farbe des Kleides von einem der ermordeten Kinder anzugeben und genaues Zeugnis über die Wunder eines Opfers, das ihm entkommen war, abzulegen. Das Gericht verurteilte ihn daraufhin wegen mehrfachen Mordes. Aber der seltsamste Teil des Prozesses sollte erst noch kommen.

In ihrer Zeugenaussage beschrieb Marguerite Poirier, eine Zeugin, die Jean mit einem Hirtenstab vertrieben hatte, eine auffällige Veränderung seines Aussehens. Er sei ohnehin nie besonders attraktiv gewesen, doch damals sei er – so ihre Aussage – auf alle viere gefallen und dünn und knochig geworden. Seine Zähne hätten zwischen seinen Lippen hervorgeragt, und sein Gesicht sei langgezogen gewesen. Bevor sie ihre Aussage beendete, beschrieb Marguerite Jean als einen überdurchschnittlich großen Wolf – eine Behauptung, die auch von den Eltern eines der Opfer gestützt wurde, die darauf beharrten, ihr Kind sei von einem Wolf geholt worden. Der Richter, der anscheinend sehr fortschrittlich war in einer Zeit, als man für einen schiefen Blick auf die Kuh des Nachbarn verbrannt werden konnte, überdachte den Fall und erklärte in seinem Urteilsspruch, daß Jean Grenier, erwiesenermaßen der Mörder, wohl eher verrückt als ein Werwolf sei.

Statt, wie von der meisten erwartet, zum Tode verurteilt zu werden, wurde Jean Grenier für den Rest seines Lebens unter der Bedingung in ein Kloster eingesperrt, keinen Fluchtversuch zu unternehmen. Die Mönche sollten natürlich versuchen, ihn von seinen seltsamen Vorstellungen abzubringen, aber auf eine Heilung bestand wenig Aussicht. Als man ihn mit Ge-

## RÄTSEL 19

**Leichte Fragen – 1 Punkt für jede richtige Antwort:**

1. Welchen Gegenstand, der einmal ihrem Bruder gehört hat, gibt Gwen Goodensnake an Scully weiter?
2. Wie bestatten die Trego ihre Toten?
3. Wie benennt Ish die Kreatur?
4. Die Parkers halten ein ungewöhnliches Tier auf ihrem Grundstück. Welches?
5. Was erschießt Mulder im Haus der Parkers?

**Es wird schwieriger – 2 Punkte für jede richtige Antwort:**

6. Welches besondere Beweisstück benutzt Mulder, um Scully zu veranlassen, über die Wolfsmenschentheorie nachzudenken?
7. Welche ungewöhnliche Ausstattung entdeckt man in Joe Goodensnakes Mund?
8. Was stört den Arzt an Lyle Parkers Obduktionsbericht?
9. Wer eröffnete den ersten Fall der Akte X?
10. Wann wurde er eröffnet?

walt auf das Klostergelände brachte, fiel Grenier einige Zeit in Raserei, rannte auf allen vieren umher, heulte und verschlang Innereien, die er in der Klosterschlachterei fand.

Sieben Jahre später begegnete der Richter Grenier wieder, der immer noch im Kloster lebte. Er erkannte den Jungen beinahe nicht wieder, der kaum fünf Zentimeter gewachsen war, sich in dunklen Ecken verbarg und sein Gesicht von Fremden abwandte. Hinter seinen rastlosen Augen schien ein leerer Geist zu stecken. Seine Lippen hingen schlaff herunter, doch konnte man seine verlängerten Eckzähne deutlich erkennen. Seine Hände, die er unaufhörlich zu Fäusten ballte und wieder lockerte, hatten schwarze Fingernägel, die von selbst spitz zuliefen. Er starb kurz nach dem Besuch des Richters.

## Silberne Kugeln und Eisenstäbe: Wie man einen Werwolf tötet

Es gibt Dutzende von Erklärungen für das Entstehen des Werwolfes und noch mehr Möglichkeiten, ihn zu töten. Sollten Sie einmal im Wald mit einem tiefen Knurren konfrontiert werden, das laut um sie herum widerhallt, dann versuchen sie es mit einer der folgenden Möglichkeiten:

1. Ob in Form von Kugeln, Kreuzen oder einfachem Schmuck: Silber ist der Bannfluch der Werwölfe. Selbst wenn es sie nicht tötet, werden sie durch die Verbrennungen, die ihnen das Silber zufügt, normalerweise vertrieben.
2. Wie Zauberer sind auch Werwölfe durch kaltes Eisen verwundbar. Ein einziger Schlag mit einem eisernen Stab auf dessen Stirn soll den Werwolf zerbrechen und so den Menschen in ihm befreien.

3. Salz, Salzwasser oder irgendeine salzhaltige Speise sollen, wenn Sie sie dem Werwolf unterschieben können, tödlich für ihn sein.

4. Wenn Ihr Werwolf zufällig ein Christ gewesen ist, können Sie versuchen, ihn mit Weihwasser zu bespritzen oder ihm eine geweihte Hostie ins Maul zu schieben. Beides wirkt sofort tödlich.

5. Mit asiatischen Werwölfen wird man am besten fertig, indem man sie in eine Salzwassergrube oder auf das Eis eines gefrorenen Salzwassertümpels lockt, das dann unter ihnen zerbrechen sollte.

# Codename: ›Der Kokon‹

**ZUSAMMEN-FASSUNG**

Menschen verschwinden in den Wäldern des Staates Washington – nicht Anhalter oder Camper, sondern erfahrene Waldarbeiter und die Ranger, die man losgeschickt hat, um die Vermißten zu suchen. Während eine örtliche Holzverarbeitungsfirma eine in diesem Gebiet operierende Gruppe von Öko-Aktivisten beschuldigt, glauben Scully und Mulder, daß es doch noch einen gewaltigen Unterschied zwischen Baumbesetzung und Mord gibt. Scully mißt der Theorie eines Einwohners, daß es sich um Schwärme von intelligenten, mordenden Leuchtkäfern handle, aber genauso wenig Bedeutung bei.

**HINTERGRUND**

## Alles, was leuchtet

In den Wäldern gibt es manchmal wirklich seltsame Dinge.

Glühwürmchen zum Beispiel, die harmlosen Käfer, die wir als Kinder im Einmachglas einfingen, vollbringen ein paar äußerst erstaunliche Leistungen. Wenn Sie schon mal nachts auf den Baum in Ihrem Garten geschaut haben, wissen Sie, daß jedes Glühwürmchen seinen eigenen Rhythmus, seinen eigenen Takt hat. Blink blink blink.

**ZITAT**
»Das wird ein netter Ausflug in die Wälder.«
– MULDER in ›Der Kokon‹

Oder vielleicht blinkblink blink blinkblink. Wenn mal zwei im gleichen Rhythmus leuchten, sieht man gleich noch interessierter hin, weil man ja weiß, daß das so bald nicht wieder passieren wird. Wie beim Blinken der Sterne macht die Unvorhersagbarkeit die Hälfte der Faszination aus.

Als Berichte aus Tennessee über nicht nur zwei oder drei synchron blinkende Glühwürmchen, sondern über ganze Wolken von synchronen Käfern bekannt wurden, spitzten die Insektenkundler die Ohren. Tief in den Great Smoky Mountains spielte sich eine wahre Lichtshow ab. Der unheimliche Anblick war der Familie Faust, deren Hütte offenbar mitten im Lebensraum der Tierchen mit dem Sinn für Rhythmus stand, wohl seit Generationen vertraut. Außer dem regelmäßigen Blinken hatten sie sogar schon eine Leuchtwelle den Berghang herabwandern gesehen. Diese Käfer können noch mehr als nur gemeinsam blinken – sie hören auch gemeinsam auf. Es handelt sich dabei nicht um ein einfaches, fortgesetztes Muster, sondern um eine komplexe Kombination von Antworten, die eher einer Sprache als einfachen Lichtzeichen ähnelten – wenn die Antworten nicht so automatisch kämen.

Die Faust-Glühwürmchen sind nicht die einzigen ihrer Art. Auf der anderen Seite der Erde, in Südostasien, werden in der Paarungszeit ganze Bäume beobachtet, die blinken, als ob sie für Weihnachten geschmückt wären. Nachdem Lynn Faust einen Artikel über die wohlbekannten asiatischen Insekten gelesen hatte, schrieb sie einen Leserbrief, der die Aufmerksamkeit des Insektenkundlers Grant Copeland erregte. Er filmte das Geschehen mit einer Videokamera.

Copeland hat zwar selbst keine Erklärung dafür, warum es sich Käfer auf entgegengesetzten Hälften der Erde zufällig ausgedacht haben, Lichtorchester zu bilden. Er besitzt aber wenigstens schon grundlegende

Anhaltspunkte. Man nimmt an, daß die Glühwürmchen auf die gleiche Art Synchronizität erreichen wie Menschen, die bei einem Fußballspiel rhythmisch klatschen. Allein klatscht man in seinem eigenen Tempo, hört man aber andere klatschen, paßt man den eigenen Rhythmus an, bis man sich mit ihnen im Gleichtakt befindet.

Wenn ein synchrones Glühwürmchen isoliert wird, blinkt es in seinem eigenen Rhythmus. Der Rhythmus ist nach Meinung der Forscher eine unwillkürliche Handlung, ein biologisches Mittel, das zu einem Kreislauf von Sinneswahrnehmungen gehört. Wenn man sich wie ein zweites Glühwürmchen verhält, indem man das erste mit einer Taschenlampe anblinkt, wird es seinen Rhythmus schrittweise anpassen, bis es mit der Taschenlampe im Gleichtakt ist. Was könnte also die Frage klären, daß ausgerechnet diese beiden Gruppen mit einem vorprogrammierten Rhythmus ausgestattet zu sein scheinen?

Die Forscher haben festgestellt, daß sowohl in Asien wie auch in Tennessee die Männchen im Gleichtakt blinken. Unabhängig von der Spezies oder der Art der Signalübermittlung ist diese Tatsache ein Hinweis darauf, daß die Signale das andere Geschlecht anlocken sollen. Da die Glühwürmchen mit ihrem Blinken normalerweise die Paarung einleiten, stellt sich die Frage, warum die Männchen dieser besonderen Art ihre individuellen Blinkmuster dann aufgeben und sich der Masse anpassen.

Copeland und andere Experten glauben, daß das gemeinsame Blinken ein Mittel ist, die eigenen Weibchen anzulocken, die womöglich von Glühwürmchen anderer Gattungen abgelenkt werden. Statt das Risiko einzugehen, daß ein Weibchen an allen vorbeifliegt, kooperieren sie, um ein helleres Lichtzeichen zustande zu bringen. Haben sie einmal die Aufmerksam eines Weibchens erregt, kämpft jedes Männchen wieder nur für sich selbst.

Während das alles schon an sich äußerst interessant ist, wirft das synchrone Blinken der Glühwürmchen neue Fragen darüber auf, was Insekten als Gruppe zu leisten fähig sind. Bienen, Termiten und Ameisen sind schon häufig auf diesen Aspekt hin untersucht worden. Immer mehr Wissenschaftler sind der Ansicht, daß man die Testgruppen erweitern und eben Glühwürmchen und andere selbstleuchtende Insekten mit einbeziehen sollte.

## And The Winner Is ...

Obwohl der Erfolg von *Akte X* sich nur langsam einstellte, gab es schon früh Hinweise darauf, daß die Serie mit ihren vielen Innovationen einige Aufmerksamkeit erregen würde.

Der Kameramann John Bartley, den Chris Carter einmal seine ›Geheimwaffe‹ genannt hat, hat die Bilder, die ihren Weg in unsere Wohnzimmer finden, entscheidend geprägt. Die Atmosphäre eines Film Noir, die gelungene Darstellung von Schauplätzen und Kameraeinstellungen, die Hunderte von Details und jede Episode einzigartig machen, all das entsteht unter seinen wachsamen Augen. Seine Arbeit bei ›Unter Kontrolle‹ wurde 1994 durch eine Nominierung für einen *American Society of Cinematographers Outstanding Achievement Award* belohnt.

Das Team bekam nach der ersten Staffel der Serie eine Nominierung für den Emmy für die beste Musik zu einem Vorspann und gewann auch den Preis für den besten Vorspann. Im gleichen Jahr erwähnten die *Viewers for Quality Television,* ein Gremium für Qualitätsfernsehen, die *Akte X* als eine der besten zur Zeit laufenden Serien, was für eine Science-fiction-Reihe

## RÄTSEL 20

**Leichte Fragen – 1 Punkt für jede richtige Antwort:**

1. Womit erklärt Spinney seine Anwesenheit im Gebiet der Holzfäller?
2. Was sind ›monkey-wrencher‹?
3. Welche Methode schlägt Spinney vor, um sich die Käfer vom Leib zu halten?
4. In welcher ungewöhnlichen Verpackung findet man einen der Holzfäller?
5. Was ist ein ›Autonagel‹?

**Es wird schwieriger – 2 Punkte für jede richtige Antwort:**

6. Wo entdeckt Larry Moore vom Federal Forest Service ein Nest leuchtender Insekten?
7. Was ist ein ›Freddie‹?
8. Warum können die Umweltschützer nicht weg?
9. Wie werden die Fahrzeuge der Holzfällerfirma sabotiert?
10. Wer entscheidet, Doug Spinney in sein Camp zurückkehren zu lassen?

mit Horrorelementen eine ziemlich ungewöhnliche Ehrung ist.

Die Episode ›Der Kokon‹, die bei den Fans zu den beliebtesten zählt, brachte der *Akte X* eine Auszeichnung als beste Serie bei der Verleihung der *Environmental Media Awards* ein.

Obwohl Carter bei der Entgegennahme des Preises daran erinnerte, daß es hier vor allem darum gehe, den Zuschauer zu erschrecken, und weniger darum, ihn zu bilden, war die Folge vielleicht gerade wegen des fehlenden moralischen Zeigefingers um so erfolgreicher. Wie so oft bei *Akte X* wirkt die subtile Art am nachhaltigsten. ›Das Labor‹, die Lieblingsfolge der Schauspieler und des Teams, wurde als beste Folge einer Fernsehserie von den *Mystery Authors of America* für einen *Edgar* nominiert.

In ihrem zweiten Jahr schien die *Akte X* alle Vorurteile, die ihr ungewöhnlicher Themenkreis provozieren könnte, zerstreut zu haben. ›Entertainment Weekly‹ hatte die Serie noch im ersten Sendemonat als ›geborenen Verlierer‹ gebrandmarkt. Jetzt ehrte die Zeitschrift sie mit dem Preis ›Beste Serie 1994‹.

Schließlich brachen sogar die Gremien der *Golden Globes* mit ihrer Vorliebe für Arzt- und Anwaltserien und verliehen *Akte X* den begehrten Preis für die beste Fernsehserie. Die Art, wie *Akte X* Renner wie *Emergency Room* und *Chicago Hope* aus dem Rennen katapultierte, war für viele Nicht-Fans ein Zeichen dafür, daß man mit dieser Serie in Zukunft rechnen mußte.

## ERSTAUNLICHE KÄFER

Wie schaffen es die winzigen Milben aus ›Der Kokon‹, einen stämmigen Waldarbeiter (»echte Männer auf dem Gipfel ihrer Männlichkeit«, so Mulder) bis in die Spitze eines Baumes hinaufzuziehen?

Bei der Suche nach dem Möglichen (wenn schon nicht dem Plausiblen) stoßen die Agenten auf viele Theorien. Dazu gehört auch jene, daß die Holzfäller durch ausschwärmende Käfer ›auf den Baum geschleppt‹ worden seien. Obwohl die richtige Antwort kaum weniger unglaublich klingt, ist sie doch zumindest etwas realistischer.

Wie Scully feststellt, als sie einen der unglücklichen Arbeiter ›auswickelt‹, ist sein Körper vollkommen vertrocknet, durch und durch ausgedörrt. Die wenigsten Zuschauer wissen wahrscheinlich, wie leicht ein menschlicher Körper ohne Flüssigkeit ist. Wenn diese Milben so effektiv sind wie ihre modernen Cousins, die Spinnen, könnten sie bis zu achtzig Prozent vom Körpergewicht des Holzfällers ausgesaugt haben. Selbst ein Mann von – sagen wir mal – zweihundert Pfund wird als karges Knochengerippe von kaum fünfzig Pfund plötzlich sehr viel handlicher.

Fünfzig Pfund sind für ein Insekt, das weniger als ein Körnchen Reis wiegt, natürlich immer noch ein unüberwindliches Gewicht. Die Tatsache aber, daß diese tödlichen kleinen Käfer leuchten, eröffnet die Möglichkeit für ein ganz anderes Szenario – Biolumineszenz ermöglicht einer Gruppe von Individuen die Zusammenarbeit. Nicht ein Insekt, sondern Abertausende Artgenossen schleppen den stämmigen Holzfäller in die Krone des Baumes.

Die Lösung des Rätsels konfrontiert uns mit der grauenerregenden Fähigkeit der Milben, ihre Opfer in einen Kokon einzuspinnen. Geht man davon aus, daß der Körper des Holzfällers erst in den Baum heraufgezogen wird, nachdem er die meiste Flüssigkeit verloren hat, daß eine große Zahl von Milben an dem Unterfangen beteiligt ist und daß diese Milben – genau wie Spinnen – Seidenfäden produzieren, die sich zusammenziehen, dann paßt alles wunderbar zusammen. Wir können die Vorstellung, daß ein kräftig gebauter Holzfäller von kleinen Insekten emporgerissen wird, also getrost vergessen.

Die Milben könnten ihrem Opfer theoretisch auf dem Boden ohne weiteres die Flüssigkeit entziehen und es in Seidenfäden einspinnen, die den Kokon beim Trocknen auf natürliche Weise aufblähen würden. Dann könnten sie es gemeinsam hochziehen. Das klingt vielleicht nicht ganz so seltsam wie das ›auf den Baum geschleppt‹. Aber vielleicht gerade weil es möglich ist, ist es um so unglaublicher.

Jason Beghe, der in dieser Episode den Farmer Larry Moore spielt, hat großen Anteil an David Duchovnys Entscheidung, Schauspieler zu werden. Die zwei unterhielten in New York gemeinsam eine Bar und nahmen gleichzeitig Schauspielunterricht.

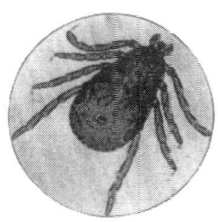

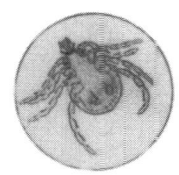

Können Sie sich vorstellen, daß ein riesiger Haufen von diesen Tierchen einen Holzfäller auf einen Baum ziehen können soll?

161

# Codename: ›Ein neues Nest‹

**ZUSAMMEN-FASSUNG**

Nachdem eine Arbeitsgemeinschaft von Psychiatern den Killermutanten Eugene Victor Tooms freigelassen hat, suchen Scully und Mulder im Wettlauf mit der Zeit nach eindeutigen Beweisen, um ihn wieder hinter Schloß und Riegel zu bringen. Während Scully eines der früheren Opfer von Tooms exhumiert, muß Mulder aufpassen, daß er nicht das nächste wird.

**HINTERGRUND**

### Vergiß nicht, die Handschuhe einzupacken

In ›Das Experiment‹ fragt Mulder Scully beiläufig nach einem ›Prophylaktikum‹ und bekommt von ihr sofort einen Gummihandschuh aus ihrem scheinbar unerschöpflichen Vorrat. Im Verlauf der Ermittlungen zu ›Der Parasit‹ schlägt er vor, daß die jüngste Leiche in Plastik eingewickelt und ihr als Eilbestellung zugeschickt werde. Bei einer der seltenen Gelegenheiten, in der Scully von Mulder keine Leiche zur Untersuchung untergejubelt bekommt, schaltet sich die CIA ein und bittet sie und Mulder um ihre Expertenmeinung zu den Überresten von Leichen, die zwei Bundesstaaten entfernt gefunden wurden.

Ein Mangel an frischem Material ist für Scully kein Hindernis,

**ZITAT**
»Ach, da werden Sie sich schon reinquetschen.«
– Der Besitzer des Hospizes in ›Ein neues Nest‹

an toten Körpern herumzuhantieren – schon gar nicht, wenn es um Eugene Victor Tooms geht, der für die sechzig Jahre alte Leiche verantwortlich zeichnet, die sie in dieser Episode untersucht.

Bei dem sehr anregenden Duft von Eau du Formaldehyd hat Scully bis zum Ende der zweiten Staffel folgende Einzelheiten genauestens untersucht:

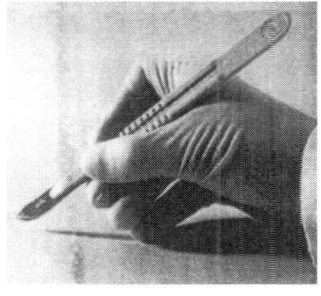

Wo dieses Skalpell schon überall geschnitten hat ...

- etwas, das sie für einen Orang-Utan hielt;
- eine ›wilde Frau‹ mit menschlichen Knochenstücken im Magen;
- Leichen, deren Kehlen von *innen* zerdrückt waren;
- Wissenschaftler, deren Körper prähistorische Würmer enthielten;
- Arbeiter der Stadtreinigung, die von verstrahlten Würmern verseucht waren;
- Opfer, die an extremer sexueller Erregung gestorben waren;
- Soldaten, denen ein Teil des Gehirns abgetrennt worden war;
- Wissenschaftler, deren Lungen sich geheimnisvollerweise mit Sand gefüllt hatten, bevor sich irgend etwas seinen Weg durch ihren Nacken gebahnt hatte;
- Matrosen, deren Körper sich scheinbar in Salz verwandelt hatten;
- mindestens ein Dutzend in einem Topf gekochte Leichen;
- die gewaltigen Innenräume eines Elefanten.

Hätten sie nicht ein paar religiöse Tabus daran gehindert, hätte Special Agent Dana Scully sogar bis zu den Ellbogen in den Überresten eines berüchtigten Werwolfs gesteckt.

## Kriminaltechnik: Der Tatort spricht

Obwohl *Akte X* keine wissenschaftliche Präzision wie etwa *Quincy* anstrebt, bemüht sich die Serie um die richtige Terminologie, die entsprechende Technik und die aktuellsten Daten der Wissenschaft, wo immer dies nötig ist. Wenn die Crew den Stand der Wissenschaft von Zeit zu Zeit falsch einschätzt, begeht sie einen verzeihlichen Fehler. Auf diesem Gebiet werden so rasante Fortschritte gemacht, daß es selbst den Experten nicht leichtfällt, immer up to date zu sein oder Theorie von Praxis zu unterscheiden.

Die Kriminaltechnik dehnt nicht nur ihre Grenzen immer weiter aus, sondern zersplittert auch in immer spezifischere Teilgebiete.

### DIE FOTOGRAFIE

Von allen Spezialgebieten der Kriminalistik hat die Fotografie wohl die schnellsten und bahnbrechendsten Fortschritte gemacht. Selbstverständlich findet man den Fotografen schon lange nicht mehr unter die Stoffblende gebückt und mit einen Tablett Schießpulver in der ausgestreckten Hand. Auch wenn manche komplexen Wiedergabeverfahren in *Akte X* – wie zum Beispiel die dreidimensionale Rekonstruktion des Gebisses von Tooms oder das Modell der aufgeschlitzten Brustkörbe der Opfer in ›Böse geboren‹ – nur in der Theorie funktionieren, können trotzdem sehr detaillierte Bilder aus den seltsamsten Materialien gewonnen werden.

So wie die Farbfotografie eine bedeutende chemisch-physikalische Weiterentwicklung der Schwarzweißaufnahmen darstellte, verliert sie mit der Verbreitung der noch exotischeren Infrarot- und Ultraviolett-Spektren an Bedeutung. Mit diesen für das menschliche Auge unsichtbaren Lichtwellen kann der erfahrene Kriminologe versteckte Flecken, Veränderungen durch Chemikalien oder physische Manipulationen an Dokumenten aufspüren und festhalten – sogar unsichtbare Tinte. Um Details zu erkennen, die so fein sind wie zum Beispiel der Unterschied zwischen den Tintenspuren zweier Kugelschreiber, benutzen Kriminologen Instrumente, die ursprünglich in wissenschaftlichen Labors verwendet wurden, bevor sie in die kriminaltechnische Abteilung gelangten. Fotomikroskopie (Fotografie durch Mikroskope) hat sich bei der Untersuchung von Kugeln als von unschätzbarem Wert erwiesen; mit Hilfe von Radiografien gelingt es, schwer erkennbare Fingerabdrücke von schwierigen Oberflächen abzunehmen.

## HAARE UND FASERN

Eines der technisch kompliziertesten Gebiete der Kriminologie ist die Analyse von Haaren und Fasern, die am Tatort gefunden wurden. Es ist eine echte Herausforderung, Haare so eindeutig einer Person zuzuordnen, daß sie als Beweismittel einer Prüfung vor Gericht standhalten. Als Mulder zum Beispiel rote Haarsträhnen auf Duane Barrys Verband sieht, könnte er daraus so manchen Schluß ziehen – aber er könnte nicht mit letzter Sicherheit beweisen, daß die Haare von Scully stammen. Es ist unmöglich, aufgrund von Haaruntersuchungen allein ein bestimmtes Haar einer bestimmten Person zuzuordnen. Wenn aber an den Haaren noch die Haarwurzeln hängen, die weitere DNA-Beweise liefern, oder zusätzlich zwingende Indizienbeweise vorliegen, können Haare ein wichtiges Verbindungsglied zwischen Opfer, Täter und Tatort sein.

Dieses Spezialgebiet ist keineswegs nutzlos, nur weil keine eindeutigen Zuordnungen möglich sind. Es ist bemerkenswert, was aus diesen dünnen Strähnchen organischen Materials abgeleitet werden kann. In den letzten fünfzig Jahren haben Forscher Methoden ent-

## RÄTSEL 21

Leichte Fragen – 1 Punkt für jede richtige Antwort:

1. Wie lange dauert Eugenes Winterschlaf?
2. Wo wird das noch fehlende Opfer von Eugene gefunden?
3. Welche Verletzung hat Eugene, als man ihn in die Notaufnahme des Krankenhauses läßt?
4. Wer ist Eugenes Arzt?
5. Der Arzt glaubt fälschlicherweise, Eugene habe sich ein neues Hobby zu seiner Unterhaltung zugelegt. Welches?

Es wird schwieriger – 2 Punkte für jede richtige Antwort:

6. Wie lautet der Name der psychiatrischen Anstalt, in der Eugene eingesperrt wird?
7. Zu welcher Rasse gehört Mulders Hund? (Es gibt einen Extrapunkt, wenn Sie den Namen des Hundes nennen können.)
8. Wo wohnt Detective Frank Briggs?
9. Was trinkt Mulder am liebsten, während er jemanden beschattet?
10. Wo baut Eugene sein neues Nest, nachdem man sein altes Miethaus abgerissen hat?

Ihre Punktzahl:

wickelt, mit denen sie menschliches von tierischem Haar unterscheiden, die Körperstelle identifizieren können, von der das Haar stammt, und bis zu einem bestimmten Grad die ethnische Herkunft des Haarbesitzers feststellen. Die Haare von Angehörigen verschiedener afrikanischer Volksstämme zum Beispiel sind im Querschnitt oval, während die von Indianern runder und dicker sind.

Mikroskopische und chemische Analysen verraten noch mehr. Mit chemischen Verfahren ermittelt man rasch, ob ein Haar gefärbt, gebleicht, getönt, künstlich gewellt oder geglättet wurde. Durch eine sorgfältige Untersuchung seitens eines erfahrenen Prüfers kann sogar der Zeitpunkt des letzten Haarschnitts bestimmt werden. Spurenelemente, die sich im Schaft des Haares angereichert haben, können durch eine Neutronenaktivierung nachgewiesen werden. Eine ›historische‹ chemische Analyse, die die einzelnen Wachstumsstadien des Haares untersucht, und inzwischen vor Gericht zugelassen ist, kann langfristige Vergiftungen nachweisen.

Wenn ein Haar, das aus einer einzigen Substanz besteht, Dutzende von Untergruppierungen haben kann, wie viele Vergleichspunkte lassen sich dann erst bei der Vielzahl von Fasern ermitteln, mit denen ein Durchschnittsmensch im Laufe eines einzigen Tages in Berührung kommt? Wie beim Haar beginnt auch hier die Faseruntersuchung unter dem Mikroskop. Durch eine oberflächlichere Untersuchung werden die Fasern in synthetisch oder organisch hergestellt unterteilt. In einem zweiten Schritt werden die organischen Stoffe dann nach tierischem, pflanzlichem oder mineralischem Ursprung getrennt. Die synthetischen Stoffe sortiert man mit chemischen Verfahren. Die Herkunft einer bestimmten Faser kann wie die eines Haares nicht eindeutig bestimmt werden. Deshalb untersucht man auch kleinste Teilchen zusätzlich auf Löslichkeit,

Farbe, Spurenelemente und sogar auf Chemikalien, wie man sie in Wäschereien verwendet. Ebenso werden Fasermuster und – falls vorhanden – DNA-Sequenzen von Zellen auf dem Stoff analysiert. Aus diesen Schlüsselaspekten erstellt man dann ein Faserprofil.

## TOXIKOLOGIE

Toxikologie, das Studium von Substanzen und ihrer chemischen Reaktionen, gehört zu den heikelsten, präzisesten und weitreichendsten Gebieten, mit denen die Kriminaltechnik arbeitet. Während manche Toxikologen die Geheimnisse der Gifte entschlüsseln, stellen andere neue Medikamente her. Oft liegt der Unterschied zwischen Gift und Medizin nur in der Dosierung.

Auf kriminalistischem Gebiet stehen die Toxikologen häufig vor dem Problem, eine unbekannte Substanz (den X-Faktor), die aus den unterschiedlichsten Quellen stammen kann, identifizieren zu müssen. Sie untersuchen konfiszierte Drogen, Mageninhalte und selbst Körperorgane.

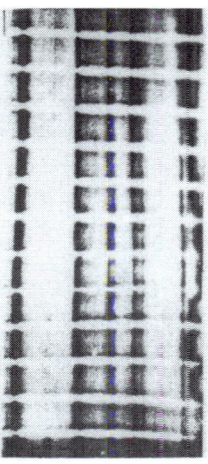

Die DNA eines Haares – der neue genetische Fingerabdruck

In ihren Labors stehen die fortgeschrittensten High-Tech-Geräte zur Verfügung, die es gibt. Zu den Labormethoden, mit denen bestimmte chemische Substanzen analysiert werden, gehören Farbreaktionstests, Untersuchungen der kristallinen Struktur, Chromatographie und Infrarot-Spektrophotometrie. Sollen Körperorgane auf Gifte hin untersucht werden, führt man eine ziemlich komplizierte und mühsame Extraktionsprozedur durch. Begleitet wird sie von Tests, die das Vorhandensein von toxischen Substanzen bestätigen beziehungsweise ausschließen. Trotz der Kosten, die ebenso schnell wachsen wie die Technologie, werden in der Regel alle Untersuchungen durchgeführt, denn die Toxikologie ist unter den kriminalistischen Verfahren wohl das, welches die belastendsten Indizien liefern kann.

167

# Codename: ›Wiedergeboren‹

**ZUSAMMEN-FASSUNG**

Ein junges Mädchen behauptet, einen verstorbenen Polizisten in ihrem Zimmer gesehen zu haben, just als ein zweiter Polizist sich aus dem Fenster eines Verhörraumes in den Tod stürzt. Innerhalb von vierundzwanzig Stunden stirbt in ihrer Gegenwart ein weiterer Mann. Auf Mulders Vorschlag hin werden die Erinnerungen des Mädchens hypnotisch hervorgeholt. Dabei drängt sich Mulder der Gedanke auf, daß das Mädchen die Reinkarnation des toten Polizisten ist, den sie ›gesehen‹ hatte. Jetzt muß er die Mutter des Mädchens und Scully von seiner Idee überzeugen, um weitere Todesfälle zu verhindern.

**HINTERGRUND**

## Hypnotische Regression: Zurück in die Vergangenheit

New-Age-Wundermedizin oder Zirkusattraktion? Hypnose war schon immer Lieblingskind und Schwarzes Schaf der Psychologie. Tägliche Berichte über Raucher, die mühelos von ihrem Drei-Päckchen-Pensum abkamen, machen es den Psychologen unmöglich, den medizinischen Wert der Hypnose abzustreiten. Da die Hypnose aber eine der grundlegenden Anforde-

**ZITAT**

»Selbstmörder öffnen gewöhnlich das Fenster, bevor sie herausspringen.«
– MULDER in ›Wiedergeboren‹

168

rungen an eine medizinische Behandlungsmethode nicht erfüllen kann – nämlich die, wiederholbar zu sein –, bestehen nach wie vor tiefe Zweifel an ihrer Effizienz. Hat man es wirklich der Hypnosetherapie zu verdanken, daß einem von fünf Rauchern das Aufhören gelingt, wenn sie keine Erklärungen dafür bieten kann, warum die anderen vier weiterrauchen?

Frei nach dem Motto »Man muß kein Kfz-Mechaniker sein, um Auto fahren zu können«, überlassen manche Hypnotiseure die Analyse der Hypnose anderen und wenden sie in der Überzeugung an, daß es besser sei, einem von fünf zu helfen als gar keinem. Kritiker sehen darin eine leichtfertige und potentiell gefährliche Haltung und vergleichen sie mit der eines Arztes, der seinen Patienten Medikamente mit unbekannten Nebenwirkungen verabreicht. Da man keine gesicherten Fakten besitzt, verbannt man die Hypnotherapie in das Gebiet der ›marginalen‹ oder ›alternativen‹ Medizin.

Unterdisziplinen der Hypnose wie der hypnotischen Regression ergeht es noch schlechter, weil sie von der Mehrzahl der westlichen Mediziner als Quacksalberei betrachtet werden. In der Mitte dieses Jahrhunderts führten bescheidene Erfolge dieser Technik aber zu einer etwas objektiveren Auseinandersetzung damit. Die Forscher der Regressionstherapie konzentrierten sich auf zwei unterschiedliche Schwerpunkte: auf die individuelle Regression, in der Erinnerungen an frühere Erlebnisse des Patienten geweckt werden sollen, und auf die Regression in ein früheres Leben. Von dieser zweiten Technik wird behauptet, daß sie das Bewußtsein des Patienten mit seinen früheren Inkarnationen verbinde.

Die Technik der individuellen Regression ist heute die bei weitem geläufigere. Sie weckte in Mulder angeblich Erinnerungen an Samanthas Verschwinden, die ihm auf andere Art nicht zugänglich waren. Diese

Technik wurde vor allem deshalb untersucht, weil sie für Gerichtsprozesse nützlich war. Es hatte bereits Zeugen gegeben, die sich unter hypnotischem Einfluß an Nummernschilder und ähnliche Details erinnert hatten. Außerdem waren die Ergebnisse dieser Methode einfacher zu überprüfen. Wenn der Hypnotherapeut über entsprechende Informationen verfügt, ist er in der Lage zu beurteilen, ob vergessenes Wissen durch Regression wiedererlangt werden kann.

Der Arzt Robert True begann mit seinen Untersuchungen zur Hypnotherapie genau an diesem Punkt und erarbeitete 1949 einen einfachen Test. Er versammelte eine Gruppe von Menschen, hypnotisierte sie und versetzte sie in unterschiedliche Zeitpunkte ihres Lebens zurück. Wenn sie Fragen, die sie im wachen Zustand nicht zu beantworten wußten, in der Hypnose beantworten konnten, würde das die These von der Effizienz der hypnotischen Regression stärken. Nachdem True seine Patienten also in Hypnose versetzt hatte, ließ er sie ihren zehnten, siebten und vierten Geburtstag wiedererleben. Er befragte sie nach dem jeweiligen Wochentag, was ja sehr einfach nachprüfbar ist. Zufallstreffer hatten eine maximale Wahrscheinlichkeitsquote von 1 : 6 beziehungsweise 14 Prozent. Trues Patienten wußten in 82 Prozent der Fälle die richtige Antwort. Im Normalzustand konnten sie diese Wochentage nicht bestimmen. Die Ergebnisse seiner Untersuchungen und die gesammelten Daten wurden in *Science*, einer seriösen Wissenschaftszeitschrift, veröffentlicht.

Trues Verfahren mit nachprüfbaren Tests, das seiner Studie den Rang der Wissenschaftlichkeit verleiht, hätte selbst eine eingeschworene Skeptikerin wie Scully befriedigt. Unglücklicherweise gelang es nach ihm niemandem mehr, zu den gleichen Ergebnissen zu kommen, obwohl es oft genug versucht wurde. Manche warfen True daraufhin vor, er habe seine Resultate frisiert, was er vehement abstritt. Ihn selbst hatte bis 1982 allerdings niemand gefragt, welche Fehler sich eingeschlichen haben könnten.

Mit der Kopie des Originalartikels in der Hand begab sich der Wissenschaftler Martin Orne zu True, um sich mit ihm selbst darüber zu unterhalten. Er brauchte nur eine Minute, um das Problem zu lösen. *Science* hatte die Frage nach dem Wochentag so abgedruckt: »Was für ein Tag war es?« True, der die richtige Antwort kannte, hatte aber gefragt: »War es Montag? War es Dienstag? War es Mittwoch?« usw., bis die Patienten ihn unterbrachen. True war sich der Bedeutung von unterschwelligen Hinweisen nicht bewußt gewesen. Orne aber kannte sich – dreißig Jahre waren seitdem vergangen – genauestens damit aus. Als er Trues fehlerhafte Methode benutzte, erzielte er ohne Schwierigkeiten die gleichen Ergebnisse. Um die Schwäche dieses Verfahrens noch deutlicher zu illustrieren, fragte Orne zehn Vierjährige nach dem Wochentag. Keiner von ihnen wußte ihn. Wenn Hypnose wirklich ein Zustand erweiterter Erinnerung sein sollte, können Erwachsene trotzdem nur solche Informationen abrufen, die ihnen zur damaligen Zeit auch bekannt waren. Nur wenige der jungen Probanden wußten an ihrem vierten Geburtstag, welcher Wochentag gerade war.

Mit dem Wissen um mögliche Fehlerquellen erarbeiteten Forscher neue Experimente, die solche Fehler von vornherein ausschlossen. Innerhalb weniger Jahre bewiesen nachprüfbare Resultate ohne eine Spur von Zweifeln, daß Erwachsene verläßlich Einzelheiten ihres Lebens erinnern können – auch dann, wenn der Hypnotiseur gewissenhaft Suggestivfragen vermeidet. Solche Suggestivfragen wurden für die vermeintlichen Erinnerungen an ein vorangegangenes Leben verantwortlich gemacht, die während der Experimente spontan auftraten.

Die Regression innerhalb des aktuellen Lebens hatte zu Meinungsverschiedenheiten geführt; die Diskussion um Regression in *vorangegangene* Leben entfachte nun eine stürmische Debatte und führte zu einer Reihe streng kontrollierter Versuche.

Trotz lückenloser Kontrollen gelangen einer vierundzwanzigjährigen Frau mit dem Pseudonym Beth Erinnerungen, die sich jeglicher Erklärung entzogen. Beth behauptete keine fantastischen, regressiven Erlebnisse, die bei anderen Studien dazu geführt hatten, daß seriöse Wissenschaftler die Existenz von früheren Leben abstritten. Sie erzählte nicht, eine berühmte Persönlichkeit gewesen zu sein (Heinrich VIII. und Johanna von Orléans sind bei Regressionen in frühere Leben sehr beliebt). Sie gab auch nicht an, einer außergewöhnlichen Beschäftigung nachgegangen oder Zeugin eines bekannten historischen Ereignisses gewesen zu sein.

Beth beschrieb einfach alltägliche, schlichte Einzelheiten aus dem Leben einer 1724 geborenen französischen Hausfrau. In Gegenwart eines Museumskustos, der ihre Aussagen verifizieren konnte, legte man ihr eine Vielzahl von Geräten vor, die sie alle ohne Zögern samt Namen und Funktionen identifizieren konnte. Unter Hypnose sprach sie flüssig das Französisch jener Zeit, obwohl sie niemals in ihrem Leben Französischunterricht gehabt hatte.

Fälle wie die von Beth sind selten. Man warf ihr häufig vor, ihre Rolle auswendig gelernt zu haben, bevor sie sich den Experimentleitern vorstellte. Aber niemand konnte das beweisen.

Wenn man bei der Erklärung von Beths Fall auf Schwierigkeiten stößt, ist man bei dem von Scott mit seiner Weisheit ganz am Ende. Scott war im Gegensatz zu Beth nicht zufällig als Versuchsperson ausgewählt worden. Beunruhigt über die Alpträume ihres Sohnes, suchten die Eltern den Hausarzt auf, der ihnen ein Gespräch mit Regressionsforschern vorschlug. Scott, ein heiterer, achtjähriger weißer Junge, träumte von uniformierten Männern, Musketen und dem Tod. In seinen Träumen und später in den Regressionen beschrieb er sich als schwarzer Soldat, der bei einer unbedeutenden Schlacht im Amerikanischen Bürgerkrieg getötet worden war. Wie Beth schilderte er die Ereignisse mit unheimlicher Detailgenauigkeit, bis hin zur Reinigungs- und Ladetechnik eines bestimmten Pistolentyps, den er in seinem jetzigen Leben nicht kennen konnte.

Eingefleischte Skeptiker hielten diese beiden Fälle entweder für das Ergebnis besonders leistungsfähiger und kreativer Gedächtnisse, der Übersättigung unserer Kultur durch Fernsehsendungen oder eines sorgfältigen Trainings. Sie verwiesen auf andere Fälle von Hypnosepatienten, die behaupteten, japanische Kampfpiloten gewesen zu sein, aber weder den damaligen japanischen Kaiser nennen noch einfachste Flugmanöver erklären, geschweige denn sich an ihren eigenen früheren Namen erinnern konnten. Zweifelsohne hat es ein paar Schwindler gegeben, aber wenn nur eine Beth oder ein Scott sich als echt erweisen sollten, wird die Psychologie für Jahrzehnte damit beschäftigt sein, ihre Lehrbücher neu zu schreiben.

## Alte Seele, junger Körper

Mit Wiedergeburt, Seelenwanderung und Metempsychose bezeichnet man die religiöse oder philosophische Wiedergeburt der Seele, welche die konstante Essenz des menschlichen Wesens in aufeinanderfolgenden Leben ist. Je nach der ethnischen Überlieferung können diese Wiedergeburten auf menschliche Wesen beschränkt sein oder Tier- und sogar Pflanzenleben einschließen.

Manche Religionen glauben an die Idee der multiplen Seelen, zum Beispiel Vodun und der karibische Glauben. Dahinter steht der Gedanke, daß die Seele zwei Aspekte habe. Der eine gehöre untrennbar der individuellen Seele an, die in einem höheren Wesen wiederkehre, der zweite sei Teil einer übergeordneten kosmischen Seele und werde immer wieder in neuen Generationen geboren. Man glaubt, die Seele könne den Körper durch Mund oder Nasenlöcher verlassen und als Vogel oder Schmetterling wiedergeboren werden.

Die Venda in Südafrika glauben, daß die Seele nach dem Tod eines Menschen noch für kurze Zeit in der Nähe des Grabes bleibe, um dann einen neuen Ruheplatz oder einen anderen Körper zu finden – sei es nun der eines Menschen, eines Säugetiers oder eines Reptils. Priester bewachen den toten Körper, um sicherzugehen, daß kein Wesen und keine Person in der Nähe ist, die als Behälter für die gerade befreite Seele dienen kann.

Bei den alten Griechen kursierte ein Glaube, den man Orphik nannte. Er ging davon aus, daß eine Art Vorseele den körperlichen Tod überlebe, um dann in den Körper eines Menschen oder Säugetiers überzugehen. Schließlich durchbreche sie den Kreislauf von Geburt und Tod und gewinne ihren ursprünglichen, reinen Zustand zurück.

Platon (ca. 428–348 v. Chr.) glaubte an eine unsterbliche Seele, die viele Inkarnationen durchlaufe.

Die größten Religionen, die an die Wiedergeburt glauben, sind die asiatischen, darunter vor allem Hinduismus, Dschainismus, Buddhismus und Sikhismus, die alle ihren Ursprung in Indien hatten. Ihnen ist die Doktrin des *Karma* (Ergebnisse einer Tat) zu eigen, eine Art Gesetz von Ursache und Wirkung. Sie besagt, daß alles, was man in diesem Leben tue, Folgen im nächsten Leben habe. Im Hinduismus dauert der Prozeß von Geburt und Wiedergeburt – die Seelenwanderung – so lange, bis man die *Moksha* oder Erlösung erreicht, indem man die befreiende Wahrheit erkennt, daß die individuelle Seele (*Atman*) und die absolute Seele (*Brahman*) ein und dasselbe sind. So kann man sich aus dem Kreislauf von Tod und Wiedergeburt (*Samsara*) befreien.

Der Dschainismus, der Glaube an eine absolute Seele, geht davon aus, daß die Stärke des Karma durch die Taten des einzelnen beeinflußt werde. So addiere sich die Bürde des alten Karma zum neuen, das in der nächsten Existenz angenommen wird, bis die Seele sich durch religiöse Übungen – besonders durch *Ahisma* (Gewaltlosigkeit) – befreie und zum Ort der erlösten Seelen an der Spitze des Universums emporsteige.

Obwohl der Buddhismus die Existenz einer unveränderlichen Seele verneint, hält er am Glauben an die Wanderung des Seelenkarma fest. Die Seele ist hier ein Komplex aus psychophysischen Elementen und Zuständen, die sich in jedem Augenblick veränderten. Nach dem Tod höre die Seele mit ihren fünf *Skandhas* (Elementgruppen) auf zu existieren. Aber das Karma des Verstorbenen überlebe und werde in der Gebärmutter einer Frau wieder zum *Vijana* (Keim des Bewußtseins). Dieses Vijana ist der Aspekt der wiedergeborenen Seele im neuen Individuum. Indem man durch Übungen und Meditation einen Zustand vollkommener Passivität erlange, verlasse man den Kreislauf von Geburt und Wiedergeburt und erreiche das *Nirwana*, einen Zustand, in dem alle Wünsche ausgelöscht seien.

Der Sikhismus glaubt an eine Wiedergeburt, die auf dem hinduistischen Ansatz basiert. Darüber hinaus beinhaltet er die Idee, daß die Seelen, die in verschiedenen Existenzen wiedergeboren worden seien, am Tage des Jüngsten Gerichtes in Gott aufgingen.

# Codename: ›Roland‹

**ZUSAMMEN-FASSUNG**

Einer nach dem anderen werden Mitarbeiter eines geheimen Forschungsprojektes zu Raketentriebwerken ermordet. Die einzige Person mit freiem Zugang zu der Anlage ist ein geistig überforderter Wartungstechniker namens Roland. Nachdem Scully wissenschaftlich-theoretische Notizen am Tatort gefunden hat, will sie ihn schon von der Verdächtigenliste streichen. Mulder dagegen ist skeptisch. Irgendwo muß es eine Verbindung geben.

**HINTERGRUND**

## Sudas Katze und Cyron 101

Das Ende dieser Episode verärgert sicherlich die Befürworter der Kryogenik, der ›Tiefkühltechnik‹ – es stellt sich heraus, daß der tiefgefrorene Kopf von Rolands Bruder ein unerwarteter Akteur in der Geschichte ist. Kryogeniker bemühen sich immer wieder, weit verbreitete Mißverständnisse aufzuklären, die Science-fiction- und Horrorgeschichten über die junge Wissenschaft in Umlauf gebracht haben. In *Twilight Zone* wurden regelmäßig Figuren eingefroren, um später wieder aufgetaut und in einer neuen Folge eingesetzt werden zu können, als sich die Theo-

**ZITAT**

»Sagen wir doch einfach, daß Roland nicht gerade ein Raketenspezialist ist.«
– Dr. Keats in ›Roland‹

rien der Kryogenik erst auf eine Handvoll wissenschaftlicher Studien stützen konnten.

Etwas später führte in dem Film *Forever Young* ein verunglücktes Gefrierexperiment zu einer mitreißenden, unorthodoxen Liebesgeschichte. In *Demolition Man* sah man zwei Stunden lang nervenzerreißende Tiefkühl-Action. Der *Ice-Man* brachte das Publikum zum Weinen, während es sich bei *Encino Man* vor Lachen auf dem Boden wälzte. Zwischen 1954 und 1994 wurden buchstäblich Hunderte von Filmen und Fernsehserien von der Tiefkühltheorie inspiriert.

Als sich der junge *Akte-X*-Autor Chris Ruppenthal des Themas annahm, hatte er keine leichte Aufgabe vor sich – auch wenn die *Twilight-Zone*-Folge, in der Autoren zum ersten Mal einen Piloten der US-Air Force eingefroren hatten, schon fast ein halbes Jahrhundert alt war. Immerhin schrieb er für X-Fans. Einfach abzukupfern – und sei es bei einer uralten Tiefkühlgeschichte –, das war bei diesen Fans nicht drin. Sie hätten die Parallelen mit verbundenen Augen erkannt.

Das Einfrieren war also weder neu noch besonders aufregend. Deshalb benötigte Ruppenthal eine außergewöhnliche Geschichte, in der die Tiefkühlung nur ein Handlungsfaden in einem komplexen Gewebe war, und er benötigte ein solides Grundwissen, um seine Story darauf aufbauen zu können.

Gehen wir zum Anfang zurück – 1966, an der Universität im japanischen Kobe. Hier beschäftigte sich ein Wissenschaftler namens Isamu Suda intensiv mit der brandneuen Arbeit des Engländers Audrey Smith. Smith, einer der ersten Gefrierforscher, hatte mit bescheidenem Erfolg versucht, Hamster einzufrieren und dann wieder zum Leben zu erwecken.

Suda war sich nicht sicher, ob es ratsam sei, an diesem Punkt mit seinen Forschungen zu beginnen und von der Annahme auszugehen, daß ein Lebewesen ohne bleibenden Schaden eingefroren werden könne. Er entschied sich deshalb für ein anderes Vorgehen.

Zuerst einmal mußte er wissen, ob das Gehirn eines Säugetiers nach dem Einfrieren noch arbeiten konnte. Wenn nicht, war das Ganze seiner Meinung nach ohnehin sinnlos. Er dachte sich in kurzer Zeit ein Experiment aus, welches der erste Schritt in dieser Richtung sein sollte. Seine Methode war einfach; heutzutage würden ihr die Vorschriften zum Umgang mit Versuchstieren einen Riegel vorschieben. Er applizierte einer Katze ein Betäubungsmittel, reduzierte langsam ihre Temperatur und ließ künstliches Blut in ihrem Körper zirkulieren, um Zellschäden zu vermeiden. Dann entnahm er ihr das komplette Gehirn und tauchte es in eine Glycerol-Lösung, damit dieses ›Frostschutzmittel‹ zu so vielen der empfindlichen Zellen wie möglich vordringen konnte. Anschlie-

Das zweite Zuhause von Sudas Katze

ßend begann er, das Gehirn abzukühlen, und senkte die Temperatur bis knapp unter den Gefrierpunkt.

Sechs Wochen später taute er das Gehirn wieder auf, indem er es langsam erwärmte; er injizierte weiteren Glycerol-Blutersatz. Als er der Meinung war, daß das Gehirn komplett aufgetaut und so nah wie eben möglich an seinem ursprünglichen Zustand sei, nahm er ein gewöhnliches EEG (Elektro-Enzephalogramm, Hirnstrommessung) vor.

Die empfindlichen Nadeln begannen zu zucken!

Schon vor dem Einfrieren hatte Suda mehrere elektroenzephalographische Aufzeichnungen gemacht, um Vergleichsmöglichkeiten für später zu haben. Schon auf den ersten Blick schienen die Daten, die er nun erhielt, ähnlich zu sein. Als er die Ausdrucke genau miteinander verglich, erkannte er, daß die Ergebnisse beinahe vollständig übereinstimmten. Suda war es gelungen, Hirnströme vor einem eingefrorenen und wieder aufgetauten Gehirn aufzuzeichnen.

Doch waren diese Resultate nur Zufall, oder würden sie sich wiederholen lassen? Spielte die Zeit der Kühlphase eine Rolle, oder konnte man organische Substanzen unendlich lange einfrieren? Suda wiederholte die Prozedur wenigstens ein dutzendmal; er verlängerte die Kühlperiode und änderte andere Versuchsbedingungen. Selbst Gehirne, die man sieben Monate lang einfror, erzeugten nach dem Auftauen Hirnströme, obwohl eine gewisse Auflösungserscheinung der Muster auffiel.

Sudas Bericht über das Projekt erschien 1966 in *Nature*, einer Zeitschrift, die streng von kritischen Fachkollegen redigiert wird und keine unbewiesenen Behauptungen veröffentlicht. Suda war überzeugt davon, daß die Kühlperiode unter verbesserten Versuchsbedingungen und bei einem besseren Verständnis der chemischen Prozesse noch verlängert werden konnte. Deshalb ließ er einige eingefrorene Substanzen eingefroren, während er seine Theorien weiterentwickelte. Sieben Jahre später taute er ein Gehirn aus einem der ersten Experimente auf und untersuchte es. Es zeigte ebenfalls Anzeichen von Aktivität. Elektrische Untersuchungen ergaben, daß Zellen tief im Inneren des Hirnstammes immer noch aktiv waren.

Diese Forschungen sind, um mit einem X-Satz zu sprechen, »in mancher Hinsicht beunruhigend«. Welche Schlußfolgerungen mußte man aus Sudas Experimenten ziehen? Der Hirntod ist ein Kriterium, anhand dessen zwischen Tod und Leben unterschieden wird. Könnte ein Gehirn ohne Körper leben? Sudas Resultate werfen Zweifel daran auf, ob wir Leben und Tod mit letzter Sicherheit definieren können. Wenn man ein

Gehirn im gefrorenen Zustand als ›tot‹ bezeichnet, wie umschreibt man dann seinen Zustand nach dem Wiederauftauen? ›Bewußt‹? Die Funktion des Gehirns ist das Denken, das Erfahren, das Fühlen. War das wiedererwärmte Organ dazu fähig?

Vielleicht sind wir derzeit noch nicht so weit, diese Fragen beantworten zu können. Suda hat seine Experimente vorerst beendet. Der enthusiastische Forscherdrang in Dutzenden von Labors weltweit ist abgeflaut – nicht wegen mangelnden Fortschritts oder weil ein Moralkomitee weitere Forschungen verboten hätte. Nein, es scheint, daß der Forschungsbereich selbst das Bedürfnis hat, Abstand zu gewinnen und darüber nachzudenken, wohin solche Studien führen könnten. Eine medizinische Disziplin, deren Möglichkeiten früher in Romanen maßlos übertrieben oder lächerlich gemacht wurden, hat einen bemerkenswerten Sinn für Würde und Verantwortungsbewußtsein bewiesen und die Bereitschaft gezeigt zu warten, bis die Ethik mit der Wissenschaft Schritt halten kann.

Alles, was man heute einfriert, ist schon vorher tot.

### KRYOGENISCHE SUSPENSION

Kryogenische Suspension nennt man das Einfrieren unheilbar Kranker in der Hoffnung, daß zukünftige medizinische Techniken in der Lage sein werden, a) Verletzungen, die durch das Einfrieren und Auftauen verursacht werden, zu behandeln, und b) den Patienten zu heilen.

Das derzeit geltende Recht verbietet die kryogenische Suspension vor dem Tod des Patienten. Es gäbe aber wohl die Möglichkeit, einen Patienten für klinisch tot zu erklären und mit der kryogenischen Suspension so rechtzeitig zu beginnen, daß er wiederbelebt werden kann.

Ein Beispiel dafür wäre, sagen wir, ein unheilbar kranker Krebspatient, dem nicht mehr geholfen werden kann. Eine Gesetzesänderung, die die Autonomie des unheilbar Kranken stärken würde, könnte es in Zukunft ermöglichen, mit der kryonischen Suspension schon kurz vor dem Tod des Patienten zu beginnen. Trotzdem würden die meisten Mediziner heute wohl jeden tiefgefrorenen Menschen als tot betrachten, egal, unter welchen Umständen er eingefroren wurde.

Die kryogenische Suspension wird mit der Erklärung gerechtfertigt, daß die derzeitigen gesetzlichen und medizinischen Kriterien zur Feststellung des Todes irrig seien. Dazu kommt die Überzeugung, daß zukünftige medizinische Technologien den unseren so weit überlegen seien wie die heutigen denen des Mittelalters.

Es gibt keinen historischen Grund anzunehmen, daß die Schulmedizin unfehlbar sei. Um nur ein Beispiel zu nennen: Ein Arzt namens Ignaz Semmelweis behauptete in den vierziger Jahren des neunzehnten Jahrhunderts, daß es für die Gesundheit des einzelnen wichtig sei, sich die Hände zu waschen. Dafür wurde er weithin verlacht, sein Hinweis ein paar Jahrzehnte lang völlig ignoriert. Das hatte Millionen Todesfälle zur Folge, die vermeidbar gewesen wären.

Die Methoden der Kryogenik werden derzeit vielfach auf nützliche Art und Weise angewendet. Tieftemperatur-Chirurgie ist bei Herztransplantationen und anderen schwierigen Operationen unverzichtbar. Dieselben Niedrigtemperatur-Prozeduren werden in der kosmetischen Chirurgie zur Blutstillung verwendet. Friert man eine Hornhaut ein, ist es möglich, sie neu zu formen und auf diese Art Weit- oder Kurzsichtigkeit dauerhaft zu heilen. Der Gefrierprozeß ermöglicht die Übertragung eines Organs vom Spender zum Empfänger.

Während es wohl noch eine gewisse Zeit dauern wird, bis die Gefriertechnik Tote wieder zum Leben er-

RÄTSEL 23

Leichte Fragen – 1 Punkt für jede richtige Antwort:

1. Wie lautet der Name von Rolands Freundin?
2. Als was arbeitet Roland?
3. Was an Scullys Bluse erregt Rolands Aufmerksamkeit?
4. Welchen klassischen Streich spielen Arthur Grable und seine Kameraden ihrem selbstgefälligen Professor?
5. Was geschah mit Arthur Grables Gehirn nach seinem Tod?

Es wird schwieriger – 2 Punkte für jede richtige Antwort:

6. Wo arbeitet Roland?
7. Wie lautet der offizielle Name des Raketenprogramms?
8. Die beide ermordeten Wissenschaftler starben auf grauenhafte und ungewöhnliche Weise. Wie?
9. Wo findet Mulder den Zugangscode 15626 für Grables Computerdaten?
10. Roland Fuller und Arthur Grable haben als Zwillinge das gleiche Geburtsdatum. Welches?

Ihre Punktzahl:

wecken kann, entwickeln sich mit der Theorie nützliche Anwendungen, die dazu beitragen, daß die Kryogenik ihr Science-fiction-Image abstreift.

## WAS ES KOSTET, DEN KÖRPER MITZUNEHMEN

Im folgenden eine repräsentative Aufstellung der ungefähren Kosten (in DM) für das Einfrieren. Die Spalte Nervensystem beinhaltet das Einfrieren des Gehirns und des Rückenmarks.

| Posten | Ganzer Körper | Nervensystem |
|---|---|---|
| Transport | 20 800 | 20 800 |
| Frostschutzlösung | 19 800 | 17 000 |
| Laborkosten | 1 400 | 1 400 |
| Abkühlung | 12 300 | 2 600 |
| - - - - - - - - - - - - - | - - - - - | - - - - - |
| Gesamt | 54 300 | 41 800 |
| - - - - - - - - - - - - - | - - - - - | - - - - - |
| jährliche Kosten für Flüssigstickstoff | 1 260 | 75 |
| Lagerungskosten | 2 500 | 220 |

Nach den Kosten für das Einfrieren müssen noch ausreichend Rücklagen vorhanden sein, um die jährlich anfallenden Kostensteigerungen für den Flüssigstickstoff zu begleichen. Derzeit betragen die Gesamtkosten für das Einfrieren des Nervensystems ungefähr 61 100 DM, für den ganzen Körper 210 000 DM. Beachten Sie, daß in den oben errechneten Kosten keine Mittel für die Betreuung Ihres Behältnisses eingerechnet sind, falls es vorzeitig auftauen sollte. Auch die Kosten für das Auftauen – falls das eines Tages möglich sein sollte – tauchen in der Rechnung nicht auf. Und das könnte ganz schön teuer werden.

- In ›Eis‹ überträgt der Hund die Würmer durch seinen Kot. Wenn die Würmer sich aber an die Drüsen tief in seinem Gehirn hängten, wie kamen sie dann in seinen Verdauungstrakt?

- Die Windkanal-Todesfälle in ›Roland‹ sind visuell faszinierend und originell, aber bei derartigen Windgeschwindigkeiten hätte sich niemand an einer Schutzblende festhalten können, ganz zu schweigen davon, daß das Atmen unter diesen Bedingungen unmöglich gewesen wäre. Die Opfer hätten nur darauf hoffen können, bewußtlos zu werden, bevor sie in den Ventilator stürzten. Es ist zwar eine tolle Idee, daß sie Roland noch etwas zurufen, aber wissenschaftlich undenkbar.

- Die Farbbilder des Mikroskops in ›Das Labor‹ sehen wirklich fantastisch aus. SEMs (*Scanning Electron Microscopes*, Rasterelektronenmikroskope) arbeiten allerdings nur in Schwarzweiß ...

- In ›Das Labor‹ erklärt Scully Mulder, daß Chloroplasten Pflanzenzellen seien. In Wirklichkeit sind Chloroplasten Teile bestimmter Pflanzenzellen.

- In ›Der Vulkan‹ ist der Organismus, der als Pilz identifiziert wird, wirklich ein Pilz: Philobolus, der Schrotpilz. Seine Heimat ist aber normalerweise der Misthaufen – nicht die Innenwand eines Vulkans oder das Innere eines Menschen.

- Wenn wir einmal annehmen, daß Trepkos den Firewalker aus ›Der Vulkan‹ sabotiert, dann kann etwas mit den angegebenen Temperaturen nicht stimmen. Vielleicht ist da ein Fehler beim Umrechnen von dem in Kanada gebräuchlichen Celsius- in das Fahrenheit-System unterlaufen: Während 130 Grad Fahrenheit (knapp 60 Grad Celsius) schon ziemlich unerträglich für den Menschen sind, kann er bei 130 Grad Celsius auf keinen Fall überleben.

- Außerdem erlaubt sich ›Der Vulkan‹ einige Freiheiten mit dem Periodensystem der chemischen Elemente. Es ist unmöglich, Schwefelwasserstoff in Silikondioxid zu verwandeln. Schwefel und Silikon sind Elemente, die man ohne Kernschmelzung nicht ineinander verwandeln kann. Wenn man die Elemente in dieser Art manipulieren könnte, würde aus Blei viel öfter Gold werden.

- Was Scullys Handhabung von Reagenzgläsern betrifft: 1) Reagenzgläser hält man nie senkrecht über eine Flamme, sie würden platzen. 2) Aus dem gleichen Grund läßt man Reagenzgläser nie unbeaufsichtigt über einer Flamme. 3) würden Reagenzgläser über einem Bunsenbrenner nie heiß genug, um die Temperatur eines Vulkans zu simulieren.

- In ›Satan‹ hat Mrs. Paddock ziemliche Schwierigkeiten, ihre Schweine korrekt zu identifizieren, obwohl sie die hohe Kunst der Unterscheidung von Tierarten doch eigentlich beherrscht. Es ist richtig, daß es sich um *Artiodactyla* handelt, aber das heißt ›Paarzeher‹, nicht ›Huftier‹. Sie unterscheiden sich von den ›Einzehern‹ – den *Perissodactyla* – wie zum Beispiel Pferden.

- Keine Anakonda, die im Vollbesitz ihrer geistigen Gesundheit ist, würde eingesalzene Schweine fressen. Sie hätte außerdem Schwierigkeiten, Mr. Ausbury von unten, also mit den Füßen beginnend, zu verschlingen, besonders dann, wenn sie die Hüfte erreicht und immer noch das zweite Bein zu fressen hat. Anakondas und andere Constrictor-Schlangen verschlingen ihre Opfer beginnend beim Kopf.

183

# Codename: ›Das Labor‹

**ZUSAMMEN-
FASSUNG**

Ein Tip von Deep Throat bringt Mulder auf die Spur eines Geheimprojektes, bei dem die DNA Außerirdischer zu Genversuchen benutzt wird. Nie zuvor war das Team der X-Akten näher an der Wahrheit – beziehungsweise an einem der Myriaden Außerirdischer, von denen sie bisher verfolgt wurden. Doch die Wahrheit ist nicht umsonst zu haben, und während ihrer hektischen Suche nach Beweisen verschwinden die Zeugen. Können es sich die Agenten leisten, gegen ihre Dienstanweisungen zu verstoßen, wo doch eine geheime Truppe der Regierung gegen sie arbeitet und weitere Menschenleben auf dem Spiel stehen?

**ZITAT**

»Der Mann, den wir gestern getroffen haben, hat das alles hier in Ordnung gehalten, als würden die Redakteure von *Schöner wohnen* vorbeikommen. Ich hätte nie gedacht, daß er so was anrichtet – oder daß er einen dreifachen Salto durchs Fenster macht.«

– MULDER in ›Das Labor‹

**HINTERGRUND**

## Außerirdische in allen Regenbogenfarben

Deep Throats an Mulder gerichtete Beteuerung, daß ›sie‹ schon seit langer Zeit unter uns seien, hätte ruhig ein bißchen genauer sein können. Aufgrund der Aussagen von Entführten und Kontaktierten sind eine Vielzahl außerirdischer ›Rassen‹ identifiziert worden.

So unbequem das auch für alle sein mag, die gerne den Überblick behalten möchten, ist es ein Glücksfall für *Akte X*. Bei unzähligen Rassen, aus denen man wählen kann und von denen jede ein spezielles Aussehen, eine besondere Motivation und bestimmte Kontakt-Methoden hat, ist es ziemlich unwahrscheinlich, daß der Crew in nächster Zeit die Ideen ausgehen werden.

Wir begegnen in *Akte X* einer ganzen Anzahl unterschiedlicher Außerirdischer. Die ETs aus ›Sophie‹, die die Nachkommenschaft von Tieren aus dem Zoo stahlen, die Gregors und die Außerirdischen um Duane Barrys Bett in dessen furchterregenden Alpträumen sehen alle ziemlich unterschiedlich aus. Vielleicht können Sie die Typen identifizieren, die wir in der folgenden Liste zusammengestellt haben.

## AUSSERIRDISCHE, TYP 1

›Die Grauen‹. Obwohl es verschiedene Subspezies gibt, haben alle die graue Körperfarbe gemeinsam.

• Die Grauen, Typ A: Die am häufigsten auftretenden Außerirdischen, auch als Zeta Reticulaner bekannt. Kontaktierten zufolge bilden sie ein militärisches Bündnis, dessen Ziel Eroberung ist. Sie sind ungefähr einhundertdreißig Zentimeter groß, haben einen großen Kopf und tiefliegende Augen, einen schlitzförmigen Mund und eine kaum sichtbare Nase. Sie behaupten, so weit fortgeschritten zu sein, daß sie keine Fortpflanzungs- und Verdauungsorgane mehr brauchten. Außerdem veränderten sie schon seit Jahrtausenden heimlich das Erbmaterial der Menschen, um eine ›gemischte Rasse‹ aus Menschen und ihnen selbst zu züchten. Die Grauen haben ihre Hauptstützpunkte in New Mexico und Nevada, unterhalten aber auch Basen in vielen anderen Ländern.

Wenn Sie den Kolben kippen und ›Reinheitskontrolle‹ auf dem Boden lesen, sind Sie ziemlich aufgeschmissen.

- Die Grauen, Typ B: Große Graue, etwa zweihundertzehn bis zweihundertfünfzig Zentimeter groß, mit Gesichtsmerkmalen ähnlich denen der Grauen von Typ A. Sie scheinen weniger militaristisch als ihre Cousins zu sein, gelten aber dennoch als feindlich gesinnt. Ihr Hauptquartier liegt auf den Aleuten, und sie beabsichtigen, die Erde durch die Ausübung politischer Kontrolle und Einflußnahme auf Regierungen in ihre Gewalt zu bekommen.
- Die Grauen, Typ C: Die kleinsten Grauen. Sie sind nur einen Meter groß, eine Miniaturausgabe ihrer größeren Cousins. Diese Grauen sind den Menschen trotzdem am gefährlichsten, weil sie bereit sind, ihre Opfer zu vernichten, wenn diese sich nicht unterwerfen.

## AUSSERIRDISCHE, TYP 2

›Die Reptilianer‹. Genetisch mit den Reptilien verwandt, gehören sie zu einer fortgeschrittenen Kultur und betrachten die Menschen als völlig unterentwickelte Rasse. Sie halten uns für Vieh und stehen in dem Ruf, menschliche Organe als Delikatessen zu schätzen. Dem Vernehmen nach bewohnen sie einen Energie-Asteroiden, der Mitte der neunziger Jahre in unserem System eintreffen soll, wenn alles nach Plan geht. Sie glauben, daß die Erde einer ihrer alten Außenposten sei, und hoffen, den Planeten vollständig kontrollieren zu können, nachdem sie ihren eigenen, sterbenden Planeten verlassen haben. Manche Menschen glauben, daß die Grauen vom Typ A Sklaven der Reptilianer sind.

## AUSSERIRDISCHE, TYP 3

›Außerirdischer von menschlichem Typus‹ – Extraterrestrier, die sich unerkannt unter den Menschen bewegen können.

186

- Menschlich, Typ A: Sie besitzen normale Körpergröße und einen Gesichtsschnitt, der an Menschen skandinavischer Herkunft erinnert. Sie sind auch als ›Blonde‹ bekannt. Diese Außerirdischen wurden von den Grauen entführt und vor ihrer Entlassung mit Geräten versehen, die ihre Aktivitäten kontrollieren.
- Menschlich, Typ B: Äußerlich dem Typ A ähnlich, doch handelt es sich hier um Pleiadianer. Im Vergleich zu den Blonden ist dieser Typ in spiritueller Hinsicht weiter entwickelt. Sie sind den Menschen freundlich gesinnt und die einzigen Außerirdischen, denen man vertrauen kann. Sie haben menschlichen Regierungen schon einmal ihre Hilfe angeboten, wurden aber abgewiesen, so daß sie sich statt dessen heute an Einzelpersonen wenden. Sie behaupten, die Urväter der gesamten menschlichen Rasse zu sein, verbringen aber wegen ihrer Probleme in der Heimat wenig Zeit auf der Erde.
- Menschlich, Typ C: Über diesen Typus weiß man nur sehr wenig; offenbar sind seine Vertreter mit der hochentwickelten, uns wohlgesinnten spirituellen Rasse verwandt. Sie sehen menschenähnlich aus, doch ihre Haut ist blaß mit einem Stich ins Blaue. Sie kommen vom Sirius und wissen wohl von unserer Gefährdung durch andere Außerirdische.

AUS DEN SCHLAGZEILEN: GRÜNES BLUT

Am 19. Februar 1994 geschah in Riverside/Kalifornien, wo eine Gloria Ramirez das Krankenhaus aufsuchte, etwas Merkwürdiges, das man sich gut als Episode von *Akte X* vorstellen könnte.

Im Alter von nur einunddreißig Jahren lag Gloria Ramirez im Sterben. Man wußte zwar, daß sie an Gebärmutterkrebs litt, aber ihre Symptome waren atypisch: Atemnot, niedriger Blutdruck, Geistesverwir-

**DEEP THROATS TRAURIGES ENDE**

Der Mord an Deep Throat erschüttert Scullys ohnehin angeschlagenes Vertrauen in die Integrität der Justiz erneut. Mulder – der ja selbst kein Heiliger ist – führt der Verlust seines Mentors, Informanten und Beinahe-Freundes das Schicksal jener vor Augen, die die Regeln verletzen.

Deep Throats reale Fans protestierten lautstark gegen seinen Tod. Über eine ganze Staffel hinweg waren sie von seiner rätselhaften Existenz gefesselt worden, und so ist es nicht verwunderlich, daß sie sein plötzliches Ende nicht schweigend hinnehmen konnte.

rung. Um die Symptome zu behandeln und gleichzeitig etwas über die Ursachen des plötzlichen körperlichen Verfalls zu erfahren, probierte das Team der Notaufnahme die Standardmedikamente durch und versuchte Ramirez' Zustand so zu stabilisieren. Als die Patientin nicht reagierte, griffen die Ärzte zu drastischeren Mitteln, und da zeigte sich die besondere Natur ihres Falles. Weil Ramirez' Herzschläge immer schwächer wurden, riß die Schwester ihr das Hemd von der Brust, um die Elektroschock-Elektroden anzusetzen. Da bemerkte sie ein Öl, das beinahe den ganzen Körper von Ramirez bedeckte. Als man ihr die Sauerstoffmaske abnahm, roch ihr Atem leicht nach Obst, vielleicht auch nach Knoblauch. Das aus ihrem Arm entnommene Blut enthielt weiße Flocken und roch nach Chemikalien. Wenig später stieg der gleiche Geruch von ihrem ganzen Körper auf. Eine Schwester, die sich hinunterbeugte, um die Quelle des Geruchs an Ramirez' Körper auszumachen, brach zusammen und war damit das erste Opfer der seltsamen Kräfte im Körper der Patientin.

In der ersten Stunde der Behandlung verloren noch drei Teammitglieder das Bewußtsein. Acht weitere entwickelten weniger auffällige, aber ebenso beunruhigende Symptome: Alle, die halfen, Ramirez' Leben zu retten, litten plötzlich unter Zitteranfällen und Spasmen, heftigen Sehstörungen und sogar teilweise an Lähmungen. Als Ramirez nach einer Stunde starb, wußte man ebenso wenig über die Todesursache wie zum Zeitpunkt ihrer Einlieferung. Fast noch mysteriöser – das halbe Notfallteam war außer Gefecht gesetzt worden!

Später verhielten sich die Zeugen Forschern gegenüber aus gutem Grund sehr zurückhaltend, weil niemand ihre Version der Ereignisse glauben wollte. Als sie den Ammoniakgeruch des Blutes erwähnten, wollte man ihnen weismachen, daß Methan, also Sumpfgas, aus einem Abflußrohr ausgeströmt sei. Als sie auf ihre Kollegen hinwiesen, von denen einige wochenlang behandelt werden mußten, sahen sie sich mit Vorwürfen konfrontiert, einer Massenhysterie erlegen zu sein. Ihr Bericht von vergiftetem Blut und giftigen Gasen erregte zwar öffentliche Aufmerksamkeit, schadete aber dem Ruf des Teams bei den Kollegen. Während die Öffentlichkeit zufrieden und eifrig spekulierte und Autoren den Fall als Ausgangspunkt für ihre Storys benutzten (wie die Crew der *Akte X*), suchten die Angestellten des Krankenhauses selbst nach Antworten.

Sie fanden sie erst allmählich. Die Proben, die ein Team in Schutzkleidung vom Körper Gloria Ramirez' entnahm, gingen durch viele Hände, ehe auch nur der Ansatz einer Theorie auftauchte. Selbst heute gibt es noch Leute, die einfach nicht an jene Verkettung von Ereignissen glauben können, die, der Hypothese der besten Forscher des Landes zufolge, eingetreten war: Der Körper von Gloria Ramirez hatte ein Nervengas produziert.

Der menschliche Körper – also alles, was sich in der empfindlichen Hülle unserer Haut befindet – ist ein fein abgestimmtes Ökosystem, in dem Organe und Prozesse miteinander harmonieren. Der pH-Wert des Magens, der irgendwo zwischen zwei und vier liegt, gleicht dem von Salzsäure ($HCl_2$), die buchstäblich jeden anderen Teil unseres Körpers zerfressen würde. Im Fall von Gloria Ramirez brach dieses fein aufeinander abgestimmte System zusammen. Ihr Körper wurde zum Behälter eines exotischen chemischen Cocktails, der Kodein, Tylenol, Lidocain, Tigan und andere toxische Stoffe enthielt, die man bei der Chemotherapie verwendet.

Diese Kombination hätte sie noch nicht umgebracht, wenn nicht drei weitere seltsame Chemikalien hinzuge-

## RÄTSEL 24

**Leichte Fragen – 1 Punkt für jede richtige Antwort:**

1. Welche Tiere hält Dr. Berubi in seinem Labor?
2. Was steht auf der Unterseite des Erlenmeyerkolbens in Dr. Berubis Labor geschrieben?
3. Was geschieht, als die Sanitäter Dr. Sicar behandeln wollen?
4. Was geschieht mit Dr. Anna Carpenter?
5. Was nimmt Scully aus dem Hochsicherheitstrakt von Fort Marlene in Maryland mit?

**Es wird schwieriger – 2 Punkte für jede richtige Antwort:**

6. Was ist am Vorspann dieser Episode besonders?
7. Was an der DNA der Bakterien im Erlenmeyerkolben ist ungewöhnlich?
8. Wo entdeckt Mulder die Versuchsopfer?
9. Welche lebensbedrohliche Krankheit hat Dr. Sicar schon vor dem Experiment?
10. Was geschieht mit dem Päckchen, daß Scully aus Fort Marlene mitnimmt?

Ihre Punktzahl:

kommen wären: ein Ammoniakderivat, Nicotinamid und Dimethylsulfon. Diese Faktoren lieferten den Forschern schließlich den Schlüssel zur Lösung des Rätsels.

Alle Medikamente, die man bei der Krebsbehandlung von Ramirez verwendet hatte, wurden in ihrem Körper nachgewiesen. Zusätzlich aber hatte sich die schwerkranke Frau, an der alle möglichen medizinischen Behandlungsmethoden ausprobiert worden waren, auch noch der Volksmedizin zugewendet. Sie hatte sich mit einem Gel eingerieben, das von Sportlern benutzt wird und Dimethylsulfoxide enthält. Das war die ölige Substanz auf ihrer Haut, die dem Notfallteam aufgefallen war. Dieses Gel reagierte mit den anderen Substanzen, die durch ihren Körper zirkulierten.

Auch das hätte sie überlebt, wenn da nicht der Zusatz von Sauerstoff gewesen wäre – der hochkonzentrierte Sauerstoff, mit dem sie bei der Reanimation über die Gesichtsmaske beatmet wurde. Dadurch bildete das Dimethylsulfoxid Dimethylsulfon, das beim Auskühlen von Ramirez' Körper in Dimethylsulfat zerfiel – Nervengas. Auch die Flocken in der Blutprobe, über die sich so manche Forscher den Kopf zerbrochen hatten, konnten schließlich erklärt werden. Der flüchtige und wärmeempfindliche Dimethylsulfat-Bestandteil hatte sich nach der Entnahme aus Ramirez' Körper rasch in der dünnen Nadel der Spritze abgekühlt. Die Flocken in der Spritze waren Dimethylsulfon.

Das Geheimnis galt damit offiziell als gelöst. Das Untersuchungsergebnis wurde ein paar Monate nach der Episode ›Das Labor‹ veröffentlicht. Die ›toxischen Dämpfe‹ blieben also eine Erfindung der *Akte* X.

## Mitch Pileggi (alias Walter Skinner)
### Eine kurze Filmografie

Dangerous Touch (1994)
Pointman (1994)
Trouble Shooters: Trapped Beneath the Earth (1993)
Basic Instinct (1992)
Night Visions (1990)
24 Stunden gejagt (1989)
Shocker (1989)
Toll treiben es die wilden Zombies (1988)
Das Weiße im Auge (1987)
Faustrecht - Terror in der High School (1987)
Drei in der Tinte (1987)

# NACH DEEP
# THROAT

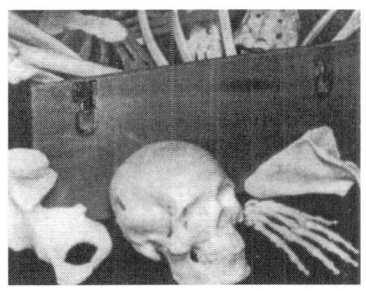

| GETRENNTE | **FALL X-2.01** |
|---|---|
| ERMITT-LUNGEN | **Codename: ›Kontakt‹** |

**ZUSAMMEN-FASSUNG**

Die Abteilung *Akte X* ist aufgelöst worden – Scully wurde nach Quantico versetzt, Mulder muß Routinearbeiten erledigen, die genausogut jeder Grünschnabel machen könnte. Es ist kein Wunder, daß Scully – als Mulder sich auf einen vagen Hinweis stürzt und nach Puerto Rico aufbricht – seinen Spuren folgt.

**HINTERGRUND**

### Die Botschaft Voyagers

Kaum jemand, der diese Episode gesehen hat, wird die Eingangssequenz vergessen – eine Montage suggestiver Bilder und Geräusche. Und jeder Zuschauer mit auch nur dem Ansatz einer poetischen Ader erkennt die Ironie des Monologs am Beginn der Episode, der ersten nach der Schließung der Abteilung Akte X und dem jähen Ende der Hoffnungen Mulders. Er findet ausgerechnet vor dem Hintergrund des vielleicht größten Hoffnungssymboles statt, das dieser Planet je gesehen hat: der Botschaft Voyagers.

Als Voyager 1 und Voyager 2 1977 in den Weltraum geschossen wurden, trugen beide Raumsonden eine vergoldete Kupfertafel in einer widerstandsfähigen Aluminiumhülle bei sich – die

**ZITAT**

»Ich habe versucht zu glauben... Aber man hat mir das Handwerkszeug weggenommen.«   – MULDER in ›Kontakt‹

194

kleinste Flaschenpost im größten denkbaren Ozean. Sie drückte eine Hoffnung aus, die seitdem Gegenstand vieler Witzeleien geworden ist: daß wir nicht die einzigen Lebewesen im Universum seien, die staunend und neugierig nach den Sternen sähen.

Und was schickte man in dieser Flasche? So viel von der Geschichte und Kultur der Erde, wie man nur irgendwie hineinstopfen konnte. Auf einem Metallstück, das nur dreißig Zentimeter breit war, schufen Dr. Carl Sagan und seine Mitarbeiter die erste multimediale Vorführung, die dazu diente, eine Botschaft zu den Sternen zu schicken. Eine Gelegenheit, ein bißchen Unsterblichkeit zu erlangen, wie man sie nur einmal im Leben hat.

Die mehr als hundert Bilder sind nicht bloß eine detaillierte Straßenkarte unseres Planeten, sondern bilden vielmehr einen so umfassenden Reiseführer, wie ihn der begrenzte Platz zuließ. Sicher findet man in kaum einem anderen Reiseprospekt das Taj Mahal neben der Oper von Sydney oder dem UN-Gebäude, nirgendwo sonst werden Wüsten neben schneebedeckten Bergen oder ein türkischer Greis neben einem amerikanischen Astronauten abgebildet. Wenn man sie insgesamt betrachtet, präsentieren die Fotos ein erregend intimes Bild unseres Planeten, ein Bild, welches das gleiche Schwindelgefühl hervorruft wie ein langer Blick in den Sternenhimmel einer klaren Nacht.

Das Auge ist aber nicht der einzige Sinn, den diese besondere Botschaft anspricht. Kurt Waldheim, der damalige Präsident der Vereinten Nationen, hat in seiner Amtszeit einige tausend Reden gehalten, aber keine ist so kurz und gleichzeitig so unvergänglich wie die, welche er 1977 in das All sandte:

»Im Auftrag aller Völker unseres Planeten sende ich Grüße. Wir treten aus unserem Sonnensystem in das Universum hinaus und suchen friedlichen Kontakt.«

Vierundfünfzig Sprachen aus allen Winkeln unseres Planeten grüßen den zukünftigen Empfänger dieser Flaschenpost. Die fünfundfünfzigste Sprache auf der Aufnahme, die der Buckelwale, erinnert auf unheimliche Art daran, daß – während der Mensch schon nach intelligentem Leben im Weltraum Ausschau hält – auf der Erde selbst noch längst nicht alles entdeckt ist, was es zu erforschen gibt.

Nachdem die Stimmen verklungen sind, folgen Geräusche, die uns im täglichen Leben so vertraut sind, daß wir sie kaum noch wahrnehmen. Es kostet wenig Mühe, die Augen zu schließen und sich zu fragen, was sich eine außerirdische Zivilisation wohl dabei denken würde. Könnte sie das Prasseln eines Feuers erkennen, das Pochen der Regentropfen auf einem Dach oder das einsame Heulen des Windes? Vielleicht wären diese zufälligen Geräusche für sie bedeutungslos. Aber dafür hat man die Musik als universelle Sprache bezeichnet, und neunzig Minuten Musik bilden den Abschluß der Aufnahme dieser ›Flaschenpost‹.

## DAS VOYAGER-KONZERT

Bach, *Zweites Brandenburgisches Konzert,* erster Satz
*Blumenarten,* javanische Hofgamelan
senegalesische Trommeln
Initiationslied pygmäischer Mädchen
australisches Horn und Totemlied
Lorenzo Barcelata, *El Cascabel*
Chuck Berry, *Johnny B. Goode*
Lied aus einem neuguineischen Männerhaus,
*Die Kraniche in ihren Nestern darstellend*
Bach, *Partita Nummer drei für Violine: Gavotte et Rondeaus*
Mozart, *Zauberflöte, Königin der Nacht (Arie Nummer 14)*

Chakrulo
peruanische Panflöten
Melancholy Blues
Aserbaidschan, zwei Flöten
Strawinsky, *Frühlingsritus, Finale*
Bach, *Präludium und Fuge Nummer eins in C-Dur aus dem Wohltemperierten Klavier, zweites Buch*
Beethoven, *Fünfte Sinfonie, erster Satz*
Lied einer bulgarischen Schäferin, *Izlel Delyo Hajdutin*
Nachtgesang der Navajo-Indianer
Almains, Gaillards, *Der Elfenreigen aus Pavans*
melanesische Panflöten
Hochzeitslied peruanischer Frauen
chinesische Ch'in-Musik, *Fließende Ströme*
indische Raga, *Jaat Kahan Ho*
*Dark Was the Night*
Beethoven, *Streichquartett Nummer 13, Cavatina*

## Sprachen auf der Voyager-Aufnahme

Sumerisch, Aramäisch, Russisch, Französisch, Kechua, Urdu, Walisisch, Nguni, Wu, Polnisch, Gujoratilla (Sambia), Akkadisch, Englisch, Thailändisch, Burmesisch, Niederländisch, Hindi, Singalesisch, Lateinisch, Punjabi, Netali, Nanja, Hittitisch, Portugiesisch, Arabisch, Spanisch, Deutsch, Türkisch, Italienisch, Sotho, Koreanisch, Mandarin, Schwedisch, Hebräisch, Kantonesisch, Rumänisch, Indonesisch, Bengalisch, Vietnamesisch, Griechisch, Japanisch, Armenisch, Kannada, Ukrainisch, Serbisch, Amoy (Min-Dialekt), Telugu, Ungarisch, Persisch, Luganada, Rajasthani, Oriya, Tschechisch, Marathi.

## GERÄUSCHE DER ERDE AUF DER VOYAGER-AUFZEICHNUNG

Wale, Sumpfgras, Grillen, Frösche, Elefant, Fußtritte und Herzklopfen, Werkzeug, Hufschmied, Traktor, Lastwagen, Schiffe, Pferd mit Wagen, Abheben der Saturn-V-Rakete, Planeten (Musik), Regen, Vögel, Schimpanse, Lachen, Haushunde, Sägen, Kuß, Baby, Düsentriebwerk, Pulsar, Vulkan, Brandung, Hyäne, Wildhund, Feuer, Schafherde, Nietmaschine, Morsezeichen, Motorengeräusche von Autos, Lebenszeichen (EEG, EKG), Pferdekutsche, Pfeife eines Zuges

## VOYAGER-BILDER

Fadenkreuz, mathematische Gleichungen, Angaben zum Sonnensystem, Sonnenspektrum, Mars, Erde, chemische Formeln, vergrößerte DNA-Struktur, Anatomie von acht Tieren, Diagramm der Befruchtung, befruchtete Eizelle, Fötus, Mutter, die dem Säugling die Brust gibt, Kinder, Familienporträt, Aufbau der Erde, Meeresstrand, Dünen, Waldszene mit Pilzen, gefallenes Laub, Schneeflocke, fliegendes Insekt mit Blumen, Muschel (*Xancidae*), Fischschwarm, Karte des Sonnensystems, Definitionen physikalischer Einheiten, die Sonne, Merkur, Jupiter, Ägypten, Rotes Meer, Sinai-Halbinsel und Nil, DNA-Struktur, Zellen und Zellteilung, menschliche Geschlechtsorgane, Empfängnis, Fötus-Diagramm, Zeichnung von Mann und Frau, Vater und Tochter (Malaysier), Familienstammbaum, Diagramm zum Kontinentaldrift, Heron Island (Great-Barrier-Riff vor Australien), Snake River und Grand Tetons, Monument Valley, Blatt, Sequoia, Baum mit Narzissen, Diagramm zur Evolution der Wirbeltiere, Delphine, Baumkröte, Krokodil, Wasserloch, Zeichnung von Buschmännern, Mann aus Guatemala, Andenmädchen, Elefant, alter Mann mit Hund, Cathy Rigby,

Klassenzimmer, Baumwollernte, Supermarkt, Fischer-
boot mit Netzen, chinesisches Essen mit Gästen, die
Chinesische Mauer, Hausbau (Amish-Land), Haus (New
England), das Innere eines Hauses mit Künstler und
Feuer, Taj Mahal, Boston, UN-Gebäude bei Nacht,
Handwerker mit Bohrer, Museum, Frau mit Mikroskop,
Berufsverkehr in Indien, die Golden-Gate-Brücke in
San Francisco, Flugzeug im Flug, antarktische Expedi-
tion, Radioteleskop (Arecibo), Astronaut im Weltraum,
Sonnenuntergang mit Vögeln, Adler, Jane Goodall mit
Schimpansen, Buschjäger, Tänzer aus Bali, Thai-Hand-
werker, alter Mann mit Bart und Brille (Türkei), Berg-
steiger, Sprinter, Kinder mit Globus, Orangenpflücker,
Unterwasserszene mit Taucher und Fischen, beim
Fischkochen, Demonstration von Lecken, Essen und
Trinken, Hausbau (Afrika), Haus (Afrika), modernes
Haus (Cloudcroft, New Mexico), Violine mit Noten
(Cavatina), englische Stadt (Oxford), UN-Gebäude (bei
Tag), Oper in Sydney, Innenansicht einer Fabrik, Rönt-
genbild einer Hand, Straßenszene in Asien (Pakistan),
moderne Autobahn (Ithaca), Eisenbahn, Flughafen
(Toronto), Radioteleskop (Westerbok, Niederlande),
Seite aus Newtons Buch *De mundi systemati liber*,
Start einer Titan-Centaur-Rakete, Streichquartett
(*Quartetto Italiano*).

## DAS ARECIBO-OBSERVATORIUM UND SETI

Im Gegensatz zu der verlassenen, eingemotteten Station aus ›Der Kontakt‹ ist das Arecibo-Observatorium in Puerto Rico eine blühende Beobachtungsstation, die jährlich von mehr als zweihundert Wissenschaftlern besucht wird – zusätzlich zu den hundertvierzig regulären Angestellten. Es ist die Haupteinrichtung des *National Astronomy and Ionosphere Center* der Cornell University, eines der drei nationalen Forschungszentren, die von der *National Science Foundation* betrieben werden. Hier steht das größte Radio-Radarteleskop der Welt mit beinahe dreihundertfünfzig Metern Durchmesser.

*Akte X* hat die wichtige Rolle, die Arecibo bei der SETI (*Search for Extraterrestrial Intelligence,* dt. ›Suche nach außerirdischen Intelligenzen‹) spielt, durchaus richtig dargestellt. SETI wurde 1959 ins Leben gerufen und war der erste organisierte Versuch, mit Mikrowellen-Radiosignalen die Suche nach Anzeichen für intelligentes Leben im Sternenhimmel fortzusetzen. Während der sechziger Jahre richtete die Sowjetunion, eine der treibenden Kräfte des SETI-Programmes, Dutzende von schwenkbaren Antennen auf die fernen Sterne. Man fand nichts. 1988 begann die Arecibo-Einrichtung mit ihrer Suche und dem bis dahin ehrgeizigsten Astronomieprojekt der Welt.

Aber bereits ein Jahr später stoppte der amerikanische Kongreß die Finanzmittel. Heute arbeitet Arecibo als bedeutende Forschungseinrichtung.

# Codename: ›Der Parasit‹

Mulder, bitter enttäuscht über die Schließung der Abteilung *Akte X*, will einen Todesfall in New Jersey schon als ›normalen‹ Mord im Rahmen einer Bandenschießerei abtun. Zum Glück für ihn findet Scully – die ihren Auftrag etwas ernster nimmt als Mulder – einen Parasiten. Dieser führt sie auf die Spur des furchterregenden Mutantenkillers, der aus dem radioaktiv verseuchten Tschernobyl eingeschleppt wurde.

**ZUSAMMEN-
FASSUNG**

## Was aus Tschernobyl kam

**HINTERGRUND**

Vor dem April 1986 war das Wort Tschernobyl den wenigsten Menschen im Westen geläufig. Selbst in der Sowjetunion kannten nur die den Namen der Stadt, die in jenem Teil der Ukraine lebten, wo der Pripiat fließt und das V.I.-Lenin-Kernkraftwerk lag. Nichts war ungewöhnlich an Tschernobyl, bis am 26. April 1987 um 1 Uhr und 23 Minuten der Kernreaktor explodierte und die Hölle losbrach.

Der Name der Stadt sollte berüchtigt werden, obwohl sich die Informationen über die Explosion langsamer in Europa verbreitete als die radioaktive Wolke. Obgleich bei der Kernschmelze von Tschernobyl fünfunddreißig-

**ZITAT**
»Die Natur hat dieses Ding nicht gemacht, Mulder. Das waren wir.«
– SCULLY in ›Der Parasit‹

201

mal mehr radioaktive Strahlung freigesetzt wurde als beim Atombombenabwurf auf Nagasaki und Hiroshima, hüllte sich die Sowjetregierung zunächst in Schweigen. Erst als eine schwedische Meßstation abnorme Werte feststellte, begann die Welt die Tragweite der Situation zu erfassen.

Einunddreißig Menschen starben am Morgen der Explosion bei dem Versuch, das nukleare Feuer zu löschen. Weitere 250 zogen sich schwere Strahlenschäden zu und starben wenig später. Hunderte von Nutztieren verendeten in den nächsten Wochen. Viele hunderttausend Anwohner wurden aus der auf dreißig Kilometer ausgedehnten ›Zone extremer Kontamination‹ umgesiedelt. Dennoch befinden sich heute mehr als zwei Millionen Bürger, die direkt im Einflußbereich des radioaktiven Fallouts lebten, immer noch auf dem verseuchten Boden, der einst die halbe Sowjetunion mit Nahrung versorgte. In Lappland reicherte sich der radioaktive Niederschlag im Rentiermoos an, dem *Cladonia*; Jahre später mußten ganze Rentierherden, die das Rückgrat der einheimischen Lebensweise sind, notgeschlachtet werden.

Wie konnte es dazu kommen?

Alles begann mit einem nicht genehmigten Experiment, bei dem das Bedienungspersonal bewußt und absichtlich bestimmte Sicherheitssysteme umging, um mehr über die Anlage zu erfahren. Dabei überhitzte sich Reaktor 4, bevor man die Kontrolle wiedererlangen konnte. Das schwere Wasser des Reaktors verwandelte sich blitzartig in Wasserdampf, und als der in Sauerstoff und Wasserstoff zerfiel, reagierte der gasförmige Wasserstoff mit dem Graphitkern des Reaktors. Die Explosionen sprengten den Tausend-Tonnen-›Deckel‹ von dem Reaktor und schleuderten radioaktive Teilchen hoch in die Atmosphäre. Es gab kein Eindämmungsgebäude, das diese Emissionen hätte stoppen können. Insgesamt zehn Prozent des Kerns, zu dem auch das radioaktive Caesium-137-Isotop gehörte, flogen in den Himmel.

Obwohl der gesamte Kontinent in Mitleidenschaft gezogen wurde, erfuhren die Europäer erst Tage später offiziell davon. Bis nach Skandinavien im Norden und zur Südspitze Griechenlands, bis in die Steppen Rußlands und ins Vereinigte Königreich Großbritannien verteilten die wechselhaften Winde den tödlichen Fallout. Große Mengen radioaktiver Partikel wurden noch 1300 Kilometer vom Explosionsort entfernt gefunden.

Selbst alle früheren Atomunfälle zusammen erreichten nicht einmal fünf Prozent der Radioaktivität, die in Tschernobyl freigesetzt wurde (50 bis 100 Millionen Curie). Daher sind auch die Folgen des Unfalls nur schwer einzuschätzen. Zurückhaltende Schätzungen aufgrund direkter Beobachtungen und indirekter Schlüsse besagen, daß in den nächsten fünfzig Jahren 28 000 bis 100 000 menschliche Todesfälle durch Krebs und Gendefekte zu erwarten seien, die ursächlich auf den nuklearen Unfall zurückgingen.

Die X-Macher gingen noch einen Schritt weiter und erfanden einen halb menschlichen, halb wurmartigen Latexmann, der in den Abwasserkanälen New Jerseys sein Unwesen treibt. Aber auch in Wirklichkeit gibt es rund um Tschernobyl immer noch Todesfälle und Mutationen, die vielleicht nicht ganz so spektakulär sind, dafür aber genauso erschreckend. Durch schwere Mutationen entstanden Fische ohne Maul, die beim Verlassen ihrer Eier und Protoplasmasäcke in ganzen Schwärmen verendeten. Ausgewachsene Vögel verhungerten, weil sie Eier auszubrüten versuchten, aus denen nie Junge schlüpfen würden – die Embryos waren völlig deformiert.

Für viele dieser vergifteten Geschöpfe mußte der Tod eine Erlösung sein. Im Frühling nach dem Unfall

## RÄTSEL 26

**Leichte Fragen – 1 Punkt für jede richtige Antwort:**

1. Von was glaubt der Kanalarbeiter angegriffen worden zu sein?
2. Was entdeckt Scully bei der Autopsie am Arm der Leiche?
3. Wer erteilt Mulder den Auftrag, in diesem Fall zu ermitteln?
4. Welcher Abteilung wurde Scully zugeteilt, nachdem die Abteilung Akte X aufgelöst worden ist?
5. Wie stellt Scully die Verbindung zu dem Unfall auf dem russischen Schiff her?

**Es wird schwieriger – 2 Punkte für jede richtige Antwort:**

6. Mit welchem Abhörgerät arbeitet Mulder diesmal?
7. An welches Körperteil heftet sich die Wurmlarve?
8. Wo versteckt sich der Wurmmann nach der Flucht aus dem Krankenwagen?
9. Auf welchem Weg verläßt der Wurm Franks Körper?
10. Wo wird der Wurmmann für kurze Zeit eingesperrt?

Ihre Punktzahl:

fanden Wissenschaftler zahlreiche nicht tödliche, aber schmerzhafte Veränderungen an Lebewesen, zum Beispiel ein Nest mit Kätzchen, die keine Augenlider hatten und jämmerlich schrien. Eine ältere Frau, die sich geweigert hatte, das verseuchte Land, auf dem sie geboren war, zu verlassen, starb an einem Krebs, der so bösartig war, daß vier Monate vor ihrem Tod noch keine Spur davon festgestellt worden war.

Das schlimmste Schicksal aber trugen die Kinder mit körperlichen Deformationen, die direkt auf die Strahlung zurückzuführen waren. Im Gebiet des Fallouts gab es damals immerhin etwa 15 000 schwangere Frauen.

Obwohl manche Fans diese *Akte-X*-Episode ein bißchen sehr melodramatisch fanden, kann man es dem Script kaum vorwerfen, daß es sich mit Gefahren auseinandersetzt, die wir allzu rasch mit einem Schulterzucken abtun, und uns dabei auch noch eine überzeugende Story liefert.

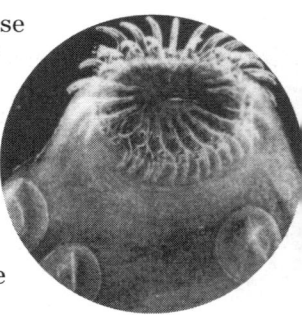

Aus kleinen Parasiten entwickeln sich mächtige Wurmmänner.

## STRAHLUNGSUMKEHR

So wie es keine Wolken ohne Silberstreif am Horizont gibt, hat auch der Unfall von Tschernobyl eine gute Seite – den Fortschritt der Forschung in der Behandlung und vielleicht sogar Heilung von Strahlenopfern.

Erstaunlicherweise sind tatsächlich Erfolge erzielt worden:

1. Obwohl sie den Opfern von Tschernobyl nichts mehr nützen, ist die große Zahl neuer Strahlenschutzmittel, die nach dem Austritt von Radioaktivität angewendet werden können, sicher ein Segen für

Angestellte in Kraftwerken. Viele dieser Methoden funktionieren, indem sie die durch Strahlung freigesetzten Radikale in Nahrungsmitteln und in der Atemluft nachträglich unschädlich machen.

2. Experimente mit Ratten deuten darauf hin, daß das Hormon Thyroxin, ein normales Produkt der Schilddrüse, beim Heilungsprozeß helfen kann. Wenn solche natürlichen Substanzen wirklich effektiv sind, könnte es möglich sein, Strahlungsopfer zu behandeln, ohne ihnen immer mehr chemische Substanzen zu geben.

3. Die Empfindlichkeit für radioaktive Strahlung wird bis zu einem gewissen Punkt ebenfalls durch genetische Veranlagung bestimmt. Sie variiert bei unterschiedlich gezüchteten Mäusen genau wie die Widerstandsfähigkeit. Transgenische Lösungen – also Menschen Zellen von Mäusen injizieren, was normalerweise aus ethischen Gründen abgelehnt wird – könnten die einzige und beste Hoffnung für Strahlungsopfer sein.

4. Nicht jede Strahlungskrankheit ist irreversibel. Knochenmarktransplantationen sind wirksam, wenn sie früh genug durchgeführt werden. Während es für viele Opfer von Tschernobyl zu spät ist, haben diese Transplantationen schon vielen anderen, vor allem jungen Menschen geholfen.

## RÜCKBLENDE: ASSISTANT DIRECTOR WALTER S. SKINNER

Skinner hat Mulder immer wieder deutlich gesagt, daß er als sein Vorgesetzter fest diesseits der ethisch-professionellen Grenzen stehen muß, die Mulder ständig überschreitet.
Man könnte das Feigheit nennen, anderswo heißt man es Prinzipientreue. Welche Beschreibung trifft eher auf Walter Skinner und seine Beziehung zum X-Team zu?

Zweifellos steht Skinner in der Befehlshierarchie ein oder zwei Stufen über seinen beiden dickköpfigen – und erfolgreichen – Agenten. Er kann selbst den merkwürdigsten Fällen Scullys und Mulders ohne weiteres offizielle Unterstützung gewähren. Genausogut aber
kann er ihre größten Bemühungen zunichte machen, wenn ein Fall in die normale Zuständigkeit des FBI fällt. Es scheint unmöglich zu sein, vorher zu wissen, wann Skinner die
Agenten unterstützt und wann nicht. Er unterbindet weitere Ermittlungen in den achtzehn
Todesfällen von ›Verseucht‹, zögert aber nicht, in ›An der Grenze‹ inoffiziell tätig zu werden. Was immer seine Beweggründe sein mögen, er beruft sich jedenfalls nicht einfach nur
auf die Buchstaben des Gesetzes.

Genauso unklar bleiben die genauen Grenzen seiner Zuständigkeit. Als die Akte X zeitweilig aufgelöst wird, erklärt Skinner Mulder, daß die Anweisung dafür von ganz oben gekommen sei und er nichts tun könne, um die Schließung zu verhindern. Trotzdem werden
Scully und Mulder auf seine Anweisung hin schon nach wenigen Monaten wieder ihrer vorherigen Abteilung zugewiesen. Hat sich der Widerstand gegen ihre Ermittlungen plötzlich
in Luft aufgelöst? Oder hatte Skinner die Abteilung doch selbst geschlossen? Will er seine
beiden Agenten beschützen, weil sie auf etwas Größeres gestoßen sind, als sie ahnen, oder
versucht er, etwas oder jemand anderen zu beschützen?

Und wie ist seine Beziehung zu den mysteriösen Figuren, die nicht zum FBI direkt
gehören? In ›An der Grenze‹ hat Mulder den Eindruck, daß es Skinner mit erstaunlich wenig
Schwierigkeiten gelingt, den Smoking Man ausfindig zu machen. Aber Mr. X, die andere
verborgene Macht, die den Agenten auf den Fersen ist, scheint für Skinner ebenso ein Rätsel zu sein wie für Scully. Man muß daraus wohl schließen, daß sich hinter den zwei Männern ganz unterschiedliche Interessengruppen verbergen.

Für Scully und Mulder, die schon an fast allen Fronten im trüben fischen mußten, könnte
Skinners vage Aussage, daß jeder von irgendwem seine Befehle bekomme, nur eine weitere
Unbekannte in ihren komplexen Gleichungen sein. In einer Situation, in der Kollegen, Vorgesetzte und selbst außenstehende Agenten mehr Informationen haben als Scully und Mulder, bleibt den beiden wohl keine andere Wahl, als Deep Throats letztem Rat zu folgen und
niemandem zu trauen, nicht einmal denen, die sie für vertrauenswürdig halten.

# Codename: ›Blut‹

Als die Einwohner einer Kleinstadt mit ihren eigenen, künstlich gesteigerten Ängsten konfrontiert werden, sind sie zu allem bereit, um sich von diesem Schrecken zu befreien – sogar zu Mord. Mulder und Scully müssen sich mit widersprüchlichen Theorien auseinandersetzen, von denen ein paar auf Regierungsbehörden höchster Ebene hindeuten, und sammeln auch die winzigsten Indizien, um die Verantwortlichen zu finden. Diese Verantwortlichen sind gleichzeitig neue und trotzdem gute alte Bekannte.

**ZUSAMMEN-FASSUNG**

## Phobien: potenzierte Angst

**HINTERGRUND**

Obwohl nur wenige Phobiker so weit gehen, Menschen zu töten, um ihre Ängste zu beschwichtigen, kann eine Phobie natürlich zerstörend sein; unglücklicherweise ist sie allzu oft selbstzerstörerisch. 1985 wurde Maria Consuella Dablos in ihrer New Yorker Stadtwohnung tot aufgefunden. Die offizielle Todesursache lautete Nahrungsmangel, und das, obwohl sie gleich über einem Delikatessenladen wohnte, noch dazu in einer Stadt, wo Lebensmittel an jeder Straßenecke verkauft werden. Arm war sie nicht,

**ZITAT**

»Zweiundvierzigjähriger Makler ermordet vier Menschen mit bloßen Händen? So was gibt's doch gar nicht.«

– MULDER in ›Blut‹

man fand beinahe 600 Dollar in ihrer Brieftasche und in ihrer Wohnung. Auch körperlich war alles in Ordnung – sie war siebenundzwanzig und hatte sich eigentlich bester Gesundheit erfreut. Bei der Autopsie fand man »keine Erklärung für diesen frühen Tod«.

Der Fall blieb in der brodelnden Großstadt beinahe unbeachtet, bis sechs Jahre später eine Verhaltensforscherin namens Marcia Blake zum Fall Dablos schrieb: »Obwohl der Tod durch Verhungern verursacht wurde, war der tiefere Grund für ihren Tod in Wirklichkeit Agoraphobie.« Maria Consuella Dablos war lieber verhungert, als sich der unkontrollierbaren Angst auszusetzen, die sie immer dann empfunden hatte, wenn sie ihre Wohnung verlassen hatte.

Menschen, die ›nur‹ Angst vor Spinnen haben, töten die Tiere normalerweise mit einem Stück Papier, treten sie tot oder gehen einfach ein paar Schritte zur Seite. Aber Phobien sind eine andere Geschichte. Charles Varnes, dessen Spinnenphobie sich schon in jungen Jahren gezeigt hatte, war sechzehn Jahre alt, als einige Schulkameraden vor einem Fußballspiel ein Kästchen Spinnen über ihm ausschütteten. Der junge Verteidiger erlitt einen Herzanfall, der ihn für den Rest der Saison spielunfähig machte und ihn schließlich sogar zum Verlassen der Schule zwang.

Wissenschaftlich wird eine Phobie als extreme, irrationale Angst vor einem bestimmten Gegenstand oder einer Situation definiert. Damit man von einer psychischen Störung sprechen kann, muß die Phobie die Lebensweise des Betroffenen deutlich stören oder verändern. Nicht jeder Phobiker verhungert, aber das Ausmaß, in dem sich Betroffene an die Vermeidung bestimmter Situationen gewöhnen, kann extreme Formen annehmen. Ein Armeeoberst lehnte eine Beförderung dreimal ab, um nicht in einem Bunker dienen zu müssen.

Die meisten Psychologen vermuten, daß Phobien erworbene Reaktionen sind. Ein Mensch, der sich vor geschlossenen Räumen fürchtet, assoziiert mit ihnen vielleicht eine Falle oder verbindet sie mit einem völlig anderen Geschehen, das in einem engen Raum stattfand. Nach Meinung anderer Experten könnte er auch ein Geburtstrauma erlitten haben.

Durch Übertragungsprozesse können Phobien noch fortbestehen, wenn der eigentliche Grund für die Angstreaktion schon längst vergessen ist. Claire Bolts Wasserphobie wurde von Psychologen darauf zurückgeführt, daß sie sich einmal aus Versehen mit kochendem Wasser verbrüht hatte. Bolts ursprüngliche Kindheitsphobie galt allen heißen Gegenständen. Als sie älter wurde, hatte sie keine Probleme bei offenen Flammen, Öfen, Lockenstäben und anderen heißen Gegenständen, bekam aber zunehmend Angst davor zu duschen. Weil sie nicht in der Lage war, sich die eigene Furcht zu erklären, wurde die Angst noch beklemmender. Weshalb flößte ihr ein Wasserglas, eine Spüle oder der Anblick des Ozeans Entsetzen ein? Wie viele andere Phobiker auch zögerte sie lange, ehe sie Hilfe für ihr Problem suchte. Unglücklicherweise verschlimmern sich siebzig Prozent aller Phobien, wenn sie nicht behandelt werden.

Anfangs zum Beispiel konnte Bolt sich noch dazu zwingen, Wasser zu berühren. Sie war eine sehr ordentliche, saubere Person und nicht der Typ, der sich tagelang nicht wäscht oder das Geschirr ungespült herumstehen läßt. Ihre körperlichen Angstsymptome wurden aber immer schlimmer. Schließlich hyperventilierte sie, wenn sie am Meer entlang fuhr, und war nicht mehr in der Lage, auf dem Weg zur Arbeit eine Brücke zu überqueren. Sie suchte erst Hilfe, als sie mit ihrer Körperpflege nicht mehr zurechtkam, mehrmals wegen Verspätung in der Arbeit abgemahnt, ihre Küche

## RÄTSEL 27

**Leichte Fragen – 1 Punkt für jede richtige Antwort:**

1. Nennen Sie zwei Geräte, deren Displayanzeigen Mitteilungen zu machen scheinen.
2. In welcher Position spielte Mulder als Junge Baseball?
3. Welche Phobie hat der Postangestellte?
4. Wie lautet der Name des Postangestellten?
5. Wie viele Lone Gunmen sehen wir in dieser Episode?

**Es wird schwieriger – 2 Punkte für jede richtige Antwort:**

6. Welches Überwachungsgerät soll – den Angaben der Lone Gunmen zufolge – auf dem Rücken einer Fliege angebracht sein?
7. Welches Magazin hält Mulder davon ab, das letzte Heft von *Lone Gunman* zu lesen?
8. Welchen Ausrüstungsgegenstand leiht sich Mulder von den Lone Gunmen?
9. Was steht auf dem Display von Mulders Handy?
10. Wieviel Geld sammeln die Postangestellten für ihren Kollegen?

Ihre Punktzahl:

zur gesundheitsschädlichen Zone wurde und sie an einem schönen, sonnigen Tag von einer Brücke gerettet werden mußte. Claire Bolt hatte nicht nur Angst vor dem Wasser, sondern auch vor ihrer körperlichen Reaktion auf diese Angst.

Da die Angst vor der Angst einen großen Teil des phobischen Verhaltens ausmacht, ist man bei der Überwindung einer Phobie mit Verhaltenstherapien oft sehr erfolgreich. In dieser Form der Therapie wird der Patient, der weiß, daß er seine Angst durch Willenskraft bezwingen kann, dem gefürchteten Gegenstand schrittweise immer mehr ausgesetzt. Diese Patienten begegnen ihrer Angst auf ›sichere‹ Art. Die Angst vor der Angst nimmt graduell ab, bis sich das Team – Psychologe und Patient – dem furchtauslösenden Gegenstand selbst widmen kann. Wenn die Angst übertragen wurde wie im Falle Claire Bolts, wird zuerst die Übertragungsangst behandelt. Auf diese Art kann man die starken, assoziativen Verbindungen zwischen der gefürchteten Situation, der Angsterfahrung des Patienten und seiner darauf folgenden Vermeidungsreaktion aufbrechen und durch eine weniger dramatische Reaktion ersetzen.

## Die andere Seite der Medaille: Die ›Philien‹

Die Vorstellung, daß die Natur das Vakuum vermeidet und die Balance liebt, wird durch die Existenz der ›Philien‹ bestätigt. Wie die Phobien sind auch sie heftige Reaktionen auf Gegenstände oder Situationen – aber positive. Der Biophile zum Beispiel empfindet eine glühende Liebe für alles Lebende. Das klingt zwar nicht weiter ernst oder problematisch, kann einen Menschen aber auch in schwierige Situationen bringen.

Carrie Benoit wurde acht Jahre lang immer wieder aus ihren Jobs entlassen, bevor sie endlich in der für sie idealen Arbeit in einer Baumschule zur Ruhe kam. »Ich bemerkte zuerst nicht, wie schrecklich unglücklich ich ohne Grün um mich herum war.« Carrie hat inzwischen selbst erkannt, daß sie früher absichtlich, wenn auch unbewußt, Situationen herbeigeführt hatte, die ihre Entlassung provozierten, denn nur auf ihrem Arbeitsamt war sie wirklich glücklich gewesen – es war ›begrünt‹, damit es nicht so öde und amtlich aussah.

# Codename: ›Schlaflos‹

**ZUSAMMEN-FASSUNG**

Bei den Ermittlungen hinsichtlich einer Kampfeinheit, deren Mitglieder nie Schlaf brauchten und deren Tötungsrate die aller anderen Truppen in Vietnam übertraf, entdeckt Mulder, daß ein Soldat auf einem Rachefeldzug ist. Während sein neuer (und ungeliebter) Partner Alex Krycek ihm bis dahin folgen kann, glaubt Krycek kein Wort vom Rest der Theorie Mulders – daß der Mann seine Morde allein durch Gedankenkraft begehe. Muß Mulder wieder einem neuen Partner die Augen öffnen, bevor sie den Killer dingfest machen können?

**ZITAT**

»Die Autopsie ergab dreiundvierzig innere Blutungen und Knochenbrüche, die nicht einfach von alleine entstehen können. Jedenfalls nicht ohne ein entsprechendes äußeres Trauma.«

– ALEX KRYCEK in ›Schlaflos‹

**HINTERGRUND**

## Ein Blick aufs Schnarchen

Wenn man uns nicht daran hindert, verschlafen wir etwa ein Drittel unseres Lebens. Wenn doch, werden wir grantig. Obwohl wir nicht ganz so verschlafen sind wie, sagen wir mal, das Faultier, das ungefähr zwanzig Stunden pro Tag schläft, leiden wir sehr schnell unter Schlafmangel. Wenn man uns den Schlaf entzieht, beginnen wir uns körperlich danach zu sehnen. Der

Drang kann so überwältigend sein, daß wir wehrlos dagegen sind und ihn nicht mehr kontrollieren können. Wir schlafen dann einfach ein.

Die meisten Menschen leiden mehr oder weniger unter Schlafmangel. Wie ist es mit Ihnen? Wenn Sie einen Wecker brauchen, um Ihren natürlichen Schlaf abzukürzen, wenn Sie merken, daß Sie nachmittags dösen, wenn Sie einschlafen, sobald Sie ins Bett gekrochen sind, oder wenn Sie erkennen, daß Sie ohne besondere körperliche Anstrengung kurzatmig werden, dann lautet die Diagnose wahrscheinlich auf Schlafmangel. Die meisten Schlafstudien belegen, daß der Mensch nachts eher neun als acht Stunden Schlaf braucht. Über die Woche addieren sich auch die wenigen fehlenden Schlafminuten; langes Ausschlafen am Sonntag morgen ist nicht die ideale Art, diesen Schlaf nachzuholen.

Wenn wir so viel Schlaf brauchen, muß es dafür auch einen guten Grund geben, und der ist schnell gefunden: Man braucht nur einmal Menschen ein paar Tage am Stück künstlich wach zu halten, um zu sehen, wie sie körperlich verfallen. Durch die Beobachtung der Veränderung ihres geistigen und körperlichen Zustandes sollte es möglich sein, die Wirkung des Schlafes auf unseren Gesamtzustand und unser Wohlbefinden zu analysieren.

Natürlich wurden solche Untersuchungen bereits durchgeführt.

Es versteht sich von selbst, daß Schlafentzug körperliche und emotionale Veränderungen hervorruft, aber die Frage, ob der Mangel an Schlaf uns auch wirklich schaden könne, bleibt unbeantwortet. Werden wir dadurch geistig oder emotional geschwächt? Kann unser biochemischer Haushalt derart durcheinandergebracht werden, daß wir körperlich krank werden? Könnten wir durch Schlafmangel womöglich vergiftet werden?

Während in vielen Folgen der *Akte X* echte Ortsnamen vorkommen, ist das diesmal nicht der Fall. Wenn Sie durch New Jersey spazieren, finden sie ein East Orange, ein West Orange, ein South Orange und ein ganz normales Orange, aber kein North Orange. Und auch kein Newark County.

Ungefähr zehn Prozent der Menschen berichten von Halluzinationen, wenn sie fünf bis zehn Tage lang nicht geschlafen haben. Beobachter konstatieren bei diesen Leuten recht bizarre Verhaltensmuster. Es ist schwierig festzustellen, wodurch die Halluzinationen verursacht werden, aber denkbar ist, daß sie mit chemischen Ungleichgewichten zusammenhängen, die auch bei Neurosen auftreten.

Mattigkeit ist das erste sichtbare Symptom von Schlafmangel, das man häufig bei Stadtbewohnern findet, die wegen der dauerhaft leuchtenden Lichtquellen weniger zu schlafen scheinen als ihre Mitmenschen vom Land. Andere Symptome sind verborgen, manche sogar gefährlich: eingeschränkte Kreativität und Konzentrationsfähigkeit, geschwächte Immunkräfte, Zittern der Hände, Reizbarkeit, Fehler bei der Ausführung bestimmter Arbeiten. Bei manchen Berufen – wie zum Beispiel LKW-Fahrern oder Flugverkehrs-Controllern – können diese Symptome verheerende Wirkungen haben. Die Ölpest durch Exxon Valdez, der Atomunfall auf Three Mile Island und insgesamt bis zu siebzig Prozent aller vom Menschen verursachten Unglücksfälle geschahen kurz nach Mitternacht, wenn das Bedienungspersonal am schläfrigsten war.

Bei kurzen, hochmotivierenden Beschäftigungen hat Schlafmangel kaum Auswirkungen. Als der siebzehnjährige Randy Gardner elf Tage ununterbrochen wach blieb, um ins Guinness Buch der Rekorde zu kommen, mußte er sich die ganze Zeit bewegen, um nicht einzuschlafen. Trotzdem gelang es ihm in seiner letzten schlaflosen Nacht, einen der Schlafforscher mehr als hundertmal am Flipper zu schlagen. Danach schlief er fünfzehn Stunden lang. Als er erwachte, fühlte er sich gut.

In seltenen Fällen verlieren gehirnkranke Menschen die Fähigkeit zu schlafen, was katastrophale Folgen hat. Ein zweiundfünfzigjähriger Mann wurde nach und nach matter, zittrig, desorientiert und inkontinent. Er glitt zeitweilig in einen traumähnlichen Zustand ab, ohne dabei aber die schlaftypischen Gehirnströme zu entwickeln. Neun Monate nach dem Beginn der Schlafstörungen starb er.

Warum also müssen wir schlafen? Es gibt noch wenige Antworten darauf, aber man nimmt an, daß der

Schlaf dazu beiträgt, Körperzellen zu regenerieren, besonders Gehirnzellen, die bei den täglichen Aktivitäten häufig beschädigt werden. Im ganzen Körper ist das Gehirn das einzige Organ, das weder Schmerz noch Müdigkeit empfindet, aber chemisch kann es ebenso erschöpft werden wie jeder Muskel.

Schlaf könnte auch beim Wachstumsprozeß eine Rolle spielen. Während des Schlafes schüttet die Hirnanhangdrüse ein Wachstumshormon aus. Wenn Erwachsene älter werden, wird weniger von dem Hormon ausgeschüttet, und sie verbringen weniger Zeit im Tiefschlaf. Außerdem spart die niedrigere Körpertemperatur des Schläfers Energie für die Tagesstunden.

Der wirklich beängstigende Aspekt von ›Schlaflos‹ besteht darin, daß die Episode uns an reale Ereignisse erinnert, wo Tests oder das Fehlen von Tests Soldaten in Gefahr brachten, weil sie nicht Bescheid wußten – zum Beispiel bei der Anwendung von Agent Orange oder beim Golfkriegssyndrom. Die Angst der Soldaten, die heutzutage einberufen werden, wie ein wehrloses Labortier behandelt zu werden, ist nicht ganz unberechtigt.

## RÄTSEL 28

**Leichte Fragen – 1 Punkt für jede richtige Antwort:**

1. Was findet Mulder in seiner Zeitung?
2. Wie lautet der Name von Mulders ungeliebtem neuen Partner?
3. Alle Mitglieder der Einheit Coles hatten eine bezeichnende Narbe. Wo?
4. Unter welchem Spitznamen war Augustus Cole bekannt?
5. Wie kommen die beiden Polizisten in dem Motel ums Leben?

**Es wird schwieriger – 2 Punkte für jede richtige Antwort:**

6. Wo arbeitet Salvatore Matola?
7. Welche chemische Substanz, die während des Schlafs produziert wird, fehlt Cole?
8. Wie viele Menschen hat Coles Truppe getötet?
9. Wie lautet die Kennnummer von Coles Einheit?
10. Wie ist Dr. Grissoms Adresse?

## ALPTRÄUME

Angsterregende Zustände während des Schlafes werden als Alpträume bezeichnet. Professionelle Schlaftherapeuten ordnen Alpträume in bestimmte Typen:

- **INKUBUS:** der klassische Alptraum des Erwachsenen. Kennzeichnend ist das Erwachen aus tiefem Schlaf mit einem Druckgefühl auf der Brust und einer unbestimmten Angst; wenig oder keine Erinnerung an einen Traum vorhanden.

- **NÄCHTLICHER SCHRECK (pavor nocturnus):** Tritt vor allem in der frühen Kindheit auf. Der Delta-Schlaf wird plötzlich durch einen Schrei unterbrochen, das Kind richtet sich verängstigt auf, ist verwirrt und kaum zu trösten. Nach ein paar Minuten legt es sich wieder hin, oft sogar, ohne ganz wach geworden zu sein. Normalerweise ist keine Traumerinnerung vorhanden und der ganze Vorgang am Morgen oft vergessen.

- **ANGSTTRÄUME:** Treten meistens bei spontanem Erwachen aus dem REM-Schlaf auf. Das sind die Träume, nach denen wir nach dem Lichtschalter tasten und nicht wieder einschlafen wollen, weil wir fürchten, wieder in denselben Traum zurückzufallen. Angstträume treten keineswegs nur bei ängstlichen Menschen auf, sondern können alle Menschen heimsuchen. Schlafspezialisten glauben, daß das Träumen – selbst bei beherrschten, ausgeglichenen Menschen – eine notwendige Befreiungsreaktion ist.

## TRAUMSYMBOLE

Manche Schlafexperten sehen in unseren Träumen allgemeingültige, symbolische Repräsentanten unserer tiefsten Ängste und Wünsche. Die große Mehrheit der Traumsymbole repräsentiert mythische Figuren und Tiere. Es macht Spaß, mit Symbolen zu spielen! Hier ist eine Auswahl von Symbolen und ihrer häufigsten Assoziationen:

| | |
|---|---|
| Vögel: | träumen |
| Stiere: | Sex |
| Katzen: | verborgene Gegenstände |
| Krähen: | böses Omen |
| Drachen: | Macht, Magie, Ewigkeit |
| Blumen: | Hochzeit |
| Garten: | Geburt eines Kindes |
| Hornissen: | Bestrafung |
| Pferde: | Sex |
| Monster: | Angst |
| Spinnen: | Weisheit |
| Kröten: | Verwandlung, Transmutation |
| Wölfe: | Tod |

Die alten Babylonier waren vielleicht die am besten organisierten Träumer überhaupt – sie kategorisierten und ordneten ihre Träume nach Art und Inhalt und zeichneten sie manchmal ein ganzes Leben lang auf. In der babylonischen Überlieferung gab es fünf grundlegende Schlaferfahrungen, die den Kindern zusammen mit dem Rechnen und Schreiben beigebracht wurden:

| | |
|---|---|
| Traum: | figürlich, geheimnisvoll, muß interpretiert werden |
| Vision: | eine exakte Darstellung eines zukünftigen Ereignisses |
| Augentraum: | eine Nachricht von einem bevorstehenden Ereignis |
| Insomnium: | ein normaler Traum, unwichtig |
| Phantasma: | eine Art Alptraum, oft übernatürlich |

# Codename: ›Unter Kontrolle‹

**ZUSAMMEN-FASSUNG**

Als ein Ex-FBI-Agent mit einer erstaunlichen medizinischen Vorgeschichte aus einem psychiatrischen Krankenhaus ausbricht (und seinen Arzt und drei weitere Geiseln in einem Reisebüro festhält und behauptet, er sei von Außerirdischen entführt worden), wird Mulder, der Fachmann für Geisteskranke, hinzugezogen. Trotz der Warnung der Geiselnahme-Spezialeinheit dauert es nicht lange, bis Mulder ›Duanes Phantastereien kauft‹. Doch dann glaubt Scully, die eigentlich immer noch in Quantico abgestellt ist, den Schlüssel zu Barrys bizarrem Verhalten in dem 150 Jahre alten Fall von Phineas Gage gefunden zu haben...

**HINTERGRUND**

## Der seltsame Fall des Phineas Gage

Die menschliche Hirnforschung hat insgesamt sehr langsam Fortschritte gemacht; nur im Zweiten Weltkrieg war das anders, weil damals Studien unter wenig humanen Bedingungen durchgeführt wurden. Selbst heute geben Kopfverletzungen wie die Schußwunde Duane Barrys noch medizinische Rätsel auf. Die meisten Experimente, die nötig wären, um wenigstens zu grundlegenden Aussagen kommen zu können, würden dazu führen, daß die Testperso-

**ZITAT**

»Duane Barry ist nicht das, wofür Mulder ihn hält!«
– SCULLY in ›Unter Kontrolle‹

nen verdummen, und können deshalb nicht durchgeführt werden. Wenn sie aber auf einen Fall wie den des Phineas Gage stoßen, äußern die Neurochirurgen zwar alle guten Wünsche für baldige Genesung, sind aber eigentlich an der Beobachtung des Krankheitsverlaufes viel mehr interessiert.

An einem Nachmittag des Jahres 1848 arbeitete der fünfundzwanzigjährige Phineas Gage, ein Eisenbahnarbeiter, für die Rutland-und-Burlington-Eisenbahn in Cavendish im amerikanischen Bundesstaat Vermont. Er stopfte eben mit einem Ladestock Schießpulver in Felsgestein, als sich ein Funke entzündete und eine Explosion verursachte. Der von ihm benutzte Ladestock schoß nach oben und durchbohrte seine linke Wange und seine Schädeldecke. Der linke Vorderlappen seines Gehirnes wurde durch den 115 Zentimeter langen und etwa drei Zentimeter dicken Stab schwer verletzt.

Zum Erstaunen aller war Gage aber in der Lage, sich aufzurichten und zu sprechen und nach der Heilung der Wunde zu seiner Arbeit zurückzukehren, obwohl ein Teil des Stabes für den Rest seines Lebens in seinem Gehirn steckte. Er erlitt keinerlei körperliche oder die Wahrnehmung beeinflussende Behinderungen. Selbst seine geistigen Fähigkeiten und sein Erinnerungsvermögen blieben vollkommen intakt. Nicht aber seine Persönlichkeit. Der einst umgängliche, guterzogene Phineas Gage war plötzlich ein reizbarer, ordinärer, launenhafter Mensch, der bald seine Arbeit verlor und als Attraktion auf dem Rummelplatz endete. Seine Freunde sagten, daß diese Person »so wenig Phineas Gage war, wie Phineas Gage Gott war«.

Dr. Harlow, der behandelnde Arzt, beschreibt, wie die Verletzung Gages Verhalten beeinflußte:

»Sein körperlicher Gesundheitszustand ist gut, und ich neige zu der Beurteilung, daß er ganz geheilt

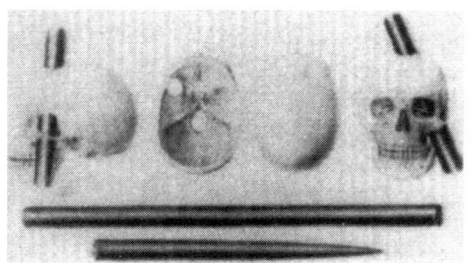

Der Stab, den Gage bis zu seinem Tod im Schädel trug

ist. Er hat keine Kopfschmerzen, berichtet aber von einem seltsamen Gefühl, das er nicht näher beschreiben kann ... Er ist unruhig, respektlos und gefällt sich von Zeit zu Zeit in den primitivsten Gotteslästerungen ... Er zeigt nur wenig Achtung für seine Mitmenschen, ist aufgebracht über Hindernisse oder Ratschläge, wenn sie nicht seinen Wünschen entsprechen, manchmal auch hartnäckig widerspenstig, dabei launisch und wechselhaft, denkt sich viele Pläne für die Zukunft aus, die er noch nicht einmal vorbereitet hat, als er sie auch schon wieder durch neue ersetzt ...«

## Eine kurze Geschichte der CIA

Die CIA (*Central Intelligence Agency*) begann ihre Tätigkeit im Jahre 1947 als Stiefkind des *Office of Strategic Services* (OSS). Das OSS war während des Zweiten Weltkrieges sehr aktiv gewesen, schien in Friedenszeiten aber überflüssig zu sein. Die CIA sollte der Hauptgeheimdienst der USA für Spionage und Spionageabwehr werden.

Das ›Central‹ im Namen der Behörde war dabei besonders wichtig. Sowohl vor als auch während des Krieges waren Spionageaktivitäten unter der Leitung von nicht weniger als vierzehn verschiedenen Organen durchgeführt worden. Dazu gehörten die Armee, die Marine, das FBI und viele mehr, von denen die Öffentlichkeit keine Kenntnis hatte. Es versteht sich von selbst, daß bei so vielen unterschiedlichen Organisationen, die Informationen beschafften, manche Arbeit doppelt und dreifach getan wurde. Überraschend allerdings sind der Konkurrenzkampf zwischen den Behörden und die mangelnde Koordination untereinander – wenn die rechte Hand nicht weiß, was die linke tut... Von Zeit zu Zeit kam es zu ziemlich peinlichen Situationen, wenn zum Beispiel ein Agent der einen Organisation bemerkte, daß er gegen einen Agenten einer anderen Organisation ermittelte.

Roosevelt hatte das OSS 1942 gegründet, damit eine einzige Behörde die verstreuten Informationen verwaltete, und William J. ›Wild Bill‹ Donovan zum Direktor ernannt. Während der folgenden drei Jahre sammelte und analysierte das OSS Geheimdienstnachrichten aus allen Weltgegenden, in denen das amerikanische Militär operierte. Das OSS beschaffte Informationen durch Agenten im Feindesland, führte Gegenpropaganda und Desinformationsoperationen durch und unterstützte Operationen hinter der Frontlinie des Feindes inklusive Sabotage, Zerstörung sowie Versorgung und Ausbildung von Widerstandskämpfern.

Donovans etwas exzentrische Persönlichkeit scheint seine Fähigkeit, das OSS zu leiten, nie behindert zu haben. Im Gegenteil – offenbar half sie entscheidend dabei mit, die Unerfahrenheit der Mitarbeiter der Organisation auszugleichen. Unter Donovans umsichtiger Führung beschäftigte die Behörde schließlich 12 000 Angestellte.

Präsident Truman löste das OSS im Jahr 1945 zugunsten eines koordinierten Geheimdienstes auf. Im folgenden Jahr gründete er die *Central Intelligence Group* und die *National Intelligence Agency*, in die viele ehemalige Angestellte des OSS übernommen wurden. Die militärischen Geheimdienste operierten aber weiterhin unabhängig von diesen neuen Organisationen.

Nur ein Jahr später rief der Kongreß das *National Security Council* (NSC) ins Leben, unter dessen Federführung die *Central Intelligence Agency* entstand. Sie

Ihre Punktzahl:

sollte fortan alle Aufgaben der nationalen Sicherheit übernehmen, die der NSC ihr übertrug. Obwohl keiner der späteren CIA-Direktoren so extravagant wie Donovan war oder so autokratisch wie Hoover vom FBI, bilden sie trotzdem eine ziemlich bunte Gruppe. Einige hatten eine Militärlaufbahn hinter sich, andere waren ehemalige Diplomaten, ein paar haben sich im CIA selbst hochgedient.

Die CIA ist in vier Hauptdirektorate unterteilt:

1. Der NACHRICHTENDIENST analysiert und organisiert Informationen aus öffentlich zugänglichen Quellen genauso wie aus verdeckten Operationen, zu denen Spionage, Radar- und Satellitenfotografie – deren Dienst auch von Wissenschaftlern in Anspruch genommen wird – und Abhören von Radio, Telefon und anderen Kommunikationsmitteln gehören. Die gewonnenen Informationen werden in Bulletins, Berichten und umfassenden Studien zugänglich gemacht.

2. Die ABTEILUNG OPERATIONEN ist direkt verantwortlich für alle verdeckten Unternehmungen, darunter (aber nicht ausschließlich) geheime Informationsbeschaffung (das heißt Spionage) und besondere geheime Aktivitäten.

3. Die ABTEILUNG FORSCHUNG UND TECHNIK, die manchmal mit der des aus den James-Bond-Filmen bekannten ›Q‹ verglichen wird, hat den Auftrag, mit den wissenschaftlichen und technologischen Entwicklungen Schritt zu halten, hochtechnisierte Gerätschaften für die Benutzung durch die Behörde zu entwickeln und technische und wissenschaftliche Unterstützung für Operationen der Agenten zu gewährleisten.

4. Die VERWALTUNG beschäftigt sich mit den administrativen Angelegenheiten des Geheimdienstes. Zu

ihr gehört das Büro für Sicherheit, welches für die Sicherheit des Personals, der Gebäude, der Informationen (innere Sicherheit) und Dossiers sowie der Überläufer anderer Regierungen zuständig ist.

Verdeckte Operationen können entweder wirklich geheim sein oder, was oft der Fall ist, beinahe öffentlich als Teil der ›diplomatischen‹ Funktionen, die fast jeder Geheimdienst hat, durchgeführt werden. Die CIA benutzt häufig Firmen, die sie selbst aufbaut, zur Tarnung und befragt reisende Geschäftsleute, Touristen und Journalisten, die aus Gebieten zurückkommen, für die sich der Geheimdienst interessiert (falls sie mit einer Befragung einverstanden sind).

Manche CIA-Operationen sind erfolgreicher gewesen als andere. So brachte sie den Schah von Persien wieder an die Macht und vertrieb Mohammed Mosaddeq. Sie destabilisierte die feindlich gesinnte Regierung von Guatemala, die bald einer den amerikanischen Interessen aufgeschlossen gegenüberstehenden Regierung Platz machen mußte. Die Invasion in der Schweinebucht auf Kuba dagegen war ein nicht zu beschönigendes Desaster, und die Verwicklung der CIA in die Watergate-Affäre trug nicht gerade zur Steigerung des Ansehens der US-Regierung in der Öffentlichkeit bei.

Im Gegensatz zum KGB ist die CIA durch besondere Gesetze auf Spionage und Spionageabwehr gegen fremde Nationen beschränkt, während der KGB auch zahlreiche nationale Aufgaben wie Informationsbeschaffung und Polizeifunktionen wahrnahm. Um diese Eigenschaften hat die CIA ihn zeitweise beneidet. Natürlich benötigen Spionage- und Gegenspionagetätigkeiten einen gewissen Grad an Geheimhaltung, wenn sie erfolgreich sein sollen. Von Zeit zu Zeit hat die CIA zwar versucht, ihre gesetzlichen Grenzen unter dem Deckmantel der ›nationalen Sicherheit‹ zu überschreiten, doch in einer demokratischen Informationsgesellschaft kommen solche Verstöße immer sehr schnell ans Tageslicht. Zwischen einer aufmerksamen Presse und der Öffentlichkeit auf der einen und einer Regierung, die die Kontrolle über ihren Geheimdienst nicht aus der Hand geben möchte, auf der anderen Seite ist die CIA aber im großen und ganzen im Rahmen ihrer juristisch gesteckten Grenzen geblieben.

# Codename:
# ›Seilbahn zu den Sternen‹

Der Alptraum jedes Agenten: Ein Kollege ist in Schwierigkeiten, und man kann nichts tun, um ihm zu helfen. Mulder, dessen Vertrauen man sich erst verdienen muß, trifft es noch schlimmer – Scully wird vermißt. Wer kann ihm helfen, sie zu finden? Sein neuer Partner? Seine Vorgesetzten, die ihre eigenen Pläne verfolgen? Seine Kontaktpersonen? Wie Mulder entdecken muß, sind die Menschen manchmal ziemlich auf sich allein gestellt.

**ZUSAMMEN-FASSUNG**

## Stunts, ein Schnitt in der Action

**HINTERGRUND**

Wenn jeder Schauspieler körperlich – und geistig – in der Lage wäre, seine Stunts selbst auszuführen, wäre die Arbeit eines ganzen Dutzends von Mitarbeitern wesentlich leichter: keine doppelten Drehs mehr (einer mit dem Schauspieler, einer mit dem Stuntman). Keine stundenlangen, fitzeligen Schnitte mehr, um für glatte Übergänge zwischen den unterschiedlichen Filmsequenzen zu sorgen. Keine mühsame Kontrolle mehr, um peinliche Fehler in der Übereinstimmung auszuschließen.

**ZITAT**

»Jetzt kann Ihnen niemand mehr helfen. Ihre Übertragungskanäle für Bittgesuche und Hilferufe sind geschlossen.«

– Mr. X in ›Seilbahn zu den Sternen‹

225

Aber nur wenige Schauspieler haben die Geschicklichkeit eines ausgebildeten Stunt-Doubles, und nur ein sehr kleiner Prozentsatz traut es sich zu, die zahlreichen Stunts selbst zu machen, die manche Scripts erfordern. Warum gibt es trotzdem Schauspieler, die Verletzungen riskieren, um ganz neue und schwierige Fertigkeiten für die Darstellung ihrer Figuren zu lernen? Die Gründe dafür sind sehr unterschiedlich. Kurt Russel zum Beispiel ist ein geborener Athlet, der in der Stuntarbeit eine Herausforderung sieht.

Andererseits machen manche Schauspieler Stunts, um angeborene Ängste zu besiegen – so wie viele ja auch den Beruf des Schauspielers wählen, um ihre Schüchternheit zu überwinden. Buster Keaton, Sylvester Stallone und Alexander Gudonov, die alle gestandene Stuntmen *und* Schauspieler sind, haben offen zugegeben, daß sie Angst vor großer Höhe, vor Feuer oder vor dem freien Fall haben.

Wenn man David Duchovny nach den Gründen fragt, warum er seine Stunts selbst ausführt, nennt er die Integrität des Künstlers und den Wunsch, seinem Publikum ein Porträt zu bieten, das so ehrlich wie möglich ist. Die Stunts, die er zum Beispiel in ›Seilbahn zu den Sternen‹ zeigt, sind aber zweifellos weit mehr als bloße Pflichterfüllung.

Wir sprechen hier nicht von einem einfachen kurzen Sprung auf eine Luftmatratze, einer hinter schützendem Glas stattfindenden Begegnung mit Zootieren oder einer Hechtrolle auf einem Bahnsteig. Die Stunts, die für ›Seilbahn zu den Sternen‹ verlangt wurden, waren so anspruchsvoll, daß man sie eigentlich nur einem ausgebildeten Stuntman zutrauen kann.

David Duchovny gab seinem Publikum mit Sicherheit eine solche ›ehrliche‹ Vorstellung, als er mehrere Meter in der Luft von einer schwankenden Gondel herabbaumelte, nur mit einem Seil gesichert, das ihn davor bewahren sollte, die Hänge des Skigebietes von British Columbia hinabzustürzen. Und die drei wilden Kampfszenen, der Balanceakt auf der Plattform und die Kletterei an einer glatten Metallwand, bei der es dem Zuschauer den Magen umdreht, brachten ihm mit Sicherheit einen höllischen Muskelkater ein.

## DER STURZ

Ein dramatischer Sturz kann der Höhepunkt eines Scripts sein, der Punkt, an dem keine Umkehr mehr möglich ist. Der Sturz in *Akte X*, der den Fans wohl am längsten im Gedächtnis bleiben wird, ist sicher der von Samantha Mulder und dem geheimnisvollen Piloten in ›Die Kolonie – Teil 2‹. Als die zwei von der Brücke fallen – das Resultat von Mulders Aktionen – erkennt das Publikum, daß dies im Leben Mulders einen entscheidenden Wendepunkt darstellt.

Äußerlich weniger dramatisch ist Scullys Sturz von der Zimmerdecke, an die sie durch die telekinetischen Kräfte der Calusari in ›Heilige Asche‹ geheftet wurde. Mulder erlebt in ›Excelsis Dei‹ mit dem Sturz der Krankenschwester eine ähnliche Situation und wird außerdem Zeuge, wie der Einbrecher in Lauren Kytes Haus in der Mitte zwischen Fußboden und Decke in der Luft schwebt; aber für Scully ist das die erste derartige Erfahrung.

Der schmerzhafteste Sturz von allen ist sicherlich der Mulders in ›Die Kolonie – Teil 1‹. Von der Wind-

## RÄTSEL 30

Leichte Fragen – 1 Punkt für jede richtige Antwort:

1. Woher stammen Scullys Kette und das Kreuz?
2. Woher kommt das Metallstück, das Scully bei ihrer Entführung bei sich trägt?
3. Wo ist Scully, als Duane von dem Soldaten aufgehalten wird?
4. Wodurch stirbt Duane Barry offiziell?
5. Welches Lied pfeift Duane laut der Aussage Kryceks?

Es wird schwieriger – 2 Punkte für jede richtige Antwort:

6. Was erscheint an Stelle von ›The truth is out there‹ während des Vorspanns auf dem Bildschirm?
7. Auf welcher Straße wird der Soldat getötet?
8. In welchem Gelände holen Mulder und Krycek Barry ein?
9. Was findet Mulder im Kofferraum von Duanes Auto?
10. Welche Spuren sieht Mulder auf Duanes Verband?

schutzscheibe eines fahrenden Autos abprallend, fliegt er in hohem Bogen durch die Luft.

## DIE GROSSEN STUNTS

Wie zum großen Sturz gehört auch zum großen Stunt eine Komponente – Umfang, Bedeutung, Konsequenz für die Betroffenen –, die ihn außergewöhnlich macht. Wenn man große Stunts zu oft verwendet, verpuffen auch die exotischsten ohne Wirkung. Gezielt eingesetzt, bringen sie die Geschichte voran und bleiben dem Zuschauer noch lange nach dem Abspann im Gedächtnis. Große Stunts sind übrigens keineswegs nur die Domäne der Männer.

Den Fans stockt der Atem, als Dana Scully am Schluß von ›Todestrieb‹ die Treppe hinunterfällt. Ihre chaotische Flucht bekommt damit eine tiefere Bedeutung: die panische Flucht vor einer Bedrohung, die niemand außer ihr selbst verstehen kann. Ihr verzweifelter Fluchtversuch sagt über ihren Mut genausoviel wie über ihre Angst aus.

Gelegentlich werden Stunts mit einer unterschwelligen Symbolik und einer dramaturgisch wichtigen Situation kombiniert, um nicht nur eine fesselnde Bildschirmerfahrung zu vermitteln, sondern das Verständnis des Publikums für die Situation zu erleichtern. In ›Excelsis Dei‹ begräbt eine Flutwelle die beiden Agenten in einem Haus unter sich. Die Flut steht in der Literatur als Symbol für Reinigung und Veränderung. Sie bricht just in dem Moment los, als die beiden Agenten mit einer unvermuteten Veränderung ihrer gewohnten Beziehung fertigwerden müssen.

## JEDER GEGEN JEDEN

Dramatisch wird es in *Akte X* vor allem dann, wenn sich die üblicherweise sehr unterkühlt reagierenden

Hauptfiguren einmal gehenlassen und physisch aktiv werden. In den seltenen Momenten, wo sich die sonst perfekt zurückgehaltene Wut austoben kann, geschieht das meist in einer der klassischen Hollywood-Szenen, der Schlägerei.

Scully hat Prügeleien und Kneipenschlägereien bis jetzt immer gemieden und die choreographierten Stunts Mulder, Mr. X. und Skinner überlassen – die alle zu gegebener Zeit schon aneinandergeraten sind.

# Codename: ›Drei‹

**ZUSAMMEN-FASSUNG**

Scully wird vermißt, und damit hat Mulder niemanden mehr, dem er trauen kann. Allein widmet er sich einem Fall, den er schon seit vielen Jahren ergebnislos untersucht: Er ist einer Gruppe von Serienmördern auf den Fersen. Auf alles, was ihm bei einem solchen Auftrag auch nur begegnen könnte, ist Mulder gefaßt, nur nicht auf eine schöne Vampir-Fetischistin. Ob Kristen nun Verbrecher oder Opfer ist – mit ihr ist nicht zu spaßen.

**HINTERGRUND**

## Vampire – die erotische Subkultur

Sinnlich. Faszinierend. Gefährlich. Mächtig. Vampirlegenden verzücken die Fantasie mit dem verbotenen, süßen Versprechen der Unsterblichkeit und dem Schauer der Macht. Außerdem fällt eine solche Legende, wie jeder X-Fan bestätigen wird, genau in den Bereich von *Akte X*. Angesichts der steigenden Beliebtheit von Anne Rices *Interview mit einem Vampir*, der klassischen Eleganz des *Dracula* von Bram Stoker und dem Schwung der Kultserie *Forever Knight* war die Herausforderung für die X-Crew klar – eine Episode zu drehen, die die Sinnlichkeit des

**ZITAT**

»Das sind Sie doch gar nicht wirklich. Es macht Sie nicht glücklich.« – MULDER in ›Drei‹

230

Genres aufgreift, ohne einfach nur ein banaler Aufguß zu sein.

Auf diesem für die *Akte X* neuen Boden gräbt sie tief in ein faszinierendes Randgebiet der Kultszene hinein, die Vampir-Subkultur. Die Autoren bauen ihre gruselige Geschichte auf einer durch und durch menschlichen Konstruktion auf und präsentieren eine unheilige Dreieinigkeit. In den düsteren Randspektren vieler Szenekulturen gibt es Menschen, die dem Vampirismus huldigen. Im Dunkel der Nacht ziehen sie Kleider an, die aus Schauerromanen stammen könnten, schlürfen dunklen Rotwein und wechseln lange, müde Blicke mit ihren Geliebten. Dann gehen sie nach Hause, ziehen die Verkleidung aus und legen sich die Alltagskleidung für den nächsten Morgen zurecht. Die meisten jedenfalls.

Einige wenige, die sich nicht aus ihren nächtlichen Fantasien befreien können oder wollen, folgen einem anderen Weg. Sie liebkosen sich mit ›Liebesbissen‹ wie andere Menschen mit Küssen, zählen Blut zu ihren Gaumenfreuden, meiden die Tagesstunden und werden zu ›Gläubigen‹.

Es ist nicht schwer, die Anziehungskraft des Vampirismus zu verstehen. Im Detail mag es Unterschiede geben, aber im Prinzip gehören quasi-heroische Attribute immer dazu. Im Vergleich mit der körperlichen Kraft, der geistigen Gewandtheit und dem unglaublichen Geruchs-, Hör- und Gesichtssinn des Vampirs erscheint der Mensch geradezu schwächlich. Auch die Fähigkeiten zu fliegen, die Gestalt zu verändern, den Willen von Menschen und Tieren zu beherrschen oder Nebel bei klarer Nachtluft hervorzurufen, liegen wohl jenseits der normalen menschlichen Möglichkeiten. Die Neigung des Vampirs allerdings, im Menschen vor allem eine Nahrung zu sehen, macht seinen Namen seit Jahrhunderten zum Fluch.

Glücklicherweise sind seine gewaltigen Kräfte – zumindest in der Legende – immer durch ähnlich auffallende Schwächen ausgeglichen worden. Der Ch'ing Shih, ein chinesischer Vampir mit giftigem Atem, soll zusätzlich zu der gewohnten Phalanx von Fähigkeiten auch die Nacht beherrscht haben. Dem war nicht so. Stieß der jagende Ch'ing Shih auf einen Reishaufen, war er gezwungen anzuhalten, seine Jagd abzubrechen und jedes Korn zu zählen, ehe er weitergehen konnte. Während er zählte, war er eine leichte Beute für gewöhnliche Waffen oder das Tageslicht.

Die vielleicht am weitesten verbreitete Art, einen Vampir ein für allemal zu beseitigen, besteht darin, ihn ein paar Minuten der Sonne auszusetzen. Hinter dieser Idee steckt mehr, als man zunächst glauben mag, wie auch die Autoren dieser Episode, Glen Morgan und Jim Wong, anklingen lassen. Der berühmteste aller Vampire, Dracula, eignete sich seine Abneigung gegen das Tageslicht nämlich nur schrittweise in Film und Fernsehen an. Im Originalfilm von 1937 empfand er wie viele andere Geschöpfe seiner Art das Tageslicht nur als störend, nicht als tödliche Bedrohung. Frühe Handbücher für den Vampirjäger stellen denn auch den Glauben vor die Alchemie, die Intuition über die Wissenschaft. Dieser Einstellung begegnet man in allen Episoden von *Akte X,* nicht nur in dieser, in der ein Vampir, der einst durch das Sonnenlicht umkam, später unbeschadet am hellen Tag herumspaziert. Der Höhepunkt dieser Episode findet in einem für *Akte X* seltenen Stilbruch und entgegen allen Erwartungen der Fans, die ›Drei‹ noch nicht kennen, nicht in einer nebligen, feuchten Nacht in Abwasserkanälen oder Tunnels oder auf Friedhöfen statt, sondern in einem hellerleuchteten Wohnzimmer ohne die geringste Spur von Nebel.

Der Glaube spielt bei allen Methoden der Exekution

eines Vampirs eine wichtige Rolle, ob sie nun mit Kreuzen oder Weihwasser durchgeführt wird – obwohl nie ganz klar ist, wessen Glaube da eigentlich geprüft wird. Macht der Glaube des Vampirs oder seines Jägers diese Waffen in der populären Literatur so wirksam? Würde Ch'ing Shih, der in seinem früheren Leben vielleicht Konfuzianer war, eine dieser Waffen ebenso fürchten? Wenn die Glaubensfestigkeit des Jägers für den Ausgang des Kampfes entscheidend ist, warum ist dann noch ein Symbol nötig?

Natürlich gibt es auch weniger esoterische Methoden, einem Vampir zu entkommen oder ihn zu töten. Ein Pfahl aus Eschenholz, Ahorn oder Weißdorn, den man ihm durch das Herz stößt, gilt allgemein als äußerst wirksam. Das gleiche sagt man auch von der Enthauptung mit Hilfe der Schaufel eines Totengräbers, vom Eintauchen in Salzwasser und dem Verbrennen.

Andererseits gibt es auch kaum einen Menschen, der eine solche Behandlung überleben würde ...

›Drei‹ ist die einzige Episode, in der Gillian Anderson aufgrund ihrer Schwangerschaft und der Geburt nicht mitspielt.

## WIE MAN ZUM VAMPIR WIRD

Seit beinahe dreihundert Jahren wenden die Osteuropäer vorbeugende Mittel an, die neben den alltäglichen Krankheiten auch Vampirismus und Lykanthropie abhalten sollen.

Im Jahre 909 n. Chr. schrieb bereits ein Bruder Constantin aus Bayern ein sorgfältig recherchiertes Buch über Mittel gegen den Vampir – die Liste umfaßt mehr als 1100 Einträge! Es war gar nicht so leicht zu vermeiden, Vampir zu werden. Vor allem der Tod war, wie wir sehen werden, ein notorisch gefährliches Stadium. Kranke wurden von ihren Angehörigen oft schon ins Bett gesteckt, wenn es körperlich eigentlich noch gar nicht nötig war, um zu verhindern, daß sie etwas taten, was sie zum Vampir machen könnte, wie zum Beispiel:

1. Exkommuniziert sterben
2. Ungetauft sterben
3. Als Glaubensabtrünniger sterben
4. Sterben, während sich der Betreffende von der Verwandlung in einen Werwolf und zurück erholte. Das konnte vermieden werden, indem man den Kranken zwei Mondzyklen lang isolierte und gründlich nach Anzeichen auf wachsendes Haar oder Reißzähne untersuchte.
5. Sterben, während man unter dem Fluch der Eltern steht.
6. Durch Selbstmord sterben. Die Kranken wurden häufig gefesselt und geknebelt, um sie daran zu hindern, sich das Leben zu nehmen und die Leiden ihrer Krankheit zu beenden.
7. Durch einen Sturz von der linken Seite des Wagens sterben. Dieser Aberglaube geht auf die Mauren und islamische Völker zurück, die mit der rechten Hand zu essen und die linke für die intimen körperlichen Bedürfnisse zu benutzen pflegten; er wurde jedoch schnell ein Teil des europäischen Volksglaubens.

Wenn man das Unglück hatte, unter einer dieser Bedingungen zu sterben, mußten die Angehörigen dasitzen und zuschauen, bis der Leichnam hinreichend verfault war, damit er sicher begraben werden konnte.

Selbst wenn man sich die größte Mühe gab, dem Vampirismus beim Sterben zu entgehen, war dieses Schicksal manchmal unvermeidlich. Manche Hinweise auf späteren Vampirismus waren schon bei der Geburt erkennbar. Dazu gehörten folgende:

1. Mit einem bereits gewachsenen Zahn geboren werden
2. Mit roten Haaren geboren werden
3. Als siebter Sohn eines siebten Sohnes zur Welt kommen

4. Als Kind einer Mutter geboren werden, die mit Dämonen geschlafen hat
5. Mit dem Mutterkuchen auf dem Kopf geboren werden

All jene, die bei ihrer Geburt in Ordnung waren und wußten, was sie im Leben zu unterlassen hatten, besaßen eine recht gute Chance, der falschen Art des ewigen Lebens zu entkommen.
Zwischen Geburt und Tod war folgendes zu vermeiden:

1. Promiskuität
2. Versehentlich das Blut eines Vampirs trinken
3. Von einem Vampir gebissen werden

## DIE ETHNOLOGIE DES VAMPIRS

Der Vampir existiert in vielen Überlieferungen, unter anderem als:

ASANBOSAM (Afrika): Die Asanbosam haben Krallenfüße und ziehen den Daumen dem Hals des Opfers vor.

BAJANG (Malaysia): Die Bajang erscheinen oft als Iltisse. Wenn sie nicht von Zauberern gebannt werden, lauern sie über Generationen hinweg der gleichen Familie auf.

BAOBHAN SITH (Schottland): Die Baobhan Sith erscheinen immer als schöne Frauen, die mit jungen Männern tanzen, bis diese zu schwach sind, um ihnen noch Widerstand zu leisten.

EMPUSA (Mittelmeerraum): Mit dem Inkubus und dem Sukkubus verwandt, erscheinen diese weiblichen Vampire auf der Jagd als schöne Frauen. Nach Beendigung der Jagd sind sie Greisinnen.

JARACARA (Brasilien): Die schlangenartigen Kreaturen genießen einen etwas abwechslungsreicheren Speise-

### RÄTSEL 31

**Leichte Fragen – 1 Punkt für jede richtige Antwort:**

1. Was entdeckt Mulder im Abfluß des Whirlpools?
2. Wo arbeitet John?
3. Wo ›stirbt‹ John?
4. Wie lautet der Name des Clubs, in dem Mulder Kristen begegnet?
5. Wie stirbt der weibliche Vampir?

**Es wird schwieriger – 2 Punkte für jede richtige Antwort:**

6. Nennen Sie einen der beiden ungewöhnlichen Gegenstände in Kristens Handtasche.
7. Wie lautet der Name des Restaurants?
8. Wie heißt Kristen mit Nachnamen?
9. Welche ungewöhnlichen Gegenstände werden in der Wohnung Kristens gefunden?
10. Welcher Vers ist mit Blut auf die Wand geschrieben?

Ihre Punktzahl:

plan als ihre europäischen Gegenstücke. Neben dem Blut rauben sie auch die Muttermilch stillender Frauen.

KRVOPIJAC (Bulgarien): Den Krvopijac – er hat nur ein Nasenloch – muß man sehr sorgfältig beseitigen. Nur ein Zauberer kann den Geist dieses Vampirs in einer Flasche fangen und verbrennen.

MULO (Serbien): Der Mulo widerlegt die Ansicht, daß Vampire Nachtgeschöpfe seien. Er reist tagsüber auf Straßen und sucht sich nachts seine Opfer, deren Fleisch er ebenso gern ißt, wie er ihr Blut trinkt.

NOSFERATU (in Zentral- und Osteuropa weit verbreitet): Der Vampir, auf dem die Dracula-Legende basiert. Er ist elegant, charismatisch und gerissen, wenn auch ein wenig blaß.

WAMPIR (Rußland): Wampiri erscheinen in menschlicher Gestalt und wandeln ebenfalls im Tageslicht. Sie sind mit einem Stachel auf der Zunge statt spitzer Zähne ausgestattet und können nur vernichtet werden, indem man sie unter besonderen Umständen verbrennt.

Und noch ein paar andere, vor denen man sich in acht nehmen muß:

Österreich – Dracul
Wallachei – Murony
Rumänien – Strigoi
amerikanische Indianer – Kwakiytl
Böhmen – Ogolgen
Tibet – Khadro/Dakini

## DIE VAMPIR-KRANKHEIT

Porphyria, eine seltene, genetisch bedingte Krankheit des Eisenstoffwechsels (Eisen ist einer der Hauptbestandteile des Blutes) wird seit 1985 Vampir-Krankheit genannt, als David Dolphin sie als mögliche Quelle der Vampirlegende anführte.

Einige Porphyria-Patienten zeigen sehr seltsame und scheinbar unzusammenhängende Symptome wie extreme Empfindlichkeit gegenüber Licht, eine rötlich-braune Verfärbung der Zähne und des Urins, dichte Körperbehaarung, schwere Anämie und angeborene Behinderungen des Sehvermögens und des Tastsinns. Manche Patienten besitzen tatsächlich auch die ›spitzen Ohren‹, die man im Aberglauben mit Teufeln, Dämonen und Vampiren assoziiert.

Aber die Porphyriker haben nicht das Bedürfnis, Blut zu trinken – weder menschliches noch tierisches. Sie zeigen auch keine Abneigung gegen heilige Symbole, Knoblauch oder die überlieferten Bannsprüche.

Im wirklichen Leben ist Perrey Reeves die ›bessere Hälfte‹ von David Duchovny. Die Schauspielerin trat in der zweiten Staffel der *Akte X* als Kristen in der Episode ›Drei‹ auf. Und da wundern Sie sich noch, warum es auf der Leinwand zwischen den beiden knistert?

**Perrey Reeves**
**(alias Kristen Kilar)**
**Eine kurze Filmografie**

Mord ohne Motiv (1989)
Mothers, Daughters and Lovers (1990)
Plymouth (1991)
Morgan räunt auf (1992)
Chucky 3 – Die mörderische Puppe ist wieder da (1992)
Der Chef kehrt zurück (1993)

# Codename: ›An der Grenze‹

**ZUSAMMEN-FASSUNG**

Dana Scully wurde mit einer mutierten Form ihrer eigenen DNA vergiftet und schwebt in jener nebelhaften Welt zwischen Leben und Tod. Ihr Partner Mulder ist der einzige, der sie noch nicht aufgegeben hat, doch er muß hilflos zusehen, wie Scullys Familie die Entscheidungen über Leben und Tod trifft. Seine letzte Chance besteht darin, ihren Angreifer zu finden. Bei Gegnern, die nur als Schatten existieren, ist sein Scheitern beinahe vorprogrammiert. Doch im Verlauf seiner Bemühungen findet er etwas Wichtigeres.

**ZITAT**

»Ich muß nicht psychologisieren, um zu sehen, daß du an einem sehr dunklen Ort bist. Viel dunkler als der Ort, wo meine Schwester ist. Absichtlich tiefer in dieses Dunkel vorzudringen, kann ihr nicht helfen.«

– MELISSA SCULLY in ›An der Grenze‹

**HINTERGRUND**

### Erfahrungen an der Grenze des Todes

»Ein Mann ... hört, wie der Arzt seinen Tod feststellt. Daraufhin nimmt er beunruhigende Geräusche, ein lautes Getöse oder Stimmengewirr wahr und fühlt, wie er sich gleichzeitig sehr schnell durch einen langen dunklen Tunnel bewegt. Danach findet er sich außerhalb seines Körpers wieder ... und blickt wie ein unbeteiligter Zuschauer aus der Entfernung auf seinen Körper ... Bald geschehen noch andere Dinge. Menschen kommen, um ihn zu treffen und ihm zu helfen. Er spürt, daß es die Seelen seiner längst verstorbenen Verwandten und Freunde sind. Und ein liebender, herzlicher Geist von einer Art, die ihm nie zuvor begegnet ist – ein Lichtwesen –, taucht vor ihm auf ... Er ist von intensiven Gefühlen der Freude, Liebe, des Friedens überwältigt. Trotz dieser Stimmung vereint er sich auf unerklärliche Weise wieder mit seinem Körper und lebt.«

Es gibt Erfahrungen, auf die sich Dana Scully berufen könnte! Obwohl *Akte X* die Vogelschau auf den Körper ausläßt, stimmt Scullys Erfahrung in ›An der Grenze‹ mit dieser Textpassage überein. Sie stammt aus Raymond Moodys Bestseller ›Leben nach dem Tod‹ und ist eine zusammenfassende Beschreibung der Todeserfahrungen eines Lebenden. Da die Berichte über solche Erlebnisse fast immer positiv sind, werden sie von allen Menschen verschlungen, die fieberhaft Beweisen für Glückseligkeit nach dem Tod hinterherjagen (nur einer unter tausend Berichten beschreibt eine Reise in die Hölle).

Was soll man von solchen Berichten halten? Beweisen sie, daß jenseits des Todes Glückseligkeit zu erwarten ist? Beweisen sie Platons Lehre, daß der Geist – oder die Seele – sich vom Körper lösen könne? Empfinden alle Menschen diesen Seelenflug, wenn sie dem Tod ins Auge sehen?

Erfahrungen aus dem Totenreich sind häufiger, als man denkt. Verschiedene Forscher befragten jeweils mindestens einhundert Personen, die durch körperliche Traumata wie zum Beispiel Herzstillstand diese Grenze zum Tod gesehen haben. Dreißig bis vierzig Prozent der Befragten erinnerten sich an Empfindungen aus dem Jenseits.

Als George Gallup jr. 1982 und 1986 eine repräsentative Umfrage unter den Bürgern der Vereinigten Staaten durchführte, gaben fünfzehn Prozent aller Befragten an, dem Tod schon einmal sehr nahe gewesen zu sein. Ein Drittel davon – nach Gallups Schätzung acht Millionen Menschen – berichteten von einem damit verbundenen mystischen Erlebnis. Einige von ihnen behaupteten, sich an die Gespräche anderer Menschen erinnern zu können, die sie gehört hatten, als sie bewußtlos und an der Schwelle zum Tod standen (allerdings gelangen auch Patienten, die vor einer größeren Operation betäubt worden waren, ähnliche Wiedergaben der Gespräche im Operationssaal).

Klang Moodys Beschreibung der Empfindungen aus dem Jenseits vertraut? Die Parallelen zwischen den von ihm berichteten Wahrnehmungen und Beschreibungen halluzinogener Erlebnisse sind auffällig: Frühere Erinnerungen spulen sich ab, man hat das Gefühl von Körperlosigkeit und Visionen von Tunneln oder Luftschächten, gleißendem Licht oder Lichtwesen. Kurz gesagt: Die Inhalte der Jenseitserfahrung entsprechen genau dem, was man auch von einer Halluzination erwartet. Sauerstoffmangel – wie er bei einem Herzstillstand auftritt – und andere Beeinträchtigungen des Gehirns sind bekannte Ursachen für Halluzinationen.

Möglicherweise produziert das Gehirn die Jenseitserfahrung unter Streß. Patienten, die einen Schlaganfall erlitten, berichteten von ähnlich profunden, mystischen Erlebnissen, ebenso wie einsame Seeleute oder Polarforscher, die extreme Eintönigkeit, Isolation und Kälte ertragen mußten. Sogar im normalen Dämmerzustand zwischen Wachen und Schlafen tritt häufig das Gefühl auf, man schwebe aus dem Bett fort. Fantasievolle Menschen sind besonders prädestiniert – vielleicht sollte man besser sagen: empfänglich – für derartige Jenseits- und Körperlosigkeitserlebnisse.

Eine Studie folgert, daß Jenseitserlebnisse am treffendsten als ›dissoziative, halluzinatorische Gehirntätigkeit‹ beschrieben würden. Wenn äußere Wahrnehmungsquellen schwächer würden, nehme man die eigene Innenaktivität des Gehirns besser wahr. Um das durch ein Beispiel zu illustrieren: Wenn man in der Dämmerung aus dem Fenster blickt, sieht man nach einiger Zeit das gespiegelte Innere des Raumes vor sich, als ob es draußen wäre, weil das Licht hinter der Scheibe schwindet (wie bei der Jenseitserfahrung) oder das Innenlicht verstärkt wird (wie bei halluzinogenen Drogen wie LSD). Wenn die inneren Bilder unserer Seele auf das Wahrnehmungsfenster unseres Verstandes projiziert würden, erschienen sie als real. Menschen erführen bei Jenseitserfahrungen genau wie diejenigen, die auf einem LSD-Trip sind, ›das Jenseits in uns‹.

Andere Forscher widersprechen dem. Personen, die beides durchlebten, Halluzinationen und Scheintodphänomene, verneinten in der Mehrzahl eine Ähnlichkeit zwischen beiden Erfahrungen. Außerdem verändere ein Jenseitserlebnis einen Menschen oft auf eine Art und Weise, wie es Drogenerfahrungen nicht vermöchten – sie würden freundlicher, vergeistigter, glaubten eher an ein Leben nach dem Tod. Skeptiker wenden ein, daß das einzig und allein die Wirkung des nahen Todes sei.

Die kontroversen Interpretationen von Jenseitserlebnissen bringen das elementare Körper-Geist-Problem auf den Tisch: Ist die Seele substanzlos? Kann sie vom Körper getrennt existieren?

Dualisten bejahen das. Für sie sind Geist und Körper zwei verschiedene Ganzheiten – der Geist ist nichtphysisch, der Körper physisch –, die irgendwie miteinander interagierten. Wie Sokrates in Platons *Phaidon* erklärt: »Bedeutet der Tod nicht, daß der Körper von

## RÄTSEL 32

**Leichte Fragen – 1 Punkt für jede richtige Antwort:**

1. Wie heißt Scullys Schwester?
2. Wer unterschrieb als Zeuge Danas Testament?
3. Wie signalisiert Mulder Mr. X, daß er ihn zu treffen wünscht?
4. Was passiert mit dem Mann, der Scullys Blutprobe stiehlt?
5. Was findet Mulder in dem Päckchen Zigaretten?

**Es wird schwieriger – 2 Punkte für jede richtige Antwort:**

6. Welcher der Lone Gunmen besucht Scully und bringt ihr Blumen mit?
7. Wer ist das neue, bisher nicht gezeigte Mitglied der Lone Gunmen?
8. Welchen berühmten Mann haben die Lone Gunmen auf dem Bildschirmhintergrund ihrer Computer?
9. Welche Krankenschwester steht am Ufer von Scullys See und wacht über sie?
10. Welcher Spruch findet sich auf Scullys Grabstein?

der Seele getrennt durch sich selbst existiert, und daß die Seele vom Körper getrennt durch sich selbst existiert? Was ist Tod anderes als das?« Für Sokrates wie für diejenigen, die heute glauben, daß Jenseitserfahrungen einen Beweis für die Unsterblichkeit liefern, bedeutet der Tod nicht wirklich das Ende eines Menschen. Er sei vielmehr die Befreiung des Menschen aus seinem körperlichen Gefängnis, ein Anlaß zur Freude also. (Ins Extreme gesteigert, führt der dualistische Gesichtspunkt zu einer Glorifizierung der Reise in die Welt nach dem Leben, wie Bücher mit Titeln wie *The Thrill of Dying* und *The Wonderful World of Death* zeigen.)

Monisten verneinen die Frage nach der Trennung von Geist und Körper. Sie behaupten, daß dies unterschiedliche Aspekte der gleichen Sache seien. Ob sie nun als Wissenschaftler von der Untrennbarkeit von Geist und Körper oder als Theologen von einem Leben nach dem Tod überzeugt sind, gemeinsam ist den Monisten im allgemeinen der Glaube, daß der Tod wirklich sei und wir ohne Körper wahre ›Nobodies‹ seien.

---

Gillian Anderson ist in dieser Episode ungewöhnlich bleich, weil sie eine Woche vorher ihre Tochter durch Kaiserschnitt zur Welt gebracht hat. Das Bild eines aufgeblähten Bauches in ›Seilbahn zu den Sternen‹ ließ manche glauben, es erwarte sie ein Szenario mit einem Alien-Baby.

# Codename: ›Der Vulkan‹

**EINE ERNEUERTE PARTNER- SCHAFT**

**ZUSAMMEN- FASSUNG**

Ein Team von Vulkanologen meldet sich plötzlich nicht mehr, und die automatische Kamera, die den einzigen Blick in das Forschungscamp gewährt, sendet nur noch das Bild eines toten Mannes. Das Basisteam bittet daraufhin Scully und Mulder um Hilfe. Obwohl Mulder immer noch sehr um Scullys Gesundheit besorgt ist, nimmt sie entschlossen ihr gewohntes Arbeitspensum wieder auf. Als die beiden Agenten eintreffen, erweist sich Scullys Mitarbeit als lebenswichtig bei der Identifikation einer bizarren Infektion, die das Camp befallen hat.

## Vulkane, Silikonleben und was sonst noch dazu gehört

**HINTERGRUND**

Wie so viele Episoden von *Akte X* nimmt sich auch ›Der Vulkan‹ ein ganzes Bündel von Theorien vor – ein paar bewiesene, ein paar hypothetische – und kombiniert sie so unorthodox miteinander, daß der Zuschauer angeregt wird, seine festen Überzeugungen in Frage zu stellen.

Kann organisches Leben in einem Vulkan existieren?

Die Antwort der meisten Menschen wäre ein lautes »Nein!«.

**ZITAT**

»Wir liegen nicht ganz auf der gleichen Wellenlänge.«
– MULDER in ›Der Vulkan‹

243

Indem *Akte X* aber die kleinsten Partikelchen wissenschaftlicher Forschung zusammenträgt, zwingt uns die Crew, neu über diese Frage nachzudenken.

## VULKANISCHES LEBEN

Vulkanisches Leben existiert, nur nicht so, wie wir es uns vielleicht vorstellen – es hängt nicht gefährlich an der Innenseite des Kraters.

1977 untersuchte ein amerikanisches Tiefsee-Forschungsschiff unterseeische vulkanische Eruptionen an einer Felsnaht südlich der Galapagosinseln. Drei Kilometer unter der Meeresoberfläche fanden die Forscher auf dem Grund des Ozeans Öffnungen, aus denen heißes, chemisch angereichertes Wasser quoll. In diesen Strömen und in den Felsenritzen um die Öffnungen fanden die Wissenschaftler hohe Bakterienkonzentrationen, die sich von den ausfließenden Chemikalien ernährten. Die Bakterien selbst wurden von riesigen Würmern gefressen, die drei bis fünf Meter lang und bis zu dreißig Zentimeter dick waren. Sie glichen keiner anderen bisher wissenschaftlich untersuchten Wurmgattung, denn sie besaßen weder einen Mund noch einen Verdauungstrakt und ernährten sich, indem sie die Bakterien durch die Haut ihrer fasrigen, sehr gut durchbluteten Tentakel an der Körperspitze aufnahmen.

Da diese Geschöpfe am finsteren Grund des Meeres hausen, können sie die Energie des Sonnenlichtes nicht direkt nutzen. Sie können ihre Lebenskraft auch nicht aus zweiter Hand – also von den herabsinkenden Teilen toter Tiere – beziehen, weil sie ja keinen Mund haben. Ihre ausschließliche Nahrungsquelle sind die Bakterien, die wiederum ihren Lebensunterhalt aus dem vulkanischen Wasser beziehen. Die Würmer könnten damit sogar die einzige Art größerer Tiere sein, die ihre Nahrung ausschließlich von Vulkanen bezieht. Somit wären Vulkane die Grundlage einer komplexen Nahrungskette.

Neben den Würmern fand man riesige, dreißig Zentimeter lange Venusmuscheln, die sich ebenfalls von den Bakterien ernährten. Aufsteigende Heißwasserströmungen waren die Ursache für andere Strömungen, die sich entlang der Rillen im Meeresboden bewegten. Sie führten diverse organische Fragmente mit sich, welche von unterschiedlichen Organismen verwertet wurden – seltsame, bislang unbekannte Fische und blinde weiße Krabben – und sich um die Muscheln und Würmer herum ansiedelten. In diesen unterseeischen, vulkanischen Quellen also blüht eine dichte und vielfältige Lebensgemeinschaft von Geschöpfen der Dunkelheit.

Auch oberirdisch sind derartige Phänomene nicht unbekannt. Überall auf der Erde verstreut gibt es heiße Quellen. Das daraus hervorquellende Wasser kommt oft aus sehr tiefen Erdregionen und besteht teilweise aus Regenwasser, das im Erdreich versickert war. Es wird in der Tiefe in einer Lavakammer erhitzt und durch Felsspalten zur Erdoberfläche zurückgetrieben. Das Wasser sammelt sich in kleinen unterirdischen Kammern, wird unter Druck überhitzt und braust schließlich als Dampf- und Wassersäule eines Geysirs aus der Erde.

Manchmal ist der Aufwärtsstrom auch gleichmäßiger, langsamer, sanfter, und das Wasser bildet eine tiefe, ständig überquellende Pfütze. Selbst in diesem kochenden Wasser gedeihen Bakterien, und mit ihnen auch höher entwickelte Organismen wie Blaualgen. Diese Alge fügt dem System ein sehr wichtiges Element hinzu – Chlorophyll, die beinahe magische Substanz, mit deren Hilfe Pflanzen die Energie des Sonnenlichtes nutzen, um chemische Stoffe in organische Materie umzuwandeln.

Man findet solche Organismen zum Beispiel in den heißen Quellen des Yellowstone-Nationalparks in Nordamerika. Algen und Bakterien wachsen dort gemeinsam und bilden schleimige grüne oder braune Matten. Man kennt keine anderen Organismen, die in den heißesten, von den Algenmatten bedeckten Stellen der Tümpel überleben könnten. An den Überlaufstellen dagegen kühlt sich das Wasser soweit ab, daß dort auch andere Arten leben können. Die Algenmatten sorgen für ein reichhaltiges Nahrungsangebot, das gierig von allen möglichen Lebewesen – von Salzwasserfliegen bis zu Waschbären – genutzt wird.

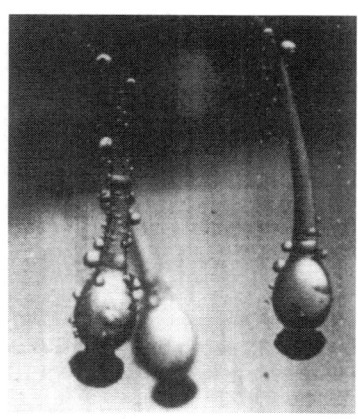

PILOBOLUS: Die vermutlich auf Silikon basierende Lebensform

### ÜBER SILIKONLEBEN

Könnte die auf Silikon basierende Lebensform, über die Mulder in ›Der Vulkan‹ theoretisiert, irgendwo in unserem Universum wirklich existieren? Es gibt diesbezüglich zwei Denkschulen, die einander deutlich widersprechen.

Diejenigen, die glauben, daß Leben auch auf anderer Grundlage als der des Kohlenstoffes möglich sei, auf dem ja das Erdenleben aufbaut, untersuchen das Periodensystem der Elemente und Elementgruppen hinsichtlich der Eigenschaften der Elemente, besonders ihrer Ähnlichkeiten. Zum Beispiel befinden sich Kohlenstoff (C) und Silikon (Si) beide in der Spalte IV-A, weil sie ähnliche Reaktionseigenschaften wie die anderen Elemente dieser Spalte aufweisen, die gleiche Anzahl Valenzelektronen haben und chemische Verbindungen bilden, die ähnlich reagieren. Da Kohlenstoff und Sauerstoff bei der Atmung verbunden werden, entsteht das Molekül $CO_2$. Zumindest theoretisch könnte ein auf Silikon basierender Organismus eine Version des gleichen Vorganges durchlaufen und $SiO_2$ bilden, eine Verbindung, die wirklich existiert. Man nennt sie Silica – Sand –, und das ist auch die Substanz, die man in den Opfern von ›Der Vulkan‹ findet.

Dem anderen Lager zufolge liegt das Problem nicht im metabolischen Prozeß, sondern in der Schwierigkeit, lange Molekülketten wie DNA auf Silikonbasis zu bilden. Versuche, lange Ketten auf Silikonbasis zu züchten, sind fehlgeschlagen. Ohne diese gewaltigen Moleküle bleibt das Silikonleben notwendig auf allereinfachste Organismen beschränkt.

Andererseits ... wie kompliziert ist schon ein Pilz?

## REISE ZUM MITTELPUNKT DER ERDE

Schon als Kinder werden wir mit den Naturwissenschaften vertraut gemacht, die uns etwas über die Welt, in der wir leben, verraten sollen. Man hat uns mehr oder weniger den zu jener Zeit aktuellen Forschungsstand vermittelt. Was man uns damals und später aber nicht gesagt hat (außer jenen, die eine wissenschaftliche Laufbahn einschlugen), war, daß in den ersten Lehrstunden meist nur ›die am besten passende Wahrheit‹ vermittelt wurde. Es handelte sich um Theorien, die die *meisten* bekannten Phänomene erklären konnten, aber, wie man wußte, unvollständig waren. Das war auch nicht weiter schlimm, denn die meisten Menschen geben sich schließlich auch damit zufrieden, eine Glühbirne einzuschalten, ohne zu wissen, wie sie funktioniert.

Das Problem mit dieser ›am besten passenden Wahrheit‹ ist, daß sie sich zwar für den täglichen Gebrauch hervorragend eignet, aber nicht gerade die Neugier fördert. In dieser Wahrheit gibt es für alles bereits eine Erklärung; es bleibt nichts übrig, was noch zu hinterfragen oder zu entdecken wäre. Zum Beispiel wird jedem Kind, das seine Lehrbuchkapitel über Vulkane gelesen hat (und womöglich auch den Eltern, die dabei mithelfen, sprudelnde Modelle zu basteln), gesagt, daß die Erde einen Nickel-Eisen-Kern aus Magma habe. Ende der Debatte! Zwar stimmt das, doch ist es, soweit wir wissen, nur ein Teil der Wahrheit. In Wirklichkeit bestehen neunzig Prozent des Kernes aus Eisen und Nickel – aber was mit den restlichen zehn Prozent ist, wissen wir nicht. Zumindest wissen wir es noch nicht lange. Den umfassendsten Aufschluß über dieses seit langem bestehende Geheimnis erbrachten Laborexperimente, in denen Materialien extrem hohen Drucken und Temperaturen ausgesetzt wurden. Die Geophysiker Yingwei Fei und Ho-kwang Mao vom Science and Technology Center (STC) for High Pressure Research der National Science Foundation (NSF) erzielten mit ihren Experimenten Resultate, die darauf hindeuten, daß der fehlende Bestandteil des Erdkerns Sauerstoff ist, vielleicht auch eine Sauerstoff-Schwefel-Verbindung.

Fei und Mao benutzten für ihre Experimente eine neue Version der Diamant-Amboßzelle. Das ist ein Gerät, in dem winzige Materialproben mechanisch zwischen zwei einander gegenüberliegende Diamanten gepreßt werden. Eine äußere Hitzequelle wird zugeschaltet, um die hohen Temperaturen und den Druck zu erreichen, die denen im Grenzbereich zwischen Erdkern und -mantel ähnlich sind.

Wenn sich Feis und Maos Forschung als stichhaltig erweist, könnte sich die nächste Generation der Science-fiction-Literatur um sauerstoffatmende Lebensformen drehen, die die Fähigkeit besitzen, der Hitze und dem Druck im Erdkern erfolgreich zu widerstehen statt den Gravitationsströmen und der Kälte des Weltraums ...

# Dante: Firewalkers großer Bruder

Firewalker, der spinnenbeinige Roboter, der in dieser Episode die Cascade Mountains erforscht, ist der erfundene Bruder einer Reihe von Robotern, die die NASA für die Erforschung fremder Planeten entwickelt und auf den lebensfeindlichsten Oberflächenpunkten der guten alten Erde getestet hat.

Einer der erfolgreichsten Prototypen ist Dante II, ein verkabelter Roboter, der vom *CMU Field Robotics Center* entwickelt wurde. Obwohl die Hoffnung besteht, daß Dante einst auf der Oberfläche ferner Planeten wandeln wird, hat er sich schon mit seiner Erforschung des Mount Spurr in Alaska im Juli 1994 in die Herzen der Vulkanologen vorgearbeitet. Im vorangegangenen Jahr waren acht Wissenschaftler bei dem Versuch umgekommen, eine Aufgabe zu bewältigen, die der Dantes glich: das Einsammeln heißer Fumarole-Gase aus dem Innern des Vulkans. Ein ferngelenkter Roboter wie Dante II erlaubt es den Wissenschaftlern, ihre Forschungen auf etwas mehr als nur einer Armeslänge Abstand durchzuführen. An den Kraterrändern gesichert, kann sich Dante II steilste Abhänge hinaufund hinunterhangeln und Proben vom Boden des Vulkans nehmen.

Um die Verbindung zwischen den menschlichen Wissenschaftlern und den mechanischen Händen und Augen des Gerätes zu erleichtern, hat die *Intelligent Mechanism Group* (IMG) seit 1991 fortschrittliche Telekameras und virtuelle Kontrollschnittstellen entwickelt. Es ist eine große Arbeitserleichterung für die Kontrolloperateure, daß sie den Roboter von einem festen Standpunkt aus lenken können. Bei interplanetarischen Unternehmungen sind die hochentwickelten Schnittstellen unentbehrlich, da hier zu hundert Prozent ferngesteuert werden muß. Ende 1993 führte die

**Leichte Fragen – 1 Punkt für jede richtige Antwort:**

1. Wie lautet der Name des Roboters?
2. Wo findet Mulder die Wörter ›NEW LIFEFORM‹ (dt. neue Lebensform) geschrieben?
3. Was findet Scully in Tanakas Lungen?
4. Wie viele Menschen sterben an der Pilzinfektion?
5. Wie lange sollen Scully und Mulder in Quarantäne bleiben?

**Es wird schwieriger – 2 Punkte für jede richtige Antwort:**

6. Wo wird der Leichnam Daniel Pierces aufbewahrt?
7. Welches Medikament soll Trepkos einnehmen?
8. Wie wird Trepkos Jason Ludwig los?
9. Womit greift Ludwig Mulder an?
10. Was ist Ludwig von Beruf?

IMG ihre neuen Schnittstellen in einer ganz anderen Umgebung vor. Bei einem Test wurde ein *Telepresence Remotely Operated Vehicle* (TROV) in der Nähe der McMurdo-Forschungsstation in der Antarktis tief unter das Meereseis geführt, wo es sich tadellos bewährte.

Inzwischen arbeitet die IMG daran, Dante II mit einer virtuellen Umgebung und visuellen Simulationsinstrumenten auszustatten. Diese Veränderungen würden eine bessere Kontrolle des Fahrzeugs und eine verbesserte Geländesicht für die Kontrolloperateure und die Wissenschaftler ermöglichen. Ferner nutzt die IMG ihre Erfahrungen im Bereich der Fernlenkung, die sie beim TROV gesammelt hat, um ein Live-Stereovideo (ähnlich der Steuerungsanzeige Firewalkers, nur detaillierter) bei Dante II herzustellen und so die Zusammenarbeit von mehreren Beobachtungsstandpunkten aus zu ermöglichen. Das wird ein richtig heißes Gerät!

# Codename: ›Rotes Museum‹

**ZUSAMMEN-FASSUNG**

Als in Wisconsin ein paar Teenager mit geheimnisvollen Nachrichten, die auf ihre nackten Rücken geritzt sind, aus der Wildnis taumeln, machen sich Mulder und Scully auf den Weg in das Herz des amerikanischen Rinderzuchtgebietes. Was sie finden – eine Vegetariersekte, einen Voyeur und einen altbekannten Feind, der mit biogenetisch veränderten Kühen herumspielt –, ist derart verwickelt, daß sie schon sehr schnell sein müssen, um die Schuldigen zu überführen, bevor die Beweise verschwinden.

## Dinner à la Frankenstein

**HINTERGRUND**

Der Streit um biogenetisch veränderte Nahrung liefert dem Menschen noch einen zusätzlichen Grund, Vegetarier zu werden – und der Müllabfuhr von Washington eine ganze Menge Unrat. Als das amerikanische Patentamt damit begann, für alles und jedes von Flavr-Savr-Tomaten bis hin zu Designerbakterien Lizenzrechte auszugeben, blieb den Gegnern keine andere Wahl mehr, als Protestmärsche zu organisieren. Seit einiger Zeit haben sie dabei auch ziemlich handfeste Argumente auf ihrer Seite. Bei

**ZITAT**
»Wissen Sie, für einen heiligen Mann haben Sie einen ganz schönen Hang, die Leute zu vergraulen.«
– MULDER in ›Rotes Museum‹

**Wissenschaftler und Verbraucherverbände streiten sich über die Notwendigkeit, Chemikalien einzusetzen, um die Milchproduktion zu steigern. Dabei produzieren die Vereinigten Staaten schon seit 1980 einen Milchüberschuß!**

einer Demonstration vor der *Food and Drug Administration* (dem amerikanischen Ernährungs- und Gesundheitsministerium) gossen Bauern, Eltern und Umweltschützer einige tausend Liter Milch hormonbehandelter Kühe quer über die Straße und in die Abwasserkanäle. Daraufhin besorgten sich *Ben & Jerrys Ice Cream Parlors* neue Schilder für ihre Produkte mit der gut sichtbaren Aufschrift ›von unbehandelten Kühen‹.

Obwohl der Mensch seine Nahrung genetisch behandelt, seit Mendel Bohnen züchtete, hat die Fähigkeit, Genmaterial zu rekombinieren, die Landwirtschaft auf eine neue wissenschaftliche Ebene und zudem mitten in den Medienrummel befördert. Blaue Rosen waren noch toll, aber als Schweine menschliches Hämoglobin zu bluten begannen, wurde die Angelegenheit plötzlich ernst. Der Laie hatte das beunruhigende Gefühl, etwas Wichtiges versäumt zu haben, und begann eine Menge Fragen zu stellen. Zwei Gruppen warteten mit Antworten auf – mit zwei völlig unterschiedlichen Versionen der Wahrheit.

Angestellten des Ernährungsministeriums und der *American Medical Association* (AMA) zufolge war der öffentliche Aufruhr um das Östrogen viel Lärm um nichts. Ihre Versicherungen, daß *alle* Kühe Östrogen produzierten und die Hormoninjektionen nur einen seit langem existierenden natürlichen Prozeß verbesserten, beruhigte einen Teil der besorgten Bürger. Aber Organisationen wie die *Pure Food Campaign* (PCF) behaupteten, daß es von der Züchtung von Bakterien, die Rinderhormone produzierten, zur Beigabe menschlichen Erbmaterials, das magereres Fleisch garantiere, nur ein sehr kleiner Schritt sei. Kaum ein Verbraucher konnte die kannibalistischen Assoziationen ignorieren, die solche Aussichten wachrufen.

Das war natürlich überhaupt nicht im Sinne der Hersteller, die ihre Produkte noch vom Ernährungsministerium genehmigen lassen mußten. Lobbyistengruppen wie die Verbraucherunion, der *Environmental Defense Fund* und die *National Wildlife Federation* schossen über Nacht aus dem Boden. Sie hatten es in erster Linie nicht auf die fernen Produzenten abgesehen, sondern auf die Händler. Bald schon weigerten sich Restaurants, genetisch behandelte Milch zu kaufen, übten Schulen Druck auf die Milchliefernaten aus, auf Östrogen zu verzichten, wurden Streikposten vor bekannten Hotels aufgestellt. Die Wissenschaftler waren in der ungewohnten Position, sich nicht vor dem Ernährungsministerium rechtfertigen zu müssen, sondern vor den Verbrauchern.

Gruppen wie Jerry Rifkins PFC sprachen die Kernpunkte an: War es möglich, daß sich hinter der künstlich gesteigerten Haltbarkeit gentechnisch behandelter Nahrung tödliche Bakterien verbargen? Würden Antibiotika, die zur Integration veränderter Gene verwendet wurden, unerwartete Reaktionen hervorrufen oder mit der Aufnahme der künstlich verbesserten Nahrung zu Immunität gegen Antibiotika führen? Und was war mit der Kreuzung von Pflanzen?

Das Ernährungministerium, das vor der Lizenzvergabe nie eine Langzeitanalyse biogenetisch veränderter Nahrung durchgeführt hatte, befand sich in einer schwierigen Position. Es mußte auf die vorgebrachten, berechtigten Sorgen der Bürger eingehen und reagieren.

## GENETISCHE MARKIERUNGEN

Es gibt keine einfache Methode, um festzustellen, ob neue Gene erfolgreich in eine Zelle eingebaut wurden. Um die erfolgreich manipulierten Zellen von den Fehlschlägen zu trennen, verbinden die Genetiker das neue

**Bevor CBS und Twentieth Century Fox die Idee dann kippten, arbeiteten die Autoren von *Akte X* und *Picket Fences – Tatort Gartenzaun* an einer Überkreuzstory zu den Genmanipulationen. So hätte Mulder seine Ermittlungen in ›Rotes Museum‹ in Rome/Wisconsin aus *Picket Fences – Tatort Gartenzaun* durchführen können. Die Geschichte wurde dann in die andere Richtung weiterentwickelt – auch die Einwohner Romes entdeckten an ihren Kühen seltsame Dinge. Ein *Picket-Fences*-Agent ermittelte dort weiter.**

Gen mit einem antibiotischen Gen, welches wiederum relativ leicht nachzuweisen ist. Das mag zwar einfach und wirksam sein, wirft aber die Frage auf, ob es einen Unterschied macht, ein Antibiotikum in einer Pille oder in einer Tomate zu verabreichen. Und was passiert mit dem Gen selbst? Wenn man Gene einer Erdnuß in eine Tomate verpflanzt, wie würde dann jemand, der allergisch gegen Erdnüsse ist, auf Tomatensalat reagieren?

Wissenschaftler behaupten, daß Eiweiße die Vorverdauung im Mund oder die Verdauung in Magen und Darm nicht überleben können. Die PFC verlangt Beweise – Beweise aus langfristigen Tests.

## Kreuzungen

Jeder, der schon einmal versucht hat, den Löwenzahn in seinem Garten auszurotten, kann ein Lied davon singen, daß Pflanzen sich nicht immer so verhalten, wie wir es gerne hätten. Organisationen wie die *National Wildlife Federation* wollen genau wissen, wie biogenetisch veränderte Pflanzen kontrolliert werden können und was zu erwarten ist, falls sie versehentlich oder mit Absicht in natürliche Lebensräume eingeführt werden.

Obwohl das Ernährungsministerium Freilufttests gentechnisch veränderter Pflanzen zehn Jahre lang gestattet hat, stellte sich Steve Vanderpan, der Sprecher des Herstellers der Flavr-Savr-Tomate, dieser Frage ehrlich und öffentlich. Er gab im *New Yorker* zu, daß seine Firma keine Ahnung habe, was bei Kreuzungen passieren könne, und daß ihn ungewollte Mutanten nicht überraschen würden.

Heute ist das Ernährungsministerium vorsichtiger als noch vor ein paar Jahren. Doch bisher konnte weder die PFC noch eine andere Umweltgruppe einen einzigen Fall gentechnisch veränderter Nahrung finden, die dem Menschen direkt geschadet hätte. Man bedenke aber, daß das Gesundheitsministerium anfangs auch die Anwendung von Silikonbrüsten, DDT und Thalidomid gestattete.

Wissenschaftler werfen den Medien vor, den Sachverhalt um gentechnisch veränderte Lebensmittel falsch dargestellt zu haben. Sie hätten nur von den Sensationen berichtet und der täglichen Arbeit in vielen hundert Labors zu wenig Aufmerksamkeit geschenkt. Trotzdem sind die Gegner der Meinung, daß ihre Aktionen die einzige Möglichkeit seien, von den großen Firmen und der Regierung die Wahrheit zu erfahren. Wahrscheinlich haben beide Seiten recht. Und ob wir nun gentechnisch veränderte Tomaten essen oder nicht, die Kontroverse hat sicherlich auch ihren Nutzen gehabt. Bisher ließ die naturwissenschaftliche Ausbildung zum Beispiel die verständliche Darstellung eines Sachverhaltes, die in den Geisteswissenschaften im Vordergrund steht, völlig außer acht. Inzwischen haben auch die Naturwissenschaftler begriffen, daß sie den Laien ihre Ergebnisse in einer verständlichen Sprache präsentieren müssen und nicht in einem vielsilbigem Technokratenlatein.

## Wer hat Angst vorm Schwarzen Mann?

Die *Men in Black* (dt. Männer in Schwarz), von denen einer in dieser Episode von Scully getötet wird, sind ebenso Teil der UFO-Legenden wie die Verschwörungstheorie oder der Zeitverlust. Erstmals tauchten sie in einem Sensationsbericht auf der öffentlichen Bühne auf, die sie seitdem nicht mehr verlassen haben. Sie sind schwarz gekleidet, fahren große schwarze Autos oder fliegen in schwarzen Hubschraubern und tragen auch um Mitternacht noch Sonnenbrillen – die *Men in Black* sind das personifizierte Geheimnis!

## RÄTSEL 34

**Leichte Fragen – 1 Punkt für jede richtige Antwort:**

1. Was steht auf Gary Kanes Rücken?
2. Was findet man hinter dem Spiegel in Kanes Haus?
3. Wie stirbt Beth' Mann?
4. Woher stammen die Mitglieder der Kirche des Roten Museums?
5. Was wird den Kindern wirklich injiziert?

**Es wird schwieriger – 2 Punkte für jede richtige Antwort:**

6. Wie lautet der Name des Schlachthauses?
7. Welchen Pizzabelag will Beth lieber nicht haben?
8. Wie spürt man die Kinder auf?
9. Was verabreicht der Arzt den Kindern angeblich?
10. Wie heißt Richard Odin ursprünglich?

Ihre Herkunft kann bis zu einem gut dokumentierten Ereignis zurückverfolgt werden. 1953 leitete Albert K. Bender einen Verein, der sich *International Flying Saucer Bureau* (IFSB, dt. Internationales Büro für Fliegende Untertassen) nannte und ein Magazin von begrenzter Auflage herausgab, die *Space Review*. Das Magazin berichtete über ›normale‹ UFO-Sichtungen, brachte die herkömmlichen Essays und Spekulationen über UFOs, also nichts besonders Umstrittenes – bis zur Oktoberausgabe von 1953, als eine unerwartete Ankündigung die Leser überraschte: Bender behauptete, die Geheimnisse um die UFOs gelüftet zu haben, und deutete einen einflußreichen Informanten an, dessen Namen er nicht enthüllen könne. Er warnte seine Leser, in Zukunft vorsichtig zu sein. Danach stellte er seine Publikation ein und löste die Organisation auf. Er verriet später, daß er von drei Männern in Schwarz besucht worden sei, die ihm ›geraten‹ hätten, seine Ermittlungen in Sachen UFOs aufzugeben...

In der seither verstrichenen Zeit sind immer wieder ähnliche Berichte aufgetaucht, immer mit dem gleichen Tenor: Normaler Bürger erfährt etwas über UFOs, wird kontaktiert oder entführt; die Person erhält Besuch von einem Mann (manchmal auch einer Frau) oder mehreren Männern in Schwarz, die mehr wissen, als Erdbewohner wissen können. Die MIBs drohen in der Regel vage, Familienmitglieder oder Freunde des Betroffenen heimzusuchen. Der Betroffene hat den Eindruck, verfolgt zu werden. In seinem Telefon hört er seltsame Geräusche, es klingelt oft ohne Grund, elektrische Geräte im Haus funktionieren nicht mehr richtig. In dem Moment, da der Betroffene seine UFO-Forschungen aufgibt, hören auch die seltsamen Geschehnisse auf. Natürlich gibt es in den verschiedenen Geschichten auch Unterschiede, aber die Atmosphäre des subtilen Terrors findet sich in allen Berichten.

# Codename: ›Excelsis Dei‹

**ZUSAMMEN-FASSUNG**

Als Scully mit einem persönlichen Fall aufwartet, in dem es um die ›übernatürliche Vergewaltigung‹ einer Ordensschwester in einem Altenheim geht, ist Mulder zunächst skeptisch. Aber ob die Ursache nun Geister oder magische Pilze sind – es wurde in jedem Fall ein Verbrechen begangen, das Scully mit aller Entschlossenheit aufklären will. Niemand ist überraschter als Mulder, als sich herausstellt, daß Scully intuitiv recht hatte.

## Kombucha: Der Wunderpilz

**HINTERGRUND**

Nachdem die Hippies der Flower-Power-Bewegung alle verfügbaren exotischen Pilze untersucht hatten, glaubt man seit Ende der sechziger Jahre, das Geheimnis der *Magic Mushrooms* zu kennen. Die *Akte X* aber liefert uns eine neue Definition. Wie sonst soll man einen Pilz nennen, der Alzheimer heilt, einen alten Mann in die Lage versetzt, seinen zwanzigjährigen Pflegern davonzulaufen, und Geister heraufbeschwört, die selbst Blumenkinder noch nie gesehen haben?

Der Magic Mushroom der neunziger Jahre hat ein ganz anderes

**ZITAT**

»Ich habe es wieder in die Schublade gelegt – zu den anderen Videos, die nicht Ihnen gehören.«

– SCULLY in ›Excelsis Dei‹

257

Kaliber. Der Kombucha-Pilz gilt als Quelle ewiger Jugend, als athletisches Tonikum und in den Augen mancher sogar als Heilmittel gegen jede erdenkliche Krankheit inklusive AIDS; für andere ist er das Schlangenöl dieses Jahrzehnts.

Diesmal sind es nicht Hausierer, die das Wundermittel feilbieten, sondern die Nachbarn, die von der Leistungskraft des Tonikums überzeugt sind und die Ableger ihrer lebenden Kolonien an Freunde weitergeben. Im Reformhaus präsentiert man den Pilz, der selig in seiner Tee- oder Zuckernährlösung schwimmt. In Zeitschriften für alternative Medizin findet man überall Kombucha-Anzeigen. Egal, wo der Pilz auch wächst, überall ruft er Begeisterung hervor.

Kombucha – auch als Mandschurischer Tee bekannt – soll die Prostata schrumpfen lassen und Haut und Haare regenerieren können, das prämenstruelle Syndrom (PMS) und Blähungen verhindern und sogar nervtötende Sommersprossen eliminieren. Es scheint so, als müßte man sein Problem nur noch erkennen und Kombucha-Kulturen züchten. Beobachter des plötzlichen Interesses an dem Produkt haben den Pilz als ›lebendiges Kuschelgestein‹ bezeichnet und spielen damit auf die Vorliebe der Kombucha-Fans an, ihren Kolonien Namen zu geben.

Bei manchen Menschen erzeugen die Aussagen über die Wundertätigkeit des Kombucha dagegen eher Sorge, vor allem jene Behauptung, daß er den Krankheitsverlauf von AIDS aufhalten könne. Das letzte Volksallheilmittel aus Kalifornien ist ihnen noch zu gut im Gedächtnis – verzweifelte AIDS-Kranke nahmen giftiges Wasserstoffperoxid ein.

Was ist ein Kombucha überhaupt? Eine symbiotische Kolonie von Hefe und Bakterien, wobei die Hefe dafür verantwortlich ist, daß sich das ganze Pilz nennen darf. Allerdings hat Kombucha mit einem normalen Pilz nichts gemein. Die Kolonie, also die Gemeinschaft der einzelnen Organismen, sieht wie eine fette, durchsichtige Qualle aus und reproduziert sich alle acht Tage.

Je nachdem, wen man fragt, ist Kombucha entweder ein altes ägyptisches, russisches, chinesisches, japanisches oder koreanisches Heilmittel. Manche datieren seinen Ursprung sogar ins sagenhafte Atlantis zurück. Kommerzielle Kombucha-Händler schreiben ihn häufig berühmten Persönlichkeiten zu, vor allem langlebigen. Manche geben zu, das Tonikum zu benutzen, andere reißen nur die Augen auf. Tatsache ist, daß 1994 schätzungsweise eine Million normaler Bürger das Tonikum entweder selbst gekauft oder als Geschenk erhalten haben.

Natürlich ist es etwas schwieriger, eine Kombuchakolonie zu züchten, als einfach eine Pille zu schlucken. Kombucha-Liebhaber wachen fürsorglich über ihre kleine Mikrobrauerei und warten gespannt auf die Resultate einer Rezeptur, die sie eine Woche vorher angesetzt haben. Für die Herstellung des Tonikums werden normalerweise knapp drei Liter kochendes Wasser mit einer Tasse Rohzucker vermischt und in einen sterilen Glasbehälter gegeben. Sobald der Zucker sich aufgelöst hat, kommen vier Teebeutel (Chinesischer oder Schwarzer Tee) in das süße Wasser. Der kaltgewordene Tee ist der Nährboden für die Kombuchakultur.

Der gläserne Behälter mit dem Kombucha wird mit einem sauberen, luftdurchlässigen Wolltuch bedeckt und eine Woche lang an einen warmen, schattigen, ruhigen Ort gestellt. In dieser Woche findet eine natürliche Gärung statt (ähnlich der beim Wein). Das Resultat: ein scharfes, apfelmostartiges, zuweilen sprudelndes Getränk – und eine zweite Kultur, das ›Baby‹, das man Freunden schenken kann. Bedenkt man, daß der Preis für eine frische Kultur über siebzig Mark beträgt, ist das ein nicht zu verachtendes Geschenk.

Die meisten Mediziner, die sich mit AIDS beschäftigen, haben bei der Anwendung alternativer Heilmethoden keine Bedenken. Sie haben längst erkannt, daß es der Erprobung unterschiedlichster Mittel bedarf, um AIDS zu besiegen. Sie beunruhigt nur, daß die Kombucha-Therapie ganz eigene Probleme mit sich bringt:

1. Kombucha ist ein zäher Organismus, der sich aus dem kleinsten Abstrich regeneriert. Man kann ihn nicht in den Abfluß schütten, da er sich oft nicht wegspülen läßt, sondern sich im Siphon festsetzt. Dort ist Kombucha der perfekte Nährboden für weit weniger angenehme Gäste.
2. Auch wenn allergische Reaktionen auf das Tonikum nur selten auftreten, muß man dennoch mit ihnen rechnen. Nesselsucht, Ausschlag, Kopfschmerz, Schwindel sind übliche Reaktionen bei Pilzallergien.
3. Das Kombucha-Tonikum besitzt zwar keine künstlichen, chemischen Zusätze, enthält aber mehr als genug Zucker. Für AIDS-Patienten, die häufig Probleme mit der Bauchspeicheldrüse haben, kann Zucker gefährlich sein. Diabetiker, die nach einem hundertprozentig natürlichen Getränk suchen, könnten nach einer Woche Wartezeit leicht vergessen haben, wieviel Zucker in dem Tee war.
4. Man muß mit Verunreinigungen rechnen. Alles, was eine Woche lang bei Zimmertemperatur herumsteht, kann zum Nährboden für Schimmel und sogar Ungezieferlarven werden.

Kombucha wird sich eines Tages möglicherweise als nützliches Medikament erweisen, aber wie bei Aspirin oder Valium, die zunächst auch nur Volksheilmittel waren, kann eine unvoreingenommene wissenschaftliche Studie zu seiner Wirksamkeit nicht schaden. Zu wissen, wie der Kombucha im Körper des Menschen wirkt, kann von großem Nutzen für die Medizin sein.

## Wasser, nichts als Wasser: Noch mehr zu den Special effects

Wann immer Filmaufnahmen mit Wasser – egal, in welcher Form – zu einem Dreh gehören, erhöhen sich die Schwierigkeiten, die Szene perfekt in den Kasten zu bekommen, mindestens um das Hundertfache. Daß sich Wasser und Elektrizität nicht vertragen, gehört noch zu den einfacheren und berechenbareren Schwierigkeiten, die es zu meistern gilt.

Unterwasseraufnahmen wie in ›Excelsis Dei‹ und Totenstille stellen Szenenbildner, Kameraleute, Schauspieler und das Beleuchtungsteam vor einzigartige Probleme. Natürlich geht dabei – wie immer – alles schief, was nur schiefgehen kann. Wasser ist der Lebensraum verschiedener Organismen, darunter Grünalgen, die unter energiespendendem Scheinwerferlicht und in der Hitze des Studios wachsen und gedeihen. Ohne regelmäßige chemische Behandlung würden diese kleinen Wasserpflanzen das ganze Filmaquarium oder das Schwimmbecken verunreinigen, was den Unterwasserszenen einen geisterhaften grünen Schimmer verleihen und die Bildschärfe beeinträchtigen würde. Schreitet der Wachstumszyklus der Algen voran, stellt er die Kontinuität der Aufnahmen vor ernste Probleme – Filmaufnahmen, die während unterschiedlicher Phasen des Algenwachstums gedreht werden, variieren dann farblich. Wenn Teile einer Szene neu gedreht werden müssen, ist es beinahe unmöglich, die ursprünglichen Lichtverhältnisse wiederherzustellen.

Chemikalien auf Chlorbasis, die das Algenwachstum bremsen können, sind leider im allgemeinen wirkungslos, wenn sie in der gewöhnlichen Schwimmbadkonzen-

**RÄTSEL 35**

Leichte Fragen – 1 Punkt für jede richtige Antwort:

1. Wer entscheidet, daß dieser Fall bearbeitet wird?
2. Was war Leo früher von Beruf?
3. An welcher Krankheit leiden die meisten Patienten des Pflegeheims?
4. Dorothy sieht etwas um Scully ›herumhängen‹. Was?
5. Was wollen Hal und Stan sich ansehen, als Schwester Charters ihnen die Fernbedienung wegnimmt?

Es wird schwieriger – 2 Punkte für jede richtige Antwort:

6. Was findet Mulder außer den Pilzen noch in den Pilzbeeten, die Gung im Keller angelegt hat?
7. Durch welchen Umstand fällt dieser Fall in die Zuständigkeit des FBI?
8. Mit wie vielen Stichen wird die Platzwunde auf Schwester Charters' Lippe genäht?
9. Von wem behauptet Schwester Charters vergewaltigt worden sein?
10. Was zeichnet Leo am Ende der Episode?

trationen verwendet werden. Die intensive Studiobeleuchtung erfordert eine doppelt so hohe Konzentration der Chemikalien wie im öffentlichen Schwimmbad, was den Schauspielern gereizte und gerötete Augen beschert. Neben der Sorge um die Akteure müssen sich Produzent und Regisseur von *Akte X* auch des Zeitplanes bewußt sein, der höchstens acht Drehtage zur Fertigstellung einer Episode vorsieht. Jeder Tag, an dem aus Krankheitsgründen nicht gedreht werden kann, ist deshalb eine kostspielige Unterbrechung, vor allem dann, wenn die begrenzte Zeit durch vermeidbare Zwischenfälle wie eine Augenreizung durch Chlor verlorengeht.

Der Umgang mit der Zeit ist bei Unterwasseraufnahmen auch ohne Algenblüte nicht einfach. Alles, was in ein Wasserbecken gelangt, kann das Wasser mit Schmutz oder Staub verunreinigen. Man braucht Stunden, um die kleinsten Flecke chemisch zu tilgen oder mechanisch zu entfernen. Damit es nicht zu Zeitverlusten kommt, haben Szenenbildner und Requisiteure spezielle Reinigungsverfahren entwickelt. Alle Requisiten werden gründlichst gesäubert, auch Schuhe, die unter Wasser getragen werden sollen. Alles, was zu unpassender Zeit vor die Kamera schwimmen könnte, wird mit Gewichten beschwert oder festgebunden. Vor den Aufnahmen wird der Kleidungsstoff auf seine mögliche Transparenz hin untersucht, und Röcke werden notfalls am Saum schwerer gemacht, damit es nicht zu unbeabsichtigten Verstößen gegen die FSK-Vorschriften kommt.

Wasser ist ein flüssiges Medium mit anderen optischen Eigenschaften als Luft und stellt die Filmemacher deshalb vor eine weitere Herausforderung. Alle Gegenstände, auch die Schauspieler, sehen unter Wasser dünner und gedrungener aus. Die Wände scheinen gegeneinander geneigt zu sein, der Boden wirkt gekrümmt. Beachtet man die Gesetze der Perspektivik nicht, verwischt sich die Entfernung, und Bewegungen können nicht richtig eingeschätzt werden. Perspektivische Tiefe und räumliche Anordnung, die man auf Filmmaterial – im Gegensatz zu Video – besonders herausstellen kann, gehen verloren. In ›Excelsis Dei‹ wird die Aufmerksamkeit des Zuschauers durch deutlich markierte Ecken, eine Fülle gerader Linien sowie den weitgehenden Verzicht auf weitwinklige Gesamtaufnahmen des versunkenen Badezimmers (das in einem Aquarium aufgebaut wurde) auf bestimmte Handlungsaspekte gelenkt. Solche Tricks helfen, Eindimensionalität zu vermeiden.

## WAS ES SONST NOCH SO AN WASSER GIBT: EIS, FROST, REGEN, SCHNEE, NEBEL

Die Schneekulisse war in ›Die Kolonie – Teil 2‹ und ›Eis‹ unentbehrlich, aber für einen Effekt, der kaum eine Minute zu sehen ist, wäre eine Fahrt in die tiefe Antarktis unverhältnismäßig teuer geworden und kam deshalb nicht in Frage. Zwei besondere Studioeffekte können eine Schneekulisse wie die zu Beginn von ›Eis‹ erzeugen. Bei der ersten wird in einer mit Polystyrolkörnern gefüllten kleinen Kiste ein ›Sturm‹ gefilmt. Diese Aufnahme legt man später wie eine Folie über die Aufnahme des Modells einer beleuchteten arktischen Eisstation.

Bei Aufnahmen, in denen sich ein Schauspieler durch eine Landschaft bewegt, wäre eine solche Überlagerung mehrerer Aufnahmen ebenfalls eine praktikable Möglichkeit. Eine Schneemaschine und eine Schneekanone allerdings sind wirkungsvoller, vor allem dann, wenn die Schnee- und Eiskulisse bereits für andere Szenen aufgebaut worden ist und eine Aufnahme wie in ›Eis‹ im Studio gemacht werden soll.

Zu den kunstvollsten Wasserkreationen, die von Spezialisten gestaltet werden, gehören zierliche, frostbeschlagene Fenster, die durch methylierte und sorgfältig zerstäubte Kreide, Polystyren- und Wachseiszapfen sowie wassergefüllte Blöcke aus gewelltem Acrylplastik anstelle von Eis imitiert werden. Als Beispiele für diese Techniken in ›Eis‹ muß man sich nur an die Fenster oder die Szene erinnern, wo Scully sich ihrer Pistole entledigt.

---

## ASTROLOGISCH GESPROCHEN ...

Mulder ist Sternzeichen Waage – theoretisch also der geborene Diplomat. Vielleicht hätte ihm mal jemand ein Horoskop erstellen sollen, bevor er sämtliche Vorgesetzte vor den Kopf stieß ...

### WAAGE:

Eigenschaft: bodenständig
Element: Luft
Kernaussage: »Ich sorge für Ausgleich.«

BESCHREIBUNG
Der Waage-Mensch schätzt Frieden höher ein als alles andere. Er ist immer bereit, die Fehler anderer zu entschuldigen, um Streit zu vermeiden, und in der Lage, Harmonie in die Streitigkeiten um ihn herum zu bringen.

POSITIVE EIGENSCHAFTEN
Kooperativ, diplomatisch, umgänglich, liebenswürdig, umsichtig, beredsam

NEGATIVE EIGENSCHAFTEN
Liebt Intrigen, unentschlossen, leicht von etwas abzubringen, erscheint oft wankelmütig und unfähig, sich für einen persönlichen Moral- oder Ehrenkodex zu entscheiden.

# Codename: ›Böse geboren‹

Als eine Kleinstadtpolizistin die Knochen eines seit fast einem halben Jahrhundert vermißten FBI-Agenten findet – und nicht mal sagen kann, wie ihr das gelungen ist –, vermutet Mulder mehr als einen blinden Zufall. Es bedarf sowohl seiner Jungianischer Ausbildung als auch Scullys umfassenderer, intuitiver Sichtweise, um Traum von Realität, Erinnerungen von Geschichte und Gegenwart von Zukunft zu unterscheiden.

**ZUSAMMEN-FASSUNG**

## Blutspuren als Beweis:
## Hier ein Tröpfchen, da ein Tröpfchen

**HINTERGRUND**

### DNA-Tests

Als Mulder und Scully in ihrem Motelzimmer in Aubrey auf die Resultate des DNA-Tests warten, kann man ihnen nur wünschen, daß sie gern Karten spielen, denn bei den von Scully erwähnten Untersuchungen dauert es normalerweise Wochen, manchmal sogar Monate, bis brauchbare Ergebnisse vorliegen. Obwohl das Timing hier also nicht stimmt, wird die Bedeutung toxikologischer Beweise – besonders des Blutbeweises – richtig eingeschätzt. Der DNA-Beweis

**ZITAT**
»Ich war schon immer von Frauen fasziniert, die B. J. heißen.«
– MULDER in ›Böse geboren‹

265

wird allmählich zum Lieblingsindiz der Strafverfolgungsbehörden auf der ganzen Welt und bald so selbstverständlich zu Gerichtsverfahren gehören wie der Fingerabdruck oder andere Indizienbeweise.

Gerichtsmediziner haben sich seit Jahren an die unterscheidenden Faktoren im Blut herangetastet. Zuerst identifizierte man einfache Blutgruppen (A, B, 0 oder AB). Dann unterschieden zusätzlich Rhesus-, Lewis- und Kell-Faktoren die Proben voneinander. Fortschritte in der Serologie erlauben Isolation und Identifikation weiterer Blutfaktoren, einschließlich histologischer Kompatibilitätstests durch Antigene, Blutenzyme und Serum-Eiweiße, die vielleicht schon bald zur Unterscheidung weiterer Bestandteile im Blut führen.

Zu den verbreiteten Bluttests gehören unter anderem:

• RFLP. Der RFLP-Test ist eine Technik, die in den achtziger Jahren durch Anwendung bei Vergleichsstudien bekannt wurde. Sie erlangte 1982 Berühmtheit, als sie bei der diagnostischen Untersuchung von Sichelzellen-Anämie Verwendung fand. Der RFLP-Test basiert auf der Möglichkeit, verschiedene Erbfaktoren auf einem DNA-Strang zu identifizieren und dann die Wahrscheinlichkeit zu errechnen, mit der dieselbe Anordnung in zwei nicht verwandten Blutproben auftauchen würde. Man bestimmt also, mit anderen Worten, ihre Häufigkeit. Um mit dem RFLP-Test aussagefähige Resultate zu erzielen, benötigt man Tausende guter Zellen, wodurch die Aussagegenauigkeit dieser Methode höher ist als beim PCR-Verfahren.
• PCR. Eine Alternativmethode zum RFLP-Test, wird die PCR-Methode durch den besonderen Teil des DNA-Codes, der untersucht wird, bestimmt. Der DQ-alpha-Test, den Scully erwähnt, basiert auf der Syn-

thetisierung des zweiten Exons für ein menschliches Leukozyten-Antigen, HLA-DQ-alpha, einer der drei Genfamilien auf dem sechsten Chromosom des Menschen. Für den PCR-Test benötigt man nur einen winzigen Bruchteil des genetischen Materials, den der RFLP-Test erfordert.

Im zivilen Bereich wird der DNA-Test besonders in kommerziellen Labors benutzt, um ein bestimmtes Individuum einer Gruppe zuzuordnen. Die DNA-Analyse dient hier immer noch in erster Linie der Feststellung der Vaterschaft. Im Bereich der Verbrechensbekämpfung dagegen wird die Methode oft dazu benutzt, Individuen aus der Gruppe der Verdächtigen auszuschließen, wie zum Beispiel in einem Fall zweifacher Vergewaltigung, in dem der Hauptverdächtige seine Unschuld beteuerte. Ohne seinen Ausschluß aus der Verdächtigenliste hätte die Polizei vielleicht keinen Anlaß gesehen, nach anderen Verdächtigen zu suchen. Im Gegensatz zu den Fingerabdrücken, wo ein Abdruck einem bestimmten Individuum zugeordnet werden kann wie beispielsweise in ›Ein neues Nest‹, sind DNA-Abdrücke nicht einzigartig.

Während sowohl der PCR als auch der RFLP-Test nur mit der Zellkern-DNA durchgeführt werden können, werden sich die Gentests der Zukunft auf die mitochondrische DNA stützen, von der in den Zellen größere Mengen vorhanden sind. Damit könnte sich das Gesicht der Gerichtsmedizin erneut drastisch verändern.

## PHYSIKALISCHE SPUREN

Blutspuren wurden – als natürliches Resultat eines Gewaltverbrechens – von der Polizei schon lange, bevor die Mikroskopkunst DNA-Vergleiche zuließ, untersucht.

Gestalt, Lage und Größe eines Blutflecks geben oft wichtige Hinweise darauf, wie ein Verbrechen begangen worden ist. So kann zum Beispiel die Höhe, aus der ein Blutstropfen herabgefallen ist, aus der Form des Flecks berechnet werden. Man kann den Winkel bestimmen, mit dem das Blut auf eine bestimmte Oberfläche getropft ist, und durch eine genauere Untersuchung sogar grobe Schlüsse auf das Alter der Blutspur ziehen.

Mit Hilfe von Höhe, Winkel und Alter einer bestimmten Blutspur kann ein erfahrener Ermittler den Tathergang weitgehend rekonstruieren und mit etwas Glück anhand der dabei entdeckten Details die Festnahme des Verbrechers veranlassen. An einem Fall aus England wird jungen Kriminologen gerne illustriert, daß dieses Indiz nach wie vor ein wichtiges Mittel bei der Klärung eines Verbrechens ist.

Zwei Zwillinge mit einer DNA, die sich so ähnlich ist, daß sogar die neuen Differenzierungstechnologien versagten, waren in einen mißlungenen Raubüberfall verwickelt, bei dem einer von ihnen den Ladenbesitzer ermordete. Aber die Sache war noch komplizierter: Beide Brüder wurden bei dem Kampf verletzt, ihr Blut war über den ganzen Tatort verspritzt. Indem man die Höhe, aus der das Blut herabgetropft war, mit den Wunden der Verdächtigen verglich, stellte man aber rasch fest, daß nur der mit der Schnittwunde im Oberarm den Mord begangen haben konnte.

Ob durch oberflächliche Untersuchung oder feinste Analyse einzelner Zellen – das Blut bleibt eines der verläßlichsten Indizien der Ermittler.

# Codename: ›Todestrieb‹

Mulder und Scully werden gebeten, das Profil eines Geistesgestörten zu erstellen, der mehr Fetische als Finger an den Händen hat. Der Versuch, in die verwickelte Gedankenwelt dieses Mannes einzudringen, wird für Scully zu einer sehr persönlichen Angelegenheit. Sie hat – im Gegensatz zu ihrem Partner – noch nie in einem Fall von sexuell abnormem Verhalten ermittelt. Als der Killer Scully entführt, um sie, wie es aussieht, zu seinem nächsten Opfer zu machen, zittert sogar Mulder um sie.

**ZUSAMMEN-FASSUNG**

**ZITAT**

»Es ist irgendwie leichter, an UFOs und Außerirdische zu glauben wie Agent Bocks als an ein so unmenschliches, kaltblütiges Monster, das über die Lebenden herfällt, um sich von den Toten zu reinigen.«

– SCULLY in ›Todestrieb‹

## Der Fetischist

**HINTERGRUND**

Während die Mutanten und Außerirdischen in *Akte X* schon unheimlich genug dargestellt werden, sind die Ausflüge der Serie in die Tiefen der menschlichen Seele besonders verstörend. Episoden wie ›Die Botschaft‹ und ›Der Wunderheiler‹ sollten mit einer Warnung für nervlich zart besaitete Gemüter versehen werden. Aber nichts könnte den Zuschauer auf das Böse vorbereiten, daß sich in ›Todestrieb‹ auf der Matt-

269

scheibe ausbreitet. Der Fetischist Donnie Pfaster kann nur mit großer Mühe als Mensch gelten. Obwohl Fetischismus gar nicht so selten ist, erscheint es unvorstellbar, daß für den Fetisch gemordet wird, daß die Opfer bloße Objekte und allein aufgrund ihres Nagellacks ausgewählt werden. Zum Glück für unsere Gesellschaft entwickeln sich die meisten Fetischismen nicht bis zu einem solchen Grad.

## DEFINITION DES FETISCHISTEN

Viele Menschen finden, daß seidene Unterwäsche oder Bettlaken, Spitzen-BHs oder Boxershorts im Leopardenfelldesign ihr Sexualleben bereichern. Das sind natürlich keine Fetischisten – jedenfalls nicht, wenn ihnen Bettwäsche oder Shorts als Voraussetzungen für die eigene Befriedigung nicht wichtiger als der Partner sind.

Wenn man ungewöhnliche Formen des Sexuallebens, von denen der Fetischismus eine ist, zu dem Bild hinzufügt, wird die Diagnose schon schwieriger. Zu den weitverbreitetsten Praktiken, die dem Fetischismus zugerechnet werden, gehören: Transvestitentum, Zoophilie, Pädophilie, Exhibitionismus, Voyeurismus, sexueller Masochismus, sexueller Sadismus, Koprophilie, Frotteurismus und Nekrophilie.

Der Fetischist ist meist männlich und wird von einem bestimmten Objekt oder einem besonderen, nicht-geschlechtlichen Körperteil einer Person sexuell erregt. Die Abnormität des Fetischismus äußert sich in der Wahl lebloser Gegenstände (Fetische) als bevorzugte oder ausschließliche Mittel zur sexuellen Erregung.

## IN DER PRAXIS

Schöne Schuhe, Strümpfe, Handschuhe, Toilettenartikel, Pelzkleidung und besonders Unterwäsche sind die verbreiteten Erregungsobjekte des Fetischisten. Während manche ihrer Leidenschaft frönen, indem sie den Fetisch bei der heimlichen Masturbation liebkosen, ihn küssen, daran riechen oder das geliebte Objekt anstarren, bringen andere ihn in die sexuelle Beziehung ein und bitten ihren Partner, den Fetisch vor oder während des Geschlechtsverkehrs zu tragen.

Einige Fetischisten sind Sammler und eher daran interessiert, Exemplare des begehrten Objektes anzuhäufen, als ungewöhnliche, sexuelle Begegnungen in direkter Verbindung mit dem Fetisch zu suchen. Sie begnügen sich meistens damit, während des Geschlechtsaktes an den Fetisch zu denken, obwohl Sammler gelegentlich auch zu Berufsverbrechern werden und Woche für Woche Einbrüche verüben, um ihre Kollektion zu vergrößern.

Für wieder andere wird ein bestimmter Körperteil der Frau zum Fetisch – obwohl nur wenige diesen Aspekt des Fetischismus mit Sammlerwut kombinieren, wie Pfaster das tut. Haarsträhnen, Fuß, Knöchel, Hand, Fingernagel, fein geformte Ohren und große Brüste können das eingeschränkte Ziel ihrer Leidenschaft sein. Um den Kontakt mit seinem Fetisch herzustellen, führt der Fetischist manchmal außergewöhnlich Manöver durch, arbeitet zum Beispiel als Schuhverkäufer, obwohl er durchaus für eine besser bezahlte Arbeit qualifiziert wäre, oder begeht sexuelle Belästigungen.

Aus der Subjektive des Fetischisten ist die Anziehungskraft, die von dem geliebten Objekt ausgeht, unwillkürlich – und unwiderstehlich. Durch diese starke, zwingende Affinität kann der Fetischismus zur dominierenden Triebkraft im Leben eines Menschen werden. Der Grad der erotischen Faszination unterscheidet den Fetischismus von der normalen Anziehungskraft, die hochhackige Schuhe, Netzstrumpfhosen,

**Sowohl die Vikings als auch die Redskins haben einen Spieler namens Carter – einer heißt Cris, der andere Chris … Cris Carter, Quarterback der Vikings, ist auf der Mattscheibe des Fernsehers in Bocks Büro zu erkennen, als er den ersten Run markiert und dann den Touchdown macht.**

schönes Haar, Brüste oder Schenkel auf den durchschnittlichen heterosexuellen Mann ausüben.

Psychoanalytiker vermuten im allgemeinen, daß der Fetischismus und andere sexuelle Abnormitäten eine Schutzfunktion darstellen, die die Angst vor normalen sexuellen Begegnungen unterdrückt. Viele Lerntheoretiker vermuten in der sexuellen Biografie des Betroffenen ein klassisches Ereignis. Ein junger Mann, der beispielsweise in einem frühen Stadium seiner sexuellen Entwicklung mit Hilfe von Bildern von in schwarzes Leder gekleideten Frauen masturbiert hat, könnte so einen Fetischismus für schwarzes Leder entwickelt haben. Ein Versuch hat diese These bestätigt. Man zeigte männlichen Testpersonen wiederholt Dias von nackten, verführerischen Frauen, zwischen die Bilder von Frauenschuhen geschaltet wurden. Die Versuchspersonen wurden schließlich allein schon von den Schuhbildern erregt. Die ›fetischistische Anziehungskraft‹ war allerdings schwach und nur vorübergehend ...

Ähnlich den Personen, die offenbar prädestiniert dazu sind, eine Phobie vor bestimmten Gegenständen zu erlernen, scheinen andere dazu prädestiniert zu sein, die sexuelle Erregung durch ganz bestimmte, abnorme Stimuli zu erlernen. Wenn es dabei allerdings nur um Assoziationen ginge wie bei den Pawlowschen Hunden, müßten Decken und Kissen ganz oben auf der Fetischliste stehen. Ohne zusätzliche Beweise wird die Konditionierungstheorie wohl von den Psychotherapeuten nicht akzeptiert werden.

Wie soll man also die Pfasters dieser Welt erklären? Zu diesem Zeitpunkt können wir das nicht. Was im einen Fall einfach exzentrisch ist, kann im anderen unter bestimmten Umständen mörderisch werden. Anhaltspunkte, die uns rechtzeitig warnen, gibt es aber kaum.

# Es wird technischer: Lackanalyse

Als Pfaster Scullys Auto mit seinem Wagen in den Graben drängt, läßt er ein wichtiges Indiz zurück – Lackspuren. Unter gewissen Umständen kann ein Farbpartikel nach verschiedenen physikalischen und chemischen Untersuchungen tatsächlich einem bestimmten Fahrzeug zugeordnet werden.

Wenn sowohl das verdächtige Auto als auch ein Lackrest vorhanden sind, beginnt man mit einer physikalischen Untersuchung. Die ausgezackte Ecke eines Lackbrockens, die exakt auf die Fläche paßt, von der er stammt, kann allein schon das Auto mit dem Tatort in Verbindung bringen. Lack, der in mehreren Schichten aufgetragen wird, kann wie in ›Todestrieb‹ auf einen bestimmten Hersteller oder auf das Herstellungsjahr deuten, selbst auf den Fahrzeugtyp, wenn die einzelnen Lackschichten nur genügend Unterscheidungsmerkmale besitzen. Andernfalls gehört der Lack eher in die Kategorie Typen, als daß er eine direkter Beweis wäre.

Die Untersuchung des Lacks auf Typenmerkmale beinhaltet chemische Tests zur Analyse der Bestandteile. Dazu gehört die Untersuchung mit Instrumenten wie dem Infrarot-Spektrometer, dem Emissionsspektrographen und dem Elektronenmikroskop.

Wie die meisten Sammlungen des FBI ist auch die Farbensammlung sehr umfassend. Fassadenfarbe, Künstlerfarbe, Autolacke und sogar Straßenfarbe gehören dazu.

Leichte Fragen – 1 Punkt für jede richtige Antwort:

1. Wo arbeitet Donald Pfaster am Beginn dieser Episode?
2. Was hält Agent Bocks für die Ursache der zerwühlten Gräber?
3. Was findet die Prostituierte an Pfasters Schlafzimmer so beunruhigend?
4. Wie lautet Pfasters vollständiger Name?
5. Wie soll Pfaster auf Vorschlag Mulders in offiziellen Mitteilungen bezeichnet werden?

Es wird schwieriger – 2 Punkte für jede richtige Antwort:

6. Was studierte Pfaster?
7. Von welcher Einrichtung macht Scully während ihrer Reise nach Washington Gebrauch?
8. Was entdeckt Agent Bocks in den gefrorenen Pfirsichen?
9. Wohin bringt Pfaster Scully, nachdem er sie von der Straße gedrängt hat?
10. Wie viele ältere Schwestern hat Pfaster?

## WAS WIRD SIE HEUTE WOHL TRAGEN?

Es ist höchste Zeit, daß Dana Scully mal einen neuen Trenchcoat bekommt. Ihr alter, der sie durch die beiden ersten *Akte-X*-Staffeln begleitet hat, wurde kürzlich bei einer AIDS-Hilfe-Veranstaltung versteigert.

Dutzende weiterer *Akte-X*-Objekte konnten ebenfalls von dem Meistbietenden ersteigert werden. Der Beitrag der Serie zu der Veranstaltung betrug am Ende über 60 000 DM!

| Einige der verkauften Gegenstände | Preis (in DM) |
| --- | --- |
| I.D.-Karte zum Anstecken mit Autogramm, Nr. 1 | 910 |
| I.D.-Karte zum Anstecken mit Autogramm, Nr. 2 | 1 400 |
| T-Shirt mit Autogramm, Nr. 1 | 380 |
| T-Shirt mit Autogramm, Nr. 2 | 300 |
| T-Shirt mit Autogramm, Nr. 3 | 490 |
| T-Shirt mit Autogramm, Nr. 4 | 470 |
| Comics von *Akte X,* Nr. 1–3 | 460 |
| Lederabzeichen (Set mit Autogramm, Nr. 1) | 3 150 |
| Lederabzeichen (Set mit Autogramm, Nr. 2) | 15 100 |
| Scullys Trenchcoat (Futter mit Autogramm) | 7 700 |
| verschiedene Poster mit Autogramm | 5 950 |
| Scripts mit Autogramm (3er Set) | 6 700 |
| Krawatten mit Autogramm von David Duchovny | 11 800 |
| Comic-Set mit Autogrammen | 7 800 |

# Codename: ›Satan‹

Ritualmorde führen Scully und Mulder in eine Kleinstadt, in der es Frösche regnet und das Wasser gelegentlich rückwärts fließt – oder wenigstens immer
dann, wenn die beiden Agenten den Fall gerade abbre-
chen wollen. Während die Ein-
wohner von seltsamen Ereignissen an einem Altar tief im Wald
munkeln, ermittelt Scully gegen
einen Aushilfslehrer, an dessen
Anstellung sich keiner mehr erinnern kann, und Mulder beginnt
mit seiner Jagd auf Kultmitglieder.

**ZUSAMMEN-
FASSUNG**

**ZITAT**
»Das wäre ein toller Couch-
tisch.«
– MULDER über den Waldaltar
in ›Satan‹

## Es regnet Frösche

»Mulder, es regnet Kröten!«

Beim Anblick der zwei geschniegelten FBI-Agenten,
die sich unter einen Schirm flüchten, weil um sie
herum Frösche niederregnen, schwanken die Zuschauer zwischen Lachen und Ungläubigkeit und fragen sich, wie unser Agentenpaar diesen Fall wohl erklären wird. Dabei ist das für Meteorologen ein ganz
alter Hut. Sie hätten Scullys Theorie einer Wasserhose
ohne zu zögern unterschrieben.

Schon im Frühjahr 1666 berichtete ein Priester aus
dem englischen Kent

**HINTERGRUND**

Der Originaltitel die-
ser Episode, ›Die
Hand, die verletzt‹,
stammt aus einem
Gebet.

Im Vorspann dieser Folge tauchen die Footballspieler James ›Chargers‹ Wong und Glen ›Bolts, Baby!‹ Morgan auf – eine Anspielung auf die San Diego Chargers, die in der Woche, in der die Folge in Amerika gesendet wurde, im Super Bowl spielten.

»Um die Osterzeit... war eine Wiese in dieser Pfarre mit einer Menge kleiner Fische, ohngefähr einem Scheffel, bedeckt. Die Wiese liegt weit vom Meer oder einem Meeresarm entfernt. Es wird erzählt, die Fische seyen aus einer großen Wolke herabgeregnet, gab es doch zu dieser Zeit ein großes Unwetter mit Donner, Hagel, Wind etc. Die Fische waren ohngefähr so groß wie der kleine Finger eines Mannes... und sie wurden dem Publikum in Maidstone und Dartford gezeigt.«

Ähnlich sorgfältig geführte Aufzeichnungen deuten an, daß zwar am häufigsten Fische herabregnen, aber keineswegs ausschließlich. Ein Junge aus Bournemouth berichtete 1891:

»Eines Tages gab es ein heftiges Gewitter. Da ich keinen Unterschlupf hatte, war ich nach wenigen Minuten bis auf die Haut durchnäßt und sah kleine gelbe Frösche, ungefähr von der Größe eines Florin oder einer Halfcrown, zerschmettert auf dem Boden um mich her liegen. Ich sprang unter einer großen Mörserpfanne in Deckung, und als der Sturm vorüber war, fand ich in der Pfanne Hunderte dieser kleinen Frösche... Tausende waren auf den Stechginsterbüschen auf der Wiese umher aufgespießt.«

Selbst Vögel, die gemeinhin in der Luft zu Hause sind, fielen schon in Massen vom Himmel herab. In der Nacht des 13. März 1904 regneten an die 750 000 Langsporne auf ein paar Quadratmeilen Boden in Minnesota. Über Shreveport fielen 1941 so viele Amseln herab, daß man die Militärpolizei bei der Beseitigung um Hilfe bat. Ein Soldat berichtete von »ganzen Schwärmen, die einfach so zu Boden fielen«.

In Frankreich hat es schon einmal Weichtiere geregnet. Ausgewachsene Salamander, fast elf Zentimeter lang, fielen im amerikanischen Nashville/Tennessee vom Himmel. Und in Montreal regnete es 1857 lebende Eidechsen. Die Einwohner von Guam waren überrascht, als sie den Tinca tinca, einen europäischen Süßwasserfisch, über ihre Insel verstreut fanden. So seltsam das alles schon gewesen sein muß, der absonderlichste Fall ereignete sich in Dubuque/Iowa, wo nach einem heftigen Hagelsturm die Eisbrocken schmolzen und kleine, noch lebende Frösche freigaben.

Natürlich ziehen solche Ereignisse die Aufmerksamkeit der Öffentlichkeit und das Interesse von Wissenschaftlern auf sich, die wie Scully übernatürliche Ursachen von vornherein ausschließen. Meistens erklärte man sich die Phänomene mit Wasserhosen oder Tornados, die die Geschöpfe hochgerissen und irgendwo anders wieder niedergeworfen hatten. Wie in den oben geschilderten Fällen sind die meisten Ereignisse dieser Art tatsächlich mit schweren Unwettern verbunden. Oft machten Zeugen ähnliche Angaben wie ein Mann aus Steyl-Teeglen in den Niederlanden, der beobachtete, wie eine Wasserhose sich bildete und, von lauten Donnerschlägen begleitet, in eine tiefhängende Wolke zurückzog. Dann barst die Wolke auseinander und ließ jede Menge Wasser und Fische über die Stadt regnen.

Viele Wissenschaftler sind mit solchen Erklärungen aber nicht zufrieden. Frösche leben in einer dichtbevölkerten Umwelt mit Insekten, Fischen, Vögeln und Kriechtieren zusammen, ganz zu schweigen von Pflanzen, kleinen Steinen, Schlamm und anderem Geröll. Ein See beherbergt selten nur eine Fischart. Dennoch ist nur in sehr wenigen Fällen mehr als eine Tierart an einem Ort herabgeregnet. 1894 wurden die Einwohner

**Mulders Behauptung, daß das Wasser in der Stadt wegen der Corioliskraft rückwärts (bzw. im Uhrzeigersinn) fließe, ist nicht sehr überzeugend. Die Corioliskraft tritt nur bei größeren Vorgängen wie Hurrikanen und Meeresströmungen auf. Die Fließrichtung des Wassers in Wasch- und Toilettenbecken wird normalerweise von der Form des Beckens bestimmt.**

von Bath mit Tausenden von Quallen bombardiert, aber nicht ein einziger größerer Fisch war dabei. Um das Ganze noch etwas merkwürdiger zu machen, waren alle Quallen etwa von gleicher Größe. In der Umgebung wurden keine größeren oder kleineren Exemplare gefunden, deshalb ist das Argument einer Anordnung nach Größe durch Zentrifugalkräfte im Wirbelsturm kaum haltbar.

Ein weiterer verwirrender Aspekt ist der Zustand der gefundenen Exemplare. Fische sind Kiemenatmer; trotzdem werden Exemplare oft meilenweit von der nächsten Wasserquelle entfernt gefunden. Eine Schildkröte, die mit ihren fünfeinhalb Pfund schwerer als die meisten Pflanzen, Steine oder anderen Tiere in ihrer gewöhnlichen Umgebung gewesen sein muß, flog ohne andere Gegenstände durch eine Fensterscheibe. Quallen mit ihrer empfindlichen Körperoberfläche fallen unverletzt herunter, während steifgefrorene Sandaale beim Aufprall zersplittern.

Die vielleicht seltsamsten Fälle sind aber jene, bei denen ohne das geringste Zeichen einer Wetterstörung Tausende von Tieren vom blauen Himmel regneten. Am 23. Oktober 1947 reichte ein Angestellter des *Department of Wild Life and Fisheries*, den man für einen unbestechlichen Beobachter derartiger Phänomene halten sollte, einen Bericht ein, der selbst die gewöhnlichen Konventionen des Fischregens in Frage stellte. Zigtausend Fische, insgesamt mehrere Tonnen, waren in einem Gebiet mit einer Breite von 200 bis 250 Metern und einer Länge von etwa 3000 Metern in Gärten, auf Häuserdächer, selbst in einen Brunnen gefallen – und alles aus einem wolkenlosen, wenn auch etwas dunstigen Himmel. In einem Umkreis von 160 Kilometern wurden keine ungewöhnlichen Wetterfronten gemeldet. Es hatte nicht geregnet, auch waren keine Donnerschläge oder andere ungewöhnliche Geräusche zu hören gewesen. Die Fische waren einfach vom Himmel gefallen wie die Kröten in ›Satan‹.

## Wicca: Die Religion des New Age schöpft aus alten Quellen

Mulder versichert Scully eifrig, daß Wicca nichts mit Dämonenkulten oder den Kultanhängern, die sie in dieser Episode jagen, zu tun habe. Als moderne Interpretation frühheidnischer Religionen ist Wicca eigentlich eine Erdreligion. Es ist kein Geheimnis, daß die Wiccaner (auch als ›Hexen/Zauberer der Macht‹ bekannt) die Erde anbeten.

Im allgemeinen huldigen Wiccaner sowohl dem männlichen als auch dem weiblichen Prinzip. Sie glauben, daß allein der Wille des Menschen Ursache spürbarer Wirkungen sei, wenn er richtig angewendet werde.

Wiccaner sind eigentlich eine bestimmte Art von Heiden, obwohl sie Heiden als ›Landbevölkerung‹ betrachten, die durchaus eine Religion haben. Ihre Anhänger leisten auf das Glaubensbekenntnis, das Wiccanische Wort, einen Eid. Sehr verkürzt lautet dieses Wiccanische Bekenntnis: »Tu alles, was du willst, solange es niemandem schadet.« Was anderen schaden kann, definieren die Wiccaner selbst. Von einem Anhänger wird erwartet, daß er viel Zeit darauf verwendet, sich eine persönliche Ethik zu erarbeiten, statt sich einfach an die Moral zu halten, die ein Gesetz vorschreibt. Die Wiccaner versammeln sich meist in kleinen Gruppen zum Hexensabbat. Ihnen ist am Wohlergehen jedes einzelnen Gruppenmitgliedes persönlich gelegen. Die leitende Kraft – ob nun bei der Versammlung oder für jeden einzelnen – ist gewöhnlich das Gebot der weiblichen Göttin: »Alle Handlungen der Liebe und des Vergnügens sind mein Ritual.« Daneben

RÄTSEL 38

**Leichte Fragen – 1 Punkt für jede richtige Antwort:**

1. Welches Musical wollen die Schüler aufführen?
2. Welche Tiere tauchen unerwartet an dem Altar im Wald auf?
3. Was sollen die Schüler bei ihrer Abschlußprüfung sezieren?
4. Wie viele Kinder will Shannon Ausbury gehabt haben?
5. Welche Tiere regnen auf Scully und Mulder herunter?

**Es wird schwieriger – 2 Punkte für jede richtige Antwort:**

6. Welche Körperteile fehlen an Jerry Stevens Leiche?
7. Wie viele Babys hat Chignon angeblich zur Welt gebracht?
8. Welchen persönlichen Gegenstand entwendet Paddock von Scully?
9. Was finden Mulder und Scully auf die Tafel geschrieben?
10. Welches Buch haben sich die Kinder aus der Bibliothek ausgeliehen, um sich auf ihr Ritual vorzubereiten?

Ihre Punktzahl:

gibt es ein Gebot des männlichen Gottes, das aber von einem Konvent zum anderen variiert.

Wicca ist keineswegs eine modische Religion der gewalttätigen Sekte wie der Kult in ›Satan‹, der Menschenopfer und Folter gutheißt.

---

Unter der nekrotisierenden Fasciitis, auch bekannt als ›fleischfressende Krankheit‹, die den Vorgänger von Miß Paddock befiel, leidet wahrscheinlich nur jeder millionste Mensch. Die aggressive, bakterielle Infektion kann schon nach zwölf Stunden zu entsetzlichen Entstellungen führen und nach achtundvierzig Stunden tödlich sein.

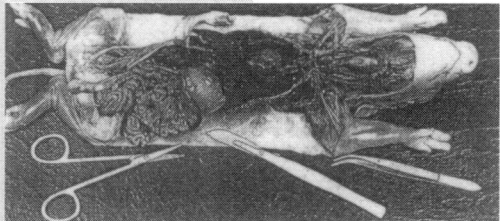

---

Die Schauspielerin, die Miß Paddock darstellt, tritt in einem Werbespot für Gebäck ebenfalls als Biologielehrerin auf.

# Codename: ›Frische Knochen‹

**ZUSAMMEN-FASSUNG**

Während Mulder und Scully Untersuchungen in zwei vermeintlichen Selbstmordfällen von Marines in einem Lager haitianischer Flüchtlinge in Norfolk im Staat Virginia anstellen, werden sie mit Vorwürfen über gewalttätige Übergriffe des Militärs, mit Voodoo-Flüchen und aus ihren Gräbern steigenden Zombiesoldaten konfrontiert. Es wird immer schwieriger, Wahrheit und Wirklichkeit zu unterscheiden, je mehr die Agenten in die Kultur der internierten Haitianer hineingezogen werden und die Wirkung haitianischer Magie am eigenen Leib erfahren.

**ZITAT**

»Frische Knochen, dafür zahlt man gut. Aber ich geh' da hin wegen der Frösche. Die besten Frösche findet man auf dem Friedhof.«

– CHESTER BONAPARTE in ›Frische Knochen‹

## Wade Davis, das Zombie-Projekt und Ethnobiologie

**HINTERGRUND**

Am 30. April 1962 wurde Clairvius Narcisse in das berühmte Albert-Schweitzer-Krankenhaus in Haiti eingeliefert. Am 2. Mai unterschrieben zwei erfahrene Ärzte seinen Totenschein und sprachen seiner Schwester ihr Beileid aus. Nachdem sie den Leichnam identifiziert hatte, preßte Marie Narcisse ihren Daumenabdruck unter den Totenschein. Der Körper wurde über Nacht im Kühlhaus gelagert und am nächsten Tag Maries jüngerer Schwester Angeline für das Begräbnis übergeben. Es entspricht der Praxis in vielen tropischen Ländern, den Leichnam rasch zu bestatten – in diesem Fall schon nach acht Stunden. Freunde und Verwandte trauerten und setzten nach zehn Tagen einen Grabstein auf das Grab.

Im Jahre 1980 betrat Clairvius Narcisse sehr lebendig das Haus seiner Familie.

Selbst in dem an Mysterien gewöhnten Haiti verursachte sein Erscheinen einigen Aufruhr. Der Fall Narcisse war – im Gegensatz zu Dutzenden ähnlicher Fälle, die Jahr für Jahr berichtet und ignoriert werden – medizinisch sorgfältig dokumentiert worden. Außerdem bestätigte Scotland Yard die Echtheit des Fingerabdrucks und die Aussage der Familie Narcisse.

Clairvius' Rückkehr von den Toten war der erste Fall, der so genau dokumentiert war, daß ihn auch Nicht-Haitianer akzeptieren konnten, und das war ein Grund dafür, daß sich ein Wissenschaftler namens Wade Davis und das von ihm initiierte Zombie-Projekt 1982 mit dem Fall befaßten. Der Voodoo-Zombie stammt ursprünglich aus der mystischen Vergangenheit Haitis, hat später die Sensationslust der Filmindustrie und der Schundliteratur über sich ergehen lassen und schließlich die sterilen Bereiche der modernen Medizin betreten. Leider blieb der Prozeß der Verwandlung eines Menschen in einen Zombie trotz des lebenden Narcisse ein Geheimnis. Die komplexe Gesellschaft, die Zombies hervorbrachte, blieb Außenstehenden verschlossen und wurde oft mißverstanden.

Das Forschungsteam des Zombie-Projektes begann seine Arbeit deshalb damit, die existierende Zombie-

Forschung einer kritischen Prüfung zu unterziehen. Schon nach wenigen Tagen traten erhebliche Probleme in den Berichten über einzelne Fälle ans Licht. Obwohl Haiti in seiner frühen Geschichte wie eine einzige große Plantage ausgesehen hatte und die Einwohner unter einer Handvoll Aufseher allesamt ähnliche Leiden durchgemacht hatten, stammen die frühen schriftlichen Zeugnisse ausschließlich von den Großgrundbesitzern und Städtern. Ein paar Malereien, spärliche mündliche Überlieferungen und sehr sporadische Zeugenaussagen, die ›nach dem Hörensagen‹ von Nicht-Haitianern aufgezeichnet wurden, waren alles, was an älterem Material zu diesem Thema zur Verfügung stand. Berichte aus den französisch-katholischen Städten hatten bei einer Bevölkerungsstruktur mit achtzig Prozent Landbewohnern wenig Gewicht. Im ländlichen Teil Haitis praktizierten die Menschen ihre Vodun-Religion und sprachen kreolisch.

Während sich Davis durch einen zähen Brei von Informationen kämpfte, fragte er sich manchmal, ob das Material nicht eher zur Verunglimpfung der Haitianer aufgezeichnet worden war als zum Zweck praktischer Untersuchungen. Mit wenigen Ausnahmen schrieben die nicht in Haiti geborenen Verfasser Geschichten über geköpfte Hühner und Voodoo-Puppen, nicht aber über den reichen kulturellen Hintergrund von Religion, Musik, Überlieferung und Kunst, die vielleicht einen historischen Kontext für die Zombie-Phänomene geliefert hätten.

Die intensivsten Studien zu Haiti führte Hollywood durch – schwerlich eine solide, vorurteilslose Basis. Hollywood präsentierte wandelnde Mumien, Menschen, die wild mit Hühnern um sich schlugen, und Verrückte, die Nadeln in Puppen stachen. An keiner Stelle wurde in den B-Filmen und den Groschenromanen Haitis aufregende Geschichte geschildert.

Das Zombie-Projekt verpflichtete sich dazu, das Zombie-Phänomen ohne Vorverurteilung der haitianischen Kultur zu behandeln. Es versammelte fähige Chemiker, Ärzte, Kunsthistoriker und Künstler, sogar Theologen, die alle bereit waren, Haiti aus einem haitianischen Blickwinkel zu untersuchen oder wenigstens das Zombie-Phänomen als nur einen Teil einer anderen Lebensform zu akzeptieren. In dieser akademischen Arena bildete die Ethnobiologie – ein multidisziplinäres Feld,

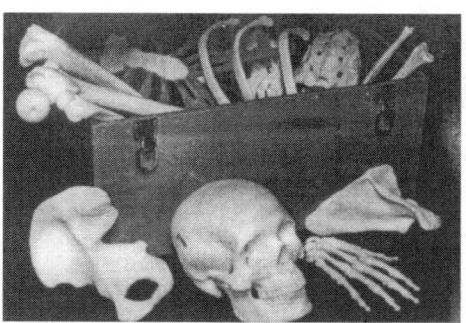

das Pharmakologie, Botanik, Biologie und Anthropologie umfaßt – die Brücke zwischen den verschiedenen Fachbereichen. Davis' Methode entsprach zu größten Teilen der bekannten wissenschaftlichen Praxis. Zuerst wird das Problem formuliert, dann eine Hypothese entwickelt. Die noch ungeklärten Aspekte werden untersucht, geprüft, die Theorien verbessert und,

Es ist nicht sehr höflich, im Kram anderer Menschen herumzustöbern ...

falls nötig, wieder verworfen. In einem entscheidenden Punkt aber war Davis' Vorgehensweise einzigartig: Er fragte sich nicht nur, wie Zombies entstünden, suchte nicht nur nach den Chemikalienverbindungen, die den Prozeß erklären würden. Er fragte auch nach dem *Warum.*

Die Untersuchungen begannen mit einem in der Wissenschaft höchst ungewöhnlichen Zugeständnis. Die Bokor oder Priester, die in der haitianischen Gesellschaft ein hohes Ansehen genießen, wurden als Experten betrachtet, deren Kooperation unter einem materiellen Gesichtspunkt zu sehen war. Davis setzte nicht voraus, daß sich ein Bokor den Fragen eines Wissenschaftlers umsonst zu stellen oder daß der Forscher ein Recht habe, die wertvollen Produkte gratis zu untersuchen. Vor allem unterstellte er nicht, daß ein

Bokor seine Tätigkeit rechtfertigen müsse. Davis verhandelte wie jeder andere Einwohner Haitis über die Gegenstände und Informationen, die er brauchte.

Während Davis den langwierigen Prozeß der Zombie-Werdung beobachtete, sich mit den Einwohnern vertraut machte und dem Rest des Teams Bericht erstattete, absorbierte er den Kontext des Rituals ebenso wie die dazugehörigen Techniken. Viele Aspekte des Prozesses und besonders der Fall Narcisse bereiteten ihm Kopfzerbrechen. Bei seinen Studien unter den Bokor und Houngan von Haiti konstatierte er Trauer und bisweilen sogar Widerwillen bei der Zubereitung der Zaubermittel. Aus der Familie Narcisse und von Clairvius selbst kamen Andeutungen, daß Clairvius seinen Tod selbst verschuldet habe. Statt seine Rückkehr zu feiern, wollte seine Familie ihn kaum mehr bei sich aufnehmen.

Davis mußte annehmen, daß das Verbrechen von Clairvius eng mit seiner Familie zusammenhing. Durch Aussagen von Nachbarn erfuhr er, daß Clairvius fünf Frauen geschwängert habe, nichts Ungewöhnliches in einer Gesellschaft, in der sexuelle Freiheiten und Verantwortlichkeit klar definiert sind und in der man ein halbes Dutzend Beziehungen zwischen Mann und Frau respektiert. Clairvius hatte sich aber offenbar geweigert, die Kinder anzuerkennen. Versuche der Familien der Frauen, zu einem gütlichen Einvernehmen zu kommen, waren zurückgewiesen worden.

Sein Verhalten war unerträglich und eine Schande für die Familie gewesen, die ohnehin schon unter seinem antisozialen Benehmen gelitten hatte. Seinem Bruder, der nach haitianischem Recht Mitbesitzer des Familienhofes war, hatte er ohne besonderen Grund ein Darlehen verweigert. Clairvius' Haus hatte als einziges von einem ganzen Dutzend auf dem Familiengrundstück ein neues Dach bekommen. Er hatte seine Hand auf die Einkünfte der Familie gelegt, sie nicht an seine Verwandten weiterverteilen wollen und sich sogar geweigert, seine eigenen Kinder zu ernähren und den Hof auszubessern. Verzweifelt war seine Familie zu dem Houngan gegangen und hatte ihn gebeten, Clairvius den Schaden vor Augen zu führen, den sein Verhalten der ganzen Sippe zufüge.

Doch Clairvius hatte sich auch weiterhin ausschließlich um seine eigenen Bedürfnisse gekümmert. Während seine Kinder unter fremden Dächern gelebt hatten und deren Mütter durch sein Verhalten entehrt worden waren, hatte er das Geld der Familie nach Lust und Laune vergeudet. Obwohl die Produkte seines Hofes auf dem Markt verschmäht worden waren, hatte er sich nicht geändert.

Schließlich gab Clairvius unter den bohrenden Fragen Davis' zu, daß er warnende Besuche nicht nur von dem Houngan bekommen habe, sondern auch von der Bizango-Gesellschaft, dem weltlichen Arm der Vodun-Kirche. Die hatte ihm seine Verbrechen gegen die Gesellschaft vorgehalten und ihm Gelegenheit gegeben, auf die Vorwürfe zu antworten. Drei Jahre hatte man ihm nach der Androhung einer bevorstehenden Bestrafung Zeit gelassen, um seine Vergehen zu sühnen. Statt dessen aber war er noch tyrannischer geworden.

Als er erkrankt war, habe er geahnt, daß die angekündigte Bestrafung unmittelbar bevorstand, und sich mit der Bitte um ein Gegenmittel an den Houngan gewandt. Der Houngan habe aber keinen Grund finden können, weshalb die Bestrafung weiter hätte hinausgezögert werden sollen, selbst wenn er gewollt hätte. Narcisse sei in das Albert-Schweitzer-Krankenhaus geflohen, weil es eine Einrichtung sei, die außerhalb der medizinischen, religiösen und sozialen Gemeinde des Vodun stehe – sein letzter Versuch, der Strafe zu entgehen, die er den haitianischen Gesetzen zufolge verdient hatte.

# WIE MACHT MAN EINEN ZOMBIE?

Die Haitianer brauchen, um aus einem Menschen einen Zombie zu machen, mehr als bloß die richtige Mischung der Zutaten. Kräuter, Pulver und Rituale sind zwar wichtig, aber im Prinzip sind es die Macht des jeweiligen *Bokor* und seine Verbindung zu den *Loa* (den spirituellen Aspekten des Einen Gottes), die über die Wirksamkeit des Zombiepulvers oder des Gegenmittels entscheiden.

Im folgenden einige Beispiele aus der Rezeptur eines *Bokor* für Zombiepulver. Ein paar Zutaten dienen dazu, den Vodun-Priester zu schützen, andere sollen das Pulver bloß in den Körper des Opfers übertragen. Aus farbigem Talg malt der Priester auf dem Boden um den Ritualplatz schützende Figuren. Talg, mehrfarbiger Sand und Farbe werden zu *Vé-vé* gestaltet, den symbolischen Zeichnungen, wie sie auf dem Baum in ›Frische Knochen‹ zu sehen sind.

Zermahlenes Glas, bestrichene Dornen und der stachlige Zweig einer Himbeere sind Mittel, mit denen das Pulver in den Körper des Opfers gebracht werden kann.

In sicherer Entfernung von menschlichen Ansiedlungen bestimmt der *Bokor* die Menge und Anzahl unterschiedlicher Zutaten, während er dabei die *Loa* anruft. Wenn der *Bokor* erfolgreich war, ›stirbt‹ das Opfer bald darauf, und selbst der fähigste Arzt hätte größte Schwierigkeiten, den neuen Zombie von einer echten Leiche zu unterscheiden.

- Kugelfische, die das wirksame Sedativum Tetrodotoxin enthalten, das in ›Frische Knochen‹ erwähnt wird, werden gefangen, zwei bis fünf Tage lang in der Sonne getrocknet und dann zu einem feinen Pulver zermahlen. Der Vodun-Priester muß darauf achten, das Pulver nicht einzuatmen.

## WAS KOSTEN KÖRPERTEILE?

Haitis Jugend macht ein (für Haiti) gutes Geschäft, indem sie sich dem Houngan und dem Bokor verdingt. Chesters 50 Cent pro Kröte wirken trotzdem armselig, verglichen mit dem, was Biowaren-Händler für die gleiche Ware verlangen. Selbst 200 Dollar für einen Leichnam sind bei weitem nicht die Spitze der Preisliste.

Aus einem kürzlich erschienen Biologischen Katalog (in DM):

| | |
|---|---|
| Tarantel | 7,– |
| Ochsenfrosch | 16,80 |
| Schlange | 46,– |
| Kleine Eidechse | 4,70 |
| Kniegelenk (Mensch) | 220,– |
| Gehirn (Mensch) | 420,– |
| Herz (Mensch) | 365,– |

- Kröten oder Eidechsen können anstelle des Kugelfisches ebenfalls benutzt werden. Damit aus den Kröten ein wirkungsvolleres Mittel hergestellt werden kann, steckt man sie über Nacht mit einem Meereswurm zusammen in ein Glas. Der Wurm soll das Krötengift extrahieren – weil er einer Schlange ähnelt, erschrickt die Kröte, deren Paratoiddrüsen daraufhin eine Menge wirksamer Chemikalien produzieren. Der *Bufo marinus*, die vielleicht beliebteste aller haitianischen Krötenarten, produziert Bufotenin, Bufogenin und Bufotoxin. Am nächsten Morgen tötet man Kröte und Wurm, trocknet sie in der Sonne und zermahlt sie schließlich.
  Ein *Bokor* kann für Kinder aus der Nachbarschaft eine hervorragende Einnahmequelle sein, weil sie – wie Chester Bonaparte – Geld damit verdienen, Kröten für ihn zu jagen. Bis jetzt ist auf Haiti keine Eidechse bekannt, die in der Lage wäre, ›Zombiechemikalien‹ zu produzieren. Es könnte aber sein, daß die Eidechsen noch ein Überbleibsel der afrikanischen Tradition in der haitianischen Gesellschaft sind.
- Schießpulver als Zutat und Geräuscheffekt im Ritual ist das ungewöhnlichste Mittel auf der Liste des *Bokor*.
- Getrocknete Gallenblasen von Maultieren oder Menschen.
- Auf Haiti heimische Pflanzen erfüllen bei einem geschickten Vodun-Priester viele Aufgaben. Manche, wie *Mucuna pruriens,* haben kleine Härchen auf den Blütenblättern oder dem Stengel, die Juckreiz auslösen. Wenn sich das ausgewählte Opfer kratzt – so wie Scully zum Beispiel –, entstehen kleine Risse in der Haut, und Verbindungen wie das Tetrodotoxin können in den Körper eindringen.
- Menschliche Leichenteile, möglichst frisch vom Friedhof besorgt, werden vor dem Haus des Zaube-

rers zwei Tage lang vergraben. Sie gelten als sehr wirksame Zutaten. Die Haut wird mit Pflanzenölen eingerieben, getrocknet und zermahlen, Knochen werden geschabt oder zermahlen oder in einem Mörser zerstampft. Ein Körperteil eines Kindes wird für besonders wirkungsvoll gehalten, weil es Geburt und Tod, Lebende und Tote direkter miteinander verbindet.

Es gibt zwei Theorien darüber, wie die Opfer wiedererweckt werden; beide sind gleich wahrscheinlich. Die erste besagt, daß die meisten medizinischen Zutaten, ob als Gift oder Heilmittel, nur eine bestimmte Zeit im Körper wirksam blieben. An tropischen Orten, wo das schnelle Begräbnis eine hygienische Notwendigkeit sei, könnten die *Bokor* ziemlich sichergehen, daß ein Körper verscharrt ist, bevor die Zauberpulver nach zwölf oder vierundzwanzig Stunden ihre Wirkung verlieren.

Die andere Theorie stützt sich auf die häufig in geöffneten Särgen gefundenen Tongefäße. Man nimmt an, daß mit ihnen ein Gegengift zur Wiederbelebung eingesetzt werde. Gegengifte gegen die Zombiepulver sind oft nur einem Zauberer oder wenigen Einheimischen bekannt. Obwohl unterschiedliche Zutaten verwendet werden, scheint es ein paar allgemeine Regeln für die Herstellung zu geben. So soll das Gegengift möglichst zur gleichen Zeit hergestellt werden wie das Gift, das es neutralisieren soll. Während *Houngan* oder *Bokor* bei der Vorbereitung der Pulver die Aktivitäten überwachen, ohne selbst Hand anzulegen, stellen sie das Gegengift persönlich her. Rituelle Vorbereitung und Verabreichung des Gegengiftes finden vor den Augen der Öffentlichkeit im Tempel der Gemeinde statt. Häufig nehmen eine Reihe geistiger Führer an der Zeremonie teil (das Vergiften des Opfers wird normalerweise von einer Geheimgesellschaft durchgeführt, die mit einem bestimmten *Houngan* oder *Bokor* zusammenarbeitet). Alle Gegengifte entwickeln starke Gerüche; zu den gebräuchlichen Zutaten gehören Mottenkugeln, Ammoniak und Parfüms.

Der Zweck des Gegengiftes ist es normalerweise nicht, die Toten zu erwecken, sondern vielmehr alle gefährdeten Menschen davor zu bewahren, Zombies zu werden, wie zum Beispiel die Helfer des *Hougan* oder die Opfer, die noch nicht ›gestorben‹ sind. Ein frischer Zombi, der aus dem Grab geholt wird, erholt sich selten vollständig von dieser Erfahrung. Der Grund dafür liegt vielleicht darin, daß die Teile des Gehirnes, die auf Sauerstoffmangel besonders empfindlich reagieren, den Charakter und das unabhängige Denken kontrollieren. Das kann aber nicht erklären, warum Zombies aus ihrer Trägheit ›erwachen‹, sobald der *Bokor* stirbt.

Die Gegengifte scheinen – im Gegensatz zu den Giften mit ihren chemisch identifizierbaren Zutaten – pharmakologisch gesehen wirkungslos zu sein. Es gibt zwar Hinweise, daß pH-spezifische Behandlungen (beispielsweise mit Ammoniak) das Tetrodotoxin denaturieren können, aber die Vodun-Priester behaupten, daß ausschließlich die Macht des *Bokor* und die durch ihn wirkenden *Loa* die ›wirklich wirksamen Zutaten‹ seien.

### Vodun-Wörterbuch

ARRET: Magische Kraft, die vom *Houngan* zum Schutz des Hauses angerufen wird.

BOKOR: Jemand, der Zauberei und schwarze Magie als respektierten Beruf ausübt.

BUGA: Einheimischer Name der Kröte *Bufo marinus*.

GARDE: Ein persönlicher Schutz gegen bösen Zauber. Die Garde, die Mulder von Chester kauft, kann immer nur eine Person beschützen, ist also kein *Arrêt*.

HOUNFOUR: Der Vodun-Tempel, und zwar nicht nur das physikalische Gebäude, sondern auch die Menschen (*Hounsis*).

HOUNGAN: Der Vodun-Priester.

LOA: Die Aspekte Gottes. Im Gegensatz zur allgemein verbreiteten Ansicht huldigen die *Hounsis* keinem Götterpantheon. Statt dessen glauben sie an verschiedene Gesichter eines Gottes. Manche Menschen fühlen sich besonders zu einem bestimmten Aspekt Gottes hingezogen. In der Praxis sind die *Loa* der Dreifaltigkeit (Vater, Sohn und Heiliger Geist) der christlichen Kirche ähnlich.

PLACAGE: Eine gesellschaftlich sanktionierte Beziehung, die die sexuellen und wirtschaftlichen Beziehungen zwischen Mann und Frau festschreibt. Es gibt viele unterschiedliche Arten. Dazu gehören: *Femme caille*, eine Frau, die mit dem Mann die Wohnung teilt; *Maman petite*, eine Frau, die einem Mann ein Kind geboren hat, ohne zu seinem Haushalt zu gehören; *Femme placée*, eine Mätresse, die nicht mit dem Mann zusammenlebt, ihm aber trotzdem Kinder gebären muß; *Bien avec*, eine Frau, mit der ein Mann regelmäßigen sexuellen Kontakt hat, die ihm aber nicht angehört. Eine *A Placage honnête* ist eine monogame Beziehung, die sowohl bei Männern als auch bei Frauen im ländlichen Haiti selten ist.

SERVI LOA: Der Begriff, mit dem die Anhänger des Vodun ihre Religion bezeichnen – *nicht* Voodoo. Wörtlich übersetzt bedeutet es ›den Loa dienen‹.

VÉ-VÉ: Eine symbolische Zeichnung, die mit Mehl, Talg oder Asche gemalt wird. Sie soll ein bestimmtes *Loa* beschwören. Es gibt ebenso viele Arten des *Vé-vé*, wie es *Loa* gibt.

VODUN: Die theologischen Prinzipien und Praktiken der traditionellen haitianischen Gesellschaft.

WANGA: Zaubermittel für böse Zwecke. Die Dienstbe-

RÄTSEL 39

**Leichte Fragen – 1 Punkt für jede richtige Antwort:**

1. Was entdeckt Soldat Jack McAlpin in seinen Frühstücksflocken?
2. Was verkauft Chester Bonaparte für 5 Dollar an Mulder?
3. Was finden Scully und Mulder in Chesters Sack?
4. Warum machen Scully und Mulder keine Autopsie der Leiche des ersten Opfers, Manuel Guttierez?
5. Was findet man im Leichenhaus anstelle von Jack McAlpin?

**Es wird schwieriger – 2 Punkte für jede richtige Antwort:**

6. Soldat McAlpins Auto fährt gegen einen Baum mit einem Kreidesymbol auf der Rückseite. Nennen Sie einen anderen Ort, an dem das Symbol auftaucht.
7. Aus welcher Stadt stammt Soldat Harry Dunhams?
8. Welche Chemikalie wird in McAlpins Blut gefunden?
9. Was findet Mulder anstelle Chesters auf der Mole?
10. Welche Spielkarte wird in Mulders Zimmer entdeckt?

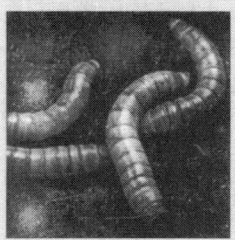

richte von McAlpin und Gutierrez, die mit Hühnerkrallen durchstochen waren, sind ein Beispiel dafür.

ZOMBI: Allgemeine Bezeichnung für die lebenden Toten. Im einzelnen: *Zombi astral,* ein Geisterzombie; *Zombi cadavre,* ein körperlicher Zombi; *Zombi jardin,* ein arbeitender Zombi; *Zombi savanne,* eine Abart, die auftritt, wenn ein Zombi (wie Narcisse) in einen normalen Lebenszustand zurückkehrt.

# Codename: ›Die Kolonie – Teil 1‹

Mulder und Scully erfahren durch E-Mail-Nachrichten von einer Serie identischer Morde an identischen Ärzten mit identischen Jobs im Nordosten der USA. Die Ermittlungen nehmen einen unerwarteten Verlauf, als sich herausstellt, daß die Ärzte geklont waren, und eine Frau bei Mulders Vater auftaucht, die behauptet, Fox' Schwester Samantha zu sein.

**ZUSAMMEN-FASSUNG**

## Wahrheit und Erfindung: Die Sache mit dem Klonen

**HINTERGRUND**

Der Begriff ›Klonen‹ stammt von dem griechischen Wort für ›Zweig‹ und hat unterschiedliche Bedeutungen, je nachdem, ob man mit einem Wissenschaftler oder einem Kinobesucher spricht. Das Wort wurde zunächst nur in der Landwirtschaft benutzt und bezeichnete den natürlichen Prozeß der Knospung. In der Wissenschaft bedeutet Klonen heute im allgemeinen die künstliche Erzeugung genetisch identischer Individuen aus einer einzigen Zelle. Kinobesucher – vor allem diejenigen mit einer Vorliebe für Science-fiction –

**ZITAT**

»Die Gewißheit ... ist eine Beruhigung, die es einem erlaubt weiterzumachen. Wir haben unsere Erinnerungen tief begraben, nach all dem, was zerstört wurde.«

– BILL MULDER
in ›Die Kolonie – Teil 1‹

293

sehen das etwas lockerer. Während die Wissenschaftler vom Klonen aus einer einzigen embryonalen Zelle sprechen, kann im Science-fiction-Film aus jeder Zelle geklont werden, auch aus Körperzellen Erwachsener, die nichts mit der Fortpflanzung zu tun haben.

Bei dieser etwas fantasievolleren Art des Klonens ist es möglich, Replikate von Erwachsenen oder die identischen achtjährigen Mädchen zu klonen, die uns in *Akte X* begegnen. Die Wirklichkeit sieht allerdings anders aus.

Embryo-Zellen entnimmt man nach der ersten Teilung des befruchteten Eis. Sie unterscheiden sich fundamental von erwachsenen Körperzellen. Wenn ein Embryo sein Leben beginnt, sind alle seine Zellen zunächst grundsätzlich identisch, erst später beginnen sie sich zu differenzieren (und spezifische Aufgaben zu übernehmen). Nach den ersten beiden Zellteilungen besteht der brandneue Embryo aus vier Zellen. Es ist jetzt noch nicht möglich zu sagen, welche von diesen Zellen eine Nerven- und welche eine Knochenzelle werden wird. Die Fähigkeit einer Zelle, sich zu jeder besonderen Funktion zu entwickeln, bezeichnet man als Totipotenz.

Die Totipotenz dauert nicht ewig. Beim Menschen scheint sich die Fähigkeit zu verlieren, sobald der Embryo zweiunddreißig Zellen hat. Bis zu diesem Zeitpunkt können die Zellen voneinander getrennt werden. Die Zellkerne könnten in zweiunddreißig andere Zellen eingebracht werden und würden nach gegebener Zeit zweiundreißig neue, identische Individuen hervorbringen. Danach aber können sich die Zellen nicht mehr richtig teilen und sterben ab. Bei der Geburt eines Menschen gibt es nach Tausenden von Zellteilungen im ganzen Körper keine einzige Zelle mehr, die nicht eine feste Aufgabe hätte – oder die, mit anderen Worten, ihre Totipotenz behalten hätte.

Die zellulare Veränderung, die zum Verlust der Totipotenz führt, muß noch erforscht werden. Sie verhindert, daß der Vorgang in einer Zelle umgekehrt werden
kann und daß man sie in den Zustand zurückversetzt,
in dem man sie zum Klonen benutzen könnte. Das ist
das Problem und gleichzeitig die Herausforderung, der
sich die Wissenschaftler stellen und vor der sie nicht
kapitulieren.

Wenn man zu einem vollständigen Verständnis des
Differenzierungsprozesses gelangen könnte, würde das
eine Welt eröffnen, die seltsamer ist als alle Szenarien
der Science-fiction. Der gleiche Alterungsprozeß, der
zur Zelldifferenzierung führt und jede Zellteilung
einschließt, zählt auch, wie oft eine Zelle nach der
Reife durch eine neue ersetzt worden ist. Wissenschaftler vermuten, daß wir dazu gemacht und gedacht sind,
mit unserem ›Verfall‹ zu beginnen, sobald unser Nutzen
für die Fortpflanzung erschöpft ist. Wenn wir wüßten,
wie man den Prozeß umkehren kann, hätten wir damit
auch entdeckt, wie man Krebs vermeidet, bösartige
Tumore zurückbildet und schließlich sogar den Alterungsprozeß ganz anhält.

Bis dahin aber gilt das Interesse der Fortpflanzungs-
spezialisten der Klonung, die im Bereich der modernen
Wissenschaft liegt: der embryonischen Klonung. Weil
selbst das beste Programm künstlicher Befruchtung
nur eine Erfolgsrate von 15 Prozent aufweist, gibt es
für die embryonische Klonung sogar ein lukratives An-
wendungsgebiet – es hilft unfruchtbaren Ehepaaren.
Paare, die einen Embryo für die Übertragung erzeugen,
haben mit Hilfe der embryonischen Klonung mehr Möglichkeiten zur Befruchtung. Für Frauen, deren Eizellen-
produktion gehemmt ist, sind die sich bietenden Möglichkeiten unschätzbar.

Unfruchtbaren Ehepaaren wird die Möglichkeit der
künstlichen Befruchtung durch die hohen Kosten meist

Germantown, wo Scully die genetischen Labors der geklonten Gregors entdeckt, ist auch die Heimat von Cellmark Diagnostics. Die Firma ist bekannt für ihre forensischen DNA-Untersuchungen.

versperrt: Der Hormonspiegel des Patienten muß überwacht werden, die Ovarien müssen mit Ultraschall untersucht werden, und schließlich ist eine Operation unter Vollnarkose notwendig, um an die Eizellen zu kommen. Embryonische Klonung würde es den Paaren dagegen ermöglichen, eine Wiederholung dieser Prozedur zur Gewinnung der Eizellen zu vermeiden. Damit wäre die künstliche Befruchtung für mehr Paare erschwinglich.

Natürliche eineiige Zwillinge stellen den Gesetzgeber vor keine Schwierigkeiten, und es liegt durchaus im Bereich des Möglichen, daß die ›künstlichen‹ Zwillinge genauso akzeptiert werden. Dadurch würde in der Öffentlichkeit mehr Verständnis für die wissenschaftliche Klonung erreicht und man könnte sie leichter vom Reich der Fiktion unterscheiden.

## DIE AUTOREN VON AKTE X

| Epis.-Nr. | Titel | Autor(en) |
|-----------|-------|-----------|
| 1.01 | ›Gezeichnet‹. Pilotfilm | Chris Carter |
| 1.02 | ›Die Warnung‹ | Chris Carter |
| 1.03 | ›Das Nest‹ | Glen Morgan, James Wong |
| 1.04 | ›Signale‹ | Alex Gansa, Howard Gordon |
| 1.05 | ›Der Teufel von Jersey‹ | Chris Carter |
| 1.06 | ›Schatten‹ | Glen Morgan, James Wong |
| 1.07 | ›Die Maschine‹ | Alex Gansa, Howard Morgan |
| 1.08 | ›Eis‹ | Glen Morgan, James Wong |
| 1.09 | ›Besessen‹ | Chris Carter |
| 1.10 | ›Gefallener Engel‹ | Howard Gordon, Alex Gansa |
| 1.11 | ›Eve‹ | Kenneth Briller, Chris Brancato |
| 1.12 | ›Feuer‹ | Chris Carter |
| 1.13 | ›Die Botschaft‹ | Glen Morgan, James Wong |
| 1.14 | ›Verlockungen‹ | Larry Barber, Paul Barber |
| 1.15 | ›Lazarus‹ | Alex Gansa, Howard Gordon |
| 1.16 | ›Ewige Jugend‹ | Scott Kaufer, Chris Carter |

| Epis.-Nr. | Titel | Autor(en) |
|---|---|---|
| 1.17 | ›Täuschungsmanöver‹ | Glen Morgan, James Wong |
| 1.18 | ›Der Wunderheiler‹ | Howard Gordon, Chris Carter |
| 1.19 | ›Verwandlungen‹ | Marilyn Osborn |
| 1.20 | ›Der Kokon‹ | Chris Carter |
| 1.21 | ›Ein neues Nest‹ | Glen Morgan, James Wong |
| 1.22 | ›Wiedergeboren‹ | Howard Gordon, Alex Gansa |
| 1.23 | ›Roland‹ | Chris Ruppenthal |
| 1.24 | ›Das Labor‹ | Chris Carter |
| 2.01 | ›Kontakt‹ | Glen Morgan, James Wong |
| 2.02 | ›Der Parasit‹ | Chris Carter |
| 2.03 | ›Blut‹ | Glen Morgan, James Wong |
| 2.04 | ›Schlaflos‹ | Howard Gordon |
| 2.05 | ›Unter Kontrolle‹ | Chris Carter |
| 2.06 | ›Seilbahn zu den Sternen‹ | Paul Brown |
| 2.07 | ›Drei‹ | Glen Morgan, James Wong (urspr. Script: Chris Ruppenthal) |
| 2.08 | ›An der Grenze‹ | Glen Morgan, James Wong |
| 2.09 | ›Der Vulkan‹ | Howard Gordon |
| 2.10 | ›Rotes Museum‹ | Chris Carter |
| 2.11 | ›Excelsis Dei‹ | Paul Brown |
| 2.12 | ›Böse geboren‹ | Sara B. Charno |
| 2.13 | ›Todestrieb‹ | Chris Carter |
| 2.14 | ›Satan‹ | Glen Morgan, James Wong |
| 2.15 | ›Frische Knochen‹ | Howard Gordon |
| 2.16 | ›Die Kolonie – Teil 1‹ | Chris Carter (Story von Chris Carter, David Duchovny) |
| 2.17 | ›Die Kolonie – Teil 2‹ | Frank Spotnitz |
| 2.18 | ›Sophie‹ | Steve DeJarnatt |
| 2.19 | ›Totenstille‹ | Howard Gordon, Alex Gansa (Story von Howard Gordon) |
| 2.20 | ›Der Zirkus‹ | Darin Morgan |
| 2.21 | ›Heilige Asche‹ | Sara B. Charno |
| 2.22 | ›Verseucht‹ | Chris Carter, Howard Gordon |
| 2.23 | ›Das Experiment‹ | Vince Gilligan |
| 2.24 | ›Unsere kleine Stadt‹ | Frank Spotnitz |
| 2.25 | ›Anasazi‹ | Chris Carter (Story von Chris Carter, David Duchovny) |

Megan Leitch
(alias Samantha Mulder)
eine kurze Filmografie

Die gruslige Umgebung in der Welt der *Akte X* sollte Megan Leitch eigentlich nicht weiter stören. Sie hat in ein paar der schockierendsten und grauenerregendsten Filmen der letzten Jahre gespielt.

No Child of Mine (1993)
Knight Moves – Mörderisches Spiel (1992)
Evil Dead – Die Saat des Bösen (1992)
Omen IV: Das Erwachen (1991)
Stephen King's Es (1990)

# Codename: ›Die Kolonie – Teil 2‹

**ZUSAMMEN-FASSUNG**

Mulder und seine Schwester – nur sie wird als ›Lösegeld‹ für die entführte Scully akzeptiert – denken sich einen verzweifelten Plan aus, der prompt mißlingt. Allein in der Arktis, befindet sich Mulder wieder einmal in der ihm inzwischen vertrauten Situation, mit Ideen und Menschen zurechtkommen zu müssen, deren Sprache er kaum versteht. Scully hat inzwischen wenigstens einen Teil der Lösung des Rätsels gefunden – in den Leichen der anderen Opfer ihres Entführers.

## Und die Toten sprechen

**HINTERGRUND**

Die Gerichtsmedizin, Scullys Spezialgebiet, wurde in der Serie schon häufig zu Rate gezogen. Diese Disziplin zieht eine besondere Sorte Ärzte an. Jeden Morgen gehen sie mit dem Bewußtsein zur Arbeit, daß sie keine Patienten heilen werden, den größten Teil ihrer Zeit in einer reichlich unangenehmen Umgebung verbringen und nach getaner Arbeit auch noch einem Staatsanwalt Rechenschaft ablegen müssen, der versuchen wird, alles, was sie mühsam ermittelt haben, wieder in Zweifel zu ziehen. Aber allen ist der Glaube an den Wert ihrer Arbeit gemeinsam.

Die Gerichtspathologie untersucht mehr als nur die Todesursa-

**ZITAT**
»Wo ist sie?«
– MULDER in ›Die Kolonie – Teil 2‹

chen – sie muß *alle* Indizien finden, die dem Gericht irgendwie helfen können, ob sie nun tödlich waren oder nicht. Die Todesursache ist nicht immer gleich bei der Öffnung der Leiche ersichtlich. Oft führten mehrere Einwirkungen zum Tod, die nicht endgültig beweisbar sind. Die Feststellung der Todesursache gleicht häufig einer Aufzählung der Möglichkeiten und ist damit anfällig für unterschiedliche Auslegungen und menschliche Irrtümer. Deshalb sind bei der gerichtlichen Autopsie detaillierte Beschreibung, Messung und Dokumentation zwingend erforderlich.

Langjährige Berufserfahrung ist bei der Untersuchung eines Tatherganges unersetzlich. Der erfahrene Gerichtsmediziner kann Indizien vom Körper des Opfers häufig mit Indizien vom Tatort in Zusammenhang bringen und so die Todesart ermitteln. Zum Beispiel legen Selbstmörder vor dem Sprung meist ihre Brille ab, Unfallopfer dagegen nicht. Eine Autopsie allein ergibt keine Aufschlüsse über das Motiv, aber aus Tatort und Umständen zusammen kann man unmißverständliche Indizien ableiten.

Eine gerichtlich angeordnete Autopsie muß durchgeführt werden, auch wenn es nur geschieht, um andere mögliche Todesursachen auszuschließen. Alle Autopsieberichte, besonders aber die der Gerichtsmedizin, müssen einem Stenografen diktiert oder auf ein Tonbandgerät gesprochen werden, und zwar *während* der Durchführung der Autopsie. Dieser Bericht kann dann als Beweismittel vor Gericht zugelassen werden.

Jede Autopsie hat auch die wichtige Aufgabe, Fehler aufzudecken, neue Krankheiten oder Krankheitsverläufe zu untersuchen und zukünftigen Studien die Richtung zu weisen. Krankheits- und Sterblichkeitsstatistiken werden genauer und gewinnen an Aussagekraft, wenn sie sich auf sorgfältige Autopsien stützen können. Die Autopsie liefert oft auch den ersten Hinweis auf eine ansteckende Krankheit oder eine Epidemie.

Ein Schwerpunkt des Medizinstudiums ist die Autopsie. Hier lernt der angehende Arzt zum ersten Mal, sein medizinisches Fachwissen einzuschätzen und anzuwenden. Neben der Feststellung der Todesursache haben die Autopsien also noch weitere Aufgaben. Und genau deshalb arbeiten die meisten Pathologen weiter in ihrem undankbaren Beruf.

## So stattet man ein Set aus

Der Zuschauer lernt die erfundenen Filmfiguren auch durch die unbedeutenden Gegenstände kennen, die zum Beispiel auf ihrer Garderobe liegen, durch die Kleinigkeiten im Handschuhfach ihres Autos, die Bilder an der Wand, die Knabbereien im Küchenschrank. Um einen kompletten fiktionalen Hintergrund für Scully und Mulder zu schaffen, braucht die Crew Dutzende von Requisiten, mit denen sie dem Set den richtigen Schliff verleiht. Die Sets sind – in der Realität – so intim wie ein Zimmer mitten auf einer Konzertbühne.

Mulders Wohnung, die ultimative Junggesellenbude, gibt uns aber bei jeder Kameraeinstellung einen neuen Hinweis auf seinen Charakter. Ein Aquarium ohne Fische, ein fast leerer Kühlschrank, ein Basketball unter dem Tisch, ein scheinbar unerschöpflicher Vorrat verrückter Krawatten und eine ziemlich durchgelegene Couch – all das liefert ebenso viele Hinweise auf die Person Mulder wie sein vollgestopftes kleines Büro. Das riesige Poster über seinem Bett mit dem Schriftzug ›I WANT TO BELIEVE‹ ist dabei wohl kaum zu übertreffen (auch dieses Poster, das die Fans vergeblich im Handel suchen, ist ein schönes Beispiel für Requisiten und erinnert daran, mit welcher Sorgfalt das Team be-

## RÄTSEL 41

**Leichte Fragen – 1 Punkt für jede richtige Antwort:**

1. Wie lautet der Name des U-Bootes?
2. Wie kann man das Retrovirus unschädlich machen?
3. Was gilt offiziell als Ursache für Agent Weiss' Tod?
4. Wie viele Samanthas sind in dieser Episode zu sehen?
5. Von welcher Brücke stürzen der Pilot und Samantha?

**Es wird schwieriger – 2 Punkte für jede richtige Antwort:**

6. Welche Methode schlägt Samantha Mulder vor, um den Piloten zu töten?
7. Warum arbeiten die Klone in der Abtreibungsklinik?
8. Wie lautet Mulders Apartmentnummer?
9. Welche Nummer steht auf dem Schlüsselanhänger, den Samantha für Mulder zurückläßt?
10. Auf welche Weise versucht Scully, mit Mulders Quelle Kontakt aufzunehmen?

züglich der Sets arbeitet. Es ist ein Einzelstück, das Requisiteure und Designer extra angefertigt haben).

Scullys Wohnung ist ebenfalls eine ergiebige Quelle für Hinweise auf ihren Charakter – und stellt eine angenehme Überraschung dar: Die gutgekleidete, hyperprofessionelle Scully hat im Privatleben auch weiche Seiten. Die dicken, übergroßen Handtücher passen perfekt zu der tiefen, antiken Badewanne. Badesalz und Seife zieren die Regale, in jedem Zimmer gibt es Kerzen. Die Bücher in Scullys Wohnung sehen mit ihren Eselsohren alle überzeugend abgegriffen aus. Sie befinden sich nicht in einem Schrank im Wohnzimmer, sondern im Schlafzimmer, wo sie vom Bett aus gut zu erreichen sind. Das Bett selbst ist mit einer dicken Steppdecke ausgestattet. Während Mulders überquellendes Apartment aussieht wie eine Zweigstelle seines Büros, ist Scullys Wohnung viel eher ein Refugium.

Die gleiche Sorgfalt wird auf alle Details der Hauptschauplätze verwendet, die der Zuschauer zu sehen bekommt. Tooms' erstes Opfer stirbt nicht in irgendeinem alten Büro, sondern vielmehr inmitten persönlicher Erinnerungsstücke. Das Opfer tut uns schon leid, bevor wir überhaupt wissen, was ihm alle diese Kleinigkeiten bedeuten. Max Fenigs Wohnanhänger mit der Einrichtung aus den sechziger Jahren, die fast militärische Präzision, mit der jeder Gegenstand in den Kammern der Lone Gunmen an seinem Platz steht, und die aufgeräumten kleinen Zimmer in Bill Mulders Haus in Marthas Vineyard übermitteln unterschwellig wichtige Botschaften.

Während man Basketbälle, Kerzen und andere charakteristische Requisiten ohne große Mühe besorgen kann, wurde die Findigkeit der Requisiteure bei manch anderen Aufträgen auf eine härtere Probe gestellt. Ein Waldaltar, ein Pappmaché-Nest für lebersaugende Mutanten, eingefrorene, außerirdische Föten und Heuschreckenschwärme bekommt man nicht im Laden um die Ecke. Genausowenig menschliche Organe, Elefanten und blutgefüllte Brotlaibe, obwohl letztere immerhin handlicher sind als andere Waffen gegen Vampire – ein Kreis aus fließendem Wasser oder eine lebende Weißdornhecke wären in einer normalen, modernen Küche wohl schwer zu installieren.

In *Akte X* werden Requisiten auch mit großer Wirkung eingesetzt, um mittels bestimmter Gegenstände Assoziationen an bestimmte Personen oder Ereignisse hervorzurufen. Scullys kleines Kreuz, das Mulder auf der Suche nach ihr monatelang um den Hals trägt, ist ein mächtiges Hoffnungssymbol. Die glimmenden ›Morley‹-Zigaretten mit dem aufsteigenden Rauch sind mit Verschwörungen und Bösewichtern inzwischen so fest assoziiert, daß einige X-Fans schon ihr Verlangen geäußert haben sollen, ihre ähnlich lautende Marke zu wechseln oder ganz mit dem Rauchen aufzuhören.

Natürlich ist *Akte X* eine Genre-Serie. Aber die Symbolik, die in den einzelnen Episoden begegnet, zeigt, daß ›literarische‹ Strategien auch in der Hauptsendezeit funktionieren.

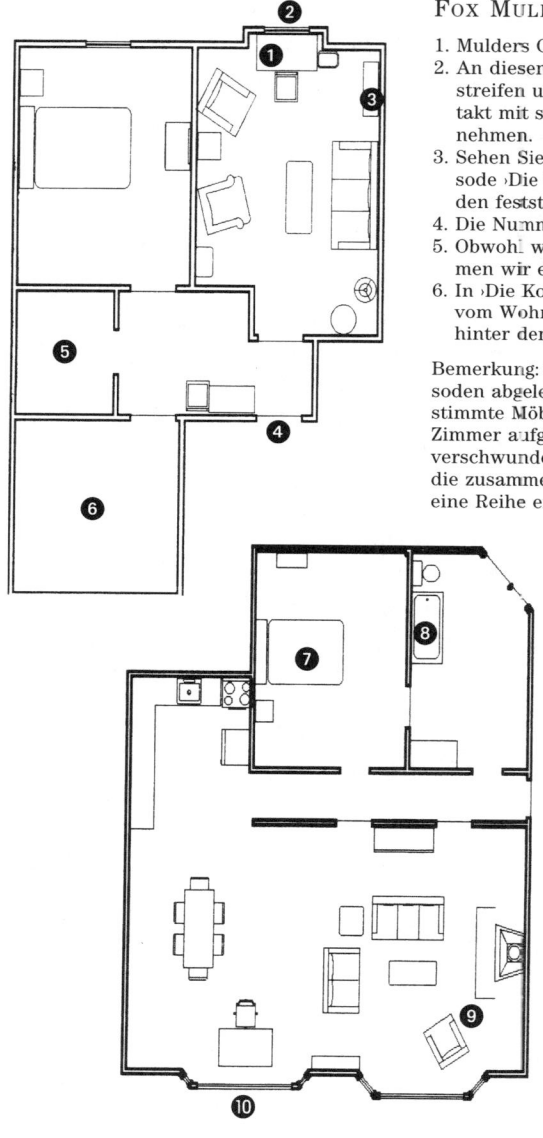

## Fox Mulders Apartment

1. Mulders Computer
2. An diesem Fenster befestigt Mulder das X aus Klebstreifen und postiert die blauen Lampen, um Kontakt mit seinen geheimnisvollen Informanten aufzunehmen.
3. Sehen Sie sich Mulders Aquarium während der Episode ›Die Kolonie – Teil 2‹ einmal genau an. Sie werden feststellen, daß da etwas fehlt: Fische!
4. Die Nummer von Mulders Wohnung ist 42.
5. Obwohl wir das Bad noch nie gesehen haben, nehmen wir einfach mal an, daß Mulder eins hat.
6. In ›Die Kolonie – Teil 1‹ kann man Mulders Küche vom Wohnzimmer aus deutlich sehen. Sie muß also hinter dem Flur liegen.

Bemerkung: Diese Grundrisse sind aus mehreren Episoden abgeleitet. Von einer Folge zur anderen sind bestimmte Möbelstücke, Fenster, Türen und sogar ganze Zimmer aufgetaucht, verschoben worden und wieder verschwunden. Das erinnert daran, daß die Zimmer, die zusammen wie eine Wohnung aussehen, eigentlich eine Reihe einzelner Sets sind.

## Dana Scullys Apartment

7. Mulder landet tatsächlich einmal in Scullys Bett, obwohl die Umstände in ›Anasazi‹ nicht so romantisch sind, wie sich die Zuschauer das wünschen.
8. Scully gibt Tooms Gelegenheit, ihre antike Badewanne zu bewundern, als sie ihn in ›Das Nest‹ mit Handschellen darin fesselt.
9. Hier macht es sich Ambrose Chapel in ›Die Kolonie – Teil 1‹ ziemlich gemütlich.
10. Duane Barry scheint ein Problem mit Türen zu haben, denn er steigt in ›Unter Kontrolle‹ durch dieses Fenster ein.

Bemerkung: Etwas verwirrend sind die Angaben zu der Etage, in der sich Scullys Apartment befindet. Obwohl auf ihrem Türschild 402 steht, was normalerweise doch die vierte Etage vermuten läßt, gelangt Duane Barry durch ein Erdgeschoßfenster in ihre Wohnung.

# Codename: ›Sophie‹

**ZUSAMMEN-FASSUNG**

Als unsichtbare Tiere randalieren, einen Bundesbeamten ermorden und ein privates Grundstück verwüsten, untersuchen Scully und Mulder einen nahe gelegenen Zoo. Alles andere als eine friedliche Zuflucht, wo der Mensch mit der Natur kommunizieren kann, erweist sich dieser Zoo vielmehr als Sammelplatz von Tierschutzaktivisten, Pfennigfuchsern und zwielichtigen Angestellten. Es scheint fast so, als sei der Käfig eines Affen – der mit seinem Namen unterschreibt! – der einzige Ort, wo man der Wahrheit auf die Spur kommen kann.

## Laß Hände sprechen

**HINTERGRUND**

Unter all den vielen Verhaltensweisen, die den Menschen vom Tier unterscheiden, fällt unsere Sprachfähigkeit am meisten auf. Aber nach Sprachforschungen in Labors aus der ganzen Welt scheint gerade dieses Unterscheidungsmerkmal auf wackligen Füßen zu stehen – Geschöpfe wie Sophie, der Affe aus *Akte X,* rütteln an dieser Theorie.

Während niemand bestreitet, daß viele Tierarten miteinander kommunizieren können (Bienen teilen sich zum Beispiel ohne

**ZITAT**
»Helles Licht. Mensch retten Mensch.«
– Die Schimpansin SOPHIE in ›Sophie‹

Der Originaltitel der Episode ›Sophie‹, *Fearful Symmetry* (dt. schreckliche Symmetrie), stammt aus dem Gedicht *Der Tyger* von William Blake. Wenn Sie genau aufpassen, fällt Ihnen vielleicht auf, daß das Tigergehege ›Blake Towers‹ heißt.

Schwierigkeiten die Lage von Blütenfeldern mit), gibt es für eine Sprache vom menschlichen Typus eine sehr enge Definition. Beim Menschen ist der Bezug zwischen Wort und Bezugsgegenstand willkürlich und muß von jedem, der eine Sprache sprechen möchte, auswendig gelernt werden. Eine Kuh zum Beispiel ist nur für den deutsch Sprechenden eine ›Kuh‹, und jemand, dessen Muttersprache Urdu ist, muß das Wort ›Kuh‹ erst lernen, bevor er über dieses bestimmte Tier sprechen kann. Die meisten Gegenstände haben zu ihrer Bezeichnung überhaupt keine erkennbare Beziehung. Trotzdem kann man auch abstrakte Begriffe wie ›Liebe‹ ebenso erlernen wie ›Fels‹ oder ›Sonne‹, obwohl man Liebe nicht anfassen kann.

Die menschliche Sprache ist flexibel. Wir können über Ereignisse und Situationen sprechen, die wir nie erlebt haben, sogar über Unmögliches. Mit Anspielungen und Metaphern können wir unsere Ausdrucksmöglichkeiten erweitern. Unsere Sprache beruht auf einer Grammatik, also auf Regeln, nach denen die Worte aneindergefügt werden. Ein paar einfache Beispiele: »Bob kitzelt Koko« und »Koko kitzelt Bob« haben unterschiedliche Bedeutungen. Bei anderen Beispielen ist das weniger offensichtlich: Wir sagen: »Ich habe einen großen roten Ballon.« Wir sagen aber nicht: »Ich habe einen roten großen Ballon.«

Diese Eigenschaften müssen wir in den bekannten Kommunikationssystemen der Tiere erst noch entdecken, obwohl schon viele Versuche gemacht worden sind, sie den Tieren aufzuzwingen. Zwischen 1910 und 1945 versuchten Dutzende von Linguisten, Schimpansen, unseren biologisch nächsten Verwandten, die menschliche Sprache beizubringen – vergeblich. Wir wissen inzwischen, daß sie nicht erfolgreich sein konnten. Die Physiologie von Schimpansen erlaubt es ihnen nicht, menschliche Laute zu erzeugen.

Seit dieser Entdeckung haben sich die Bemühungen der Forscher von den verbalen Sprachen auf die nichtverbalen verlagert. Die Zeichensprache der Taubstummen sowie Piktogramme und Sprachtafeln sind bereits ausprobiert worden und waren mehr oder minder erfolgreich. Viele Affen scheinen in der Lage zu sein, ein ›Vokabular‹ von 50 Wörtern zu lernen, manche verfügen sogar über einen Wortschatz von 100 bis 200.

Die Schimpansin Washoe, die von Beatrice und Allan Gardner unterrichtet wurde, lernte bereitwillig mehr als 150 Zeichen, die eine Bedeutung für sie hatten. In geradezu unglaublicher Geschwindigkeit lernte sie Substantive. Zu ihrem Repertoire gehörten zum Beispiel die Namen ihrer Ausbilder, ihre Lieblingsnahrung und besondere Gegenstände wie Spielsachen. Nachdem sie ›bitte‹, ›schneller‹ und ›mehr‹ begriffen hatte, konnte sie auch verbartige Wörter erlernen, wenn auch langsamer. Regelmäßig flochten die Trainer echte Verben wie ›kommen‹, ›gehen‹, ›kitzeln‹ und ›essen‹ ins Programm ein.

Der Schimpansin Sarah brachte man bei, Plastikzeichen anstelle von Bildern für Worte zu benutzen. Sie hatte ein breiter gefächertes (aber kaum signifikant größeres) Vokabular. Neben Substantiven und Verben lernte Sarah viele Adjektive (vor allem Farben, Formen und Größen), aber auch Präpositionen wie ›in‹ und ›unter‹.

Nachdem die Frage, ob Tiere in der Lage sind, Gegenständen willkürliche Zeichen zuzuordnen, beantwortet schien, mußten Linguisten und Verhaltensforscher feststellen, wie diese willkürlichen Symbole benutzt wurden. Fungierten die Zeichen wirklich als Worte? Oder gehorchte der Affe einfach nur den Anweisungen seines Ausbilders? Verstanden Washoe und Sarah und all die anderen die Bedeutung ihrer Worte wirklich? Oder war es möglich, daß die Affen vielleicht

Die Fernsehserie *Crusades* der PAWS-Gruppe regte mindestens einen Autor des *Akte-X*-Teams an, mehr Informationen zu sammeln. Der gezeigte Beitrag über ›Elefantentraining‹ war – leider – in einem realen Zoo aufgenommen worden.

nur eine einfache Wenn-dann-Beziehung entdeckt hatten? Wenn sie eine Hand hoben, dann erschien eine
Banane. Wenn sie ein anderes Zeichen zeigten, dann
bekämen sie eine andere Nahrung. Für die Forscher
war es zwingend nötig, das stereotype Verhaltensmuster von Handlung und Belohnung auszuschließen.
War das nicht möglich, besaß man immer noch ein
paar Hebel, um an einer Art Sprache anzusetzen, wenn
auch an einer Sprache ohne Syntax.

Frühere Arbeiten weisen darauf hin, daß Affen in
der Lage sind, wichtige Unterschiede zu beachten. Zum
Beispiel antwortete Sarah, deren Symbol für ›Apfel‹ ein
blaues Dreieck war, auf die Frage nach der Farbe des
Apfels mit ›rot‹, nicht mit ›blau‹. Das Zeichen war also
nicht der Apfel, sondern es repräsentierte den Apfel.
Andere Schimpansen, deren Zeichen sich auf Nah-
rungsmittel und Werkzeuge erstreckten, waren durch-
weg in der Lage, die Werkzeuge von den Nahrungsmitteln zu unterscheiden, was darauf hindeutete, daß derselbe ›Gruppenmodus‹ in ihrem Denken existierte, der
es ja auch dem Menschen erlaubt, sowohl einen großen
Bohnensack als auch einen Queen-Anne-Stuhl in die
Kategorie ›Sitzgelegenheiten‹ einzureihen.

In einer anderen Studie mit dem Zwergschimpansen
Kanzi, der besonders lernfähig war, wurden Tastatur-
symbole ausgewählt. Er schien keine langen Trainings-
sitzungen mit Belohnungen zu brauchen, um aus dem
Kontext eine Bedeutung ableiten zu können – ohne
Hinweise seiner Ausbilder. Er verstand nicht nur
menschliche Kommunikation auf seiner Sprachtafel,
sondern hörte der normalen menschlichen Sprache
aufmerksam zu und konnte mit Hilfe seiner Tafel darauf antworten.

Menschen und Tiere sind also offenbar in der Lage,
eine gemeinsame Sprache zu sprechen. Aber können
Affen Wörter handhaben, Sätze nach syntaktischen Re-

geln bilden und ihre Wörter gezielt wählen, um die Verhältnisse zwischen verschiedenen Gegenständen anzudeuten? Die Forscher wußten bereits, daß Affen mehr als ein Symbol oder eine Geste hintereinander begreifen können. Die Schimpansin Lana schrieb auf ihrem Tastenbrett: »Bitte Maschine Gib Lana Trinken.« Washoe und andere Schimpansen, die man in der Zeichensprache unterrichtet hatte, produzierten regelmäßig Ketten wie »Di, Ich Gehen Aus« oder »Roger Kitzeln Washoe«. Skeptiker haben aber Zweifel an der Bedeutung dieser Symbolketten angemeldet. Sie wiesen zu Recht darauf hin, daß die Mitteilungen Lanas auf dem Tastenbrett durch Menschen interpretiert worden seien. War es nicht genauso wahrscheinlich, daß in Lanas Gehirn ein Programm wie »drücke hier, drücke dort, dann warte auf Nahrung« ablief? Man kann auch Tauben dazu abrichten, vier farbige Tasten in einer bestimmten Reihenfolge zu betätigen, um an Wasser zu kommen, obwohl man den Tasten nie irgendwelche Worte zugewiesen hat. Bedeuten die Tasten dann einen Satz?

Im Fall der Zeichensprache werden noch zwei weitere Fragen immer wieder gestellt.

Ist es nicht denkbar, daß die Affen lernen, die von den Ausbildern an sie gerichteten Zeichen einfach zu wiederholen? Wenn ein Trainer fragte: »Will Washoe Wasser?«, und der Affe antwortete: »Washoe will Wasser«, dann war es möglich, daß die Antwort »Washoe ist müde« auf die Frage »Ist Washoe müde?« einfach nur einem bestimmten Lernmuster entsprach. Washoe brauchte nur die ersten beiden Zeichen zu vertauschen, und schon schien eine Kommunikation stattzufinden. Vielleicht war Washoe gar nicht besonders durstig oder müde, empfand es aber als unwahrscheinlich, daß man ihr die Frage gestellt hatte, ohne eine bestimmte Antwort darauf zu erwarten.

## RÄTSEL 42

Leichte Fragen – 1 Punkt für jede richtige Antwort:

1. Zu welcher Elefantenart gehört nach Meechams Angaben Genesia, zu den indischen oder den afrikanischen?
2. Wie lautet der Name des Gorillas?
3. Welche Sprache benutzt Sophie?
4. Was bedeuten die braunen Flecken auf der Zeichnung?
5. Scully findet Beweise für Manipulationen an Kyle Largs Leiche. Welches Gerät wurde dazu benutzt?

Es wird schwieriger – 2 Punkte für jede richtige Antwort:

6. Mulder sieht zu, wie David Copperfield ein Denkmal verschwinden läßt. Welches?
7. Welche Organisation repräsentiert Kyle Lang?
8. Aus welchem Geschäft kommt die Video-Telekonferenz?
9. Wo findet man den Tiger?
10. Wie viele Wörter kann Sophie verstehen?

Ihre Punktzahl:

Das zweite Problem war zu entscheiden, wo ein Satz begann und wo er endete. Weil der Affe nur ein Rumpfvokabular besaß, war es möglich, daß er eine Reihe von Gesten des Trainers als Satz auffaßte, die eigentlich nichts miteinander zu tun hatten. In keiner der für die Versuche benutzten Sprachen gab es Großschreibung oder den Punkt am Satzende.

Andererseits haben manche Affen unabhängig voneinander gelernt, ihre eigenen Zeichenketten in einer bestimmten Reihenfolge zu bilden. Dinge wie »Mehr Wasser« oder »Gib mir« statt »Wasser mehr« oder »Mir geben« deuten darauf hin, daß auch für sie die Reihenfolge eine Bedeutung hat.

Und was ist mit dem folgenden Beispiel? Eine Schimpansin namens Lucy war es gewöhnt, ihren Trainer Roger Fouts anzuweisen, indem sie ihm gestikulierte: »Roger kitzeln Lucy«. Eines Tages gestikulierte Roger, statt dem Wunsch nachzukommen, zurück: »Nein, Lucy kitzeln Roger.« Obwohl sie anfangs ratlos war, tat ihm Lucy nach mehreren Versuchen den Gefallen.

Sprachforschung ist vielleicht eine der schwierigsten Forschungsrichtungen überhaupt, und die Wissenschaftler bewegen sich nur zu oft in einem logischen Zirkel. Um Fortschritte bewerten zu können, muß ein außenstehender Beobachter bestimmte Kriterien haben, nach denen er sich richten kann, etwa ein Standard-Symbolset oder eine Wortliste. Um also ihre Forschungen finanzieren zu können, müssen die Wissenschaftler eine quantifizierbare Darstellungsweise ihrer Ergebnisse finden. Doch die Sprache selbst ist fließend. Kommunikation ist das natürliche Ergebnis unstrukturierter Versuche, Bedeutung zu übermitteln. Um die Sprachgewohnheiten anderer Primaten unvoreingenommen mit unseren vergleichen zu können, muß das System flexibel genug sein, auch Symbole aufzunehmen, die spontan oder zufällig auftauchen.

# Codename: ›Totenstille‹

Die USS Arden ist in einem Gebiet verschwunden, das Mulder als zweites Bermudadreieck bezeichnet. Er ist fest entschlossen, das Schiff wiederzufinden, und davon überzeugt, daß es Teil eines modernen Philadelphia-Experimentes sei. Scully dagegen zeigt sich eher besorgt um die rapide Alterung eines geretteten Besatzungsmitglieds. Sie ist ebenso entschlossen wie Mulder, aber aus einem anderen Grund ...

**ZUSAMMEN-FASSUNG**

## Das Philadelphia-Experiment

**HINTERGRUND**

Das Philadelphia-Experiment war eigentlich kein Experiment, sondern ein Film, der auf einer Reihe mysteriöser Ereignisse basierte, die an einem nebligen Oktoberabend des Jahres 1943 stattgefunden haben sollen. Während manche darauf schwören, daß die Geschehnisse in ›Das Philadelphia-Experiment‹ in jeder Beziehung wahr seien, fragen andere, warum es dann fast ein Jahrzehnt gedauert habe, bis die Einzelheiten dieser unglaublichen Geschichte ans Tageslicht gekommen seien.

Bis in die Mitte der fünfziger Jahre hatte das erst nachträglich

**ZITAT**

»Alles stand still. Alles. Sogar das Meer. Auch der Wind. Dann begann das Schiff, mein Schiff, zu bluten, durch die Hülle, durch die Schweißnähte.«

– CAPTAIN BARCLAY in ›Totenstille‹

## EINE THEORIE DES ALTERNS: FREIE RADIKALE

Körper und Zellen werden von biochemischen Verbindungen geschädigt, die man Freie Radikale nennt. Diese Verbindungen entstehen als natürliche Abfallstoffe im Zellstoffwechsel, sind chemisch sehr aktiv und giftig für die Zellen und die DNA. Da die Geschwindigkeit chemischer Reaktionen mit steigender Temperatur zunimmt, vermeiden es Menschen, die lange leben möchten, in der Nähe von Hochspannungsleitungen zu wohnen oder elektrischen Geräten zu nahe zu kommen. Wenn das Wasser in ›Totenstille‹ wie eine Batterie wirkte, könnte es tatsächlich die Aktivität Freier Radikale angeregt haben.

so bezeichnete Philadelphia-Experiment nicht einmal für ein leises Lüftchen in der Medienwelt gesorgt. Dann landete plötzlich ein dicker Briefumschlag auf dem Schreibtisch eines gewissen Morris Ketchum Jessup. Neben seinen Tätigkeiten als Urwaldforscher, Astronom am Lamont-Hussey-Observatorium, Entdecker von Doppelsternen und Fotograf auf archäologischen Expeditionen des Carnegie-Institutes hatte M. K. Jessup auch vier Bücher über UFOs veröffentlicht.

Unter der Post, die ihm von seinem Verleger zugeschickt wurde, befand sich auch der Brief eines gewissen Carlos Miguel Allende, der mit einiger Fachkenntnis über Levitationstheorien und -praxis schrieb. Jessup schrieb eine höfliche Antwort und vergaß die ganze Sache, bis er einen weiteren Brief von Allende erhielt.

Diesmal ließ Allende Jessup wissen, daß er mit den öffentlichen Vorträgen vertraut sei, in denen Jessup angedeutet habe, daß die Erforschung der Einsteinschen Einheitlichen Feldtheorie zur Klärung des Geheimnisses der Antigravitation führen könne. Allende riet Jessup, diesen Forschungsweg zu verlassen, den zu beschreiten man an anderer Stelle bereits erfolglos und mit fürchterlichen Konsequenzen versucht habe. Er schrieb, daß bei Tests im Oktober 1943 ein ganzes Schiff – ein Zerstörer – ›unsichtbar‹ geworden sei und mit ihm die ganze Besatzung. Allende zufolge hatte die Hälfte der Besatzung durch diese Erfahrungen den Verstand verloren. Das für das Experiment benutzte Schiff (das erst später von Forschern als USS Eldridge identifiziert wurde) war aus seinem Dock in Philadelphia verschwunden, nur wenige Momente später in einem Dock in Norfolk aufgetaucht und dann sicher in das Dock in Philadelphia zurückgekehrt.

Es kann kaum überraschen, daß Jessup die Geschichte nicht einfach so akzeptieren wollte. Ein Jahr später aber wurde er in das Büro der Marineforschungsabteilung in Washington D.C. eingeladen. Beim Eintreffen bemerkte er, daß das Büro eine Ausgabe seines Buches *The Case for the UFO* besaß. Es war mit vielen Anmerkungen von drei verschiedenen Personen versehen und an Admiral N. Furth geschickt worden. Unter den Details, die an den Rand des Textes geschrieben waren, befand sich auch die Geschichte eines Marineschiffes, das verschwunden und wieder aufgetaucht war.

Furth hatte das Buch offenbar beiseite gelegt, weil er es für unwichtig gehalten hatte, aber seine untergebenen Offiziere wollten noch ein paar Fragen stellen. Sie besaßen Kopien des Buches, die von der *Varo Manufacturing Company* in Garland, Texas, hergestellt worden waren. Den Varo-Kopien war eine nicht unterzeichnete Einleitung hinzugefügt worden. Diese wenigen Ausgaben wurden später als die ›Varo-Edition‹ bekannt.

Fünfzehn Jahre später, im Oktober 1958, trafen sich Jessup und eine Gruppe interessierter Leute im Haus von Ivan Sanderson, einem prominenten Fachmann für mysteriöse Ereignisse. Irgendwann im Laufe des Abends nahm Jessup ein paar Leute beiseite und gab ihnen die Originalausgabe seines Buches. Es war ihm anscheinend sehr ernst, als er sie bat, das Buch an einem sicheren Ort aufzubewahren – nur für den Fall, daß ihm etwas zustoße.

Sechs Monate später fand man Jessup tot in seinem Auto. Er hatte Selbstmord begangen.

Während die meisten Menschen bis dahin geglaubt hatten, daß die Allende-Briefe und die Anmerkungen in Jessups Buch nichts weiter als ein komplizierter Witz gewesen seien, zog sein Tod plötzlich mehr Aufmerksamkeit auf den Fall.

Zwanzig Jahre Spekulationen und Gerüchte führten schließlich dazu, daß die Geschichte aufgedeckt und als Grundlage für ›Das Philadelphia-Experiment‹ verwendet wurde. Der Film opferte (wie *Akte X* manch-

Ihre Punktzahl:

mal auch) bereitwillig die Wahrheitstreue der guten Unterhaltung, und so kamen ein paar wichtige Tatsachen nicht zur Sprache.

Zum Beispiel:

- Carlos Allende war ein Pseudonym.
- Der Anteil geistig Kranker auf der USS Eldridge war nicht höher als im Bevölkerungsdurchschnitt.
- Obwohl die Anmerkungen in Jessups Buch in verschiedenen Tinten und mit unterschiedlicher Handschrift geschrieben waren, hatte ›Allende‹ alle selbst geschrieben.
- Als Allende behauptete, die USS Eldridge habe die Reise zwischen den beiden Häfen nicht derart schnell machen können, vergaß er, den Kanal zwischen den beiden Städten zu erwähnen.

---

Die aktuelle USS Ardent ist ein Minensucher und Minenräumer der Avenger-Klasse und trägt die Kennummer MCM 12. Die echte Ardent lief 1991 vom Stapel, obwohl die Plakette auf der erfundenen andeutet, daß sie 1991 in Auftrag gegeben worden sei. Die echte Ardent rostet sehr wahrscheinlich nicht. Wie die meisten Minensuchboote besteht sie aus Holz und einem Fiberglasaufbau.

---

Die U.S.-Navy baut seit 1975 keine Zerstörer-Eskorten mehr und reklassifizierte die Zerstörer als ›Fregatten‹. Die DE-925 wurde 1944 oder 1945 zusammen mit den meisten noch existierenden Schiffen der Evarts-Klasse außer Dienst genommen. Es sieht so aus, als sei DE-925 auf ein außer Dienst gestelltes kanadisches Schiff gemalt worden.

---

Während Trondheim als norwegischer Familienname selten ist, kann man die Stadt Trondheim auf der Karte im Büro der X-Abteilung sehen.

## AKTE BLOOPER – DIE KLEINEN MISSGESCHICKE DES FBI

Egal, ob diese Episode die erste oder die zehnte Folge der Serie ist, die Sie sehen: Halten Sie doch mal Ausschau nach den seltenen Gelegenheiten, wo die X-Crew etwas übersehen hat.

- In ›Die Warnung‹ nimmt Scully das Magazin aus ihrer Pistole. Es befindet sich nur eine einzige Patrone darin. Warum sollte man seine Pistole aber mit nur einer Patrone laden?
- Eigentlich könnte Colonel Belt gar nicht aus einem Fenster des Krankenhauses (Episode ›Besessen‹) springen: Florida schreibt – wie die meisten anderen Bundesstaaten – vor, daß Krankenhausfenster nicht zu öffnen sein dürfen.
- Wie kann Agent Jack Willis die körperlichen Tests durchlaufen, zu denen ja auch eine Blut- und Urinprobe gehört, ohne daß seine Diabetes auffällt?
- Bei den Windgeschwindigkeiten, die die Turbine in ›Roland‹ erzeugt, könnte kein Mensch physikalische Gesetze außer Kraft setzen und irgend etwas fest greifen – am allerwenigsten ein dünnes Gitter, das nur dazu dient, leichte Partikel von der Turbine fernzuhalten.
- Als Michelle Generoos Auto sich in ›Besessen‹ überschlägt, regnet es in Strömen, aber als Scully und Mulder am Unfallort ankommen und sie aus ihrem Autowrack herausziehen – die Reifen drehen sich sogar noch –, hat der Regen schon aufgehört, und der Boden ist noch nicht einmal so naß, daß Mulder seine Hose beim Hinknien beschmutzt.
- In ›Die Kolonie – Teil 1‹ hört man ein paarmal Mulders Anrufbeantworter. Seltsamerweise ist seine Ansage nicht jedesmal die gleiche – obwohl er zwischendurch nicht zu Hause war, um eine neue aufzunehmen.
- Fehler in der Anschlußkontinuität zu entdecken kann für den aufmerksamen Zuschauer ein netter Spaß sein. Wenn Sie das nächste Mal ›Die Kolonie – Teil 1‹ anschauen, sollten Sie besonders auf Scullys Bustour achten. Der Mann, der am Anfang hinter ihr sitzt, befindet sich am Ende auf einmal vorn im Bus.
- Als Scully Mulder mitteilt, daß sie sich ein Hotelzimmer in der Nähe der I-90 in Germantown im Staat Maryland nimmt, muß diese ›Nähe‹ ganz schön weit weg gewesen sein – ein paar Staaten weit weg, um genau zu sein. Die I-90 führt nämlich durch New York und Massachusetts.

# Codename: ›Der Zirkus‹

**ZUSAMMEN-FASSUNG**

Als ein Altenwohnheim für Zirkusartisten von der legendären Fiji-Meerjungfrau heimgesucht wird, die ihre Opfer verspeist und Flossenabdrücke anstelle von Fußspuren hinterläßt, müssen Scully und Mulder erst einmal Wahrheit von Täuschung unterscheiden. In einer Stadt, die von tätowierten Männern bewohnt wird, von bärtigen Frauen und Menschen, die gewohnheitsmäßig ihre Hoden in ihren Körper einziehen können und sich Nägel durch die Nase bohren, erscheint das Paranormale schon beinahe banal...

**HINTERGRUND**

### Eine kurze Geschichte des Zirkus

Obwohl die meisten Menschen den Zirkus für eine uralte Unterhaltungsform halten, ist er in Wirklichkeit erst ein paar hundert Jahre alt. Der Zirkus im alten Rom hat nichts mit dem zu tun, den ein modernes Publikum besucht. In Rom bestand ein Zirkus aus Rennbahnen, in denen gewaltige Veranstaltungen wie Kampfwagen-Schlachten und sogar Seeschlachten aufgeführt wurden.

Doch Zirkusartisten, wie wir sie heute kennen, waren auch bei den antiken Völkern bekannt. Akroba-

**ZITAT**
»Kannst du dir vorstellen, für den Rest deines Lebens wie *der da* auszusehen?«
– DR. BLOCKHEAD über Mulder in ›Der Zirkus‹

ten und Jongleure ziehen schon seit Tausenden von Jahren durch die Welt. Seiltänzer waren in Griechenland sehr beliebt, und die Römer begeisterten sich für Tiernummern, besonders solche mit Elefanten. Clowns in viel bunteren Verkleidungen als heutzutage unterhielten Straßenvolk und Könige, und Tierdressuren waren schon unter König Alfred von England im Jahr 850 n. Chr. sehr beliebt. Spätere Herrscher bevorzugten Kunststücke mit Menschen (die weniger Dreck auf dem Boden des Saales hinterließen). Zwischen 1000 und 1500 n. Chr. überfluteten Bodenakrobaten, Schlangenmenschen und Tänzer die Bühnen Europas. Wandernde Tierdresseure arbeiteten mit allen möglichen Tieren – Affen, Pferde und sogar Bären –, und es gibt nur wenig Unterschiede zwischen ihnen und den heutigen Wanderzoos.

Die moderne Form des Zirkus entstand nach allgemeiner Übereinkunft etwa im Jahr 1770 in England. Ein Gentleman namens Philip Astley, ein ehemaliger Major und dann Kunstreiter, fand heraus, daß er mit Hilfe der Zentrifugalkraft sein Gleichgewicht halten konnte, wenn er auf dem Rücken seines Pferdes stehend im Kreis galoppierte. Die ausgetretene Kreisbahn wurde zum ersten Zirkusring.

Da es unmöglich war, eine Veranstaltung mit nur einem Mann auf einem Pferd anzubieten, nahm Astley Clowns, Musiker und eine Reihe von Akrobaten auf. Als das Geschäft gut lief, baute er auch noch ein Dach, Bänke für das Publikum und eine Bühne mit dazu. Er nannte die so entstandene Unterhaltungsarena aber noch nicht Zirkus; für ihn blieb sie – wegen der steilen Bänke – immer ein Amphitheater oder auch eine ›Reitschule‹, denn bei den meisten Vorführungen kamen Pferde zum Einsatz.

Zirkusse wurden bald zu einem begehrten Arbeitsplatz für Artisten. Jongleuren, Akrobaten und all den anderen, die bisher auf Jahrmärkten gearbeitet hatten, bot der Zirkus einen festen Rahmen, innerhalb dessen die Kunden zu ihnen kamen, statt daß sie dem Publikum hinterherlaufen mußten. Die Vielfalt im Zirkus zog ein viel größeres Publikum an, und jeder Artist hatte die Möglichkeit, sich dort niederzulassen, wenn er das wollte.

Astley wurde in England sehr populär, und bald erkannte er die Möglichkeiten, die sich ihm boten, wenn er wie die alten Truppen auf Wanderschaft ging – vorausgesetzt, das Publikum paßte. 1772 gaben er und seine Truppe eine Vorstellung am französischen Königshof. Sie stellten fest, daß Frankreich genügend talentierte Künstler hatte, um einen eigenen Zirkus zu gründen, und so eröffnete er zehn Jahre später sein nächstes Amphitheater in Paris. Selbst die Französische Revolution, durch die sich die Beziehungen zwischen Frankreich und Großbritannien verschlechterten, stellte für ihn kein Problem dar. Er vermietete das Unternehmen einfach an Antonio Franconi, einen vielseitigen Menschen, hervorragenden Kunstreiter und – das war das wichtigste – fähigen Manager. Die zwei arbeiteten viele Jahre als Partner zusammen, und als Franconis Kinder erwachsen waren, übernahmen sie den Zirkus in Frankreich, vergrößerten ihn und bauten eine Zirkusarena von zwanzig Metern Durchmesser.

Um 1900 hatte sich der Zirkus in der ganzen Welt etabliert, von Südafrika über China bis Kanada, und der Wettbewerb wurde zu einem wichtigen Faktor. Obwohl einfache Bürger den größten Teil des Publikums bildeten und sich die meisten Zirkusse nach ihrem Geschmack richteten, hatten sich die Aristokraten und die Oberen Zehntausend ebenfalls von dem Elfenreigen verzaubern lassen. In dem riesigen, fest installierten Zirkus von St. Petersburg wurden die Ställe regelmäßig parfümiert, damit sie nicht die Nasen der Aristokraten beleidigten.

Zirkus-›Familien‹ kamen im 19. Jahrhundert verstärkt zur Geltung. Jugendliche, die man schon von kleinauf in verschiedenen Kunstfertigkeiten ausgebildet hatte, wurden zu den besten Artisten. Es gab Zweckehen zwischen den Zirkusfamilien, Brüder, die neue Zirkusse gründeten, und einen strikten Verhaltenskodex. In Osteuropa, wo die Zirkusse häufig mit den Roma-Zigeunern in Verbindung standen, wurden die Mitglieder buchstäblich als Könige und Königinnen verehrt. Der Zirkus war eine Gesellschaft in der Gesellschaft und bestand aus Menschen, die nicht nur wegen ihres Berufs zusammenkamen, sondern auch wegen eines bestimmten Lebensstils. Die nach außen abgeschlossene Gruppe in *Akte X* hat ihre Wurzeln in einer sich selbst erhaltenden, unternehmerischen und an der Gemeinschaft orientierten Gesellschaft, die großartige Künstler, Musiker und Schriftsteller ebenso wie Unterhaltungsshows hervorbrachte.

In Amerika sind der Zirkus und die Ringling Brothers untrennbar miteinander verbunden. Durch Zusammenschlüsse und Aufkäufe kontrollieren die Ringling Brothers inzwischen elf große amerikanische Zirkusse und besitzen ein Hauptzelt, daß über 10 000 Zuschauern Platz bietet; es ist eines der größten der Welt. Das Ringling-Zirkusmuseum in Sarasota/Florida ist der Ort, an dem viele Artisten überwintern oder sich zur Ruhe setzen. Hier werden auch die Zirkuswagen für die Ausstellungen restauriert.

## Chang und Eng: die siamesischen Zwillinge

Bei ihrer Geburt im Mai 1811 im Mekongdelta von Siam (heute Thailand) waren Chang und Seng an der Hüfte zusammengewachsen. Sie wurden so berühmt, daß alle anderen zusammengewachsenen Zwillinge unabhängig

RÄTSEL 44

Leichte Fragen – 1 Punkt
für jede richtige Antwort:
1. Welches Bild auf der Karte kann Mulder nicht erkennen?
2. Was ist am Speiseplan des tätowierten Mannes besonders?
3. Welchen ›Snack‹ nimmt Scully mit dem Tätowierten zu sich?
4. Was ist in der Kiste?
5. Was graben Scully und Mulder im Garten des Sheriffs aus?

Es wird schwieriger –
2 Punkte für jede richtige Antwort:
6. Wie nennt Hepcat Helm sein Kabinett?
7. Was stimmt an den verwachsenen Zwillingen nicht?
8. Was hat Sheriff Hamilton früher getan?
9. Wie heißt Mr. Nutts Hund?
10. Wie lautet Dr. Blockheads richtiger Name?

Ihre Punktzahl:

von Herkunft und Nationalität seitdem siamesische Zwillinge genannt werden. Schon als Kinder waren Chang und Eng in ihrer Heimat gefeierte Persönlichkeiten und wurden sogar vom König von Siam als Gäste empfangen.

Dann, als von nah und fern immer mehr Besucher kamen, um sie mit eigenen Augen zu sehen, dauerte es nicht mehr lange, bis jemand auf die Idee kam, daß diese Besucher womöglich für das Privileg zahlen würden, das Wunder zu sehen. Als der Zirkus um 1829 auf der ganzen Welt seine Glanzzeit erlebte, verließen die Zwillinge mit einem britischen Agenten Siam und begannen eine Reise, die sie von Kanada nach Kuba und in fast jedes Land Europas führte. Ihre Einkünfte waren, solange sie minderjährig gewesen waren, an ihren Agenten gegangen. Im Alter von 21 Jahren entschied sich das Paar dann, seine Angelegenheiten selbst in die Hand zu nehmen, und plante die Touren nach eigenem Gutdünken. In bemerkenswert kurzer Zeit hatten sie ein kleines Vermögen angesammelt und kauften sich eine Plantage (komplett mit Sklaven) in Mount Airy, North Carolina. Nachdem sie in die USA eingebürgert worden waren, wählten sie den Nachnamen Bunker und heirateten kurze Zeit später die Schwestern Adelaide und Sarah Yates. Während sie den Mount-Airy-Besitz gemeinsam betrieben, unterhielten die beiden Brüder getrennte Haushaltungen etwa drei Meilen voneinander entfernt. Sie wechselten in einem Drei-Tage-Rhythmus zwischen den Häusern, um die Zeit mit ihren Frauen und Kindern zu verbringen.

Während ihres ganzen Lebens hatte man den Brüdern Operationen vorgeschlagen, um sie zu trennen, aber sie hatten sich dagegen entschieden. Mit der Operation war ein gewisses – wenn auch kleines – Risiko verbunden; außerdem glaubten beide Männer, sich gut an die Situation angepaßt zu haben. Sie konnten laufen, schwimmen, jagen, und ihre Familienverhältnisse waren stabil. Sie waren durch ein Hautband an ihrer Hüfte aneinander gefesselt, teilten aber keines ihrer Organe miteinander. Am wichtigsten war, daß sich ihre Persönlichkeiten nicht miteinander vermischten. Sie waren als Einheit und als Individuen vollständig.

Die Brüder starben 1874 nur drei Stunden nacheinander. Einige vermuten wie der mysteriöse Museumsbesitzer in ›Der Zirkus‹, daß Eng aus Angst davor gestorben sei, für den Rest seines Lebens an seinen toten Bruder gebunden zu sein. Aber für diese Theorie gibt es keinen Beweis.

**Die Artisten dieser Episode gehören zur Jim Rose Traveling Sideshow. Alles, was sie in dieser Folge zeigen, beherrschen sie wirklich, und dazu noch ein paar Sachen, die selbst für *Akte X* zu drastisch sind. Jim Rose ist bekannt dafür, daß auf seinem Speiseplan Glühbirnen und andere Dinge stehen.**

## DIE FIJI-MEERJUNGFRAU

**Das Ausstellungsstück, das in dieser Folge so ausführlich erwähnt wird, ist die vielleicht am häufigsten gezeigte falsche Meerjungfrau von den vielen, die um 1800 herum Europa überfluteten. Die Ausstellung begann ihre Tour durch Europa unter dem Namen ›Ostindische Meerjungfrau‹ im Turf Coffee House in St. James in England, wo sie 1822 ein paar Wochen lang Tausende von Besuchern anlockte. Selbst nachdem man die Mischung aus Affe und Lachs als Täuschung entlarvt hatte, zog sie weiterhin Gaffer an.**

**Um 1840 sah P. Barnum diese Meerjungfrau und entschloß sich, dieses damals offenbar blühende Geschäft in den Vereinigten Staaten weiterzuführen. Mit einem Werbeaufwand, der Proctor & Gamble alle Ehre gemacht hätte, wurde die häßliche Kreatur an keinem geringeren Ausstellungsort als der Concert Hall von New York City am Broadway ausgestellt. Dort gab die Meerjungfrau auch ein Gastspiel im Amerikanischen Museum, bevor man sie auf Dauer im Zirkusmuseum in Florida unterbrachte. Gar nicht so schlecht für ein Geschöpf, das Barnum als »häßliches, ausgetrocknetes, schwärzliches und kleines Exemplar« bezeichnet hatte.**

# Codename: ›Heilige Asche‹

**ZUSAMMEN-FASSUNG**

Ein Ballon, der sich entgegen der Windrichtung bewegt, könnte der einzige Hinweis im Todesfall eines jungen Mädchens sein. Doch als Scully am Tatort eintrifft, wird sie durch eine Fülle bizarrer Ereignisse davon überzeugt, daß sie es doch eher mit einer seltenen Art von Kindesmißhandlung zu tun hat. Mulder für seinen Teil denkt sich, daß die Antworten vielleicht bei einem toten Hahn gefunden werden können oder bei einer Gruppe älticher Chormitglieder, die sich Calusari nennen.

**HINTERGRUND**

## Exorzismus in Vergangenheit und Gegenwart

Damit eine Gruppe hingebungsvoller Exorzisten wie die Calusari in der Gesellschaft überleben können, muß es einen festen Glauben daran geben, daß etwas Auszutreibendes existiere.

Besessenheit durch Dämonen, Teufel oder selbst gewöhnliche Menschen mit bösen Absichten ist ein alter und zäher Teil des Aberglaubens. Erste Anzeichen für Besessenheit sind extreme Stimmungsschwankungen, ungewöhnliches Verhalten und Persönlichkeitsveränderungen. Wenn sich diese Symptome verstärken, hat man guten Grund zu der Vermu-

ZITAT

»Es kennt Sie jetzt.«
– CALUSAR in ›Heilige Asche‹

tung, daß die Person sich in der direkten Gewalt einer äußeren, übernatürlichen Macht befindet. Zu den sicheren Anzeichen für die Besessenheit durch einen Geist gehören heftige Zuckungen, Schreien, Stöhnen und das Ausstoßen von Wörtern einer unbekannten Sprache. Ein ansonsten frommes Mitglied einer religiösen Gemeinschaft beginnt zu fluchen und Gott zu lästern, entwickelt sogar Angst vor oder Haß gegen heilige Personen und Gegenstände. Selbst das Christentum gesteht ein, daß manche Zustände dieser Art eine böse, transzendentale Ursache haben.

Die meisten wissenschaftlichen Studien behandeln solche Phänomene als psychophysische Manifestationen. Zustände, die man früher auf die Besessenheit durch einen Dämon zurückführte, werden heute als Epilepsie, Hysterie, Somnambulismus oder Schizophrenie medizinisch behandelt.

In manchen Traditionen erkrankt der Besessene; die Gemeinde hält ihn einer spirituellen Verfehlung für schuldig, und seine Genesung hängt von der Buße ab, die oft durch ein Opfer geleistet wird. Bei anderen Völkern wird der Besessene als Medium des kontrollierenden Geistes aufgefaßt und fungiert als Mittler zwischen Geistern und Menschen. Die Hauptaufgabe des Mediums besteht darin, andere von Geistern besessene Personen zu heilen. In diesen Kulturen führt das Medium seinen Trancezustand selbst herbei, manchmal mit Hilfe von Drogen, mit Trommeln oder unter kollektiver Hysterie. In Trance scheint das Medium tatsächlich unempfindlich gegenüber normalen Stimuli zu sein.

Jede rituelle Beschwörung eines Geistes, die ihn dazu veranlassen soll, einen bestimmten Gegenstand, einen Ort oder eine Person zu verlassen, ist technisch gesehen Exorzismus. In der christlichen Überlieferung vertrieb Jesus die Dämonen durch ein Gebet und sagte, daß seine Handlung die Ankündigung des herannahen-

## RÄTSEL 45

**Leichte Fragen – 1 Punkt für jede richtige Antwort:**

1. Was will das Kind fangen, als es über die Eisenbahngleise stürzt?
2. Welches Fahrzeug fahren die Calusari?
3. Welche toten Tiere findet man im Schlafzimmer der Großmutter?
4. Woher aus der alten Welt stammt die Familie?
5. Wie lautet der Name der Großmutter?

**Es wird schwieriger – 2 Punkte für jede richtige Antwort:**

6. Wie stirbt der Vater des Jungen?
7. Was wird als Todesursache der Großmutter vermutet?
8. Welche beunruhigende Erfahrung teilen Scully und die Mutter des Jungen?
9. Nennen Sie die Namen der drei Holvey-Kinder.
10. Was geschieht mit der Farbe im Zimmer des Krankenhauses, als die Calusari ihr Ritual beginnen?

Ihre Punktzahl: 

den Reichs Gottes sei. Seine Jünger trieben ›in Seinem Namen‹ Dämonen aus. In den ersten beiden Jahrhunderten nach Christus hielt man die Macht des Exorzismus für eine besondere Gabe, die jeder Mensch besitzen könne, ob Laie oder Kleriker. Um 250 n. Chr. tauchte dann eine besondere Kaste rangniedriger Kirchenmänner auf, die sich Exorzisten nannten (in ihnen haben die Calusari ihren Ursprung) und besondere Funktionen übernahmen. Etwa zur gleichen Zeit wurde der Exorzismus bei der Taufe angewendet und ist seitdem ein Teil des römisch-katholischen Zeremoniells geblieben. Der Exorzismus von Dämonen besessener Menschen ist im kanonischen Recht der römisch-katholischen Kirche genau geregelt.

## Der Poltergeist

Im allgemeinen hält man den Poltergeist (das Wort kommt tatsächlich aus dem Deutschen) für einen körperlosen Geist oder eine übernatürliche Macht, der eine große Zahl unheimlicher und in der Regel böswilliger Taten zugeschrieben wird. Wenn man den Poltergeist ignoriert oder wenn er unzufrieden ist, neigt er dazu, schlimmere Streiche zu spielen und gewalttätig zu werden. Er wirft dann zum Beispiel mit Steinen oder legt Feuer an Kleidung, Mobiliar und Haaren.

Alle Aktivitäten des Poltergeistes haben gemeinsame Merkmale, egal ob es sich dabei um ein untergeordnetes oder ein gefährliches Exemplar handelt. Normalerweise wiederholen sich die Handlungen wie zum Beispiel Klopfgeräusche in einem bestimmten Muster oder Rhythmus unaufhörlich. Die meisten Aktivitäten treten sporadisch auf und sind unvorhersagbar, werden aber regelmäßiger, je näher die damit verbundene Gefahr rückt.

Im Aberglauben scheint sich die Aktivität des Poltergeistes auf bestimmte Familienmitglieder zu konzentrieren, besonders auf Jugendliche; sobald Fremde dazukommen, hören die ungewöhnlichen Vorgänge meist auf. Ein großer Teil der angeblichen Opfer leidet unter Hysterie.

In vielen Fällen – wehren die Skeptiker ab – konnten die Aktivitäten, die man dem Poltergeist zuschrieb, mit natürlichen Phänomenen wie dem normalen Knarren der Dielen in einem alten Haus erklärt werden.

Es gibt aber Fälle, die sich jeglicher Erklärung entziehen:

- Ingenieure in St. Petersburg verbrachten mehrere Monate in einem Bürogebäude mit dem Versuch, die Quelle eines Klopfgeräusches ausfindig zu machen. Es gelang ihnen nicht. Sie fanden auch keine Ursache für den plötzlichen Wassersturz, der eine ganze Abteilung unter Wasser setzte. Das Gebäude hatte keine Sprinkleranlage.

- In einem Regierungsgebäude in Salt Lake City gab es Schreibtische, deren Schubladen die Angewohnheit hatten, sich von selbst zu öffnen und den Angestellten gegen die Knie zu schlagen. Auch hier trat wiederholtes Klopfen auf. Das Umstellen der Tische löste das Problem nicht.

- Ein kürzlich renoviertes Hotel hatte einen Aufzug, von dem viele Leute behaupteten, daß ein Poltergeist darin sitze. Von Zeit zu Zeit seien die Zeiger der Etagennummern ohne erkennbaren Grund rückwärts gelaufen oder hätten eine falsche Etage angezeigt. Das wäre in einem sechzig Jahre alten Gebäude nicht weiter verwunderlich gewesen, wenn die Probleme mit der Anzeige nicht regelmäßig von einem Kichern begleitet gewesen wären, das von unterhalb des Aufzuges kam.

**Münchhausen-Syndrom bei Erziehungsberechtigten: So bezeichnet man die erfundene Behauptung von Eltern ihren Kindern gegenüber, diese seien krank. Die damit erzwungenen regelmäßigen Arztbesuche stellen eine Form des Kindesmißbrauches dar.**

## HAKENKREUZE

Viele Fans sind über die Verwendung des Hakenkreuzes in dieser Episode beunruhigt, besonders deshalb, weil es den Guten gehört, nicht dem schreienden, besessenen Kind, das sich auf dem Bett wälzt und jeden zu beißen versucht, der sich ihm nähert. Das kommt daher, daß die meisten von uns das Hakenkreuz mit dem Nationalsozialismus assoziieren. Das Symbol selbst aber ist weder ausschließlich böse noch besonders modern.

Es taucht unter anderem auf den Decken und anderen kunsthandwerklichen Gegenständen auf, die von den Indianern im Südwesten der Vereinigten Staaten hergestellt werden. Weiter südlich war es ein gebräuchliches Schmuckmuster auf karibischen Kleidern und guatemaltekischen Korbarbeiten. Am äußersten südlichen Ende der Neuen Welt wird das Muster in allen Variationen in Stoffe gewoben. In Südostasien schmücken Buddhisten und Taoisten manche Tempel mit umgekehrten Hakenkreuzen.

Die Richtung der Arme dieses Musters spielte im Kunsthandwerk der Neuen Welt keine Rolle, und deshalb kommen sowohl rechts- wie linksarmige Formen vor. Aufmerksame Zuschauer von *Akte X* bemerken, daß die Arme des Hakenkreuzes in dieser Folge in der entgegengesetzten Richtung wie die des Nazi-Hakenkreuzes verlaufen.

Bevor es im Zweiten Weltkrieg mißbraucht wurde, repräsentierte das Hakenkreuz oder gebrochene Kreuz, das seine Wurzeln in der gleichen Überlieferung wie das moderne Friedenssymbol und das ägyptische Ankh hat, die vier Winde, die vier Jahreszeiten und die vier Himmelsrichtungen. Wenn seine vier Arme im Uhrzeigersinn weisen, bedeutet das Harmonie mit der Natur.

# Codename: ›Verseucht‹

Mulder und Scully werden einem Bundesmarshall zur Seite gestellt, um ihm bei der Suche nach zwei Ausbrechern zu helfen. Sie sind aus einem Gefängnis geflohen, in dem eine ansteckende Epidemie wütet. Das Problem? Man sagt den Agenten nichts von der Epidemie, bis sie das Gefängnis selbst betreten haben. Es ist nicht ganz klar, ob das ein Versuch ist, sie zu eliminieren, oder ob man sie nur diskreditieren will.

**ZUSAMMEN-FASSUNG**

## Eine moderne Seuche

**HINTERGRUND**

Es gibt zwar keine Hinweise darauf, daß die Haftanstalten Amerikas für Experimente in Epidemieeindämmung verwendet werden, aber die Überfüllung der Gefängnisse führt dazu, daß sie unvermeidlich zu bevorzugten Brutstätten moderner Seuchen wie in ›Verseucht‹ werden – oder für das Ebola-Virus, das erst kürzlich wieder die Aufmerksamkeit der Öffentlichkeit erregte.

Ebola ist nur eine Krankheit aus einer ganzen Gruppe, die als virale hämorrhagische Fieber bekannt sind. Wie die erfundene Krankheit in ›Verseucht‹ werden alle vier bekannten Virustypen

**ZITAT**
»Glauben Sie bitte nicht eine Sekunde lang, daß dies ein einmaliger Vorgang sei.«
– Dr. Osbourne in ›Verseucht‹

327

(Filovirus, Arenavirus, Flavivirus und Bunyavirus) leicht von Insekten übertragen.

Eine der schrecklichsten Tatsachen im Zusammenhang mit dem Ebola-Virus ist die Unfähigkeit der Mediziner, den Überträger ausfindig zu machen. Wenn die ›Verseucht‹-Krankheit unter Anwendung gewöhnlicher Mittel erforscht worden wäre, hätte ein ganzes Heer von Wissenschaftlern die kleinen Aasfresser durch den Regenwald jagen müssen, um mehr zu erfahren. Obwohl der Ursprung von Ebola weiterhin ein Rätsel ist, sind Krankheitsverlauf und Symptome der Krankheit inzwischen glücklicherweise gut dokumentiert – immerhin der erste Schritt zur Früherkennung. Alle Arten viraler hämorrhagischer Fieber beginnen mit erhöhter Körpertemperatur und Muskelschmerzen, ähnlich der gewöhnlichen Grippe. Je nach Art des Virus schreitet die Krankheit dann relativ schnell voran, bis der Patient kurzatmig wird, massiv blutet, Nierenprobleme bekommt und in einen Schockzustand gerät. Keines dieser Symptome kann jetzt noch mit Grippe verwechselt werden. Das virale hämorrhagische Fieber kann eine relativ harmlose Krankheit verursachen oder zum Tod führen.

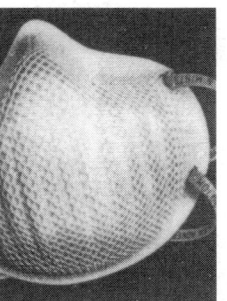

Würden Sie ihr Leben bei Seuchengefahr einer einfachen Schutzmaske wie dieser anvertrauen? Scully tat es.

Als man Ebola im Jahre 1976 in Zaire entdeckte, benannte man die Krankheit nach einem großen Fluß im Seuchengebiet. Bis Mitte 1995 waren erst drei Ausbrüche der Krankheit unter Menschen bekannt geworden. Die ersten beiden Fälle waren die von 1976 – einer in Zaire und einer im Westen Sudans. Beim dritten Ausbruch in Kikwit in Zaire unternahm man verstärkte Anstrengungen, den Überträger ausfindig zu machen. Forscher untersuchten Tausende von Tierarten im Seuchengebiet – erfolglos. Sie entdeckten aber, daß AIDS nicht die einzige Krankheit ist, die Affen sowohl wie Menschen befällt, denn man fand heraus, daß auch Affen mit Ebola infiziert waren. Daß es unter ihnen nicht zu einer Epidemie kam, schrieb man der Lebensweise der Affen zu, die in einzelnen, isolierten Gruppen lebten. Man glaubte nicht, daß sie die Krankheit leichter überstanden hätten als Menschen.

Der Ausbruch von 1995 in Zaire läßt vermuten, daß Ebola sich dort, wo Menschen sehr dicht aufeinander leben – also zum Beispiel in Krankenhäusern und Gefängnissen –, am besten ausbreiten kann. Der erste Kranke (Patient Null) war wohl im örtlichen Krankenhaus operiert worden; die Angestellten des Krankenhauses entwickelten die ersten Symptome. Das Virus breitete sich dann unter den Patienten aus, sprang auf deren Angehörige über, die sie besuchten, und schließlich auf die ganze Gemeinde.

Als die Krankheit diagnostiziert war, wurden Ärzteteams aus anderen Regionen Zaires, vom Center for Disease Control und von der Weltgesundheitsorganisation nach Kikwit gebracht. Das Gebiet wurde zur Quarantänezone erklärt. Etwa einen Monat später war die Krankheit eingedämmt. Wie lange dauert die Inkubationszeit nach erfolgter Ansteckung? Weniger als achtundvierzig Stunden.

Wie in ›Verseucht‹ ist es der wichtigste Teil des Kampfes gegen die Krankheit, eine zuverlässige Diagnose zu erstellen und alle Infizierten oder möglicherweise Infizierten zu isolieren. Während Scully eine halbe Stunde lang mit einer auf ihren Arm geklebten Küchenschabe wartete, hat man für Ebola weniger exotische Testmethoden. Man diagnostiziert die Krankheit entweder durch den Nachweis von Ebola-Antigenen, Antikörpern oder genetischem Material, oder indem man aus diesen Quellen eine Viruskultur züchtet. Eindringende Larven sind daran nicht beteiligt.

**Die ekelhaften Käfer, die Sie in der ersten Szene auf dem Warzenschwein sehen, sind Kakerlaken, Mordkäfer und Mehlwürmer. Keiner davon gehört zur Gattung der *F. emasculata*, nach der die Episode im Original benannt wurde.**

Der Mordkäfer (eine Kakerlaken-Art), der die ›Verseucht‹-Krankheit übertrug. Würden Sie ihn eine halbe Stunde lang auf ihrem Arm sitzen lassen? Scully tat es!

Die Diagnostik wird mit der Zeit immer einfacher, aber Heilmittel für Ebola oder andere ›moderne‹ Seuchen sind noch nicht in Sicht. Die Forschung ist auf Einrichtungen beschränkt, die ein Hochsicherheitslabor besitzen.

## John Edgar Hoover

J. Edgar Hoover

J. Edgar Hoover (1. 1. 1895 – 2. 5. 1972) wurde in Washington geboren und verließ seine Heimatstadt nur selten. Sein Einfluß als Direktor des FBI erstreckte sich aber über das ganze Land. Das Erbe von Hoovers Zeit beim FBI gehört zu den umstrittensten Fragen in der Geschichte der Strafverfolgung der Vereinigten Staaten und ist ebenso zwiespältig wie Hoover selbst. Beinahe fünfzig Jahre lang verkörperte er – politisch gerissen wie kaum ein anderer – das FBI.

Von Anfang an hatte Hoover die Hauptstadt und ihre Menschen durchschaut: Politiker kamen und gingen, aber Beamte blieben, und Beamte mit Universitätsabschluß in Jura oder Wirtschaftswissenschaften stiegen höher auf als andere. Während er tagsüber in der *Library of Congress* arbeitete, besuchte er die Abendschule der George Washington University bis zu seinem Examen in Jura. Er erhoffte sich davon den Beginn einer glänzenden Karriere und trat 1917 als Aktenprüfer in das Justizministerium ein. (Einige kritisierten später den allzu günstigen Zeitpunkt, der es Hoover, einem gesunden jungen Mann, ermöglichte, die Einberufung während des Ersten Weltkrieges aufgrund des Beamtengesetzes zu vermeiden. Dieses Gesetz hätte ihn in seiner imageträchtigeren Position in der *Library of Congress* nicht geschützt.)

Zwei Jahre später hatte sich Hoover bei Generalstaatsanwalt A. Mitchell Palmer unentbehrlich gemacht, der ihn zu seinem persönlichen Assistenten ernannt hatte. Er verbrachte den Rest des Krieges damit, jeden aufzustöbern und deportieren zu lassen, der als Bolschewist verdächtigt wurde. Sein Ehrgeiz führte ihn an die Spitze des *Bureau of Investigation*. Mitte 1924 wurde er zum stellvertretenden Direktor ernannt, und 1925, im Alter von dreißig Jahren, war er leitender Direktor. Von nun an sollte das FBI nie wieder so sein wie früher.

Obwohl Hoover einen verbissenen Kampf um seine Stellung gefochten hatte, war die Karriere nicht sein einziges Ziel. Der Ruf des FBI, das von Skandalen geschüttelt, in der Presse zerrissen und von Verbrechern ebenso wie von gesetzestreuen Bürgern gefürchtet wurde, war für Hoover nicht akzeptabel, einen Mann, der seine Unterschrift und seinen Namen geändert hatte, weil ein John Hoover in Washington ungedeckte Schecks in Umlauf gebracht hatte. Hoover war entschlossen, das FBI genau wie seinen eigenen Namen wieder über jeden Vorwurf erhaben zu machen.

Auf seine Initiative hin wurde die Ausbildungsakademie für Agenten gegründet. Der Auswahlprozeß war so streng, daß es wieder als Auszeichnung galt, in das FBI aufgenommen zu werden. Die Agenten, die Hoover anwarb, waren keine Schlägertypen, sondern hochspezialisierte Wissenschaftler oder stammten aus der Elite der Universitäten des Landes. Hoover übernahm die Fingerabdruckkartei, eröffnete eines der fortschrittlichsten Kriminallabors der Welt und wählte bewußt besonders schwierige und heikle Fälle aus, die das FBI in der Öffentlichkeit ins rechte Licht setzen sollten. Aber es stimmt natürlich auch, daß es unter seinen Agenten keine Frauen gab und nur eine Handvoll einer anderen Rasse als der weißen angehörten. Außerdem waren manche von Hoovers Methoden etwas ... ungewöhnlich. Aber Öffentlichkeit und Regierung schienen

RÄTSEL 46

**Leichte Fragen – 1 Punkt für jede richtige Antwort:**

1. Wie entkommen die beiden Gefängnisinsassen?
2. Was geschieht mit den Leichen?
3. Woher stammt die Krankheit?
4. Wie verbreitet sich die Krankheit?
5. Wo befindet sich der letzte Ausbrecher, als Mulder in den Bus steigt?

**Es wird schwieriger – 2 Punkte für jede richtige Antwort:**

6. Wie lautet Mulders Sträflingsnummer?
7. Wie heißt das Projekt, in dessen Auftrag die Biologen nach dem Käfer und dem Enzym suchen?
8. Der Gefangene versucht mit dem Bus zu fliehen. Wohin?
9. Welches ungewöhnliche Hilfsmittel benutzt Dr. Osbourne, um festzustellen, ob Scully infiziert ist oder nicht?
10. Woran stirbt der letzte Verurteilte?

Ihre Punktzahl:

bereit zu sein, darüber hinwegzusehen, solange er mit Erfolgen aufwarten konnte.

Als geschickter Selbstdarsteller verbrachte Hoover die frühen dreißiger Jahre mit der Jagd nach den schillernden Gangstern, die kurz davor standen, zu Helden der amerikanischen Folklore zu werden. Sein Interesse konzentrierte sich immer gern auf diejenigen, für die sich auch die Öffentlichkeit interessierte. Die Namen auf der Liste der meistgesuchten Personen des FBI schienen oft wenig mit der Schwere ihrer Verbrechen zu tun zu haben.

Die Schlagzeilen häuften sich; Hoover bekam immer mehr Mitarbeiter, das FBI erhielt umfassende neue Aufgabenbereiche und Rechte. Ende der dreißiger Jahre hatte Roosevelt Hoover die Aufgabe übertragen, auch gegen Spione auf amerikanischem Boden zu ermitteln und gegen die Aktivitäten aller Personen vorzugehen, die unter dem Verdacht standen, Kommunisten oder Faschisten zu sein. Die Definition des Wortes ›Verdacht‹ besagte, daß jeder verdächtig war, dessen Background Hoover für untersuchenswert hielt. Daß ein solches Vorgehen eindeutig gegen die amerikanische Verfassung verstieß, bremste Hoover oder das FBI nicht.

Im frostigen Klima des Kalten Krieges untersuchte Hoovers FBI nicht mehr nur den Hintergrund verdächtiger Personen, sondern ließ sie aktiv beschatten. Sein Mißtrauen gegen Radikale erstreckte sich sowohl auf die Black Panthers als auch auf Hippies, Martin Luther King und den Klu-Klux-Klan. Er schien sich selbst als letzte Bastion zum Schutz Amerikas vor Amerika zu sehen.

Informationen waren Hoovers Heiliger Gral, und trotz großer Entfernungen wurde von jedem regionalen FBI-Direktor ein täglicher Bericht erwartet. Kriminelle Aktivitäten wurden entsprechend den Gesetzen behandelt, aber Material, das in irgendeiner Form Politikern, Prominenten oder den Führern bestimmter Bewegungen schadete – also jedem, der irgendwann einmal Einfluß erlangen könnte –, wurde sorgfältig in ›Mr. Hoovers Privatunterlagen‹ gesammelt. Mit Hilfe dieser Akten überlebte Hoover sowohl ihm freundlich gesinnte als auch kritisch eingestellte Regierungen.

Als die Nation mehr Wert auf die Bürgerrechte zu legen und den polizeilichen Einrichtungen Grenzen zu setzen begann, wurde Hoover wegen seiner diktatorischen FBI-Vision, der widerrechtlichen Verfolgung Radikaler und der Benutzung von FBI-Mitteln für persönliche Zwecke heftig kritisiert. Trotzdem blieb er bis zu seinem Tod im Alter von siebenundsiebzig Jahren auf seinem Posten. Er hatte acht Präsidenten und achtzehn Generalstaatsanwälte überlebt.

Obwohl Hoover auch noch als Erwachsener bis zu ihrem Tod mit seiner Mutter zusammenlebte, seine sexuellen Vorlieben oft in Frage gestellt wurden, seine Politik häufig schmutzig und die Art, wie er das FBI führte, immer umstritten war, ist eines unbestreitbar: Er hat eine Strafverfolgungsbehörde geschaffen, deren Sachverstand unerreicht blieb, deren Erfolgsliste die jeder vergleichbaren Institution der damaligen Zeit weit übertraf und deren Agenten die vielleicht bestausgebildeten der Welt waren. Er hat den Grundstein für eine Polizeibehörde gelegt, die heute zu den besten der Welt zählt.

# Codename: ›Das Experiment‹

**ZUSAMMEN-FASSUNG**

Als Menschen verschwinden und nichts als einen Fleck auf dem Fußboden zurücklassen, wird Scully gebeten, einer ehemaligen Schülerin bei der Suche nach der Lösung zu helfen. Die Theorien ihres Partners sind ihr immer weniger willkommen, je mehr Menschen verschwinden. Mulder ist daraufhin nicht mehr gewillt, seine Hypothese von einer neuen Physik und einer dunklen Materie mit der skeptischen Scully oder gar mit ihrem noch skeptischeren Schützling zu teilen.

**HINTERGRUND**

## Dunkle Materie in der Kindergarten-Physik

Falls Sie schon einmal die verwirrende Erfahrung gemacht haben, etwas völlig Ungewohntes zu berühren, wenn Sie die Hand im Dunkeln ausstrecken, dann können sie sich in etwa vorstellen, wie die Physiker im Moment über das Universum denken. Früher vermuteten sie, daß es sehr einfach sein müsse, die Masse einer Galaxie auszurechnen. Dann aber bemerkten sie ein paar beunruhigende Diskrepanzen in ihren Messungen. Damit nämlich die Gravitation Materie zusammenhalten kann (wie bei unserer Sonne und ihren Planeten), muß erst einmal eine bestimmte Menge an Materie vor-

**ZITAT**
»Dunkelheit kann eine Vielzahl von Sünden verbergen.«
– SCULLY in ›Das Experiment‹

handen sein, um die Gravitationskraft zu verursachen. Selbst die gesamte Masse aller Planeten unseres Sonnensystems erzeugt nicht genug Anziehungskraft, um sie beieinander zu halten. Ohne die gewaltige Gravitation der Sonne, die ihre Planeten in die Umlaufbahn zwingt, würden die Planeten rasch in den Weltraum jenseits unseres Sonnensystems driften.

Die Wissenschaftler entdeckten, daß die meisten Galaxien nicht genug Masse besitzen, um zusammenzubleiben. Trotzdem scheinen sie völlig stabil zu sein. Offensichtlich gibt es trotz all unserer modernen Methoden, die Sterne zu betrachten, jede Menge Material da draußen, das wir nicht sehen können! Die Objekte, die wir sehen können, bilden gerade mal zehn Prozent dessen, was vorhanden sein müßte! Neunzig Prozent von irgend etwas ist eine ganze Menge. Im Moment theoretisieren die Physiker darüber, aus was diese mysteriöse Masse oder eben ›dunkle Materie‹ bestehen könnte.

Was der Mensch nicht direkt sehen kann, ist oft dadurch nachzuweisen, daß man nach der Wirkung auf andere Dinge Ausschau hält. Forschern gelang es zweihundert Jahre, bevor exakte Meßinstrumente zur Verfügung standen, die Geschwindigkeit des Lichtes zu bestimmen. Wenn man das bedenkt, kann es kaum überraschen, daß die aktuellen Spekulationen über die dunkle Materie etwas exotisch anmuten. Aber wenn wir sie auf gewöhnliche Art nicht sehen können, muß sie ungewöhnlich sein. Nur eines scheint sicher: Sie kann sich gut verstecken.

Von all den vielen herumschwirrenden Theorien über dunkle Materie kann keine einzige das fehlende Material völlig erklären, geschweige denn die Ursache, weshalb es fehlt. Um die Sache noch komplizierter zu machen, scheinen die Wissenschaftler – ihrem doktrinären Glauben an Fakten zum Trotz – einen Hang zur Symmetrie zu haben. Für jede Aktion gebe es, sagt

**Wenn Ihnen Detective Kelly Ryan bekannt vorkommt, dann vielleicht deshalb, weil sie den weiblichen Teil von Marty in ›Verlockungen‹ spielt.**

335

man, eine gleich starke, aber entgegengesetzte Reaktion ... Wenn man dieses Schema auf das Universum anwendet, führt das zu ein paar exotischen Annahmen. Wenn zum Beispiel die zehn Prozent sichtbarer Masse aus positiven Elementen bestehen, dann würde ein Physiker sagen, daß wenigstens zehn Prozent der dunklen Materie aus negativen Elementen bestehe.

Im Kern ist das auch die Theorie, die Dr. Banton in ›Das Experiment‹ äußert. Dieser Gedanke mag theoretisch naheliegen, in der Wirklichkeit aber ist er ein Alptraum.

Nehmen wir mal für einen Moment an, daß das Universum wirklich aus zwei Arten von Materie besteht. Was geschieht, wenn man sie miteinander in Berührung bringt? Die traditionelle Physik würde uns darauf mit einem Entweder-Oder antworten: Entweder die Materien neutralisieren sich gegenseitig (und zwar wahrscheinlich in einer recht spektakulären Art), oder sie vereinigen sich wie zwei Enden eines mächtigen Magneten. Wenn Sie eine Fernsehserie schreiben sollten, welche Möglichkeit würden sie dann wählen?

›Das Experiment‹ kann nicht behaupten, daß sich alles, was Mr. Bantons Schatten berührt, auflöse, weil sonst ein großer Teil der Stadt verschwunden wäre, wenn Banton auch nur zuckte. Sich also an die erwähnte Vorstellung von Symmetrie zu halten, war für die Autoren einfacher, denn es bedeutete, daß Menschen nur Menschen auflösen könnten. Wenn man akzeptiert, daß Bantons Schatten aus Millionen kleiner negativer Körner dunkler Materie besteht und daß dunkle Materie und normale Materie nicht koexistieren können – tja, dann hat man in etwa die Grundgedanken für diese Folge.

Könnte das wirklich passieren? Gibt es irgendwo tief in den finsteren Falten des Weltraums einen Ort, wo dunkle und normale Materie aufeinandertreffen und sich auslöschen? Vielleicht. Aber es gibt noch eine ähnlich wahrscheinliche Theorie: Wenn dunkle Materie nur deshalb ›dunkel‹ ist, weil wir sie nicht sehen können, dann könnte es sein, daß wir jeden Tag durch ganze Haufen davon marschieren.

## Alphabet-Cocktail

| | |
|---|---|
| ACIC | *Army Criminal Investigation Command* (dt. etwa Abteilung für Verbrechen innerhalb des Militärs) |
| AFOSI | *Air Force Office of Special Investigations* (dt. Geheimdienst der Luftwaffe). Nominell für den Fall eines nachgewiesenen UFO-Absturzes zuständig. |
| ASAC | *Assistant Special Agent in Charge* (dt. Assistent des befehlshabenden Agenten), ein direkt dem SAC (siehe dort) unterstellter Agent, der für die Aktivitäten einer bestimmten Gruppe von Agenten innerhalb einer Abteilung zuständig ist. |
| ATF | *Bureau of Alcohol, Tobacco and Firearms* |
| CDC | *The Centers for Disease Control* (dt. Einrichtung zur Krankheitsüberwachung). Hauptquartier in Atlanta, Georgia |
| DEA | *Drug Enforcement Agency* (dt. Abteilung für Rauschmittelbekämpfung), eine Schwesterorganisation der DOJ |
| DOJ | *Department of Justice* (dt. Justizministerium), die Mutterbehörde des FBI |

## RÄTSEL 47

**Leichte Fragen – 1 Punkt für jede richtige Antwort:**

1. Auf was schießt Mulder in dieser Folge?
2. Was stellt die Firma Dr. Chester A. Bantons her?
3. In welchem Verhältnis steht Scully zu Detective Ryan?
4. Wo hält sich Banton auf, um einen Schatten zu vermeiden?
5. Was ist Mulders ursprüngliche Hypothese zu den Brandstellen?

**Es wird schwieriger – 2 Punkte für jede richtige Antwort:**

6. Wie heißt Dr. Bantons Firma?
7. Wer ist Dr. Bantons erstes Opfer?
8. Aus welcher Einrichtung wird Dr. Banton entführt?
9. Wie ist die Zimmernummer des Opfers in dem Hotel?
10. Wie viele Menschen bringt Dr. Banton absichtlich um?

Ihre Punktzahl:

| | |
|---|---|
| INS | *Immigration and Naturalization Service* (dt. Einwanderungsbehörde) |
| INTERPOL | *International Criminal Police Organization* |
| NCIC | *National Crime Information Computer* (dt. Datenbank für nationale Verbrechen). Eine landesweite Einrichtung, die vom FBI gegründet wurde. Das NCIC besteht aus einem umfassenden Netz von Datenbanken. Die Information reicht von Vorstrafenregistern über Vermißtendateien bis hin zu Fingerabdrucksammlungen. |
| NIS | *Naval Intelligence Service* (dt. Geheimdienst der Marine) |
| SAC | *Special Agent in Charge* (dt. befehlshabender Agent), normalerweise der Leiter von einer der fünfzig Regionalabteilungen des FBI |

# Codename:
# ›Unsere kleine Stadt‹

**ZUSAMMEN-FASSUNG**

Als ein Bundesbeamter plötzlich in der Hauptstadt der Geflügelindustrie von Arkansas verschwindet und bei einer statistisch gesehen unmöglich großen Zahl seiner Nachbarn eine seltene, nicht ansteckende Krankheit auftritt, fragt sich Scully, ob man ihn nicht vielleicht zu Hühnerfutter verarbeitet habe. Nach der Entdeckung von Dutzenden verstümmelter Skelette folgt Mulder allerdings einer anderen Spur, die zu den seltsamen Eßgewohnheiten des Besitzers einer Hühnchenfarm führt.

## Kannibalen

**HINTERGRUND**

Obwohl Neuguinea, wo Chaco, der Hühnerbaron, mit seinem Flugzeug abstürzte, eine der größten Inseln der Welt ist, ist sie gleichzeitig eine der am dünnsten besiedelten – was manche auf die lange Tradition des Kannibalismus zurückführen. Kannibalismus ist bei allen drei großen Stammesgruppen der Insel bekannt: den Papuanern, den Melanesiern und den Pygmäen. Im Gegensatz zu früheren Vermutungen tritt Kannibalismus aber eher im Zusammenhang mit Krieg als mit Religion oder bestimmten Ernährungsgewohnheiten auf.

**ZITAT**
»Ein langes Leben ist ein recht durchwachsener Segen.«
– CHACO in ›Unsere kleine Stadt‹

Der Krieg war in Neuguinea eine höchst ritualisierte Angelegenheit und eng mit der übernatürlichen Sphäre der Geisterwelt verknüpft. Auch Guerillataktiken wurden niemals angewandt, bevor nicht eine formelle Kriegserklärung überbracht worden war. Angriffe auf Frauen und Kinder waren bei den meisten Stämmen strengstens tabu. Heilige Männer sorgten bei jedem größeren Gefecht dafür, daß keine Kampfregeln übertreten wurden. Ihre wichtigste Aufgabe war es, sich sofort auch um die Seele eines erschlagenen Feindes zu kümmern, denn es galt als skrupellos, die Feindesseele in der Geisterwelt herumirren zu lassen. Dieser Brauch führte zusammen mit der speziellen Art der Papuaner, eine Seele vom Umherirren abzuhalten, zum Kannibalismus.

Die Seele wurde als materielles Objekt betrachtet, von dem ein Teil im Körper wohnte, während ein anderer Teil zwar mit der materiellen Seele verbunden war, aber nicht in der wirklichen Welt erscheinen konnte, bevor die materielle Seele vernichtet worden war. Wie nicht anders zu erwarten, war die Vernichtung der körperlichen Seele an die Vernichtung des Körpers geknüpft. Die Papuaner glaubten, daß es nur eine begrenzte Gesamtmenge körperlicher Seele gab und daß ihr Volk ausstarb, wenn diese Seele völlig befreit wurde und der nächsten Generation nicht mehr zur Verfügung stand. Deshalb mußte die befreite Seele irgendwie zum Stamm zurückgebracht werden. Erfolgte der Tod im Krieg, der als unnatürliche Todesursache galt, geschah das durch das Einverleiben der Seele – den Kannibalismus.

Noch wesentlich exotischer war der ›Lastkult‹, den Mr. Chaco nach seinem Absturz mit größerer Wahrscheinlichkeit angetroffen hätte. Es handelt sich dabei um den modernen Glauben, daß die Schätze des weißen Mannes mit Hilfe von Schiffen und Flugzeugen

340

voller Güter zu einer bestimmten Zeit in die Hände der Papuaner übergehen würden. Der Zweite Weltkrieg, in dem eine Menge Flugzeuge und Schiffe dort Schutz suchten, abstürzten oder vor der Küste versanken, hatte der Insel einen nie gekannten Reichtum beschert. Wenn Chaco 1944 wirklich auf Papua abgestürzt wäre, hätte man ihn vermutlich ausgeplündert, nicht gefressen. Warum sollte man etwas essen, das so schrecklich schmeckt wie ein mit Testosteronen vollgepumpter erwachsener Mann, der nicht einmal eine Körperseele hatte, die man ihm hätte abnehmen können?

Es ist durchaus denkbar, daß Chaco in den Stamm aufgenommen worden wäre, der sich den Inhalt seines Flugzeuges angeeignet hätte. Man hätte ihn einer Reifeprüfung unterzogen, und dabei hätte er dann selbst das Ritual des Kannibalismus erlernt.

## Der Sound

Obwohl der Ton der vielleicht am wenigsten beachtete Aspekt einer Fernsehserie ist, bildet er manchmal das einzige durchgehende Element, das unzusammenhängende Bilder und Handlungsstränge miteinander verbinden kann. Er kann verwandte Themen über mehrere Episoden hinweg miteinander verbinden, wie es bei der Verwendung der gleichen Melodie von Mark Snow für die Szene mit dem Gorilla Sophie und der Begegnung Mulders mit dem Teufel von Jersey geschieht. Man muß aber wohl einmal bei Dreharbeiten dabeigewesen sein, um zu erkennen, in welchem Ausmaß die Tonarbeit weit vom Drehort und den Schauspieler entfernt geleistet wird. Höchstens ein Viertel des Originaltons wird während des Drehs aufgezeichnet. Jeder Teilbereich, von den Dialogen bis zu den Special effects, wird getrennt aufgenommen und erst beim letzten Schnitt vollständig auf den Film überspielt.

## DIALOGE

Der Standort der Mikrofone in den kleinen Studios einer Fernsehproduktion ist im allgemeinen einfacher festzulegen als in den größeren Klangräumen, die man für Kinofilme benötigt. Das ändert jedoch nichts an der Tatsache, daß David Duchovny dreißig Zentimeter größer als Gillian Anderson und folglich auch dreißig Zentimeter näher an der Mikrofonangel ist. Kanadische Filmcrews entwickelten deshalb die automatische Dialogüberspielung ADR (*Automatic Dialogue Replacement*). Mit Hilfe der Digitaltechnik gleicht man so die unterschiedliche Lautstärke aus.

## SOUNDEFFEKTE

Jedes Geräusch, das vom Publikum (auch unterschwellig) wahrgenommen wird und das nicht direkt zum Dialog, zur Musik oder den natürlichen Bewegungsgeräuschen gehört, wird als Soundeffekt bezeichnet. Im Fall von Explosionen, Schüssen oder Klopfgeräuschen geschieht es nicht selten, daß ein Schauspieler auf ein Geräusch reagieren muß, das er beim Dreh überhaupt nicht hört. Das Klappern der ›Zähne‹ des Wurmmannes gegen das Glas in ›Der Parasit‹ steht beispielhaft für die geschickte Kombination von Handlung und im nachhinein erzeugtem Geräusch. Der Produktionsplan von *Akte X* ist manchmal derart knapp terminiert, daß die Geräusche in der endgültigen Fassung die überraschen, die beim Dreh selbst dabei waren.

## MUSIK

Die Musik erfüllt beim Film einen doppelten Zweck. Hintergrundmusik dient dazu, die Handlung auf dem Bildschirm zu betonen – sie ist kräftig bei den dramatischen Höhepunkten, romantisch in den zärtlichen Szenen. Daneben kann Musik aus einer bestimmten

Tonquelle stammen, die nicht nur vom Publikum gehört werden soll, sondern auch von den Figuren im Film. Beispiele für Musik aus solchen Quellen sind Bobby Darins Song *Beyond the Sea* in der Episode ›Die Botschaft‹ oder die Musik im Autoradio, als Duane Barry von dem Polizeibeamten angehalten wird. Quellen- und Filmmusik erfüllen unterschiedliche Zwecke, doch normalerweise wird keine von beiden beim Originaldreh eingespielt. Neben der Gefahr, daß der Dialog dann nicht mehr zu verstehen sein könnte, wäre es so beinahe unmöglich, glatte musikalische Übergänge zwischen den einzelnen Kameraeinstellungen oder Szenen zu bewerkstelligen.

## Die Musik von Mark Snow

Selten nur widmet man bei Fernsehserien der Arbeit des Komponisten besondere Aufmerksamkeit. Während die Soundtracks von Kinofilmen kommerziell verwertet werden, wird die Musik aus Fernsehserien meist nur als Hintergrundmusik bekannt. Zum Glück für die X-Fans ist die Musik von Mr. Snow in Kürze auf einer CD erhältlich.

Das Werk von Mark Snow
Eine kurze Filmografie

Carolina at Midnight (1994)
Moment of Truth: Caught in the Crossfire (1994)
Oldest Living Confederate Widow Tells All (1994)
Eine Frau für meinen Mann (1994)
Witness to the Execution (1994)
Blind Love (1993)
Tödlicher Schnee (1990)
Disaster at Silo 7 (1988)
Blut und Orchideen (1986)

# Codename: ›Anasazi‹

**ZUSAMMEN-FASSUNG**

Mulder wird tiefer als je zuvor in die gefährliche Welt der Verschwörungen verwickelt – seine Karriere, seine Familie und sein eigenes Leben könnten auf dem Spiel stehen. Als Scully ihn zu dem einzigen Menschen führt, der wichtige Geheimdokumente über die Verwicklung der Regierung in eine Kontaktaufnahme mit Außerirdischen entschlüsseln kann, erleben die beiden Partner auf ihrer Jagd nach Antworten einen Schock.

**HINTERGRUND**

### Was steckt hinter einem Namen?

Was beim Geschichtenerfinden besonderen Spaß macht, ist die Freiheit, mit Personen- und Ortsnamen zu spielen. Nehmen Sie zum Beispiel die Crowley-Highschool und Miß Paddock in ›Satan‹. Der erste Name ist eine Anspielung auf den Gründer der modernen Wicca-Religion, um die es in dieser Episode geht, Alistair Crowley. Die zweite Anspielung ist um einiges älter und reicht in die Zeit Shakespeares zurück, als das Wort ›Paddock‹ ›Kröte‹ bedeutete.

Im Gegensatz zu den Schriftstellern, die dann und wann mal eine versteckte Hommage einfügen können, haben die Autoren im Fernsehen nur sehr beschränkte Möglichkeiten, denen zu danken, die ihre Bemühungen unterstützt haben. In ›Satan‹ gibt es einen subtilen Tribut an einen Online-Fan: Dessen Name, Ausbury, wird als Nachname der im Mittelpunkt stehenden Familie verwendet. In ›Kontakt‹ enthält die Passagierliste nicht nur den Namen George Hale, Mulders falschen Namen, sondern auch die von einem Dutzend echter Fans.

Einige Mitglieder der Crew sind durch die Serie verewigt worden, ohne je vor der Kamera erschienen zu sein. Val Steffof, der Deckname von Scully in ›Täuschungsmanöver‹ in dem gefälschten, von den Lone Gunmen organisierten Paß, mit dem sich die Agentin in eine Sicherheitseinrichtung schmuggeln will, ist ein Tribut an den ersten Regieassistenten Vladamir Steffof. Der Name von Tom Braidwood, ebenfalls Regieassistent, und Frohike von den Lone Gunmen ersetzen den von Howard Graves auf dem Parkplatz in ›Schatten‹.

Die Namen der Lone Gunmen sollten die X-Fans neugierig machen. Frohike ist nicht gerade ein geläufiger Name, aber zufällig gab es einmal einen Vize-Verteidigungsminister namens Robert F. Frohike, der auch ein enger Freund Hoovers war. Byers könnte seinen Namen von dem echten Billy Byers haben, einem texanischen Ölmagnaten und ebenfalls engen Freund Hoovers. Zwar hieß niemand aus Hoovers innerem Kreis Langly, aber ein gewiefter Fan sieht sicher die Verbindung zwischen dem Namen des Lone Gunman und dem Hauptquartier und den Ausbildungsstätten der CIA in Langley im Bundesstaat Virginia.

Auch an literarischen Anspielungen hat es nie gefehlt wie zum Beispiel in dem Zweiteiler ›Kolonie‹, wo

**Um die Wüste von New Mexico nachzustellen, vergoß die X-Crew 7300 Liter Farbe in einer Kiesgrube in der Nähe von Vancouver.**

Patronen, wie sie Beamte der amerikanischen Bundesbehörden benutzen.

**Wie auch in der letzten Episode der ersten Staffel erscheint im Abspann von ›Anasazi‹ eine ungewöhnliche Nachricht – *ÉÍ 'AANEÍÍGÓÓ 'ÁHOOT'É:* ›Die Wahrheit ist da draußen‹ auf Navajo.**

**Haben Sie ›do-re-mifa-so-la-ti-do‹ im Navajo-Code gesehen?**

ein mysteriöser Geheimagent, der sich selbst Ambrose Chapel nennt, auftaucht. Wie schon in dem Hitchcock-Film ›Der Mann, der zuviel wußte‹, wo der Name Ambrose Chapel (der sich eigentlich auf eine Kirche bezog) einer nicht existierenden Person zugeordnet wurde, ist auch der Ambrose Chapel von *Akte X* keine echte Person. Falls doch, diente er nur als Alias, das der Gestaltwandler für eine kurze Zeit angenommen hat. Andere literarische Anspielungen beziehen sich auf längst Vergangenes wie Gird Thomas in ›Rotes Museum‹, eine Anspielung auf den berühmt-berüchtigten Voyeur Peeping Tom aus Coventry.

Es sollte auch nicht überraschen, daß man lange und gründlich über die Namen Fox Mulder und Dana Scully nachgedacht hat, bevor man die Figuren auf der Mattscheibe präsentierte. Fox war zum einen ein augenzwinkernder Hinweis auf die Filmproduktionsgesellschaft Twentieth Century Fox, Chris Carter zufolge aber zum anderen auch der Name eines Jugendfreundes. ›Mulder‹ hat für Carter eine noch persönlichere Bedeutung: Es ist der Mädchenname seiner Mutter. Etwas leichter ging es bei dem Namen Scully zu, der ein Tribut an Vincent Scully, die langjährige Stimme der L. A. Dodgers, ist.

Personalakte Nr. 118-366-047

| | |
|---|---|
| Name: | **Fox Mulder** |
| Rang: | Special Agent, DOJ, Federal Bureau of Investigation |
| Derzeitige Abteilung: | Akte X |

## Angaben zur Person

| | |
|---|---|
| Geburtsdatum: | 11. Oktober 1960 |
| Größe: | 180 cm |
| Haarfarbe: | mittelbraun |
| Augenfarbe: | braun |
| Familienstand: | ledig/nie verheiratet/keine Kinder |
| Eltern: | geschieden |
| Geschwister: | eine Schwester, Samantha T. Mulder, die am 27. November 1973 aus dem Haus der Familie verschwand; Aufenthaltsort unbekannt |
| Im Notfall: | Agent Dana Scully, Washingtoner Büro des FBI, benachrichtigen |
| Religionszugehörigkeit: | unbekannt |

## Ausbildung

Agent Mulder studierte Psychologie an der Universität Oxford. Er gehörte zu den Besten seines Jahrganges. FBI-Ausbildungsakademie, Quantico.

## Berufliche Tätigkeit (chronologisch)

Abschluß eines Klinikpraktikums als Psychologe
Beordert zur Abteilung für Gewaltverbrechen, Verhaltensforschung
Beordert zur Akte X als Agent
Beordert zur Nachrichtenabteilung, Kommunikation
Rückbeordert zur Akte X als Agent

**Leichte Fragen – 1 Punkt für jede richtige Antwort:**

1. In welches Computersystem dringt ›der Denker‹ ein?
2. Wo trifft sich Mulder mit ›dem Denker‹?
3. Was wird durch das Erdbeben in dem Steinbruch freigelegt?
4. Wer schießt auf Mulder?
5. Was bedeutet ›Anasazi‹?

**Es wird schwieriger – 2 Punkte für jede richtige Antwort:**

6. Wie bezeichnet Mulder die Original-UFO-Dokumente?
7. Welche Sprache wird zum Verschlüsseln der Dokumente benutzt?
8. Wo arbeitete Mulders Vater vor seiner Pensionierung?
9. Welcher andere bekannte Name außer Bill Mulder und Dana Scully taucht noch in den Dokumenten auf?
10. Was findet Scully im Keller von Mulders Mietshaus?

## Bemerkungen (chronologisch)

1. Auf Anraten seiner Ausbilder und angesichts seines Universitätsstudiums wurde Agent Mulder der Gruppe Verhaltensforschung bei der Abteilung für Gewaltverbrechen zugewiesen.
2. Die Untersuchung im Todesfall seines ehemaligen Partners ergab, daß Agent Mulder sich korrekt verhalten hat und in keiner Weise für den Tod von Agent Lamana verantwortlich ist.
3. Seiner Personalakte wurde eine Belobigung für besonderen Einsatz im Fall Props hinzugefügt.
4. Auf seine eigene Bitte hin und im Einvernehmen mit seinen Vorgesetzten hat Mulder den Auftrag erhalten, einige bisher ungelöste Fälle zu untersuchen. Es wird erwartet, daß dies eine zeitlich begrenzte Aufgabe ist, um Rückstände aufzuarbeiten. Agent Mulder soll in Kürze zur Abteilung Gewaltverbrechen zurückkehren.
5. Da Agent Mulder keine Anstalten macht, in absehbarer Zukunft zu seiner vorherigen Abteilung zurückzukehren, wird eine informelle Untersuchung über den Wert seiner jetzigen Arbeit angeordnet. Es soll geklärt werden, ob seine Fähigkeiten außerhalb der Akte X besser verwendet werden können.
6. Agent Dana Scully wurde der Akte X zugewiesen und wird der Verwaltungsabteilung direkt Bericht erstatten.
7. Aufgrund unorthodoxer Ermittlungsmethoden Mulders wurde beschlossen, Agent Mulder wieder seiner regulären Position zuzuweisen (Überstellung zur Abteilung Nachrichten, Kommunikation und Überwachung).
8. Unter der Führung von Assistant Director Skinner sind die Agenten Scully und Mulder wieder der Akte X zugeteilt worden. Die Dauer der Überstellung muß noch geklärt werden.

# In unserem Hinterhof

Die Wahrheit ist also da draußen, und manchmal ist sie seltsamer als jede Erfindung der Fantasie. Dieser Schä- 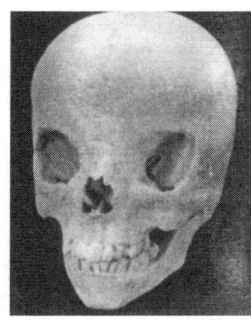del aus dem Chaco Valley in Nevada – von dem übrigens der Hühnerbaron in ›Unsere kleine Stadt‹ seinen Namen hat und wo früher die Anasazi-Indianer lebten – hat die Schüler, die ihn fanden, mit Sicherheit erschreckt. Genau wie die Schädel in dem verschütteten Güterwagen aus ›Anasazi‹ hat dieser hier riesige Augenhöhlen, kaum erkennbare Nasenlöcher und einen sehr kleinen Mund, paßt also zu den Beschreibungen der meisten Aussagen der Menschen, die glauben, von Außerirdischen entführt worden zu sein.

Ist das der Beweis für die Existenz Außerirdischer? Ist es der Beweis dafür, daß die Anasazi wirklich, wie ihr Name (›Alte Fremde‹ auf Navajo) andeutet, engen Kontakt mit einer Spezies von Außerirdischen hatten, die den Menschen freundlich gesinnt sind?

Vielleicht. Medizinische Untersuchungen haben zwar ergeben, daß der Schädel wahrscheinlich von einem Kind stammt, das an einem ungewöhnlichen, angeborenen Knochendefekt gelitten hat, den man Oxyzephalie nennt. Trotzdem ...

# Auswertungstabelle für die Rätsel

Das war's! Sie haben alle Fragen beantwortet und sich immer schön Ihre Punkte notiert. Jetzt wollen wir mal sehen, was für ein X-Fan Sie sind:

| Punkte | Auswertung |
|---|---|
| **1–100** | Mensch, Sie haben ja keine Ahnung! Der Typ in der Eisdiele weiß besser Bescheid als Sie! Vielleicht sollten Sie sich mal einen Videorecorder zulegen, zwei Wochen Urlaub nehmen und sich den wirklich wichtigen Dingen des Lebens widmen ... |
| **101–200** | Ich habe gehört, die CIA sucht noch Leute ... |
| **201–300** | Vielleicht haben Sie beim nächsten Mal mehr Glück. Sie kennen sich mit den Grundlagen schon ganz gut aus, aber bei den schwierigeren Fragen sind Sie gescheitert. Entweder müssen Sie sich die Wiederholungen ansehen oder ein bißchen aufmerksamer zuhören, wenn die X-Fans miteinander reden. |
| **301–400** | Da haben wir ja einen netten Frischling! Man könnte Sie wahrscheinlich für ein paar Jahre damit beauftragen, Telefonate abzuhören. |
| **401–500** | Ich könnte Ihnen zwar keine tolle Stelle beim FBI versprechen, aber falls Sie mit einer Schreibmaschine umgehen können, gibt's da einen Typ namens Danny, der immer Überstunden macht. Scheint fast so, als ob er das Gebäude nie verläßt – der könnte vielleicht noch einen Handlanger brauchen. |
| **501–600** | Na endlich! Sie glauben gar nicht, wie schwer es ist, die richtigen Leute fürs FBI zu finden – besonders seit man die Mindestpunktzahl von 50 auf 70 Prozent erhöht hat. |
| **601–700** | Für ein Gedächtnis wie Ihres haben wir genau den richtigen Posten. Gehen Sie einfach durch den Flur geradeaus, halten Sie sich links und nehmen Sie dann die Treppe nach unten bis in den Keller ... |
| **701–735** | Moment mal ... hat man Sie nicht neulich in Begleitung eines Mannes gesehen, der ganz versessen auf Morley-Zigaretten war? |

# Wenn Sie mehr wissen möchten...

ACKERKNECHT, ERWIN H. Geschichte der Medizin. 7., verbesserte und erweiterte Auflage. Stuttgart: Enke, 1992

ASIMOV, ISAAC: Asimov on Numbers. New York: Doubleday, 1977

BAILEY, COLIN A.: Advanced Cryogenics. London: Plenum Press, 1971

BERNSTEIN, CARL und WOODWARD, BOB: Die Watergate-Affäre. München: Droemer Knaur, 1974

BISHOP, PETER: Fifth Generation Computers: Concepts, Implementations and Uses. New York: Ellis Horwood, 1986

BLOCK, EUGENE B.: Science vs. Crime: The Evolution of the Police Lab. San Francisco: Cragmont, 1979

BRENNAN, RICHARD P.: Levitating Trains and Kamikaze Genes. Toronto: Wiley, 1990

BUDGE, SIR ERNEST WALLIS: Herb-Doctors and Physicians in the Ancient World. Chicago: Ares, 1927

CONE, JOSEPH: Fire Under the Sea. New York: Morrow, 1991

CORLISS, WILLIAM R.: Tornados, Dark Days, Anomalous Precipitation, and Related Weather Phenomena. Glen Arm: The Sourcebook Project, 1983

CULPEPER, NICOLAS: The Compleat Herbal, 1597

DAWSON, GEORGE GORDON: Healing, Pagan and Christian. London: Society for Promoting Christian Knowledge, 1977

DAWSON, WARREN R.: The Bridle of Pegasus. London: Methuen, 1930

DETHLEFSEN, THORWALD: Das Leben nach dem Leben. München: Heyne, 1976

DYSON, JAMES L.: The World of Ice. New York: Knopf, 1963

FREEDLAND, NATHANIEL: The Occult Expression. New York: Putnam, 1972

GENTRY, CURT: J. Edgar Hoover: The Man and the Secrets. New York: Norton, 1991

GLUSHKOV, VIKTOR M.: Einführung in die technische Kybernetik. München: Verl. Dokumentation, 1966

HUXLEY, FRANCIS: The Invisibles: Voodoo Gods in Haiti. New York: McGraw-Hill, 1966

JACOB, DOROTHY: Cures and Curses: A Witche's Guide to Gardening. New York: Taplinger, 1967

JAMESON, ERIC: The Natural History of Quackery. M. Joseph, 1961

KEE, HOWARD CLARK: Medicine, Miracle and Magic in New Testament Times. London: Cambridge Univ. Pr., 1986

KELSEY, MORTON T.: The Christian and the Supernatural. Minneapolis: Sugsburg, 1976

MAETERLINCK, MAURICE: Von der Inneren Schönheit. Düsseldorf: Langewiesche, 1909

MALCOLM, JAMES F.: Christianity and Psychic Facts. Stirling: Observer Pr., o.J

MCKINNEL, ROBERT GILLMORE: Cloning: Leben aus der Retorte. Karlsruhe: Braun, 1981

MESSICK, HANK: John Edgar Hoover. New York: McKay, 1972

MOORE, E. GARTH: Try the Spirits. New York: Oxford Univ. Pr., 1977

MORGAN, JIM: Secret Agenda: Watergate, Deep Throat and the CIA. New York: Random House, 1984

OBERG, JAMES E.: UFOs and Outer Space Mysteries: A Sympathetic Sceptic's Report. Norfolk: Donning Pr., 1982

OESCHGER, HANS.: The Environmental Record in Glaciers and Ice Sheets. New York: Wiley, 1989

PRICE, HARRY: Confessions of a Ghost Hunter. New York: Causeway, 1974

RICCIUTI, EDWARD R.: The Devil's Garden. New York: Walker, 1978

SINGER, CHARLES: From Magic to Science. New York: Dover, 1958

SKLAR, DUSTY: Gods and Beasts. New York: Crowell, 1977

SPENCE, LEWIS: The Encyclopedia of the Occult. London: Bracken, 1994

ST. GEORGE, E. A.: The Casebook of a Working Occultist. London: Rigel, 1972

TABOR, PAUL: The Natural Science of Stupidity. Englewood Cliffs: Prentice-Hall, 1959.

THURNWALD, RICHARD C.: Profane Literature of Buin, Solomon Islands. New Haven: Human Relations Area Files Pr., 1970

WAFFITT, ROBIN: Telling Tales of the Unexpected. Hartfordshire: Harvester Wheatsheaf, 1992

WALKER, NEA: The Bridge: A Case for Survival. London: Cassel, 1927

WARREN ED und WARREN, LORRAIN: Ghost Hunters. New York: St. Martin's Pr., 1989

WEBB, JAMES: The Occult Underground. La Salle: Open Court, 1974

WILKIE, BERNARD: Creating Special Effects for TV and Video. Oxford: Focal Pr., 1977

WILSON, IAN: All in the Mind: Reincarnation, Hypnotic Regression, Stigmata, Multiple Personality, and Other Little-Understood Powers of the Mind. Garden City: Doubleday, 1982

WOLMAN, BENJAMIN B.: Handbook of Parapsychology. New York: Van Nostrand Reinhold, 1977

*Für Peter,*
*der mich jeden Tag ein wenig dankbarer dafür macht,*
*daß ich ihn getroffen habe.*

# Danksagung

Wieder einmal schätze ich mich glücklich, an dieser Stelle den vielen Menschen danken zu können, die durch ihre kompetente Unterstützung und ihre wertvollen Beiträge mitgeholfen haben, daß diese Sammlung zustande gekommen ist. Vielleicht hätte ich es auch ohne euch geschafft – aber mit euch hat es wesentlich mehr Spaß gemacht!

Für Anleitungen zu allen seltsamen oder absonderlichen Themen und für Führungen in die versteckten Winkel der Magazine danke ich den Angestellten der Queen-Elizabeth-II-Bibliothek der Memorial-Universität (St. John's), der Medizinischen Bibliothek des Health Science Center (St. John's) und des Raymond J. Condon Memorial Library and Resource Center (Labrador City), insbesondere Alexandra Hartman, Sandra McDonald, Beth Woodman und Patricia Ho.

Für den offenen Gedankenaustausch gilt mein Dank der ›Verdeckten Gruppe‹ – ihr wißt, wen ich meine.

Für die fortwährende Unterstützung beim Auseinanderhalten von Dichtung und Wahrheit danke ich den geduldigen Mitarbeitern der Public-Relations-Abteilung des FBI: Ray für die Tour abseits der ausgetretenen Wege – speziell die in den Keller! Paul dafür, daß er meine Neugier teilte und mir von seinen Erfahrungen aus einem langen Leben vor Ort berichtete. Elaine für ›Frauengespräche‹ über alles – von arroganten Chefs bis zum angemessenen Schuhwerk für eine ausgedehnte Verfolgungsjagd zu Fuß.

Für Lachen, Führung und die besten Kalamari der Welt bedanke ich mich bei zwei wundervollen Menschen, die zufälligerweise auch noch hervorragende Agenten sind: Ling Lucas und Edward Vesneske Jr.

Für die kurzfristige, großzügige Bereitstellung ihres Fachwissens: Debbie Nathan, Autorin von *Satan's Silence: Ritual Abuse and the Making of a Modern American Witch Hunt.*

Für die Vermittlung des angenehmen Gefühls, ein Projekt auf große Entfernung genauso bequem durchführen zu können, als befänden sich unsere Büros auf dem gleichen Flur, danke ich meinem Verleger, Stephen S. Power, und seinen Mitarbeitern bei Avon Books sehr herzlich, insbesondere Michael Murphy, weil er zur Stelle war, als es darauf ankam.

Schließlich danke ich meinem Fels Peter für alles andere, das dieses Buch möglich gemacht hat, einschließlich sarkastischer Witze, verständnisvollen Zuhörens, breiter Schultern und der Fähigkeit, Ruhe inmitten des Chaos herzustellen.

8

# Inhalt

**Betreff: X-Akten**  *Der interne Aufbau des FBI*  167

**Betreff: X-Akten**  *Ballspiele*  211

**Betreff: X-Akten**  *Man lernt sich näher kennen*  256

# Einleitung

Ohne Veränderungen wird eine Serie für Schauspieler, Autoren, Regisseure und Zuschauer irgendwann langweilig. Für die Mitarbeiter eines Produktes wie *Akte X* rangiert Veränderung in der Liste der Notwendigkeiten noch vor dem Sauerstoff. Immerhin will *Akte X* mehr als nur die neuesten Spezialeffekte präsentieren. Ständig ist man darum bemüht, originelles Fernsehen zu schaffen und eingefahrene Handlungsmuster in einem neuen Licht erscheinen zu lassen, und führt die Beziehung zwischen den Hauptdarstellern in anspruchsvollere Regionen als das Schlafzimmer.

Veränderungen können unerwartete Möglichkeiten zur Erweiterung der Parameter eröffnen, was das *Akte X*-Team im Verlauf von Andersons Schwangerschaft während der zweiten Staffel erfolgreich nutzte. Doch unglücklicherweise führen sie manchmal auch zu einer Berg- und Talfahrt für die Zuschauer, insbesondere solche, die sich einem ursprünglichen Konzept gegenüber als so loyal erwiesen haben wie die X-Philes, die Anhänger von *Akte X*.

Es überrascht deshalb nicht, daß die dritte Staffel – mit ihren subtilen, aber auch einschneidenden Veränderungen – eine Art Haßliebe bei den Zuschauern ausgelöst hat.

Einige dieser Veränderungen und die Einflüsse, die dazu führten, waren offensichtlich. Schreibtalente wie Darin Morgan, Kim Newton und John Shioban, deren unverwechselbare Handschrift bei einem Drehbuch ihre Erwähnung im Abspann beinahe überflüssig macht, erfreuten uns mit ihrem erfrischenden Humor, ihren einfühlsamen Porträts und ihren genauen Charakterzeichnungen sogar der verderbtesten Bösewichter. Auch wenn ihre Beiträge einer Serie, die bereits voller Querverweise und Anspielungen steckte, eine weitere Ebene hinzufügten – nicht jeder Zuschauer war mit der alten Formel unzufrieden gewesen.

Zuschauer, die während der Episoden ›Eis‹ oder den beiden Folgen mit Tooms (›Das Nest‹ und ›Ein neues Nest‹) fasziniert-verängstigt in ihren Sesseln gekauert hatten und nun mehr Folgen dieser Art sehen wollten, fanden ›Energie‹ und ›Der Hellseher‹ möglicherweise ein wenig abseits ihres gewohnten Geschmacks. *Was? Humor?*

Andere Zuschauer hatten eine Vorliebe für Verschwörungen und UFOs entwickelt – Handlungsmuster, die sich eng an die internen Gesetze des *Akte X*-Universums hielten. Exkursionen in die Mysterien religiösen Glaubens wie in ›Offenbarung‹ oder ›Der Fluch‹ akzeptierten sie nur als ›Füllmaterial‹, das zwischen den ›guten‹ Folgen gezeigt wurde.

Aber die Gratwanderung ist ja ein wohlbekanntes Manöver des *Akte X*-Teams.

In den drei Jahren ihrer Ausstrahlung hat *Akte X* die schwierige Balance zwischen Originalität und Tradition oft geschafft. Nachahmung ist noch immer die ehrlichste Form der Schmeichelei. Allein in der dritten Staffel hat *Akte X* einer ganzen Reihe von Vorbildern ›geschmeichelt‹ – von Stephen King (›Mein Wille sei dein Wille·‹) bis hin zu Fjodor Dostojewskij (›Talitha Cumi‹). Auch wenn die Quellen der Inspiration offensichtlich sind – und für gewöhnlich im Abspann dankend erwähnt werden –, ein paar Plot-Verdrehungen oder die einzigartige Kombination von Kameraeinstellung und Darstellung kennzeichnen das neue Produkt doch unverkennbar als Folge von *Akte X*.

Durch die Verflechtung so unterschiedlicher Bereiche wie Entführung durch Außerirdische, alptraumhafte Monster oder die Enthüllung bizarrer Seiten der *normalen* Menschheit hat *Akte X* Anhänger mit verschiedensten Interessengebieten angezogen. Eine andere Serie hätte mit einer solchen thematischen Bandbreite möglicherweise niemanden wirklich ganz zufriedengestellt. Doch in *Akte X* wird auf die Charakterzeichnung genauso viel Wert gelegt wie auf die Handlung. Die dramaturgische Kombination von Action, Science-fiction und Horror, außergewöhnliche Schauspieler und eine hervorragende Crew führen die Zuschauer durch unterschiedlichste Sachverhalte, ohne daß dabei die interne Konsistenz, die alles zusammenhält, gefährdet würde.

Ohne diese Konsistenz hätte die dritte Staffel leicht dazu führen können, daß die verwirrten Zuschauer mittels Fernbedienung auf Programmreise gegangen wären – das Publikum wurde sämtlichen emotionalen Wechselbädern zwischen blankem Entsetzen (›Der zweite Körper‹) und ausgelassener Heiterkeit (›Andere Wahrheiten‹) ausgesetzt.

Doch statt dessen belebten die Abweichungen von der eingefahrenen Formel *Akte X* erneut – die Zuschauerzahlen stiegen, die Medien stürzten sich gierig auf alles, was mit der Serie in Zusammenhang stand, und das Merchandising explodierte geradezu. Der Begriff ›Akte X‹ gehörte bald zur Alltagssprache, und irgendwann zwischen ›Anasazi‹ und ›Talitha Cumi‹ wurde aus der Kultserie ein Massenerfolg.

Ist die Bezeichnung Massenerfolg nichts weiter als ein Aufmacher der Medien gewesen? Oder wird dieses Etikett beeinflussen, was wir in Zukunft auf dem Bildschirm zu sehen bekommen? Stil und Niveau lassen sich nicht so leicht quantifizieren; die Unterscheidung zwischen dem Einfluß einzelner und einem allgemeinen Trend ist noch schwieriger. Aber bereits zu Beginn der Serie war deutlich, daß leichte Abweichungen von der ursprünglichen Prämisse unausweichlich sein würden.

Natürlich hätten sich die Zuschauer berechtigterweise irgendwann geärgert, wenn Mulder so naiv, ungläubig und niedlich wie ein junger Hund geblieben wäre, wie ihn der Pilotfilm vorgeführt hatte, oder wenn Scully ohne erkennbare Reaktion von einer Autopsie zur nächsten, von einem unglaublichen Fall zum nächsten geeilt wäre. Wahrscheinlich hätte das Publikum ohnehin längst das Interesse verloren und umgeschaltet.

Doch das X-Team hatte die Integrität von Figuren wie Skinner, Krycek und verschiedener Mitglieder der Familien Mulders und Scullys von Anfang an in einem so zweifelhaften Licht erscheinen lassen, daß unter den Zuschauern erhitzte Debatten entstanden. Niemand konnte es dem Team nun verübeln, daß es die Schlupflöcher, die es sich so offengehalten hatte, auch nutzte. Wenn die Handlung deshalb eine unerwartete Wendung nahm, zeugte das lediglich davon, daß man gute Arbeit geleistet hatte.

Merkwürdigerweise äußert sich das Unbehagen über die unglaubliche Popularität der Serie oft nicht im Hinblick auf die großen Verschwörungen, sondern im Zusammenhang mit Details.

»Wie oft können sie das Wort ›Hurensohn‹ wohl noch in einem Dreh-buch der dritten Staffel unterbringen?«

Offensichtlich öfter, als es im Verlauf der gesamten ersten Staffel gelungen war ...

»Seit wann ist Scully so prüde?!«

Irgendwann seit dem Moment, als sie erkannte, welche Anzie-hungskraft Mulder auf eine Frau namens Bambi ausübte, und jenem, da sie ihn unter der vielleicht nicht ganz natürlich blonden Detective White findet? Oder seit dem Tag, als eine außereheliche Affäre Skin-ners sie zu der Einschätzung verleitete, er sei seelisch aus dem Gleichgewicht geraten? Sicherlich jedoch noch nicht seit der ersten Staffel, als enthüllt wurde, daß sie als Studentin der FBI-Akademie naiv genug gewesen war, ein Verhältnis mit einem Ausbilder einzu-gehen.

»Seit wann müssen sie uns alles bis ins Detail erklären?«

Irgendwann seit ›Anasazi‹, als das kollektive Gehirn hinter *Akte X* beschloß, daß ein paar unscharfe Bilder ausreichen mußten, um das aufmerksame Publikum auf den Tunnel zwischen Mulders brennen-dem Eisenbahnwaggon und der Freiheit hinzuweisen, und dem Ende von ›Talitha Cumi‹, als ›PALM‹ buchstäblich auf dem Bildschirm ent-schlüsselt wurde.

Niemand streitet ab, daß genau in dem Moment bedeutende Veränderun-gen eintraten, als die Serie den größten Erfolg verzeichnete. Das Autoren-gespann Morgan und Wong, das für Fanfavoriten wie ›Satan‹ und ›Eis‹ ver-antwortlich war, verabschiedete sich, um eigenen Projekten nachzugehen. Chris Carter selbst kümmerte sich während der Dreharbeiten zur drit-ten Staffel meistens um Konzeption und Vorbereitung seiner neuen Serie *Millennium*. Neue Gesichter tauchten auf; manche Schauspieler – wie David Duchovny – verlangten längere Drehpausen.

Offen bleibt, ob es sich bei der Weiterentwicklung der Serie um den wohlüberlegten Versuch handelte, ein breiteres Publikum anzusprechen. Suchte man statt scharfsinniger Beobachter, die eine anspruchsvolle Stunde vor dem Fernseher verbringen wollten, gezielt Konsumenten, die

14

ihr überschüssiges Geld ausgeben wollten? Oder handelte es sich schlecht um die natürliche Evolution eines Produktes, das trotz allem das Werk einer sehr menschlichen Schauspielerriege und Crew geblieben ist? Zweifellos hat die dritte Staffel mit ihren experimentellen und originellen Geschichten und Präsentationen die Parameter von *Akte X* vor dem Start in die vierte Staffel auf interessante Weise erweitert.

Wohin wird uns diese vierte Staffel führen? Wird *Akte X* weiterhin die Grenzen dessen ausloten, was in Einzelepisoden bezüglich der Geschichte, ihrer dramaturgischen Präsentation, der Kameratechnik und der Spezialeffekte möglich ist? Wenn ja, wird am Ende Fernsehunterhaltung stehen, die nicht nur die Nerven der Fans kitzeln, sondern auch die Einschätzung erschüttern wird, Genresendungen könnten nicht mit Spielfilmen des Mainstreams konkurrieren.

Daß hinter den Kulissen weitere Veränderungen warten, sollte als gegeben betrachtet werden.

In den USA wird die unheimliche Akkordfolge der *Akte X*-Titelmusik nicht länger wie gewohnt am Freitagabend in den Wohnzimmern erklingen. Der Sendeplatz, der eine so wichtige Rolle für den Erfolg der Serie gespielt hat, wurde von *Millennium* übernommen, der neuen Serie Chris Carters. Sollte der Autor, Regisseur und Produzent seine Ankündigung wahr machen, dann wird diese neue Serie einen erheblichen Teil seiner Zeit in Anspruch nehmen – Zeit, die bislang ausschließlich *Akte X* zugute kam.

David Duchovny liegt nach wie vor viel an seiner Spielfilmkarriere, die sich so vielversprechend angelassen hatte, bevor er die Rolle des Fox Mulder annahm. Deshalb hat er, wie berichtet wird, um eine geringere zeitliche Beanspruchung im Verlauf der vierten Staffel gebeten.

Mitch Pileggi, der in der dritten Staffel immer stärker in den Vordergrund trat – um danach für mehrere Monate unterzutauchen –, wurde mit einem langfristigen Vertrag an die Produktion gebunden.

Darin Morgan, Redakteur vieler Episoden der dritten Staffel, sprach während der Dreharbeiten zu ›Talitha Cumi‹ davon, er fühle sich ›ausgebrannt‹ und benötige einen ›Szenenwechsel‹.

Als *Space: Above and Beyond* unglückliches Opfer der Einschaltquoten wurde, machte das Gerücht die Runde, Morgan und Wong würden zu *Akte X* zurückkehren.

Wieder werden die X-Philes mit neuen Ideen, veränderten Umständen und unbekannten Personen konfrontiert werden. Sie sollten sich – sofern man die dritte Staffel als Anhaltspunkt nehmen kann – zurücklehnen und das Unerwartete erwarten!

# WIE ES
# WIRKLICH WAR

# Codename: ›Anasazi‹

Eine jahrzehntealte Verschwörung zieht Mulder und Scully in ihre komplizierten Verstrickungen, als ein mysteriöser vierter Lone Gunman mit Informationen auftaucht, die beweisen, daß die Regierung insgeheim Kenntnis von Besuchen Außerirdischer hat. Das Problem? Niemand kann die Akten lesen! Geschützt durch den einzigen bekannten Code der Moderne, der *nicht* geknackt worden ist, führen die Akten Mulder und Scully in ein Reservat der Navajo-Indianer und zu einem vergessenen Eisenbahnwaggon.

**ZUSAMMEN-FASSUNG**

## ZITAT

»Ich glaube, es ist nur verschlüsselt, und ich glaube, ich weiß, was es ist. Es sieht aus wie die Sprache der Navajo. Man benutzte sie im Zweiten Weltkrieg. Mein Vater erzählte mir, es sei der einzige Code gewesen, den die Japaner nicht knacken konnten. Ich – ich erinnere mich an die langen Ketten von Konsonanten.« – DANA SCULLY

## Die Codesprecher

**HINTERGRUND**

Fünfundachtzigjährige Navajo-Männer, im Inferno des Zweiten Weltkriegs im Südpazifik erprobt, schrecken noch heute verwirrt und in kalten Schweiß gebadet aus dem Schlaf, wenn sie im Traum das Entsetzen ihrer Kind-

19

**É Í 'AANÍ Í GÓ Ó 'A HOOT 'É:**
**DIE WAHRHEIT IST DA DRAUSSEN**

heit nacherleben. Angloamerikanische Lehrer zwangen jene Kinder, die es wagten, die sanfte Sprache der ›Diné‹, des Navajo-Volkes, zu sprechen, dazu, eine dunkle, ekelerregende Seifenlauge hinunterzuwürgen. Vielleicht sahen die Fernsehzuschauer aus diesem Grund eine gewisse Ironie darin, daß Skinner, *Assistant Director* des FBI, Scully Albert Hosteen anvertraut: Die Regierung bittet die Indianer um Schutz! Mit Sicherheit aber erkennen sie jene Ironie der Realität, die darin bestand, daß die Navajo während des Zweiten Weltkrieges gebeten wurden, ihre Sprache einzusetzen, um die Soldaten einer Regierung zu schützen, die jahrelang den Wert eben dieser Sprache – und ihrer Sprecher – geleugnet hatte.

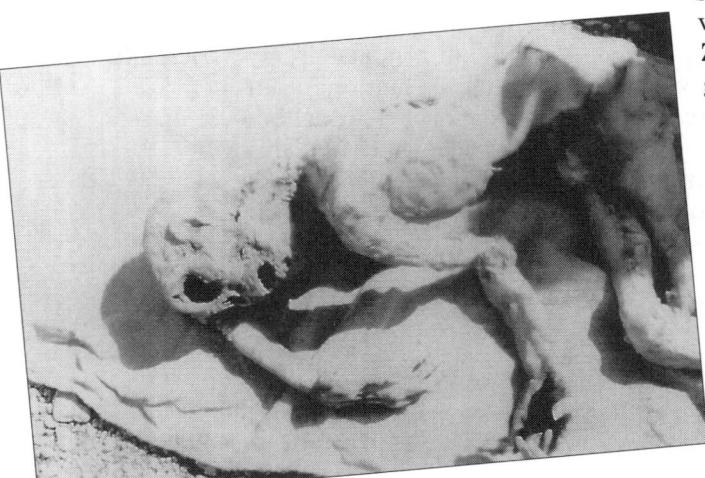

Dies und die Tatsache, daß die Navajo Generationen gebraucht hatten, um sich an die neuen Technologien zu gewöhnen, und sich ständiger Angriffe sowohl durch Nachbarstämme als auch durch die Europäer zu erwehren hatten, konnte sie nicht davon abhalten, das Land zwischen den ›Vier heiligen Bergen‹ zu verteidigen – obwohl es innerhalb der Vereinigten Staaten lag.

Die erste Rekrutengruppe sah sich immensen Herausforderungen gegenüber. Wie alle anderen Marines wurden die zukünftigen Codesprecher aus ihrer vertrauten, heimischen Umgebung gerissen und in Ausbil-

dungslager gesteckt. Dort wurde eine Konformität ge-
predigt, die auf unangenehmste Weise an die verhaß-
ten weißen Schulen erinnerte. Man unterzog sie außerdem einem harten physischen und mentalen Training.
Wie nicht anders zu erwarten, stellten die physischen
Anforderungen nur ein geringes Problem dar. Die Anpassung an die Routine und die Überwindung der
kulturellen Unterschiede verlangten schon größere Anstrengungen. Aber auch sie überstiegen die Fähigkeiten
des ersten ausschließlich aus Navajo bestehenden Pla-
toons nicht. Die Indianer stellten eine Reihe neuer
Bestmarken auf und schlossen die Ausbildung gemeinsam ab. Dann bereiteten sie sich auf ihren ersten Einsatz vor, zunächst ohne zu wissen, weshalb man sie
überhaupt angeworben hatte.

Nachdem die Navajo den Schock über die Enthüllung
verdaut hatten, daß die Marines von ihnen die Erstellung eines auf der Navajo-Sprache basierenden Codes
erwarte, stürzten sich die neuen Rekruten mit wildem
Eifer in die Arbeit. Zuerst entstand ein Alphabet,
schließlich ein Code innerhalb eines Codes – eine beeindruckende Leistung, wenn man sich die Tatsache
vor Augen hält, daß die Navajo-Sprache keine natürlichen Worte für moderne militärische Begriffe enthielt.
›Panzer‹, ›Oberst‹, ›M-1-Sturmgewehre‹ und ›Telefonver-
mittlungsstelle‹ waren den Indianern genauso fremd,
wie ihnen ein außerirdisches Wesen fremd gewesen
wäre. Auch wenn nur wenige Nicht-Navajo über (zu ver-
nachlässigende) Kenntnisse dieser Indianersprache besaßen, erfüllte eine Kommunikation, die auf einer existierenden Sprache basierte, die Erfordernisse für eine
abhörsichere Kontaktaufnahme über offene Funkfre-
quenzen nicht. Deshalb verwendeten sie Navajo-Worte,
die wiederum andere Navajo-Worte repräsentierten.
Das so entstandene neue Lexikon diente als Ausgangsbasis für eine Sprachübermittlung, mit der die Code-

X-Philes hatten genügend Zeit, sich mit der Folge ›Anasazi‹ zu beschäftigen; erwarten Sie also an dieser Stelle keine leichten Fragen! Es geht jedesmal um 2 Punkte. Viel Glück!

1. In welchem Navajo-Bezirk leben die Hosteens?
2. Welches Sportgerät wird durch das Erdbeben aus Eric Hosteens Schrank gerüttelt?
3. Wovor, warnt Eric Hosteens Großvater Albert, müsse man sich am Morgen nach einem Erdbeben in acht nehmen?
4. Wie stark ist der Erdstoß, der das Haus der Hosteens erschüttert?
5. Was liest der ›Denker‹, als er in den Computer des Verteidigungsministeriums eindringt?
6. Schnell! Wie viele Sprachen – außer der Originalsprache Englisch – werden in dieser Episode gesprochen?
7. Von wem glauben sich die Lone Gunmen verfolgt?
8. Wie beschreibt Frohike die Schießerei in Mulders Gebäude?
9. Auf welches Gebot weist Mulder Scully hin?
10. Was hält der ›Kettenraucher‹ für eine unausweichliche Konsequenz des Lebens?

sprecher sogar andere Navajo vollständig verwirren konnten.

Selbstverständlich wollten die Codesprecher selbst beweisen, daß sich das, was sie entwickelt hatten, in der Praxis bewähren würde – ein Chiffriersystem, mit dem Informationen schnell und zuverlässig weitergegeben werden konnten. Das typische Codesystem der Marines basierte auf einer komplizierten Maschine, die Mitteilungen auf der Grundlage täglich neuer Parameter verschlüsselte und die kodierte Botschaft dann an den Empfänger übermittelte. Dort mußte die Nachricht auf die gleiche Weise wieder entschlüsselt werden. Weil solche Mitteilungen nicht den Regeln echter Sprachen folgten, wurden Übertragungsfehler erst dann offensichtlich, wenn, Stunden später, die entschlüsselte Nachricht keinen Sinn ergab.

Die Codesprecher produzierten in unzähligen Tests perfektionierte ›Übersetzungen‹ ursprünglicher Botschaften, die nahezu ohne zeitliche Verzögerung beim Empfänger entschlüsselt werden konnten. Die Bedeutung für eine Nation, die sich sowohl Japans talentierten Kryptographen als auch dessen Soldaten gegenübersah, kann man nicht hoch genug einschätzen.

Nachdem ihre ursprüngliche Aufgabe – nämlich ein leistungsfähiges Chiffriersystem zu entwickeln – erledigt war, sahen sich die Navajo mit dem schweren Alltag des Fronteinsatzes konfrontiert. Wie ihre Kameraden hatten sie das Elend der Pazifikschlachten durchzustehen: Guadalcanal, der monatelange Kampf um jeden Fußbreit der acht Kilometer von Iwo Jima, der furchtbare Angriff auf den Strand von Okinawa und die Eroberung all der felsigen kleinen Inseln dazwischen.

Zusätzlich waren die Codesprecher mit den spezifischen Problemen ihres Jobs konfrontiert – mehr als einmal gerieten sie unter Beschuß durch eigene Truppen. Offensichtlich überstieg es die geistigen Fähigkeiten mancher Marines, einen Navajo von einem Japaner zu unterscheiden. Für die Mehrheit der Marines, die auch nicht eines der vielen hunderttausend von ihren Codesprechern übertragenen Wörter verstanden, klang Navajo verdächtig nach Japanisch – besonders im Dunkeln.

Auch die Navajo, die vom Feind gefangengenommen wurden, hatten es nicht leicht. Einer von ihnen verbrachte Monate seiner Gefangenschaft damit, die Japaner davon zu überzeugen, daß er ein amerikanischer Navajo, nicht aber ein Amerikaner japanischer Abstammung war. Auch die Entdeckung der Japaner, daß die Navajo für das Kauderwelsch verantwortlich seien, das ihren Geheimdienst immer wieder vor unlösbare Rätsel stellte, half ihm nicht. Er verbrachte den Rest seiner Haft in der Folterkammer, weil er die gewünschten Antworten nicht geben *konnte*. Die ›Navajo-Sprache‹, die er hörte, war für ihn gleichermaßen Kauderwelsch wie für die Japaner – genau wie beabsichtigt.

Im Verlauf des Krieges wurde es erforderlich, die Sprache der Codesprecher wie jede andere natürliche Sprache weiterzuentwickeln. Neue Waffen, Taktiken und geographische Gegebenheiten wurden entdeckt, und während eine Gruppe nach der anderen die Codesprecherschule absolvierte, wuchs das Wörterbuch. Frühere Absolventen frischten ihre Kenntnisse oft im Schützengraben auf, statt im Klassenzimmer, denn das Leben Tausender Kameraden hing davon ab, daß sie auf dem laufenden blieben.

Codesprecher konnten sich selten den Luxus erlauben, ihre Einheiten zu verlassen. Während der vier Jahre des Programms verdoppelte sich der Umfang des Wörterbuches von ursprünglich zweihundertdreiundsechzig Ausdrücken auf über fünfhundert Begriffe. Im Gegensatz zu anderen wurde der Navajo-Code niemals

RÄTSEL 1

11. Welche Wörter kann Scullys Quelle für sie entschlüsseln, bevor sie die Dokumente an Albert übergibt?
12. Was entwendet Scully von Mulder, nachdem er in ihrem Bett eingeschlafen ist?
13. Auf welche Temperatur steigt Mulders Fieber in dieser Nacht bei Scully?
14. Was entdeckt Scully in Mulders Wassertank?
15. Wo findet sich Mulder wieder, nachdem ihn Scully ohne Wasser auf eine Fahrt über Land mitgenommen hat?
16. Wo will Mulder, wie er während seiner ›Unterhaltung‹ mit dem Kettenraucher behauptet, die vergangenen Tage verbracht haben?
17. Ein seitlich an dem Eisenbahnwaggon angebrachtes Schild trägt den Namen der Gesellschaft, zu der er ursprünglich gehörte. Um welche Gesellschaft handelt es sich?
18. Was findet Mulder auf den Armen der ›Außerirdischen‹?
19. Wie heißt der Agent, der mit der Untersuchung von Mulders Waffe beginnt?
20. Nennen Sie eine der Chemikalien, die laut Scully Mulders merkwürdiges Verhalten erklären könnten.

1. In Two Grey Hills, New Mexico
2. Ein Basketball
3. Vor Schlangen
4. 5,6 auf der Richterskala
5. *Die fünfzig größten Verschwörungen aller Zeiten*
6. Vier: Deutsch, Japanisch, Italienisch und Navajo
7. Von einer multinationalen Geheimorganisation namens ›Garnet‹, einer sogenannten ›Schwarzen Brigade‹
8. Als ›sehr merkwürdig‹
9. Auf das vierte Gebot
10. Reue
11. ›Güter‹, ›Ware‹, ›Impfung‹
12. Dessen Waffe
13. Auf 39 °C
14. Einen Dialysefilter
15. Farmington, New Mexico
16. Im Betty Ford Center
17. Um die Sierra Pacific Railroad
18. Narben einer Pockenimpfung
19. Agent Kautz
20. LSD, Amphetamine oder ein exotischer Rauschmittelcocktail

Ihre Punktzahl:

außerhalb des Trainingscenters niedergeschrieben. Es gab keine an die Seiten der Funkgeräte und Telefone gehefteten Spickzettel. Man machte sich die Tradition der mündlichen Überlieferung der Navajo zunutze und versorgte das System so mit einer weiteren Sicherheitsstufe. Für die Codesprecher wurde die Arbeit im Feld dadurch natürlich erschwert.

Die größte Gefahr für das Codesprecher-Programm sowie die gesamte Kommunikation und alle Verschlüsselungsbemühungen bestand in undichten Stellen. Die Geheimhaltung, die den Navajo von Beginn des Projektes an auferlegt worden war, wurde zu Hause verletzt. Mehrere Zeitungen und Monatszeitschriften veröffentlichten Artikel über den Kriegsbeitrag der Navajo. Obwohl die meisten vage blieben, ging mindestens ein Bericht ins Detail. Zwar schien es noch immer unmöglich zu sein, den Code für praktische Zwecke zu entschlüsseln, aber auch die geringste Information, die den Feind erreichte, brachte nicht nur die Codesprecher in Gefahr, sondern auch die Männer, deren Botschaften sie übermittelten.

Die Notwendigkeit der Geheimhaltung endete nicht mit dem Krieg. Der Kalte Krieg brach aus – beinahe noch vor der Kapitulation Deutschlands –, und die Vereinigten Staaten machten sich Sorgen darüber, ob sie in eine Auseinandersetzung mit der Sowjetunion verwickelt würden, bevor die Situation im Pazifik bereinigt wäre. Die Streitkräfte wollten ein System, das so erfolgreich funktionierte wie das der Codesprecher, nicht aufgeben. Die Möglichkeit eines weiteren, unmittelbar bevorstehenden Konfliktes erhöhte den Wert dieser Abteilung zusätzlich. Im Gegensatz zu ihren Ka-

**(Tragen Sie beim Weiterlesen jeweils Ihre Punktzahl ein, und vergleichen Sie sie abschließend mit der Tabelle am Ende. Dann sehen Sie, ob Sie für das FBI taugen.)**

meraden, die sich nach dem Krieg viele schreckliche Erfahrungen in offiziellen und inoffiziellen Gesprächen von der Seele reden konnten, blieben die Navajo auch Jahre später noch zur Geheimhaltung verpflichtet. Für sie gab es keine sorglose Kneipenunterhaltung, kein Bettgeflüster, keine offiziellen Erklärungen, welchen Beitrag sie zur Beendigung des Krieges geleistet hatten. Verantwortlich für Botschaften von größter Wichtigkeit, hatten Navajo-Codesprecher häufig an strategischen Treffen auf höchster Ebene teilgenommen, und oft waren sie die ersten gewesen, die gewußt hatten, wo und wann Offensiven stattfinden würden. Ihr Beitrag zur Geschichte und ihre ungewöhnliche Perspektive bei bedeutsamen Entscheidungen gingen aufgrund der Natur ihrer Tätigkeit für fast dreißig Jahre verloren.

**Wollen Sie mal einen Blick auf Chris Carter werfen, den Erfinder von *Akte X – Die unheimlichen Fälle des FBI*? In der Szene, in der Scully befragt wird, spielt er den Agenten am Ende des Tisches.**

Chris Carter und David Duchovny

**Der Nachname von Albert Hosteen, dem erfundenen Codesprecher in ›Anasazi‹, ist ein relativ seltener Name. Trotzdem hieß ein Mann, der sich mit dem Codesprecher-Programm sehr gut auskannte, genauso. Dennie Hosteen, ein Navajo aus New Mexico, gehörte zu denen, die Iwo Jima aus den Händen der Japaner holten. Er war ebenfalls ein Codesprecher.**

# Codename: ›Das Ritual‹

**ZUSAMMEN-FASSUNG**

Dana Scullys Partner wird vermißt, ist wahrscheinlich tot. Ihrer Karriere droht nach drei Jahren des Kampfes und der Opfer ein Ende in Mißerfolg und Demütigung. Mit ihren eingeschränkten Möglichkeiten – die nur noch aus den paranoiden Lone Gunmen, einer weit entfernten Gruppe von Navajo-Sängern und ihrer Eigeninitiative bestehen – hätte sie keinen weniger günstigen Zeitpunkt wählen können, um einem Feind zu begegnen, der eine ganze Generation Vorsprung hat.

**HINTERGRUND**

## Majestic-12

Hier finden wir ein gutes Beispiel dafür, wie die Kunst das Leben widerspiegelt – zumindest den Realitätssinn eines Menschen. *Akte X* ›leiht‹ sich einen Heiligen Gral der Ufologie aus, aktualisiert ihn für die neunziger Jahre und beginnt ein spannungsgeladenes Spiel mit einer heißen Kartoffel. Von Zeit zu Zeit tauchen Gerüchte über einen zentralen, umfangreichen Aktensatz auf, in dem Einzelheiten über die militärischen und politischen Ver-

**ZITAT**

»Hüten Sie sich vor diesen Männern, denn sie sind gefährlich und töricht. Ihre gefälschte Geschichte wurde mit dem Blut derer geschrieben, die sich womöglich erinnern könnten, und derer, die die Wahrheit suchen.«
– ALBERT HOSTEEN, Navajo-Ältester und Codesprecher

strickungen einer UFO-Vertuschungsaktion enthalten sein sollen, die sich vom Versuchsgelände der Army in Roswell bis in den Krieg am Persischen Golf erstreckt. Sie regen die Fantasie derer an, die von einer eindeutigen Antwort auf die UFO-Frage träumen. Bluebook, Yellow Pages, MJ oder Majestic-12 – die Codenamen und ihr Gegenstand variieren, aber die zugrundeliegende Story bleibt die gleiche und spiegelt darüber hinaus frühere Berichte wider. Einer Fernsehserie mit dem Thema Entführungen durch Außerirdische und Regierungsintrigen kann das nur zugute kommen.

Die aktuelle Umsetzung – die sich auf Majestic-12 beruft – nimmt Bezug auf eine Reihe von Aktenschränken, deren Inhalt nicht ganz so umfangreich ist wie die Unmengen von Unterlagen im Bergversteck von *Akte X*. Immerhin bestehen auch sie aus zwölf, sechzehn oder vierundzwanzig Schränken mit jeweils vier Schubfächern, je nachdem, mit welcher Zusammenstellung ›authentischer‹ Dokumente man sich beschäftigt. Sollte sich auch nur ein Dokument als echt erweisen, dann befindet sich die gesamte Geschichte über den Kontakt mit Außerirdischen in ein paar Metallschubladen acht Stockwerke unter dem Hauptgebäude der *Central Intelligence Agency*. Der Inhalt dieser Aktenschränke wäre ziemlich genau auf einem DAT-Band größeren Formates unterzubringen.

Glauben wir den Einzelheiten, die angeblich in diesen Akten gefunden wurden, dann hat die amerikanische Regierung seit 1939 Beweise für die Existenz von Außerirdischen. Damals wurden Armeepiloten sechs Stunden lang von einem offensichtlich extraterrestrischen ›schwebenden Flugobjekt‹ verfolgt, das »keinen Versuch unternahm, sich zu tarnen« oder »eine Entdeckung zu vermeiden«. Außerirdische Überreste fand man erstmalig 1943, als beobachtet wurde, wie eines dieser ›schwebenden Flugobjekte‹ sich verschwebte und anschließend ins Meer stürzte. Das ›Raumschiff‹ blieb erhalten und wurde geborgen – einschließlich einer vollständigen, aber toten Besatzung. 1947 wurde erneut ein einigermaßen intaktes UFO auf das Versuchsgelände in Roswell, Nevada, geschafft, aber diesmal befand sich ein lebendes, atmendes außerirdisches Wesen an Bord. Der Extraterrestrische (mit einer unerklärlichen Vorliebe für Erdbeereis) besuchte ein Dutzend verschiedener Stätten, bevor er am 2. Juni 1953 eines natürlichen Todes starb.

Doch wie konnte man all dies vor dem amerikanischen Volk geheimhalten? Jeder gute Verschwörer kennt die Antwort: mit Hilfe einer ›Schattenregierung‹, deren Verbindungen sowohl Deep Throat als auch Mr. X vor Neid erblassen ließen.

Auch wenn wichtige Zeugen in diesen Dokumenten angeblich durch falsche Namen geschützt werden oder vollständig anonym bleiben, wird darin ansonsten kein Blatt vor den Mund genommen. Beginnen wir ganz oben: Der Präsident – wer auch immer der aktuelle Inhaber dieses Amtes sein mag – wird als Majesty demaskiert. Der allgemeine Codename für sämtliche Aktivitäten im Zusammenhang mit außerirdischen Kontakten lautet Operation Majority. Majority beseitigte physische Beweisstücke, brachte Zeugen zum Schweigen und stellte sicher, daß Informationen sogar innerhalb des elitären Kreises von Eingeweihten nur im unbedingt notwendigen Maß durchsickerten.

Ein ausgefeiltes System von Projekten und Mitarbeitern bildete den Kern von Majoritys vielschichtigen Aktivitäten. Die Grudge-Gruppe erledigte die Schreibarbeit. Alles, was in jene Aktenschränke gelangte, wurde zuvor von Grudge einer Prüfung unterzogen. Einige Unterlagen verschwanden für immer zwischen steifen Aktendeckeln, andere fanden den Weg in weniger passive Abteilungen.

Nehmen wir beispielsweise die Garnet Berets, die Gruppe, die Mulder durch den puertorikanischen Dschungel verfolgt. Die Gruppe rast in Rallyemanier Bergabhänge hinunter und hindert den Agenten daran, an seinen Beweisen festzuhalten. Die Berets hätten sehr gut in das Projekt Garnet gepaßt, jenen Arm von Majority, der für die Sicherheit von Projektunterlagen

Sogar halbtot besteht Mulder noch auf seiner ›Hausmannskost‹

und Mitarbeitern verantwortlich war – um jeden Preis. An beidem herrschte kein Mangel.

Die Kommunikation mit einer außerirdischen Lebensform stellte selbst an die besten Diplomaten große Anforderungen, insbesondere wenn es dabei um so heikle Themen wie Entführung, Technologieaustausch und Hybridisation ging. Sigma bestand aus Spezialisten für die Erstellung von originalen Kommunikationsprotokollen. Später fanden diese Experten als Tatsachenverdreher Verwendung, weil sie die Fähigkeit besaßen, auf Bestellung überzeugende Pressemitteilun-

**RÄTSEL 2**

Leichte Fragen: Notieren Sie sich 1 Punkt für jede richtige Antwort.

1. Wo halten sich der Kettenraucher und seine Freunde auf, als sie in New York City sind?
2. Nennen Sie den Namen eines der beiden Toten, die zu Mulder ›sprechen‹, als er bewußtlos in dem Navajo-*Hogan* liegt.
3. Was befand sich in dem Kanister, der in den Eisenbahnwaggon voller ›Außerirdischer‹ geworfen wurde?
4. Was entfernt ein Arzt aus Scullys Hals?
5. Wo befindet sich das Heim der Familie Mulder?

Es wird schwieriger: Notieren Sie sich 2 Punkte für jede richtige Antwort.

6. Was trägt Dana Scully in der Hand, als sie beim Haus ihrer Mutter eintrifft?
7. Wen nennt Frohike einen ›Baum unter lauter Schößlingen‹?
8. Frohike bringt Scully einen Zeitungsartikel über den Tod von Kenneth Soona. Aus welcher Zeitung stammt er?
9. Welche Spezialgebiete hat Melissas Freund, Dr. Pomerantz?
10. Wo wird Bill Mulder beerdigt?

gen herauszugeben und verblüffende Fälschungen von offiziellen Dokumenten anzufertigen. Mit ihrer Hilfe ließ sich jede Stellungnahme der Regierung untermauern. Nachdem die Sprachbarriere überwunden und die Grundlage für eine Übereinkunft geschaffen war, schürte Plato die Hoffnung der Abgesandten, daß die für die Regierung relevante Seite des Geschäftes noch verbessert werden könnte.

Das platonische Korps brachte schließlich einen Vertrag unter Dach und Fach, mit dem sich die Handvoll einflußreicher Persönlichkeiten, die von den Verhandlungen Kenntnis haben durften, einverstanden erklären konnte. Die Bedingungen waren verhältnismäßig einfach: Im Austausch gegen außerirdische Technologie und absolute Geheimhaltung über deren Herkunft gestattete Majority eine periodische ›Ernte‹ von Menschen und heimischen Tieren über seine Agenten, die Majestic-12. Allerdings erhielten die Außerirdischen keinen willkürlichen Zugriff auf die Bevölkerung. Majority verlangte eine ›Abrechnung in bestimmten Zeitabständen‹ über die ›Subjekte‹. Die Außerirdischen willigten ein, Berichte zu erstellen – nach Vollzug.

Das Projekt Aquarius beschäftigte sich mit der menschlichen Seite des Geschäftes, der Flut von Technologie, die angeblich über amerikanische Labors und Geheimdienste hereinbrach. Zu dieser Arbeit gehörte auch eine akribische Auflistung außerirdischer Einflußnahme auf diesem Planeten. Alles wurde sorgfältig unter einem Codenamen verborgen, der, wie einige Ufologen behaupten, noch immer unter die höchste Geheimhaltungsstufe falle: MAJIC. Eine der vielen Unterorganisationen von MAJIC war Pounce, das zukünftige Absturzüberreste – einschließlich extraterrestrischer Passagiere – einsammeln sollte. Pluto kümmerte sich dagegen um weniger verfängliche Beweise, beispielsweise um Augenzeugen und um eventuell von diesen an andere weitergegebene beweiskräftige Informationen.

Selbstverständlich bestand die Hauptaufgabe von Aquarius weiterhin darin, die außerirdische technologische Theorie zusammen mit Absturzüberresten in ein *funktionierendes* Raumschiff umzusetzen. An dieser Stelle fügten sich Redlight und Snowbird, die Abteilung für gezielte Desinformation, als Teile in das Majority-Netzwerk ein. Falls Beobachter der Area 51, FOIA-Gopher und moderne Deep Throats als glaubwürdige Zeugen gelten können, gelang es Redlight 1952 tatsächlich erstmals, ein menschlich-außerirdisch koproduziertes Raumschiff vom Boden abheben zu lassen. Unmittelbar danach explodierte es.

Um das Projekt wurde es wieder still, weil alle an ihre Zeichenbretter zurückkehrten, doch schnell kursierten Gerüchte über das Ereignis in der UFO-Gemeinschaft. Daraufhin schaltete Snowbird in den höchsten Gang. Die einzige Aufgabe dieser Abteilung, nämlich die Verbreitung von Desinformationen und so vielen gegensätzlichen Erklärungen wie möglich, führte zu einem halben Dutzend angeblicher ›Testflüge‹ verschiedener konventioneller Flugzeuge in und um jene Gebiete herum, die UFO-Beobachter als die kritischsten ausgemacht hatten. Hält man sich die Instabilität vor Augen, der *jedes* konventionelle Flugzeug ohne Flügel ausgesetzt wäre, gibt es eigentlich keinen plausiblen Grund, weshalb auch nur ein Gedanke an diese Prototypen verschwendet worden sein sollte. Lediglich die Überzeugung einiger Beobachter wurde untermauert, es habe sich bei dem Manöver um den Versuch gehandelt, jene Spur zu verwischen, die nach ihrer Ansicht die Kontakte mit Außerirdischen hätte beweisen können.

Doch lief in diesem Bündnis mit Außerirdischen

31

**FEHLERHINWEIS!**

Während der kritischen Situation, in der man sich mit gezückten Waffen gegenübersteht, findet Mulder, Scully oder Skinner tatsächlich die Zeit, die Jalousien in Mulders Apartment zu schließen!

nicht alles glatt. Offenbar hatten die Besucher vergessen, ein paar relevante Punkte zu erwähnen, darunter die Tatsache, daß sie Erdbeereis zwar ganz nett fanden, aber daneben einige spezielle menschliche Körperteile zur Vervollständigung ihres Ernährungsplans benötigten. Aufgrund neuer Berichte von Entführungen durch Außerirdische in den Nachrichten, neuer Aussagen glaubwürdiger Zeugen und einer bizarren Serie von Viehverstümmelungen, die Ufologen damit in Verbindung brachten, wurde es schwieriger, die Anwesenheit der Fremden geheimzuhalten.

Darüber hinaus begannen die Extraterrestrischen nachlässig zu werden. Sie brachten entführte Personen zurück, ohne deren Erinnerung an das Erlebte vollständig auszulöschen. Wie Duane Barry erinnerten sich Entführte gelegentlich an winzige Implantate, die ihnen heimlich unter die Haut gepflanzt worden waren. Oder sie entdeckten sie, wie im Fall von Dana Scully, zufällig und brachten sie mit ihren Erinnerungslücken in einen Zusammenhang.

In der Befürchtung, ihre Kontrollmechanismen könnten durchlässig werden oder nie so zuverlässig gewesen sein, wie man geglaubt hatte, legte die Regierung eines von insgesamt nur drei Treffen fest, bei denen alle an Majestic Beteiligten in einem Raum zusammentrafen. Die Gästeliste – falls sie stimmt – war beeindruckend. An der Spitze stand MJ-1, der jeweilige Direktor der CIA, der nur dem Präsidenten gegenüber verantwortlich war. MJ-2 bis MJ-12 setzten sich aus handverlesenen, hohen Regierungsvertretern und führenden Köpfen verschiedener ziviler Einrichtungen zusammen. Darunter waren der Generalstabschef, die Leiter des Nationalen Sicherheitsbüros, des Außenministeriums, des Verteidigungsministeriums und des FBI. Auch Nelson Rockefeller und J. Edgar Hoover sollen sich unter MJ-2 bis MJ-12 befunden haben.

Die Treffen fanden – wie sollte es anders sein? – im Zentrum von New York City statt. Ein zentralerer Ort als die 46. Straße, die sich das Team von *Akte X* ausgedacht hat, ist kaum vorstellbar. Dem Majestic-Mythos zufolge hat nur ein einziger Mann jemals eine Position in diesem Gremium abgelehnt – kein Geringerer als John F. Kennedy (es mußte ja der Realität entsprechen!). Angeblich nur wenige Wochen nach Kennedys unerwünschtem Statement, die amerikanische Öffentlichkeit habe ein Recht auf umfassende Information, kam er in Dallas ums Leben. Um im Universum von *Akte X* zu bleiben: Vielleicht hat der Kettenraucher tatsächlich ›Präsidenten sterben sehen‹.

Die verbleibenden Mitglieder der Majestic-Gruppe gingen, davon unbeeindruckt, zur Tagesordnung über. Sie leiteten in die Wege, hielten zurück und steuerten. Hinzu kam jetzt noch, daß die Außerirdischen in Schach gehalten werden mußten. An der Spitze einer Liste von Waffen gegen Extraterrestrische – für die die Besatzungsmitglieder der *Enterprise* töten würden – standen ›Joshua‹, ›Gabriel‹ und ›Excalibur‹. Dabei handelte es sich zum Beispiel um durch Niederfrequenzen ausgelöste Geräuschkanonen, Raketen mit der Fähigkeit, hundert Meter dicke Felsen (hinter denen sich die ›geheimen Basen‹ der Außerirdischen verbargen) zu durchschlagen und um Richtstrahlwaffen gegen im Wasser schwimmende Extraterrestrier. Sogar die *Strategic Defense Initiative* (SDI), besser bekannt unter dem Namen ›Krieg der Sterne‹, wurde als Projekt Zeus in die Operation Majestic integriert. Der Name dieses Projektes dürfte sowohl X-Philes als auch Anhängern der Verschwörungstheorie nicht gänzlich unbekannt sein.

Viele Elemente des Majestic-Schemas finden sich in einer Reihe von Theorien wieder, die mit UFOs im Zusammenhang stehen. Aber Majestic ist wohl das umfassendste und internationalste solcher Szenarien. Es gibt keine sozialen Mißstände, die sich nicht damit erklären ließen – von Drogen (mit Gewinnen aus dem Drogenhandel wurden die UFO-Experimente angeblich finanziert) bis zu AIDS (ein medizinisches Verfahren zwischen Menschen und Außerirdischen, das fehlschlug).

Bis heute wird Majestic außerdem mit offiziellen Raumfahrtprojekten in Verbindung gebracht. Die Vereinigten Staaten sollen an zahlreichen multinationalen Unternehmungen beteiligt sein, was beinahe jedes Land zu einem potentiellen Mitverschwörer macht. In einem raffinierten Henne-und-Ei-Spiel wird jeder Versuch, Majestic zu diskreditieren, leichtfertig Snowbird zugeschrieben. Im Umkehrschluß heißt das, dieses Projekt, das geheimer ist als jede Top-Secret-Unternehmung, existiert tatsächlich.

Wenn eine Fernsehserie, die auf der gesunden Neugier ihrer Zuschauer und dem aktuellen Mißtrauen gegenüber Regierungen aufbaut, aus einer solchen Vorlage kein Kapital schlüge, dann verdiente die Crew hinter *Akte X* nicht den Ruf begnadeter Geschichtenerzähler, den sie sich erworben hat.

## CODESPRECHER

Die Theorie hinter der doppelten Verschlüsselung ist täuschend einfach: Man nehme eine Originalbotschaft, verschlüssele sie und übergebe sie dann einer zweiten Person zur weiteren Verschlüsselung. Selbstverständlich kann jeder sich regelmäßig wiederholende Zeichensatz durch Umkehr des Prozesses entschlüsselt werden; darin besteht für Kodierer sowohl eine Herausforderung als auch eine potentielle Gefahr.

Sollten Sie jemals versucht haben, eine Fremdsprache zu erlernen, dann wissen Sie, daß natürliche Sprachen im Gegensatz zu Codes Unregelmäßigkeiten aufweisen.

Diese werden zwar von den Sprechern erkannt, lassen sich aber oft nicht mit den Regeln der Grammatik einer Sprache erfassen. Außerdem gibt es neben den Ausnahmen eines sprachlichen Systems auch mehr oder weniger unverständliche idiomatische Redewendungen. Beispielsweise empfinden Franzosen die Wendung *mon petit chou chou* als Kosewort, während sie für deutsche Leser ›mein kleiner Kohlkopf‹ heißt.

Sprachen, die den Eigenheiten von geographisch getrennten und unterschiedlich erfahrenen Sprechern unterworfen sind, besitzen naturgemäß eine größere Komplexität als jeder Code. Die Kombination einer so komplizierten und relativ unbekannten Sprache wie dem Navajo mit der Kodiererfahrung des Nationalen Sicherheitsbüros führte zu einem der seltenen niemals geknackten Codes. Zwar konzentrierte sich *Akte X* auf die Beteiligung der Navajo im Zweiten Weltkrieg, aber auch im Ersten Weltkrieg dienten bereits einige Dutzend amerikanische Indianer als Codesprecher.

Die Navajo-Codesprecher des Zweiten Weltkriegs arbeiteten äußerst zuverlässig. Es kam zu keiner einzigen falsch oder gar nicht verstandenen Übermittlung.

## FALLEN UND SPUREN

In manchen Situationen, in denen das Gegenteil angebracht wäre, ignoriert *Akte X* die technischen Möglichkeiten, Telefone ausfindig zu machen. Ein wichtiger Handlungsstrang dieser Episode ist jedoch eng mit diesen Möglichkeiten verknüpft. War es eigentlich unmöglich, das Handy der entführten Scully zu orten, bringt es die Leute des Kettenrauchers doch direkt zu ihr auf den Wüstenhighway.

Damit ›Ma Bell‹ ein Funktelefon ›finden‹ kann, wenn es angerufen wird, muß sie lediglich dessen Standort

**Seltsame Apartment-
nummern – haben
Sie's gemerkt? Scully
wohnt in Nummer 35,
ihrer Wohnung
gegenüber liegt aber
nicht die 34, sondern
die Nummer 3 ...**

ausmachen. Selbstverständlich ist dies immer möglich, wenn ein Funktelefon eingeschaltet ist. Durch Verfolgen der Zellen, die das Signal passieren, kann Ma Bell die weitere Umgebung relativ leicht bestimmen, in der sich ein Funktelefon befindet, unabhängig davon, ob es gerade benutzt wird.

# Codename: ›Verschwörung des Schweigens‹

**ZUSAMMEN-FASSUNG**

Wieder vereint, folgen Scully und Mulder einer fünfzig Jahre alten Spur, die zu einem zum Gärtner gewandelten Nazi führt. Der Deutsche wurde nach dem Zweiten Weltkrieg unter dem Schutz der Operation Paper Clip (dt. ›Büroklammer‹; so auch der Originaltitel der Episode) ins Land geschleust. Seine Behauptungen – einschließlich einer Theorie, die sich, wie Scully schwört, nicht im entferntesten belegen läßt – trennen die beiden Partner um ein Haar erneut. Schließlich stoßen sie jedoch auf Wahrheiten, die unmittelbar vor der Haustür zu liegen scheinen.

## Vor den Augen der amerikanischen Öffentlichkeit: die Operation Paper Clip

**HINTERGRUND**

Die Operation Paper Clip war nicht annähernd so geheim, wie *Akte X* uns glauben machen will. Aber die Ausführenden hätten sich höchstwahrscheinlich gewünscht, daß sie es gewesen wäre – aus guten Gründen! Zu einer Zeit, als die amerikanische Öffentlichkeit mit schockierenden Erzählungen über deutsche Greueltaten überhäuft wurde, suchten amerikanische Stra-

**ZITAT**

»Wir bewegen uns momentan weit außerhalb der Gesetze... Als hätten wir jedes Rechtsgefühl verloren. Wir sind zu Außenseitern geworden. Wir haben unsere Verbindungen und unseren Schutz verloren.«

– DANA SCULLY

37

tegen verzweifelt nach einer Möglichkeit, sich der Kenntnisse führender deutscher Wissenschaftler zu bemächtigen.

Nach der Kapitulation Deutschlands sahen sich Amerika und seine Verbündeten plötzlich keinem Gegner mehr gegenüber, der sie aufgrund seiner Gefährlichkeit zur Kooperation zwang; statt dessen traten weit gestreute Probleme in den Vordergrund. Individuelle nationale Interessen standen bereits an der Front, bevor keine Bomben mehr fielen. Sowjets, Briten und Franzosen, die den Feind ›zu Hause‹ besiegt hatten, waren darum bemüht, das Leben ihrer an viele schmerzliche Opfer gewöhnten Bevölkerungen zu normalisieren. Dagegen waren die Amerikaner in den Blickpunkt des japanischen Interesses gerückt. Während sich Europa dem Wiederaufbau zuwandte, kämpften die USA noch um ihre durch Pearl Harbor geschundene Seele und um die Aufrechterhaltung ihrer Überlegenheit, denn man sah sich weiterhin einer ernsten pazifischen Bedrohung gegenüber.

Die auf Trümmern stehenden sowjetischen Sieger begannen mit der Zerlegung der verbliebenen deutschen Infrastruktur, bevor die Deutschen so richtig wußten, daß sie verloren hatten. Straßenlaternen, Autofabriken und sogar Brauereien wurden abgebaut, zusammengepackt und über hastig reparierte Eisenbahngleise in die Heimat abtransportiert.

Großbritannien hatte ebenfalls genug Arbeitsuchende, Bürger, die lautstark verlorene Bequemlichkeiten wiedereinforderten, Industrielle, die begierig darauf schielten, deutsche Innovationen in ihren Anlagen einzusetzen, jetzt, da man mit den Abenteuern friedlicher Zeiten konfrontiert wurde. Niemand hatte ernsthafte Einwände gegen die Beschäftigung von deutschen Wissenschaftlern. Vor allem Forscher, die Deutschland zu einem der größten Konkurrenten auf den Weltmärkten hatten aufsteigen lassen, waren gefragt. Die Bürger des Vereinigten Königreichs hatten schon vor dem Überfall auf Polen Menschen auf der Flucht vor Hitler erlebt. Die Einsicht, daß allein die Tatsache, Deutscher zu sein, noch kein Beweis für Nazisympathien war, ließ Großbritannien deutsche Wissenschaftler, die eine rasche Rückkehr zu der Behaglichkeit und dem Wohlstand der Vorkriegszeiten versprachen, willkommen heißen.

Sogar Frankreich fand eine der Ausbeutung wert erscheinende Enklave, als seine erschöpften Bürger bereit waren, ihre Gesellschaft wiederaufzubauen.

Die Amerikaner hatten eigene Probleme. Deutschland war besiegt, aber wie stand es mit seinem Verbündeten, Japan? Deutsche Wissenschaftler arbeiteten längst mit Amerikanern am Manhattan-Projekt und in Los Alamos an der Herstellung der ›ultimativen Waffe‹ (wie das amerikanische Militär sie eilfertig nannte) zusammen. Gerüchte über Kollegen in Deutschland drangen durch, die angeblich nicht nur kurz vor der Entwicklung der Atomwaffe standen, sondern auch kurz vor der Fertigstellung Dutzender anderer modernster Waffen. Unter dem Eindruck der Zerstörungen durch V-1- und V-2-Raketen und der Schäden und Verwüstungen, die Deutschlands ›Superkanone‹, die ›dicke Bertha‹, und Hitlers durch Europa rollende Panzerdivisionen angerichtet hatten, sorgten diese Gerüchte dafür, daß in Washington die nächtlichen Bürolichter nicht mehr ausgingen. Medikamente zur Beruhigung der Magensäure wurden kräftig beansprucht.

Es bestand die zwingende Notwendigkeit herauszufinden, wie groß das deutsche Potential tatsächlich war, inwieweit Japan es teilte und wann die Vereinigten Staaten frühestens damit zu rechnen

## RÄTSEL 3

Leichte Fragen: Notieren Sie sich 1 Punkt für jede richtige Antwort.

1. Wen bittet Mulder, auf Melissa Scully aufzupassen?
2. Wer hat schließlich das DAT-Band mit den MJ-Daten?
3. Wessen mathematische Konstante ist der Schlüssel zu dem Geheimgang im Berg?
4. Wie lautet der Name der amerikanischen Geheimaktion, mit der Nazikriegsverbrecher unmittelbar nach dem Zweiten Weltkrieg von Deutschland aus in die Vereinigten Staaten gebracht wurden?
5. Wie lautet Samantha Mulders zweiter Vorname?

Es wird schwieriger: Notieren Sie sich 2 Punkte für jede richtige Antwort.

6. Welche sind Victor Klempers Lieblingsblumen?
7. Welcher Mann umarmt Mulder in dieser Episode?
8. Mulder droht Frohike, ihm etwas in seinem Testament zu hinterlassen. Was?
9. Welches Unternehmen richtet auf seinem Gelände das größte unterirdische Aktenarchiv der Vereinigten Staaten ein?
10. Wo finden Mulder und Scully nach ihrer Flucht aus dem Bergwerk ›hausgemachte Gerichte‹?

Ihre Punktzahl:

hatten, im Kampf mit diesen ›Superwaffen‹ konfrontiert zu werden.

Aber wie?

Deutsche Militärdirektiven besagten, daß Dokumente, Modelle und Einrichtungen, die zurückgelassen werden mußten, zu zerstören seien. Die vorrückenden alliierten Truppen besaßen weder die Ausbildung noch die Zeit, um wichtige Unterlagen zu bergen. Außerdem tilgte die befreite Bevölkerung oftmals in Ausbrüchen von Freude und Haß sämtliche Überbleibsel, die an ihre Unterdrücker erinnerten.

Die Auswertung des Verfügbaren konnte sogar dann, wenn es vollständig und unversehrt war, Jahre dauern – Jahre, die den Vereinigten Staaten nicht zur Verfügung standen.

Deutsche Wissenschaftler zu finden war nicht schwierig. Hunderte stellten sich den Amerikanern freiwillig und boten ihr Wissen für nichts weiter als die Sicherheit ihrer Familien und ein paar tausend Kalorien täglich an. Andere leisteten keinen Widerstand, wenn sie an ihren Arbeitsplätzen gestellt wurden. Weitere meldeten sich, nachdem sie durch Kollegen, die sich bereits in der amerikanischen Zone befanden, dazu aufgefordert worden waren. Einige guerillaartige Streifzüge durch die von den Verbündeten besetzten Zonen – selbstverständlich vor der offiziellen Einrichtung einer internationalen Verwaltung – genügten den Amerikanern, um die verbleibenden deutschen Forschungsköpfe aufzustöbern.

Versuche, diese reiche Quelle ›intellektueller Reparationen‹ in Deutschland selbst zu nutzen, erwiesen sich als unpraktisch. Die Labors, Aufzeichnungen und Materialien befanden sich bereits auf dem Transport über den Atlantik. In den Lagern gab es wenige Einrichtungen für Familien, und viele Frauen und Kinder lebten in ausgebombten Häusern, die häufig geplündert wurden. Während der de facto gesetzlosen Tage nach der Kapitulation ermordeten herumstreunende Banden Hunderte von vermeintlichen Nazisympathisanten. Den Tätern reichten geringere Beweise, als die Nazis sie benötigt hatten, um Andersdenkende abzuurteilen. Darüber hinaus wurde die Situation dadurch erschwert, daß auch andere alliierte Regierungen die Wissenschaftler aktiv rekrutierten. Es war kaum verwunderlich, daß Deutschland der Abwanderung seiner Spezialisten wenig entgegenzusetzen hatte, wenn Sowjets und Briten ihnen lukrative Arbeitsverträge, bessere Einrichtungen und – als zugkräftigstes Argument – die Staatsbürgerschaft anboten.

Genau dieses Thema – die Einbürgerung – sollte die Operation Paper Clip umgehen, weil es heftige Gegenreaktionen in den Vereinigten Staaten auslöste. Entsetzliche Bilder von zu Skeletten abgemagerten Gestalten, die aus den Lagern schlurften, überfluteten das Land, und so startete die Öffentlichkeit eine Kampagne, die den griffigen Slogan »Nicht in meinem Garten« führte. Der Gedanke, daß Amerika Menschenverstümmler oder deren Landsleute für irgend etwas benötigen könnte, stieß auf instinktiven Abscheu.

Die ständigen Beteuerungen, es handle sich bei diesen Männern nicht um Kriegsverbrecher, konnten die Meinungen aus gutem Grund kaum beeinflussen.

Wie die amerikanischen Bürger befürchtet hatten, passierten tatsächlich einige äußerst fragwürdige Einwanderer das Auswahlverfahren. Zu den bekanntesten zählte Klaus Barbie, der ehemalige Gestapo-Offizier. Während viele Wissenschaftler glaubwürdig versichern konnten, daß ihre Mitgliedschaft in der NSDAP eine ideologisch bedeutungslose Notwendigkeit dargestellt hatte, traf dies im Fall Barbie nicht zu.

Barbies Rolle in der Gestapo war alles andere als bedeutungslos und noch weniger ehrenhaft gewesen. Als

**FEHLERHINWEIS!**

Hätten sich Mulder und Scully tatsächlich auf Napiers Konstante verlassen, um in den Geheimgang zu gelangen, wären sie verloren gewesen. Napiers Konstante ist 2,71828 – nicht 2,7828, die Zahl, mit der Scully und Mulder das Schloß öffnen.

Gestapo-Chef von Lyon hatte er persönlich Tausende französischer und deutscher Juden in Konzentrationslager geschickt und war für die Folterung und Ermordung von Widerstandskämpfern und formellen Kriegsgefangenen verantwortlich gewesen. Als Mitglied einer geheimen Naziorganisation hatte er die Rückreise seiner Komplizen nach Deutschland eingefädelt, nachdem Frankreich von den Alliierten zurückerobert worden war. Später, als sich Deutschland am Rande der Niederlage befand, leitete er die Flucht von Nazis nach Afrika und Südamerika in die Wege. Obwohl die für seine Rekrutierung verantwortlichen Amerikaner seinen Hintergrund, seine Verbindungen und seine Aktivitäten sorgfältig durchleuchtet hatten, boten sie ihm einen Job an, statt ihn vor Gericht zu stellen.

Ein weiterer Angeworbener war für eine Grausamkeit verantwortlich, die weit über das im Vergleich dazu fast weltlich anmutende Verbrechen Mord hinausging: Er hatte einen Angriff gegen die Seele des Judentums geführt. In einer makabren Persiflage auf die jüdischen Gesetze war Otto von Bolschwing, zunächst SS-Angehöriger, später Angestellter der CIA, durch Bukarest gestürmt und hatte jüdische Einwohner vor sich her in eine fleischverarbeitende Fabrik getrieben, wo sie dann, an Fleischerhaken aufgehängt, als ›koscheres Fleisch‹ gebrandmarkt worden waren. Berücksichtigt man die Unmengen von Blut, das an manchen Stellen der Fabrik knöcheltief stand, muß man davon ausgehen, daß die meisten Opfer bei lebendigem Leib gequält worden waren. Einem Kind von kaum fünf Jahren wurde während von Bolschwings perverser Abwandlung jüdischer Speiseregeln die Kehle durchschnitten.

Als 1945 die Niederlage Deutschlands unabwendbar war, bot sich von Bolschwing den Amerikanern als Geheimdienstexperte an, eine Position, die er über Jahrzehnte behalten sollte.

Dutzende von Programmen – einige erfolgreicher als andere – brachten deutsche Wissenschaftler und Geheimdienstler nach Amerika oder enthielten sie zumindest den früheren Verbündeten der Amerikaner vor. Die Operation Pajamas führte eine Gruppe deutscher Spezialisten, die mit der Vorhersage politischer Trends in Europa beschäftigt gewesen war, in die Vereinigten Staaten. Das Projekt Birchwood konzentrierte sich auf sogenannte Wirtschaftsexperten, die unter Göring mit der SS zusammengearbeitet hatten. Dwindle diente dem Import von technischem Gerät zur Verschlüsselung, das die Nazis verwendet hatten, sowie der Einreise jener Männer, die die Algorithmen erstellt hatten.

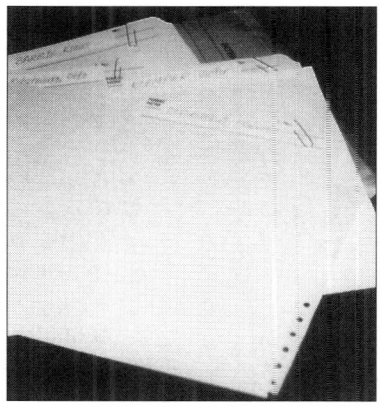

Um Deutschlands ›Sowjetspezialisten‹ herauszufiltern wurde Apple Pie, ein zunächst von den Briten mitfinanziertes Projekt, ins Leben gerufen. Später setzten die Amerikaner es allein fort – ironischerweise unter dem Namen Credulity (dt. ›Leichtgläubigkeit‹). Die Tatsache, daß Biotechnologen, Ärzte, Tierärzte, sogar Zahnärzte und Kinderärzte im Schutz dieser und anderer Programme ins Land *geschmuggelt* wurden, wirft unweigerlich die Frage auf, weshalb man diese Männer nicht unter den normalen Einreiseformalia ins Land brachte.

Die Vergangenheit beweist, daß das Wissen deutscher Raketenspezialisten, Fernlenkwaffenexperten und Geheimdienstler maximal genutzt wurde. Vor diesem Hintergrund wird die Prämisse von ›Verschwörung des Schweigens‹ glaubwürdig: Was immer ehemalige Nazibiologen und -chemiker auch getan hatten: sie wurden nahtlos in die amerikanischen Laboratorien integriert. Schwer zu glauben.

## STRUGHOLD MINING COMPANY

Für den Namen Strughold wurde in der echten Operation Paper Clip eine eigene Akte angelegt. Es handelt sich nicht um einen Ort, sondern um eine Person: Professor Hubertus Strughold war einer der ersten, die die Vereinigten Staaten 1947 unter dem Mantel von Paper Clip betraten. Er traf auf die begeisterte und bedingungslose Unterstützung von Colonel Harry Armstrong, der zu Kriegszeiten Chirurg beim achten Geschwader der US Air Force gewesen war.

Strughold, Spezialist für Luftfahrtmedizin, hatte am Luftmedizinischen Institut der Luftwaffe und am Physiologischen Institut der Universität Göttingen gearbeitet, bevor er eine Gruppe von Wissenschaftskollegen in die amerikanische Zone geführt hatte.

Unter den Wissenschaftlern, die Strughold mitbrachte, befanden sich Dr. Hans Clamann (Spezialist für die Konstruktion von Unterdruckkammern und Hochdruckkabinen), Dr. Ulrich Luft (führender Forscher im Bereich Anpassung von Kost, Ernährung und Atmung an große Höhen), Dr. Ernst Opitz (Koronarphysiologe) und Dr. Otto Gauer (Spezialist für die physikalischen Effekte von Beschleunigung auf den menschlichen Körper). Obwohl diese Wissenschaftler vor ihrer Einwanderung sorgfältig durchleuchtet worden waren, fühlten sich viele Amerikaner bei dem Gedanken äußerst unwohl, daß deren Forschungsarbeit möglicherweise erzwungene Experimente an Kriegsgefangenen, Juden und anderen Häftlingen von Konzentrationslagern eingeschlossen hatte.

Diese Zweifel stellten sich schnell als berechtigt heraus, als Tausende deutscher Dokumente ans Tageslicht kamen, von denen viele später bei den Nürnberger Prozessen Verwendung fanden. Zwar behaupteten Strugholds Wissenschaftler, daß sie ihre Experimente an

Mäusen, Hunden und Schweinen durchgeführt hätten, und amerikanische Forscher fanden bei der Untersuchung ihrer Einrichtungen tatsächlich Anlagen, die von der Größe zu Katzen, kleinen Hunden und Nagetieren paßten. Aber es wurden keine Kammern, Druckbehälter, Eiswannen oder ähnliches entdeckt, die groß genug gewesen wären, um Schweine aufzunehmen.

Dafür stellte sich heraus, daß in den Labors, die man Monate zuvor in Dachau gefunden hatte, Menschen einem Druck ausgesetzt worden waren, der ausreicht hatte, um ihnen die Augen aus dem Kopf zu treiben. Andere hatte man mit Temperaturen traktiert, die in weniger als dreißig Minuten zum Tod führten, und wieder andere waren in Eisbäder von unermeßlicher Kälte gelegt worden. Bei den in allen Berichten erwähnten ›Schweinen‹ hatte es sich in Wahrheit um Juden gehandelt, die sich geweigert hatten, ihre koschere Ernährung aufzugeben.

Strughold wurde zu keinem Zeitpunkt für eines dieser in Europa begangenen Verbrechen vor Gericht gestellt, genausowenig wie seine beinahe dreißig Kollegen. Nachdem die Gruppe nach Texas umgezogen war, bildete sie dort den Kern der ersten Abteilung für Raumfahrtmedizin der Air Force, ein »leuchtendes Beispiel amerikanischer Genialität« und ein »Vorbild für die zukünftigen Möglichkeiten der Raumfahrtforschung«.

# Betreff: X-Akten.
## *X-Kulturen*

Wenn sich Produktionsfirmen in fremde Kulturen vertiefen, gehen sie ein Risiko ein. Weil alles authentisch wirken soll, riskieren sie es, jenen Teil des Publikums zu verlieren, der sich für tiefergehende Hintergründe nicht interessiert oder sie nicht erkennt. Andererseits wird sofort jemand zur Stelle sein und die gesamte Story auseinanderpflücken, falls einige Details nicht haargenau stimmen. Sollte das Undenkbare eintreten, daß nämlich mehr als einige Einzelheiten danebengeraten, läuft das Unternehmen Gefahr, eine ganze ethnische Gruppe zu verprellen – noch dazu in einer Zeit, in der Hollywood höheren Ansprüchen gerecht werden muß, als sie zum Beispiel die Produzenten von Spaghetti-Western gestellt haben.

Natürlich ist es schwierig, Menschen wie die Anasazi zu beleidigen, denn sie sind seit beinahe tausend Jahren vom Erdboden verschwunden. Je weniger man über eine solche Gruppe weiß, um so schwieriger ist es, etwas falsch zu machen. Doch wenn man neugierige X-Philes mit alten Mythen konfrontiert und sie dann *fünf Monate* lang nichts anderes als Wiederholungen zu sehen bekommen, werden sie unweigerlich Nachforschungen anstellen, um die Hintergründe herauszufinden. Wenn die Fortsetzung startet, sind sie mit Sicherheit gut informiert.

Das erste, worauf ein recherchierender X-Phile stößt, ist die Tatsache, daß die Anasazi genaugenommen gar keine Anasazi sind. Das aus der Navajo-Sprache übernommene Wort für ›die alten ehrwürdigen Fremden‹ (so wurde es in *Akte X* übersetzt) war mit großer Wahrscheinlichkeit nicht der Name, den sich die Menschen, die wir Anasazi nennen, selbst gegeben hatten.

Die Felsenwohnungen, die wir ihnen so lange zuschrieben, vermitteln offenbar auch keinen korrekten Einblick in ihre Lebensweise. Bevor ausgedehnte Dürren sie in die Berge trieben, hatten die Anasazi in den Ebenen riesige Siedlungen aus großen Holzhütten (*Hogans*) und beeindruckende Wasserstraßen auf dem offenen Land gebaut. Sie konnten kilometerweit in alle Richtungen sehen. Pueblo Bonito, eine dieser Ortschaften, in einer Ebene nahe des Chaco Canyon gelegen, ist als Beispiel für die dichtbesiedelten Städte erhalten geblieben. Es handelte sich nämlich in der Tat um richtige Städte – auf der eineinviertel Hektar großen Grundfläche von Pueblo Bonito finden sich noch heute Überreste von freistehenden vier- und fünfstöckigen Gebäuden und von einem gut durchdachten Straßennetz. Dort lebten siebentausend Anasazi friedlich – soweit überliefert – Wand an Wand mit ihren Nachbarn.

Bereits siebenhundert Jahre vor Christus wies die Kultur der Anasazi beeindruckende Errungenschaften auf: Ineffiziente Speere waren durch Pfeil und Bogen ersetzt worden; man pflanzte Baumwolle, die anschließend in diffizile Muster gewoben wurde; die Architektur beinhaltete Schachtelbauten; ein Handwerk wie die Töpferei umfaßte Dutzende verschiedener Techniken; die dekorativen Künste erfreuten sich ähnlicher Blüte. Fast zweitausend Jahre lang entwickelten die Anasazi ihre Fähigkeiten weiter; die überlegte Landwirtschaft förderte das Bevölkerungswachstum.

Die frühere Einschätzung, daß die Anasazi sich möglicherweise aufgrund einer Bevölkerungsexplosion selbst ›um Haus und Hof aßen‹, erscheint in der Rückbetrachtung als unwahrscheinlich. Bestattungsüberreste und die durchschnittliche Fläche von zur Verfügung stehendem Wohnraum deuten im Gegenteil sogar auf eine effektive Form der Geburtenkontrolle hin. Wenige Familien hatten mehr als vier Kinder, und die Rate der Kindersterblichkeit scheint gering gewesen zu sein. Unter Berücksichtigung der harten Umweltbedingungen ist davon auszugehen, daß die Anasazi vortreffliche Agronomen waren, die behutsam darauf achteten, die Möglichkeiten ihrer natürlichen Ressourcen nicht zu überschreiten.

Und doch: Seit dem Jahr 1300 n. Chr. standen die großen Städte der Ebenen leer.

Als die Siedlungen im 19. Jahrhundert erstmals untersucht wurden, kam man zunächst nicht darauf, daß die Anasazi sich in Felsenwohnungen

zurückgezogen hatten, und für einige Zeit glaubten sogar professionelle Archäologen, der Indianerstamm sei schlichtweg ausgestorben.

Bei der späteren Untersuchung der Geschichte des ganzen Südwestens fanden sich die Einflüsse der Anasazi in Dutzenden von anderen Stämmen, einschließlich der Ácoma, Laguna, Hopi und Zuñi. Klimatologische Geschichtsdaten deuten darauf hin, daß lang anhaltende Dürreperioden zwischen 1250 und 1300 n. Chr. die Anasazi gezwungen haben könnten, die Ebenen zu verlassen. Falls die Schätzungen zutreffen, fielen während dieser fünfzig Jahre weniger als einhundertfünfzig Millimeter Regen auf das Gebiet der Anasazi. Für ein von der Landwirtschaft abhängiges Volk hatte dies verheerende Folgen. Die Tatsache, daß die Anasazi diese Phase überlebten, bleibt beinahe genauso mysteriös wie ihr späteres Verschwinden.

Eines jedoch bleibt unzweifelhaft: Kunst und Töpferei waren nicht das einzige, was die Anasazi mit ihren Nachbarstämmen verband. Die großen Zeremonienkammern (*Kivas*) der Anasazi, die Holzhütten der Navajo und die religiösen Feste dieser und anderer nordamerikanischer Indianervölker belegen, daß zu einer bestimmten Zeit in großen Teilen des Südwestens eine Religion praktiziert wurde, die mehr Gemeinsamkeiten als Unterschiede aufwies. Zumindest in diesem Sinne reflektieren die Navajo-Traditionen, die in der aus ›Anasazi‹, ›Das Ritual‹ und ›Verschwörung des Schweigens‹ bestehenden Trilogie nachgespielt werden, jene ›alten ehrwürdigen Fremden‹.

Aber wie authentisch waren die Darstellungen von moderneren und besser erforschten Traditionen und Zeremonien der Indianer in *Akte X*? Obwohl Einzelheiten der gezeigten Rituale und Lebensweisen manchmal von den Ergebnissen der allgemein anerkannten Forschung abweichen, ist es der Crew und den Darstellern gelungen, mit Hilfe der Atmosphäre längst vergangene Zeiten und Orte heraufzubeschwören.

## Die Legende vom Weißen Büffel

(Ich genoß das Privileg, bei diesem Kapitel auf die wertvolle Hilfe von Charles Little Deer vom Volk der Lakota zurückgreifen zu können. So kam ich an Materialien mündlicher Überlieferungen aus den Archiven verschiedener nordamerikanischer Indianerstämme, unter anderem der Navajo, Lakota, Rosebud Sioux und Cheyenne. Fehler gehen ausschließlich auf mein Verschulden zurück und sind unbeabsichtigt.)

Die Legende von der Weißen Büffelfrau überschreitet die kulturellen Grenzen zwischen vielen Indianerstämmen. Trotz geringfügiger Abweichungen bei der Überlieferung bleibt die Geschichte ein beständiger Quell gemeinsamer Hoffnung. Einer Hoffnung, die sogar den Weg in nichtindianische Kulturen fand, als ein weißes Büffelkalb geboren wurde, das den treffenden Namen Miracle (dt. ›Wunder‹) erhielt. Um die mächtige Anziehungskraft zu verstehen, die dieses kleine Kalb auf so viele Menschen ausgeübt hat, und um zu erkennen, wie nahe *Akte X* am Kern der Überlieferung geblieben ist, benötigt man eine grundlegende Kenntnis der Legende, die sich hinter dem Symbol verbirgt.

*Die Sonne brannte unablässig auf die Köpfe des Sioux-Volkes herab, und das Wild floh vor ihrer unerbittlichen Kraft. Für das Volk war es eine Zeit großer Leiden, weil die leeren Bäuche nach Nahrung verlangten. Sogar die Pflanzen verdorrten und starben. Frauen und Männer weinten um ihre hungernden Kinder.*

Ausgerüstet mit ihren besten Waffen und Wasser, begaben sich zwei Männer auf eine Reise, die sie weiter führen sollte, als sie je zuvor gekommen waren. Die Sonne folgte ihnen, und sie wurden krank und matt. Drei weitere Tage gingen sie, bevor sie endlich eine kleine Quelle fanden. Sie tranken und schliefen ein. Der jüngere der beiden Männer träumte von einer wunderschönen Frau, die zu ihm sang. Ihr Lied begleitete den Hufschlag Tausender Büffel.

Der Morgen kam, und die Männer erwachten zum Klang einer singenden Frauenstimme. Sie sahen auf und erblickten eine Frau, die von Osten, aus der aufgehenden Sonne heraus, auf sie zukam. Sie war wunderschön. Der jüngere Mann erkannte in ihr die Frau aus seinem Traum, und er warnte den älteren, daß diese Frau seltsam und wunderbar sei. Der Ältere sah sie mit Verlangen an.

Während die Frau näherkam, bemerkte der jüngere Mann, daß sie über der Erde schwebte, und er vernahm die Geräusche der Büffel in ihrem Lied. Gekleidet in weiße Büffelhäute, übertraf sie die Sonne an Schönheit.

Der ältere Mann beachtete die Warnung des jüngeren nicht und versuchte, die fremde Frau zu berühren. Da erhob sich der Wind, und über dem Mann entstand eine Wolke, die auf die Erde sank und ihn in sich verbarg. Als der Wind sie fortgeblasen hatte, blieb nur ein Haufen Knochen zurück. Der junge Mann bedeckte sein Gesicht, aber die Frau sang erneut, bis er sich nicht mehr fürchtete.

Sie sprach zu ihm: »Geh und sage deinem Volk, daß ich bald zu ihm kommen werde.« Es hatte fünf Tage gedauert, bis sie die Quelle erreicht hatten, und auf dem ganzen Weg hatte der junge Mann nichts Eßbares gesehen. Trotzdem willigte er ein. Am ersten Tag fing er einen dicken Hasen. Am zweiten Tag fand er ein Rebhuhn mit gebrochenem Flügel. Am Morgen des dritten Tages erreichte er sein Dorf.

Zunächst erschrak das Volk über die Ankündigung, daß sich die Frau nähere. Doch dann erzählte der junge Mann von ihrer Schönheit und ihrem kräftigen Lied. Er zeigte ihnen die Knochen des Hasen und des Rebhuhns. Das Volk fürchtete sich nicht mehr.

Am nächsten Morgen kam eine Frau von Osten heran. Sie war in weiße Büffelfelle gekleidet und trug ein Bündel in ihren Armen. Das Volk hieß sie willkommen und teilte die wenige Nahrung, die es hatte, *mit ihr. Sie sprach zu ihm: »Ich bin gekommen, euch einen neuen Weg zu zeigen – einen Weg, der euch vom Hunger befreien und euch stark machen wird.«*

*Die Frau entfaltete das Bündel. Darin befand sich eine heilige Pfeife, die sie den Männern gab. Nachdem sie sie Gebete gelehrt hatte, die sich mit dem Rauch erheben sollten, sprach sie zu ihnen: »Mit der Pfeife werdet ihr zu einem lebenden Gebet werden.« Die Männer lernten die Worte und rauchten die Pfeife.*

*Dann versammelte die Frau die Frauen um das Feuer. Sie sprach zu ihnen: »Ihr stammt von Mutter Erde ab. Ihr Weg ist euer Weg. Was ihr tut, ist wichtig.«*

*Als die Sonne unterging, rief die Frau die Männer in den Kreis um das Feuer. Sie erinnerte alle an die Macht der Pfeife. Sie lehrte die Männer, den Büffel, ihre Frauen und ihre Kinder zu schätzen. Sie sang für sie. Der Klang von Büffelhufen war deutlich in ihrer Stimme zu vernehmen. Sie sang von der Jagd. Sie sang von der Tapferkeit des Büffels. Die Frauen sangen mit ihr, und ihr Lied war laut und trug über das ganze Land.*

*Dann stand die Frau auf und ging fort. Am Ausgang des Dorfes blieb sie stehen. »Ich werde zurückkehren, um meinen Glauben an euch zu erneuern. Vergeßt mich nicht.« Mit jedem Schritt erhoben sich ihre Füße weiter vom Boden, bis sie hoch über dem Horizont schwebte. Das Volk beobachtete, wie sie sich in ein weißes Büffelkalb verwandelte und mit der Sonne verschwand.*

*Die Sioux vergaßen die Worte der Weißen Büffelfrau nicht. Sie ehrten ihre Pfeife, und die Büffel kamen. Sie nutzten die Büffel weise und konnten ihre Frauen und Kinder ernähren. Die Frauen behielten die Lieder und lehrten sie ihren Kindern, und diese gaben sie an ihre eigenen Kinder weiter. Als sie andere Völker trafen, hörten sie an den Feuern Lieder über die Weiße Büffelfrau, und sie wußten, daß Frieden zwischen ihnen herrschen sollte.*

Inzwischen hat die Legende vom Weißen Büffel für viele Indianer Amerikas und auch für viele Nichtureinwohner, die sich mit der Geschichte ihrer eroberten Heimat beschäftigten, eine zusätzliche Bedeutung gewonnen. Die Legende vermittelte nicht nur eine Reihe von Lebensregeln, die sowohl für die Umwelt als auch für die Familie bedeutsam waren und auf die moderne Völker stolz sein könnten, sondern trug auch zum Frieden unter den Stämmen der Ebenen bei, die vorher miteinander im Krieg gelegen hatten.

Als Miracle am 20. August 1994 geboren wurde, erkannten viele amerikanische Indianer darin ein Symbol – ein Zeichen dafür, daß ihre Kultur, ihre einzigartige Lebensweise und ihre reiche Geschichte endlich eine Wiedergeburt erfahren würden. Diese Wiedergeburt konnte sich sogar inmitten der großen Mehrheit der weißen Amerikaner vollziehen. Auf den ersten Blick jedoch erschien das kleine, schmutzige Kalb mit der Aufgabe des Botschafters, der ein so monumentales Werk wie die friedliche Vereinigung der gesamten Menschheit zu vollbringen hatte, weit überfordert.

Auch der Familie Heider schien auf ihrer Farm in Wisconsin nicht unbedingt eine lebende Legende zu ihrem Glück gefehlt zu haben. Der nicht abreißende Besucherstrom von Indianern und Nichtindianern hätte zumal sehr leicht zu neuen Spannungen führen können. Nachdem sich die Nachricht von dem Ereignis verbreitet hatte, wurden die Heiders von einer Menschenflut überschwemmt, die mindestens jeweils zur Hälfte aus ernsthaften Pilgern und aus Neugierigen bestand. Für die einfachen Farmer, die noch nie von der Legende vom Weißen Büffel gehört hatten, war das plötzliche Interesse an ihnen – um es vorsichtig zu formulieren – beunruhigend. Wie die meisten weißen Einwohner Amerikas hatten sich auch die Heiders vor der Geburt von Miracle nie mit Indianerkultur beschäftigt.

Tausende wollten das einmal unter sechs Millionen Kälbern vorkommende ›Wunder‹ sehen. Die Medien berichteten nicht nur in den Vereinigten Staaten darüber, sondern in fast jedem Land, das über eine Reuters-Nachrichtenagentur verfügt. Bis heute wird Miracle von Besuchern, die aus so fernen Ländern wie Australien, Mosambik oder Irland anreisen, bestaunt und bejubelt. Falls der Sinn von Miracles Geburt darin bestanden haben sollte, Menschen zusammenzubringen und die Geschichte der Völker der großen Ebenen bekanntzumachen, dann hat das junge Rind seinen Auftrag erfüllt. Im Gegensatz zu dem unglücklichen Kalb in *Akte X* käut auch Miracles Mutter heute noch vergnügt ihr Futter wider. Sollte Miracle genauso lange leben wie die letzte verzeichnete Inkarnation der Weißen Büffelfrau, dann hat das ehedem unbeholfene Kälblein noch etwa sechsunddreißig Jahre vor sich, in denen es seine Botschaft, seine Wahrheit, verbreiten kann.

# ›The Blessingway‹: Der ›Gesang des Gesegneten Weges‹

Wegen der religiösen Bedeutung einiger Szenen in ›Das Ritual‹ trugen die Produzenten bei den Dreharbeiten eine noch größere Verantwortung dafür, daß wirklich alles richtig gemacht wurde.

Mit den erheblich eingeschränkten Möglichkeiten des Mediums Fernsehen war es verständlicherweise kaum möglich, alle Details und die Komplexität einer solch aufwendigen Zeremonie auf dem Bildschirm darzustellen, aber innerhalb dieser Grenzen ist es *Akte X* gelungen, erstaunlich originalgetreue Bilder zu erzeugen. Wenn man berücksichtigt, daß sich der Gesang des Blessingway von den vielen anderen Navajo-Gesängen deutlich unterscheidet, dann bestand darin eine nicht zu unterschätzende Leistung.

Vergleicht man das Blessingway-Ritual mit modernen medizinischen Praktiken, läßt es sich lose in den Bereich präventive Medizin einordnen. Die meisten Navajo-Gesänge richten sich gegen *bestehende* Probleme, aber der Blessingway ist eine Art geistiger Impfung gegen Krankheit, Unglücksfälle, Unannehmlichkeiten und sogar Gemütskrankheiten. Bei einer Kultur, die derart großen Wert auf Familie, Gemeinschaft und die Ausgeglichenheit des Individuums legt wie die der Navajo, kann der Gesang sogar als gemeinschaftliche Segnung, als positive Beschwörung der oben genannten Bindungen und Zustände betrachtet werden.

Obwohl alle erforderlichen Elemente vorhanden waren – der vierpolige *Hogan*, die Bemalungen, das Fasten und die Gesänge –, war der Gesang den Bedürfnissen Mulders nicht angemessen. Die Blessingway-Rituale, eigentliche Ausgangsbasis für alle anderen Zeremonien außer ›Enemyway‹ (ein Ritual für den Kriegsfall) und ›Monsterway‹ (richtet sich gegen die bösen Geister), stehen natürlich auch mit dem ›Healingway‹ (die Zeremonie zur Heilung von Krankheiten, die eigentlich für Mulder angebracht gewesen wäre) in Zusammenhang. Doch der Blessingway selbst hat mit der Heilung einer akuten Krankheit nichts zu tun. Die Rituale des Gesegneten Weges wären die angebrachte Zeremonie für eine Frau gewesen, die ein Kind erwartet, für Jugendliche, die die Gemeinschaft für längere Zeit verlassen – etwa um das Studium an einer Universität zu absolvieren – oder für ein frisch vermähltes Paar.

Geradezu konträr zum echten Verhalten der Navajo steht in dieser Episode von *Akte X* der Umgang mit Toten und Sterbenden. Wie für die meisten Kulturen ist dies auch für die Navajo ein heikles Thema. Sie verabscheuen ein frühes Ende des Lebens und halten es für mehr als nur ein Unglück. Den augenscheinlich im Sterben liegenden Mulder in die Hütte einer Indianerfamilie zu bringen, setzte diese einem ernsten Risiko aus. Wäre er, wie erwartet, tatsächlich gestorben, hätten die Bewohner keine andere Wahl gehabt, als ihr Haus für immer zu verlassen. Da viele Navajo-*Hogans*, wie man inzwischen weiß, seit Jahrhunderten im Gebrauch sind und auch heute noch das Zentrum moderner indianischer Heime bilden, erscheint dieses Verhalten sehr unglaubwürdig. Die Familie hätte den fremden Mulder weder einer Zeremonie unterzogen, die nicht dazu geeignet war, seinen Gesundheitszustand zu verbessern, noch diese Zeremonie an einem Ort durchgeführt, der keine Sterbenden beherbergen soll.

Auch der Zwischenfall am Anfang, als Mulder auf den Eisenbahnwaggon mit ›Außerirdischen‹ aufmerksam wird, ist ein wenig danebengeraten. Es ist äußerst unwahrscheinlich, daß ein junger Navajo-Mann eine Leiche zum Haus seines offensichtlich sehr traditionellen Großvaters bringen oder sie zu einem solchen Zweck auch nur berühren würde.

Doch solche Inkonsequenzen können eine ansonsten gute Story nicht abwerten. Weite Teile des geschichtlichen Hintergrundes dieser Episode sind absolut richtig wiedergegeben. Die X-Philes hatten einen Sommer lang Zeit, um die zusätzlichen Bedeutungsschichten zu erforschen, und es ist dem Team gelungen, in einer so weit vom Originalschauplatz entfernten Gegend wie dem südlichen British Columbia eine täuschend ähnliche Szenerie aufzubauen.

**Übrigens:** Zufälligerweise arbeitet ein anderer Vincent Scully, ein Archäologe (nicht die Stimme der Dodgers, nach der Dana Scully benannt wurde), momentan im Chaco Canyon und an anderen Stätten der Anasazi.

# Codename: ›Blitzschlag‹

In einer Kleinstadt ist der fünfte Todesfall zu verzeichnen, der eng im Zusammenhang mit Blitzen steht. Mulder argwöhnt, daß im ländlichen Amerika etwas nicht mit rechten Dingen zugeht, aber Scully kann keine Fehler in den Autopsieverfahren oder deren Ergebnissen feststellen. Sie schließt sich der Skepsis ihres Partners erst an, als ein Verdächtiger das Herz seines Chefs zum Hüpfen bringt – mit bloßen Händen.

**ZUSAMMEN-FASSUNG**

**ZITAT**

»Wußten Sie, daß jährlich mehrere Menschen in ihrer Wohnung – unter der Dusche oder am Telefon – vom Blitz getroffen werden? Daß Leute Blitze wie Bälle über Fußböden haben springen sehen? Daß Wissenschaftler, wenn Sie nur lange genug nachbohren, zugeben müssen, daß sie keine Ahnung haben, wie Blitze überhaupt entstehen?«

– SHERIFF TELLER

## Wenn Funken fliegen ...

**HINTERGRUND**

Sheriff Teller ist einer der wenigen, die eine völlig ratlose Scully erleben. Den Witz über ihre ›Hausaufgaben‹ muß sie als schmerzhaften Stich empfinden – insbesondere, da es um Blitze geht und Scully einen Universitätsabschluß in Physik besitzt. Viel-

55

## RÄTSEL 4

**Leichte Fragen: Notieren Sie sich 1 Punkt für jede richtige Antwort.**

1. Welches Videospiel löst den Kampf zwischen Jack Hammond und Darren Oswald aus?
2. Darrens Kumpel hat einen ungewöhnlichen Vornamen. Welchen?
3. Welches bizarre Produkt exportiert Cornerville?
4. Welchen ungewöhnlichen Gegenstand finden Scully und Mulder in geschmolzenem Sand?
5. In welchem Fach hat Sharon Kiveat ihren Schüler Darren durchrasseln lassen?

leicht findet sie in der Tatsache Trost, daß das Phänomen Blitze in Geschichte, Romanliteratur und Wissenschaft eine äußerst bizarre Position einnimmt.

Ob es um den Funken geht, der Frankensteins Kreatur zum Leben erweckt, oder um die Blitze und Donnerschläge des Thor – den fantastischen Fähigkeiten, die Menschen dem Blitz zusprechen, scheinen nur durch die Einbildungskraft Grenzen gesetzt zu sein. Als sei eine Kraft, die Energie von $10^9$ Joule freisetzen und dabei Sand in Glas verwandeln kann, nicht übernatürlich genug...

Vielleicht ließe sich die Neugier der Autorin befriedigen, wenn die Wissenschaft in der Lage wäre, jene eigenartigen Phänomene, die mit dieser exzentrischen und dynamischen Form von Elektrizität in Verbindung stehen, zu erklären. Aber selbst Erscheinungen, die seit Jahrhunderten wissenschaftlich untersucht werden, bleiben weiterhin rätselhaft.

Nehmen wir beispielsweise den Kugelblitz. Er trotzt jedem konventionellen Wissen. Niemals bewegt er sich von einem geeigneten Punkt zum anderen. Statt dessen rollt er womöglich träge den Mittelgang eines Flugzeugs entlang wie am 12. August 1956. Zwei erfahrene Piloten, drei Polizeibeamte und ein Meteorologe, der als Urlaubsvertretung für den Wetterkundler des Flughafens auf dem Weg zur Arbeit war, bezeugten das. Aufgelöst berichteten sie von einem »hellen Lichtball mit einem Durchmesser, der wenig geringer war als der Abstand zwischen den Sitzreihen«. Er »zischte wie Schlangen«, während er den engen Gang hinunterlief, und verschwand dann spurlos durch die Rückwand des Flugzeugrumpfes.

Gelegentlich spiegeln die merkwürdigen Bahnen, in denen sich ein Kugelblitz bewegen kann, auf überzeugende Weise eine eigene Intelligenz der Erscheinung wider. Mrs. Petra Daley aus Dunnellon, Florida, beobachtete von ihrer Terrasse aus einen typischen mittäglichen Wolkenbruch, als ein Kugelblitz vor ihr aus dem Nichts auftauchte, ihr zweimal über die gesamte Länge der Veranda folgte und durch das Gitter der Fliegentür nachsprang, als sie nach drinnen flüchtete. Der Kugelblitz hinterließ ein kreisrundes Loch in den Maschen des Gitters, bevor er die Frau die Treppe hinauf ins Badezimmer jagte, wo er schließlich »mit einem Knall explodierte, als hätte jemand ein Gewehr abgefeuert«. Wie zehn Prozent aller Personen, die Begegnungen mit Kugelblitzen erlebten, berichtete auch Mrs. Daley von Schwindelgefühl, Erinnerungslücken und dem Verlust der Orientierung – normale Reaktionen auf starke elektrische Schläge. Aber es gab keinen physischen Beweis dafür, daß sie oder eine der anderen Personen von einem Blitz getroffen worden war.

Sogar ›gewöhnliche‹ Blitze bringen Wissenschaftler zur Verzweiflung. Ein Perlschnurblitz – ein heller Blitz, der in Teile zerbricht und ursprünglich für eine optische Täuschung gehalten wurde – konnte 1992 auf einen hochempfindlichen Film gebannt werden.

Augenzeugenberichte wie jene der Besatzung des englischen Schiffes *Mary Joe* können allerdings immer noch nicht plausibel erklärt werden. Die Seeleute hatten behauptet, während eines Gewitters über der Bucht ihres friedlichen Dorfes ›Leuchtspurraketen‹ gesehen zu haben. Im offiziellen Abschlußbericht fand sich dann lediglich die Feststellung, die Männer hätten im Fernsehen zu viele Nachrichtensendungen über den Golfkrieg gesehen – obwohl zwei der Matrosen gar keinen eigenen Fernsehapparat besaßen.

Selbstverständlich gewinnen Berichte von zufälligen Beobachtern an Glaubwürdigkeit, wenn genügend unabhängige Zeugen ähnliche Vorkommnisse beschreiben. Bunte Blitze in fast allen Farben des Spektrums zogen die Aufmerksamkeit verblüffter Wissenschaftler höch-

## RÄTSEL 4

Es wird schwieriger: Notieren Sie sich 2 Punkte für jede richtige Antwort.

6. Für welches Unternehmen arbeiteten der Pizzajunge und das Opfer Jack Hammond?
7. Wie lautet Darren Oswalds zweiter Vorname? (1 Punkt, wenn Sie nur den Anfangsbuchstaben wissen.)
8. Welchen Imbiß bietet Darren Oswald seiner ehemaligen Lehrerin Sharon Kiveat an?
9. Was findet Mulder in Darrens Zeitschrift zwischen Miß April und den ›Women of the Ivy League‹?
10. Nennen Sie eines der drei Automodelle, die Darren für Sharon Kiveat stehlen will.

Ihre Punktzahl:

stens einmal in zehn Jahren auf sich, aber sämtliche Anekdoten gleichen sich in auffälliger Weise. Ein Geschehnis vom August 1890 in England wiederholte sich im Detail 1993 in Nevada, einschließlich der Tageszeit (7 Uhr 15), der Wetterbedingungen (klarer Himmel) und der Farben (»zumeist rötlich bis orange, aber ein Blitz, der größte von allen, erschien wie eine Strähne in einem anderen Lichtstreifen – ein blauer Strich inmitten eines gelben Blitzes«). Neuere Theorien gehen davon aus, daß die am häufigsten beobachtete Farbe Rot durch Wasserstoff entsteht, der entlang des Blitzes aus Wasserdampf freigesetzt wird. Die selteneren Farben wie Grün und dessen Abstufungen bleiben jedoch ein Mysterium.

Wenn bereits relativ leicht zu beobachtende und zu erklärende Phänomene wie Farben der Wissenschaft Rätsel aufgeben, dann kann man sich vorstellen, in welchem Maße bizarrere Blitzerscheinungen die vorsichtig aufgestellten Theorien erschüttern.

Eigentlich sollten Blitze in hohe Bäume, Bürogebäude oder die eigens dafür angebrachten Blitzableiter einschlagen, nicht wahr? Tun sie in der Regel auch. Beinahe drei Dutzend Bürger der Stadt Herford würden gegen diese Behauptung jedoch vehement Einspruch erheben. Während sie einer Veranstaltung zum Verkauf von Stiefeln beiwohnten, beobachteten sie einen Blitz, der aus tiefhängenden Wolken herabfuhr, scharf abknickte, einen Uhrenturm, zwei Kirchtürme und eine Reihe von Schornsteinen passierte, um in gut sechs Kilometern Entfernung in das an einem der tiefsten Punkte der Stadt gelegene Heim von Mr. Isbell zu fahren. Sicher wunderte sich der überraschte Mann, wen er wohl verärgert haben mochte.

Mrs. Lillian Hermes, eine langjährige Einwohnerin von Vancouver (der Wahlheimat von *Akte X*), trug einen Stapel Geschirr von ihrem Auto zum Haus, als ein Blitz hinter ihr in eine nahe Eiche einschlug. Zusätzlich zu dem Schaden am Baum waren alle Teller zersprungen, aber Mrs. Hermes war nicht ein Haar gekrümmt worden, obwohl sie sich zwischen Baum und Geschirr befunden hatte.

Wenn Menschen und Blitze tatsächlich miteinander in Berührung geraten, wird es noch unheimlicher. Während einer stürmischen Nacht im Jahre 1904 schlug im aufgewühlten Nordatlantik ein Blitz ins Meer und in die *Galicia*, die sich auf dem Weg von Hamburg nach St. Thomas befand. Nach vorne gebeugt, um aus einem Bullauge zu sehen, stützte sich der Zweite Offizier kurzzeitig an einem metallenen Schrank ab, als der ›Superblitz‹ das Schiff zur Seite warf, es aber um wenige Meter verfehlte. Während der Seemann zurücktrat, blinzelte er mehrmals in der Annahme, das, was er sah, resultierte aus den Nachwirkungen des grellen Lichtreflexes. An der Seite des Metallschranks zeichnete sich deutlich ein leuchtender ›Schatten‹ seiner Hand ab. Das Phänomen verschwand durch sein Blinzeln nicht. Er war nicht der einzige, der es sah, bevor es zehn Minuten später zu verblassen begann.

Noch brenzliger und persönlicher wird es, wenn auf den *Menschen*, die der einzigartigen Kraft eines Blitzes zu nahe gekommen sind, Spuren zurückbleiben. Ein griechischer Seemann, den vor der Insel Zakynthos der Blitz traf, wurde mit der in seine Haut eingebrannten Nummer 44 aufgefunden. Er hatte sich mehr als einen Meter von der *Reling Nummer 44* entfernt aufgehalten und war nach Augenzeugenaussagen zu keinem Zeitpunkt mit dem Schild auf der Reling in Berührung gekommen. Wenn man berücksichtigt, daß eine in Maryland vom Blitz getroffene Kuh noch bei der Ankunft im Schlachthof das leuchtende Abbild eines Vogels mit einem Zweig im Schnabel auf sich trug, dann

**In regelmäßigen Abständen frönt die Crew der *Akte X* ihrem eigenen Musikgeschmack. Zusätzlich zu den zahlreichen Anspielungen auf die Vandals in dieser Episode schaffte es auch das Video des Titels ›Mary Beth Clark I Love You‹ von The Rosemarys auf den Bildschirm.**

hätte vielleicht jemand die Kühe in ›Blitzschlag‹ sorgfältiger untersuchen sollen!

Professor Poey, Wissenschaftler an der Grandiston-Universität, zeichnete in seinen Unterlagen über vierzig Vorkommnisse ›leuchtender‹ Objekte auf, darunter Münzen, Fensterscheiben, der Fächer einer Frau, ein Blumengesteck und – auf einer besonders delikaten Körperstelle – das Armband eines Liebhabers.

1595 brachte eine derartige merkwürdige Erscheinung einen Priester in der Ortschaft Wells in England in ernste Schwierigkeiten. Ein Blitz traf die Kirche, und Dutzende von Gemeindekindern sahen sich plötzlich mit dem leuchtenden Schatten des Altarkreuzes gezeichnet. Wie ein Lauffeuer verbreitete sich der Aberglaube in dem kleinen Ort. Einige der Gezeichneten schworen auf Intervention von oben. Wer in geringerem Umfang markiert worden war, geriet in Verdacht. Hätte nicht der Bischof eingegriffen, dann hätte die Situation leicht zu einer Hexenjagd eskalieren können.

Den Opfern von Blitzschlägen wurden bereits längst besondere Fähigkeiten zugeschrieben (manchmal beanspruchten sie sie auch), bevor sich Darren Oswald in seine Lehrerin verguckte. Schaurige Ähnlichkeit mit Darrens Geschichte weist der Fall Catherine Aubigons auf, einer exquisiten französischen Kurtisane, die 1718 vom Blitz getroffen wurde. Sie setzte sich daraufhin die Eroberung eines ganz besonderen Liebhabers zum Ziel – des Königs. Als Tochter einer Prostituierten und eines von deren zahllosen Freiern schienen Catherines Aussichten anfangs sogar begrenzter als die von Darren Oswald. Bis sie im zarten Alter von dreizehn Jahren die Aufmerksamkeit von Ardon Duchène, eines Mitglieds des niederen Adels mit einer Vorliebe für junge Mädchen, erregte, der sie aus dem Elendsviertel von Arlennes holte.

Auch wenn sie in so mancher Hinsicht allzu weltlich war, fehlte es der jungen Catherine doch an Erfahrung in ländlichen Angelegenheiten. Für sie existierten Blitze lediglich in den entfernten Sphären über den Dächern. Da sie von der Bedeutung von Bäumen für die entfesselte Elektrizität nichts wußte, suchte sie während des ersten Frühlingsgewitters Schutz unter einer fünfzehn Meter hohen Zeder und wurde anschließend mit verbrannten Händen und einer verkohlten Fußsohle aufgefunden.

Das verängstigte Dienstpersonal trug das betäubte Mädchen zu einem älteren Gemeindepfarrer statt zu einem Arzt. Vielleicht inspiriert von dessen gemurmelten Gebeten oder den entsetzten, abwehrenden Gesten der Bauern am Wegrand, begann Catherine bald, ihre Schönheit, ihre lokale Bekanntheit und ihr wachsendes Gespür für Dramatik in ein neues, dunkleres und gefährlicheres Image als Verführerin umzuwandeln. Während sie sich in den Zimmern der Dienerschaft erholte, wurde sie von plötzlichen Visionen heimgesucht und prophezeite mit unheimlicher Detailgenauigkeit Schlüsselerlebnisse im Leben ihrer hingerissenen Zuhörerschaft. Ein Junge starb. Ein Ehemann verließ seine Frau und acht Kinder. Ein Koch entkam mit Müh und Not einer Feuersbrunst, der eine Gartenküche zum Opfer fiel. Alles hatte Catherine vorausgesagt.

Wären ihre Visionen von derart tragischer Art geblieben, hätte ihre Karriere mit großer Wahrscheinlichkeit auf einem Scheiterhaufen geendet, anstatt sie an den Hof nach Paris zu führen. Aber Catherine verstand ihr Publikum genau. Sie täuschte der tiefreligiösen Bauernschaft göttliche Eingebung vor, und mit einem Repertoire aus Unglücksfällen und Katastrophen gelang es ihr, sich den Anschein einer Wundertäterin zu verleihen. So wie Darren Oswald behauptete, den Ehemann seiner einzig wahren Liebe gerettet zu haben, wurde Catherine zum Segen Dutzender von Menschen auf den Bauernhöfen ihres Schirmherrn. Alle Einwohner im Besitztum Duchènes – von Kindern mit aufgeschürften Knien bis zu in den Wehen liegenden Frauen – kamen irgendwann unter ihre ›heilenden Hände‹, und die Patienten verbreiteten die Kunde von ihrem Erfolg rasch.

Duchène selbst war als einziger wenig angetan von Catherines plötzlicher Verwandlung. Zwar bereitete es ihm große Freude, sie seinen prominenten Freunden zur Unterhaltung vorzuführen, aber er konnte sich nur schlecht damit abfinden, daß Catherines Göttinenähnlichkeit Einfluß auf ihre Schlafzimmeraktivitäten nahm und sie ihm ihre Gefälligkeiten vorenthielt. Nur einmal trieb sie eine ihrer Visionen an seine Seite. Als er ein anderes Mal den Versuch unternahm, ihre Tür gewaltsam zu öffnen, flogen Metalltöpfe aus den Regalen in der Küche, rasselten Schlösser und fielen Bilder von den Wänden. Auch die Brandspuren um die Scharniere ihrer Tür herum waren vorher nicht dort gewesen. Seltsamerweise führten sie ihre Visionen immer häufiger in Duchènes Gästegemächer. Vielleicht waren die Trinkgelder dort besser ...

Jedenfalls dauerte es nicht lange, bis Catherine den Tod ihres aktuellen Gemahls voraussah. Für diese Information erhielt sie eine kräftige Tracht Prügel und wurde drei Tage lang ohne Nahrung und Wasser in ihr Zimmer eingesperrt. Als man sie wieder hinausließ, erklärte sie erneut, sein Tod stehe kurz bevor. Er erhob eine Hand, um sie zu schlagen, und fiel in dem Moment, in dem er sie berührte, tot um.

Das Dienstpersonal behauptete später, es habe aus den Händen, die Catherine zum Schutz hochhielt, Blitze zucken sehen.

Dieser Zwischenfall ließ sie beileibe nicht zu einer Ausgestoßenen werden. Sie erlangte schnell den Ruf

einer kleinen Berühmtheit, und innerhalb weniger Monate zog sie in das Haus des Adligen Tampière, dessen Interesse am Okkultismus weithin bekannt war. Zunächst schien sich Catherine damit zufrieden zu geben, ihn bei seinen Investitionen zu beraten und sogenannte ›Lesungen‹ der Männer durchzuführen, mit denen er Geschäfte plante – und während sein Bett zu wärmen. Aber die Zufriedenheit währte nur solange, bis die unglaubliche Präzision ihrer Vorhersagen die Aufmerksamkeit eines reichen Grafen erregte. Als sich Tampière weigerte, sie mit diesem Grafen ziehen zu lassen, sagte Catherine auch seinen Tod voraus.

Zwei Dienstmägde wurden Zeuginnen der letzten Auseinandersetzung. Die ältere schwor, daß ihr Arbeitgeber von gleißendem Licht umgeben gewesen sei, bevor er starb. Die jüngere war zu sehr damit beschäftigt gewesen, sich in eine Ecke zu kauern, um das Licht zu sehen, aber sie sah später die versengten Spitzen von Catherines Handschuhen.

Innerhalb der nächsten drei Jahre arbeitete sich Catherine von dem Grafen und dessen Vetter ersten Grades, der zufällig in der Nähe des königlichen Hofes in Paris wohnte, durch die Pariser Gesellschaft nach oben, an ihr Ziel heran. Irgendwann in dieser Zeit begann sie des Königs Thronbesteigung vorherzusehen. An seiner Seite – sie selbst. Irgendwo entlang des Weges starben weitere fünf Männer.

Zu der Zeit, als sie sich endlich in die Nähe des Königs laviert hatte, besaß Catherine Aubigon eine bemerkenswerte Stellung unter den vielen bemerkenswerten Persönlichkeiten jener Sphären. Ihre Visionen stellten sich weiterhin ein. Während einer dieser mitternächtlichen Zusammenkünfte gelang es ihr tatsächlich, die Aufmerksamkeit des Königs auf sich zu ziehen. Obwohl er von seiner aktuellen Gefährtin – wenn auch nicht seiner Gemahlin – begleitet wurde, widmete Ludwig dieser seltsamen Frau einen erheblichen Teil seiner Zeit. Umgeben von gepuderten Perücken, ließ Catherine ihr dunkles, ungebändigtes Haar offen auf ihre Schultern fallen und machte sich im Gegensatz zu den Hofdamen, die kichernd hinter ihren Fächern hockten, offen an den König heran.

Bei einer Gelegenheit schienen Catherines ›Kräfte‹ sie jedoch verlassen zu haben – oder sie waren machtlos gegen das Gift, das ihr, wie die Hofärzte am nächsten Morgen behaupteten, einen Hexenschuß eingebracht habe. Jahre später wurde des Königs Bettgespielin von einem bäuerlichen Emporkömmling gefreit, der nicht genügend Verstand besaß, um zu erkennen, worauf er sich einließ.

# Codename: ›Der Hellseher‹

Bei der Untersuchung einer Mordserie an Wahrsagern begegnen Scully und Mulder dem Versicherungsvertreter Clyde Bruckman, der offensichtlich ›Augenzeugenberichte‹ von Ereignissen liefern kann, denen er nicht beigewohnt hat. Scully sieht in Bruckman eher einen Verdächtigen als einen Zeugen, aber Mulder ist davon überzeugt, daß er einen Beweis für hellseherische Fähigkeiten oder sogar für Prädestination gefunden hat.

**ZUSAMMEN-FASSUNG**

## Der Blick in die Zukunft

**HINTERGRUND**

Die Neugier des Menschen kennt keine Grenzen. Als hielten Vergangenheit und Gegenwart nicht genügend unbeantworteter Fragen bereit, sind wir von der Zukunft unendlich fasziniert. Die in ›Der Hellseher‹ erwähnten Handleserinnen, Teesatzleserinnen und Tarot-Kartenleger sind nur einige Vertreter der weissagenden Künste. Zwar variiert der Grad der technischen Ausreifung, aber es existiert keine Kultur, die absolut frei wäre vom Wunsch nach Zukunftswis-

**ZITAT**

»Sie finden die Frau morgen früh. Neben dem fetten, kleinen weißen Nazi-Sturmtruppler. Glenview Lake. Ihre Leiche treibt im Glenview Lake. Wenn Sie mich jetzt entschuldigen wollen – ich glaube, ich habe für einen Abend genug Tote gesehen.«

– CLYDE BRUCKMAN

Peter Boyle, der in
dieser Episode als
Clyde Bruckman
mit seiner unheim-
lichen Begabung
hadert, spielte im
Kultklassiker ›Young
Frankenstein‹ das
Monster.

sen oder von Leuten, die behaupten, Antworten auf
zukünftige Fragen zu haben.

Dana Scully, die schließlich der Versuchung Bruckman erliegt, steht in vielerlei Hinsicht symbolisch für
unsere moderne Gesellschaft. Einerseits klammern wir
uns an die Wissenschaften und Technologien, bespöt-
teln ›veraltete Methoden‹ und sind ständig auf der
Suche nach der neuesten Version, andererseits finden
sich in unseren Zeitungen Horoskope.

Wir teilen die Neugier unserer Vorfahren und scheuen
keine Mühen, um innovative Wege zu ihrer Befriedigung
zu finden. Die *Anthropomantik*, für die Eingeweide verantwortlich, die den Tisch des Puppensammlers zieren,
existierte unter sämtlichen großen Zivilisationen und
Religionen. Es gab beinahe so viele Ausprägungen, wie
Schlachttiere erhältlich waren, obwohl Menschenopfer
die genauesten Vorhersagen ermöglichen sollten. Dieser
Praxis verdanken wir solch unschätzbare Perlen der
Weisheit wie:

- »Befinden sich zwei Finger auf der Leber, erwarte
  Mitbewerber um den Thron.«
- »Ist die Lunge rot, steht eine Feuersbrunst bevor.«
- »Läuft Blut in eine Körperhöhle, wird ein Sohn gebo-
  ren.«
- »Ist die Gallenblase mit Fett bedeckt, erwarte kaltes
  Wetter.«
- »Bleibt das Zwerchfell hängen, wird göttliche Inter-
  vention erfolgen.«

Ob eines dieser Vorzeichen nun günstig oder ungünstig
war, hing davon ab, auf welcher Körperseite es sich
einstellte. Alles auf der rechten Seite galt als Segen;
was links geschah, wurde mit Bestürzung aufgenommen. Lief also das Blut, das die Geburt eines Sohnes
ankündigte, auf die rechte Seite, dann begann mögli-

cherweise ein ganzes Land zu feiern. Verteilte es sich dagegen nach links, konnte dies dazu beitragen, daß die Eltern ernsthaft in Erwägung zogen, ihr Neugeborenes zu ertränken.

Damit ist noch nicht erklärt, welche Konfiguration von Organen und Körperflüssigkeiten zu der Aussage führten: »Man hat Sie soeben getötet.« Vielleicht hätte die Puppensammlerin ihren Teeblättern etwas mehr Aufmerksamkeit schenken sollen.

Aber selbst das hätte möglicherweise nicht viel geholfen. Im Universum von *Akte X* funktioniert vieles anders als in unserer Welt. Mit Sicherheit weicht die dargestellte Version des Tarot von einer der bekannten Formen ab. Selbst unter Berücksichtigung der interpretierbaren Natur dieser Kunst ergab die Tarot-Lesung mit den in dieser Episode gezeigten Karten wenig Sinn.

Die Karte ›Tod‹ wird im Fernsehen und in Filmen häufig so stümperhaft eingesetzt, daß das Publikum erstaunt wäre, ihre wahre Bedeutung – Veränderung und Transformation – zu erfahren. *Akte X* hat den Anspruch an sich selbst dadurch in die Höhe geschraubt, daß in früheren Staffeln die notwendige Recherche stattfand, so daß fehlerhafte Klischees, die einem gebildeten Publikum ein schmerzvolles Stöhnen entlockt hätten, vermieden werden konnten. Unglücklicherweise blieb es in diesem Fall aber nicht bei einer falsch eingesetzten Karte.

Der ›Eremit‹, allgemein mit der Notwendigkeit des Rückzugs und einer Neubesinnung auf das Leben assoziiert, paßt nicht zu der Interpretation des Kartenlegers, daß ›Der Page‹ (oder die ›Marionette‹, wie er sich selbst gerne nennt) jemanden suche – noch viel weniger läßt sich aus ihr eine Aussage darüber ableiten, ob der seltsame Kunde jemanden finden wird.

Der ›Magier‹, die zweite Karte der ›Marionette‹, erscheint noch unlogischer, weil sie alles repräsentiert,

Leichte Fragen: Notieren Sie sich 1 Punkt für jede richtige Antwort.

1. Warum mag der Erstaunliche Yappi Mulder nicht?
2. Was gibt Mrs. Lowell dem Vertreter Clyde Bruckman statt ihres Mülls?
3. Clyde Bruckman beschreibt etwas als ›fetten, kleinen, weißen Nazi-Sturmtruppler‹. Was verbirgt sich nach Mulders Ansicht dahinter?
4. Welche Todesursache ergibt sich für Mulder aus Bruckmans Andeutung mit der Zunge in der Backe?
5. Mit welcher Waffe wird der Tarot-Kartenleser ermordet?

Es wird schwieriger: Notieren Sie sich 2 Punkte für jede richtige Antwort.

6. Wie lautet der Name der Handleserin?
7. Was ›gibt‹ Bruckman Scully?
8. Mit wem wird Madonna nach Einschätzung Yappis eine romantische Beziehung eingehen?
9. Welche Torte sieht Bruckman in Mulders Zukunft?
10. Wo wird die Leiche der Handleserin gefunden?

Ihre Punktzahl:

was die ›Marionette‹ keinesfalls ist – ein Meister seiner selbst mit der Fähigkeit, Probleme auf gesunde Art zu lösen. Im Hinblick auf diese Bedeutung ist die Aussage des Wahrsagers, die ›Marionette‹ suche einen Mann mit besonderem Wissen (vermutlich Bruckman), vollkommen unsinnig. Die Jungsche Auslegung, daß der Fragesteller übersinnliche Fähigkeiten besitze, mag vom dichterischen Standpunkt aus ironisch wirken, ist aber kaum angebracht, da weder die ›Marionette‹ noch Bruckman diesen Anspruch erheben können.

Sollte es eine Karte geben, die mit der geringsten Wahrscheinlichkeit in einer Lesung für die ›Marionette‹ aufgetaucht wäre, so handelt es sich dabei um die ›Liebenden‹. Sie ist Sinnbild für Ausgeglichenheit und Anziehungskraft und kündigt eine zärtliche und vertrauensvolle Beziehung an. Damit kann diese Karte nicht in den Handlungsverlauf eingewoben werden.

## EINBLICKE

**Aleuromantik** (die Mantik war ursprünglich die Kunst der religiösen Weissagung): Nach dem Aufstäuben von Mehl auf Öl oder Wasser deutet der Fragesteller die entstandenen Umrisse. Nimmt die Mixtur beispielsweise die Form eines Löwenkopfes an, ist ein Mensch von einem Geist besessen.

**Kleromantik:** Ausgedehntes Losverfahren. Die Assyrer würfelten bis zu 11 000mal, um ein Erbe zu verteilen, die Beteiligungen an den Einnahmen eines Tempels zu ermitteln oder Beamte zu wählen.

**Lekanomantik:** Wahrsagen mittels einer Schüssel oder eines Tellers, in die zunächst Wasser und anschließend Öl gegossen wird. Falls sich das Öl zweiteilt, wird der Fragesteller entweder in den Krieg ziehen oder einen Patienten verlieren. Ein kleiner Tropfen, der sich von einem größeren absondert, orakelt einen Sieg oder die Geburt eines Sohnes.

***Libanomantik:*** Indem er Zedernholz in einer großen Pfanne verkohlen läßt und Form und Richtung des entstehenden Rauches beobachtet, geht ein Libanomane so verschiedene Themen wie die Verhandlung von Kapitalverbrechen und die Aufstellung des Speiseplans für den nächsten Tag an.

***Lychnomantik:*** Die gedankliche Verbindung von Licht und Dunkel mit Gut und Böse sowie Wissen und Unwissenheit hat menschliche Gesellschaften seit jeher in einem Maße durchdrungen, daß es beinahe überrascht hätte, wenn keine allein auf Licht basierende Form der Zukunftsdeutung entstanden wäre. Im Gegensatz zu anderen Wahrsagemethoden, die auf der Beobachtung von Organen, Würfeln oder Rauch gründen, ist in der Lychnomantik der Fragesteller persönlich die Quelle der Voraussage. Nachdem man ihm für einen längeren Zeitraum jegliches Licht vorenthalten hat, wird der Wißbegierige mit verbundenen Augen in einen Raum mit gleißendem Licht geführt. Dann beschreibt der Fragesteller in allen Einzelheiten die vor seinen geschlossenen Augenlidern tanzenden Lichtmuster. Diese Methode liefert Antworten auf alle erdenklichen Fragen.

***Nekromantik:*** Seltsamerweise überlebte von den vielen Formen der Wahrsagung, die in alten Zeiten praktiziert wurden, diejenige am längsten, die nur heimlich ausgeübt wurde und auf große Ablehnung stieß, weil sie sich mit der Konsultation der Toten beschäftigte. Eine babylonische Überlieferung erzählt die Geschichte der unglücklichen Aesirm und Faesher, die dabei ertappt wurden, daß sie den Geist ihres Vaters heraufbeschwören wollten. Allem Anschein nach hatte er die Nachlässigkeit begangen zu sterben, ohne zu hinterlassen, wie seine Ländereien aufzuteilen wären. Es ergab sich, daß die Tochter alles erbte, nachdem ihre Brüder in Öl gekocht worden waren.

*Ornithomantik:* Als vielleicht angenehmste Form der Weissagung erfordert die Beobachtung des Vogelflugs nichts weiter als einen Hügel, auf dem man angenehmen liegen kann – vorzugsweise mit einem großen würzigen Käse und gleichermaßen würzigem Wein ausgestattet. Ein über dem Kopf verharrender Sperlingsschwarm gibt eine neutrale Antwort auf die gestellte Frage, ein von rechts nach links fliegender Schwarm bedeutet eine positive Antwort, einer von links nach rechts verheißt Negatives.

*Plastromantik:* Wie die Skapulimantik ist auch die Plastromantik eine Variante der Anthropomantik. Panzer von See- und Landschildkröten, Krabben oder Mollusken werden direkt anhand ihrer Wirbel und Wülste gedeutet oder indirekt durch ›Lesen‹ der Risse und Sprünge, die sich bilden, wenn man sie verbrennt.

*Skapulimantik:* Das Deuten von Knochen gehörte wahrscheinlich ursprünglich zu den Ritualen der Anthropomantik, stellt aber lediglich einen weiteren zu untersuchenden Teilaspekt dar. Diese spezielle Form des Orakels wurde jedoch schnell zu einer eigenen Wahrsagepraxis, als man begann, merkwürdige Knochenstücke zu sammeln und diese wie Würfel zu werfen. In Nordamerika erhielt die Skapulimantik eine modifizierte Form: Nach dem Schlachten eines Tieres – ganz egal ob für allgemeine oder religiöse Zwecke – werden die Schulterblätter ins Feuer geworfen, bis sich darin Risse bilden, die der Fragesteller anschließend deutet.

Scully, ein ›Rotschopf‹, hat zur Auflösung der Verwirrung um die ›Marionette‹ zwar beigetragen – doch aus der Symbolik der ›Liebenden‹ hätte nichts darauf hinweisen können.

Über die plötzliche Aufnahme eines ›Pagen‹ in das Kartenspiel wollen wir gar nicht erst sprechen... Oder

**Haben Sie die Anspielung mit Clyde Bruckmans Pokerblatt bemerkt? Wie Wild Bill Hickok hatte er drei Asse und zwei Achten auf der Hand. Man nannte dieses Full House ›das Blatt des Toten‹, weil es in der Hand des toten Hickok gefunden worden war, der ein einziges Mal *nicht* mit dem Rücken zur Tür gesessen hatte – und prompt erschossen worden war.**

71

über die Wahrscheinlichkeit, daß bei einer Lesung *ausschließlich* ›Große Arkanen‹ umgedreht werden...

Die Auswahl der anderen Opfer – Psalmisten, Medien und Tasseographen – hat den Vorteil, daß es keine Möglichkeit gibt, ihre Vorhersagen zu überprüfen!

## Eine kurze Filmografie Clyde Bruckmans

Der echte Clyde Bruckman, den Autor Darin Morgan mit dieser Episode ehrte, schrieb für Größen des frühen Films, einschließlich Buster Keaton und W. C. Fields. Zu seinen größten Erfolgen zählen:

*Moon Over Las Vegas* (1944)
*Half-Shot Shooters* (1936)
*The Man on the Flying Trapeze* (1935)
*Leave 'Em Laughing* (1928)
*Ein brutaler Hosenkauf* (1927)
*Sherlock Jr.* (1924)

Erinnern Sie sich an das Wort ›Lolla-soundso‹, mit dessen Aussprache Clyde Bruckman so große Schwierigkeiten hatte? Gemeint ist *Lollapalooza*, ein altes Variétéprogramm, in dem die Truppe von Jim Rose auftrat. Darin Morgan schrieb sowohl ›Der Hellseher‹ als auch ›Der Zirkus‹, in denen Jim Roses fröhliches Ensemble zu sehen war.

# Codename: ›Die Liste‹

›Neech‹ Manley versprach, fünf Männer zu töten – nach seinem eigenen Tod. Die Gefängnisleitung konnte den schwadronierenden ›Gefängnisphilosophen‹, der haßerfüllt Rache schwor, noch ignorieren, aber es erweist sich als schwieriger, den wachsenden Leichenberg zu übersehen ...

**ZUSAMMEN-FASSUNG**

## Die Weisheit der Todgeweihten

**HINTERGRUND**

Als er die Gelegenheit zu einigen letzten Worten erhielt, stellte Neech Manley beinahe einen neuen Rekord für die meisten Wörter pro Minute auf. Vielleicht würde er noch immer reden, hätte nicht der Henker schließlich den Schalter umgelegt. Ob aus morbider Neugier oder in der Hoffnung, Weisheiten zu gewinnen, die aus der unmittelbaren Nähe des Todes resultieren – Beobachter, Journalisten und Gefängnisangestellte haben immer wieder Gelegenheit gefunden, letzte Äußerungen rasch niederzukritzeln.

**ZITAT**

»Ich werde wiederkommen und mich für all die kleinen Tyrannisierungen und die Grausamkeit, die ich erlitten habe, rächen! Ich werde als Reinkarnation von Geist und Fleisch auferstehen! Denkt an meine Worte! Fünf Männer werden sterben.«

– NEECH MANLEY

## KURZ UND BÜNDIG

Im Gegensatz zu Manley faßte sich die große Mehrheit der Verurteilten, die Gelegenheit zu letzten Worten erhielten, kurz.

---

»Bringen wir's hinter uns.«

GARY GILMORE
*(hingerichtet durch Erschießung*
*am 17. Januar 1977)*

---

»He, warum dauert das denn so lange?
Ist ja schlimmer als im Drive-in bei McDonald's.«

PAUL ROBBERTS
*(hingerichtet auf dem elektrischen Stuhl*
*am 8. März 1982)*

---

»Begnadigt mich oder bringt mich um.
Aber zögert es nicht hinaus.«

JESSE BISHOP
*(hingerichtet in der Gaskammer*
*am 22. Oktober 1979)*

---

»Ich schätze, jetzt wird keiner mehr anrufen.«

EDWARD EARL JOHNSON
*(hingerichtet in der Gaskammer am 20. Mai 1987)*

---

»Ich bin unschuldig... Nicht!«

›STRETCH‹ GALWAY
*(hingerichtet in der Gaskammer am 1. Juli 1990)*

---

»Ihr wollt mich *wo* rasieren?!«

ROBERT HURLEY
*(hingerichtet auf dem elektrischen Stuhl*
*am 12. Oktober 1991)*

---

»Faß den Schalter nicht an, Mann!
Faß den Sch...«

WALTER GIBSON
*(hingerichtet auf dem elektrischen Stuhl*
*am 12. Juni 1987)*

»Es tut mir leid.«

GERALD KOSS
*(hingerichtet in der Gaskammer am 17. April 1986)*

**Joseph Patrick
Finn, der in dieser
Episode als Kaplan
zu sehen ist, mag
kein umwerfender
Schauspieler sein –
dafür arbeitet er aber
als Produzent für
die *Akte X*.**

Die kürzeste ›Äußerung‹ stammt von James William Hamblen, der kein Wort sagte. Statt dessen lächelte er, zwinkerte den Beobachtern zu und streckte ihnen zum Abschluß die Zunge heraus. Dann wurde der Schalter umgelegt. Er starb am 21. September 1990 auf dem elektrischen Stuhl.

## LEBEN NACH DEM TOD

Eine erstaunliche Anzahl zum Tode Verurteilter findet Zuflucht in irgendeiner Form von Religion. Wie Scully so treffend formulierte: »Reinkarnation ist in den Todeszellen schon immer sehr populär gewesen – aus auf der Hand liegenden Gründen.« Religiöse Überzeugungen, Verdammungen und Versuche zu erneutem Verhandeln haben alle ihren Weg in die Sammlungen der letzten Äußerungen gefunden.

»Ich vergebe euch allen,
denn ihr wißt nicht, was ihr tut.«

SAMEIN STRAUB zu Beobachtern
*(hingerichtet durch tödliche Injektion*
*am 3. Mai 1993)*

»Eine Wanze also – gar nicht mal schlecht.
Wie konnte mir das entgehen?«

JERRY LLOYD
*(hingerichtet durch Erhängen am 19. Februar 1992)*

»Das Telefon klingelt gleich.
Die Neuaufnahme meines Verfahrens ist durch.«

WILLIAM ATWATER
*(hingerichtet durch tödliche Injektion
am 22. April 1989)*

»Vielleicht hätt' ich die Nonne doch nicht umbringen
sollen, was?«

PAUL TIGHE
*(hingerichtet durch Erhängen am 2. März 1990)*

»Das einzig Gute am Sterben ist, daß ich dich noch
mal zu sehen kriege.«

RAYMOND M. CARVER zu seiner Mutter
*(hingerichtet durch Erhängen am 6. August 1990)*

## GEFÄNGNISPOETEN

Einige Todeskandidaten erhoben, offensichtlich im Bewußtsein der mitschreibenden Bleistifte, einen künst-
lerischen Anspruch.

»Ob König oder Straßenfeger,
jeder tanzt mit dem Sensenträger.«

ROBERT ALTON HARRIS
*(hingerichtet in der Gaskammer am 21. April 1992)*

»Veilchen sind blau, Rosen sind rot
so wie ich Bobby gekriegt hab', seid ihr auch tot!«

> TOMMY LEE GUTHRIE
> *(hingerichtet auf dem elektrischen Stuhl
> am 11. Mai 1990)*

»Geh nicht sanft in diese gute Nacht!
Fluche, fluche, fluche gegen das nahende Dunkel!«

> ENRICO NUEVO
> *(hingerichtet in der Gaskammer
> am 10. November 1987)*

## ZU GUTER LETZT

Die längsten ›letzten Worte‹ wurden zweifellos von Hubert Muthison verzeichnet, der, bevor er im Januar 1984 auf dem elektrischen Stuhl hingerichtet wurde, drei Viertel der Offenbarung aus dem Neuen Testament Wort für Wort rezitierte. Wahrscheinlich hätte er es sogar vollständig aufgesagt, wenn nicht dem Henker während des Vortrags die Hand eingeschlafen wäre und er den Schalter unabsichtlich umgelegt hätte.

### RÄTSEL 6

**Leichte Fragen: Notieren Sie sich 1 Punkt für jede richtige Antwort.**

1. Wie lautet Neech Manleys offizieller Vorname?
2. Wie viele Personen stehen auf Neechs Liste?
3. Für welches Verbrechen wurde Neech Manley zum Tode verurteilt?
4. Wo findet die Häftlingskolonne den Kopf eines Aufsehers?
5. Was passiert mit dem Wagen des Gefängnisdirektors?

**Es wird schwieriger: Notieren Sie sich 2 Punkte für jede richtige Antwort.**

6. Wieviel Zeit hat Neech Manley vor seiner Hinrichtung im Gefängnis verbracht?
7. Wie lautet Neechs Sträflingsnummer?
8. Welches Insekt taucht in ›Die Liste‹ in der Nähe der Leichen auf?
9. Wo wird die Leiche des Henkers gefunden?
10. Wie wurde der Kopf des Aufsehers abgetrennt?

Ihre Punktzahl:

An eigenen Worten dürften schwerlich die letzten Sätze von Calvin ›Coolio‹ Cooper zu übertreffen sein, der anschließend durch eine tödliche Injektion hingerichtet wurde.

»Ich habe dem Priester, den ihr mir geschickt habt, gebeichtet. Jetzt werde ich für diejenigen beichten, die sich an *mir* versündigt haben! Ihr wißt, wer ihr seid. Ihr wißt, wovon ich spreche. Ich habe nichts allein getan ...
Der Rechtsanwalt erst, Mann o Mann, ich hätte besser daran getan, mich selbst zu verteidigen! Deine Zeit kommt noch, Mann, du wirst schon seh'n. Und wenn ich nicht selbst wiederkomme, um es dir heimzuzahlen, dann wird es irgendeinem armen Trottel gelingen, *trotz* deiner ›Hilfe‹ freizukommen, und dann steckst du in der Scheiße ...«

Kommt Ihnen das bekannt vor? Wie steht's hiermit:

»An einer Hand kann ich euch abzählen! Es wird vielleicht eine Weile dauern, aber ich *werde* wiederkommen, und dann werde ich keine Richter brauchen, keine Beweise und keine schmierigen Anwälte, die mir sagen, was euch gebührt!«

Calvin scheint mit seinem Versuch der Reinkarnation allerdings weniger Erfolg gehabt zu haben; keiner der Personen auf seiner individuellen Todesliste ist etwas zugestoßen.
Im Verlauf von drei Staffeln ist es den Autoren der *Akte X* gelungen, einige bemerkenswerte Monologe sowohl für die Hauptdarsteller als auch für Nebenfiguren zu schreiben. Die kurze Rede von Neech Manley ist jedoch in ihrer Darbietung an Eindringlichkeit kaum zu übertreffen.

Die Todesstrafe ist nicht nur eines der wenigen Themen, die die Karriere eines Politikers ruinieren oder
retten können, sie ist auch einer der wenigen Bereiche,
über die genaues Zahlenmaterial zur Verfügung steht.
*Akte X* mußte harsche Kritik wegen des Mangels an
weißen Häftlingen einstecken, denn es wurden schnell
exakte Zahlen aus der Realität vorgelegt und mit dem
TV-Szenario verglichen.

Von den 3009 Personen in Todeszellen im Frühjahr
1995 waren 48 Prozent (1443) – und damit die größte
Gruppe – weiß. Im Gegensatz zu den ausschließlich
negroiden Gefängnisinsassen in *Akte X* belegen nationale Statistiken, daß nur 40 Prozent (1204) aller Verurteilten schwarz sind. Die restlichen 12 Prozent setzen
sich aus zweihundertzweiunddreißig Latinos, zweiund-
fünfzig nordamerikanischen Indianern, zweiundzwanzig Asiaten und dreißig Personen unbestimmter Abstammung zusammen.

Aber in den meisten anderen Bereichen stimmen die
Zahlen von *Akte X* mit den jährlich von der Regierung
herausgegebenen Daten überein. Bei durchschnittlich
siebeneinhalb (!) Jahren Verweildauer in der Todeszelle hat die Mehrheit der Insassen genügend Zeit, über
ihr Leben nachzudenken, sich philosophischen Themen
zuzuwenden oder sogar eine eigene Religion zu gründen. Merkwürdigerweise ist die Exekution der selten-
ste Grund, aus dem Häftlinge den Todesblock verlassen. Seit 1973 wurden 1458 Verurteilungen in lebens-
längliche Haftstrafen umgewandelt, neunzig Häftlinge
starben aufgrund natürlicher Todesursachen oder
durch Mitgefangene, zweiundsiebzig Urteile wurden
aufgehoben, und zweiundvierzig zum Tode Verurteilte
begingen Selbstmord. Lediglich 288 Männer und eine
Frau wurden tatsächlich hingerichtet. Dabei scheint

die schwarze Hautfarbe die Chancen eines in der Todeszelle Wartenden nicht zu beeinträchtigen. 55 Prozent der Exekutierten waren Weiße, 39 Prozent Schwarze.

Trotz des Makels, daß in *Akte X* kein repräsentativer Bevölkerungsquerschnitt vertreten war, hatte man mit Florida sicherlich den idealen Handlungsschauplatz für ›Die Liste‹ gewählt. Nur in Texas wurden mehr Gefangene hingerichtet.

Die wenigsten Menschen beschäftigen sich mit diesem Gedanken, doch Insassen von Todeszellen sind keine ›gewöhnlichen‹ Menschen. Zwar geben sie kaum mehr Denkanstöße auf die unmittelbaren physischen Folgen der Todesstrafe, aber ihre Betrachtungen sind erheblich intimer.

Als Bill Boggs, wegen sieben verübter Morde zum Tode auf dem elektrischen Stuhl verurteilt, erfuhr, daß sein Zellengenosse Jeffrey Crain vor ihm auf dieselbe Art sterben sollte, sah er darin die perfekte Gelegenheit, seine Neugierde zu befriedigen. Weil Crain drei Personen benennen durfte, die seiner Exekution beiwohnen sollten, er seine ›Gästeliste‹ aber noch nicht aufgestellt hatte, tauschte Boggs sechs Schachteln Zigaretten gegen das Privileg, durch das Glasfenster zu schauen.

Sieben Monate nach Crains Tod spiegelten Boggs' Tagebucheintragungen noch immer den tiefen Eindruck wider, den diese Erfahrung bei ihm hinterlassen hatte:

»Nachdem du monatelang mit einem Mann in einem zweieinhalb mal drei Meter großen Käfig zusammengelebt hast, bist du davon überzeugt, jeden Geruch zu kennen, den er produzieren kann – aber du täuschst dich. Sogar durch das Glas konnte ich ihn riechen. Der Gestank blieb mir in der Nase haften, auch wenn ich mich noch so sehr mit Seife schrubbte; er hatte sich in meinen Haaren festgesetzt. Manchmal könnte ich schwören, daß ich ihn noch immer rieche. Der Gefängnisdirektor muß unglaublich danach stinken.«

Zwar dürfte der Geruch nach verbrannter Haut und versengtem Haar, der Boggs verfolgte, eher psychologischer als physischer Natur gewesen sein, aber seine anderen Einträge zeugen davon, daß er genau aufgepaßt hatte. Auf mehr als fünfhundertsechzig Seiten beschreibt er in dreiunddreißig Einträgen die nüchterne Realität des Todes auf dem elektrischen Stuhl; die starren Augen eines Menschen, die das letzte fixieren, was sie zu Gesicht bekommen, während die Hitze sie zu einem milchigen Weiß kocht; das an den Schläfen des Zellengenossen brutzelnde Gel; das Geräusch von Crains krachenden Knochen, als sich sein von der hindurchrasenden Energie gestraffter Körper in den Fesseln aufbäumte. Am schrecklichsten war für Boggs die feste Überzeugung, daß Crain – obwohl der Stromstoß mit großer Wahrscheinlichkeit alle Meldungen an sein Gehirn durcheinanderwarf – lange genug lebte, um mitzubekommen, was mit ihm geschah. »Selbst als seine Augen bereits kochten, sah er mich noch wissend an.«

Boggs kam niemals dazu, diese Erfahrung persönlich zu erleben. Vor seiner Hinrichtung wurde der elektrische Stuhl durch die Todesspritze ersetzt. Als er erfuhr, daß der Stuhl aus dem Gefängnis geschafft und durch fahrbare Tragen und IV-Ständer ersetzt worden war, rollte er sich auf seiner Pritsche zusammen und weinte stundenlang wie ein Kind. Am nächsten Morgen erklärte er, daß er zu einem neugeborenen Christen geworden sei, und dankte Gott dafür, auch die Gebete ›seines unwürdigsten Kindes‹ erhört zu haben.

# Codename: ›Fett‹

**ZUSAMMEN-FASSUNG**

Ein Serienmörder mit ungewöhnlichen Vorlieben benutzt das Internet als Jagdrevier. Er erschwert Scullys und Mulders Ermittlungen zusätzlich, indem er die Identifizierung seiner Opfer fast unmöglich macht.

**HINTERGRUND**

## Ungewöhnlicher Geschmack

Serienmörder – zumindest erfundene – sind weiterhin die Lieblingsschurken der Zuschauer; es erstaunt daher kaum, daß unsere beiden Agenten soviel Zeit damit verbringen, sie aufzuspüren. Bei der anhaltenden Popularität von Eugene Victor Tooms – als einziger Verbrecher innerhalb der nunmehr über siebzig Episoden zweimal aufgetreten – war es lediglich eine Frage der Planung, wann Mulder und Scully auf einen weiteren Serienkiller mit einer Vorliebe für Menschenfleisch treffen würden. In Anbetracht der vielen Methoden und Motive echter kannibalistischer Mörder verwundert es aber, daß die Autoren von *Akte X* noch etwas fanden, was diese verrückten Gourmets nicht schon ausprobiert hatten!

Wie der amerikanische König der Kannibalen, Jeffrey Dahmer, hielt offen-

**ZITAT**

»Ja, Skorpione verdauen ihre Nahrung zunächst außerhalb des Körpers, indem sie auf ihre Beute erbrechen... Aber ich kenne nicht so viele Skorpione, die durchs Internet surfen.«

– DANA SCULLY

bar auch 2SHY Menschen für einen wichtigen Bestandteil seiner Ernährung. Dahmer lockte seine Opfer aber
wohl nicht in avantgardistische französische Restaurants. Nachdem er verhaftet worden war, entsetzte
Dahmers Untergewicht die Gefängnisleitung so, daß sie
seine tägliche Kalorenration sofort erhöhte. Es dauerte einige Zeit, bis man seine Lieblingsgerichte ermittelt hatte, da ein Blick in seinen Kühlschrank dazu
keine Aufschlüsse
geliefert hatte –
bis auf ein paar
Gewürze war er
absolut leer ge-
wesen. Dennoch
könnte 2SHY in
Dahmer eine Art
Mentor gesehen
haben. Wie 2SHY
entledigte sich
auch Dahmer der
Leichen, indem
er sie in einem
Säurebad auflö-

Eine Außenaufnahme während der Dreharbeiten zu ›Fett‹

ste. 2SHY schaltete lediglich den Zwischenhändler aus,
weil er auf seine eigene Säure zurückgriff.

Hätte 2SHY den Russen Andrej Tschikatilow getroffen, würden die beiden jetzt möglicherweise gemeinsam einen ausgehöhlten Kürbis bewohnen. Wie Dahmer war auch Tschikatilow bis aufs Skelett abgema-
gert, als er am Ende überführt wurde. Zwar war
Tschikatilows Speisekammer selten leer gewesen – wie
auch, angesichts von über fünfzig zugegebenen Morden
und beinahe einhundert weiteren, derer man ihn ver-
dächtigte? –, aber ganz nach Art eines modernen Menschen stieß Fett ihn ab. Er hatte seine Opfer, zumeist
Kinder, zerstückelt und dann zubereitet. Anschließend

hatte er das Fett, auf das 2SHY so versessen war, abgeschöpft und an Bauern, die es unter ihr Viehfutter mischten, verkauft.

Wenn 2SHY im Hannover von 1924 gelebt hätte, wäre er möglicherweise einem Verkäufer begegnet, der genau das im Angebot führte, wonach er suchte. Außerdem hätte sich das Risiko, entdeckt zu werden, praktisch eliminieren lassen! Zu jener Zeit war das Liebespaar Fritz Haarmann und Hans Grans mit seiner Jagd auf kleine Jungen so erfolgreich, daß es einen einträglichen Nebenerwerb eröffnen konnte. Zusätzlich zu der erstaunlichen Sammlung von Kinderkleidung und Spielzeug, die das Paar verkaufte, belieferte es einen örtlichen Fleischer mit ›ungewöhnlich gewürztem‹ Rauchfleisch.

So abstoßend die Verbrechen von Haarmann und Grans auch anmuten – nicht einmal sie waren als Kannibalen besonders originell. Nur wenige Jahre zuvor hatte Georg Grossman in Düsseldorf die Geschäfte seiner eigenen Ladenkette mit den schrecklichen Überresten seiner Mahlzeiten beliefert. Die genaue Zahl seiner Opfer konnte nie ermittelt werden, doch auch während des Prozesses gelang es ihm nicht, Empfangsbestätigungen für die annähernd zwei Tonnen (!) ›Fleisch und Schweinswürste‹, die über die Ladentheken gewandert waren, vorzulegen. Möglicherweise wäre man ihm nie auf die Schliche gekommen, wenn nicht die Polizei auf einen anonymen Anruf hin drei säuberlich gehäutete und zerlegte Frauenleichen gefunden hätte, die noch im Abhängen begriffen waren, und ein viertes totes Mädchen, das kurze Zeit später dem gleichen Prozeß unterzogen werden sollte. Ausgesuchte Leckerbissen aller Opfer – einschließlich solcher von der vierten jungen Frau, die in der Nacht zuvor sein Bett geteilt hatte – wurden in Grossmans Eiskiste gefunden.

Vielleicht hätte sich 2SHY auch mit Henry Lee Lucas zusammentun sollen ... Nachdem Otis Toole zum Partner dieses Sadisten geworden war und einmal seine Vorliebe für menschliches Grillfleisch zum Ausdruck gebracht hatte, schätzte sich Lucas glücklich, Toole bei der Jagd helfen zu dürfen. Toole seinerseits war hocherfreut, als ihm Lucas seine extreme Abneigung gegen Grillsauce eingestand. Zwar töteten die beiden zusammen ungefähr zweihundert Frauen, doch Lucas' Interesse an toten Frauen war von erheblich fleischlicherer Natur – eine himmlische Partnerschaft.

Um ehrlich zu sein: Keine Fiktion kann den Einfallsreichtum physischer Verderbtheit von ›echten‹ Kannibalen erreichen – nicht einmal *Akte X*. Zum Glück geben sich diese vollendeten Geschichtenerzähler selten mit oberflächlichen Schockeffekten zufrieden. Statt dessen konzentrieren sie sich auf den psychologischen Horror, den sie mit so unheimlicher Authentizität schaffen, daß die Präsentation manchmal geradezu mühelos erscheint. In dieser Tradition erfanden sie einen Kannibalen, der sowohl Seelen als auch Fleisch vertilgt.

›Fett‹ hätte eine Rückreise an den Anfang der Serie werden können – nichts weiter als ein neuer medizinischer Mutant mit dem unstillbaren Hunger auf etwas Menschliches. Aber anders als die Folgen mit Tooms (›Das Nest‹ und ›Ein neues Nest‹) oder auch ›Drei‹, wo das Publikum Bekanntschaft mit einem blutdürstigen Trio machte, führt uns ›Fett‹ in die Tiefen menschlicher Bosheit. Welch seltsame, krankhafte Begierde es auch gewesen sein mag, die diesen Killer trieb – im Vergleich zu dem grausamen Spiel, das er sich für seine Opfer ausdachte, war sie nebensächlich.

## Akte X geht online

In dieser Episode machte sich das Team von *Akte X* die Haltung der Massenmedien zum Thema ›gefährliches Internet‹ zu eigen. Viele X-Philes waren davon

---

mehr als ein wenig überrascht und erwarteten eine fesselnde, neue Variation eines abgedroschenen Themas. Statt dessen erhielten sie erneut Klischees vorgesetzt: Cybernauten als Beziehungskrüppel, das Internet als ›Treffpunkt für sexuell Abartige‹. Aber in Anbetracht des riesigen Anklangs, den diese Folge bei der Online-Gemeinde gefunden hat, sollte man den X-Philes dafür verzeihen, daß sie sich ein wenig mehr Tiefe von der Episode versprochen hatten.

Die Serie hat immerhin bewirkt, daß in weniger als drei Jahren über einhundert *Akte X*-Websites entstanden sind. Neben dem von Fox Television betriebenen offiziellen Forum (http://www.TheX-Files/com/) existieren Dutzende genauso interessanter, von Fans betriebenen Stätten. Homepages im World Wide Web umspannen den Globus mit *Akte-X*-Websites sowohl in englischer als auch in anderen Sprachen. Sie finden sich beispielsweise in

Norwegen (http://bundy.hibo.no/~Larsen/x-files/x-files.html),
Italien (http://www.cs.unibo.it/~cobianch/index.html),
Singapur (http://www.iscs.nus.sg/~chenmin/xfiles/ xf.html),
Australien (http://www.cs.mu.ox.au/~simc/xfiles.html),
Brasilien (http://www.iis.com.br/~lpaulo/xfiles.html),
Irland (http://www.eeng.dcu.ie/~stdcu/x-files/x-files.html) und in
Großbritannien (http://www.zynet.co.uk/simon/x-files/),

um nur einige Länder zu nennen.

Auch User mit primitiverem Internet-Zugang können Artikel, Bilder, Klangdateien und Filmsequenzen über das File Transfer Protocol (FTP) auf den Heimcomputer übertragen und anschließend dort ansehen bzw. abspielen. Probieren Sie es über ftp.u.washington.edu/ public/roland/x-files oder ftp.cs.nmt.edu/xfiles.

Falls Ihnen die Diskussionen der X-Philes in Radio und Fernsehen nicht genügen, bestehen zahlreiche Möglichkeiten, um online Verbindung mit anderen

Fans aufzunehmen. Über Internet Relay Chat (IRC) erhalten Sie Zugriff auf E-Mail-Listen und Zugang zu Usenet-Diskussionsforen. Von spaßigen Fragen bis hin zu ernsthafter Kritik findet jeder X-Phile etwas für seinen persönlichen Geschmack. Auch die großen Online-Dienste (darunter CompuServe, America On-Line, Genie und Delphi) stellen ihren Kunden Foren und Unterhaltungsecken zur Verfügung. Letztgenanntes Netzwerk ist ein Tochterunternehmen der Twentieth Century Fox mit eigenen ›offiziellen‹ Diskussionsforen sowie einem ›exklusiven‹ Bestellservice für Produkte rund um *Akte X*.

Auch für Fans, die sich speziell für David Duchovny, Gillian Anderson, Mitch Pileggi oder andere Schauspieler interessieren, gibt es Homepages im WWW, FTPs und E-Mail-Listen, die einem Schauspieler oder der Figur, die sie/er darstellt, gewidmet sind.

---

## E-MAIL-LISTEN ONLINE

**Um eine E-Mail-Liste für Nordamerika zu erhalten, schreiben Sie an majordomo@chaos.taylored.com und geben ›subscribe X-FILES‹ als Nachricht ein.**

**Eine E-Mail-Liste für Großbritannien erhalten Sie unter listproc@uel.ac.uk – ebenfalls mit ›subscribe X-FILES‹ als Nachricht.**

**Eine E-Mail-Liste für Deutschland ist bei listserv@stargate.pfalz.de mit der Nachricht ›subscribe xf-de‹ erhältlich.**

### Usenet-Nachrichtengruppen

| | |
|---|---|
| alt.tv.x-files | Diskussionsforum für Nordamerika |
| alt.tv.x-files.creative | Fanliteratur basierend auf *Akte X* |
| uk.media.tv.sf.x-files | Diskussionsforum für Großbritannien |
| aus.tv.x-files | Diskussionsforum für Australien |
| alt.binaries.x-files | Bilder, Klangdateien, Filme, Bildschirmschoner |

Die Autoren hielten auch jetzt daran fest, wie in den vergangenen Episoden alle möglichen Anspielungen einzubringen. Dazu gehören auch die Namen der Figuren, beispielsweise Virgil Incanto ...

Der Name Incanto – mit einer offensichtlich poetischen Anspielung – hat seinen Ursprung in den englischen Wörtern *enchantment* (dt. ›Verzauberung‹), *fascination* (›Faszination‹) und *incantation* (›Beschwörung‹). Im Licht der Fähigkeit des Trägers dieses Namens, stets die richtigen Worte zu finden, erscheint die Wahl des Namens nur logisch.

Auch der Vorname Virgil weckt Assoziationen an die Dichtung. Virgil war ein berühmter römischer Poet und ist in *Die göttliche Komödie* (die außerdem in *cantos*, also in Gesängen geschrieben ist) der Führer durch Dantes Version der Hölle – ein Ort, an den auch Virgil Incanto seine unglücklichen Opfer nur allzugern führen möchte.

### FEHLERHINWEIS!

Zugegeben, man muß ein wenig danach suchen – aber Castigliones *Il Libro del Cortegiano* (*Das Buch des Höflings*) ist kein Gedichtband. Die Sammlung von Essays in Dialogform ist in Wahrheit eine Verhaltensanleitung aus der Renaissance, eine Art Knigge für das Verhalten am Hof. Zwar wird in einem Abschnitt erläutert, wie Gedichte für die momentan Angebetete zu schreiben seien, aber es werden keine Beispiele aufgeführt.

*La Vita Nuova* (*Das neue Leben*) wurde übrigens auch nicht von einer Person namens Ginicelli geschrieben, sondern von Dante Alighieri. Im Gegensatz zu *Il Libro del Cortegiano*, das im 16. Jahrhundert entstand, wurde *La Vita Nuova* im 13. Jahrhundert verfaßt – ein ziemlich großer zeitlicher Abstand, sogar für die italienische Renaissance. Keiner der beiden Texte ist in besonderer Weise obskur.

In dieser Episode wird nicht zum erstenmal das Thema Chauvinismus unter Gesetzeshütern aufgeworfen. In ›Das Experiment‹ weist Scully ihren Partner darauf hin, daß es für eine Frau noch immer schwierig sei, die Karriereleiter des FBI zu erklimmen. Obwohl im echten FBI auch Frauen arbeiten, stellen sie tatsächlich nur 1 359 der über zehntausend Beschäftigten (siehe Tabellen 1, 2 und 3).

## STATISTIK DER BESCHÄFTIGTEN

**Tabelle 1  Beschäftigte Special Agents am 1. 11. 1995**

|  | Zahl der Männer | Prozent am Gesamt | Zahl der Frauen | Prozent am Gesamt | Gesamt | Prozent am Gesamt |
|---|---|---|---|---|---|---|
| Indianer | 42 | 0,4 | 6 | 0,1 | 48 | 0,5 |
| Asiaten | 163 | 1,6 | 16 | 0,2 | 179 | 1,8 |
| Schwarze | 466 | 4,6 | 93 | 0,9 | 559 | 5,5 |
| Hispanier | 596 | 5,9 | 66 | 0,6 | 662 | 6,5 |
| Weiße | 7532 | 74,1 | 1178 | 11,6 | 8710 | 85,7 |
| Gesamt | 8799 | 86,6% | 1359 | 13,4% | 10158 | 100% |
| Alle Minderheiten | 1267 | 12,5% | 181 | 1,8% | 1448 | 14,3% |

**Tabelle 2  Beschäftigtes Hilfspersonal am 1. 11. 1995**

|  | Zahl der Männer | Prozent am Gesamt | Zahl der Frauen | Prozent am Gesamt | Gesamt | Prozent am Gesamt |
|---|---|---|---|---|---|---|
| Indianer | 17 | 0,1 | 36 | 0,3 | 53 | 0,4 |
| Asiaten | 98 | 0,7 | 126 | 0,9 | 224 | 1,6 |
| Schwarze | 643 | 4,7 | 3112 | 22,7 | 3755 | 27,4 |
| Hispanier | 159 | 1,2 | 411 | 3,0 | 570 | 4,2 |
| Weiße | 3097 | 22,6 | 6012 | 43,8 | 9109 | 66,4 |
| Gesamt | 4014 | 29,3% | 9697 | 70,7% | 13711 | 100% |
| Alle Minderheiten | 917 | 6,7% | 3685 | 26,9% | 4602 | 66,6% |

**Tabelle 3  Behinderte FBI-Beschäftigte am 1. 11. 1995**

| Im Feld | FBI-Hauptquartier | Gesamt |
|---|---|---|
| 406 | 410 | 816 |

# Codename:
# ›Der zweite Körper‹

**ZUSAMMEN-
FASSUNG**

Ein Soldat hat sich bereits umgebracht, ein anderer ist verzweifelt bemüht, dessen Tat nachzuahmen – da trifft Mulder ein. Er ist davon überzeugt, daß ein ›Phantomsoldat‹ am Werk sein muß.

Scullys traditionellere Theorien führen sie schnell zum Komplizen des Mörders, aber sie scheinen zu versagen, als sich der vermutliche Mörder als vierfach Amputierter erweist.

**HINTERGRUND**

## Vom Körper oder von allen guten Geistern verlassen?

*Akte X* verfügt neben überzeugenden Schauspielern, einer perfekten Gestaltung von Licht und Ton sowie hervorragender Kameraaufnahmen über einige der besten Fernsehdrehbuchautoren unserer Tage.

Manche Serien geben sich mit der neuesten ›Krankheit der Woche‹ zufrieden, aber *Akte X* widmet sich den Möglichkeiten der Zukunft. Niemals kann eine einfache, lineare Handlung – auch wenn sie mit hüpfenden üp-

**ZITAT**
»Ich kann nicht verstehen, warum ein Mann, der seinen Selbstmord so vorsätzlich und methodisch angeht, die einzige Tür, die in den Raum führt, unverschlossen läßt. Andererseits verstehe ich offensichtlich wenig von Armeevorschriften.«
– Fox Mulder

pigen Blondinen durchsetzt ist – den Anforderungen von X-Philes gerecht werden, die verzwickte, zufällige Wendungen und dunkle Verschwörungen erwarten. Also verließ sich *Akte X* nicht wie eine Reihe anderer derzeit laufender Serien auf kurzfristige Schockeffekte, sondern verhalf der TV-Erzählkunst auf eine höhere Ebene. Bestes Beispiel: die eindringliche Darstellung des bedauernswerten Elder Cares und der Not der Kriegsveteranen, die schockieren, als würde man mit einem außerirdischen Wesen oder einem Monster konfrontiert.

Der treue Zuschauer kann sich der internen Konsistenz von *Akte X* nicht erwehren. Ob innerhalb einer einzelnen Folge oder als Teil der gesamten Staffel – die vielen Handlungslinien fügen sich nahtlos zu einer wunderbaren Illusion der Realität zusammen.

Jede Einzelheiten zählt – so wird in zahlreichen Episoden derselbe Schauspielers als Foyerposten eingesetzt. Dazu zählen auch die Anspielungen auf die Realität, die regelmäßig in Hardlungen, Dialoge und Szenen eingeflochten werden. Hinweise auf den Prozeß gegen O. J. Simpson oder auf Bart Simpson verankern jede Folge fest in der Wirklichkeit – ganz unabhängig davon, daß sie in einer anderen Welt spielt. *Alles* ist bei *Akte X* von Bedeutung, und ›Der zweite Körper‹ bildet da keine Ausnahme. Irgendwie fügen sich GIs, die kirliansche Fotografie, außerkörperliche Erfahrung, Selbstmord, Phantomschmerzen, die verschworene Gemeinschaft des Militärs und ein wenig astrale Projektion zu einem schaurigen, atmosphärisch dichten Thriller.

Von der ersten Szene an gelang es *Akte X* in ›Der zweite Körper‹, einen schockierenden Eindruck von dem quälenden, häufig allzu gegenwärtigen Leben kriegsversehrter Veteranen zu vermitteln. Charaktere, Situationen und Schlüsselbeziehungen wurden mit raschen, kräftigen Pinselstrichen gezeichnet. Dann, nachdem das tägliche Leid eines solchen Lebens gezeigt worden war, gelang es schnell, das Publikum von der Existenz einer so haßerfüllten und rachedurstigen Person wie Rappo zu überzeugen. Der Schritt von dort zu einem Wahnsinnigen, der die Fähigkeit besitzt, seine Opfer über astrale Ebenen aufzusuchen, war nur klein. Wenige Tupfer von der Palette des Paranormalen genügten, um uns von Mitleid in blankes Entsetzen zu stürzen.

Nachdem Kinoerfolge wie *Ghost – Nachricht für Sam* die Grenzen zwischen verschieden Genres bedeutungslos haben werden lassen, können mittlerweile sogar ›Uneingeweihte‹ und standhaft Ungläubige die gemeinsamen Elemente solcher Bereiche wie Todeserlebnisse, astrale Projektion und außerkörperliche Träume erkennen. Alle beginnen mit einem traumähnlichen Zustand, an den sich das Gefühl der Loslösung von der physischen Welt anschließt. Dann folgen ein kurzer Eindruck des Schwebens, noch kürzere Blicke auf den zurückgelassenen Körper, und schließlich fliegt der Geist durch eine Ebene, auf der Zeit und Raum wenig oder gar keine Bedeutung mehr haben. *Akte X* machte allerdings ein noch subtileres Detail, nämlich die *idealisierte* Form des Astralkörpers, zum zentralen Bestandteil der Handlung und zum thematischen Schlüssel zu allen anderen Elementen.

Forscher gelangten erstmals zu der Ansicht, der Mensch – oder buchstäblich alles – verfüge über einen ›unsichtbaren Körper‹, als sie Experimente mit unvollständigen Blättern durchführten. Obwohl sich nur wenige konventionellere Wissenschaftler mit der Erklärung des Mechanismus zufrieden gaben, glich der elektromagnetische Abdruck eines ganzen Blattes, als Röntgenbild aufgenommen, dem Umriß, den jedes unvollständige Blatt projizierte. Fehlende Hand- oder

Zehenglieder erzeugten den gleichen gespenstischen Schimmer wie die *vorhandenen* Glieder. Medial veranlagte Personen behaupten längst, jeden Menschen umgebe eine Aura – und nun schien das tatsächlich quantifizierbar zu sein! Frühe Beobachtungen des Kirlianeffektes – benannt nach den sowjetischen Wissenschaftlern, die zuerst über das Phänomen berichteten – schienen diese Annahme zu bestätigen. Blätter, die von ihren Mutterpflanzen entfernt und dem Verfahren über einen bestimmten Zeitraum ausgesetzt worden waren, zeigten einen allmählichen, aber deutlichen Rückgang an elektromagnetischer ›Energie‹. Steine, Münzen und Knöpfe behielten dagegen ein gleichmäßiges, weniger energetisches Muster.

Es dauerte nicht lange, bis man diese Regenbogenbilder mit allen möglichen Bereichen in Verbindung brachte, angefangen von medialer Heilung über außerkörperliche Erfahrungen bis hin zu Phantomschmerzen und dem *Chi* östlicher Philosophien. Zum Beweis dafür, daß sich die Aura eines Menschen eindeutig von der einer Münze oder einer Blattes unterscheide, entwickelten Menschen mit medialer Fähigkeit Methoden, mit denen sie ihre eigenen elektromagnetischen Felder beeinflussen konnten. Die Farben auf den Filmen variierten von Blautönen bis Dunkelrot, wenn die Medien sich ›im Ruhezustand‹ befanden, und sie veränderten sich in Orangetöne bis hin zu leuchtendem Grün und grellem Rot, wenn sie ihre Fähigkeiten einsetzten. Auch Versuchspersonen, die zuvor keine medialen Eigenschaften an sich selbst festgestellt hatten, konnten mittels Techniken des Biofeedbacks trainieren, die Muster auf dem Film zu beeinflussen. Als die Ergebnisse eindeutig als ›wiederholbar‹ feststanden, erhob sich natürlich sofort die Frage nach einer praktischen Anwendbarkeit, und die Wissenschaftler wurden gebeten, einen Einsatzbereich für ihre Entdeckung zu finden.

## RÄTSEL 8

Leichte Fragen: Notieren Sie sich 1 Punkt für jede richtige Antwort.

1. Welchen seltsamen Gegenstand trägt Mulder auf der Basis mit sich herum?
2. Wie stirbt Captain Draper, die Adjutantin des Generals?
3. Was wird aus General Callahans Zuhause gestohlen?
4. Welche Spielzeuge sind die Leidenschaft von Trevor Callahan?
5. Welche Insektenart sucht die Wohnung von Quinton ›Roach‹ Freely heim?

Es wird schwieriger: Notieren Sie sich 2 Punkte für jede richtige Antwort.

6. Lieutenant Colonel Stans ist nicht der einzige, der bei seinen Selbstmordversuchen sehr viel Einfallsreichtum an den Tag legt. Wie begeht Sergeant Kevin Aikland Selbstmord?
7. Wo stirbt Trevor Callahan?
8. Worin besteht Rappos ›physische Herausforderung‹?
9. Welchem mysteriösen Tod erliegt Roach Freely?
10. Wie entziffert Mulder die Nachricht auf dem Anrufbeantworter des Generals?

Patienten, deren Wahrnehmung der unsichtbaren Teile ihres Körpers beeinflußt werden könnte, versprach die Technik Erleichterung von Phantomschmerzen. Zwar wurde nicht allen Patienten dadurch geholfen, daß sie lernten, ihre nur psychisch vorhandenen Gliedmaßen nicht mehr anzustoßen, aber bei einer bemerkenswerten Anzahl funktionierte der Trick. Da Akupunktur und Akupressur längst selbst viele westliche Mediziner faszinierte, wurde die Kombination aus Biofeedback und Kirlian allgemein mit weniger Skepsis aufgenommen, als es sonst vielleicht der Fall gewesen wäre. So fand die Behandlungsmethode den Weg in die Massenmedien und in weitverbreitete medizinische Fachzeitschriften. Ihre Nähe zur Selbsthypnose sorgte jedoch dafür, daß sie mit dem Stigma der ›alternativen‹ Medizin behaftet blieb. Während Lamazes Techniken später allgemein anerkannte Praxis wurden und die positive Vorstellungskraft in Bereiche wie Psychologie und Sportmedizin Eingang fand, erlahmte das Interesse an der Kirlian-Arbeit, bis New-Age-Alternativen erneut populär wurden. Daß Mulder in *Akte X* mit einem Film für zahnärztliche Röntgenaufnahmen herumläuft, spiegelt einen moderneren, um einiges erstaunlicheren Einsatzbereich wider, den manche für Kirlian-Bilder gefunden haben – die Jagd auf Geister.

Die Installation eines lebenden, agierenden Geistes brachte für die X-Philes eine überraschende Wendung, die nicht nur auf die alte Vorstellung von Aura zurückging, sondern einen entfernten Verwandten aus der Parapsychologie auf den Plan rief: die außerkörperliche Erfahrung. Die meisten von uns ziehen es vor zu glauben, daß wir mehr als eine Ansammlung von Zellen sind und daß ein Teil von uns den physischen Tod überlebt. Wenige können sich jedoch einen Zweck vorstellen, den diese ›Seele‹ bis zum Zeitpunkt des Todes erfüllt. Hier setzt die astrale Projektion ein. Indem die häufig zufällige außerkörperliche Erfahrung durch die Kombination mit einer Art bewußter Selbsthypnose auf eine höhere Ebene gehoben wird, erhält der Praktizierende angeblich die Möglichkeit, nicht nur frei herumzuschweben und in seinen Träumen einen astralen Spaziergang zu erleben, sondern auch sein astrales Selbst *willentlich* an bestimmte Orte und sogar in andere Zeiten zu versetzen.

1975 begann man mit einer Testreihe in und um San Francisco. Mehrere Dutzend Frauen und Männer, alle mit jeweils einer Landkarte in einem versiegelten Umschlag unter dem Kopfkissen, durften friedlich einschlafen. Am Morgen surrten Kassettenrecorder, die aufnahmen, was die Testpersonen, soweit sie sich erinnern konnten, ›gesehen‹ hatten. Die Techniker verglichen die Angaben mit den Landkarten in den Umschlägen. Probanden mit offensichtlich ›fehlender Übereinstimmung‹ erhielten ein Frühstück und wurden nach Hause geschickt. Für jene, deren Beschreibungen annähernd auf die unbekannten Orte unter ihren Kopfkissen zutrafen, begann eine Woche voller neuer, unorthodoxer Erfahrungen.

Die Probanden wurden an ein EEG angeschlossen, damit sie ge-

Haben Sie sich gewundert, wie Ian Tracey, der Darsteller des Leonard ›Rappo‹ Trimble, zu einem derart überzeugenden, vierfach Amputierten werden konnte? Toby Lindala schuf prothetische Stümpfe, einschließlich des ›blutenden‹ linken Armes, die Tracey anlegte, während seine echten Gliedmaßen geschickt in Matratzen und Rollstühlen versteckt wurden.

Um die Illusion einer zweiten ›Person‹ im Swimmingpool zu kreieren, wurde Nancy Sorel, die Captain Janet Draper spielte, rückwärts durch das Wasser gezogen. Das Gurtwerk, an dem sie hing, ließ sich später digital löschen. Die verschiedenen, schattenartigen Figuren, die aus Sandkästen, Rauch und Swimmingpool sprangen, wurden rückwärts aufgenommen. Es handelte sich um Modelle, die jeweils passend ›bemalt‹ waren.

weckt werden konnten, sobald ihr Traumzustand endete und bevor sie die Träume wieder vergessen konnten. Sieben Frauen und vier Männer lieferten zehn oder mehr eindeutige und markante Ortsangaben aus ihren Träumen. Die Übereinstimmungen mit den unter ihnen liegenden Orten waren frappierend. Den elf Testpersonen wurden drei Tage gewährt, um zu ihren normalen Schlafgewohnheiten zurückzufinden, dann verglich man eine Fotoserie von den realen Schauplätzen mit Angaben, die sie über ihre Träume gemacht hatten. Von den sieben Orten, die jedem Teilnehmer unter das Kopfkissen gelegt worden waren – insgesamt also siebenundsiebzig – waren nur drei *nicht* erkannt worden. Bis zu diesem Punkt gingen sowohl die Teilnehmer als auch die Wissenschaftler davon aus, daß ein unbewußter, genauer gesagt *unterbewußter* Prozeß für die Ergebnisse verantwortlich wäre. Man nahm an, auf einen unwiderlegbaren ›telepathischen Einfluß‹ gestoßen zu sein. Weil die Aufgabenstellung der Tests immer die Formulierung »bei einem gegebenen, unbekannten Ziel« enthalten hatte, kam bald auch die Frage auf, was geschähe, wenn man von diesen elf Personen verlangte, ein *bekanntes* Ziel zu beschreiben.

Wie Rappo, der seine Informationen – zugegeben – auf etwas spektakulärere Art erhält, wurde jede der elf Testpersonen mit einem festgelegten gedanklichen Ziel zu Bett geschickt. An diesen Zielen begannen elf freiwillige Helfer mit elf ungewöhnlichen Aktivitäten. In kunterbunter Kleidung tanzten und jonglierten sie vier Stunden lang und spielten dabei eine Reihe verschiedener Musikinstrumente – sämtlich Aktivitäten, die selbst einem Träumenden ungewöhnlich erscheinen mußten. Am nächsten Morgen waren neun der elf Testpersonen in der Lage, Fotos ihrer Freiwilligen zu identifizieren. Sieben Personen beschrieben die ausgeübte Aktivität (bis hin zu dem Einradfahrer, der stürzte und sich den Ellbogen stieß), und ein Kandidat konnte nicht nur den für ihn bestimmten Helfer und dessen Aktivität nennen, sondern auch die von zwei weiteren Testpersonen.

Der nächste Schritt lag auf der Hand. Es sollte eine Situation geschaffen werden, mit der sich bestimmen ließe, ob die erfolgreichen Testpersonen zu mehr als passiven Beobachtern werden könnten. Wäre es einer astralen Projektion möglich, Einfluß auf die physische Welt zu nehmen? Die Antwort der Forschergruppe aus San Francisco, die vier verschiedene Testszenarien aufstellte: nein.

Für die fiktiven Personen in *Akte X* bestand darin kein Problem. Aufgrund einer sorgfältigen Verflechtung von Wahrscheinlichem mit Möglichem und Unmöglichem durfte das Publikum in dieser Episode für siebenundvierzig spannende Minuten die Realität außer acht lassen und auf eine gruselige Reise gehen.

# Codename: ›Parallele‹

**ZUSAMMEN-FASSUNG**

Mulders Theorien und die Indizien der Spurensicherung widersprechen sich. Er hat sich nicht nur gegen seine Partnerin und die örtliche Polizei durchzusetzen, sondern auch gegen die Frau, die er beschützen will. Um eine andere junge Frau zu retten, muß er Scully dazu bringen, an etwas zu glauben, das unfaßbar erscheint. Im Gegensatz dazu muß ein früheres Opfer zunächst den Glauben an sich selbst zurückgewinnen.

**HINTERGRUND**

### Eine besondere Form der Empathie

»Ich weiß nicht, wie ich es erklären soll. Ich denke, daß Amys Entführung durch Wade bei Lucy eine physische Reaktion ausgelöst hat – eine Art empathischer Übertragung.« (Mulder)

Zum Glück für Ermittler ist es bisher niemandem gelungen, anderes Blut zu bluten als das eigene – auch wenn manche Leute sich wünschten, es wäre anders. Dagegen ist empathische Übertragung in einer Vielzahl von Formen von Zeugen berichtet worden und eindeutig belegt.

1984 ereignete sich der aufsehenerregende Fall der Zwillingsschwestern Carol und Karen Dubrosky aus Montreal. Nachdem sie unliebsame Bekanntschaft mit

**ZITAT**
»Ich habe wahrscheinlich so gut wie alles ein- oder zweimal ausprobiert. Es war immer nur vorübergehend.« – LUCY HOUSEHOLDER

einer Friteuse gemacht hatte, wurde Carol um 17 Uhr 21 mit Verbrennungen zweiten Grades, die den größten Teil ihres linken Unterarmes und der Hand betrafen, in die Notaufnahme des örtlichen Krankenhauses eingeliefert. Während Carol behandelt wurde, hinterließ *Karens* schockierter Ehemann eine Nachricht auf dem Anrufbeantworter seiner Schwägerin Carol:»Ich bin mit Karen im Krankenhaus. Bis jetzt weiß niemand, was ihr fehlt…« Das Einlieferungsprotokoll *dieses* Krankenhauses bezeugte, daß Karen um 17 Uhr 27 mit ›spontan auftretenden‹ Verbrennungen und mehreren ›offenen und nässenden Blasen‹ entlang ihres ›linken Unterarmes und der Hand‹ aufgenommen worden war. Obwohl Karens ›Verletzungen‹ innerhalb von Stunden wieder vollständig abklangen, hinterließ die Diagnose der Ärzte, daß Karen eine extreme Reaktion auf ein Kontaktallergen gezeigt habe, bei den Medizinern selbst ein Gefühl der Unzufriedenheit. Gab es etwas in ihrem Haus, das sie nicht schon etliche Male berührt hatte? Nein.

Weniger dramatisch, aber ebenfalls aufschlußreich stellt sich das Kriegserlebnis des Obergefreiten Randell Foster dar. Seine Mutter, die ihm in Gedanken immer nahe war, legte am 14. Januar 1943 eine Pause in ihrer Hausarbeit ein, um in ihr Tagebuch zu schreiben:»Den ganzen Morgen plagt mich dieses Kältegefühl. Meine Hände und Füße sind so kalt, daß ich die Finger und Zehen kaum noch spüre.« Weiter unten in dem Eintrag beschreibt sie einen ›Traum‹, den sie in der Nacht zuvor gehabt hatte. »Ich lag unter dem Eis und konnte nach oben hindurchsehen. Darauf befanden sich Soldaten. Ich war sicher, daß ich ertrinken würde.«

Ein paar Wochen später wurde Mrs. Foster vom Kriegsministerium darüber informiert, daß ihr Sohn am 26. Februar heimkomme. Randell Foster war am 13. Januar 1943 beim Überqueren eines zugefrorenen

Jewel Staite und David Duchovny

Flusses unter das Eis gespült worden; nach seiner Rettung hatte man ihm aufgrund von Erfrierungen vier Zehen amputieren müssen. Für den weiteren Militärdienst war er nicht mehr tauglich.

Solche Zwischenfälle finden wir bei Verwandten relativ oft. Weniger häufig sind Erlebnisse wie die der erfundenen Amy und Lucy, die sich offenbar vollkommen fremd waren. Weil es verständlicherweise schwierig ist, von einer *gemeinsamen* Erfahrung zu berichten, wenn sich die beteiligten Personen nicht kennen, gibt es solche Dokumente kaum. Dennoch hängen Fälle von Empathie offenbar nicht von einer Blutsverwandtschaft ab.

Der Wirtschaftsprüfer Kelly White und die Büroangestellte Hannah Lowell arbeiteten jahrelang für dasselbe Unternehmen, nahmen ihr Mittagessen am gleichen Tisch ein und joggten zweimal wöchentlich zusammen. Außer Freundschaft verband die beiden nichts – bis zum 2. Oktober 1994. An diesem Tag ließ

Hannah den üblichen Dauerlauf am Samstag nachmittag ausfallen, um an einer Hochzeitsfeier teilzunehmen. Um 15 Uhr 47 wurde Kelly während seines Dauerlaufes von einem Fahrzeug zehn Meter weit den Straßenrand entlanggeschleudert; der Fahrer flüchtete. Die plötzlich vor Schmerz aufstöhnende Hannah mußte, noch bevor die Zeremonie um 16 Uhr begann, aus der Kirche geführt werden. Sie bestand darauf, daß jemand die Polizei verständigen solle, denn sie sei sicher, daß Kelly etwas zugestoßen sei.

Der Unfall war von einem Passanten beobachtet worden. Unmittelbar nach dessen Augenzeugenbericht ging auch der Anruf von Hannahs Begleitern bei der Detroiter Polizei ein. Als Hannah wenige Minuten nach dem Krankenwagen, der ihren übel zugerichteten Sportsfreund einlieferte, im Hospital eintraf, fehlte ihr nichts mehr.

Ein gewisser Peter St. Jean hatte Gregory Barstowe vor dem Ereignis, das er als ›Tagtraum‹ beschrieb, nie getroffen. Am Schreibtisch in seinem Arbeitszimmer in Hampton Court sitzend, hörte St. Jean, wie jemand schrie: »Greg! Paß auf!« Schockiert nahm er wahr, wie im selben Augenblick das Glasfenster hinter seinem Stuhl zersplitterte. In der Annahme, der Warnschrei habe jemandem draußen auf der Straße gegolten und die Fensterscheibe sei von einem Ball zerschmettert worden, warf sich Peter St. Jean unter den Tisch, um den herabstürzenden Scherben zu entgehen. Als er sich, am Boden kauernd, einer oberflächlichen Selbstuntersuchung unterzog, ›sah‹ er einen langen, tiefen Schnitt, der von seinem kleinen Finger bis an den Ellbogen reichte. Draußen ›hörte‹ er noch immer eine Person, die schrie: »Greg! Greg!«

Vorsichtig die Glasscherben vermeidend, kroch St. Jean unter seinem Schreibtisch hervor und trat ans Fenster. Er erwartete, vor dem Haus jemanden zu

**AUF EINZELHEITEN KOMMT'S AN!**

Haben Sie den musikalischen Zusatz am Ende dieser Episode bemerkt? Für gewöhnlich nennt man diese aufsteigende Tonfolge Kyrie; sie ist häufiger Bestandteil von Totenmessen. Kyrie Eleison, Christus eleison: Herr, erbarme Dich, Christus, erbarme Dich.

sehen, der verletzt war. Im nächsten Augenblick prallte er gegen die unversehrte Fensterscheibe.

In eigenen Worten beschrieb er das Ereignis später wie folgt: »Ich sah aus dem Fenster und erkannte, daß die Scheibe tatsächlich nicht zerbrochen war. Trotzdem ›sah‹ ich das Blut, das meinen Arm hinunterlief, und das Glitzern von zerbrochenem Glas überall um mich herum. Es war, als lägen zwei durchsichtige Bilder übereinander. Draußen, unter dem Fenster, ›sah‹ ich eine Frau, die einen tiefen Schnitt in Gregs Oberschenkel zusammendrückte. Sie weinte und rief um Hilfe. Dann war alles weg. Nichts! Sie verschwanden einfach.«

Als er sich umdrehte, erschien ihm der Raum wieder ganz normal. Es gab keine klaffende Wunde an seinem Arm und keine Glasscherben auf dem Boden. Aber seine Frau starrte ihn an, als wäre er von einem Moment auf den anderen verrückt geworden.

Es dauerte fast eine Stunde, bis er sich wieder halbwegs gefaßt hatte und erklären konnte, warum er auf allen vieren auf der Erde herumgekrochen war. Das Erlebnis hatte eine derartig Intensität gehabt, daß Peter St. Jean davon überzeugt war, einen psychotischen Anfall erlitten zu haben. Nachdem seine Frau die Geschichte gehört hatte, war sie sich dessen jedoch nicht mehr so sicher. Zwar glaubte sie nicht an paranormale Dinge, aber sie erinnerte sich an eine Fernsehdokumentation, in der versucht worden war, dem Paranormalen den Nimbus zu nehmen. Die Ähnlichkeit von Peters Erzählung mit den darin geschilderten Phänomenen verwirrte sie.

In der Befürchtung, im soeben neu erworbenen Haus könnte es spuken, rief sie eine Freundin in der Redaktion einer Lokalzeitung an und fragte sie, ob die in der Vergangenheit von etwas ähnlichem gehört habe. Die Reporterin konnte sich an keinen derartigen Fall erinnern; aber noch während sie das Archiv durchforstete, rief ein anderer Mitarbeiter in der Redaktion an und gab einen Beitrag für die Klatschseite durch. Ein gewisser Gregory Barstowe hatte mit knapper Not einen chirurgischen Eingriff überlebt, der sein Bein gerettet hatte, welches durch die herunterfallenden Glasscherben eines zerbrochenen Fensters beinahe abgetrennt worden wäre. In dem Artikel hieß es weiter: »Hätte nicht Mr. Barstowes Begleiterin so beherzt eingegriffen und die Wunde einschließlich der verletzten Arterie abgedrückt, wäre nach Aussage der Ärzte das Leben oder zumindest das Bein des Mannes nicht mehr zu retten gewesen.«

Am nächsten Tag fuhren St. Jean und seine Frau zu dem besagten Krankenhaus. Dort hatte St. Jean keine Mühe, Gregory Barstowe auf der allgemeinen Station zu identifizieren. Er erkannte auch sofort dessen ›Begleiterin‹, als diese ein öffentliches Telefon in der Halle benutzte. Jill Parker trug einen Mullverband, der vom Ellbogen bis zum Handgelenk reichte. Die herabstürzenden Glasscherben hatten ihr den Arm aufgeschlitzt.

Von gewöhnlicher Telepathie unterscheiden sich diese Berichte durch ihre Unmittelbarkeit. Hannah schwor, daß sie hinten auf ihrer Zunge Blut ›geschmeckt‹ habe. Alle hier genannten Personen fühlten einen Teil der Schmerzen der jeweils anderen beteiligten Person. Sie waren mit all ihren Sinnen in die Erfahrung eingebunden. Für kurze Momente waren sie keine bloßen Beobachter, sondern nahmen an den Geschehnissen teil. Randell Fosters Mutter *sah* ihren Sohn nicht ins Wasser fallen; aber sie *teilte* sein Entsetzen und seinen Blickwinkel von unterhalb des Eises.

Offensichtlich sind solche merkwürdigen Ereignisse mit den uns derzeit bekannten physikalischen Gesetzen nicht zu erklären. Allein der zeitliche Ablauf und die räumliche Entfernung lassen diese Geschichten fantastisch anmuten. Dennoch wurden die Zeitabläufe

**Einige Zuschauer werden sich bei dieser Folge an die Umstände erinnern, unter denen Polly Klaas in Nordkalifornien entführt wurde. Wie die erfundene Amy wurde auch Polly gewaltsam aus ihrem Zimmer geholt, während ihre Schwester dabei zusehen mußte. Der Täter, Richard Davis, beförderte sein Opfer im Kofferraum seines Wagens, genau wie der fiktive Carl Wade. Wie Wade erhielt auch Davis unerwartete Gesellschaft. Wade traf auf den eifrigen, hilfsbereiten Fahrer eines Abschleppunternehmens; Davis wurde wegen eines Verkehrsdeliktes von der Polizei angehalten. Tragischerweise überlebte Polly Klaas im Gegensatz zu Amy ihre Entführung nicht.**

103

Der amerikanische Originaltitel dieser Episode lautet ›Oubliette‹. Oublietten sind Verliese alter Burgen, in denen die zu lebenslänglichem Kerker Verurteilten darbten.

in allen Fällen von unabhängigen Beobachtern bestätigt. Kaum einer der Beteiligten hatte vorher jemals Interesse am Übernatürlichem bekundet. Die meisten empfanden die Erfahrung als schockierend. Alle waren froh, ein solches Erlebnis nur ein einziges Mal gehabt zu haben, und niemand wollte je wieder etwas in dieser Art ›sehen‹, ›hören‹ oder ›fühlen‹.

In der Tat scheint die empathische Übertragung ein im Leben einmaliges Ereignis zu sein. Unter den vielen Berichten finden sich nur wenige Wiederholungsfälle wie bei Lucy und Amy in ›Parallele‹.

Die Zwillinge Peter und Paul Harvey stellen ein nahezu einzigartiges Beispiel für eine Häufung seltsamer gemeinsamer Erlebnisse dar. Seit ihrem dritten Lebensjahr berichteten sie über Vorkommnisse wie die folgenden: Peter trat im Hof in einen Nagel, Paul schrie in der Küche auf und griff sich an den Fuß; Paul brach sich beim Schulsport den Arm, Peter hielt sich den Arm und erbrach im Englischunterricht. Bienenstiche, Mumps, Pauls erster Kater – es scheint, als hätten sie keine Geheimnisse voreinander haben können. Obwohl die verwirrenden und beunruhigenden Ereignisse mit zunehmendem Alter nachließen, schreibt Pauls Ehefrau der merkwürdigen Beziehung eine nicht allzu lange zurückliegende Aktion zu, die ihrem Mann das Leben rettete. Während eines Familiengrillfestes schnappte Peter, der in der Küche war und noch nichts gegessen hatte, plötzlich heftig nach Luft und lief bläulich an. Janet Harvey blickte sich um und lief, da sie ihren Gatten nicht entdecken konnte, in den Garten hinaus. Sie fand Paul würgend in einem Gartenstuhl. Er hatte den Grill kontrolliert und dabei den Rest eines Hamburgers verzehrt. Unglücklicherweise war ihm ein Stück Brot in die falsche Kehle gerutscht. Keiner der beiden Harvey-Zwillinge ist als Individuum in irgendeiner Weise außergewöhnlich. In Psi-Tests erzielten sie keine hohen Resultate; der Würfeltisch war zu ihnen genauso grausam wie zu jedem anderen. Zahlreiche Versuche, diese ungewöhnliche Form der Kommunikation bewußt zu wiederholen, sind nicht gelungen.

Kleiner Rechenfehler: Lucy wurde mit acht Jahren entführt und taucht mit dreißig Jahren wieder auf – Mulder behauptet aber, sie wäre nur 15 Jahre verschwunden gewesen...

# Codename: ›Die Autopsie‹

**ZUSAMMEN-FASSUNG**

Mulders beinahe spielerische Untersuchung eines Video-bandes über die angebliche Autopsie eines außerirdi-schen Wesens nimmt tödlich ernste Formen an, als der Hersteller des Videos ermordet und eine alte japanische Verschwörung entdeckt wird. Scully überprüft die Mit-glieder der MUFON-Gruppe des Toten und wundert sich darüber, daß einige weibliche Entführte sie erkennen.

**HINTERGRUND**

### Ein guter Kauf für nur 29,95 Dollar (zzgl. Versandkosten)

Irgendwann mußte es dazu kommen.

Niemand konnte erwarten, daß die ausgeflippten Macher von *Akte X* der Versuchung lange widerstehen würden, die das Videoband über die ›Roswell-Autopsie‹ für sie darstellen mußte. Insbesondere nicht, nachdem Fox das Material zwei-mal ausgestrahlt hatte. Ihre Reaktion war ähnlich vorprogrammiert, wie wenn man Eugene Tooms einen Teller mit frischer Leber vorgesetzt hätte.

Also entstand die erste Folge eines aus-gefeilten Zweiteilers, der komischer ist als die lustigsten Teile seiner Inspirations-quelle und dennoch gespenstischer, als bluttriefende Bilder jemals sein können.

**ZITAT**
»Die Japaner halten ihre Fähigkeiten zur Spionage streng geheim, und mit den Informationen ihrer Geheimdienste gehen sie äußerst vorsichtig um.«
– FROHIKE, Lone Gunman

Im Gegensatz zu *Akte X*, die keinen anderen Anspruch erhebt, als eine erfundene Fernsehserie zu sein, behaupten viele, das Roswell-Autopsievideo sei *echt*. Dies brachte eine Reihe überzeugter Anhänger und verbissener Gegner dieser These auf den Plan. Selbstverständlich entspann sich die Kontroverse, schon lange bevor Fox die Aufnahmen ausstrahlte. Die ›Reportage‹ war bereits in einem halben Dutzend europäischer Länder gesendet worden, und Fotos aus dem Band zirkulierten über UFO-Zeitschriften und das Internet. Obwohl die Aufnahmen angeblich etwa fünf-

zig Jahre alt sind, wurden sie erst kürzlich in den Vereinigten Staaten zur ›allgemeinen Untersuchung‹ freigegeben. Allein diese Tatsache löste heftige Diskussionen aus.

Wenn der Film tatsächlich die definitive Antwort auf die ›außerirdische Frage‹ liefert, warum wurde er dann vermarktet, statt für wissenschaftliche Zwecke freigegeben zu werden? Im Gegensatz zu Mulders erfundenem Video, das nur 29,95 Dollar kostet (also etwa fünfundvierzig Mark), wurden Kopien der Roswell-Aufnahmen zum stattlichen Preis von fünfunddreißig Pfund Sterling gehandelt (gut einhundert Mark).

**RÄTSEL 10**

Leichte Fragen: Notieren Sie sich 1 Punkt für jede richtige Antwort.

1. Wieviel bezahlt Mulder für das Video über die Autopsie des Außerirdischen?
2. Wie lautet der Name des Heimversandes, das den Videofilm vertreibt?
3. Welches neue ›Accessoire‹ trägt Mulder in dieser Episode?
4. Welche Entschuldigung bringt Mulder für seine Anwesenheit in Allentown vor?
5. Was verliert Mulder, als er auf den Zug aufspringt?

Es wird schwieriger: Notieren Sie sich 2 Punkte für jede richtige Antwort.

6. In dieser Episode sind zwei Nummern von Eisenbahnwaggons zu sehen. Nennen Sie zumindest eine davon!
7. Was erweist sich mitten in der Nacht in Allentown, Pennsylvania, als schwer auffindbar?
8. Wie lautet der Name des Schiffs auf den ›Satellitenfotos‹?
9. Was haben Scully und die Frauen der MUFON-Ortsgruppe von Allentown gemeinsam?
10. Wer rät Scully, Mulder davon abzuhalten, den Zug zu besteigen?

Fragwürdig bleiben auch die Motive des Besitzers und späteren Vertreibers des Bandes. Aus bisher unerfindlichen Gründen weigert sich der Mann, der das Ereignis 1947 angeblich festhielt, seine Identität zu lüften. Ohne dessen Zeugenaussage ist das Video zwar eine interessante Kuriosität, aber kaum ein Beweis. Nur er könnte über eidesstattliche Erklärungen das Alter des Films bestätigen, Angaben über den Aufnahmeort und die Namen seiner Auftraggeber machen und ein paar Erläuterungen zu den allzu passend plazierten Unterbrechungen auf dem Band abgeben.

Falls der Film vom Verteidigungsministerium in Auftrag gegeben wurde, warum hat man das Material nicht dort behalten? Falls der Kameramann tatsächlich eines der erstaunlichsten Ereignisse der modernen Geschichte festgehalten hat, warum hat er nicht darauf bestanden, daß der Film schon früher veröffentlicht wird? Noch mehr Verwunderung löste die Frage aus, wie dieser sensationelle ›Beweis‹ fünfzig Jahre lang offenbar unbemerkt *auf einem Dachboden* schlummern konnte.

Könnte man es einem ernsthaften Erforscher des Unbekannten übelnehmen, daß er ein oder zwei Verdachtsmomente gegen ein Videoband hegt, welches erst wieder zum Vorschein kam, als sein gegenwärtiger Besitzer nach – man stelle sich das vor! – verschollenen Berichten über Elvis Presley suchte? Ray Santilli, der die Bänder in Großbritannien vertreibt, hält nichtsdestotrotz an der Behauptung fest, die Aufnahmen seien echt; er kann sieht absolut keinen Widerspruch darin, heute Disney-Ware und morgen Roswell-Videos zu verkaufen.

Geht man gutwillig davon aus, daß der Film keine Fälschung ist, ergibt sich tatsächlich eine überaus sensationelle Story: In den späten vierziger Jahren wird ein Army-Fotograf nach Fort Worth, Texas, gebracht und in einen winzigen, so gut wie kahlen Untersuchungsraum gebeten. Anschließend erhält er den Befehl, die Autopsie eines außerirdischen Wesens für die Nachwelt festzuhalten. Ein geheimer Auftrag, der für beinahe fünfzig Jahre geheim bleiben soll ...

Ob sich dieser Mann wohl gewundert hat, als er plötzlich einer Reihe von Ärzten in Schutzanzügen gegenüberstand? Hat er selbst nach einem solchen Anzug gefragt? Oder kam er einfach seinem Befehl nach und spulte in aller Ruhe sein Band ab, während vor ihm ein Außerirdischer aufgeschlitzt wurde? Hat er sich vielleicht darüber gewundert, daß in dem Raum niemand eine Uniform trug? Wer mögen die Zivilisten, die leider nie lange genug im Bild sind, als daß man sie identifizieren könnte, gewesen sein? Wurde der Kameramann angewiesen, was und wen er abzulichten hatte, oder sehen wir das Ergebnis seiner eigenen Kinematografie? So viele Fragen – noch bevor jemand überhaupt einen Blick auf den ›Außerirdischen‹ geworfen hat!

Als der Film erstmals ausgestrahlt wurde, unterzog man jedes einzelne Bild der genauesten Untersuchung seit dem Attentat auf John F. Kennedy in Dallas. Waren Telefonschnüre in den vierziger Jahren glatt oder spiralförmig? Hektische Anrufe bei arglosen Telefonsammlern brachten sowohl Modelle mit glatten als auch solche mit spiralförmigen Schnüren zum Vorschein. Sämtliche Zeitungsarchive in der Gegend von Fort Worth wurden von neugierigen Detektiven aufgesucht, die sich in Artikel aus der damaligen Zeit vertieften und nach Bildern von Telefonen, Radios und medizinischem Gerät fahndeten. Örtliche Telefondienste und Militärhistoriker wurden ebenfalls ausgedehnten Befragungen unterzogen. Ein älterer Arzt fand sich plötzlich im ungewohnten Rampenlicht wieder, als er gebeten wurde, die Authentizität des Verfahrens und der verwendeten Geräte zu beurteilen.

**NISEI**

**Der Originaltitel dieser Episode lautet ›Nisei‹. Das war eine während des Zweiten Weltkriegs verbreitete Bezeichnung für Amerikaner japanischer Abstammung, genauer gesagt für in Nordamerika geborene Kinder japanischer Eltern.**

**Sollten Sie jemals zusammen mit Außerirdischen in einem Quarantänewagen eingesperrt sein und eine sanft glimmende Tastatur bemerken, denken Sie an 1111471 und an 101331.**

Am Ende aller Bemühungen, den Bericht anhand von Details als Fälschung zu entlarven, blieben die Skeptiker ziemlich konfus zurück. Falls die im Film gezeigte Situation gestellt worden war, hatten die Autoren ähnlich gute Arbeit geleistet wie die auf diesem Gebiet erfahrenen Mitglieder des *Akte-X*-Teams. Sie müßten sich vor keinen anderen Filmemachern, die auf zeitgeschichtliche Authentizität Wert legen, verstecken.

Als sich schließlich das Augenmerk von der prosaischen Welt der Telefonsammler und pensionierten Ärzte auf die High-Tech-Welt moderner Spezialeffekte richtete, nahm eine ganze Reihe von Hollywood-Firmen den Film unter die Lupe. Dabei konzentrierte man sich auf den Leichnam selbst. »Es ist sehr gut gemacht. Wenn es ein Amateur war, hat er seine Berufung verfehlt«, lautete der abschließende Kommentar eines Spezialeffekteprofis. »Es ist *wirklich* gut gemacht.«

In der Tat wirkt der Körper selbst so verblüffend echt, daß er zu heftigsten Meinungsverschiedenheiten zwischen Anhängern und Skeptikern geführt hat. Zahlreiche winzige Details summieren sich für viele trotzdem zu dem Urteil ›Fälschung‹. Körperfett und Gewebe zum Beispiel ›hängen‹ nicht richtig: Sie sollten in Richtung Tisch hängen, nicht in Richtung der Füße des Körpers. Leichen, zumindest menschliche Leichen, bluten nach dem Tod nicht mehr stark genug, um soviel ›Blut‹ aus einem postmortalen Einschnitt quellen zu lassen, wie in dem Film gezeigt. Obwohl der ›Arzt‹ den Mund des Wesens untersucht, unternimmt er keinen Versuch, die Lippen zur Seite zu schieben oder den Kiefer nach unten zu klappen – beides gewöhnlich Bestandteil einer Autopsie. Der Mediziner scheint allgemein jeglichem Beugen, Bewegen oder Öffnen von Körperteilen abgeneigt zu sein – vielleicht weil Puppen oft echt wirken, bis sie bewegt werden? Ein weiteres Indiz dafür, daß der Tote eventuell ein wenig *zu* tot sein gewesen könnte, ist der Kopf, der in die Höhe schnellt, als das Gehirn in eine Schale entfernt wird.

Trotz allem finden sich einige Details, die auch Experten für Spezialeffekte gern derart gut zustande brächten. Die sechsgliedrigen Hände und Füße (eigentlich ein dominantes Merkmal genetischer Veränderung beim Menschen) erscheinen wundervoll proportioniert. Selbst die ›überzähligen‹ Finger und Zehen erwecken nicht den Eindruck, als wären sie hinzugefügt worden, sondern wirken täuschend echt. Kleinigkeiten wie die hauchdünne Membran, die das Gehirn umgibt, verleihen der ›Dokumentation‹ phasenweise tatsächlich einen Anflug von Realitätsnähe.

Aber die meisten Zuschauer – sogar den erfundenen Zuschauer Mulder – stört die überaus stimmige Kameraführung. Nicht nur wünscht man sich angesichts des auf- und abhüpfenden Bildes, daß der Kameramann an ein Stativ gedacht hätte – auch einige Schlüsselszenen wirken hoffnungslos gestellt. Warum verharrt die Kamera auf dem Einschnitt, der schließlich anfängt zu bluten, wenn der Kameramann davon vorher nichts wußte? Warum folgt er nicht wie vorher dem Skalpell? Und warum zeigt uns der Fotograf trotz seiner offensichtlichen Fähigkeit, aus jedem gewünschten Winkel filmen zu können, nie mehr als zwei Wände des Raumes? Vielleicht weil es wie bei allen kleinen, offenen Drehorten nur zwei Wände gibt?

Die drängendste Frage ist selbstverständlich: Was hatte dieses Material für einen Sinn, wenn die Army es verstecken ließ, nachdem es aufgenommen worden war?

Zwar können auch die Ufologen keine Antworten auf die Ungereimtheiten des Films geben, doch sie sammeln trotzdem Pluspunkte für ihre Theorie über außerirdische Besucher.

Eine der beliebtesten Verschwörungstheorien geht

**Zwar sprang David Duchovny nicht selbst von der Brücke auf das Dach des Zuges, aber er lief wirklich auf den sich bewegenden Wagen hin und her, um die Aufnahmen so realistisch wie möglich erscheinen zu lassen. Zu seiner Sicherheit war ein dünnes Seil um seinen Knöchel geschlungen und an der Seite des Waggons befestigt worden.**

davon aus, daß ›sie‹ Notfallpläne für sämtliche Situationen entwickelt haben, durch die die Wahrheit ans Licht gelangen könnte. Weil alles einem Zweck dient, läßt sich sogar die Existenz einer Fälschung in ein größeres Szenario einordnen. Anhängern der Verschwörungstheorie fallen dabei sofort zwei Möglichkeiten ein:

1. *Die Strategie der Abstumpfung.* Durch die gezielte Veröffentlichung von gefälschten Filmen schwächt die Regierung (oder Schattenregierung, wenn man dieser Theorie anhängt) das öffentliche Interesse an ihren außerirdischen Partnern im Laufe der Zeit ab – und muß deren Existenz somit nicht zugeben.
2. *Die Strategie der Unglaubwürdigkeit.* Wodurch ließe sich der Einfluß eines ›echten‹ Filmes, der versehentlich nach draußen gelangte, besser abschwächen als durch den willkürlich vermittelten Eindruck, daß sämtliche solcher Filme nichts weiter als gut gemachte Fälschungen sind? Wenn – wie der Deep Throat von *Akte X* einmal sagte – der beste Ort, eine Lüge zu verstecken, zwischen zwei Wahrheiten liegt, dann gilt im Gegenzug: Zwei Lügen bilden ein exzellentes Versteck für die Wahrheit.

Eine letzte, interessante Parallele zwischen der von Fox ausgestrahlten Autopsiedokumentation und der beim gleichen Sender laufenden erfundenen *Akte X* zeigte eine in UFO-Kreisen verbreitete Publikation, *The Desert Rat*, auf. Laut Herausgeber Campell und seiner Quellen wies das ›außerirdische Wesen‹ der Autopsie auf dem Oberarm ähnliche Narben einer Pockenimpfung auf wie die ›Außerirdischen‹ im Eisenbahnwaggon des Reservates. Sollte Ihnen das bislang bei keiner Ausstrahlung der Autopsie aufgefallen sein, müssen Sie deswegen nicht verzweifeln: Bestellen Sie sich doch einfach das Video!

## FEHLERHINWEIS!

Geschichtskenner lachten nach der Ausstrahlung von ›Die Autopsie‹
tagelang über die ›Satellitenfotos‹ der *Talapus*. Niemand erwartet, daß
jedes Requisitenteil neu angefertigt wird, aber ein so berühmtes Foto
wie das am 21. Mai 1941 von der *Bismarck* aufgenommene zu verwenden, es in zwei Teile zu schneiden und dann einem so gut informierten
Publikum wie den X-Philes unterzujubeln ... Kein guter Handgriff.
Wahre X-Philes stürzen sich nach der Ausstrahlung jeder Episode in
die Aufzeichnungen aus ihrem Geschichtsunterricht. Kenner des
Zweiten Weltkriegs erkannten in der Wasserstraße den Grimstad Fjord
(nicht den Panamakanal) und wußten, daß die Bilder in Wahrheit
von Royal-Air-Force-Piloten aus Spitfires heraus aufgenommen worden
waren, nicht von der deutschen, japanischen oder amerikanischen
Satellitenaufklärung.

# Codename: ›Der Zug‹

**ZUSAMMEN-FASSUNG**

Mulder ignoriert Scullys Warnungen und geht an Bord eines Zuges, der in seinem Quarantänewaggon einen ungewöhnlichen Passagier transportiert. Kurz darauf stellt er fest, daß er in eine Falle geraten ist. Scully nimmt die Untersuchung auf und erkennt schnell, daß ihre Beteiligung auf ihre eigene Entführung – und darüber hinaus – zurückgeht.

**HINTERGRUND**

## Einheit 731: der Schrecken zu Hause

Wie kaum einer anderen zeitgenössischen Fernsehsendung gelingt es *Akte X* immer wieder, moderne Horrorelemente raffiniert zu verfeinern und das Publikum mit bizarren Szenarien zu fesseln. Aber auch die wildesten Straßenfeger können die Realität, von der sie inspiriert wurden, kaum überbieten.

Mulders kurze Beschreibung der medizinischen Einheit 731 der japanischen Armee (der Originaltitel der Episode lautet ›731‹) kratzt allenfalls die Oberfläche der Leiden der mandschu-

**ZITAT**

»Die Welt wird nicht länger von dem Land mit den tapfersten Soldaten beherrscht, sondern von dem mit den besten Wissenschaftlern. Unglücklicherweise hat Ishimaru mit seiner geheimen Arbeit begonnen, ohne diejenigen daran teilhaben zu lassen, die sehr viel riskieren mußten, um ihm Asyl zu verschaffen.«

– DER ÄLTERE, Mitglied des Konsortiums

rischen Bevölkerung unter Dr. Ishii Shiro an. Der Doktor und seine Landsleute töteten Tausende durch Vivisektionen und Frostexperimente, durch bewußte Infizierung mit Krankheiten und chirurgische Eingriffe zu Übungszwecken. Dennoch werden ihre Verbrechen wie von einer fauligen Glasur von einer noch unmenschlicheren und grausameren Scheußlichkeit überlagert: Die *amerikanische* Regierung setzte die Experimente fort. Die beiden Länder hätten sich damals nicht in unterschiedlicheren politischen oder strategischen Positionen befinden können, obwohl der Krieg oft genug als Ausrede für die widerwärtigsten Akte aller Art hatte herhalten müssen und später auch dazu benutzt wurde, Amerikas starkes Interesse an japanischen Entwicklungen auf den Gebieten der chemischen und biologischen Technologie zu erklären.

Zwar sind jene Taten, die die Einheit 731 berüchtigt werden ließen, unmöglich zu verzeihen, doch der auf dem Militär Japans lastende Druck, sich Vorteile verschaffen zu müssen, ist nachzuvollziehen. Trotz einer langen Tradition der Kriegführung war das Land immer rohstoffarm. Im Gegensatz zu den Vereinigten Staaten, die zu jener Zeit in einer einzigen Fabrik mehr Stahl produzierten als Japan im ganzen Land, hatte die Nation nur sehr beschränkte strategische Optionen. Massenvernichtungswaffen wie die, die später auf Nagasaki und Hiroshima abgeworfen wurden, befanden sich noch für lange Zeit außerhalb der japanischen Reichweite. Es herrschte eine derart desaströse Knappheit an Rohstoffen sogar für einfachstes Kriegsgerät, daß ein einfacher Dosenöffner für japanische Infanteristen zum wertvollen Besitz wurde. Als daher die medizinischen Abteilungen der japanischen Armee im Bewußtsein der Unzulänglichkeiten auf anderen Gebieten vorschlugen, Methoden der biologischen und chemischen Kriegführung zu entwickeln – Methoden, für

1. Auf welche archai-
   sche Krankheit stößt
   Scully in Perkey,
   West Virginia?
2. Wodurch wurde die
   Botschaft THE
   TRUTH IS OUT
   THERE (dt. ›Die
   Wahrheit ist irgend-
   wo da draußen‹) aus
   dem Vorspann in die-
   ser Folge ersetzt?
3. Wo wird Ishimaru
   (Dr. Zama) umge-
   bracht?
4. Der Quarantänewag-
   gon besitzt spezielle
   Schlösser. Welche
   beiden Dinge sind
   notwendig, um eine
   Tür zu öffnen?
5. Warum kann Mulder
   Wagen 82517 nicht
   aus freien Stücken
   verlassen?

die Japan reichlich fähiges Personal zur Verfügung stand –, schien man endlich einen Weg zu eigenen Massenvernichtungswaffen gefunden zu haben.

Zwischen den beiden Weltkriegen hatte ein Wissenschaftler namens Ishii Shiro die zukünftigen Nöte seines Landes vorausgesehen und war nicht untätig geblieben. Nicht nur, daß er promovierte, die Tochter des Universitätspräsidenten heiratete und auf Kosten der Armee zahlreiche biologische Laboratorien in Europa besuchte – er schuf sich auch einen Namen als Erfinder, da er während einer Meningitisepidemie – deren Zufälligkeit bis heute nicht erwiesen ist – einen sehr effektiven Wasserfilter bastelte.

Als Japan 1931 die Mandschurei besetzte, befand sich Ishii Shiro in einer ausgezeichneten Ausgangsposition, um die Leitung einer neuen Abteilung für bakteriologische Forschung am Armeeschulungszentrum zu übernehmen. Weil schnell klar wurde, daß der Krieg mit China Hunderte, wenn nicht gar Tausende von Möglichkeiten bieten würde, Experimente an *Menschen* durchzuführen, gediehen die Pläne für die Mandschurei rasch.

Als Operationsbasis wurde Harbin ausgewählt; ab 1938 gehörte ein ausgedehntes Forschungsgelände bei Pingfan dazu. Bereits im August 1932 gründete Ishii Shiro mit nahezu unbegrenztem Budget die ›Abteilung für Seuchenschutz und Wasserreinigung der Kwantung-Armee‹. Dieser Zungenbrecher wurde erst 1941 öffentlich als Einheit 731 bekannt, als über die Schwesteroperation ›Abteilung zum Schutz vor Tierseuchen der Kwantung-Armee‹ (die die Bezeichnung Einheit 100 trug) ebenfalls unrühmliche Gerüchte nach außen drangen. Ishii Shiro, der den Rang eines Oberst innehatte und über ungefähr dreitausend japanische Staatsbürger und ein unerschöpfliches Reservoir an chinesischen Arbeitskräften und ›Subordinierten‹ verfügte, lebte seine Allmacht willkürlich aus. In seiner Ärzteschule unterrichtete er Hunderte von Doktoren.

Einer dieser Ärzte, Yuasa Ken, spricht offen über die Aktivitäten der Einheit. »Ich fragte den Doktor, der im Begriff war, eine Lendenanästhesie vorzunehmen, ob er die Einstichstelle nicht desinfizieren wolle. ›Wovon reden Sie? Wir töten ihn sowieso‹, antwortete er.« Später verzichtete man sogar auf eine Betäubung ...

Zahllose Mandschuren, die mit Wasser besprengt worden waren, flehten um Gnade, während sie nackt

**RÄTSEL 11**

Es wird schwieriger: Notieren Sie sich 2 Punkte für jede richtige Antwort.

6. Welche Sprache hat Mulder auf der High School gelernt?
7. Mit welchem Code gelangt der Attentäter in den Quarantänewaggon?
8. Mulder glaubt, daß er bei den Docks ein UFO gesehen hat. Was hat er nach Scullys Meinung gesehen?
9. Wie lautet der Code, mit dem der Quarantänewaggon verlassen werden kann?
10. Wer hat Dr. Zamas Notebook?

durch die eiskalte Nachtluft des Lagers taumelten. Die wenigsten überlebten bis zum Morgen. Diejenigen, denen es gelang, wurden häufig bei lebendigem Leib gehäutet, weil Wissenschaftler der Einheit 731 ›repräsentative Hautmuster‹ von den Personen entnahmen, die sich als kälteresistent erwiesen hatten.

Yuasa Kens Erklärung dafür, daß Hunderte von Menschen geopfert worden waren: »Es gab nicht genügend Chirurgen. Auch Augenärzte oder Kinderärzte mußten operieren. Also übten sie ... Die Soldaten konnten leichter zum Kämpfen gebracht werden, wenn sie wußten, daß ein Arzt in der Nähe war, der sich um sie kümmern konnte, falls sie verletzt wurden.« Natürlich kamen Yuasa Ken und seine Ärztekollegen nie auf den Gedanken, ihre Übungen an japanischen Mitbürgern vorzunehmen.

Weil Ärzte nach ihrer Fähigkeit im Umgang mit Waffen ausgewählt wurden und Krankenschwestern des japanischen Roten Kreuzes halfen, Zivilisten zu zerstückeln, überrascht auch der gefühllose Umgang mit Toten und Sterbenden nicht sonderlich. »Wir dachten, daß wir ihn, weil er noch atmete, nicht in die Grube werfen könnten, also injizierte der Direktor mit einer langen Kanüle Luft in sein Herz. Ein anderer Arzt – er lebt heute noch – und ich mußten ihn dann mit einem Draht würgen. Aber er starb noch immer nicht. Schließlich sagte ein älterer Unteroffizier: ›Doktor, er wird sterben, wenn Sie ihm eine Betäubungsspritze geben.‹ Anschließend warfen wir ihn in das Loch.«

Der Terror erscheint in einem bezeichnenden Licht, wenn man weiß, daß sich die Mitglieder der Einheit 731 auch an der Zivilbevölkerung skrupellos vergingen, und sei es nur, indem sie Angst und Schrecken verbreiteten. Die Einheit zeigte sich flexibel genug, um sowohl einzelne Morde als auch Massentötungen durchzuführen. Als hätte die Geschichte die These nicht bereits zur Genüge belegt, setzte sie Hunderte mit Seuchen infizierter Ratten in der näheren Umgebung aus. Man wollte sehen, ob sie ebenso effektiv den Tod brachten wie aus Flugzeugen abgeworfene Bomben. Sie taten es. In einem Dorf mit zweiundvierzig Familien starben dreiundvierzig Personen. Der Rest zerstreute sich in dem verzweifelten Versuch, die Ausbreitung der Krankheit zu stoppen und zu überleben. Ein Mann erinnerte sich später: »Ich sehe die Situation, in der meine Schwester starb, vor mir, als wäre es gestern gewesen. Sie war ganz allein in einer kleinen Hütte zurückgeblieben. Niemand kümmerte sich um sie. Als ich erfuhr, daß sie tot war, ging ich hin, um nachzusehen. Ihr Hals war angeschwollen. Sie war mit weit aufgerissenen Augen gestorben.« Wasserversorgung und Nahrungsmittellager wurden mit Cholera, Milzbrand und einer Reihe anderer Krankheiten verseucht. Einmal verteilte man während eines Festes mit Cholera versetzte Bonbons an Kinder.

Fünfzig Jahre später warten die Opfer der Einheit 731, unter ihnen Koreaner, Mandschuren, Mongolen, Russen und amerikanische Kriegsgefangene, noch immer auf eine Entschuldigung für die erlittene Not, auf ein Eingeständnis der ihnen zugefügten Qualen – und auf Gerechtigkeit. Während die Nürnberger Prozesse mit der Verurteilung deutscher Kriegsverbrecher zu Ende gingen, wurden die asiatischen Zwischenfälle emsig unter den Teppich gekehrt. Auf ähnliche Weise, wie die Operation Paper Clip (in ›Verschwörung des Schweigens‹) dazu gedient hatte, deutsche Kriegsgeheimnisse vor den Japanern in Sicherheit zu bringen, arrangierten sich die Amerikaner jetzt mit den Frauen und Männern der Einheit 731, um der Gefahr eines eskalierenden Kalten Krieges zu begegnen.

Eine Zeitlang behaupteten verschiedene Quellen, man habe von den Grausamkeiten nichts gewußt. Aber eine genauere Untersuchung widerlegt solche Entschuldigungen rasch. 1949 fand im sowjetischen Khabarowsk der Prozeß gegen die einzigen jemals für Kriegsverbrechen verurteilten japanischen Wissenschaftler statt. Die Ergebnisse der Verhandlungen wurden in einer jedermann zugänglichen Publikation veröffentlicht, nämlich der Schrift *Prozeß gegen frühere Angehörige der japanischen Streitkräfte, die der Herstellung und des Einsatzes bakteriologischer Waffen*

Für all jene, die einen Videorecorder und Grundkenntnisse in Japanisch besitzen, enthalten die Aufzeichnungen des Doktors einige interessante Einzelheiten: ›sechs Monate‹, ›Endlösung‹, ›außerirdisches Wesen‹ und ›geheime Experimente‹ ...

*beschuldigt wurden* (Haus für fremdsprachliche Publikationen, Moskau, 1950).

Aber bereits bevor diese Offiziere gefunden worden waren, hatte China nicht weniger als *siebenunddreißigmal* bei verschiedenen Gelegenheiten um internationale Unterstützung ersucht. Man hatte auf Massenvernichtungen durch biologische und chemische Waffen hingewiesen und auf die Ermordung sowohl von Zivilisten als auch von Kriegsgefangenen in den sogenannten ›medizinischen Einrichtungen‹ der Japaner.

In der Ausgabe des *Rocky Mountain Medical Journal* vom August 1942 erschien ein Artikel mit der Überschrift »Japaner setzen Chinesen als ›Versuchskaninchen‹ in Tests zur bakteriologischen Kriegführung ein«.

1942 protestierten auch die Vereinigten Staaten gegen den Einsatz bakteriologischer Bomben durch Japan über Changde – unter jenem Präsidenten, nämlich Franklin D. Roosevelt, der nur Wochen zuvor amerikanische Einrichtungen autorisiert hatte, mit der Forschung zur biologischen Kriegführung zu beginnen. Es verwundert daher nicht, daß die Proteste der Regierung nur sporadisch und sehr dezent wiederholt wurden.

Ignoranz ist heute nicht leichter zu ertragen als vor fünfzig Jahren. Während Dutzende von Deutschen zum Tode oder zu langen Haftstrafen verurteilt wurden, bestrafte man nach 1960 keinen einzigen japanischen Wissenschaftler. Nach entsprechenden Vereinbarungen mit der Regierung wurden auch nie Aufzeichnungen amerikanischer Ermittler veröffentlicht. Ishii Shiro kehrte wie die meisten Ärzte der Einheit 731 in ein angenehmes Privatleben zurück, wurde Inhaber einer blühenden Praxis und arbeitete nebenher in einflußreicher Position an einer bedeutenden Universität.

Die in *Akte X* aufgestellte Behauptung, daß jene Wissenschaftler freien Zugang in die Vereinigten Staaten und zu dortigen Universitäten und Laboratorien erhalten hätten, entspricht in vollem Umfang der Wahrheit. Aus Angst vor Enthüllungen in Japan emigrierten viele Ärzte der Einheit 731 in die USA. Dort erhielten sie, ohne daß unangenehme Fragen über ihre Vergangenheit gestellt worden wären, Anstellungen in Krankenhäusern und an Lehreinrichtungen.

Wenn man um ihre absolut uneingeschränkte Bewegungsfreiheit und die amerikanische Vorliebe für ausländisches Know-how und Wissenschaftler weiß, überrascht es nicht, daß *Akte X* die Geschichte der Einheit 731 auf so einfache Weise in eine Erzählung, die in Amerika spielt, einbauen konnte. Es ist nur allzu wahrscheinlich, daß jene Experimente in irgendeiner Form innerhalb der amerikanischen Grenzen fortgeführt wurden. Schon zur Zeit des Koreakrieges beschuldigten sowohl die chinesische als auch die koreanische Regierung das amerikanische Militär, bakteriologische Waffen einzusetzen. Während des Golfkrieges wurden amerikanische Soldaten gegen Krankheitserreger geimpft, die angeblich in den Labors der Vereinigten Staaten ausgestorben sein sollten, seitdem man dort die Experimente mit bakteriologischen Waffen eingestellt hatte. Zwischen diesen beiden Kriegen hatten die Vereinigten Staaten die eigenen Bürger munter radioaktivem Plutonium ausgesetzt...

Wie Japan unterzeichneten auch die USA das Genfer Abkommen zum Verzicht auf den Einsatz aller chemischen und bakteriologischen Waffen sehr spät. Amerika benötigte fünfzig Jahre, um seine Unterschrift auf die gestrichelte Linie zu setzen.

»Es ist grauenerregend und abscheulich, einen Menschen umzubringen. Aber noch schlimmer ist es zu vergessen, daß man es getan hat. Das ist das Schrecklichste, was man sich vorstellen kann (Yuasa Ken).« Im

Jahre 1996 bereitet es uns einige Schwierigkeiten zu entscheiden, wer etwas vergessen hat.

Über die Verbindung von historischen Tatsachen mit dem Roswell-Absturz gelang es *Akte X*, zwei Ereignisse zusammenzuführen, die offenbar in die gleiche Zeit gefallen waren. Außerdem erhalten wir Antworten auf die Frage »Was wäre, wenn?«, die wir oder andere möglicherweise gestellt hätten, wenn die Geschehnisse um die Einheit 731, einschließlich der amerikanischen Beteiligung daran, bereits damals veröffentlicht worden wären.

# Betreff: X-Akten.
## *Nur eine weitere Organisation mit drei Buchstaben?*

FBI und CIA waren bereits in die laufenden Geschichten und in die Verschwörung einbezogen, also konnte es nur eine Frage der Zeit sein, bis *Akte X* auch auf die dritte Organisation im Dreieck der Geheimdienste stoßen würde: auf die *National Security Agency*. Vielleicht blieb die NSA so lange unbemerkt, weil sie in einem weit abgelegenen Ort residiert. Im Gegensatz zu CIA und FBI, die ihre Hauptquartiere in Washington aufgeschlagen haben, sitzt die NSA in einer durchschrittlichen Gemeinde im ländlichen Maryland. Aber sie unterscheidet sich von den anderen durch mehr als nur die schöne Umgebung.

Hoovers Politik mag manchmal unergründlich gewesen sein, aber er wußte, daß er seinen Agenten einen guten Ruf verschaffen mußte – eine der effektivsten Waffen. Die Öffentlichkeitsarbeit war und bleibt ein wichtiger Bestandteil der FBI-Tätigkeit. Während Neuerungen auf den Gebieten der Technik und Spurensicherung vernünftigerweise nicht an die große Glocke gehängt wurden, lancierte man Nachrichten über jede einzelne Festnahme in sorgfältig formulierten Pressemitteilungen. Die CIA verfolgte eine ähnliche Strategie. Dagegen verzeichnete die NSA ihre größten Erfolge, als niemand etwas davon ahnte.

So läuft es nun einmal, wenn die Arbeit darin besteht, die Kommunikationseinrichtungen der Nation zu verteidigen und gleichzeitig Informationen fremder Geheimdienste in Erfahrung zu bringen. Die NSA und der ihr angegliederte *Central Security Service* (CSS) sind keine Verkehrsschutzbehörden. Sie stellen hochspezialisierte Techniker und Sicherheitsanlagen für andere Regierungsorganisationen und gelegentlich auch für zivile Einrichtungen zur Verfügung. Direkt dem Verteidigungsminister unterstellt, ist die NSA die einzige der drei Organisationen, die offiziell dem Pentagon angegliedert ist. Ebenfalls als einzige übt sie eine Aufsicht über die Geheimdienstabteilungen sämtlicher militärischer Einrichtungen aus. Dort, wo FBI und CIA sich vorsichtig bewegen müssen, gilt die NSA als angestammte Beobachterin.

Ihre grundlegende Aufgabe ist zweigeteilt: Erstens stellt sie sämtliches Personal und Gerät zur Verfügung, das für die Sicherheit von geheimen und offenen Informationen erforderlich ist. Zweitens überwacht, organisiert und sammelt sie fremde Signale. Beide Ziele dienen der Versorgung amerikanischer Behörden mit aktuellen und zuverlässigen Geheimdienstinformationen. Folglich ist ein großer Teil der NSA-Angestellten mit Kryptologie in sämtlichen Ausprägungen beschäftigt. Es überrascht auch nicht, daß NSA-Personal eng mit den Geheimdienstabteilungen von Verteidigungsministerium, Justizministerium (einschließlich FBI), Finanzministerium, Energieministerium und Außenministerium sowie mit der CIA zusammenarbeitet.

Von allen Behörden, die der Halseisen schleppende Attentäter aus *Akte X* als seine hätte ausgeben können, ist die NSA am unwahrscheinlichsten. Die wenigsten ihrer Agenten passen in das Bild normaler Feldagenten, denn die meisten sind Experten auf dem Gebiet der Ver- und Entschlüsselung. Neben Technikern, die Daten aufspüren wie das K-9-Drogen-Corps arbeiten in der NSA Linguisten, Übersetzer, Kommunikationswissenschaftler und Datenverarbeitungsfachleute. Ihre Agenten, die zum ersten Großrechner, zum ersten Festkörpercomputer, zur Entwicklung von Bandkassetten und zur Halbleitertechnologie beigetragen haben, treten in aller Regel nicht als Mörder von alternden Wissenschaftlern in Badezimmern auf – und über andere Fähigkeiten scheint der Attentäter aus *Akte X* nicht zu verfügen.

Die NSA-Beamten lassen sich auch höchst selten von moderner Technologie verblüffen. Die ständige berufliche Weiterentwicklung erlangte innerhalb von NSA/CSS derart große Bedeutung, daß eine eigene Abteilung, die *National Cryptologic School*, eingerichtet wurde, um dem wachsenden Bedarf nach interner Fortbildung gerecht zu werden. Als Indiz für den hohen Standard der Schule mag gelten, daß viele Abteilungen des Verteidigungsministeriums ihre Beschäftigten auf freiwilliger Basis an den NSA-Ausbildungsprogrammen teilnehmen lassen. Diese enge Beziehung zu den Streitkräften unterscheidet die NSA ebenfalls von ihren Geheimdienstvettern in Washington. Die NSA ist die einzige Behörde, die sowohl ziviles als auch militärisches Personal in ihren Reihen hat.

Vielleicht beeinflußt die Entfernung von Washington auch das Erscheinungsbild nach außen, denn die NSA wirkt wie eine eigenständige Gemeinschaft, als wäre sie eine eigene kleine Stadt. Einige Informationen:

- Die NSA ist der größte Arbeitgeber in Anne Arundel County und einer der größten im Bundesstaat Maryland.
- Sie besitzt eine eigene Abteilung für Umweltschutz und ist eine der wenigen Bundesbehörden, die freiwillig sämtliche nationalen, bundesstaatlichen und örtlichen Umweltschutzbestimmungen über die erforderlichen Normen hinaus einhalten.
- Im vergangenen Jahr wurden im Rahmen des Recyclingprogramms der NSA mehr als zweihundertfünfzig Tonnen Zeitungspapier, anderes Papier, Aluminium und Karton eingesammelt.
- Die NSA ist ein engagiertes Mitglied der *Association for Commuter Transportation* (ATC), eines nationalen Verkehrsverbandes für Berufspendler in den öffentlichen und privaten Sektoren.
- Seit vierundzwanzig Jahren sponsert die NSA ein Blutspenderprogramm. Mehr als zweihundert Mitarbeiter krempeln in regelmäßigen Abständen die Ärmel auf und spenden durchschnittlich über eintausendneunhundert Einheiten.
- Die NSA fördert nicht nur die alle zwei Jahre stattfindende Suche nach Knochenmarkspendern. Unter ihren Mitarbeitern befinden sich auch beinahe zweitausend registrierte freiwillige Knochenmarkspender, von denen viele stolz darauf sind, daß sie bereits gespendet haben.
- Im Bewußtsein um die Problematik, neue Technologien für Behinderte nutzbar zu machen, hat die NSA ein *Center for Computer Assistive Technology* (dt. Zentrum für computerunterstützte Technologie) eröffnet. Dort wird ein Beitrag geleistet, um bestehende Lücken auf diesem Gebiet zu schließen.
- Die NSA wurde vom Bundesstaat Maryland offiziell für den freiwilligen gemeinnützigen Einsatz ihrer Mitarbeiter gewürdigt. Jedes Jahr leisten ihre Angestellten Tausende von kostenfreien Stunden an örtlichen Schulen ab, dozieren, bilden aus und helfen auf unterschiedlichste Art und Weise.

Eine solche Organisation verbirgt kaum einen Agenten mit einer Vorliebe für Klaviersaiten.

Möglicherweise war der Gemeinschaftssinn auch die treibende Kraft hinter der jüngsten Initiative der NSA: die Eröffnung des *National Cryptologic Museum* (dt. Nationales Museum für Kryptologie). Nach jahrelangem Warten auf die Freigabe ihrer Exponate hat die NSA endlich die Gelegenheit erhalten, in der Öffentlichkeit zu glänzen. In einer eindrucksvollen Geschichte der Kryptologie stellt das Museum unter anderem Gerätschaften, Mitarbeiterbiografien und Muster der Codes, die Amerikaner und ihre Feinde gleichermaßen verblüfft haben, aus.

Eines der Ausstellungsstücke ist ein absolutes Muß für X-Philes, denen die Bemerkung des Kettenrauchers gefiel, man habe sich von einer Handvoll Navajo mit gutem Gedächtnis schlagen lassen: Der im Ersten Weltkrieg von den Codesprechern geleistete Beitrag ist in bemerkenswerter Ausführlichkeit dokumentiert. Er informiert auch über die Beteiligung der Choctaw, Komantschen, Kiowa, Winnebago, Hopi, Cherokee, Seminolen und Navajo. Auch die Weiterentwicklung durch die Armee vor 1941 und die ausschließlich auf der Navajo-Sprache beruhende Version, die sich dann als so zuverlässig erwiesen hatte, sind ausgestellt.

Es verwundert nicht, daß das Bild einer Organisation, die in *Akte X* sowohl einen Albert Hosteen als auch einen hinterhältigen Attentäter beheimateten soll, ein wenig verzerrt wirkt. Sofern die NSA in der Geheimhaltung nicht noch besser ist, als allgemein vermutet wird, ist sie die Behörde, deren Agenten am seltensten in Zwischenfälle verwickelt sind.

---

## Die NSA

Sind Sie auf der Suche nach einer Karriere im Geheimdienst, die *keine* Unannehmlichkeiten mit Kevlar-Westen und herumschwirrenden Kugeln beinhaltet? Sind Sie eher der Typ Lone Gunman als ein mutiger Agent wie Mulder und Scully? Dann könnte die NSA der richtige Ort für Sie sein.

Die NSA besetzt nicht nur regelmäßig Vollzeitpositionen in verschiedenen Bereichen, sondern bietet auch Praktika und Teilzeitarbeit für Studenten. Solche Stationen wirken in jedem Lebenslauf beeindruckend!

Vollzeitarbeitsplätze werden in den Bereichen Mathematik, Computer- und Elektro-/Elektroniktechnik, Informatik sowie einer Reihe von Sprachprogrammen besetzt (asiatische Sprachen, Sprachen des Mittleren Ostens und slawische Sprachen mit Ausnahme von Russisch). Stellen in den Bereichen Büroorganisation, Computerhandhabung sowie Rechnungs- und Buchführungswesen werden von der NSA sowohl als Vollzeitposten als auch als Nachmittagsstellen im Rahmen des Arbeits- und Lernprogramms für High-School-Schüler besetzt.

## VOLLZEITPOSTEN BEI DER NSA

Zusätzlich zu den Hilfs- und Bürokräften, die jedes Jahr eingestellt werden, besteht ständiger Bedarf an Spezialisten folgender Bereiche:

**Mathematiker.** Mathematiker sämtlicher Spezialgebiete werden innerhalb der NSA als Kryptografen, Kryptoanalysten, Ingenieure, Datenverkehrsanalysten und Computersicherheitsexperten eingesetzt.

**Computer- und Elektro-/Elektronikingenieure.** Ingenieure beschäftigen sich mit Entwurf, Entwicklung, Erprobung und Bewertung von Systemen zur elektronischen Kommunikation und Signalverarbeitung, ferner mit Mustererkennung und Signalanalyse sowie mit dem Entwurf von Spezialcomputern, Antennen und Radarsystemen. Außerdem bearbeiten sie das komplexe Aufgabenfeld der Sicherheit landesweiter Informationssysteme und Netzwerke. Dieser Bereich umfaßt zum Beispiel die Entwicklung von Strategien gegen den möglichen Verlust oder die Verfälschung von Informationen durch Netzwerkpiraterie. Die multidisziplinären Aufgaben erstrecken sich unter anderem auf die rasch wachsenden Technologiefelder Optik, Laser, Akustik und Mikroprozessoren.

**Informatiker.** Die Informatiker der NSA arbeiten in einem der größten und modernsten Computer- und Datenverarbeitungszentren der Welt. Positionen werden in so verschiedenen Aufgabenbereichen wie Datenbankverwaltung und künstliche Intelligenz besetzt.

**Sprachspezialisten.** Sprachspezialisten arbeiten innerhalb der NSA an Übersetzungen, Transkriptionen, Dokumentationen und Analysen.

Reale Problemstellungen ermöglichen ihnen die tägliche Weiterentwicklung ihrer Sprachfertigkeiten.

## BESCHÄFTIGUNGSMÖGLICHKEITEN AUF COLLEGE-EBENE

Die NSA rekrutiert ihre Mitarbeiter nicht nur aus den besten etablierten Fachleuten des Landes, sondern unterstützt auch vielversprechende Studenten durch verschiedene Lern- und Arbeitsprogramme.

**Kooperatives Ausbildungsprogramm (Co-op).** Im kooperativen Ausbildungsprogramm können Studenten während einer Serie von aufeinander aufbauenden Arbeitsphasen ihr ›Bücherwissen‹ an realen Problemen erproben. Die Bandbreite der Aufgabenfelder ermöglicht es den Studenten, die sich oft noch nicht für einen bestimmten Karrierezweig entschieden haben, Erfahrungen auf unterschiedlichen Gebieten zu sammeln.

**Sommerprogramm.** Für College-Studenten, die nicht an einem Co-op-Programm teilnehmen, besteht die Möglichkeit, die interessante Arbeitsumgebung der NSA im Rahmen eines Sommerprogramms kennenzulernen. Das Programm steht Studenten, die ihr erstes Jahr am College abgeschlossen haben, für einen ganzen Sommer offen.

**Direktoren-Sommerprogramm.** Das Direktoren-Sommerprogramm ist ein zwölfwöchiger Sommerworkshop für College-Studenten der Mathematik, die durch hervorragende Leistungen auf sich aufmerksam gemacht haben. Die Teilnehmer arbeiten mit Mathematikern der NSA zusammen an besonderen kryptomathematischen Problemstellungen. Das Programm ist zugangsbeschränkt und richtet sich vornehmlich an Studenten zwischen Grund- und Hauptstudium. Andere Studenten mit herausragenden Leistungen können sich jedoch ebenfalls bewerben.

**Das Undergraduate-Trainingsprogramm.** Dieses Programm bietet einigen ausgewählten High-School-Absolventen eine hervorragende Gelegenheit. Es richtet sich in erster Linie an Schüler, die einer ethnischen Minderheit angehören. Im Rahmen des UTP besuchen die Teilnehmer nach dem High-School-Abschluß ein College, um einen Abschluß in Informatik, Elektro- oder Computeringenieurwesen, Mathematik oder

Fremdsprachen (je nach Sprachenbedarf der NSA) abzulegen. Die Studenten sind von College-Gebühren befreit und beziehen ein ganzjähriges Gehalt. Sie arbeiten während der Sommerferien und werden nach ihrem Abschluß von der NSA garantiert in ein Vollzeitarbeitsverhältnis übernommen. Die Teilnehmer verpflichten sich, nach ihrem College-Abschluß zumindest für die eineinhalbfache Dauer ihrer Studienzeit bei der NSA zu arbeiten. Dieses Programm ist zugangsbeschränkt.

## PROGRAMME AUF HIGH-SCHOOL-EBENE

Die NSA fördert zwei Programme für High-School-Schüler:

**Arbeits- und Lernprogramm für High-School-Schüler.** High-School-Schüler können bei der NSA eine Teilzeitanstellung erhalten. Sie arbeiten während ihres letzten Schuljahres zwischen sechzehn und fünfundzwanzig Wochenstunden und erhalten viele der Vergünstigungen ihrer College- und Vollzeitkollegen. Das Programm vermittelt den Teilnehmern praktische Erfahrungen auf den Gebieten Büroorganisation, Computerhandhabung sowie Rechnungs- und Buchführungswesen.

**Begabtenförderungsprogramm.** Dieses Sommerprogramm (zweiunddreißig Wochenstunden) ermöglicht außergewöhnlich talentierten Studenten der unteren und oberen Jahrgänge eine Zusammenarbeit mit den Besten der NSA in den Bereichen Mathematik, Informatik und Ingenieurwesen. Die Tutoren übernehmen die Verantwortung dafür, daß die Schüler ihre technischen Fähigkeiten weitestmöglich entwickeln.

Wie in den meisten staatlichen Beschäftigungsverhältnissen sind auch die Vergünstigungen durch die NSA äußerst großzügig bemessen. Sie erstrecken sich auf alle Programme, einschließlich jener für Teilzeitkräfte und Schüler. Die Gehälter liegen ähnlich wie die in der privaten Wirtschaft oder sogar höher. Viele der Positionen auf College-Ebene beinhalten die Befreiung von Studiengebühren, Reisekostenerstattung und eine ständige berufliche Fortbildung. Nicht zu verachten ist schließlich auch das hübsche Abzeichen.

# Codename: ›Offenbarung‹

**ZUSAMMEN-FASSUNG**

Scully glaubt, die an Stigmata erinnernden Verletzungen eines kleinen Jungen aus Ohio könnten übernatürlichen Ursprungs sein, aber diesmal ist Mulder skeptisch. Dafür sind beide in einem anderen Punkt derselben Meinung: Der Junge hat die Liste der Opfer eines Serienmörders, der abnormalen religiösen Überzeugungen anhängt, zusammengestellt.

**HINTERGRUND**

### Zwischen Tatsache und Glaube

Der unselige Reverend Findley erklärte: »Wunder sind wunderbar aus sich selbst heraus. Sie bedürfen weder einer verstandesmäßigen Erklärung noch einer Rechtfertigung.« Damit stieß er bei seinen überzeugten Anhängern auf offene Ohren. Der Mehrheit fällt dagegen ein derart bedingungsloser Glaube – sei es an die Wissenschaft oder in einem höheren Zusammenhang – schwer. Sobald wir mit etwas Unerklärlichem wie den Stigmata oder sogar mit der noch schwerer faßbaren Frage nach der Heiligkeit konfrontiert werden,

**ZITAT**

»Entweder ist er ein psychotischer religiöser Fanatiker, der ganz versessen darauf ist, seine Irrungen der Welt mitzuteilen, oder ein weniger problematischer Psychopath, der einfach einen mörderischen Haß auf die Kirche hat. Vielleicht ist er auch nur ein enttäuschter Ministrant.«

– Fox Mulder

schaltet sich unsere angeborene Neugier ein und fragt nach dem Wie und dem Warum.

Wären Male wie die Stigmata nur in religiösen Geschichten vorgekommen oder hätten sich ebensowenig quantifizieren lassen wie ein Gebet, dann wären sie wahrscheinlich für immer ein streng spirituelles Thema geblieben. Tatsächlich betrachteten die ersten weltlichen Untersuchungen des Phänomens auch nicht die Stigmata als solche, sondern konzentrierten sich auf eine Reihe von Vorfällen, bei denen Menschen von Persönlichkeitsstörungen betroffen waren.

Nach einer hypnotischen Rückführung in ihr früheres Leben wies Ann Dowling deutliche Blutergüsse auf, als sie wieder in den Wachzustand zurückkehrte. Diese Blutergüsse standen mit dem gewaltsamen Tod ihres ›früheren Ichs‹ Sarah Williams in Zusammenhang. Die renommierteste medizinische Fachzeitschrift Großbritanniens, *The Lancet*, berichtete von einem Armeeoffizier, der geträumt hatte, er wäre gefesselt worden, und mit tiefen blutigen Striemen an beiden Armen erwachte.

Der Verdacht, daß sich die Betroffenen die Verletzungen selbst zugefügt hatten, wurde in Tests, deren Methoden sowohl Mulders als auch Scullys Erwartungen voll entsprochen hätten, widerlegt.

Ein anderer, von den Medien ausführlich dokumentierter Fall betraf ein berühmtes Opfer der multiplen Persönlichkeitsstörung. Chris Sizemore (die Eve in *Die drei Gesichter der Eve*) konnte sich in normalem geistigem Zustand zwar schemenhaft an ein traumatisches Erlebnis aus ihrer Kindheit erinnern. Als sie geistig in jene Zeit zurückversetzt war, erlebte sie den Tag, an dem ihr Kleid Feuer gefangen und sie sich Brandwunden zugezogen hatte, deren Narben annähernd vierzig Jahre lang sichtbar blieben, in allen Einzelheiten nach. Die erwachsene Chris wälzte sich

RÄTSEL 12

Leichte Fragen: Notieren Sie sich 1 Punkt für jede richtige Antwort.

1. Was ist an Reverend Findleys ›Sakristei‹ ungewöhnlich?
2. Wie beschreibt Mulder den Entführer von Kevin, Owen Jarvis?
3. Was findet Scully zwischen den Brandmalen an Owens Hals?
4. Welcher kaum wahrnehmbare Geruch geht nach Scullys Meinung von Owen Jarvis' Leichnam aus?
5. Was stellt Simon Gates mit dem Türgriff an Kevin Kreiders Haus an?

Es wird schwieriger: Notieren Sie sich 2 Punkte für jede richtige Antwort.

6. Wo predigt Reverend Findley?
7. An welcher ungewöhnlichen Krankheit leidet Gates nach Mulders Meinung?
8. Wie gelangt Simon Gates in das Badezimmer des Motels?
9. Wo befinden sich Kevins Verletzungen?
10. Wohin wird Scully durch Mr. Kreidlers rätselhaften ›Kreislauf‹-Kommentar geführt?

Ihre Punktzahl:

auf dem Boden, versuchte, die unsichtbaren Flammen zu ersticken, und schrie nach ihrer Mutter. Ihrer tatsächlichen Umgebung war sie sich in dieser Situation nicht mehr bewußt. Angehörige stellten anschließend entsetzt fest, daß sich die Haut rund um die ursprünglichen Brandwunden herum dunkelrot verfärbt hatte. Die alten Narben warfen Blasen und entzündeten sich. Kalte Tücher, die man auf die ›Wunden‹ legte, begannen zu dampfen.

Die Angst und die Qual, die Chris und die anderen empfanden, waren zweifellos echt. Die einzige Verbindung zwischen ihnen besteht darin, daß sie sich gelegentlich von ihrem ›normalen‹ Bewußtseinszustand entfernten. Teilweise aufgrund der Erfahrungen mit Eve begannen Psychologen andere Personen mit multiplen Persönlichkeitsstörungen zu untersuchen. Nur wenige Fälle erwiesen sich als so spektakulär wie der von Chris, aber Dutzende zeigten ähnliche physiologische Eigentümlichkeiten. Clair Beauville zum Beispiel entwickelte eine chronische Schuppenflechte. Kaum eine Stunde nach deren Auftreten trug ihr anderes Ich, Candy Belle, nach wie vor eine makellos rosafarbene Haut zur Schau. Robert Connerys Allergie gegen Hundehaare war medizinisch belegt, aber jedes seiner dreizehn alter Egos hätte problemlos beim örtlichen Tierarzt arbeiten können.

Verlauf und Ausprägung des Phänomens der Stigmatisation wurden bereits ausführlich dokumentiert. Kein Forscher, der diese Bezeichnung verdienen will, kann ihre lange Tradition ignorieren. Worin auch immer sie ihren Ursprung hat – die Stigmatisation ist ein offensichtlich unerklärliches physiologisches Phänomen. Gebet und Meditation wurden unter Laborbedingungen als veränderte Bewußtseinszustände nachgewiesen. Bedenkt man, daß Stigmatisierte oft ›mit einer anderen Stimme‹ sprechen und sich an religiöse Erfahrungen häufig Amnesie und Selbstanrede in der dritten Person anschließen, erkennt man die Parallelen zwischen Stigmatisation und multipler Persönlichkeitsstörung deutlich.

Der übersinnliche Charakter, den einige große Religionen der Stigmatisation zuschreiben, hätte dieses Phänomen womöglich auch weiterhin der wissenschaftlichen Erforschung entzogen, wäre es nicht zu einem bedeutsamen Ereignis gekommen. Eine an multipler Persönlichkeit leidende Frau hielt sich über Ostern im Haus ihres behandelnden Arztes, Dr. Lechler, auf. Die Frau, die wir zur Wahrung ihrer Anonymität Anna nennen wollen, hatte zusätzlich zu den üblichen Symptomen der multiplen Persönlichkeitsstö-

rung (MPS) eine ausgeprägte Neigung zur Hypochondrie. Immer wenn sie sich mit einer belastenden Situation konfrontiert sah – zum Beispiel einem Besuch bei ihrer Familie oder einer Entscheidung über ihre weitere Behandlung –, entwickelte sie Krankheitssym-

*Akte X* könnte dafür verantwortlich sein, daß Owen wieder zu einem beliebten Vornamen wird. Das liegt an den ›Schutzengeln‹ in *Akte X,* die in irgendeiner Form Owen hießen. Ein Owen hatte über Kevin zu wachen; die Krankenschwester Owens kümmerte sich wundervoll um ihren Schützling Scully.

ptome. Einmal hustete sie sogar plötzlich Blut, als hätte sie sich mit TBC infiziert. Nachdem Anna einer österlichen Lesung über die Kreuzigung beigewohnt hatte, war Dr. Lechler verständlicherweise beunruhigt.

Nicht zu Unrecht.

Binnen weniger Stunden klagte sie über Schmerzen in Händen und Füßen.

Da die Patientin ihre Zustimmung zu einer Hypnosetherapie gegeben und sich bereits vielen Sitzungen zur Diagnose und Behandlung ihrer Krankheit unterzogen hatte, entschied Dr. Lechler, etwas Neues auszuprobieren, um den Grad ihrer Beeinflußbarkeit herauszufinden. Statt zu versuchen, Annas ›Anfall‹ durch hypnotische Suggestion Herr zu werden, riet er ihr, weiterhin an die Lesung zu denken und sich dabei auf eine vertraute Person zu konzentrieren – den heiligen Franziskus, den vielleicht berühmtesten Stigmatisierten. Als er sie am nächsten Morgen wiedersah, setzte er sie sofort unter Hypnose und forderte sie auf, von ihren Gedanken zu berichten. Auf ihren Hand- und Fußrücken, in den Handflächen und an den Fußsohlen waren offene Wunden aufgetreten.

Vielleicht weil er Gewissensbisse verspürte, erklärte Dr. Lechler Anna zunächst, wie schwierig es sei, der Stigmatisation den ihr zukommenden Stellenwert innerhalb der Forschung zu verschaffen. Dann legte er ihr ausführlich dar, was seiner Meinung nach in dem noch unerforschten Bereich ihrer Gedankenwelt vor sich ging. Erwiesenermaßen war Anna, obwohl sie unter multipler Persönlichkeitsstörung, Hypochondrie und depressiven Anfällen litt, eine willensstarke Frau. Sie ertrug nicht nur die einschneidende Veränderung, die ihre Behandlung seit jenem Tag erfahren hatte, sondern ermutigte Dr. Lechler auch, alle notwendigen Schritte zu unternehmen, um diese mysteriösen Ereignisse in einen mit traditionellen Mitteln besser kontrollierbaren Rahmen zu bringen.

Sozusagen auf Stichwort von Dr. Lechler bluteten Annas Hände und Füße während der nächsten Monate mehrmals; blutige Tränen rannen über ihre Wangen, an ihrem Kopf erschienen Verletzungen von einer eingebildeten ›Dornenkrone‹, und ihre Schultern schmerzten von dem imaginären Kreuz, das sie schleppte. Angesichts der Tatsache, daß ihr diese ›Wunden‹ psychosomatischen Ursprungs heftige Schmerzen bereiteten, leuchtet Annas Wunsch, ihre Situation zu begreifen, ein. Ihr Interesse daran ließ sich mit dem von Dr. Lechler auf eine Stufe stellen und räumte den Verdacht auf absichtliche Selbstverstümmelung aus.

Versuchsreihen mit unzähligen Freiwilligen über einen Zeitraum von zehn Jahren haben zweifelsfrei bewiesen, daß Stigmatisation tatsächlich stattgefunden hat. Im Gegensatz zu Reverend Findley aus *Akte X* mit seinen IV-Beuteln und -Sonden hatte jedoch keiner der untersuchten Stigmatisierten etwas gegen eine Beobachtung einzuwenden. Niemand zeigte das geringste Interesse daran, irgendwelche Symptome zu simulieren oder im Blickpunkt der Öffentlichkeit zu stehen – das absolute Gegenteil war der Fall.

Die große Mehrheit der Wissenschaftler gehört irgendeiner Religion an. Die erwähnten Untersuchungen konnten auch den Glauben des katholischen Dr. Lechler – oder den Annas – in keinster Weise unterhöhlen.

Unbestreitbar ist, daß Stigmata in Zusammenhang mit anderen Syndromen entstehen, aber der *Mechanismus*, der das spontane Auftreten offener Wunden bewirkt und sie in einem Bruchteil der medizinisch erforderlichen Zeit wieder verheilen läßt, ist noch nicht ausreichend erforscht. Der Ausspruch »Art, heilt Euch selbst« erhält im Licht dieser Erkenntnisse eine veränderte Bedeutung.

Nur in einzelnen Fällen kann der Glaube an eine die Materie beherrschende Psyche als Erklärung für die zahlreichen Fälle von Stigmatisation herangezogen werden. Der unbestechliche Charakter Heiliger, der Duft nach Blumen, den man ihren Aufenthaltsorten zuordnet, die Heilungen an Orten, die mit ihnen in einer bestimmten Verbindung stehen, und andere Zeichen der Gnade können nicht lediglich den Hirngespinsten von Menschen zugeschrieben werden, die längst tot sind. Da wir offenbar alle so empfänglich für Vermutungen sind, daß wir die Vorfälle mit unserer eigenen Vorstellungskraft am Leben erhalten, ist die Frage nach der Realität eines Wunders möglicherweise irrelevant, wird der Glaube zu einer eigenständigen Kraft.

# Codename:
# ›Krieg der Koprophagen‹

**ZUSAMMEN-FASSUNG**

Um den Unannehmlichkeiten zu entfliehen, die die Desinfektion seiner Wohnung mit sich bringt, begibt sich Mulder zu seinem alten Lieblingsort in Vineyard. Scullys freie Stunden werden wiederholt von den Nachforschungen ihres Partners über ›Killerschaben‹ unterbrochen. Als sich die Todesfälle häufen, regt sich sogar in Scully der Verdacht, daß auf der Insel etwas nicht stimmen könnte.

## Es gibt nichts Schöneres als eine kleine Massenhysterie ...

**HINTERGRUND**

... um eine Gemeinschaft zu gemeinsamem Handeln zu bringen. Ob deren Mitglieder dann beschließen, auf der Straße zu tanzen, sich imaginäre Wunden aufzukratzen

**ZITAT**

»Scully, wenn es eine außerirdische Zivilisation gibt, die technologisch so weit fortgeschritten ist, daß sie künstlich-intelligente Raumschiffe bauen kann, die in die entferntesten Winkel des Alls vorstoßen, warum sollten sie dann nicht fähig sein, die Gewinnung von Methangas aus Dung zu perfektionieren? Auf einem von Dung produzierenden Lebewesen wimmelnden Planeten könnten sie sich damit eine ergiebige und nie versiegende Energiequelle erschließen.«

— Fox Mulder

137

oder unschuldige kleine Küchenschaben zu massakrieren – wie es die Bewohner von Grover's Mill taten – scheint nicht von Bedeutung zu sein, solange es nur *en masse* geschieht.

Seit Jahrhunderten haben sich die Menschen zusammengerottet, um Unerklärliches zu tun. Einer der ersten dokumentierten Vorfälle ereignete sich im 13. Jahrhundert in dem kleinen italienischen Dorf Thepilia. In der Meinung, von Scharen umherwandernder Taranteln gebissen worden zu sein, strömten die Dorfbewohner auf die Straßen, schrien, schüttelten sich heftig und *tanzten* in etlichen Fällen wie wild herum. Jeder zehnte Betroffene wurde von Krämpfen geschüttelt; kaum jemand blieb frei von Symptomen. Merkwürdigerweise kam niemals eine Spinne zum Vorschein.

Die Bevölkerung von Thepilia, die zu jener Zeit aus wenig mehr als tausend Menschen bestand, unternahm weiterhin Reisen, trieb Handel und knüpfte Kontakte mit anderen Orten. Es dauerte nicht lange, bis sich die ›Zustände‹ auf angrenzende Gemeinden übertragen hatten. In Gegenden, in denen man noch nie eine Tarantel gesehen hatte, wurde diese *Tanzwut* als ›Veitstanz‹ bekannt. Die Raserei, das Herumspringen, die krampfhaften Zuckungen und natürlich das Tanzen hielten unvermindert an. Gegen Ende des Jahrhunderts gab es in Europa kein einziges Land, in dem nicht Fälle von Veitstanz zu beobachten gewesen wären, aber die Verbindung zur Tarantel war praktisch in Vergessenheit geraten.

Im Jahre 1634 ereignete sich in Indien ein besonders spektakulärer Fall von Massenwahn. Der brutale Mord an der betagten Großmutter Idhiri Anwarahadrani, begangen von einer Gruppe junger Männer, hatte in der örtlichen Gemeinschaft bereits für erhebliche Unruhe gesorgt. Die Tatsache, daß das Verbrechen an einem heiligen Ort, in einem der Tempel, geschehen war, ließ das Ereignis noch schrecklicher erscheinen. Während des Begräbnisses fiel zu allem Unglück auch noch Idhiris Enkelsohn in Ohnmacht und kam erst nach drei Tagen wieder zu Bewußtsein. Nachdem er erwacht war, verkündete er eine Vision, die er angeblich während seines Komas gehabt hatte: Seine Großmutter wolle an der ganzen Stadt Rache üben, weil ihre Mörder, Söhne einer Familie aus der obersten Kaste, nicht bestraft worden seien. Die Bevölkerung der Stadt wurde daraufhin von einer kollektiven Angstwelle überrollt.

Zuerst bemerkten es Freunde von Idhiri Anwaharadranis Familie, anschließend ihre Hausangestellten, dann Nachbarn; zuletzt behauptete beinahe das ganze Dorf, Idhiris Rufe gehört zu haben – wenn ihr Tod nicht gesühnt werde, würden alle mit Blindheit geschlagen werden! Sogar völlig gesunde Erwachsene, die von außerhalb in das Dorf kamen, schlossen sich der Behauptung an, nachdem sie im Tempel gewesen waren. Es überrascht kaum, daß die Jugendlichen, die in den Mord verwickelt gewesen waren, tot aufgefunden wurden und daß die Heimsuchung der Stadt kurz danach aufhörte.

Um Zugang zu den Mechanismen zu erhalten, durch die Gruppenwahn *vermutlich* ausgelöst wird, müssen wir bei der Manipulierbarkeit des Individuums ansetzen. Es ist nachvollziehbar, daß bestimmte Gruppen wie geistig schwache, ungebildete oder auch leichtgläubige Menschen in einer extremen Situation von der Gemeinschaft mitgerissen werden können. Das erklärt aber auch nicht ansatzweise, weshalb ganze Ortschaften, die ja ein breites Spektrum von Persönlichkeiten umfassen, in ihrer Gesamtheit betroffen sein können.

Eine im Jahre 1992 abgeschlossene Studie belegt relativ überzeugend, daß praktisch jeder dazu gebracht werden kann, konträr zu seinen eigentlichen Überzeu-

## RÄTSEL 13

**Leichte Fragen: Notieren Sie sich 1 Punkt für jede richtige Antwort.**

1. Für welche Firma arbeitet der Kammerjäger?
2. Warum ist Mulder in Massachusetts?
3. Auf welcher Film nehmen die Personen in dieser Episode häufig Bezug?
4. Welches Shampoo bevorzugt Scully für ihren Hund?
5. Was ist an dem Insektenskelett, das Mulder findet, ungewöhnlich?

**Es wird schwieriger: Notieren Sie sich 2 Punkte für jede richtige Antwort.**

6. Welche Todesursache vermutet Scully bei dem Arzt, der im Badezimmer gefunden wird?
7. Wie heißt Dr. Berenbaum mit Vornamen?
8. Was verbrennen die Jungen in ihrem selbstgebastelten ›Labor‹?
9. Was ist an dem Insekt, das Mulder als Muster besorgt hat, seltsam, abgesehen davon, daß es ›wie ein Schmetterling aufgespießt‹ ist?
10. Wie lautet der Slogan der Firma Dr. Eckerle's Company, Alt-Fuels Inc.?

gungen zu handeln. Dazu bedarf es keiner Form von Gehirnwäsche im herkömmlichen Sinne (also durch chemische Mittel, Entzug von Sinneswahrnehmungen oder körperliche Mißhandlung).

Während eines Experimentes, bei dem vorgegeben wurde, es solle die Wirkung verschiedener Analgetika (schmerzstillende Mittel) getestet werden, befanden sich vierzehn Testpersonen in einem Raum. Sie erhielten Schaltknöpfe, mit denen sie, wie sie glaubten, elektrische Stromstöße an vierzehn Freiwillige, die sich auf der anderen Seite des Raumes befanden, absenden konnten. In Wirklichkeit waren die Knöpfe Attrappen und die vierzehn ›Freiwilligen‹ Schauspieler aus einer örtlichen Theatergruppe. Von Zeit zu Zeit schlenderten vier ›Ärzte‹ zwischen den Reihen hindurch, prüften scheinbar die Verfassung der Probanden und versicherten den Testpersonen, daß alles in Ordnung sei. Auf

## »WAS IST – FRÜHSTÜCK BEI TIFFANY?«

Haben Sie bemerkt, was Scully in dieser Episode liest? Frühstück bei Tiffany, einen Roman, den David Duchovny nicht so schnell vergessen wird. Seine Teilnahme an einer Prominentenrunde der Sendung ›Jeopardy‹, in der er gegen Stephen King und Lynn Redgrave antreten mußte, begann für ihn zunächst sehr vielversprechend. Klar in Führung liegend, legte er ein Allgemeinwissen an den Tag, das in diesem Umfang bei Schauspielern, deren Karriere oft wenig Zeit für andere Interessen läßt, eher selten anzutreffen ist. Das Themengebiet der Finalrunde von ›Jeopardy‹ schien Duchovny, der einen Magister in englischer Literatur hat, wie auf den Leib geschnitten, und alles deutete auf einen haushohen Sieg hin. Welcher Anglistikabsolvent – der noch dazu aus New York stammte – würde bei den Begriffen ›Capote‹ und ›berühmtes Hotelrestaurant‹ nicht sofort auf Frühstück bei Tiffany kommen? Doch David Duchovny hatte offenbar einen Blackout. Seine Spielpartner liefen ihm in letzter Sekunde den Rang ab.

Anweisung der ›Ärzte‹ wurden die Testpersonen dazu gebracht, Stromstöße in einer Stärke auszuteilen, welche die ihnen zuvor als ungefährlich beschriebenen Höchstgrenzen weit überschritt – obwohl eine Schauspielerin sehr überzeugend einen Herzanfall simulierte.

Nur ein einziger aus der Gruppe der Testpersonen, die sich aus sieben Ärzten, zwei Krankenschwestern, zwei Feuerwehrmännern und drei Geistlichen zusammensetzte, weigerte sich, die Testreihe bis zum Ende durchzuführen.

In Auswertungsgesprächen nach Abschluß der Tests wurden die Teilnehmer einzeln gefragt, weshalb sie bereit gewesen waren, ihren Mitmenschen etwas anzutun, das diesen doch offensichtlich erhebliche Schmerzen zugefügt habe. Dabei ergaben sich eine Reihe übereinstimmender Antworten. Als erstes gaben die Testpersonen an, sie hätten uneingeschränktes Vertrauen in die berufliche Kompetenz der ›Ärzte‹ gehabt, die den Test durchgeführt und überwacht hatten. Zweitens glaubten alle, im Dienst eines ›höheren Zieles‹ gehandelt zu haben. In diesem Glauben waren sie dadurch bestärkt worden, daß ihre ›Tester-Kollegen‹ im öffentlichen Dienst der Gemeinde standen und dort angesehene Positionen bekleideten. Drittens fühlten sich die Testpersonen einem starken Druck ausgesetzt, das ihnen auferlegte Problem lösen zu müssen. Erst der an vierter Stelle genannte Grund dürfte der triftigste gewesen sein: Keiner der Freiwilligen habe den Versuch unternommen, sich aus seiner mißlichen Lage zu befreien. Letzteres sowie der Einfluß der falschen Ärzte hatte die Testpersonen zusätzlich in ihrem Glauben an die Dringlichkeit des Experimentes bestärkt. Die Beobachtungen legen den Gedanken nahe, daß selbst vernünftige Menschen wider besseres Wissen handeln, wenn ein gemeinschaftliches Interesse im Spiel ist.

Die Bewohner der Gegend um Vancouver herum haben wahrscheinlich geschmunzelt, als sie auf der Rückseite des Rollstuhls den Schriftzug G. F. Strong lasen. G. F. Strong ist ein Rehabilitationszentrum in Vancouver.

Allerdings ist dieses gemeinschaftliche Interesse nicht immer klar ersichtlich.

Zwei Wochen nach Beginn des Krieges am Persischen Golf litten sechzehn Schüler und fünf ihrer Lehrer an völlig unerklärlichen Symptomen, darunter sogar erhöhten Kohlendioxydwerte im Blut. Die Symptome verschwanden wieder, als die Schule beschloß, den Krieg erst nach seinem Ende in der Unterrichtsstunde Aktuelles Zeitgeschehen zu behandeln.

Weil in vielen Fällen von Massenhysterie auch Elemente von Hypochondrie eine Rolle spielen, untersuchen Psychologen heutzutage verstärkt die Frage, ob gehäufte Fälle universaler Allergien und das verbreitete Syndrom chronischer Müdigkeit zum Teil auf die Schnellebigkeit unserer modernen Welt und auf Zukunftsängste zurückzuführen sind.

Der bekannteste Fall der letzten Zeit ereignete sich in Berry im Bundesstaat Alabama. Die etwa vierhundert Kinder dieser Gegend besuchten – wie sollte es anders sein? – die Elementary School in Berry, eine ganz und gar gewöhnliche Schule, an der es bis 1973 nicht die geringste Unregelmäßigkeit gegeben hatte.

Am 11. Mai jenes Jahres aber änderte sich das schlagartig. Drei Lehrer und siebzig Schüler wurden in das Fayette-County-Krankenhaus eingeliefert, zwanzig von ihnen bewußtlos. Zwischen Ohnmacht und Erbrechen schrien die anderen und zerkratzten sich die Haut. Noch vor Ende des Tages sollten weitere beängstigende Symptome auftreten, darunter Taubheit und Lähmungen. Zu dem Zeitpunkt, als die ersten entsetzten Eltern in der Klinik eintrafen, bluteten einige Kinder aus einer Vielzahl von offenen Kratzwunden stark. Weil zunächst keine Ursache festgestellt werden konnte, unterzogen die örtlichen Behörden sämtliche Bereiche einer intensiven Untersuchung. Man zog verschiedene Ursachen in Erwägung, unter anderem den

Kontakt mit Giftstoffen, eine neue, mysteriöse Form der Legionärskrankheit, Insektenschwärme und Verstrahlung.

Als sich der Zustand der Kinder zu stabilisieren schien und keine neuen Symptome mehr auftraten, begannen Psychologen mit einer Befragung. Eine bizarre kleine Geschichte kam schließlich ans Licht: Alles hatte mit einem Mädchen begonnen, das nicht hatte stillsitzen können ...

Wie aus einer Zusammenfassung der Berichte hervorgeht, war die Schülerin der fünften Klasse wieder in die Schule gekommen, nachdem sie sich von einem Hautausschlag erholt hatte. Der von der Krankheit zurückgebliebene Juckreiz veranlaßte sie aber, sich gelegentlich zu kratzen. Dadurch ging das Jucken in ein Brennen über, und sie kratzte sich noch mehr. Schließlich störten die Verrenkungen, die sie vollführte, den Unterricht, und die Lehrerin forderte sie auf, sich nach draußen in die Aula zu begeben. In der anschließenden Pause scharten sich ihre Freundinnen um sie, und nach kurzer Zeit waren alle damit beschäftigt, sich wie wild zu kratzen. Da sämtliche Versuche, die Ursache des unbändigen Juckreizes abzuwaschen, erfolglos blieben und einige der Mädchen in Panik gerieten, versammelten sich zahlreiche neugierige Kinder im Waschraum. Alle wollten die Ursache für die Aufregung erfahren. Zur Mittagszeit saßen bereits in jedem Klassenzimmer einige Kinder, die sich heftig kratzten. Versuche, den Juckreiz durch Abreiben mit Alkohol zu lindern, reizten die geschundene Haut noch mehr, und bevor irgend jemand realisierte, was tatsächlich vor sich ging, hatte es die Schule mit Dutzenden von schreienden Kindern zu tun. Da ging den Verantwortlichen allmählich auf, daß sie Zeugen einer Massenhysterie waren.

Schritt für Schritt sondierten Mediziner mögliche

143

Gründe für die ›Epidemie‹. Die Vorfälle hatten vor dem Mittagessen begonnen – das bedeutete, daß eine giftige Substanz in der Verpflegung ausgeschlossen werden konnte; Wasser kam als Ursache ebenfalls nicht in Frage, denn nicht alle Kinder, bei denen Symptome aufgetreten waren, hatten den Versuch unternommen, sich an den Brunnen der Schule oder im Waschraum zu reinigen. Abgesehen von einigen Schülern, die erhöhte Temperatur hatten, war kein Fieber aufgetreten, und Blutuntersuchungen hatten keinerlei Abnormitäten ergeben – dadurch konnte eine Infektion durch Bakterien oder Viren ebenfalls mit hoher Wahrscheinlichkeit ausgeschlossen werden. Die Tatsache, daß sich einige der Schüler überraschend schnell erholten, brachte die Ärzte letztendlich zu der Überzeugung, daß die Erkrankung auf keiner biologischen Ursache beruhte.

Was blieb also übrig?

Allergien? Siebzig Schüler und sechs Lehrer, die zur gleichen Zeit von der gleichen Allergie befallen worden waren, hätten an sich schon ein medizinisches Wunder dargestellt. Aber darüber hinaus ergab die Untersuchung der Kratzspuren, daß nur bestimmte Körperstellen von dem Juckreiz betroffen waren. Bei einer Allergie, die keine Kontaktallergie ist, kommt dies in der Regel nicht vor.

Giftige Substanzen? Raumluft, Wasser, Schmutzpartikel, Staub, im Gebäude verwendete Baustoffe, Bodenbelag – alles, was nur im geringsten Gift hätte enthalten können, wurde Untersuchung ins Labor geschickt.

Ergebnislos.

Die Untersuchung der Vorfälle an der Schule in Berry ist heute noch nicht abgeschlossen, aber niemand erwartet ernsthaft, daß ein einzelner Auslösefaktor – sei es eine Tarantel oder eine Küchenschabe – gefunden wird.

# Die erstaunliche Küchenschabe

Zwar mag die Küchenschabe kein Musterexemplar für außerirdische Wesen sein, aber sie ist ein ausgesprochen bizarres Geschöpf. Einige Beispiele:

- Wie drückt eine Küchenschabe ihr Mißfallen aus? Genau wie der Mensch: Sie besitzt Speicheldrüsen und spuckt, wenn sie gereizt wird! Tatsächlich nimmt sie auch, wie Dr. Bambi uns erzählt hat, ein Bad, wenn sie von einem Menschen angefaßt worden ist.
- Küchenschaben haben achtzehn Knie.
- Sie können eine ganze Woche ohne Wasser und einen Monat ohne Nahrung überleben.
- Die größte Schabe der Welt ist in Südamerika beheimatet. Sie kann eine Länge von über fünfzehn Zentimetern und eine Flügelspannweite von mehr als dreißig Zentimetern erreichen.
- Möchten Sie eine Küchenschabe aus der Fassung bringen? Strahlen Sie sie mit rotem Licht an; in rotem Licht sieht sie nichts.
- Eine Schabe kann vierzig Minuten lang den Atem anhalten.
- Die durchschnittliche amerikanische Küchenschabe legt in einer Stunde knapp fünf Kilometer zurück.
- Haben Sie jemals eine weiße Küchenschabe gesehen, ähnlich der in der letzten Szene von ›Krieg der Koprophragen‹? Sie hatte sich gerade gehäutet.

**Dr. Buggers Vertreter verwechselte in den Schulungsunterlagen den Abschnitt über die geologischen Zeitalter. Küchenschaben sind über zweihundertachtzig Millionen Jahre alt und damit in der Ära des Karbon anzusiedeln.**

Nachdem man das Hundeshampoo ›Die, Flea, Die!‹ und das Insektenspray ›Die, Bug, Die!‹ gesehen hat, muß man sich fragen, ob Darin Morgan von dem abscheulichen Horrorfilm ›Die, Monster, Die!‹ beeinflußt wurde.

- Das Schiff *H.M.S. Bounty* war ein Luxushotel für Schaben. Kapitän Bligh mußte es mit kochendem Wasser desinfizieren.

- Küchenschaben galten in Europa als Glücksbringer und waren ein weitverbreitetes Geschenk bei Hauseinweihungsfeiern.

- Wie Scully sagte: Es gibt Menschen, die eine Allergie gegen Küchenschaben entwickeln. Zwar besteht auch die Möglichkeit eines anaphylaktischen Schocks, aber üblichere Symptome sind Hautreizungen und Atembeschwerden.

- Das Herz einer Küchenschabe besteht lediglich aus einer Röhre mit Ventilen zu beiden Seiten; darüber wird das Blut vor- und zurückgepumpt. Trotzdem wird auf dem Totenschein einer Schabe als Todesursache niemals Herzversagen stehen – der Herzschlag kann monatelang aussetzen, ohne daß die Schabe dadurch beeinträchtigt wird.

- Eine Küchenschabe kann eine ganze Woche ohne Kopf weiterleben. Sie stirbt schließlich nur, weil sie ohne Maul kein Wasser aufnehmen kann.

146

# Codename: ›Energie‹

Bei der Untersuchung eines Satanskultes müssen sich Mulder und Scully nicht mit den üblichen gehörnten Ungeheuern, Pentagrammen und mitternächtlichen Schwarzen Messen herumschlagen. Statt dessen stoßen sie auf einen quälenden Geruch, verrückte Fernsehgeräte, ›todsichere‹ Federmechanismen an Garagentoren – und auf zwei junge Mädchen, die am treffendsten mit dem Begriff ›kosmisch‹ zu beschreiben sind.

**ZUSAMMEN-FASSUNG**

## Wenn nichts mehr hilft: Satanskult und Kindesmißbrauch

**HINTERGRUND**

Der Prozeß gegen McMartin dauerte sieben Jahre und verwurzelte die Verbindung Satanskult, Kindertagesstätten und Kindesmißbrauch in den Köpfen der Amerikaner. Ganz eindeutig nahm er auch Einfluß auf Carter und sein Autorenteam. Der Fall wird in der ›Energie‹-Episode nicht nur als Beispiel für eine Hexen-

**ZITAT**

»Ich nehme nicht an, daß in letzter Zeit Berichte über gestohlene kleine Kinder aufgetaucht sind? Oder über Massengräber, die irgendwo in der Stadt entdeckt wurden? Wahrscheinlich haben Sie auch keinen Altar oder einen anderen handfesten Beweis für eine Schwarze Messe gefunden.«

– DANA SCULLY

jagd-Mentalität erwähnt, sondern ihm entstammt auch die Charakterisierung ›Spiele nackter Filmstars‹, die von einem Zeugen benutzt wurde.

Der McMartin-Prozeß führte unter anderem zu einer ungewöhnlichen Form von Nachahmungskriminalität. Statt Krimineller, die den Modus operandi von Berufskollegen übernahmen, wurden plötzlich ganze Gemeinden, Staatsanwälte und Gesetzeshüter selbst zu Verbrechern. Kindesmißbrauch im Rahmen von Satansritualen, vor dem Fall McMartin so gut wie unbekannt, wurde in dem Moment zu einem ›Syndrom‹, als sich die Medien auf dieses seltsame Vergehen stürzten und bekannte Psychologen eine erste Liste von Anzeichen und Symptomen dieses neuesten Frevels zusammenstellten.

Das öffentliche Interesse am Fall McMartin und an anderen Satansritual-Prozessen hatte eine umfassende Untersuchung von Ritualmorden zur Folge. Beamte, die bemüht waren, gegen Fälle von Kindesmißbrauch (und sogar Tiermißbrauch) vorzugehen, erhielten wichtiges Anschauungsmaterial. Zwar trat nicht unbedingt »das wilde Ungeheuer, das eine Schwarze Messe zelebriert, Blut trinkt und ein kleines Kind oder eine blonde Jungfrau opfert«, zutage, das Scully im Fall De Boom voraussagte, aber es gab andere Gemeinsamkeiten in diesen Fällen von paranoidem Massenwahn. Elemente davon wurden nahtlos in die reichlich von schwarzem Humor durchsetzte Episode ›Energie‹ eingearbeitet.

Nahezu zwingend steht der Beschuldigte in enger Verbindung zu den jüngsten Mitgliedern der Gesellschaft. In ›Energie‹ sieht sich der unglückselige Dr. Godfrey, ein ehedem angesehener Kinderarzt, einer aufgebrachten Menschenmenge auf seiner Eingangstreppe gegenüber. Im Fall McMartin waren Lehrer und Tagesstättenbetreuer der privaten McMartin-Vorschule, die sowohl bei den Schülern als auch bei der Konkurrenz als hervorragende Einrichtung galt, das Ziel der Angriffe. Noch vor Abschluß des McMartin-Prozesses wurden Beschäftigte an einundzwanzig anderen Institutionen für Kinder im Vorschulalter ebenfalls mit Vorwürfen überhäuft. Hinzu gesellten sich Hausangestellte, Pflegeeltern, Bürgermeister, Großeltern, Lehrer an öffentlichen Schulen, Polizisten und Nachbarn. Wie Dr. Godfrey waren auch diese Beschuldigten seit langer Zeit an ihren jeweiligen Heimatorten ansässig, und kaum jemand von ihnen war in der Vergangenheit straffällig geworden. Erst recht konnte niemandem eine frühere Verbindung zu Fällen von Pädophilie oder Satanskult nachgesagt werden.

Obwohl *Akte X* dafür bekannt ist, die Realität zu verdrehen, und das Publikum dabei häufig das Fürchten lehrt, hätten die Autoren Schwierigkeiten gehabt, die tatsächlichen Vorwürfe aus der ›Ära der satanischen Tagesstätten‹ an Schrecklichkeit zu überbieten. Was mit dem Fall McMartin begann, ist heute noch längst nicht abgeschlossen, aber wenn wir uns an die während des Prozesses von Belastungszeugen vorgebrachten Aussagen halten, ergibt sich folgendes Bild: In schwarzen Roben wandelnde Mitarbeiter der McMartin-Tagesstätte zündeten inmitten ihres Pentagrammdekors rote oder schwarze Kerzen an, um anschließend unter anderem ein Pferd *mit bloßen Händen* zu töten. In anderen Situationen verschleppten sie Kinder in Autowaschanlagen, um sie dort in schamloser Weise zu belästigen, oder sie brachten sie in ›unterirdische Tunnel‹, wo sie an satanischen Ritualen teilnehmen mußten. Die Knochen kleiner Tiere, die während dieser Rituale geopfert wurden, füllten angeblich eine Grube, die an Tiefe die Körpergröße der Kinder übertraf. Sollten alle Kinder, die angeblich an den ›Spielen der nackten Filmstars‹ teilnehmen mußten, die sexuellen Handlungen durchgeführt haben, die in Zeugenaussagen und

Anklageschriften aufgeführt wurden, dann müßte die Masse des Filmmaterials eine weitere solche Grube füllen. Einige Kinder beschuldigten sogar Lehrer, die die Arbeit an der Schule erst aufgenommen hatten, *nachdem* die Kinder an eine öffentliche Schule gewechselt waren!

Man fragt sich, wann die fleißigen Angestellten die Zeit fanden, Erdnußbutter-Sandwiches herzurichten oder all die kleinen Kunstwerke und Basteleien zu produzieren, mit denen den Eltern mögliche ›Unregelmäßigkeiten‹ im Spielprogramm ihrer Kinder verschleiert wurden ...

Ungeachtet der offensichtlichen Absurdität der Vorwürfe, gingen Eltern und Strafverfolgung kein Risiko ein. Die Voruntersuchung stellt jene im Fall O. J. Simpson in den Schatten: *Achtzehn Monate* Prozeßvorbereitung benötigten Ermittler und Anwälte, um schließlich festzustellen, daß sie nicht genügend stichhaltige Beweise hatten, um auch nur fünf der Vorschullehrer anklagen zu können. Weder fand man die Grube mit den Tierknochen – Massengräber sind offenbar trotz ihrer Ausmaße besonders schwer zu entdecken –, noch die beschriebenen Tunnel, Roben, Kerzen oder ›Geheimkammern‹. Es überrascht nicht, daß Ermittler, die an anderen Fällen arbeiteten, keine Altarüberreste auf Waldlichtungen oder zerstückelte, ermordete Kinder fanden.

Am auffälligsten war jedoch die Tatsache, daß die Kinder *keinerlei* körperliche Beeinträchtigungen aufwiesen. Einige der beschriebenen Sexualakte konnten unmöglich ausgeführt worden sein, ohne daß den Kindern dabei ernsthafte körperliche Schäden zugefügt worden wären. Im Fall McMartin und auch in anderen erwiesen sich die befragten Kinder als völlig gesund. Es wurden weder Traumata festgestellt, noch fanden sich Indizien für sexuellen Mißbrauch.

Auch die ›Beweise‹, die gegen Peggy Boccie und ihren Sohn Ray, der angeblichen Pferdemörder, vorgebracht wurden, klangen wenig überzeugend. Die Befragung von Ray Boccie, die in den achtziger Jahren unseren Jahrhunderts stattfand, erinnerte an die Hexenprozesse aus den achtziger Jahren des 17. Jahrhunderts. Man wollte wissen, ob er jemals voreheliche Beziehungen gehabt habe. Seine Abneigung dagegen, im heißen Kalifornien Unterwäsche zu tragen, machte die Staatsanwaltschaft zum belastenden Indiz. Daß er den *Playboy* abonniert hatte, kam etwa vierzigmal zur Sprache – obwohl die Zeitschrift legal millionenfach im Umlauf ist und ihre Beliebtheit auch damals bereits als belegt gegolten haben dürfte. Aber den eindeutigsten Beweis für Rays kriminelle Energie sah man in seinem Interesse für die in den achtziger Jahren so populäre ›Macht der Pyramiden‹…

Alle Anklagen gegen frühere Angestellte der McMartin-Vorschule wurden schließlich fallengelassen. Rund fünfzehn Millionen Dollar hat der sieben Jahre dauernde Prozeß den Steuerzahler gekostet. Das Unternehmen der McMartins und ihr guter Ruf waren ruiniert, und einige der Angestellten hatten ihr gesamtes Vermögen für Anwaltshonorare ausgegeben. Ein Ehepaar verlor seine Kinder an das Jugendamt und verbrachte zwei Jahre damit, sich das Sorgerecht zurückzuholen. Zu allem Überfluß waren offenbar auch noch etliche Kinder zur ›Aufarbeitung ihrer Erinnerungen‹ gezwungen worden. Sie hatten sich stundenlangen Befragungen und sogenannten ›Therapien‹ unterziehen müssen, die mit Fug und Recht als psychische und physische Folter bezeichnet werden können.

Angesichts der Absurdität der Vorwürfe – von der Entführung an Bord eines Raumschiffes bis zur Brandmarkung wurde alles mögliche behauptet – muß man sich fragen, wie diese belastenden Aussagen anfangs

Glauben finden konnten. Ray Boccie hätte sicher kein Pferd in die Vorschule mitbringen können, ohne damit einiges Aufsehen zu erregen. Wie konnten dann erst Berichte, er hätte das Pferd mit bloßen Händen getötet – was ja an sich schon eine Aufgabe für einen Herkules wäre – für bare Münze genommen werden?

Nach Aussagen von Soziologen und Beamten des FBI, die mit entsprechenden Untersuchungen befaßt waren, boten die achtziger und neunziger Jahre unseres Jahrhunderts einen ausgesprochen fruchtbaren Nährboden für Ängste und Wahnvorstellungen – insbesondere dann, wenn Kinder und Praktiken des New Age betroffen waren.

In den frühen Achtzigern stieg die Scheidungsrate auf mehr als das Doppelte an. Die Ehe schien mit einem Mal Schnee von gestern zu sein, und die freie Liebe galt wieder als das Lebensgefühl schlechthin. Kinder – und auch deren Eltern – fanden sich damit in einer völlig neuen, beängstigenden Situation wieder. Nachgewiesene und vermutete Fälle von böswilligem Verlassen, Kämpfen um das Sorgerecht, Entführungen und leider auch von sexuellem Mißbrauch häuften sich und führten bald zu ernsten sozialen Mißständen. Die Kinderbetreuung außerhalb der Familie war neu und brachte den Eltern schwere Schuldgefühle.

Etwa zur selben Zeit wurden Ratgeber, Therapeuten und andere, die schnelle Hilfe versprachen, zu Medienstars. Dabei schien es von untergeordneter Bedeutung zu sein, ob der Befragte einen akademischen Titel führte, die unausgegorenen Theorien seines jüngsten Buches darlegte oder lediglich Vorschläge für eine neue ›therapeutische‹ Übung vorstellte. Einer dieser sogenannten Experten, Dr. Harvey Klaus, hatte seinen Doktortitel innerhalb von sechs Wochen über eine zwischenzeitlich aufgelöste Sekte erhalten und während dieser ›Promotion‹ als Tellerwäscher in einer Caféteria gejobbt. Es gelang ihm, mit seinem Nebenberuf als Sachverständiger beim FBI für Fragen zum Thema Teufelsanbetung in nicht weniger als dreiundvierzig Fernsehinterviews zu erscheinen.

In Wahrheit hatte das FBI nie von diesem Dr. Klaus gehört. Es gab keinen Beweis dafür, daß er jemals als Ratgeber in irgendeiner Angelegenheit konsultiert worden war. Unglücklicherweise stellten nicht alle Unternehmen so hohe Ansprüche wie das FBI, so daß bald unqualifizierte Therapeuten in ganzen Horden über die Vereinigten Staaten herfielen. Die Vorstellung von standardisierten Auswertungsmethoden ging über Bord, denn mittlerweile stand es jedem frei, sein eigenes Verfahren anzuwenden.

Dann begegnete auch die Religion, die früher eine Domäne der Kirchen mit ihren leuchtendweißen Türmen hinter ebenso weißen Holzzäunen gewesen war, dem New Age. Sekten, Kulte und Freidenkerorganisationen schossen wie Pilze aus dem Boden. Zahlreiche Neugründungen reflektierten den Wunsch der Bevölkerung, althergebrachte Glaubensmuster in den modernen Lebensstil zu integrieren. Frauenrechtlerinnen, Vertreter der Ganzheitslehre und sogar die Umweltbewegung wurden in den Strudel hineingezogen, und es entstanden unter anderem auch ein paar neue ›Religionen‹, die Nischen für sich entdeckt hatten. Diese Gruppierungen schienen allerdings eher entlang eines Zwölf-Punkte-Programms organisiert zu sein als nach den traditionellen Strukturen des Gottesdienstes. In dem Bestreben, ihre Anhänger, die selbst nur in Nischen der Gesellschaft lebten, zu unterstützen und zu schützen, stießen die Neuen auf ein bekanntes Problem: Was sich im Umfeld einer geheimen Vereinigung bewegt, ist Auslöser für Spekulationen – in der Regel für negative Spekulationen.

Zwei Bücher, die vorgaben, die wahre Natur der Ge-

**Zufall? In dieser Folge taucht ein Arzt namens R. W. Godfrey auf – eine Anspielung auf den *Akte-X*-Coproducer R. W. Goodwin?**

heimreligionen zu enthüllen und zu definieren, ergingen sich in einem Feuerwerk konspirativer Theorien. Mike Warnke, der Autor des Buches *Der Agent des Satans*, behauptete, aufgrund eigener Erfahrungen zu wissen, daß Satansanhänger eine tiefverwurzelte und weitverbreitete Organisation seien, die nicht nur in den Vereinigten Staaten, sondern in der ganzen Welt tätig sei. Etwa zur selben Zeit tauchte in den Regalen der Buchhandlungen *Michelle Remembers* auf, der angeblich authentische Bericht über die Genesung einer Frau, die als Kind in einem Satansritual mißbraucht

Dana Wheeler-Nicholson

worden war. Beide Bücher schilderten in blutrünstigen und unheimlichen Details Ereignisse, die von den Autoren als ›alltäglich‹ bezeichnet wurden.

Andere Fälle von Mißbrauch im Rahmen von Satansritualen weichen nur selten gravierend von den Vorkommnissen in diesen beiden Büchern ab. Wie auch Scully in ›Energie‹ feststellte, waren die ›Enthüllungen‹ seither ›überwiegend klischeehaft‹. Natürlich behaupten andererseits manche Leute, die Ähnlichkeiten seien – vergleichbar mit den Übereinstimmungen in den Aussagen von UFO-Entführten – Ergebnis der Authentizität der Berichte.

Die Überzeugung, die Satansrituale enthielten Formen des Mißbrauchs und motivierten Verbrechen, wuchs, so daß das FBI schließlich trotz eines Mangels an gerichtlich verwertbaren Beweisen beschloß, eigene Untersuchungen anzustellen. Die Ermittlungen richteten sich gegen so unterschiedliche Vergehen wie die Schändung jüdisch oder christlicher Gebetsstätten und den Massenmord an Geistlichen.

Typische Berichte über Mißbrauch im Rahmen von Satansritualen dürften jedem X-Phile bekannt sein; bald wurden sie auch den Untersuchungsbeamten vertraut:

- Junges Mädchen, noch Jungfrau und sehr hübsch, wurde während eines Satansrituals geschwängert; kurz vor dem Geburtstermin muß das Mädchen abtreiben, das Baby in einem Ritualmord opfern und dessen Herz unter den Augen der Kultanhänger verzehren. Die Überreste des Opfers werden, da für die Satansjünger ohne weiteren Wert, in einem Massengrab entsorgt.
- Vorschulkind erwähnt ein ›neues Spiel‹, über das es nicht reden darf und das für gewöhnlich in einer Betreuungssituation außerhalb der elterlichen Wohnung ›gespielt‹ wird. Unter bestimmten Methoden, einschließlich Hypnose, Rückführungstherapie und ›Rollenspiel‹, treten bizarre Erzählungen zutage. Erwachsene, in Roben mit Kapuzen gekleidet, legen das nackte Kind auf einen Altar, bemalen es mit Blut oder blutigen Symbolen, zelebrieren eine Schwarze Messe und töten es symbolisch oder tatsächlich. Häufig werden im Rahmen des Rituals

kleine Tiere getötet und sexuelle Handlungen an dem Kind vorgenommen. Der Leichnam oder die Kadaver werden in einem Massengrab beseitigt.

Unglücklicherweise warten Ermittler wie *Supervisory Special Agent* Kenneth Lanning von der Abteilung für Verhaltensforschung beim FBI nach der Untersuchung von ungefähr dreihundert zur Anzeige gebrachten Fällen noch immer darauf, wenigstens einen kleinen Wachstropfen zu finden. Dabei müßte die Spurensicherung nach derart ausgedehnten Ritualen auf gerichtlich verwertbare Beweise in Hülle und Fülle gestoßen sein. Es erscheint mehr als logisch, daß blutige Ritualmorde, zu deren Ausführung eine nicht unbedeutende Zahl von Utensilien erforderlich ist und die sich über Stunden hinziehen, Spuren hinterlassen.

Auch wenn keine greifbaren Beweise vorhanden sind – es liegt in der Natur des Menschen, daß er sich mit anderen unterhält, daß innerhalb einer Gruppe Meinungsverschiedenheiten auftreten und manche die Gruppe verlassen. Satansanhänger bilden da offenbar eine unerhört loyale Ausnahme. Noch nie hat jemand einen Augenzeugenbericht über einen Fall von Mißbrauch oder Mord abgegeben. Keine der angeblichen ›Babylieferantinnen‹ war im Kreis ihrer Bekannten und Verwandten als schwanger bekannt, keine suchte in den langen Monaten ihrer Schwangerschaft Behörden auf, keine verschwand lange genug aus ihrem gewohnten Umfeld, um eine unbemerkte Schwangerschaft plausibel erscheinen zu lassen. Selbst Mafia und CIA, anerkanntermaßen zwei der undurchsichtigsten Organisationen in den Vereinigten Staaten, hinterlassen ständig irgendwelche Spuren. Aber die Satansjünger, denen Hunderte von Verbrechen unterstellt werden, hinterlassen nicht einmal den Hauch einer Spur in den Geschäften für Kerzen und schwarze Stoffe.

Zwar ließe sich der Mangel an Beweisen dadurch erklären, daß die Täter womöglich sehr gerissen oder die Untersuchungsbeamten absolut unfähig sind. Doch in Mißbrauchsfällen im Rahmen von Satansritualen tauchen häufig *Gegenbeweise* auf – Beweise, die die Beschuldigungen als haltlos entlarven. Adelle Aitkins, die ›Überlebende eines Rituals‹, die 1987 wie zahllose Leidensgenossinnen an die Öffentlichkeit trat, deutete den Tod ihres älteren Bruders als Beweis dafür, daß Familienangehörige einen Satanskult praktizierten. Angeblich wurden in diesem Kult Kinder systematisch als zukünftige Ritualopfer gezüchtet. Ihr Bruder war allerdings nicht tot, auch wenn man seinen Aufenthaltsort kurzfristig nicht feststellen konnte, weil er tatsächlich nicht da war. Kein Wunder: Seit er an Bord eines amerikanischen Zerstörers Dienst tat, änderte sich seine Adresse ständig.

In offiziellen FBI-Berichten wurde nie behauptet, daß keine Verbrechen mit Bezug zur Okkultismus-Szene vorkämen, aber man mußte die Echtheit der wenigen Fälle, die sich in das Schema solchen Mißbrauchs einfügen ließen, ernsthaft in Frage stellen. Richard Kasso, ein selbsternannter Satansjünger, hatte zweifelsfrei seinen besten Freund umgebracht. Einige der für einen Satanskult typischen Gegenstände hatten dabei eine Rolle gespielt. Auch war offensichtlich eine gewisse Art von Ritual in Szene gesetzt worden. Aber Kasso hatte *allein* agiert; es hatte keine kultische Handlung stattgefunden. Kassos Inszenierung glich Teilen eines Horrorromans, den er gelesen hatte und der unter anderem eine ausführliche Beschreibung einer Schwarzen Messe enthielt. Kasso schien die Geschichte nachgespielt zu haben. Doch weder Kasso noch der Autor des Romans waren auch nur halbwegs an ein authentisches Ritual herangekommen.

## SYZYGIE

a) **Ein Paar von Gegenständen, vor allem gegensätzlicher Art; b) in der Astronomie jeder von zwei gegenüberliegenden Punkten auf der Umlaufbahn eines Himmelskörpers – insbesondere des Mondes –, an dem er in Konjunktion oder Opposition zur Sonne steht; c) in der Biologie die Verschmelzung zweier Organismen, deren Identität dabei nicht verlorengeht.**

Ein in Großbritannien bekanntgewordener Fall, der zunächst die Kriterien eines Ritualverbrechens zu erfüllen schien, stellte sich ebenfalls als ›gewöhnliches‹ Verbrechen heraus. Die Täter gestanden schließlich, daß sie von Okkultismus nichts wüßten, geschweige denn von einem Satanskult. Den Sexualmord an einem Jungen hatten sie als Ritual getarnt, um den Tötungsakt auf diese Weise hinauszuzögern. Wie bereits viele Mörder vor ihnen argumentierten sie, dadurch habe sich das Vergnügen erhöht, als am Ende das Verlangen gestillt worden sei.

Schließlich existiert die weitverbreitete Meinung, daß jedes Jahr Tausende von Kindern verschwinden. Unabhängig voneinander erstellte Verbrechensstatistiken beweisen aber, daß das nicht der Fall ist. Die Zahl von dreihundertvierzig derzeit in den USA als vermißt gemeldeten Kindern reicht (Gott sei Dank) nicht annähernd für die fast 50 000 Leichen aus, die erforderlich wären, wollte man die Berichte über satanische Kindesopfer bestätigen. Der Aufenthaltsort der meisten vermißten Kinder wird innerhalb eines Jahres ermittelt; sie finden sich in der Regel bei dem Elternteil, der nicht sorgeberechtigt ist. Dennoch werden natürlich viele Kinder tragische Opfer von Verbrechen. Aber nur in einem einzigen Fall ließ sich dabei in jüngster Zeit ein entfernter Bezug zu einem Satanskult herstellen.

Unbestreitbar tritt Gewalt immer deutlicher als ein bedeutender Bestandteil des Lebens hervor. Die Menschen erweisen sich als erfinderisch in der Entwicklung neuer Methoden, mit denen sie sich gegenseitig Leiden zufügen können – aber dafür sind weder Satanskulte noch *Syzygien* (so der Originaltitel der Episode).

# Codename: ›Groteske‹

Als Special Agent William Patterson, der unerschütterliche Held aus der Abteilung Verhaltensforschung und Mulders früherer Mentor, seinen eigensinnigen Schüler zu sich ruft, ist die Spannung zwischen den beiden förmlich greifbar. Nach Scullys Meinung trägt das nicht unbedingt zur Lösung eines Falles bei, der ohnehin nur so von ›Dämonen‹ und ›Ungeheuern‹ wimmelt. Aber weder Mulder noch Scully sind auf die Abgründe gefaßt, in die Patterson Mulder auffordert ›hinabzusteigen‹.

**ZUSAMMEN-FASSUNG**

## Wie man dazugehört

**HINTERGRUND**

Nach drei Staffeln *Akte X* – also nach heroischer Suche, außergewöhnlichen Erfolgen und bedrückenden Mißerfolgen – werden sich viele X-Philes fragen, wie es ein durchschnittlicher Mensch schafft, in die dichtgeschlossenen Reihen des FBI aufgenommen zu werden. Trotz schlechter Pressekritiken (Waco) oder Anwälten, die Beamte und Methoden des FBI mit unvorstellbarem Schmutz bewerfen, rankt sich um den Titel *Special Agent of the Federal Bureau of Investigation* noch immer ein Mythos. Die stürmischen Zeiten, in denen dem FBI

**ZITAT**
»Nach allem, was ich hörte, gab es viele Männer, die ... Viele Männer gingen zum FBI, weil sie wie *er* sein wollten.«
– DANA SCULLY

159

Sie fragen sich, wie sich Mulder und Scully eine Garderobe leisten können, auf die Coco Chanel oder Hugo Boss stolz wären? Oder woran es liegen könnte, daß auch Skinner so unheimlich gut gekleidet ist? Die meisten FBI-Agenten werden nach Besoldungsgruppe ›GS-12‹ bezahlt. 1994, zu Beginn von *Akte X*, waren das ungefähr 46 000 Dollar (also knapp 70 000 DM) jährlich. Hinzu kommen 25 Prozent aus Vergütungen sogenannter ›verwaltungstechnisch nicht überprüfbarer Überstunden‹, so daß sich ein Jahreseinkommen von annähernd 60 000 Dollar (etwa 90 000 DM) ergibt. Stellvertretende Direktoren, die in einer wesentlich höheren Besoldungsgruppe rangieren, beginnen mit einem Jahreseinkommen von 118 512 Dollar (etwa 175 000 DM), und selbstverständlich haben auch sie Anspruch auf bezahlte Überstunden. Sollte jedoch Kleidung in direktem Zusammenhang mit dem Einkommen stehen, dann muß der Arbeitgeber des Kettenrauchers ein enger Verwandter des geizigen Mr. Scrooge sein!

fast die Verbrecher für seine Fahndungsliste ›Die zehn Meistgesuchten‹ ausgegangen wären, die eigenartige Romanze zwischen Polizisten und Gaunern während der ›Gangster-Ära‹ und das unverwüstliche Image des Ganovenjägers in Anzug und Krawatte prägten ein völlig anderes Berufsbild als das eines gewöhnlichen Polizisten.

Der Unterschied war und ist tatsächlich mehr als nur äußerlich.

Während andere Polizeikräfte die Aufgabe haben, Verbrechen zu verhindern oder zu verfolgen, eruiert das FBI in erster Linie Tatbestände. Dazu gehören auch Ermittlungen in Angelegenheiten, in denen es aller Wahrscheinlichkeit nach nie zu einer Strafverfolgung kommen wird. Die strafrechtliche Verfolgung selbst liegt *außerhalb* der Zuständigkeit des FBI. Jedes Jahr werden Millionen von Informationen und Beweisstücken in den Büros des FBI bearbeitet. Jedes Detail ist für eine andere zuständige Stelle bestimmt, nicht zuletzt für die ›Dachorganisation‹, das Justizministerium. Ob die Beamten nun als Special Agents oder unter einer anderen Bezeichnung agieren, ist so gut wie unerheblich. Alle Mitarbeiter des FBI tragen auf ihre Weise dazu bei, daß Informationen und Beweise, die von anderen Strafverfolgungsbehörden zur Verbrechensbearbeitung benötigt werden, zur Verfügung stehen.

Obwohl die Ermittlungen des FBI Aufmerksamkeit in den Medien erregen und Filme und Fernsehsendungen inspirieren, hat ein erheblicher Prozentsatz der FBI-Beamten mit herkömmlichen Kriminellen so gut wie nie zu tun – es sei denn, man rechnete auch Politiker zu dieser Gruppe. Hunderte von Agenten und Assistenten kämpfen sich täglich durch Aktenberge der Spionageabwehr, führen routinemäßig Hintergrunduntersuchungen zu Personen und Tathergängen durch oder werten Beweise für zivile Strafsachen aus. Nicht zuletzt wird auf breiter Ebene ausgebildet.

Selbstverständlich erfordert eine solche Vielfalt an Aktivitäten außerordentliche Fähigkeiten auf vielen Gebieten. Die Mitarbeiter des FBI zählen daher, im Gegensatz zu den meisten anderen Staatsbediensteten, zum ›Personal zur besonderen Verwendung‹. Sie werden nicht über das Personalbüro für den Öffentlichen Dienst eingestellt, sondern direkt von ihrer jeweiligen Dienststelle. Der Dienststellenleiter kann über die Einstellung hinaus Disziplinarmaßnahmen gegen die Mitarbeiter verhängen und Beförderungen vornehmen. Hervorragende Leistungen zahlen sich hier viel schneller in barer Münze aus als bei anderen Arbeitgebern der Öffentlichen Hand.

## RÄTSEL 15

**Leichte Fragen: Notieren Sie sich 1 Punkt für jede richtige Antwort.**

1. Wie wird Agent Nemhauser an der Hand verletzt?
2. Welches Tier erschreckt Scully in Mostows Studio?
3. Was ist in den Skulpturen aus Ton verborgen?
4. Wer hat die fehlende Mordwaffe zuletzt ausgeliehen?
5. Wessen Funktelefon findet Mulder in einem Mantel, der in Mostows Studio abgelegt worden ist?

**Es wird schwieriger: Notieren Sie sich 2 Punkte für jede richtige Antwort.**

6. Welches Detail aus seiner Vergangenheit ›vergaß‹ Mostow in seinen Einwanderungsantrag einzutragen?
7. Wer sorgt dafür, daß Mulder mit diesem Fall betraut wird?
8. In welcher Abteilung war Patterson Mulders direkter Vorgesetzter?
9. Was meint Agent Sheherlis mit ›Redup‹?
10. In welcher Asservatenkammer wird wichtiges Beweismaterial zu diesem Fall (Nr. 14361) aufbewahrt?

Ihre Punktzahl:

Normalerweise wird der Dienst beim FBI in die Bereiche Verwaltung, Büro, Technik, Ausbildung und einige andere unterschieden. Er gilt in allen Gebieten als Herausforderung, und es herrscht starke Konkurrenz. Jedes Jahr gehen bei den Dienststellen Hunderte von Bewerbungen für die nur in begrenzter Zahl zur Verfügung stehenden Stellen ein. Das Interesse verteilt sich dabei – je nach Fähigkeiten und Voraussetzungen – auf die Positionen von Assistenzkräften, die meistens im Hintergrund arbeiten, und die der Special Agents, die häufiger im Rampenlicht der Öffentlichkeit stehen.

Für jene Bewerber, die in die engere Wahl gezogen werden, gilt es anschließend, eine Reihe von Prüfungen und Untersuchungen zu absolvieren. Psychologische Tests, Eignungstests, Vorstellungsgespräche und schriftliche Arbeiten bilden nur den Anfang. Das FBI will alles über seine Mitarbeiter wissen, und es verfügt über die Mittel und Wege, es herauszufinden. Der Leumund des zukünftigen Arbeitnehmers wird umfassend geprüft, wozu auch eine Durchleuchtung der Vergangenheit auf eventuelle Vorstrafen gehört; private und berufliche Kontaktpersonen, Nachbarn und Arbeitgeber werden befragt. Eine eingehende körperliche Untersuchung findet statt, bei der auch ein eventueller Drogenkonsum nicht verborgen bleibt. In vielen Fällen unterzieht sich der Kandidat freiwillig einem Lügendetektortest. Dies alles ist jedoch erst die Vorbereitung auf das eigentliche Einstellungsgespräch ...

Nur Kandidaten, die alle Tests, Untersuchungen und Prüfungen mit den entsprechenden Ergebnissen überstehen, kommen für eine Position in den Reihen der Special Agents in Frage. Die Grundvoraussetzungen für eine Bewerbung sind leicht zu erfüllen: Bewerber müssen amerikanische Staatsbürger, gesund und zwischen dreiundzwanzig und siebenunddreißig Jahre alt sein. So weit, so gut. Bereits die nächste Anforderung zieht einen Trennstrich zwischen Special Agents und den meisten Polizisten im kommunalen oder bundesstaatlichen Dienst: Bewerber müssen eine vierjährige Ausbildung an einem College oder einer Universität nachweisen, also mindestens einen Bakkalaureus. Die sechzehnwöchige Schulung an der FBI-Akademie in Quantico stellt ein weiteres Siebverfahren dar. Zusätzlich zu einem anstrengenden Fitneßprogramm sind Kurse zur Selbstverteidigung und ein Schußwaffentraining zu absolvieren. Der zukünftige Agent durchläuft auch ein umfassendes Kursprogramm mit wissenschaftlichen und ermittlungstechnischen Inhalten. Das FBI behauptete einmal, daß es die ›Crème de la Crème der Verbrechensbekämpfung‹ beschäftige, und noch heute lassen sich selten besser ausgebildete Fachkräfte auf diesem Gebiet finden.

Auch die Assistenten, die, über das ganze Land verteilt, in den Bereichen Ausbildung, Verwaltung, Technik, Sekretariat, Handwerk, Transport und Wartung arbeiten, sind keine Versager. Eine abgeschlossene High-School-Ausbildung ist die Minimalanforderung bezüglich der schulischen Laufbahn. Viele besitzen jedoch ebenfalls einen Bakkalaureus, einen höheren akademischen Abschluß oder das Diplom einer Ingenieursschule. Als Gruppe repräsentieren die Assistenten des FBI eine Körperschaft mit immenser professioneller Erfahrung und Sachkenntnis. Die zahlreichen Assistenten bekleiden unter anderem Positionen als Verwaltungsassistenten, Wirtschaftsprüfer, Schreiner, Büroangestellte, Programmierer, Datenerfasser, Elektriker, Elektroniker, Maschinenbautechniker, Nachrichtentechniker, Laboranten, Sprachspezialisten, Rechtssachverständige, Sekretäre und Schreibkräfte. Nichts für Sie dabei? Eine vollständige Aufzählung würde mehr als einhundert Stellenbeschreibungen umfassen; außerdem ist das FBI ständig darum bemüht, neue Aufgabengebiete zu erschließen.

Wer im Staatsdienst arbeitet, kann in der Regel mit einigen Sondervergütungen rechnen. Das FBI bildet da keine Ausnahme. Die Gehälter entsprechen denen für vergleichbare Stellen in der privaten Wirtschaft, häufig übersteigen sie diese sogar. Das Gehalt der Assistenten bewegt sich normalerweise ebenfalls in einem durchaus akzeptablen Rahmen. In Sonderabteilungen kann es zu Abweichungen vom allgemein gültigen Besoldungsschema kommen. Das Gehalt orientiert sich dann an speziellen, qualifizierenden Ausbildungsgängen, an außergewöhnlicher praktischer Erfahrung oder an einer früheren Anstellung im Staatsdienst.

Special Agents werden natürlich höher besoldet; Agenten in leitender Stellung, im oberen Management oder in besonders verantwortungsvollen Positionen erhalten Spitzengehälter. In einigen wenigen Fällen können für außergewöhnlich diensterfahrene Beamte auch individuelle Tarife vereinbart werden. Alle Special Agents besitzen darüber hinaus einen Anspruch auf Überstundenvergütung.

Weniger häufig kommt zur Sprache, daß das FBI lange Zeit in dem Ruf stand, der diskriminierendste Arbeitgeber der Vereinigten Staaten zu sein. Vor nicht allzu langer Zeit waren Schreibkräfte dort die einzigen weiblichen Angestellten. Die einzigen schwarzen Beschäftigten stellten die Chauffeure der FBI-Oberen. Körperbehinderte Agenten gab es gar nicht. Inzwischen ändert sich das. Ende 1995 traten 823 Behinderte in die Dienste des FBI ein – und sie wurden nicht nur eingestellt, um den Schein zu wahren. Wie ihre nichtbehinderten Kollegen arbeiten sie sowohl im FBI-Hauptquartier als auch in den Außendienststellen. Zwar sind die meisten Beschäftigten des FBI immer noch Männer – vor allem Männer mit weißer Hautfarbe –, aber auch hier deutet sich eine Veränderung an. Der Prozentsatz der Mitarbeiter, die einer ethnischen Minderheit angehören, gleicht sich allmählich dem der Stellenbewerber an. Man kann sagen, daß das FBI einen weiten Weg zurückgelegt hat. Immer mehr Menschen erscheint eine Karriere beim FBI als attraktives Berufsziel.

## Vom Wesen des Wasserspeiers

Die Ausdrücke ›gurgeln‹ und das englische *gargoyle* (dt. ›Wasserspeier‹) stammen von dem französischen Wort *gargouille* für ›Wasserspeier‹ und ›Abflußrohr‹ ab. Bedenkt man, daß ein Wasserspeier nur dann ein Wasserspeier sein kann, wenn Wasser durch ihn hindurchfließt, erscheint die zweite Bedeutung logisch. Bevor es Dachrinnen und Abflußrohre aus PVC gab, bestanden die meisten Dachrinnen wie auch die meisten großen Bauwerke aus Stein. Wasserspeier waren dekorative Vorläufer der modernen Regenabflußsysteme.

Die sonderbare, freistehende Skulptur, die in dieser Episode immer wieder ins Bild kommt, ließe sich, wie schon im Titel angedeutet, allerdings treffender als ›Groteske‹ bezeichnen.

Die Überlegung, daß eine Groteske vergleichsweise nutzlos ist, hängt davon ab, inwieweit jemand in seinem Inneren noch ›Heide‹ ist. Auch wenn sowohl Wasserspeier als auch Grotesken zumeist christliche Bauwerke wie gotische Kirchen und Kathedralen schmückten, waren sie doch eher eine Art politischer Überhang. Man könnte sie als Zeichen des guten Willens betrachten, als Ölzweig, der dem Volk gereicht wurde, wenn es bei seinem Übertritt zum Christentum noch nicht bereit war, alles Althergebrachte vollständig über Bord zu werfen. Solange die Bildhauereien von der Bevölkerung nicht wie Götzenbilder verehrt wurden, waren sie erlaubt. Und da die Skulpturen sowieso nie den Charakter von Götzenbildern gehabt hatten, gab es auch keinen Grund, über sie zu streiten.

Aber warum dann die figürlichen Darstellungen?

In gewissem Sinne dienten sie der spirituellen Abschreckung. So wie Menschen zur Abschreckung von Vögeln Vogelscheuchen auf ihre Felder stellen, hatten die abstoßenden Skulpturen die Aufgabe, böse Geister und unglückbringende Dämonen von Wohnungen oder besonderen Orten fernzuhalten.

# Betreff: X-Akten.
## *Der interne Aufbau des FBI*

Zwar beschäftigt das *Federal Bureau of Investigation* die große Mehrheit seiner Mitarbeiter im FBI-Hauptquartier in Washington – dort, wo sich auch die Ausgangsbasis unserer beliebten fiktiven Agenten befindet –, aber die Organisation ist so strukturiert, daß Personal und Mittel auf effiziente Weise in Außendienststellen verlegt werden können. Gleichzeitig soll dabei der Informationsfluß zum zentralen Rechenzentrum möglichst unbehindert ablaufen können.

Um nicht den Überblick über die vielen Mitarbeiter und die großen Datenmengen zu verlieren, hat das FBI vor Jahren unterschiedliche Büros und Abteilungen eingerichtet – drei Büros und neun Abteilungen, um genau zu sein. Der Sitz aller Büros und Abteilungen befindet sich im Hauptquartier in Washington D.C. Jede Abteilung (Aufsicht, Rechtsabteilung, Erkennungsdienst, Presse- und Informationsstelle, technischer Dienst, Nachrichtendienst, Labor, Ausbildung und kriminalistische Untersuchungen) untersteht einem *Assistant Director* (Abteilungsleiter).

Die drei Büros werden von Verwaltungsbeamten mit unterschiedlichen Titeln geleitet. Ein *Inspector in Charge* (verantwortlicher Inspektor) steht dem Büro für Öffentlichkeit und Kongreßwesen vor. Das *General Counsel* (allgemeine Verbrechensaufklärung) führt der *General Counsel*. Leiter des *Office of Equal Employment Opportunity Affairs* (Büro für Fragen zur beruflichen Gleichberechtigung) ist der *Equal Employment Opportunity Officer* (Beauftragter für berufliche Gleichberechtigung).

Von der Zentrale aus stellen über 20 000 FBI-Agenten und -Mitarbeiter Programme und Hilfsdienste zur Verfügung, die in sechsundfünfzig Außendienststellen und vierhundert untergeordneten Dienststellen (örtlichen Agenturen) genutzt werden. Als Kontaktstellen im Ausland dienen die

Dienststellen von zweiundzwanzig *Legal Attachés* (Rechtsattachés) und *Legal Liaison Officers* (Rechtsverbindungsbeamte). Das letzte Glied in der Mitarbeiter-/Informationsschleife bilden vier im Land verteilte spezialisierte Einrichtungen. Innerhalb dieser hierarchischen Struktur arbeiten knapp 11 000 Special Agents an der Aufklärung verschiedener Verbrechen vom Bankraub bis zur Computerkriminalität. Weitere 14 000 feste Mitarbeiter unterstützen die Bemühungen durch ein breites Spektrum an Dienstleistungen in den Bereichen Ausbildung, Büro, Handwerk, Transport, Verwaltung, Technik und Wartung. An der Spitze der Organisation stehen der *Deputy Director* (Vizedirektor) und natürlich der *Director* selbst.

Weiter unten in der Hierarchie, zwischen den einzelnen Agenten und den *Assistant Directors*, rangieren die *Deputy Assistant Directors* (Vize-Abteilungsleiter), denen die Überwachung allgemeiner Operationen obliegt. Diese werden nach logischen Gesichtspunkten in Gruppen unterteilt, in denen die am stärksten spezialisierten Teams arbeiten. Zwei-Personen-Einsätze, wie man sie aus *Akte X* kennt, rangieren unter der Bezeichnung ›Team‹. Unter Berücksichtigung des hierarchischen Unterschieds, der zwischen einem *Assistant Director* und einem Team in dessen Abteilung besteht, bildet eine regelmäßige Zusammenarbeit wie die von Skinner mit unseren beiden Agenten eher die Ausnahme. Noch dazu, weil Mulder und Scully es offensichtlich vorziehen, zunächst zu handeln und erst anschließend Bericht zu erstatten.

In der Realität können Special Agents nur selten so unabhängig agieren wie die beiden fiktiven FBI-Agenten in *Akte X*. Deshalb ist es vorteilhaft, daß die sechsundfünfzig Außendienststellen des FBI sinnvoll über die gesamten Vereinigten Staaten verteilt sind. Mit Ausnahme der Dienststellen in New York City und in Washington D.C., die jeweils einem *Assistant Director in Charge* (ADIC; verantwortlicher Abteilungsleiter) unterstehen, wird jede Außendienststelle von einem Special Agent *in Charge* (SAC; verantwortlicher Spezialagent) geleitet. Unterstützt wird dieser von *Assistant Special Agents in Charge* (ASACs; verantwortliche stellvertretende Spezialagenten) und *Squad Supervisors* (Mannschaftsinspektoren), die Ermittlungen koordinieren, sowie von *Office Services Managers* (Bürovorstehern), die sich um verwaltungstechnische Belange kümmern.

Abhängig von der Häufigkeit und der Art der Verbrechen, die in die Zuständigkeit einer Außendienststelle fallen, wird eine unterschiedliche Zahl von örtlichen Agenturen mit geeignetem Personal und entsprechenden Arbeitsmitteln eingerichtet. Eine örtliche Agentur kann aus einem einzelnen Agenten bestehen, aber auch einen ganzen Stab von Mitarbeitern umfassen. Große Agenturen haben Anspruch auf einen *Supervisory Senior Resident Agent* (einen diensterfahrenen, ortsansässigen Aufsichtsagent), der die Kommunikation zwischen Agentur und lokaler Dienststelle aufrechterhält.

Von den einzelnen Dienststellen werden Unmengen von Informationen an die spezialisierten Einrichtungen des FBI geleitet. In Pocatelle, Idaho, und in Fort Monmouth, New Jersey, befinden sich zwei *Regional Computer Support Centers* (RCSC; regionale unterstützende Rechenzentren), und von den Städten Butte, Montana, und Savannah, Georgia, aus operieren zwei *Information Technology Centers* (ITCs; informationstechnische Zentren). Die ITCs unterstützen Außendienststellen in der Verwaltung und bei Ermittlungen. Zusätzlich arbeitet das FBI eng mit dem *National Drug Intelligence Center* (NDIC; nationale Drogenbehörde) in Johnston, Pennsylvania, zusammen. Das NDIC sammelt und überprüft Informationen über den Drogenhandel, die von Polizeibehörden und anderen angeschlossenen offiziellen Stellen eingehen; es untersteht dem Justizministerium.

Im Verlauf der ersten drei Staffeln ermittelten Scully und Mulder in einem Bundesstaat nach dem anderen. Sie drangen bis in die Wildnis von Alaska vor und hoben sogar nach Puerto Rico ab. Bei Aktionen außerhalb der Grenzen der Vereinigten Staaten zogen es die Macher von *Akte X* vor, das Publikum in dem Glauben zu lassen, die beiden Serienhelden handelten unabhängig und sogar inoffiziell. Statt dessen hätten sich leicht einige der zahlreichen ausländischen Vertretungen des FBI in die Handlung integrieren lassen. Sollte man die Serie in Zukunft um einige exotische Schauplätze bereichern wollen, könnten Mulder und Scully ohne weiteres in legalem Auftrag und absolut glaubwürdig außerhalb des Landes operieren. Natürlich könnte sich die dann allerdings unverzichtbare Kooperation der fremden Regierung als genauso mysterienbehaftet erweisen wie in Amerika.

Tatsächlich wird das FBI zunehmend auf dem Gebiet der internationalen Kriminalität tätig. (Höhere Einschaltquoten ermöglichen ein umfangreicheres Budget!) Es ist also denkbar, daß wir demnächst erleben werden, wie Mulder und Scully auf der falschen Straßenseite fahren und sich mit Fremdsprachen abmühen, oder wie sie auf der Suche nach den internationalen Verbindungen des geheimnisvollen Konsortiums noch schneller unter die Räder geraten als zu Hause. An diesem Punkt könnten auch die überaus begabten Beamten, die in den Dienststellen der *Legal Attachés* arbeiten, in den Handlungsverlauf der Serie eingreifen und für einen zusätzlichen Schuß Authentizität sorgen.

Die *Legal Attachés* stehen in ständigem Kontakt mit dem Bereich für internationale Zusammenarbeit innerhalb der Abteilung für kriminalistische Untersuchungen im FBI-Hauptquartier und können somit ihren eigenen und dienststellenfremden Agenten optimale Unterstützung gewähren. Der Bereich für internationale Zusammenarbeit unterhält – neben einem ständigen Kontakt zur Verwaltungsabteilung – enge Verbindungen zu Interpol und zu ausländischen Sicherheitskräften, die in Washington, D.C., stationiert sind (beispielsweise Beamte von Scotland Yard). Ferner pflegt man dort die Beziehungen zu den amerikanischen Dependancen ausländischer Polizeiverbände.

In zweiundzwanzig Ländern rund um den Globus bestehen Dienststellen von *Legal Attachés*, die in aller Regel offiziell den diplomatischen Vertretungen der USA in den jeweiligen Ländern zugeordnet sind. Im Ausland tätige Special Agents fallen im allgemeinen unter die Berufsbezeichnungen *Legal Attaché*, *Deputy Legal Attaché* (Vize-Rechtsattaché) oder *Assistant Legal Attaché* (stellvertretender Rechtsattaché). Eine Ausnahme bilden die Special Agents, die von Honolulu, Miami und San Juan aus operieren. Sie werden als *Liaison Officers* (Verbindungsbeamte) bezeichnet.

Aber bis Mulder und Scully ihren Tätigkeitsbereich ins Ausland verlegen, werden sie weiterhin in erheblichem Maße von ihren Kollegen im Inland abhängig sein. Und selbst wenn sie im Hinblick darauf, wem sie vertrauen, sehr vorsichtig bleiben – es wird ihnen nützen zu wissen, wo die Kollegen zu finden sind.

| | |
|---|---|
| Albany, New York | Albuquerque, New Mexiko |
| Achorage, Alaska | Atlanta, Georgia |
| Baltimore, Maryland | Birmingham, Alabama |
| Boston, Massachusetts | Buffalo, New York |
| Charlotte, North Carolina | Chicago, Illinois |

Cincinnati, Ohio
Columbia, South Carolina
Denver, Colorado
El Paso, Texas
Houston, Texas
Jackson, Mississippi
Kansas City, Missouri
Las Vegas, Nevada
Los Angeles, Kalifornien
Memphis, Tennessee
Milwaukee, Wisconsin
Mobile, Alabama
New Haven, Connecticut
New York, New York
Oklahoma City, Oklahoma
Philadelphia, Pennsylvania
Pittsburgh, Pennsylvania
Richmond, Virginia
St. Louis, Missouri
San Antonio, Texas
San Francisco, Kalifornien
Seattle, Washington
Tampa, Florida

Cleveland, Ohio
Dallas, Texas
Detroit, Michigan
Honolulu, Hawaii
Indianapolis, Indiana
Jacksonville, Florida
Knoxville, Tennessee
Little Rock, Arkansas
Louisville, Kentucky
North Miami Beach, Florida
Minneapolis, Minnesota
Newark, New Jersey
New Orleans, Louisiana
Norfolk, Virginia
Omaha, Nebraska
Phoenix, Arizona
Portland, Oregon
Sacramento, Kalifornien
Salt Lake City, Utah
San Diego, Kalifornien
San Juan, Puerto Rico
Springfield, Illinois
Washington, D.C.

Die jährlichen Ausgaben des FBI belaufen sich auf annähernd 2,2 Milliarden Dollar (etwa 3,3 Milliarden DM). Davon werden alle Einsätze, Gehälter und sonstigen Ausgaben bestritten.

# Codename:
# ›Der Feind – Teil 1‹

**ZUSAMMEN-
FASSUNG**

Mulder hat eine Begabung dafür, scheinbar unzusammenhängende Informationen und Hinweise miteinander in Verbindung zu bringen. So vermutet er jetzt
einen Zusammenhang zwischen der mysteriösen *Talapus*, die, wie er glaubt, ein abgestürztes UFO geborgen

**ZITAT**
»Mulder, Sie sind in Ge-
fahr, weil die *Angst* vor
Ihnen und Ihrer Scho-
nungslosigkeit haben.
Und weil sie wissen, daß
Sie, wenn man Sie mit-
ten in der Wüste aussetzt
und Ihnen sagte, die
Wahrheit sei da draußen,
um eine Schaufel bitten
würden.«    – DANA SCULLY

hat, und einem zweiten Schiff, der französischen *Piper Maru* (so der Originaltitel dieser Episode), deren Besatzung radioaktiv verseucht ist. Scully jedoch stellt andere Verbindungen her, die in ihre Kindheit und bis zum Mord an ihrer Schwester zurückreichen.

## Im Mittelpunkt der Aktion I

### DIE FRAU

| | |
|---|---|
| Name: | **Gillian Anderson** |
| Geburtsdatum: | 9. August 1968 |
| Geburtsort: | Chicago, Illinois |
| Körpergröße: | 157 cm |
| Haarfarbe: | blond, tizianrot gefärbt |
| Augenfarbe: | braun |
| Eltern: | Rosemary und Edward |
| Geschwister: | zwei |
| Familienstand: | verheiratet mit Errol Clyde Klotz |
| Kinder: | Tochter Piper. Sie kam am 25. September 1994 während des ersten Teils der Dreharbeiten zur zweiten Staffel zur Welt. Eine geschickte Kameraführung sorgte dafür, daß man Andersons Schwangerschaft an der fiktiven Dana Scully nicht bemerkte. |

#### Ausbildung

- Fountain-Grundschule in Grand Rapids, Michigan
- Abschluß 1986 auf der City High School in Grand Rapids
- Besuchte die prestigeträchtige Goodman Theater School an der DePaul-Universität, machte dort einen Abschluß als *Bachelor of Fine Arts*.
- Studierte am National Theater of Great Britain der Cornell-Universität, Ithaca/New York.

## Berufliche Tätigkeiten

Andersons schauspielerische Laufbahn nahm ihren Anfang in Grand Rapids, wo sie an einer städtischen Bühne mitarbeitete. Während sie die DePaul-Universität besuchte, bekam sie eine Rolle in *The Turning*. Ihren Abschluß machte sie aber nicht in der Sparte Film, denn sie entschied sich, eine Karriere beim Theater zu verfolgen. Drei Jahre später trat sie in *The Philanthropist* im Long Warf Theater auf und gewann einen *Theater World Award* für ihre Leistung in einer Aufführung von Alan Ayckbournes *Abwesende Freunde*. Man würdigte damit ihre eindrucksvolle Verkörperung einer Rolle, die einzustudieren sie nur wenige Wochen Zeit gehabt hatte.

Nach einem ersten Ausflug zum Fernsehen in *Land in Flammen*, einer Hörspielkassette von *Exit to Eden* und einer Folge von *Tote haben keine Namen* war sie bereit, eine Rolle in einer Fernsehserie zu übernehmen. Die Figur Dana Scully – eine kluge Frau, die ihre Weiblichkeit ihrer beeindruckenden Karriere nicht opferte – übte einen unwiderstehlichen Reiz auf sie aus.

Chris Carter hatte sich schnell entschieden. Er war überzeugt davon, daß Anderson wie geschaffen für diese Rolle sei. Trotz einiger ›Fragen‹ der Fernsehgesellschaft (die eine Frau für die Rolle wollte, die »größer und schlanker war und mehr Bein und vor allem mehr Busen hatte«) bekam Anderson die Rolle der Scully.

Bei der zweiten alljährlichen Verleihung des *Screen Actors Guild Award* (SAG), mit dem Schauspieler die Besten aus ihren Reihen auszeichnen, erhielt Gillian Anderson die schwere Statue und wurde damit als beste Schauspielerin in einer dramatischen Fernsehserie geehrt. Anfangs hatte Anderson nicht daran geglaubt, daß die Serie nach der ursprünglichen halben Staffel von einleitenden Episoden weiterlaufen würde. Ohne Erfahrungen auf dem Gebiet der täglichen Arbeit für eine Fernsehproduktion war sie auf die mentale und körperliche Belastung, die die ständige Aufnahmebereitschaft bei unverändert ›frischem‹ Aussehen vor der Kamera mit sich bringt, nicht vorbereitet. Trotzdem hat sie im Laufe der Zeit eine Professionalität an den Tag gelegt, von der viele andere noch lernen könnten.

## Wohnorte

Als junges Mädchen unternahm Gillian Anderson
ausgedehnte Reisen. Sie folgte ihrem Vater,
der ebenfalls Schauspieler ist, von Puerto
Rico nach London, Grand Rapids und Chicago.
Dann lebte sie in New York und Los Angeles;
ihren augenblicklichen Wohnsitz hat sie in
North Vancouver, British Columbia/Kanada.

## Ihre liebsten Episoden

Es verwundert nicht, daß Gillian Anderson jene
Episoden am liebsten mag, in denen sie ihre
Talente voll entfalten kann: >Die Botschaft<
und >Todestrieb<. Unter diesen Kriterien
gehört >Offenbarung< aus der dritten Staffel
natürlich auch dazu.

## Erste Berufswünsche

Archäologin, Meeresbiologin

## DIE ROLLE

### Personalakte Nr. 121-627-161

| | |
|---|---|
| Name: | **Dana Katherine Scully** |
| Rang: | Special Agent, DOJ, *Federal Bureau of Investigation* |
| Derzeitige Abteilung: | X-Akten |
| FBI-ID-Nummer: | 2317-616 |
| Telefon: | (Privat) 202-555-6431; (Handy) 202-555-3564 |

## RÄTSEL 16

**Leichte Fragen: Notieren
Sie sich 1 Punkt für jede
richtige Antwort.**

1. An welcher Krankheit
   leiden die französi-
   schen Seeleute?
2. Um wieviel Kleingeld
   zum Telefonieren bit-
   tet der Bewaffnete
   die Kellnerin vermut-
   lich?
3. Welcher frühere
   Partner begleitet
   Mulder in die Ver-
   einigten Staaten
   zurück?
4. In welche Stadt fliegt
   Mulder mit dem Flug
   612?
5. Wieviel Zeit liegt zwischen dieser Episode
   und dem Tod von
   Melissa Scully?

**Es wird schwieriger: No-
tieren Sie sich 2 Punkte
für jede richtige Antwort.**

6. Wie lautet der Name
   von Johansens Unter-
   gebenem?
7. Vor welchem Bau-
   werk lassen sich Mr.
   und Mrs. Gauthier
   fotografieren?
8. Wie möchte Skinner
   sein Steak?
9. Wie lautet Gauthiers
   Vorname?
10. Nennen Sie den Er-
    kennungscode des
    abgeschossenen
    Flugzeugs!

## ANTWORTEN

1. Sie sind strahlenver-
   seucht.
2. Um 1,75 Dollar
3. Agent Krycek
4. Hongkong
5. Fünf Monate

6. Zeus Faber
7. Vor dem Eiffelturm
8. Medium, halbgar
9. Bernard
10. JTTO 111470

Ihre Punktzahl:

## Angaben zur Person

| | |
|---|---|
| Geburtsdatum: | 23. Februar 1964 (später, in den Episoden ›Die Autopsie‹ und ›Der Zug‹, geändert in 21. November 1964) |
| Körpergröße: | 167 cm |
| Haarfarbe: | tizianrot |
| Augenfarbe: | blau/grün/braun |
| Familienstand: | ledig/nie verheiratet/keine Kinder |
| Eltern: | Vater Captain Jim Scully verstorben, Mutter Margaret Scully |
| Geschwister: | zwei Brüder (einer älter, einer jünger), beide eher unauffällig. Eine ältere Schwester – Melissa –, die mit New-Age-Gedankengut liebäugelte. Sie starb an den Folgen eines Kopfschusses, der ihr in der Wohnung ihrer Schwester von dem inzwischen verstorbenen Gewohnheitsverbrecher Louis Cardinal beigebracht wurde (›Das Ritual‹). |
| Im Notfall zu informieren: | Margaret Scully (Mutter) |
| Religionszugehörigkeit: | römisch-katholisch (zur Beachtung: Ein Testament befindet sich in den Unterlagen.) |

## Ausbildung

Agent Scully studierte Physik an der Universität von Maryland, bevor sie ein Medizinstudium aufnahm. 1992 erfolgreicher Abschluß der FBI-Ausbildung in Quantico. (Zur Beachtung: Sie unterhielt während ihrer Ausbildung eine intime Beziehung zu ihrem Ausbilder, Special Agent Jack Willis.)

## Berufliche Tätigkeit (chronologisch)

Assistenzzeit im Krankenhaus
Beordert zur Ausbildungseinrichtung nach Quantico als Ausbilderin
Beordert zur Abteilung X-Akten als Agentin (6. März 1992)
Rückbeordert zur Ausbildungseinrichtung nach Quantico als Ausbilderin
Rückbeordert zur Abteilung X-Akten als Agentin

## Bemerkungen (chronologisch)

1. Die Abteilung hegt die Hoffnung, daß Agent Scully, die eine
   >traditionelle< wissenschaftliche Haltung vertritt und der
   Naturwissenschaft verpflichtet ist, in der Lage sein wird,
   den Wert der Arbeit von Agent Mulder vernünftig zu beurteilen und dabei gleichzeitig das allgemeine Verhalten und den
   geistigen Zustand des Agenten zu beobachten.
2. Aufgrund eines vor kurzem geführten Gespräches hat unser
   Vernehmungsbeamter Grund zu der Annahme, daß wir mit der
   Überstellung von Agent Scully zu den X-Akten weniger gut beraten waren, als wir zuerst dachten. Während die Agentin
   sich zwar im allgemeinen an die konventionellen Ermittlungstechniken hält, die von unserer Abteilung für optimal erachtet werden, ist bei ihr eine Tendenz zur >Aufgeschlossen-
   heit< festgestellt worden.
3. Nach einer mit ihrer beruflichen Tätigkeit in Zusammenhang
   stehenden Entführung durch Duane Barry (ein bekannter Psycho-
   tiker, der vermutlich mit einem Komplizen gearbeitet hat),
   mußte Agent Scully medizinisch behandelt werden. Sie wurde
   aufgefordert, den Vorfall mit dem hauseigenen Psychologen zu
   diskutieren. Da solche Unterredungen unter die ärztliche
   Schweigepflicht fallen, sind derzeit keine Informationen darüber verfügbar. Beurteilungen ihrer Tauglichkeit für den aktiven Einsatz bestätigen ihre Entscheidung, zu ihren vorherigen
   Aufgaben zurückzukehren. Dennoch werden weiterhin regelmäßig
   Berichte über ihre Ermittlungen angefertigt.
   (Zur Beachtung: Bis Agent Scully in der Lage ist, einen Bericht über die Ereignisse bei ihrer Entführung anzufertigen,
   gilt der Fall Nr. 73317 weiterhin als offen.)
4. Nach den Ereignissen im Reservat Two Grey Hills, die möglicherweise zum Tod ihres Partners geführt haben, hat das

*Office of Professional Conduct* (Büro für berufliches Verhalten) empfohlen, Special Agent Dana Scully vom Dienst zu suspendieren, bis alle Einzelheiten ihres Fehlverhaltens analysiert worden sind. Diese Disziplinarmaßnahme ist nach den *Articles of Review* des OPC (Überprüfungsrichtlinien des OPC) gerechtfertigt. Außerdem wird Agent Scully für die Zeit ihrer Suspendierung keine Bezüge oder sonstigen Vergütungen erhalten. Die Maßnahme gründet sich auf die Art ihrer Insubordination und der direkten Mißachtung ihrer Vorgesetzten.

5. Agent Scully ist wieder in Dienst gesetzt worden. Die Beteiligung an den Aktivitäten ihres Partners ist erwiesen; dagegen kann derzeit ein Mitwirken an dessen Verschwinden, nicht genehmigten Ermittlungen und Insubordination nicht beurteilt werden. Die Frage nach einer Mitschuld am Tod ihres Partners hat sich offensichtlich erübrigt.

6. Nach Intervention des japanischen diplomatischen Korps wurde es Special Agent Scully und Special Agent Mulder offiziell untersagt, weitere Ermittlungen im Todesfall Steven Zinnzser anzustellen.

7. Auf Antrag von Special Agent Patterson wurde ein Ermittlungsverfahren gegen Special Agent Dana Scully eingeleitet. Ihr wird vorgeworfen, die Arbeit der Justiz und den Beamten Special Agent Fox Mulder in der Ausübung seiner Dienstpflichten behindert zu haben.

8. Das Ermittlungsverfahren wurde aus Mangel an Beweisen und aufgrund besonderer Umstände eingestellt.

9. Das von Special Agent Dana Scully eingereichte und von *Assistant Director* Walter S. Skinner befürwortete Gesuch, die Ermittlungen zum Tode von Melissa Scully weiterzuführen, wurde zur Kenntnis genommen. Es wird auf dem üblichen Dienstweg weiterbearbeitet.

10. Nachdem sich ihr Partner, Agent Fox Mulder, geweigert hatte, Informationen an den Schriftsteller José Chung weiterzuleiten, stellte Agent Scully den Antrag, die Informationen übermitteln zu dürfen. Dem Antrag wurde stattgegeben, da keine geheimen Informationen betroffen waren. Die Verbindung soll über die Abteilung für Öffentlichkeitsarbeit des FBI hergestellt werden und sich an den Bestimmungen des Gesetzes zur Informationsfreiheit orientieren.

## Ein paar weitere Namen ...

Seit sie zum ersten Mal aufs Meer hinausfuhren oder sich in die Lüfte erhoben, haben Seeleute und Piloten ihren Schiffen und Flugzeugen Namen gegeben. Häufig wählten sie dabei Namen von Frauen, die in ihrem Leben eine Rolle gespielt hatten. Die Crew von *Akte X* führte diese Tradition in ›Der Feind – Teil 1‹ fort und benannte das französische Schiff *Piper Maru* nach Gillian Andersons Tochter. Die Mutter würdigten sie mit *Drop Dead Red.*

# Codename:
# ›Der Feind – Teil 2‹

**ZUSAMMEN-FASSUNG**

Die Verbindungen, die Mulder hinter den Ereignissen rund um die *Piper Maru* vermutete, werden deutlicher, als Scully den Anschlag auf *Assistant Director* Skinner mit dem Mord an ihrer Schwester in Verbindung bringt. Unterdessen folgt Mulder der Spur des

**ZITAT**

»Hören Sie mir zu! Zorn ist ein Luxus, den Sie sich gerade jetzt nicht leisten können. Wenn Sie zornig sind, werden Sie einen Fehler machen, und diese Leute werden ihn zu ihrem Vorteil nutzen. Sie haben gesehen, wie sie vorgehen.«
– WALTER SKINNER

mysteriösen Wracks. Beide glauben, daß damit Todesfälle in Zusammenhang stehen, die bis ins Jahr 1953 zurückreichen. Als plötzlich auch noch Agent Alex Krycek wieder auftaucht, ist es sehr unwahrscheinlich geworden, daß die Fäden *nicht* irgendwo zusammenlaufen.

## Im Herzen der Aktion II

---

### DER MANN

| | |
|---|---|
| Name: | **David William Duchovny** |
| Geburtsdatum: | 7. August 1960 |
| Geburtsort: | New York City |
| Körpergröße: | 180 cm |
| Haarfarbe: | braun |
| Augenfarbe: | braun |
| Besondere Kennzeichen: | Leberfleck auf der rechten Wange |
| Eltern: | Amram und Margaret Duchovny |
| Geschwister: | Daniel (älter), lebt in Los Angeles; Laurie (jünger), lebt in New York |
| Familienstand: | ledig/nie verheiratet, hat aber zur Zeit eine ernsthafte Beziehung |

#### Ausbildung

College-Vorbereitungsschule, Manhattan
Princeton-Universität, B.A.
Yale-Universität, M.A. (Dissertation in Anglistik nicht beendet). Magisterarbeit: ›Magie und Technologie in der zeitgenössischen Dichtung und Prosa‹
Schauspielschule The Actor's Studio

#### Filmografie

*Die Waffen der Frauen* (1988)
*Neujahr in New York* (1989)

181

**Leichte Fragen: Notieren Sie sich 1 Punkt für jede richtige Antwort.**

1. Wo befindet sich Skinner, als auf ihn geschossen wird?
2. Was steht auf Kryceks Schlüssel?
3. Wodurch erhält das FBI genetische Informationen über den Schützen, der auf Skinner gefeuert hat?
4. Mit Hilfe von welchem Material springt der ›Außerirdische‹ nach Mulders Vermutung von Person zu Person?
5. Mit welchem feingeschliffenen Ausrüstungsgegenstand gelingt es Mulder, eine Telefonnummer wieder sichtbar zu machen?

*Twin Peaks* (1990, TV)
*Todfreunde – Bad Influence* (1990)
*Julia und ihre Liebhaber* (1991)
*Fast Food Family* (1991)
*Don't Tell Mom The Babysitter's Dead* (1991)
*Irrwege der Leidenschaft* (1991)
*Ein Hund namens Beethoven* (1992)
*Baby Snatcher* (1992, TV)
*Ruby* (1992)
*Chaplin* (1992)
*Wilde Orchidee 3* (1992, TV)
*Venice/Venice* (1992)
*Kalifornia* (1993)

### Hobbys

Einzelsportarten: Jogging, Schwimmen und Yoga; Mannschaftssportarten: Basketball und Baseball; Schriftstellerei (auch Gedichte), Musik, Theater

## DIE ROLLE

### Personalakte Nr. 118-366-047

| | |
|---|---|
| Name: | **Fox William Mulder** |
| Rang: | Special Agent, DOJ, *Federal Bureau of Investigation* |
| Derzeitige Abteilung: | X-Akten |
| FBI-ID-Nummer: | Jtto 47101111 |
| Telefon: | (Privat) 202-555-0199 |

### Angaben zur Person

Geburtsdatum:   11. Oktober 1960 (später, in den Episoden ›Die Autopsie‹

```
                    und >Der Zug<, geändert in
                    13. Oktober 1960)
Größe:              180 cm
Haarfarbe:          mittelbraun
Augenfarbe:         braun
Familienstand:      ledig/nie verheiratet/keine
                    Kinder
Eltern:             Vater William Mulder (ermor-
                    det), Mutter derzeit aus me-
                    dizinischen Gründen ge-
                    schäftsunfähig
Geschwister:        eine Schwester, Samantha T.
                    Mulder, die am 27. November
                    1973 aus dem Haus der Familie
                    verschwand; Aufenthaltsort
                    unbekannt
Im Notfall          Agent Dana Scully,
zu informieren:     Washingtoner Büro des FBI
```

## Ausbildung

Agent Mulder studierte Psychologie an der Universität von Oxford. Er gehörte zu den Besten seines Jahrganges. FBI-Ausbildungsakademie, Quantico.

## Berufliche Tätigkeit (chronologisch)

Abschluß eines Klinikpraktikums als Psychologe
Beordert zur Abteilung für Gewaltverbrechen, Verhaltensforschung
Beordert zu den X-Akten als Agent
Beordert zur Nachrichtenabteilung, Kommunikation
Rückbeordert zu den X-Akten als Agent

## Bemerkungen (chronologisch)

1. Auf Anraten seiner Ausbilder und angesichts seines Universitätsstudiums wurde Agent Mulder der Gruppe Verhaltensforschung bei

**Es wird schwieriger:** Notieren Sie sich 2 Punkte für jede richtige Antwort.

6. Welchen Autoverleih beauftragt Mulder?
7. Von welcher Straße werden Krycek und Mulder auf effektive Weise abgedrängt?
8. Welcher Agent zeigt romantisches Interesse an Dana Scully?
9. Wo hat Skinner seinen Angreifer vorher schon einmal gesehen?
10. Aus welcher Einrichtung versuchen die Lone Gunmen ein bestimmtes Stück für Mulder herauszuholen?

der Abteilung für Gewaltverbrechen zugewiesen.

2. Die Untersuchung im Todesfall seines ehemaligen Partners Lamana ergab, daß Agent Mulder sich korrekt verhalten hat und in keiner Weise für dessen Tod verantwortlich ist.

3. Seiner Personalakte wurde eine Belobigung für besonderen Einsatz im Fall Props hinzugefügt.

4. Auf seine eigene Bitte hin und im Einvernehmen mit seinen Vorgesetzten hat Mulder den Auftrag erhalten, einige bisher ungelöste Fälle zu untersuchen. Diese Aufgabe ist zeitlich begrenzt, damit Rückstände aufgearbeitet werden können. Agent Mulder soll in Kürze zur Abteilung Gewaltverbrechen zurückkehren.

5. Da Agent Mulder keine Anstalten macht, in absehbarer Zukunft zu seiner vorherigen Abteilung zurückzukehren, wird eine informelle Untersuchung über den Wert seiner jetzigen Arbeit angeordnet. Es soll darin geklärt werden, ob er seine Fähigkeiten außerhalb der X-Akten besser einsetzen könnte.

6. Agent Dana Scully wurde den X-Akten zugewiesen und wird der Verwaltungsabteilung Bericht erstatten.

7. Aufgrund unorthodoxer Ermittlungsmethoden des Agenten Mulder wurde beschlossen, ihn wieder seiner regulären Position zuzuweisen (Überstellung zur Abteilung Nachrichten, Kommunikation und Überwachung).

8. Unter der Führung von *Assistant Director* Skinner sind die Agenten Scully und Mulder wieder den X-Akten zugeteilt worden. Die Dauer der Überstellung muß noch festgelegt werden.

9. Die Beteiligung des Agenten an den nicht genehmigten und irregulären Aktivitäten im

Navajo-Reservat Two Grey Hills ist als weiterer Beweis für Mulders Unfähigkeit, im Rahmen des Systems zu operieren, vermerkt worden. Weil die Aktivitäten inoffiziell waren und nicht als illegal eingestuft werden konnten, werden keine internen Disziplinarmaßnahmen eingeleitet.

10. Das japanische diplomatische Korps hat offizielle Ermittlungen gegen Agent Mulder beantragt. Sein Vorgehen im Anschluß an eine Reihe von Todesfällen unter japanischem Personal soll überprüft werden.

11. Der Antrag des japanischen diplomatischen Korps wurde ohne Begründung zurückgezogen.

12. Agent Mulder hat es formell abgelehnt, sich um einen Posten in der Abteilung Gewaltverbrechen von Special Agent Patterson zu bewerben.

13. Agent Mulder hat es formell abgelehnt, mit dem Schriftsteller José Chung zusammenzuarbeiten. Der Antrag wird über die Abteilung Öffentlichkeitsarbeit zurückgeleitet.

14. Trotz einiger Vorbehalte seitens des Büros für berufliches Verhalten hat Agent Mulder eine Einladung zur Jahreshauptversammlung der NICAP angenommen. Er soll dort einen Vortrag zum Thema ›Die Glaubwürdigkeit des Beobachters‹ halten.

## Fehler!

Der Mörder von Melissa Scully hat sein Opfer nicht angespuckt. Woher kam also das genetische Material für den Nachweis, daß er mit diesem Verbrechen zu tun hatte? Für den DNS-Vergleich hätte Agent Pendrell ein Vergleichsobjekt gebraucht.

Die Kellnerin muß eine Zeugin gewesen sein, von der jeder Anwalt nur träumen kann. Laut Scully gab sie zu Protokoll, daß es sich bei dem Schützen um »eine männliche Person, etwa vierzig Jahre alt, Blutgruppe B Rhesus-positiv« handelte. Allerhand für einen *Augenzeugen*bericht!

## Und auch noch Zeitfehler!

»Krycek? Alex Krycek verschwand vor *fünf Monaten*!«

Ob Scully oder Mulder bemerken, daß zwar das Konsortium vor fünf Monaten die Spur von Krycek verloren haben mag, Krycek nach *ihrem* Wissensstand aber kurz nach Scullys Entführung verschwand – also viele Monate früher? Wird Mulders sechster Sinn für Zusammenhänge ihm verraten, daß der Kettenraucher folglich *nach* Scullys Entführung Kontakt zu Krycek hatte – als Krycek längst ein gesuchter Verbrecher war?

# Codename:
# ›Mein Wille sei dein Wille‹

**ZUSAMMEN-FASSUNG**

Die Zahl der Todesopfer schnellt in die Höhe, aber Dutzende von Zeugen behaupten, daß es sich bei den Todesfällen um Selbstmorde, nicht um Morde handle. Also suchen Mulder und Scully nach einem charismatischen Killer, der fähig ist, andere davon zu überzeugen, wirklich *alles* zu tun, was er von ihnen verlangt. Weit davon entfernt, sich von den FBI-Beamten einschüchtern zu lassen, fühlt sich der Gesuchte zu neuen Grausamkeiten inspiriert. Ganz allmählich verstrickt er auch Scully und Mulder in sein intimes, tödliches Spiel.

## Dürfte ich einen Vorschlag machen?

**HINTERGRUND**

In glitzernden Magierkostümen auftretende Hypnotiseure agieren meistens auf Bühnen, die von kaltem Trockeneisnebel umwabert werden. Ein Mann mit dramatisch rasierten Koteletten und dick aufgetragener Schminke, die die Intensität seines starren Blicks unterstreicht, befiehlt einer Frau, wie eine Ente zu quaken und dabei über die Bühne zu

**ZITAT**
»Was soll ich Ihnen sagen, Mulder? Daß ich glaube, Modell ist ein Mörder? Ja, das glaube ich! Ich suche nur nach einer Erklärung, die ein wenig mehr im faßbaren Bereich liegt als die des ›bösen Blicks‹.«

– DANA SCULLY

187

watscheln. Vor den Augen eines tausendköpfigen Publikums gehorcht die Frau.

Obwohl die Zuschauer angesichts der lächerlichen Figur, die das unglückliche Opfer abgibt, lauthals lachen, fühlt sich die Mehrheit nicht ganz wohl in ihrer Haut. Schließlich hatte es nicht den Anschein gehabt, als wäre die Frau besonders leichtgläubig – jedenfalls nicht mehr als eine andere, die stundenlang geglaubt hatte, ihr Finger stecke mitten in ihrer Stirn. Dieses Erstaunen darüber, was ›normale‹ Menschen unter Hypnose offensichtlich mit sich anstellen lassen, hat bereits zahlreiche Filme inspiriert – und nun also auch die besonders gelungene *Akte-X*-Episode ›Mein Wille sei dein Wille‹. Auch ohne das Klischee des pendelschwingenden Psychiaters oder des theatralischen Bühnenhypnotiseurs zu zitieren, beeindruckt die Fähigkeit von Hypnotiseuren, die Hypersuggestibilität ihrer Opfer zu nutzen. Sie ist eine effektive, wenn auch traditionelle Karte im Blatt jedes Horrorautoren.

Trotz jahrelanger wissenschaftlicher Studien ist nach wie vor nicht vollständig geklärt, wie Hypnose funktioniert, wo ihre Grenzen liegen und warum manche Menschen sehr stark, andere dagegen gar nicht darauf ansprechen. Solange diese Fragen unbeantwortet bleiben, sind Hypnotiseure wie der aus *Akte X* gefährlich. Nicht einmal vor der Schmach, vor Publikum quakend und watschelnd über eine Bühne geschickt zu werden, ist man im Augenblick vollkommen sicher.

Sogar der Versuch, Hypnose zu definieren, bereitet Schwierigkeiten. Einige Forscher glauben noch immer, Hypnose sei ein veränderter Bewußtseinszustand, der sorgfältiger Vorbereitung bedürfe und bei dem der Hypnotiseur die wesentliche Funktion einnehme. Andere

188

John Barrymore in *Svengali*

sehen in hypnotischen Trancezuständen allgemeine
Erscheinungen, die die Betroffenen unabhängig von
einem Hypnotiseur leicht selbst herbeiführen können.
Sportler berichten oft von einem geschärften Bewußtsein für ihr Ziel, ihre Umgebung und ihre Fähigkeiten.
Basketballkörbe wirken riesig, Schwebebalken erscheinen breit wie Straßen, Sportverletzungen wie Zerrun-
gen, Verstauchungen oder sogar Knochenbrüche verursachen keine Schmerzen. Gleichgewichtssinn, Muskel-
beherrschung und Beweglichkeit sind nachweislich
auch ohne Beeinflussung durch einen Hypnotiseur verbessert. Solche Beispiele eines veränderten Bewußt-
seinszustandes stützen die Theorie, daß Hypnose und
Selbsthypnose natürliche Formen der Wahrnehmung
sind, die bei manchen Menschen stärkere Ausprägung
als bei anderen finden.

Dieses Phänomen ist allerdings kein Stoff, aus
dem sich Horrorfilme oder *Akte-X*-Episoden schmieden

189

ließen, und so wird hier der Hypnotiseur zum notwendigen Bestandteil der Handlung. Aus nachvollziehbaren Gründen würde sich niemand selbst zu Aktionen veranlassen, die außerhalb seiner normalen persönlichen Ziele liegen. Deshalb bedarf es eines modernen Svengali, wenn jene Spannung aufkommen soll, die uns, wie es Chris Carter formuliert, ›vom Hocker reißt‹. Sie entsteht aufgrund realer Ängste vor einem möglichen Verlust der Selbstkontrolle und vor psychischen und physischen Kräften, die unwiderstehliche Zwänge auf uns ausüben.

Daß Hypnose – das Werkzeug von Menschen wie Mesmer und Pusher – existiert, ist unbestritten. Zwar sind einige der Hypnose-Probanden beschuldigt worden, durch Kooperation mit ihren Hypnotiseuren falsche Ergebnisse vorgelegt zu haben, aber in den meisten Fällen würden selbst die willigsten Versuchspersonen nicht ruhig unter dem Skalpell eines Chirurgen oder unter dem Bohrer eines Zahnarztes liegenbleiben, wenn sie nicht tatsächlich unter Hypnose keinerlei Schmerz empfänden. Genauso unmöglich wäre es ihnen, eine Blutung zum Stillstand zu bringen, ihren Blutdruck zu senken oder ihre Körpertemperatur zu verändern. All dies sind jedoch belegte Phänomene. Veränderungen wie allergische Reaktionen, Blasenbildung oder Sonnenbrand, die durch Suggestion hervorgerufen werden, bleiben ebenfalls unerklärlich. Werden Menschen durch Hypnose von einer langjährigen Schuppenflechte geheilt oder die Leukozyten im eigenen Blut erhöht, grenzt das dagegen bereits an ein Wunder. Daß etwas geschieht, ist unwiderlegbar. Doch *was* passiert – und noch wichtiger: *wie* es passiert – bleibt unbekannt.

Weil wir schon den Mechanismus, der körperliche Reaktionen hervorruft, kaum verstehen, verwundert es nicht, daß geistige Reaktionen noch unerklärlicher anmuten. Im klassischen Fall wird der Hypnotisierte aufgefordert, sich an ein Detail, das ihm unter normalen Umständen nicht zugänglich ist, zu erinnern. Oft berichten die Medien von Polizeifällen, in denen sich Augenzeugen unter Hypnose plötzlich an Autokennzeichen, Ziffernblätter, Muttermale, Narben oder Tätowierungen von Verbrechern erinnern. Selbstverständlich wird weniger häufig von jenen Fällen berichtet, in denen die Hypnose keine neuen Einzelheiten ans Licht brachte. Auch die zahlreichen Experimente, bei denen die unter Hypnose erhaltenen Aussagen den bekannten Ereignissen und Einzelheiten widersprachen, bleiben unerwähnt. Widersprüche werfen Fragen auf und geben den Drehbuchautoren die Möglichkeit, uns mit unbewiesenen Antworten auf unsere drängenden Fragen zu erschrecken.

*Kann wirklich jeder in Hypnose versetzt werden?* Die Antwort lautet offenbar kurz und bündig:»Ja!«

Etwa fünf Prozent der Bevölkerung haben allerdings Schwierigkeiten, eine tiefere Tranceebene zu erreichen. Voraussetzung sind die persönliche Bereitschaft zur Hypnose, Vertrauen zum Hypnotiseur und eine angenehme Umgebung. Sehr wenige Personen können *gar nicht* hypnotisiert werden. Zu den genannten vier bis fünf Prozent der Menschen, die nur schwer zu hypnotisieren sind, zählen auch diejenigen mit einem Intelligenzquotienten unter sechzig. Aufgrund ihrer Schwierigkeiten, sich über längere Zeit auf einen bestimmten Gegenstand oder eine Sache zu konzentrieren, kann man die Auswirkungen der Hypnose bei ihnen nicht beurteilen.

Umgekehrt fallen zehn Prozent der Bevölkerung sehr leicht in tiefe Trance, viele sogar ohne Einwirkung eines Hypnotiseurs oder spontan wie die Sportler, von denen wir gesprochen haben. Musiker und Schauspieler arbeiten häufig unter höchster Konzentration und

**RÄTSEL 18**

Es wird schwieriger: Notieren Sie sich 2 Punkte für jede richtige Antwort.

6. Welche Zeitschrift soll Pusher nach Mulders Vorstellung in seiner Toilette versteckt haben?
7. Was befindet sich, wie Pusher spaßeshalber behauptet, in seinem Golfball?
8. Wie wird Collins verletzt?
9. Wie lautete Pushers bürgerlicher Name?
10. Nennen Sie den Nachnamen des Kontrolleurs in der Eingangshalle des FBI-Gebäudes, der nicht nur in dieser Episode Pusher einläßt, sondern in ›Der Zug‹ ohne Absicht Scully hilft, das Implantat in ihrem Hals zu finden!

zeigen dabei Anzeichen hypnotischer Zustände. Ähnliches soll auch schon bei Computerkünstlern und fanatischen Videospielern vorgekommen sein.

Der Rest der Bevölkerung, die statistische Mehrheit, liegt irgendwo zwischen diesen Extremen. Wie bei jeder Einzelperson können die Ergebnisse auch hier erheblich variieren.

*Gibt es einen Persönlichkeitstypus, der besonders empfänglich ist?* Eine Zeitlang dachte man, daß leichtgläubige, naive oder leicht neurotische Menschen die geeignetsten Hypnosekandidaten seien. Wer leicht in Hypnose versetzt werden konnte, sei weniger helle im Kopf als die Allgemeinheit... Doch das ist falsch.

Zahlreiche Studien seit den Anfängen in den dreißiger Jahren bis in unsere heutige Zeit haben Wissenschaftlern keine greifbaren Ergebnisse gebracht. Daran konnten auch unterschiedliche Umgebungsbedingungen nichts ändern; Versuche in der Antarktis (wo man trotz des Mangels an sensorischen Stimuli für Suggestion empfänglich ist) fielen nicht anders aus als Untersuchungen im Labor. Geschlecht, Intelligenz, geistige Gesundheit und Persönlichkeitsmerkmale wie Intro- oder Extrovertiertheit haben *absolut keinen Einfluß* auf die Empfänglichkeit für Hypnose.

Zwar messen eine Reihe von standardisierten Tests, die größtenteils auf der Stanford-Skala für Hypnose-Empfänglichkeit basieren, in welchem Umfang eine Versuchsperson das für einen Hypnotisierten typische Verhalten an den Tag legt. Aber sie geben nicht zwingend Auskunft darüber, in welchem Maße die Person hypnotisierbar ist. Immerhin gibt es einige wenige physikalische Anhaltspunkte, die eine Einschätzung ermöglichen. In einem Test beispielsweise soll ein Proband so weit wie möglich nach oben schauen, ohne dabei seinen Kopf zu bewegen, also die Augen nach oben rollen. Je größer der sichtbare Anteil der *Sklera* (der weiße Teil des Augapfels) ist, desto besser eignet sich der potentielle Proband. Aber was hat die Fähigkeit, Grimassen zu schneiden, mit der Hypnotisierbarkeit zu tun? Niemand weiß es, und bedeutsame Zusammenhänge kristallisieren sich nur quälend langsam heraus.

Zu den hypnoseempfänglichen Personen, die mit großer Wahrscheinlichkeit zu Recht in dem Verdacht stehen zu simulieren, zählen sogenannte ›fantasieanfällige Persönlichkeiten‹. Unglücklicherweise sind diese Persönlichkeiten zwar mit einem exotischen, aber eben falschen Image behaftet – wie die meisten Phänomene, die Hollywood zu porträtieren versucht hat. Weit entfernt davon, in irgendwelchen Wahnvorstellungen befangen zu sein, erweisen sie sich oft als außergewöhnlich zielstrebig und mit einem unbändigen Willen, alle Tatsachen auszuwerten, bevor Schlüsse gezogen werden. Fantasieanfällige verfügen über ein außergewöhnlich gutes, oft sogar eidetisches Gedächtnis sowie eine überdurchschnittliche sensorische Wahrnehmungsfähigkeit. Ihre Fähigkeit, mit geistigen Bildern umzugehen, damit zu spielen, ist eine Form von Genialität.

Eine fantasieanfällige Persönlichkeit ist kein Opfer der Fantasie, sondern äußert begabt in der *Anwendung* der Fantasie. Sie besitzt die Fähigkeit, nur in der Vorstellung vorhandene Bilder einzusetzen – so wie ein Architekt seine Modelle verwendet.

Frank Lloyd Wright war eine fantasieanfällige Persönlichkeit. Er konnte in seiner Vorstellungswelt ganze Kathedralen entwerfen, noch bevor er den ersten Bleistiftstrich zu Papier gebracht hatte. Lou Gehrig, ein anderer Fantasieanfälliger, behauptete, »die komplette Flugbahn des Balles zu sehen, sobald der die Hand des Werfers verlassen hat«. Um den Ball zu treffen, mußte er den Schläger nur noch an die entsprechende Stelle halten. Er *wußte*, daß der Ball dorthin kommen würde.

Auch Bildhauer, die beim Versuch, die Skulptur eines Wales zu formen, diesen Wal bereits im unbearbeiteten Steinblock erkennen und dann »wegschlagen, was nicht Wal ist«, gehören zu den fantasieanfälligen Persönlichkeiten.

Die lebhaften Beschreibungen Pushers – die sanften Winde, die niemandem Schaden zufügen könnten, oder die Fettpfropfen in Detective Bursts Arterien – waren sicherlich dazu geeignet, die Aufmerksamkeit einer fantasieanfälligen Person zu erregen. Darüber hinaus versprachen sie Erfolg bei dem Versuch, die Überzeugungen, Gefühle oder Wahrnehmungen des anvisierten Opfers ins Wanken zu bringen.

*Gebe ich die Kontrolle über mich selbst vollkommen ab?* Natürlich liegt der Schwerpunkt aller filmischen Handlungen vom Typ *Svengali* auf der Frage: Wie weit reicht die Macht des Hypnotiseurs über sein Opfer? Wir hoffen, daß ›Mein Wille sei dein Wille‹ ebenso wie seine Vorläufer die berechtigten Ängste von Hypnosepatienten übersteigert hat.

Allerdings können Probanden aufgrund der sogenannten Trance-Logik tatsächlich auch auf sanftem Wege zu einem merkwürdigen Verhalten gebracht werden. Die Trance-Logik geht davon aus, daß die meisten Menschen versuchen werden auszuführen, was man ihnen aufgetragen hat, solange kein Grund dafür vorliegt, es nicht zu tun. Zum Beispiel werden die meisten Hypnosepatienten – ungeachtet des Vertrauens in ihren Hypnotiseur – ihre Hand *nicht* vorsätzlich ins Feuer halten. Sollten sie durch Trance-Logik jedoch davon überzeugt werden können, daß die Flammen nicht real sind, dann würden sich einige mit Sicherheit die Finger verbrennen.

Manchmal bedarf es nicht einmal der Trance-Logik. In einer Studie zu der Frage, ob Hypnotisierte eine Gefahr für sich oder andere darstellten, entdeckte Lloyd

Rowland überaus Interessantes: Einige der Testpersonen wären nicht nur freiwillig dazu bereit gewesen, ihre Hände in Kisten zu stecken, in denen sich angeblich Klapperschlangen befanden. Sie hätten auch ohne zu zögern jemand anderem eine Flüssigkeit ins Gesicht geschüttet, die man ihnen zuvor als stark ätzende Säure beschrieben hatte!

Plötzlich stellen wir also fest, daß diese *Akte-X*-Episode gar nicht so unrealistisch ist, wie wir gerne geglaubt hätten ... Der Gedanke an das Vertrauensverhältnis, das die erwähnten Versuchspersonen mit ihren jeweiligen Hypnotiseuren verband, kann den ersten Schrecken ein wenig mildern – aber nur, wenn wir fest an die guten Absichten aller vertrauenswürdigen Hypnotiseure glauben.

Geht man davon aus, daß Hypnose zu Verbrechen führen kann, dann wird man erwarten, in den Gerichtsakten Aufschluß darüber zu finden. Der Gedanke ist nicht abwegig. Im Jahre 1993 wurde der Hypnosetherapeut Roger Belton für schuldig befunden, an der Vergewaltigung von Caroline Bedford, der Ehefrau eines seiner Patienten, als Komplize beteiligt gewesen zu sein. Zwar befand sich Belton zum Zeitpunkt des Verbrechens mehr als neunzig Kilometer vom Tatort entfernt, aber mit Hilfe von Tonbandaufzeichnungen, die in seiner Praxis sichergestellt worden waren, benötigte das Gericht nur achtzehn Minuten, um festzustellen, daß der bis dahin sehr liebevolle und zärtliche Ehemann Wade Bedford seine Frau überfallen hatte, weil er unter dem hypnotischen Einfluß seines Therapeuten stand.

Zum Glück für eine junge Wissenschaft, die zukünftig viel medizinischen Nutzen verspricht, sind solche Fälle eher selten. Bei den wenigen Erwähnungen in den Gerichtsakten handelt es sich meistens um eine andere Art von Verbrechen: In neunzig Prozent der

**Viele Fans dachten, daß auch der Name Modell eine Anspielung auf den Sport ist – nämlich auf den ausgesprochen unpopulären Besitzer der Cleveland Browns.**

jüngeren Fälle mit hypnotischem Bezug wird der Hypnotiseur des sexuellen Mißbrauchs an seiner Patientin angeklagt. Dieses Vergehen kommt in ähnlicher Häufigkeit auch unter Allgemeinmedizinern und Psychiatern vor.

*Was ist posthypnotische Suggestion?* Immer wenn Daisy Callahan um acht Uhr abends nach Hause kommt, wäscht sie sich fünf Minuten lang gründlich die Hände. Früher tat sie das durchschnittlich einhundertzwölfmal am Tag. Charles Lukowitz, der 1983 mit dem Rauchen aufhörte, hat bis heute keine Folgen des Nikotinentzugs gespürt. Gayle Trenton-Carter brachte ihre beiden acht Pfund schweren Babys ohne jegliche medikamentöse Behandlung zur Welt. Dabei spürte sie nichts als »ein leichtes Unbehagen am Anfang«. Alle drei genannten Personen sind mit ihrer Hypnosetherapie sehr zufrieden. Den Hypnoseforschern geben sie Rätsel auf.

Zukünftige Patienten und Zuschauer werden weiterhin mit dem Unwohlsein leben müssen, daß die Hypnosetherapie zwar einerseits unbestreitbar positive Auswirkungen hat, andererseits der dahintersteckende Mechanismus nach wie vor unbegreiflich ist.

# Codename: ›Der Fluch‹

Ein Todesfall in Ecuador, einer in Boston, ein Beschwerdebrief an das Außenministerium, ein ungewöhnlicher Kunstgegenstand und ein leidenschaftlicher Aktivist: Das alles deutet für Scully auf einen politisch motivierten Mord hin. Mulder vermutet, wenig überraschend, etwas Bizarreres. Als der Verdächtige, den Scully in Obhut genommen hat, verschwindet, gewinnt Mulders Theorie an Plausibilität.

**ZUSAMMEN-FASSUNG**

## Schlafende Knochen soll man nicht wecken

**HINTERGRUND**

»Hoffentlich liegt auf meinen Knochen auch ein Fluch, wenn jemand sie in tausend Jahren mal ausbuddelt.« (Fox Mulder)

Lord Carnarvon starb um zwei Uhr in der Nacht des 15. April 1923, neunzehn Wochen, nachdem er das Grab des Königs Tut-ench-Amun geöffnet hatte. Sein Tod war die Geburtsstunde einer neuen Art von Horrorgeschichten. Nicht einmal eine Woche dauerte es, bis ein Filmemacher und Produzent aus Berlin Pläne für Dreharbeiten an einem Film namens *The Pharao's Revenge* verkündete. Englands allererster Horrorfilm, *The Ghoul*, behandelte ebenfalls das Thema Tut-ench-Amun. Die

**ZITAT**
»Das ist stärker als jeder Mensch. Sie haben es hier mit einem Geist zu tun – mit dem der Geist der Amaru. Den können Sie nicht in Handschellen legen!«
— BILAC

197

Hauptrolle spielte Boris Karloff, der im Jahr zuvor mit Hollywoods Antwort auf das Thema Sanddünen, Tropenhelme und unterirdische Schatzfunde mit dem Film *The Mummy* groß herausgekommen war. *The Mummy* erwies sich als derart erfolgreich, daß in der Folge zwei Fortsetzungen gedreht wurden: *The Mummy's Hand* und *The Mummy's Curse*. Das Genre erreichte eine schier unglaubliche Popularität. Das Publikum stand alle drei Filme durch, ohne auch nur einmal über die ziemlich offensichtliche Tatsache zu murren, daß in den beiden Sequels eine beträchtliche Anzahl Filmmeter aus dem Original verwendet wurden.

Zahlreiche weitere Filme wie auch die *Akte-X*-Episode ›Der Fluch‹ behandeln mysteriöse Todesfälle, mit Flüchen belastete Grabstätten und in die Vergangenheit dringende Archäologen, die es wagen, die alten Gebeine in ihrer Grabesruhe zu stören. Die vielen Todesfälle, die sich im Anschluß an die Öffnung des Grabes von König Tut-ench-Amun tatsächlich ereignet hatten, waren so mysteriös, daß sie Stoff für einige hundert Stunden Film boten.

Der Tod Lord Carnarvons war die erste schreckliche Konsequenz des Fluches. Doch die Legende schließt alle Ereignisse seit dem Tag ein, an dem der Sarkophag geöffnet wurde. Als ersten Todesfall muß man also den des Kanarienvogels des Entdeckers Carter verzeichnen. Während Carter und Carnarvon damit beschäftigt waren, die Grabstätte zu öffnen, glitt eine Kobra – lange mit den Pharaonen assoziiertes Symbol – in den Vogelkäfig und verzehrte dessen Bewohner. Ein böses Omen!

Carnarvons Tod löste viele Spekulationen aus. Von allen fantastischen Todesursachen, die in Betracht gezogen wurden, erschien die des tödlichen Mückenstiches noch am plausibelsten. Dagegen sahen viele Ägypter einfach die Überlieferungen bestätigt, mit denen sie aufgewachsen waren. Sie drehten sich vor allem um Flüche und geheimnisvolle Totenwächter.

Als die Zahl der mysteriösen Todesfälle stieg, wurden sogar professionelle Skeptiker unsicher. Zu beklagen waren unter anderem folgende Opfer:

›Killer-Kätzchen‹ – so beschrieb Gillian Anderson diese Episode in einem Fernsehinterview.

- George Jay Gould, amerikanischer Millionär, besuchte Luxor und starb aus ungeklärten Gründen;
- Woolf Joel, einer von Carnarvons besten Freunden, fuhr mit dem Schiff nach Luxor und wurde aus unbekannten Gründen über Bord gespült;
- Sir Archibald Douglas Reid, Röntgenologe, hatte eben ein Übereinkommen mit dem Ministerium für Altertumsschätze in Kairo unterzeichnet und sollte Tut-ench-Amuns Mumie röntgenologisch untersuchen, als er aus unerfindlichen Gründen verstarb;
- H. G. Evelyn White, Professorin an der Universität Leeds, nahm Papyrus-Rollen aus einem koptischen Kloster mit und beging Selbstmord, nachdem sie die Dokumente gelesen hatte;

- Georges Benedite, Direktor der Abteilung für ägypti-sche Kunst des Louvre, und Marcel Cassanova, Mit-glied des College de France, arbeiteten bei den Aus-grabungen im Tal der Könige mit und starben an je-weils unbekannten Ursachen;
- Colonel Aubrey Herbert, Lord Carnarvons Halbbru-der, war bei der Öffnung von König Tut-ench-Amuns Sarkophag zugegen gewesen und starb an ›zeitweili-ger Geistesgestörtheit‹;
- Evelyn Greely tötete ihren Sohn und beging dann Selbstmord, nachdem sie die Ausgrabungsstätte ver-lassen hatte und nach Chicago in ihr Zuhause zu-rückgekehrt war;
- Gardian Laffleur, Professor an der McGill-Universi-tät und Gast im Hause Carters, starb einen Tag, nachdem er das Grab besucht hatte, ebenfalls an un-bekannter Ursache;
- Arthur Mace, MoMA-Mitarbeiter und Autorenkollege Carters, starb während der Arbeit an einem weite-ren Buch über den Pharao Tut-ench-Amun;
- Richard Bethell, während der Ausgrabungen in Luxor Carters Privatsekretär, wurde im Mayfair Club tot aufgefunden – Todesursache unbekannt;
- Lord Westbury, Vater von Richard Bethell, be-ging Selbstmord, indem er aus dem siebten Stock eines Bauwerkes direkt an der Mall sprang. Als sein Leichnam in ein Krematorium über-führt wurde – der Gedanke, einbalsamiert und be-graben zu werden wie Tut-ench-Amun war West-bury unerträglich gewesen – kam der Leichenwa-gen von der Straße ab und überfuhr ein achtjähri-ges Kind;
- Edgar Steele, mit siebenundfünfzig Jahren bereits Leitender Direktor der ägyptologischen Abteilung des British Museum, starb an unbekannter Ursache während eines operativen Eingriffs.

Zur Abrundung der Legende um den Fluch des Tut-ench-Amun soll noch ein letztes Opfer erwähnt werden: Lady Elizabeth Carnarvon. Auch sie starb, so unglaublich es klingen mag, an einem Mückenstich. Selbst Scully müßte eingestehen, daß eine Serie von derartigen Vorkommnissen und seltsamen Übereinstimmungen nicht mehr einfach nur mit dem Zufall erklärt werden kann.

›Der Fluch‹ wäre als Beispiel für die Verarbeitung des Themas Fluch in einem Horrorfilm nicht weiter erwähnenswert, wenn nicht ein Aspekt immer wichtiger werden würde, der Carter oder seinen Zeitgenossen nicht in den Sinn kommen konnte: der kulturelle Ursprung von Kunstgegenständen und Knochen, die, Tausende von Kilometern von ihrem Herkunftsland entfernt, in Museen ausgestellt werden. Ägypten bemüht sich verzweifelt, die Exponate zurückzuerhalten, die Carnarvon und Carter aus dem ›verfluchten‹ Grabmal bargen und die stolz von renommierten Institutionen wie dem British Museum und dem Metropolitan Museum of Art präsentiert werden.

Man nimmt an, daß jährlich eine Milliarde Dollar durch die Hände von Grabräubern und zwielichtigen Kunsthändlern gehen. Länder wie die Türkei, Mali und Afghanistan sind in der Durchsetzung ihrer entsprechenden Gesetze häufig eher nachlässig.

1994 ereignete sich folgender Fall: Ein Professor der Universität New York schlenderte die Madison Avenue hinunter und stellte überrascht fest, daß ein Kunstgegenstand, den er selbst an einer archäologischen Fundstätte in der Türkei ausgegraben hatte, im Schaufenster einer vornehmen Kunsthandlung prangte. Obwohl der Professor die Herkunft der Statue als Augenzeuge glaubwürdig darlegte, bestritt der Händler sofort jeden Verdacht, das Stück könne gestohlen worden sein. Als jedoch das FBI auf den Plan gerufen wurde und Zu-

RÄTSEL 19

Leichte Fragen: Notieren Sie sich 1 Punkt für jede richtige Antwort.

1. Was wird in den Bergen von Ecuador ausgegraben?
2. Wohin werden die Kunstgegenstände geschickt?
3. Wie heißt Monas Hund. der die Katze gefressen hat, die die Ratte gefressen hat, die das Gift gefressen hat?
4. Was wird im Motorraum von Dr. Lewtons Wagen, in allen Räumen der Damentoilette und im Leib von Sugar gefunden?
5. Wovon wird Scully unter dem Museum angegriffen?

Es wird schwieriger: Notieren Sie sich 2 Punkte für jede richtige Antwort.

6. Welche Automarke fährt Dr. Lewton?
7. Wie nennt Bilac das südamerikanische Halluzinogen?
8. Was genau finden Scully und Mulder in dem Baum?
9. Wie kommen die Ratten in das Museum?
10. Wie lautet die offizielle Todesursache von Mona Wustner, Alonzo Bilac, Craig Hornig und Dr. Lewton?

ständige in der Türkei begannen, Druck auszuüben, entfernte der Galerist die Statue schnell und leise aus dem Schaufenster und gab sie an die türkischen Behörden zurück.

Die medienwirksamste Anstrengung der Türkei, eines ihrer kulturellen Erbstücke wiederzuerlangen, betraf keine geringere Institution als das Metropolitan Museum of Art in New York. Nach einer sechsjährigen Auseinandersetzung auf sämtlichen gerichtlichen Ebenen wurde der Lydische Schatz – eine umfangreiche Sammlung von Kunstgegenständen aus unterschiedlichen, wertvollen Metallen – an die Türkei zurückgegeben. Ein Vergehen seitens des Museums wurde dabei nicht festgestellt. In nächster Zeit kann sich dies jedoch ändern, denn das Museum steht schon wieder vor Gericht, diesmal in einem Prozeß gegen Afghanistan. Man streitet darum, ob die obere Hälfte einer bedeutenden Statue mit ihrem unteren Teil, der noch am Ursprungsort steht, wiedervereint werden soll oder nicht.

Sammler, Universitäten und Museen in der ganzen Welt verfolgen den Verlauf und den Ausgang dieses Falles sehr aufmerksam. Nicht nur, weil wertvolle fremde Kunstschätze in den Ausstellungsvitrinen Nordamerikas und Europas gelandet sind, sondern auch, weil solche Plünderungen nicht ausschließlich in fernen Ländern vorkommen. Neuere Untersuchungen haben ergeben, daß mehr als die Hälfte der Nationalparks der Vereinigten Staaten geplündert worden sind. Jeder könnte praktisch jeden verklagen, weil er seine Aufsichtspflicht über irgend etwas in irgendeiner Weise verletzt hat. Der einzige Grund, aus dem dies nicht geschieht, liegt offenbar in den hohen Kosten. Ein solcher Rechtsstreit kann sich über mehrere Kontinente erstrecken, einen ungeheuren Papierkrieg in einer Vielzahl von Sprachen auslösen und sich über mehrere Jahre hinziehen.

Bedenkt man den schleppenden und zähen Verlauf, den selbst die Repatriierung von weniger ausgefallenen und relativ unbedeutenden Kunstgegenständen nimmt, versteht man, weshalb das Musée Jalahanan freudig überrascht war, als es einen Satz präkolumbianischer Urnen ohne viel Aufhebens von Deutschland zurückerhielt. Die Urnen zählten zu den Kunstgegenständen, die sich das Museum am meisten gewünscht hatte.

Weniger freute sich das Kuratorium des Museums allerdings darüber, daß Dr. Pasharin, der die Rückgabe der Gefäße eingeleitet hatte, und dessen Stellvertreter unerwartet verstarben. Äußerst unangenehm berührt war man auch, als Graham Kent, der offizielle Repräsentant des Museums in den Vereinigten Staaten, in der darauffolgenden Woche den Tod fand. Nachdem innerhalb einer Woche zwei weitere Mitarbeiter erkrankten, erwachte die Skepsis gegen die jüngste Neuerwerbung. Ob aus Aberglauben oder aus Rücksicht auf die Gefühle der einheimischen Bevölkerung – das Musée Jalahanan erhob jedenfalls keine Einwände gegen den Vorschlag, die als Gegenstände aus dem Begräbniskult identifizierten Gefäße wieder an ihrem ursprünglichen Fundort, einem geweihten Begräbnisplatz, in die Erde zu versenken.

Ein Fall wie aus *Akte X*.

# Codename: ›Höllengeld‹

**ZUSAMMEN-FASSUNG**

Wie fängt man einen Geist? Vor diesem Problem steht Mulder, als er zusammen mit Scully in San Franciscos Stadtteil Chinatown eintrifft. Die beiden sollen eine Serie von Todesfällen aufklären, in denen Krematoriumsöfen als Mordwaffen dienten. Als Dana Scully feststellt, daß bei den zu untersuchenden Leichen eine verblüffende Anzahl verschiedener Organe fehlt, sucht sie nach einem ›festeren‹ Verdächtigen.

**HINTERGRUND**

## Mysterien

Der durchschnittliche Weltbürger – so es ihn denn gibt – wird nie ein Organ spenden oder gespendet bekommen. Er wird sich vielleicht auch nie den Kopf über Organspenden zerbrechen. Obwohl die Organspende zweifellos eine der erfolgreichsten medizinischen Behandlungsmethoden ist, die den Spender mit Recht nichts kostet, sind Organspender sehr schwer zu finden – es sei denn, man lebt in China.

Obwohl die Kriminalitätsrate weltweit kontinuierlich steigt, äußerten einige Menschen-

**ZITAT**

»Ich finde es äußerst schwierig, mich mit den zweitausend Jahre alten chinesischen Vorstellungen meiner Eltern und Großeltern anzufreunden. Aber, um ehrlich zu sein – die Raten für meine Hypothek setzen mir mehr zu.«

– DETECTIVE GLEN CHAO, San Francisco Police Department

rechtsvereinigungen – darunter das Rote Kreuz, Al-haradan und Amnesty International – ihr Befremden darüber, daß die Zahl der Hinrichtungen auf dem chinesischen Festland innerhalb eines Jahres um annähernd 50 Prozent gestiegen war. Bürger anderer asiatischer Länder bekamen immer mehr den Eindruck, daß China *das* Land für Patienten mit einem Bedarf an einer neuen, gesunden Niere einer frischen Leber oder einem zweiten Herz war.

Auch in China ist der Mann auf der Straße nicht naiver als sein amerikanisches oder europäisches Ebenbild. Die strikte Trennung zwischen der breiten Masse und einer Elite, die bei den Treffen der Kommunistischen Partei die Ehrenplätze belegt, ist anerkannte Wirklichkeit. Die Liste der Menschen, die auf eine Niere, das am meisten verpflanzte Organ, warten, ist so lang, daß von 10 000 Patienten nur einer operiert werden kann, bevor er stirbt oder so krank wird, daß er für eine Transplantation nicht mehr in Frage kommt. Beim Jahrestreffen der höchsten KP-Kader 1994 war jedoch bereits 23 Prozent der Mitglieder dieses erlauchten Kreises in den vergangenen sieben Jahren ein Spenderorgan eingepflanzt worden. 9 Prozent hatten sogar zwei oder mehr Spenderorgane erhalten. Ferner konnte China, trotz der langen Patientenwarteliste im eigenen Land, offensichtlich mehr ›ideale Übereinstimmungen‹ zwischen chinesischen Spendern und wohlhabenden Ausländern finden als geeignete Spender-/Empfänger-Paare unter der chinesischen Bevölkerung.

Sollte die Nachfrage nach Spenderorganen weiterhin so hoch bleiben und tatsächlich eine Verbindung zwischen diesen Zahlen bestehen, dann wird es in China aller Voraussicht nach innerhalb der nächsten fünf Jahre 2 100 Prozent mehr Hinrichtungen unter Häftlingen mit transplantationsfähigen Organen geben.

---

## RÄTSEL 20

**Leichte Fragen: Notieren Sie sich 1 Punkt für jede richtige Antwort.**

1. Welches Kartenspiel ist auf dem Videospiel des Wächters dargestellt?
2. Wo stirbt Johnny Lo?
3. Nennen Sie eines der exotischen medizinischen Heilmittel, die Chao Scully beschreibt.
4. Was findet Scully in der Brust einer Leiche?
5. Wie erklärt Hsin den Verband, den er über dem Auge trägt?

**Es wird schwieriger: Notieren Sie sich 2 Punkte für jede richtige Antwort.**

6. Wie viele Personen sind insgesamt eingeäschert worden?
7. Für welche Gesellschaft arbeitet Mr. Hsin?
8. Welches Fest könnte, der Vermutung von Detective Chao zufolge, mit den Mordfällen in Zusammenhang stehen?
9. Welche ungewöhnliche Substanz finden Scully auf der Leiche und Mulder auf einem Fußboden?
10. Welches chinesische Zeichen entspricht dem Wort ›Auge‹?

Ihre Punktzahl:

Der potentielle Gewinn, den China dabei für sich verbuchen kann? Er liegt irgendwo in der angenehmen Umgebung von einer Milliarde Dollar. Ein verhältnismäßig leicht zu erhaltendes Nierentransplantat bringt 45 000 Dollar (ca. 66 000 DM). Berichten zufolge wurde einem Geschäftsmann aus Hongkong ein Herztransplantat zu dem ›sehr günstigen‹ Preis von 115 000 Dollar (ca. 170 000 DM) überstellt. Eine ›Expreßlieferung‹, also ein Organ für einen Patienten, der sich in weniger als drei Monaten der lebensrettenden Operation unterziehen muß, kann den Preis beinahe verdoppeln. Nicht schlecht für ›nachwachsende‹ Rohstoffe.

Es bedarf kaum der Erwähnung, daß der Weg eines Transplantationsorgans zu seinem ursprünglichen Besitzer zurück schwer zu ermitteln sein kann. Der Beruf des Buchhalters zählt in China seit mehreren tausend Jahren zu den ehrenwerten Tätigkeiten. Daher verwundert es, daß gerade dieses Land solche Schwierigkeiten mit den entsprechenden Unterlagen zu haben scheint. Auch die gesteigerte kriminelle Tendenz in der näheren Umgebung seiner Krankenhäuser wird nur ungern eingestanden. Keine örtliche Polizeidienststelle hat mehr Personal angefordert, um gegen die skrupellosen Verbrecher vorzugehen, die sich laut der Exekutionsberichte vorzugsweise in Gegenden von Kliniken niederlassen. Statt dessen bestätigen chinesische Justizbehörden, daß die Kriminalitätsrate gleichmäßig über das ganze Land verteilt sei.

Hospitäler, die von Gefängnissen in ihrer Umgebung vollständige Leichen kaufen, haben keine Erklärung für den offensichtlichen Widerspruch zwischen dem Verhältnis von Gefangennahmen und Exekutionen. Sie behaupten, ihre Geschäfte mit den Gefängnissen seien einwandfrei. Üblicherweise werden Hinrichtung durch Erschießung vollzogen, genauer gesagt durch einen gezielten Schuß in die Schädelbasis. Dies hat den praktischen Nebeneffekt, daß der Großteil der Organe in transplantationsfähigem Zustand bleibt. Die Tatsache, daß die Zahl der Exekutionen nur in Gefängnissen, die in der Nähe von Transplantationskliniken liegen, rapide angestiegen ist, wird von offizieller Seite nicht kommentiert.

In einem Gefängnis in der Nähe des Volkskrankenhauses 12 entschied man sich aus Gründen, die weder die Gefängnisleitung noch die Klinikverwaltung erörtern wollten, zu einer seltsamen Änderung des Hinrichtungsverfahrens. Die Erschießung findet nicht mehr durch Kopfschuß, sondern durch einen Schuß ins Herz statt. Sofern das Volkskrankenhaus 12 für irgend etwas bekannt ist, dann für seine Erfolge in der Transplantation von Augenhornhaut. Zufall? Oder handelt es sich hier um ein ebenso abgekartetes Spiel wie in ›Höllengeld‹?

Die technische Fähigkeit, Organe zu entnehmen und sie erfolgversprechend zu transplantieren, ist in China eine der neuesten Errungenschaften. Dagegen verharren die chinesische Politik und die Gesetze in tiefverwurzelten althergebrachten Mustern. Der Handel mit Organen ist aus naheliegenden Gründen offiziell verboten. Die Entnahme von Organen Hingerichteter wurde 1984 per Gesetz erlaubt. Allerdings ist die Organentnahme an drei Kriterien gebunden: Die Familie des exekutierten Strafgefangenen nimmt von der Übergabe des Leichnams Abstand; der Gefangene hat der Organentnahme zugestimmt; seine Familie hat ebenfalls ihr Einverständnis erklärt. Die Praxis in chinesischen Gefängnissen sowie eine willkürliche Auslegung von Gesetzen lassen solche kleinen Unterschiede jedoch bedeutungslos werden.

Laut Gesetz kann in China kein Gefangener hingerichtet werden, ohne daß der Oberste Volksgerichtshof seine Zustimmung erteilt. Dies beinhaltet auch, daß

*Hell Money* (so der Originaltitel dieser Episode) ist in den meisten großen chinesischen Vierteln erhältlich; ebenso *Hell Gold* (Höllengold), *Hell Houses* (Höllenhäuser), *Hell Cars* (Höllenautos) oder *Hell Clothes* (Höllenkleidung). Die Namen sollen die Geister im Jenseits besänftigen.

kein Sträfling Dokumente oder Zustimmungserklärungen unterschreiben darf, die für eine offizielle Organspende erforderlich wären. Ferner ist es verboten, im Vorfeld einer Organtransplantation notwendige medizinische Untersuchungen durchzuführen. Exekutionen werden aber in China nicht auf die lange Bank geschoben. Wenn es zu einem Todesurteil kommt, dann wird die Hinrichtung unmittelbar im Anschluß an die Urteilsverkündung vollzogen. Für Untersuchungen bleibt keine Zeit mehr. Damit bestehen nur die zwei Möglichkeiten, entweder die Organe ohne vorherige Zustimmung der Betroffenen zu entnehmen oder zuvor die Gesetze aus Gründen der Zweckmäßigkeit zu ignorieren.

Auch die Bestimmung, daß eine Familie die Übergabe des Leichnams fordern kann, ist in der Praxis bedeutungslos. Ein Gesetz, das sich in demselben Abschnitt des chinesischen Gesetzbuches findet, besagt, daß »die Familie eines hingerichteten Gefangenen keinen legalen Anspruch auf dessen Leichnam« hat. In den seltensten Fällen wird durch die Erdbestattung eines Hingerichteten wertvoller Platz verschwendet, so daß die eingeäscherten Überreste für die Familie keine Anhaltspunkte auf eine eventuelle Organentnahme bieten.

Wie in ›Höllengeld‹ anklingt, ist der Organdiebstahl wohl nicht allein auf China beschränkt. Im Chinatown San Franciscos zeigte sich eine Mutter hocherfreut, als sie erfuhr, daß sie als Organspenderin für ihre Tochter in Frage komme. Die Tochter benötigte dringend eine Spenderniere als Alternative zur Dialyse. Die erste Untersuchung von Marjorie Hsin machte jedoch die Hoffnung von Mutter und Tochter zunichte. Mrs. Hsin hatte sich einige Jahre zuvor einer Blinddarmoperation unterziehen müssen. Jetzt teilten ihr die Ärzte mit, daß die daraus resultierende Narbe verdächtig weit von der für eine solche Operation üblichen Stelle entfernt liege. Eine Ultraschalluntersuchung erbrachte die Gewißheit: Mrs. Hsin war zusammen mit dem Blinddarm eine Niere entfernt worden.

Sie blieb nicht die einzige, der so etwas geschah. In den folgenden achtzehn Monaten fanden sich dreiundzwanzig weitere Patienten, die bei demselben Arzt in Behandlung gewesen waren und denen ohne ihr Wissen Organe entnommen worden waren.

1993 schöpften zwei Transplantationsspezialisten Verdacht, als sie einen jungen Mann und dessen ›Vater‹ untersuchten. Zwar wiesen die beiden gemeinsame biologische Faktoren auf – eine Tatsache, die den jüngeren Mann als idealen Organspender für den älteren erscheinen ließ –, aber ein Fragebogen zur Feststellung des allgemeinen Gesundheitszustandes förderte einige verwirrende Ungereimtheiten zutage. Obwohl beide Männer behaupteten, seit der Geburt des jungen Mannes zusammenzuleben, hatte der junge ›Chang‹ keine Ahnung davon, daß sein Vater jeden Tag eineinhalb Schachteln Zigaretten rauchte. Der Vater ließ auf einem Formular die Frage nach dem Namen der Ehefrau des Sohnes unbeantwortet, auf einem anderen machte er falsche Angaben. Schließlich wurde die Polizei eingeschaltet und ermittelte gegen die beiden Männer. Es stellte sich heraus, daß sie sich erst zwei Monate zuvor kennengelernt hatten. Der Arzt, der alles eingefädelt hatte, hatte für die ›Spendervermittlung‹ 15 000 Dollar (ca. 22 000 DM) berechnet, wovon dem Organspender 2500 Dollar (ca. 3700 DM) als ›Gratifikation‹ gehören sollten.

Der kaltblütige Handel mit Teilen des menschlichen Körpers und der Druck, der immer wieder auf spendenunwillige Personen ausgeübt wird, ist zweifelsohne beängstigend. Noch erschreckender ist jedoch die scheinbare Unfähigkeit der Verantwortlichen, die Täter zu belangen. In dem erwähnten Fall Chang erfolgte nie eine Anklage wegen des Handels mit menschlichen Organen. Sogar erdrückende Verdachtsmomente für einen versuchten Versicherungsbetrug stellten sich als schwer zu beweisen heraus.

Der Schritt bis zu einem Horrorszenarium, wie es in ›Höllengeld‹ angedeutet wird, scheint nur noch klein zu sein.

**WARTEZEITEN IN KALIFORNIEN:**

| | | |
|---|---|---|
| *Golden State Transplantations-* | **Niere:** | **268 Tage** |
| *zentrum, Sacramento* | **Herz:** | **160,5 Tage** |
| *Kalifornisches Organspender-* | **Niere:** | **720 Tage** |
| *netzwerk, San Francisco* | **Leber:** | **nicht erhältlich** |
| | **Herz:** | **nicht erhältlich** |
| *UCSD-Klinik, San Diego* | **Niere:** | **790 Tage** |
| | **Leber:** | **52 Tage** |
| | **Herz:** | **106 Tage** |
| *Transplantationszentrum* | **Niere:** | **810 Tage** |
| *Südkalifornien, Los Angeles* | **Leber:** | **48 Tage** |
| | **Herz:** | **192 Tage** |
| *Organvermittlung* | **Niere:** | **719 Tage** |
| *Südkalifornien, Los Angeles* | **Leber:** | **42 Tage** |
| | **Herz:** | **212 bis 380 Tage** |

**Durchschnittliche Wartezeiten in den Vereinigten Staaten:**

| | | |
|---|---|---|
| | **Niere:** | **602 Tage** |
| | **Leber:** | **146 Tage** |
| | **Herz:** | **218 Tage** |

# Betreff: X-Akten.
## *Ballspiele*

X-Philes sind dafür bekannt, daß sie den obskursten Hinweisen nachspüren und die subtilsten Anhaltspunkte innerhalb einer Episode aufschnappen. Daher ist kaum vorstellbar, daß sie nicht bemerkt haben sollten, wie sehr die *Akte-X*-Crew immer wieder auf den Sport rekurriert. Am deutlichsten wurde dies in den beiden ersten Staffeln, als die Drehbuchautoren Morgan und Wong in fast jede ihrer Episoden Bezüge zum Sport einbauten. Aber dieses prägnante Markenzeichen der Serie ist auch in der dritten Staffel erhalten geblieben. Wenn man den Gerüchten Glauben schenken darf, daß Morgan und Wong zwischen anderen Projekten an neuen Folgen von *Akte X* mitwirken, dann werden entsprechende Anspielungen in der vierten Staffel wieder verstärkt auftauchen.

Was ist Ihnen noch aufgefallen?

### ›DIE WARNUNG‹

Colonel Buddahas, ein Green-Bay-Fan, erinnert sich ohne Schwierigkeiten an die Super Bowl von 1968. Sogar Einzelheiten wie Don Chandlers Tore über vier Felder und die Tatsache, daß es Vince Lombardis letztes Spiel war, sind ihm noch gegenwärtig. Aber er kann sich nicht daran erinnern, wie man fliegt.

### ›SIGNALE‹

Wenn Mulder einige Blitzinformationen von Danny Bernstein, seinem Kollegen in der kryptologischen Abteilung, braucht, verspricht er ihm Eintrittskarten zu einem Spiel der Redskins. Er will sie ihm über den Freund von einem Freund von einem Freund besorgen, wenn sich Danny im Gegenzug die binären Sequenzen, die der junge Kevin von einer Fernsehsendung aufgenommen hat, anschaut.

### ›Eis‹

Dr. Denny Murphy ist nicht nur sportbegeistert, sondern ein Sportfanatiker. Aus seiner privaten Sammlung von Tonbandaufzeichnungen hört er sich über Kopfhörer seine Lieblingsspiele an. Es muß eine sehr umfangreiche und wertvolle Sammlung sein; sie reicht mindestens bis zu den Football-Ausscheidungsspielen von 1982 zurück.

### ›Eve‹

Deep Throat bietet Mulder an, ihn zu einem Spiel der Warriors mitzunehmen, weil er ›gerade in der Gegend‹ ist.

### ›Die Botschaft‹

Sogar Bösewichter haben eine Schwäche für Football. Luther Lee Boggs erwürgte seine Familie während des Abendessens zum Erntedankfest. Zwischenzeitlich legte er eine Pause ein, um das letzte Viertel des Spiels Detroit gegen Green Bay nicht zu verpassen. Vielleicht erklärt das, warum am Tag des Erntedankfests Beamte mit Abstand am häufigsten zu Familiendramen gerufen werden.

### ›Ewige Jugend‹

Für Mulder ist nicht einmal ein friedlicher Nachmittag, an dem High-School-Schüler im Regen Football spielen, wirkliche Freizeit. Während er dem Sohn eines früheren Partners beim Spielen zuschaut, deponiert der Mörder dieses Partners Gedichte in seinem Wagen.

### ›Täuschungsmanöver‹

Mulder und Deep Throat beklagen, daß sie nicht in der Lage seien, sich einmal ein Spiel zusammen anzusehen. Mulder ist der Ansicht, daß Deep Throat bestimmt die notwendigen ›Beziehungen‹ hätte, um Karten für fantastische Tribünenplätze zu bekommen, wenn die Umstände nicht gegen einen gemeinsamen Gang ins Stadion sprächen.

### ›Ein neues Nest‹

Was sehen sich gelenkige Mutanten mit einer Vorliebe für Leber im Fernsehen an? Sportsendungen natürlich. Zusätzlich zu den vier Stunden BaBa Booey verbrachte Tooms seinen ersten Abend in Freiheit bei einem Spiel der Phillies und einem der Orioles.

### ›Kontakt‹

In dieser Version von Samanthas Entführung trägt der junge Fox Mulder eine Strickjacke der New York Knickerbockers mit den Emblemen ›KING‹ und ›30‹ darauf.

### ›Blut‹

In seiner Jugend scheint Mulder ähnlich sportbegeistert wie alle jungen Männer gewesen zu sein. Er spielte als Rechtsaußen.

### ›Rotes Museum‹

Woran läßt sich erkennen, ob einem Kind ein DNS-Hybrid eingeimpft wurde? Man beobachte, ob es das Footballspielen aufgibt. Mulder und Scully sollen das Verschwinden des jungen Gary Caines aufklären. Für den Sheriff ist die Tatsache, daß der Junge nicht mehr Football spielen wollte, einer der Hauptbeweise für seine charakterliche Veränderung.

### ›Todestrieb‹

Die ultimative sportliche Anspielung im Universum von *Akte X* beinhaltet den Namen ihres Urhebers, Chris Carter. In dieser Episode hat Mulder vor, ein Spiel der Vikings zu besuchen. Ein plötzlich auftauchender Nekrofetischist nimmt jedoch seine Zeit und Aufmerksamkeit in Anspruch und durchkreuzt seine Freizeitpläne. Während der Beratung mit Agent Brock läuft im Hintergrund auf einem Fernseher das Spiel. Die Übertragung zeigt den Viking-Spieler Chris Carter, dem in einem atemberaubenden Spielzug ein erstes Down und anschließend ein Touchdown gelingt.

Donny Pfasters Zellengenosse im Gefängnis kann sich nicht mehr an Mulders Namen erinnern. Dafür fällt ihm der von dessen Partnerin schnell ein: »Sie hieß Scully, wie der Baseball-Ansager.«

### ›Satan‹

Glauben Sie, Football kann Wankelmütige vor der Verehrung von Dämonen bewahren? Die Möglichkeit besteht. Vor die Wahl gestellt, den Elternabend mit einem Gebet an die dunklen Mächte zu beenden oder das Spiel anzuschauen, hätte sich zumindest einer der Lehrer, nämlich Paul, für das Spiel entschieden. Zu schade, daß in dieser Woche nur ein Spiel stattfand.

Die Anspielungen auf sportliche Ereignisse setzen sich in dieser Episode sogar bis in den Abspann fort. Morgan und Wong, beide Fans der San Diego Chargers, fügten in der Woche vor der Super Bowl ihren Namen jeweils einen besonderen zweiten Vornamen hinzu.

### ›Frische Knochen‹

Auch wenn im Umkreis des Handlungsschauplatzes kein Football-Feld zu finden ist, lassen sich eine oder zwei Anspielungen einbauen. Jack MacAlpin mag den größten Teil dieser Episode damit zugebracht haben umherzuwandern, aber laut Aussage seiner Frau sind ihm nur drei Dinge im Leben wichtig: die Marines, seine Familie und Football.

### ›Sophie‹

Nach all den Sportreferenzen von Morgan und Wong und ihrer öffentlichen Unterstützung für die Chargers war nichts anderes zu erwarten, als daß sie genau wie die Chargers nach deren fürchterlicher Niederlage in der Super Bowl unter Beschuß geraten würden. Achten Sie auf die Unterhaltung der Bauarbeiter! Man kann sich leicht vorstellen, wie oft das dynamische Autorenteam in den Wochen nach der Niederlage ihrer Mannschaft etwas Ähnliches zu hören bekam.

## ›MEIN WILLE SEI DEIN WILLE‹

In Episoden wie dieser hätte der ›Bösewicht der Woche‹ die Agenten zu jedem beliebigen Ort führen können. Er wählte einen Golfplatz.

Sogar die Dekorateure ziehen mit – überall tauchen Teile von Sportausrüstungen auf. In der ersten Staffel hat Lauren Kyte in ›Schatten‹ zufällig einen Baseballschläger im Schrank. Während Mulder auf Rückmeldungen auf sein beleuchtetes ›X‹ wartet, bekämpft er seine Nervosität drei Jahre lang, indem er einen Basketball auf den Fußboden seines Apartments schlägt. Vielleicht erleben wir ihn schließlich noch bei der Befragung der Menschen, die in der Wohnung unter ihm leben. Wie viele Mieter würden sich ohne Beschwerde mit einem derartigen Krach abfinden? Der gleiche Basketball taucht auch an anderen Schauplätzen wieder auf – unter anderem im Schlafzimmer eines jungen Navajo, wo er allerdings von einem Erdbeben, nicht von Mulder herumgeworfen wird.

Eine nach dem Ansager der Dodgers, Vincent Scully, benannte Hauptdarstellerin; ein Autor, der früher das Magazin *Surfing* herausgab; Drehbuchautoren, die tatsächlich glaubten, daß die Chargers eine Chance hätten – bestand da auch nur die entfernteste Möglichkeit, daß Mulders Lieblingssportart *Schach* sein würde? Oder daß Scully *nicht* wüßte, daß am Donnerstag abend keine Football-Spiele stattfinden? Eigentlich nicht.

> X-Philes werden sich bald mit gutem Grund wünschen, daß *Akte X* und Sport etwas weniger eng beieinander lägen. Aufgrund der Verschiebung des Sendeplatzes in Amerika von Freitag auf Sonntag abend wird es möglicherweise zu Konflikten mit Fox' Football-Berichterstattung kommen. Die *Akte-X*-Fans dürften dann etwas häufiger als in der Vergangenheit zur Fernbedienung greifen.

# Codename:
# ›Andere Wahrheiten‹

**ZUSAMMEN-FASSUNG**

Scully versucht, eine Entführung durch Außerirdische für José Chung, einen Autor dokumentarischer Romane, zu rekonstruieren. Dabei entdeckt Chung, daß die Wahrheit sogar für FBI-Agenten sowohl schwer zu finden als auch trügerisch ist. Trotz dieser zweiten Chance, die ›Fakten‹ aufzuzeigen, hat Scully Schwierigkeiten, die verschiedenen Gesichtspunkte, aus denen sich die ursprünglichen Beweise des Falles zusammensetzen, miteinander in Einklang zu bringen.

**HINTERGRUND**

### Auf Wiedersehen und danke für den Fisch

Nachdem ›Andere Wahrheiten‹ zum erstenmal ausgestrahlt worden war, fühlte sich Darin Morgan, das Hu-

**ZITAT**

»Ihre Wissenschaftler stehen noch vor der Aufgabe herauszufinden, wie Nervensysteme ein Selbstbewußtsein entwickeln. Ganz zu schweigen davon, welche Prozesse im menschlichen Gehirn ablaufen müssen, um zweidimensionale Bilder von der Netzhaut des Auges in das dreidimensionale Phänomen umzuwandeln, das ›Wahrnehmung‹ genannt wird! Dennoch besitzen Sie die Unverfrorenheit zu behaupten, ›Sehen ist Glauben‹?«

– DER ERSTE MANN IN SCHWARZ

morgenie, das auch die Bücher zu ›Der Zirkus‹ und ›Krieg der Koprophagen‹ geschrieben hatte, ›ausgebrannt‹ und sprach von einem ›Szenenwechsel‹. Diese Episode, die einen geradezu mörderischen Anspielungsrhythmus hat – beinahe jede Minute findet sich ein Hinweis – trägt alle Anzeichen eines Schwanengesanges. Es schien, als wollten Morgan und das Team in den siebenundvierzig Minuten Sendezeit so viele Anspielungen und Insider-Witze wie nur irgend möglich unterbringen. Wie viele davon haben Sie mitbekommen?

**Autopsie eines Außerirdischen**. Wie in den Episoden ›Die Autopsie‹ und ›Der Zug‹ handelt es sich auch hier um einen Seitenhieb auf den Sender Fox, der den berüchtigten Film *Alien Autopsy: Fact or Fiction* nicht einmal, sondern *dreimal* ausgestrahlt hatte.

**Sch...!** Nach dem Regisseur Kim Manners benannt, teilt Detective Manners ein weiteres Charakteristikum mit seinem Namensgeber: die Neigung zu deftigem Fluchen.

**Bucheinband**. Ein kurzer Blick auf den Bucheinband von José Chungs *From Outer Space* und den von Whitley Streibers *Communion* – ein Bericht über Entführungen durch Außerirdische – erklärt die Gestaltung des erstgenannten.

**Zigarettenrauchender Außerirdischer**. Eine offensichtliche Anspielung auf den Kettenraucher. Die Tabakindustrie enttarnt sich derzeit als eine ausgedehnte, reale Verschwörung unserer Zeit. Neueste Informationen bestätigen den Verdacht, daß die Hersteller nicht nur über die Gesundheitsgefährdung durch Zigaretten Bescheid wußten, sondern ihre Produkte auch

**Leichte Fragen: Notieren Sie sich 1 Punkt für jede richtige Antwort.**

1. Was wird im Zusammenhang mit Chrissys Kleidern festgestellt, als sie gefunden wird?
2. Es ist kein Außerirdischer. Aber irgend etwas in Chrissys Zimmer sieht genauso aus. Was?
3. Welche Worte murmelt der graue Außerirdische in seinem Käfig ständig vor sich hin?
4. Welcher Planet wird laut den Männern in Schwarz am häufigsten mit einem UFO verwechselt?
5. Was veranlaßt Gen-Xer Glaine zu glauben, Scully gehöre in Wirklichkeit zu den Männern in Schwarz?

noch ›impften‹, um eine höhere Abhängigkeit der Kunden zu erzielen.

**José Chung**. Der Schweizer Psychologe und Psychiater Carl Gustav Jung schrieb ein Werk mit dem Titel *Geheimnisvolles am Horizont: Von UFOs und Außerirdischen*.

**Klass County**. Philip Klass verfaßte *UFOs: The Public Deceived* und *UFOs Explained*. In beiden Werken postuliert er, daß es sich bei UFO-Sichtungen immer um natürliche Phänomene gehandelt habe, beispielsweise um Lichtbrechungen durch Wolken oder um Kugelblitze. Klass leitet auch die Unterabteilung für UFOs der CSICOP. Er schrieb:»Kein Objekt ist öfter als ›fliegende Untertasse‹ fehlgedeutet worden als der Planet Venus.«

**Lord Kinbote**. In Vladimir Nabokovs Roman über streitbare Realität, *Fahles Feuer*, erweist sich der Erzähler, Lord David Kinbote, wie José Chung als höchst unzuverlässig.

**Kartoffelbrei**. Eine Anspielung auf den Filmklassiker *Unheimliche Begegnung der dritten Art*. Richard Dreyfuss spielt darin Roy Neary, Linienrichter wie Roky in dieser Episode, der aus einem Teller Kartoffelbrei den Devil's Tower modelliert, bevor er ein größeres Modell in Angriff nimmt, das schließlich sein ganzes Wohnzimmer ausfüllt.

**Erster Mann in Schwarz**. Dieser Mann in Schwarz, dargestellt von WWF-Catcher Jesse ›the Body‹ Ventura, wirft den armen Gen-Xer Blaine mit einem höchstwahrscheinlich patentierten *Back breaker* (dt. ›Kreuzbrecher‹) zu Boden.

**Zweiter Mann in Schwarz.** Nach der überraschenden Niederlage Duchovnys in der bekannten Quizsendung ›Jeopardy‹ ein weiterer Gag in der langen Liste der Anspielungen auf ›Dig David‹ (dt. ›David den Büffler‹) in dieser Staffel. Alex Trebeks Auftritt war eine tolle Sache, aber Trebek war für diese Rolle nicht die erste Wahl gewesen. An wen hatte die Crew noch gedacht? Natürlich an *den* Mann in Schwarz – Johnny Cash.

**Militär-/Industrie-/Unterhaltungskonzerne.** Greifen wir aus den vielen Multis RCA/NBC als Beispiel heraus. Unter dem Dach der Muttergesellschaft General Electrics produziert man gleichermaßen Bomben, Glühbirnen und Unterhaltungsprodukte. Die Anspielung beginnt mit der Abschiedsrede von Präsident Eisenhower, der das amerikanische Volk und zukünftige Regierungen davor warnte, daß ›militärisch-industrielle Konzerne‹ wie Boeing allzu mächtige Lobbyisten im District Columbia werden könnten.

**RÄTSEL 21**

Es wird schwieriger: Notieren Sie sich 2 Punkte für jede richtige Antwort.

6. Woran leidet Chrissy nach Mulders Meinung?
7. Wen beschreibt José Chung als Benutzer einer ›bunten Ausdrucksweise‹?
8. Welche politische Partei bevorzugt Roky Crikenson?
9. Was ist an Rokys ›Manifest‹ ungewöhnlich?
10. Bei der Autopsie des ›Außerirdischen‹ entdeckt Scully eine medizinische Eigenart. Welche?

**MKULTRA.** MKULTRA und MKDELTA wurden vermutlich geschaffen, um Spione, die von ihrer Tätigkeit nichts wußten, in feindliches Territorium einzuschleusen. Den Betroffenen sollte der Auftrag, zu spionieren und ihre Erkenntnisse an die CIA weiterzuleiten, hypnotisch suggeriert werden. Erst eine zweite Hypnose oder eine andere Technik der Bewußtseinskontrolle würde die Spione in den verborgenen Teil ihres Lebens ›zurückführen‹.

**Ovaltine Diner.** Das Ovaltine Diner ist in Vancouver stadtbekannt und befindet sich in 251 East Hastings.

**Rote Außerirdische.** Der Nachzügler bei der Entführung durch Außerirdische zeigte eine verblüffende Ähnlichkeit mit einer Kreatur des außergewöhnlichen Monstermachers Ray Harryhausen. Eines der Geschöpfe, die Harryhausen für den Film *Twenty Million Miles to Earth* entwarf, scheint hier wieder zum Leben zu erwachen. Das Monster war ein ›Vesuvianer‹. »Sie sahen nur die Venus.«

**Reynard Mandrake.** Der Vorname *Reynard* erinnert an das französische Wort *renard* (›Fuchs‹), englisch *fox* wie Fox Mulder.

**Rokys Eimer.** Der Eimer des Linienrichters wird in den Nachthimmel getreten. Seine Unterseite ist einem imperialen Sternenkreuzer aus *Krieg der Sterne* nachempfunden.

**Sgt. Hynek.** Eine direkte Bezugnahme auf J. Allen Hynek, eine prominente Persönlichkeit in Astronomen- und Ufologenkreisen. Neben zahlreichen anderen Aktivitäten spielte er eine kleine Rolle in *Unheimliche Begegnung der dritten Art*, wo er auch als Berater mitwirkte. Als Forscher war er Mitautor zahlreicher Bücher, darunter eines von Jacques Vallée. Ferner war er ein leitendes Mitglied des Project Bluebook-Teams.

**Abspann.** Die Titelmusik am Ende dieser Episode war um eine Note ›daneben‹.

***Space: Above and Beyond*** (Sweatshirt). Ist Ihnen Blaines Sweatshirt aufgefallen? Die Anspielung wird klar, wenn man sich in Erinnerung ruft, daß Glen Morgan einer der verantwortlichen Produzenten von *Space* war. Er schrieb nicht nur frühere Drehbücher für *Akte X*, sondern ist auch der ältere Bruder von Darin Morgan und genauso verrückt wie der. Duchovny spielte in *Space* einen Androiden mit künstlicher Intelligenz.

**Kugeln und Obelisken.** Achten Sie auf das Regal in José Chungs Büro. Wenn Sie die Kugel und den Obelisken sehen, denken Sie an *Aubrey* und an *2001: Odyssee im Weltraum*.

**Süßkartoffelkuchen.** Ein Hinweis auf einen anderen erfundenen FBI-Agenten. Dale Cooper aus *Twin Peaks* bevorzugte Kirschkuchen und war bekannt dafür, daß er seine Zeugen gern mit vollem Mund vernahm. Mulder ahmt Cooper in dieser Episode nach. David Duchovny spielte in *Twin Peaks* die Rolle des Transvestiten Dennis/Denise.

**Die Piloten Richard Vallée und Jacques Shaeffer.** Tauschen Sie die Namen, und Sie erhalten Jacques Vallée, der das Philadelphia-Experiment untersuchte und darüber schrieb. Außerdem berichtete er über UFOs und mögliche Systeme gezielter Fehlinformation. Schaeffer lieferte die Bilder zu Klass' Werk *UFOs Explained*.

**PLAUDEREI**

Es spricht sich herum, daß *Akte X* moderne Musik miteinbezieht. Von dem Namen Roky Crikenson ist es nur ein kleiner Schritt bis zu Roky Erickson, dem Namen des Sängers der Thirteenth Floor Elevators. In dieser Gruppe experimentierte er mit Musik, die aus einer Kombination von Studio-Atmosphäre und bewußtseinsverändernden Drogen entstand. Der Name seiner nächsten Band, Roky Erickson & The Aliens, mag ein Anzeichen dafür sein, daß der Sänger zeitweise glaubte, selbst ein Außerirdischer zu sein.

221

**»... ein bißchen zu rot ...«** Die Schauspielerin Gillian Anderson, von Natur aus blond, färbte ihre Haare für die Rolle der Dana Scully.

**»Sein Gesicht war so leer und ausdruckslos.«** Die Regenbogenpresse hat sich hin und wieder darüber ausgelassen, daß Duchovny die Intensität bevorzugt und auf die übliche überdrehte Darstellungsweise in Fernsehserien verzichtet.

**»Das geschieht nicht wirklich.«** Eine Anspielung auf *Alien*, in dem Bill Paxtons Figur Hudson diesen Satz über die gesamte Länge des Films vor sich hinmurmelt.

Im großen und ganzen hat Darin Morgan natürlich wieder einmal die Rosinen der Filmgeschichte herausgepickt. Filme wie Kurosawas *Rashomon* beschäftigen sich ebenfalls mit der Vielfalt der Wahrnehmung. *The Manchurian Candidate*, auf den in dieser Episode mit ›The Caligarian Candidate‹ (dt. ›Der Caligari-Kandidat‹) angespielt wird, geht noch einen Schritt weiter und stellt die verdrehten Wahrnehmungen von Soldaten, die einer Gehirnwäsche unterzogen wurden, grafisch dar. Der zweite Bezug in dieser Anspielung, *Das Cabinet des Dr. Caligari*, greift die Geschichte eines hypnotisierenden Zauberers und seiner Opfer wieder auf. Die unglücklichen Willenlosen befolgen sogar die bizarrsten Befehle des Hypnotiseurs. Vielleicht handelt es sich in diesem Film aber auch nur um die Geschichte eines verrückten Psychiaters oder um die seiner verrückten Patienten ... Ganz sicher ist sich da niemand.

Darin Morgan hatte starken Anteil an den vielen Eigenbezügen, die in *Akte X* immer wieder auftauchen. Eine Reihe von Ereignissen und Personen in ›Andere Wahrheiten‹ gehen direkt auf frühere Beiträge von Morgan zurück: Der Tarot-Kartenleger aus ›Der Hellseher‹ und Museumskurator aus ·Zirkus‹ taucht in dieser Folge als Hypnotiseur auf; der Erstaunliche Yappi, ebenfalls aus ›Der Hellseher‹ bekannt, erscheint hier in der gleichen Rolle und mit gleicher Wichtigtuerei; das ›Mädchengekreische‹, in ›Krieg der Koprophagen‹ gefordert, wird endlich geliefert; und schließlich findet sich in dem Titel *Alien Autopsy: Truth or Humbug* eine weitere Anspielung auf Morgans erstes Drehbuch ›Zirkus‹ (Originaltitel ›Humbug‹).

# Codename: ›Heimsuchung‹

**ZUSAMMEN-FASSUNG**

*Assistant Director* Walter Skinner wacht auf und findet neben sich eine tote Prostituierte im Bett. Er muß erkennen, daß sich Vorzeichen sehr schnell ändern können. Diesmal liegt es an Scully und Mulder, der Polizei und dem Büro für berufliches Verhalten *Skinners* Unschuld zu beweisen. Dessen angeborene Zurückhaltung, belastendes Beweismaterial und eine zum ungelegensten Zeitpunkt auftretende Erinnerungslücke erschweren die Ermittlungen zusätzlich. Am ominösesten ist jedoch die schattengleiche Präsenz des Kettenrauchers.

**ZITAT**
»Im Mittelalter hätte man einen Besuch, wie Skinner ihn beschreibt, einem Sukkubus zugeschrieben. Das war ein Geist, der Männer in der Nacht aufsuchte, meistens in Gestalt einer alten Frau.«
– FOX MULDER

Im Universum der *Akte X* existieren Theorien im Überfluß. Sogar hartgesottene X-Philes wissen nicht mehr, wie oft Scully als Antwort auf eine Bemerkung Mulders die Augen verdreht hat – nur um anschließend festzustellen, daß für die Situation doch keine so vernünftige Erklärung vorliegt, wie sie gedacht hatte. Nur in wenigen Episoden, zum Beispiel in ›Offenbarung‹, gibt Mulders unmotivierte Skepsis den Weg für Scullys Denkart frei; noch seltener aber sind die Fälle, in denen *beide* falsch liegen!

Einerseits hält sich Skinner sehr mit der Preisgabe von anzüglichen Details über seine Begegnungen mit Geschöpfen aus einer anderen Welt zurück; andererseits zeigt Mulder, der sich gerade mit seiner Videosammlung beschäftigt hat, mehr Interesse für die sexuellen Aspekte der Erlebnisse. Wahrscheinlich kommt er deswegen zu einer zwar aufregenden, aber völlig deplazierten Theorie. Es ist schon oft vermutet worden, daß UFOs in Nordamerika den gleichen Stellenwert besitzen wie Spukschlösser in Europa, sozusagen ein Stück amerikanischer Folklore seien. Unabhängig davon, ob die Behauptung zutrifft oder nicht, wimmelt es jedenfalls in Nordamerika von Anekdoten aus der Sagenwelt des alten Kontinents.

Der Sukkubus ist ein weitgereistes Monster. Er kommt in den Mythen Ägyptens, Ostindiens und Asiens ebenso vor wie in Europa, wo er über Jahrhunderte hinweg einen halboffiziellen Status genoß. Allein in Wallasey berichteten innerhalb eines Gerichtsturnus, also innerhalb von knapp acht Monaten, fast einhundertdreißig Männer von einem Sukkubus, der sie angeblich angegriffen habe. In Schottland beklagte sich ein gewisser Hector Boece wiederholt bei seinem Gemeindepfarrer und sogar beim Bischof über einen weiblichen Dämon, der ihn »so in seiner Männlichkeit geschwächt« habe, daß er »für seine Frau nutzlos geworden« sei. Die Ratschläge des Priesters, er solle fasten, im (für eiskaltes Wasser bekannten) nahegelegenen Fluß baden und viel beten, halfen ihm nicht, den Aufmerksamkeiten der mysteriösen Frau zu entgehen. Vielmehr störten Boeces Gestöhne und Geschreie – hörbares Zeugnis der Bemühungen seiner ›nächtlichen Besucherin‹ – die Nachbarn bald so sehr, daß sie offiziell Beschwerde einreichten.

Wahrscheinlich auf Drängen von Boeces Ehefrau wurde der Priester, den er aufgesucht hatte, aktiver. Er kam in das Haus des Paares, verlangte den bequemsten Stuhl und hielt bei Hector Boece Wache. Lange mußte er nicht warten. Am nächsten Morgen zog er erschüttert von dannen und verfaßte folgenden Bericht: »Der Mann ist von dem Wesen besessen. Vom Moment ihrer Ankunft an nimmt er nichts mehr wahr, bis er schließlich vollkommen erschöpft ins Bewußtsein zurücktaumelt. Alle Versuche, ihn aufzuwecken, schlugen fehl. Auch durch meine heiligen Beschwörungen konnte ich den Geist nicht aus dem Haus vertreiben.«

Priester Ainan Prescote behandelte den Vorfall wie einen Fall von Besessenheit. Er schickte die Ehefrau zu Verwandten, legte die Grundmauern des Hauses in Salz und zog, ausgerüstet mit dem Werkzeug seines Gewerbes, wieder in die Wohnung ein. Ian Bell, ein örtlicher Polizist, kam am zweiten Tag, um den Schreien auf den Grund zu gehen, die die Nachbarn um den Schlaf brachten. Nach nicht einmal einer Viertelstunde stürzte er wieder aus dem Haus, verließ Boeces Grundstück und weigerte sich, über das Gesehene zu reden. Den Nachbarn erteilte er den Rat: »Geht an dem Haus vorbei, ohne auch nur einen Blick darauf zu werfen, bis der gute Priester uns sagt, daß drinnen alles wieder in Ordnung ist.«

Der ›gute Priester‹ gab aber weder nach dieser Nacht noch nach den folgenden elf Nächten Entwarnung.

Als Hector Boeces Frau endlich erlaubt wurde, wieder nach Hause zurückzukehren, wankte ein abgemagerter Priester aus dem Haus zur nächsten Kirche. Hector Boece hatte ›knapp zwanzig Kilo verloren und sah zufriedener aus als je zuvor«. Mrs. Boece schloß offensichtlich mit ihrem Mann Frieden. Sie schien glücklich darüber zu sein, daß der seltsame Damenbesuch nicht mehr durch ihre Räume geisterte und ihrem Mann keine unüberhörbaren ›nächtlichen Qualen‹ mehr auferlegt wurden.

Diese Geschichte begegnet in der einen oder anderen Form in ganz Europa. Ein Sizilianer glaubte, eine schöne Frau vor dem Ertrinken zu retten, nahm aber unabsichtlich einen Sukkubus mit zu sich nach Hause. Dieser nützte die ›Gastfreundschaft‹ lange genug aus, um ein Kind zu gebären. Erst als der Geist mit diesem Kind verschwand, bemerkte der Mann seinen Fehler.

In Polen brachte es ein Sukkubus sogar zu gesetzlicher Anerkennung, denn er wurde dem Richter vorgeführt und wegen Dämonismus verurteilt. Ein Priester hatte von einer schönen Frau berichtet, die sich in dem Ort Jaklow urplötzlich materialisiert habe. Einige der zahlreichen, angesehenen Männer, die sie verführt habe, seien in ihrem Bett gestorben. Zwar wurde die Frau zum Tod durch Verbrennen verurteilt, aber sie verschwand auf ebenso mysteriöse Weise, wie sie gekommen war. Am Morgen des Hinrichtungstages fand man ihre Zelle verschlossen, aber leer.

In dem griechischen Ort Axapta unternahm die Bevölkerung keinen Versuch, ihren schönen Sukkubus zu vernichten. Der Geist war ihre Geheimwaffe, die sie gegen die Anführer eindringender Stadtstaaten einsetzten. Axapta blieb so lange unabhängig, bis der Geist seiner ›Gefangenschaft‹ überdrüssig war. Die schöne

## RÄTSEL 22

**Leichte Fragen: Notieren Sie sich 1 Punkt für jede richtige Antwort.**

1. Woran starb Carina Sayles offersichtlich?
2. Welche Farbe hat der Regenmantel von Sharon Skinner?
3. Wo befindet sich die Heimatdienststelle von Agent Bonnecaze?
4. Welche Scotchmarke, die einer ›echten‹ sehr ähnelt, trinkt Skinner?
5. Welches Beweisstück händigt Mulder Agent Pendrell zur Analyse aus?

**Es wird schwieriger: Notieren Sie sich 2 Punkte für jede richtige Antwort.**

6. Wie lange sind Walter und Sharon Skinner schon verheiratet?
7. Welche Erklärung hat Scully für Skinners nächtliche ›Alpträume‹?
8. Was ist in die Innenseite von Walter Skinners Ehering eingraviert?
9. Was könnte nach Scullys Ansicht die Ursache für den Glanz um den Mund der ermordeten Prostituierten sein?
10. Wofür steht das ›S‹ in dem Namen Walter S. Skinner?

Ihre Punktzahl:

Frau ging einfach in eine Hauswand hinein, ohne auf der anderen Seite wieder hinauszukommen.

Unglücklicherweise sprechen die Schlüsselelemente all dieser Geschichten gegen Mulders Theorie, Skinner sei von einem Sukkubus heimgesucht worden. Manche böse Dämonen werden traditionell als alte Hexen oder alte Weiber beschrieben; die Sukkuben sind jedoch eher das Gegenteil. Alle Legenden stimmen darin überein, daß sie dem Sukkubus eine unglaubliche Schönheit attestieren. Sexuelle Aktivitäten werden nicht unterbrochen. Hat ein Sukkubus seinen Mann – oder mehrere – erwählt, findet er nur Befriedigung, wenn er seine Spiele unablässig ausübt oder wenn das Opfer stirbt. Die Interessen eines solchen Geistes sind rein sexueller Art. Selten leisten sie in irgendeiner Weise Hilfe, und nie werden andere Frauen in das Treiben mit einbezogen. Mulder scheint also diesmal die falsche Überlieferung herangezogen zu haben.

Der Gestalt und dem Verhalten nach zu urteilen kommt eher eine andere Kandidatin in Betracht: die irische Banshee. Wie der Sukkubus ist auch dieser Geist immer weiblich. Frei übersetzt bedeutet *banshee* soviel wie ›Todesfee‹. Ähnlich dem Sukkubus ist auch die Banshee ein sehr zielstrebiges Wesen. Sie sucht sich ein Opfer aus, oft auch eine ganze Familie, und begleitet es während dessen Leben. Im Unterschied zu Sukkuben treten Banshees allerdings als Frauen aller Altersstufen auf: Manche sind jung und schön, fast noch kindlich, andere häßliche alte Weiber. Ihr Temperament ist so unterschiedlich wie ihr Aussehen. Einige genießen die Not ihres Opfers, andere agieren als unbeteiligte Vorboten des Todes. Manche übernehmen – wie in der Episode ›Heimsuchung‹ – auch die Rolle der Beschützerin.

Eine solche Beschützerin, die sich seit 1643 bei den O'Reardons befinden soll, erinnert stark an Skinners

Frau in Rot. Padraic O'Reardon aus Chicago, Illinois, war einer der vielen jungen Männer, die unter Vorbehalten als Soldat nach Vietnam gingen. Obwohl die Familie schon vor langer Zeit aus der ursprünglichen Heimat Irland fortgezogen war, hatte sie sich den festen Glauben an die alten Legenden bewahrt. Daher hoffte Padraic inbrünstig, daß die Banshee der O'Reardons weiterhin so wachsam wäre wie bisher.

Zwei Wochen später begann Padraic O'Reardon wirklich zu glauben, daß sie den Weg um die halbe Erde in das Stück Dschungel gefunden hatte, in dem er mit elf anderen jungen Männern lag. Im Prasseln eines mittäglichen Regenschauers glaubte er plötzlich etwas zu hören – ein schwaches Summen, kaum wahrnehmbar, ließ ihm die Haare zu Berge stehen. Ein Blick auf das Funkgerät bewies ihm, daß das Geräusch nicht von dort ausging. Auch schien der Ton nicht aus irgendeiner anderen materiellen Quelle zu kommen.

Im Laufe des Tages wurde das Summen immer lauter. Die Gruppe näherte sich einer Anhöhe, die angeblich seit einiger Zeit von eigenen Leuten besetzt war. Am frühen Abend stand für Padraic fest, daß er zu jenen Soldaten zählte, die die bedrückende, klaustrophobische Umgebung des Dschungels nicht ertrugen. Er glaubte, direkt hinter seinem Ohr eine Stimme singen zu hören: »Geh zurück.« Padraic sah sich bereits zu einem Strafeinsatz abkommandiert oder in eine psychiatrische Klinik eingewiesen, während er weiter durch das Dickicht schlich.

»Halt, Padraic, halt!«

Den Kopf schüttelnd, drehte er sich um und erblickte eine alte Frau, die nicht häßlich war, aber ausgezehrt wirkte und ihn ansah. Fast im selben Augenblick, schrie sie auf und verschmolz mit dem Regen.

Plötzlich pfiffen Geschosse an ihm vorbei und ließen den Baum neben ihm splittern. Eine Kugel durchschlug

Offenbar hat Agent Pendrell die Herzen der *Akte-X-*Crew genauso gewonnen wie die der Zuschauer. Die Rolle, die Brendan Beiser in ›Heimsuchung‹ spielte, war ursprünglich für eine neue Figur namens Dr. Rick Newton konzipiert.

seine Schulter und blieb unter dem Schlüsselbein stekken. Zwei Männer fielen, als die Gruppe in der Nacht den Rückzug antrat. Das Gebiet war zwischenzeitlich vom Feind besetzt worden, ohne daß jemand sie gewarnt hätte. O'Reardon blieb auf den Beinen. An den Rückweg den Hügel hinunter hat er kaum eine Erinnerung – außer an die kurzen Augenblicke, in denen er eine Frau sah, der er fast die ganze Nacht hindurch folgte.

Es wäre sicher interessant herauszufinden, ob Skinner irische Vorfahren hat. Der einzige Grund, der dagegen spräche, daß seine ›Besucherin‹ tatsächlich eine Banshee war, gründet auf der Annahme, daß Banshees nur Interesse an direkten Abkömmlingen der grünen Insel zeigen.

# Codename: ›Quagmire‹

**ZUSAMMEN-FASSUNG**

Scully ist gerne bereit, auf ihr wohlverdientes Wochenende zu verzichten, um Mulder bei der Durchsicht einiger Vermißtenanzeigen zu helfen. Bis sie entdeckt, daß sein Hauptverdächtiger eine amerikanische Version des Ungeheuers von Loch Ness ist! Als jedoch plötzlich Leichenteile von einem halben Dutzend Toten um den Heuvelmans See herum auftauchen, muß sogar Scully eingestehen, daß etwas Ungewöhnliches im Gange sein könnte.

## Hier gibt es Monster

**HINTERGRUND**

Es sei dahingestellt, ob Nessie oder ein anderes Mitglied dieser weit verstreuten Sippe tatsächlich existieren oder ob sie, wie Scully sagen würde, »Ausdruck unserer universellen Angst vor dem Unbekannten« sind. Mysteriöse Wesen der Tiefe bleiben jedenfalls nach wie vor die am häufigsten vertretenen Gestalten in unseren Legenden und halten sich von allen am hartnäckigsten.

**ZITAT**

»Irgend etwas (keuch)... irgendwas hat mich da draußen gestreift! Etwas... (keuch) Großes! Schließen Sie den See! Sperren Sie ihn ab! Rufen Sie die Bundespolizei! Alarmieren Sie den Naturschutz, die Fischerei- und die Jagdbehörden! Sagen Sie ihnen, es handelt sich um einen *Notfall!*«

– SHERIFF LANCE HEADS

231

## RÄTSEL 23

**Leichte Fragen: Notieren Sie sich 1 Punkt für jede richtige Antwort.**

1. Wie heißt Scullys Hund?
2. Wie wird die südliche Schlange des Heuvelmans Sees im Volksmund genannt?
3. Was steht auf Ted Bertrams Kappe?
4. Welchen Ausrüstungsgegenstand hat Dr. Bailey verloren, so daß er zu Striker's Cove zurückkehrt, wo er stirbt?
5. Was will Mulder auf einer der unscharfen Aufnahmen aus Ansel Brays Sammlung erkennen?

Skeptiker weisen natürlich sofort auf den Tourismuseffekt hin – eine solche Erscheinung bringt zahlreiche Neugierige. Daneben eröffnen sich auch für einzelne Verdienstmöglichkeiten, wenn sie ›Beweise‹ für eine Begegnung mit einem solchen Wesen vorlegen können. Triftige Gründe, die solche Phänomene in unserer modernen Zeit verursachen könnten. Aber weniger kritische Geister halten dagegen, daß auch bereits Generationen vor unserer heutigen Gesellschaft mit Fernsehspezialsendungen und Tantiemen oft Berichte von unheimlichen Begegnungen der dritten Art im Wasser aufgetaucht seien.

Natürlich gab es auch Falschmeldungen, die alles noch komplizierter machten. Über Nessie, das berühmteste Seeungeheuer, waren, wie mittlerweile bekannt, über lange Zeit mindestens sieben Falschmeldungen in Umlauf. Von den vielen Fotos, die Nessie angeblich zeigen, ist eines – 1934 von Colonel Dr. Robert Wilson aufgenommen – über sechstausendmal in Büchern, Artikeln und Dokumentationen veröffentlicht worden. Aufgrund seiner relativen Schärfe und des geheimnisvollen Umgebungslichtes war es über Jahrzehnte hinweg ein Hit. Sollten Sie bislang erst ein Bild von Nessie gesehen haben, dann war es wahrscheinlich das Wilson-Foto. Es ist eine Fälschung.

Gleiches gilt für die Fotos von Frank Searle, Anthony Toreth, Mavis Bull, Tony Shiels, Mark Wharem, Wyatt Carnegie und Carl Chorvinsky. Einige dieser Aufnahmen – zum Beispiel die von Mark Wharem, die den oberen Teil eines Godzillakostüms zeigt – fielen schon bei flüchtiger Untersuchung als Fälschung durch. Andere dagegen wurden für echt gehalten, bis mit modernen Techniken Belichtung, Refraktionswinkel, Spiegelungen, Hydrodynamik und eventuelle Filmmanipulationen bewertet werden konnten.

Streicht man nun sieben Namen von der Liste derer,

die vorgeben, Nessie gesehen zu haben, so ist das angesichts der Menge photographischer Nachweise noch nicht spürbar. Es bleibt genügend zu tun. Auch müssen andere Analysetechniken angewendet werden.

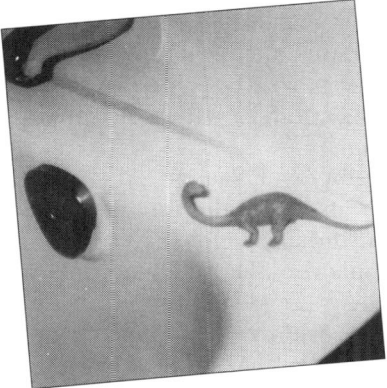

Filme bestehen aus Tausenden von Einzelbildern. Sogar einfachere Formen der Montage sind für vorsätzliche Fälscher schwierig und zeitaufwendig. Deshalb sind Filme im allgemeinen die zuverlässigsten Beweismittel. Spezialeffekte, die in großen Filmstudios erstellt werden, kann man in kleineren Studios aufgrund der hohen Kosten und der aufwendigen Technik kaum durchführen. Mit diesen Hindernissen sieht sich auch Otto Normalverbraucher konfrontiert, wenn er mit seiner tragbaren Filmkamera oder seinem Camcorder ins Geschäft mit gefälschten Ungeheuern einsteigen will. Trotz dieser Voraussetzungen sind jene Bilder von Nessie, die sich auf einem Film befinden, am ehesten als echt anzusehen.

Das einfache 16-mm-Filmmaterial von Tim Dinsdale wurde von Kapazitäten verschiedener Gebiete untersucht. Dazu zählten die Abteilung für Luftaufklärung und Nachrichten der britischen Luftwaffe, Biologen

**RÄTSEL 23**

Es wird schwieriger: Notieren Sie sich 2 Punkte für jede richtige Antwort.

6. Für wen arbeitet Dr. Bailey?
7. Welches ungewöhnliche Geschöpf zieht man aus einem See in Massachusetts?
8. Auf welchen im Wasser lebenden Dinosaurier könnte nach Mulders Meinung die Beschreibung von ›Monstern‹ wie Nessie oder Ogopogo zutreffen?
9. Wann wurde die angebliche Schuppe eines Monsters gefunden?
10. Welches Lied singt Ansel Bray, unmittelbar bevor er auf den mysteriösen Seebewohner trifft?

Ihre Punktzahl:

aus den Bereichen Biophysik bis Paläontologie, Hydrophysiker, Filmtechniker und Spezialisten für Spezialeffekte. Keiner von diesen Experten ist ganz sicher, was auf dem Film zu sehen ist, aber das Material wird für echt gehalten. Die übereinstimmende Meinung lautet: Was immer ›es‹ war – es ragte jedenfalls gut anderthalb Meter aus dem Wasser, war mindestens fünf Meter lang und bewegte sich sehr schnell. Das Objekt war kein Boot, sondern allem Anschein nach ›ein lebendes Wesen‹.

Zweifellos gibt es Fälscher. Aber ebenso existieren glaubwürdige Personen, die nicht weniger darauf brennen herauszufinden, welche Art von Wesen sie gesehen haben, als die Skeptiker. Im übrigen sind Skeptiker nicht immer gegen selbstgefertigte Fallen gefeit. Douglas Quaid erklärt in seiner Dokumentation *The Search For Dragons*: »Alle diese Ungeheuer, die angeblich gesehen wurden, sind am besten als innovatives Touristik-Marketing zu beschreiben. Man eifert dem Vorbild einer schottischen Ortschaft nach, die großen Erfolg damit hatte, Leichtgläubige an die Gestade ihres Sees zu locken.« Die Fans von Nessie fielen fast von ihren Stühlen, als sie das hörten. Manchen Skeptikern erscheinen solche Thesen plausibel, und sie sind mit Sicherheit dazu geeignet, Zweifel an den Motiven derer zu wecken, die behaupten, an anderen Seen ähnliche Erscheinungen gesehen zu haben. Dennoch ist es blanker Unsinn zu glauben, daß Nessie sämtliche Geschichten über Seeungeheuer inspiriert habe.

Skeptiker wie Ronald Binns räumen mit dem Irrglauben auf, daß Nessie das uralte Monster sei, als das es bisweilen präsentiert wird. Zum erstenmal scheint es Anfang der dreißiger Jahre unseres Jahrhunderts gesehen worden zu sein. Dadurch wird Nessie zu einem der *jüngsten* Monster, die Berichten zufolge weltweit in mehr als zweihundertfünfzig Seen leben.

Die Legende von Ogopogo im Okanagan See, der nur einen Katzensprung vom *Akte-X*-Drehort in Vancouver entfernt liegt, wurde bereits erzählt, lange bevor Nessie auf der anderen Seite der Weltkugel auftauchte. Weil dort seit mindestens fünfhundert Jahren immer wieder von Sichtungen berichtet wird und die Größenangaben für die Erscheinungen insgesamt erheblich voneinander abweichen, liegt die Vermutung nahe, daß der Okanagan See eine ganze Familie von Seeungeheuern beherbergt. Die ungewöhnlichen Umstände, unter denen die Ungeheuer zeitweise gesehen wurden, lassen diesen Gedanken plausibel erscheinen. Am 16. September 1926 zum Beispiel war der Strand der Okanagan-Mission mit Urlaubern der Nachsaison übersät, und dreißig Fahrzeuge säumten die Straße, als Ogopogo unvermittelt auftauchte. Viele Augenzeugen berichteten, sie hätten ein zweites, kleineres Wesen neben dem größeren gesehen. Ob das an den Lichtverhältnissen lag oder daran, daß Ogopogo vorzugsweise in Begleitung auftritt, ist nicht belegt. Zwar gelten selbst Augenzeugenberichte von Gruppen nicht als Beweis, aber sie verleihen der mündlichen Überlieferung der Einwohner zusätzliche Glaubwürdigkeit. Bis in die heutige Zeit hinein kommt es vor, daß zahlreiche Menschen Ogopogo gleichzeitig beobachten. Der ultimative Beweis ist noch immer nicht erbracht, aber die Berichte haben im Laufe der Zeit viele seriöse Wissenschaftler an den See gelockt.

Lange bevor H. F. Beattie 1924 Ogopogo in seinem Bericht erwähnte, kannten die Ureinwohner von British Columbia dieses (oder diese) Wesen bereits unter dem Namen *N'ha-a-tik*. In der Stammessprache der Chinook bedeutet das soviel wie ›Großes Tier im See‹. Die Salish nannten es *Na-ha-ha-tik*, ›Schlange im See‹.

Einer der zahlreichen Kryptozoologen, die sich mit den auffallend übereinstimmenden Beschreibungen

**Der Heuvelmans See in dieser Episode stellt eine Verneigung in mehrere Richtungen dar ... *Patricia Rae*, das Boot, das mit dem fünfhundert Dollar des Agenten auf den Grund des Heuvelmans See sinkt, wurde zu Ehren von Autor Kim Newtons Mutter auf diesen Namen getauft. Es wäre interessant zu wissen, was Freud dazu gesagt hätte. Scully berichtet, daß Queequag eine Figur aus *Moby Dick* gewesen sei. Sie erwähnt jedoch nicht, daß der Harpunist und ihr Köter eine noch bezeichnendere Gemeinsamkeit hatten – beide fraßen Menschenfleisch.**

von Ogopogo befaßt haben, ist Roy P. Mackal. Er stellte eine Theorie auf, die nur wenig von der Mulders, Seeungeheuer seien Pleiosaurier, abweicht. Mackal glaubt, daß es sich bei den Wesen, die am Okanagan See gesehen wurden, um eine urzeitliche Walart, die *Basilosaurus cetoides*, handelt. Für die Ureinwohner, die über Generationen mit diesen Wesen lebten, war die Taxonomie, die biologische Einordnung, irrelevant – für sie zählte die Geographie.

Mulder hegt den Verdacht, daß sich Big Blue eine Zeitlang in den Wäldern rund um Striker's Cove versteckt. Die Salish glaubten, die kleine Insel Rattlesnake gehöre zu *N'ha-a-tiks* Territorium. Am Ufer des Eilandes finden sich traditionell ungewöhnlich große Mengen verstreuter Fischreste und Knochen von kleineren Tieren. Außerdem soll es wiederholt vorgekommen sein, daß Gruppen von Anglern, die unvorsichtig genug waren, auf der Insel zu übernachten, beim Aufwachen einen Petrijünger vermißten. 1914 fand man an jenem Strand den halbverwesten Kadaver eines unbekannten Tieres, der über zweihundert Kilogramm wog und Flossen und Schwanz besaß. Der vordere Teil des Kadavers war aber so stark von anderen Tieren angefressen worden und verwest, daß sich die vollständige Gestalt nicht mehr rekonstruieren ließ. Die offizielle Erklärung, es habe sich um eine Seekuh gehandelt, mutet ebenso bizarr an wie die ursprüngliche Ogopogo-Theorie.

Zwischen dem alten Ogopogo und der jungen Nessie existieren Hunderte von anderen Fabelwesen. Manche davon, zum Beispiel Chessie aus der Chesapeake Bay, Bessie aus der South Bay und Tessie aus dem Tahoe See, scheinen jedesmal, wenn sie gesehen werden, ein anderes Aussehen an den Tag zu legen. Andere wie die Ungeheuer in den Seen Skandinaviens variieren nur in der Größe.

Gelegentlich überrascht die Wahrheit über solche Monster sogar ›Gläubige‹. Die Geschichte des Hais, der in *Akte X* aus einem See in Neuengland gezogen wird, mag schwer nachzuprüfen sein und zumindest zweifelhaft erscheinen, aber andere ebenso fantastische Geschöpfe sind nachweislich aus ihrem ursprünglichen Lebensraum ans Tageslicht gefördert worden. Der riesige zehnfüßige Tintenfisch, früher als legendärer Krake in der griechischen Epik beheimatet, ist heute glitschige Realität. Die Quastenflosser, eine urzeitliche Fischart, hielt man für seit über siebzig Millionen Jahren ausgestorben, bis sie in unserem Jahrhundert in den Netzen von Fischern wieder auftauchten. (Da sie meistens zerplatzten, sobald sie an die Wasseroberfläche gebracht worden waren, dachte man zunächst, es handelte sich um eine andere, wahrscheinlichere Spezies.) Vor der Küste Japans zogen Fischer einen Kadaver von mehr als einer Tonne Gewicht aus dem Wasser; trotz ihrer lebenslangen Erfahrung mit bekannten Fischarten, Haien und Walen konnten sie das tote Tier nicht identifizieren. Ein Meeraal, den man wahrscheinlich ausgesetzt hatte, als er seiner Größe wegen nicht mehr als Haustier zu halten war, gedieh in seiner neuen Umgebung prächtig; er wuchs zu der unglaublichen Länge von knapp zehn Metern heran, bevor er einen Taucher derart das Fürchten lehrte, daß man ihn einfing.

Wenn die Wirklichkeit so unerklärlich ist, warum sollte es dann den Wal mit dem langen Hals, den *Zeuglodon*, nicht geben? Oder andere Aale? Oder etwas noch Unbekanntes?

Alle diese Geschichten haben gemeinsam, daß diejenigen, die ein solches Ungeheuer gesehen haben, von dessen Existenz absolut überzeugt sind. Der Schwede Ragnar Bjvrks, Fischereibeamter am Storsjvn See, glaubte, alles zu kennen, was es im See gibt. *Storsjvod-*

**Wenn Ihnen die Kinder in dieser Episode bekannt vorkommen, dann wahrscheinlich deshalb, weil sie in ›Krieg der Koprophagen‹ in einer Dachstube ähnliche Studien über psychedelische Substanzen betreiben.**

*juret*, das Seeungeheuer, hielt er für einen amüsanten Mythos. Bis der dreihundertfünfzig Jahre alte Mythos unter sein Boot schwamm, als der Skipper unterwegs war, um die Lizenzen einiger Fischer auf dem See zu kontrollieren. Bjvrks erschrak und versetzte dem Tier einen Schlag mit einem Ruder. Noch mehr erschrak er, als der ›Mythos‹ zurückschlug und sein Boot rund drei Meter in die Luft schleuderte. Solche Ereignisse bekehren in der Regel auch eingefleischte Skeptiker.

# Codename: ›Wet Wired‹

Scullys Engagement in ihrem jüngsten Fall geht über die normale Pflichterfüllung hinaus, als sie nach einer ausgedehnten Schicht vor dem Fernseher von der gleichen Paranoia erfaßt wird wie ihre Verdächtigen. Dann verschwindet sie. Nachdem seine Partnerin selbst zu einer Verdächtigen geworden ist, schwankt Mulder zwischen Pflichterfüllung und Loyalität. Die Wahrheit scheint in diesem Durcheinander verlorengegangen zu sein.

**ZUSAMMEN-FASSUNG**

## Was lauert in Ihrem Unterhaltungsprogramm?

**HINTERGRUND**

ESST POPCORN
ESST POPCORN
ESST POPCORN

Als bekannt wurde, daß diese nicht unbedingt aufrührerische oder gefährliche Aufforderung, zwischen den Einzelbildern von Filmen versteckt, landesweit in Kinos ausgestrahlt worden war, erkannten viele durchschnittliche Amerikaner wahrscheinlich zum erstenmal, daß sie Opfer verdeckter Werbung geworden waren.

Autohersteller haben bereits

**ZITAT**
»Hier stimmt was nicht. In den vertikalen Freiraum zwischen den Bildern sind zusätzliche Informationen eingefügt worden.«
– BOURSE, Herausgeber, Lone Gunman

239

früher versucht, Stoßstangen, Kotflügel oder Verzierungen für Motorhauben zu entwerfen, die »nur andeutungsweise, aber ausreichend sexuell anregend« sein sollten. Spezielle Botschaften zu einem Zeitpunkt zu vermitteln, an dem sich das Publikum vor einem Bombardement von Aufforderungen relativ sicher fühlte, etwas Bestimmtes zu tun, zu kaufen oder zu glauben, das war freilich neu.

Traditionell soll Werbung die Konsumenten unter Einsatz eines vielfältigen technischen Repertoires dazu bringen, sich von ihrem Geld zu trennen. Einige der Methoden, die als ›unterschwellig‹ eingestuft wurden, wirken auf moderne, aufgeklärte Käufer nicht mehr. Eine spärlich bekleidete Frau auf der Motorhaube galt früher als subtiles Mittel, Autos mit Macht und Sex zu verbinden. Heute wenden sich viele bewußt von solchen Bildern ab. Auch der Versuch, die wachsende Zahl weiblicher Käufer durch spärlich bekleidete Männer anzusprechen, ging daneben.

Unterschwellige Botschaften und Bilder umfassen theoretisch alles, was Teile unseres Unterbewußtseins ansprechen und dadurch bestimmte Gefühle, Gedanken oder Handlungen auslösen kann. Doch gibt es einige Kategorien der unterschwelligen Beeinflussung, die allgemein mehr akzeptiert werden als andere. Wer-

**FEHLERHINWEIS!**

In der ersten Szene dieser Episode sieht man eine deutliche Spiegelung des Capitols. Mulders Wagen befindet sich aber in einer Straße mit zweistöckigen Gebäuden zu beiden Seiten. Wo soll der Ursprung der Spiegelung, das Capitol, also sein?

bung und Konsumenten wissen um das Spiel, das zwischen ihnen ausgetragen wird, und Verkäufer nutzen ein breites Spektrum von Beeinflussungsmöglichkeiten, um ihr Produkt als attraktivste Option erscheinen zu lassen. Mit bekannten Gesichtern, hübschen Verpackungen und kleinen Geschenken wird der Absatz von Süßigkeiten und Müsli mehr oder weniger unterschwellig gefördert. Die Käufer registrieren diese Manöver als Tricks, mit denen die Produkte verkauft werden sollen. Selbst die naivsten Kinder erkennen, daß der Verzehr eines bestimmten Schokoriegels sie nicht in Franziska van Almsick verwandeln wird. Aber Träumereien sind schön, und wenn wir bereit sind, sowohl dafür als auch für das Müsli zu bezahlen, dann liegt die Entscheidung beim Konsumenten.

Es gibt jedoch auch Produkte, die nur aus dem einen Grund entworfen werden, um unser Unterbewußtsein anzusprechen. Für nur 14,95 Dollar (ca. 22 DM) kann jeder eine fünfundvierzigminütige Audio- oder Videokassette mit unterschiedlichen klanglichen und bildlichen Impressionen kaufen: über Steine plätschern des Wasser, Meeresbrandung, durch Baumwipfel streichender Wind, tropische Strände bei Sonnenuntergang, falsche Aquarien oder fliegende Kolibrischwärme. Dazu suggerieren unterschwellige Stimmen: »Entspannung ist eine positive Methode, um Streß abzubauen.«

Zu höheren Preisen wird eine Vielzahl von Fortbildungs- und Selbsterfahrungskursen angeboten. Die Palette reicht von der Nikotinentwöhnung über das Erlernen einer Fremdsprache bis hin zur Verbesserung der rhetorischen Fähigkeiten. Jährlich wird in den Vereinigten Staaten eine Milliarde Dollar für derartige, in Eigenregie durchgeführte Angriffe auf das Unterbewußtsein ausgegeben. Die Öffentlichkeit befürwortet sie eindeutig.

**Obwohl die X-Philes seit ›Die Botschaft‹ darauf gewartet haben, wieder einen kurzen Blick auf die übrigen Männer der Familie Scully werfen zu können, wurden sie in ›Wet Wired‹ erneut enttäuscht. Auf den Familienfotos, die auf Mrs. Scullys Nachttisch standen, waren nur Scully und Melissa zu erkennen. Die Brüder bleiben eine X-Akte für sich.**

1. Wen beobachtet
Scully bei einem Tref-
fen mit dem Ketten-
raucher auf dem
Parkplatz des Mo-
tels?
2. Was zeichnet Patnik
für seine Videothek
auf?
3. Was hält Mrs. Helene
Riddick irrtümlich
für eine schöne
blonde Frau?
4. Welchen zeitgenössi-
schen Politiker sieht
Scully in einer Video-
aufzeichnung?
5. Wem vertraut Mulder
die Untersuchung
des Gerätes an, das
er in dem Kabelka-
sten gefunden hat?

Ernste Befürchtungen lösen allerdings jene Botschaften an das Unterbewußtsein aus, die nicht so hübsch
verpackt daherkommen wie fettreduzierte Salamis und
nicht so leicht zu durchschauen sind wie herkömmli-
che Appelle an unsere Bedürfnisse nach Sex, Macht
oder Luxus.

William Gaines, Professor für Psychologie, der die
Reaktionen der Menschen auf technologische Veränderungen untersucht, beschreibt die Situation folgender-
maßen:»Um uns herum vollzieht sich ein rasanter
Wechsel der technologischen Möglichkeiten. Wir versuchen, mit der Entwicklung Schritt zu halten, und bestimmen, welche Teile des elektronischen Angebotes
uns nützlich sind. Gleichzeitig befindet sich die öffentliche Meinung über Regierungen und Politiker auf
einem lange nicht gekannten Tiefpunkt. Die Kombination dieser beiden Umstände schafft ein Umfeld, in
dem unterschwelligen Beeinflussungen mit erheblichem Argwohn entgegengetreten wird.«

Soweit bekannt, hat bisher niemand versucht, unterschwellige Botschaften auf einer derart heiklen Ebene
wie in ›Wet Wired‹ auszusenden. Aber diese spezielle
Art der Überredung wurde auch nach dem Einsatz von
»Eßt Popcorn« und »Trinkt Coca-Cola« in Filmen weiter-
verwendet. Vielleicht existiert sogar Frohikes Favo-
ritin, die ›nackte Frau im Eiswürfel‹, in irgendeiner
Werbung. Der berühmteste Eiswürfeltrick gelang Gilbey's Gin im Jahre 1971. Zwischen den Eiswürfeln war
das Wort ›Sex‹ versteckt. Trotz heftiger öffentlicher
Proteste blieb Gilbey's nicht das letzte Unternehmen,
das diese Strategie einsetzte. Seit der Einführung
digitalisierter Bilder kann der Zuschauer Werbespots,
Fernsehshows und Filme Bild für Bild ansehen, und
erst kürzlich berichteten mehrere Personen, sie hätten
das Wort ›Sex‹ in den Sternenmustern des beliebten
Kinderfilms *Der König der Löwen* gesehen.

Aber nicht allein Filme bieten Zugang zum Unterbewußtsein.

Hersteller von Videospielen fügten an strategisch günstigen Punkten »Sie sind ein Siegertyp« und »Spielen Sie noch einmal!« ein.

Animatoren verbargen heimlich anzügliches und sogar verbotenes Material in *Falsches Spiel mit Roger Rabbit*. Ebenso finden Dutzende von Computerprogrammierern Spaß daran, seltsame oder erotische Bilder in Bildschirmschoner, Hintergrundgrafiken oder die weißen Stellen von Textseiten einzufügen. Zuletzt wurde Windows 95 daraufhin überprüft, ob sich nackte Frauen in den Wolken einer Hintergrund-Bitmap tummelten. Falls Sie diese Bilder nicht finden können, versuchen Sie doch, das Pärchen im neuen Windows-Logo zu entdecken!

Die lästige Musikberieselung, der man in Einkaufszentren und Kaufhäusern oft ausgesetzt ist, enthält nicht nur die Stimmen der Sängerinnen und Interpreten. »Nicht stehlen!« klingt unterschwellig im neuesten Lied von Nana Mouskouri mit. »Bedienen Sie sich!« swingt es zusammen mit »Respect Yourself« in den Köpfen der Käufer. Die seltsamste Berieselungsbotschaft wurde wahrscheinlich in Asien erfunden. Dort spielte man in die Hintergrundmusik eines notorisch langsam fahrenden Aufzugs in einem siebenundvierzigstöckigen Bürogebäude »Bitte entblähen Sie nicht« ein.

Das scheint eher amüsant als gefährlich zu sein. Aber die Verbraucherschutzorganisation gegen unterschwellige Werbung in den Vereinigten Staaten weist öffentlich auf ihre Ermittlungen gegen Judas Priest, Ozzy Osbourne, Alice Cooper und andere Vertreter der Hard-Rock-Szene hin. Nach Aussage des ehemaligen Vorsitzenden der Organisation, Colin Beech, könnten verdeckte Botschaften in der Musik der genannten Stars für die Selbstmorde von sieben Teenagern mit-

**RÄTSEL 24**

Es wird schwieriger: Notieren Sie sich 2 Punkte für jede richtige Antwort.

6. Was gewinnt Sylvia, die Kandidatin der Spielshow?
7. Welcher bekannte Prozeß wird gezeigt, während Mulder Patniks Videosammlung anschaut?
8. Wie heißt das Figürchen, das Mulder vor Mrs. Riddicks Fernseher findet?
9. Wie alt war Joseph Patnik, als er seine Frau umbrachte?
10. Wie heißt der ›moderne Hitler‹, der Joseph Patnik unruhig werden läßt?

Ihre Punktzahl:

verantwortlich sein. Die Fälle Judas Priest und Ozzy Osbourne wurden inzwischen aus Mangel an Beweisen fallengelassen. Aber auch sieben Jahre später herrscht noch kein Konsens in der Frage, wie effektiv unterschwellige Botschaften sind und ob sie überhaupt Auswirkungen haben. Zahlreiche Studien kamen zu einer Vielfalt an Ergebnissen.

1987 zeigten die Psychologieprofessoren Culligan und Harding ihren Studenten den Film *Blaue Lagune*. Die erwarteten Gedanken an Sex blieben aus. Aber trotz der Fülle an Wasser auf der Leinwand suchten die Studenten in der Pause eiligst die Wasserbrunnen auf. Nachdem man ihnen anschließend die Bilder von tropfenden Wasserhähnen, vollen Wassergläsern und Sanddünen, die nach jedem fünfundvierzigsten Bild unterschwellig in den Film eingefügt worden waren, präsentiert hatte, waren die einhundertachtzehn Studenten fest davon überzeugt, daß etwas Ungewöhnliches mit ihnen vorgegangen war.

Ein Experiment von Dr. Christian Clein im Jahre 1989 zielte auf den vermeintlichen Hunger von Personen ab, die Diät halten sollten. Es wurde unter wesentlich schärfer kontrollierten Bedingungen durchgeführt, lockte aber weder ein Magenknurren noch einen Tropfen Speichel hervor.

Spangenberg, Obermiller und Greenwald untersuchten die Effektivität von Aufnahmen zur unterschwelligen Selbsttherapie. Dabei entdeckten sie zwei interessante Phänomene, die miteinander in Verbindung zu stehen schienen. Als erstes stellten sie fest, daß bei den Versuchspersonen keine Korrelation zwischen unterschwelliger Botschaft und Verhalten eintrat, obwohl sie sorgfältig abgeschirmt waren und zusätzlich Placebos erhielten. Anschließend wurden einige der Bänder – unter anderem eines zur Entspannung und ein Lernprogramm – absichtlich mit falschen Aufklebern versehen. Da meldeten plötzlich viele der freiwilligen Testpersonen einen gewissen Effekt, der dem Aufkleber auf der Kassette entsprach. Allerdings verspürte niemand einen Effekt, der nach den unterschwelligen Botschaften zu erwarten gewesen wäre. Spangenberg und seine Kollegen schienen schließlich bewiesen zu haben, daß die meisten Personen, die nun einmal 14,95 Dollar investiert hatten, entschlossen waren, ihr Geld nicht als verschwendet betrachten zu müssen.

Was Rahmen, Umfang und, wie viele behaupten, auch die angemessene Darstellung der Auswirkungen unterschwelliger Botschaften betrifft, halten Rochester und Winston den Rekord. Zwischen 1987 und 1993 befragten sie 1725 Personen und entwarfen sechs Versuchsszenarien, die jeder kritischen Überprüfung standhielten. Sie fanden heraus, daß annähernd 81 Prozent der Bevölkerung auf unterschwellige Botschaften und Bilder ansprechen. 64 Prozent eines beliebigen Publikums zeigen eine gemäßigte Reaktion, und 15 Prozent reagieren schnell und deutlich auf solche Botschaften.

Verhaltensanweisungen, die vom sozialen Standpunkt aus so akzeptabel sind wie »Stehlen Sie nicht«, dürften kaum als schädlich einzustufen sein. Tatsächlich gelten Gefängnisse, psychiatrische Kliniken und Entbindungsstationen gemeinhin als Orte, an denen unterschwellige, aber sozial vertretbare Botschaften vorteilhaft wirken könnten.

So verschieden die Ergebnisse der Wissenschaftler waren, so verschieden sind auch die Reaktionen der Empfänger auf unterschwellige Botschaften. Ein ausgeglichener Mensch, der vielleicht gewisse Hemmungen hat, sich in der Öffentlichkeit zu artikulieren, könnte von der Botschaft »Du kannst alles erreichen!« profitieren. Dagegen könnte ein Soziopath aufgrund der gleichen Suggestion im nächsten McDonald's Amok laufen.

Tachistoskop: jenes
Gerät, das Vicary ver-
wendete, um Licht-
blitze und Bilder
in Intervallen von
1/60 000 Sekunde
auszustrahlen.

Trotz umfangreicher Forschungsarbeiten weiß man noch nicht genau, wie weit die Wirkungen spezifischer unterschwelliger Botschaften tatsächlich reichen. Der in ›Wet Wired‹ konstruierte Fall übersteigt zwar in weiten Teilen die Ergebnisse der modernen Forschung auf diesem Gebiet, aber zumindest ein Faktor, der erwiesenermaßen Einfluß auf den emotionalen Zustand von Menschen hat, wurde hier behandelt: Farbe. Hellrosa angestrichene Gefängnisse mögen, oberflächlich betrachtet, absurd anmuten; dennoch haben sich Effekte nachweisen lassen. Experimente mit Insassen, die in etwa das gleiche Sicherheitsrisiko darstellten und bei denen andere Lebensumstände aufgrund eines hohen Ähnlichkeitsgrades ausgeklammert werden konnten, zeigten, daß bestimmte Farben eine dämpfende Wirkung auf die Gewalttätigkeit ausüben.

Wir stehen erst am Anfang einer Entwicklung, in deren Verlauf wir die komplexen Beziehungen zwischen Körper und Geist möglicherweise erklären werden. Noch existieren mehr ungelöste Fragen als Antworten. Solange unterschwellige Botschaften geschickt eingestreut werden, wird die Öffentlichkeit nie mit letzter Sicherheit wissen, wann sie solchen Beeinflussungen ausgesetzt ist. Bisher konnten nur wenige Personen dazu überredet werden, noch nicht erprobte Medikamente zu Testzwecken einzunehmen. Die Intentionen und Auswirkungen beim Einsatz von unterschwelligen Botschaften sind ähnlich denen bei der Anwendung von Medikamenten. Es verwundert daher kaum, daß Menschen sich weigern, einer solchen Manipulation unterzogen zu werden.

Zunächst berichteten nur einige Fachzeitschriften, später dann auch Massenblätter wie *The Los Angeles Times*, daß Regisseur William Friedkin dem Einsatz unterschwelliger Botschaften in seinem Mystery-Thriller *Jade* zugestimmt habe. Regisseure, Produktionsfirmen und Filmverleihe fanden sich bald einem gezielten Kreuzverhör ausgesetzt. Die Antworten, die sie gaben, konnten nicht völlig befriedigen. Noch empörter reagierte die Öffentlichkeit, als sich herausstellte, daß in anderen Filmen – wie *Der Exorzist* oder *Cruising* – mit Hilfe raffinierter Schnitte Bilder untergebracht worden waren, die keiner Filmaufsicht standgehalten hätten. Derzeit werden zwei Gesetzesentwürfe vorbereitet, die die Filmstudios dazu zwingen sollen, das Publikum entweder vor solchen unterschwelligen Bildern zu warnen oder sie ganz wegzulassen.

In den USA hat die staatliche Kommission für Kommunikationswesen (FCC) 1974 alle unterschwelligen Botschaften in Rundfunk und Fernsehen verboten. Das Publikum von *Akte X* kann sicher sein, mit der Sendung keine zusätzlichen elektronischen Botschaften verabreicht zu bekommen. Wer seine Freizeit dagegen vor einem Computer verbringt, sich mit Videospielen vergnügt oder ins Kino geht, dem kann die FCC eine solche Sicherheit natürlich nicht garantieren.

Sollten Sie sich, wenn der erste *Akte-X*-Film in die Kinos kommt, also bei dem Gedanken ertappen, eine zweite Riesentüte Popcorn oder mal wieder Coca-Cola statt Pepsi wäre nicht schlecht, dann bestätigen Sie damit lediglich die Untersuchungsergebnisse von James Vicary, der für sich in Anspruch nahm, die unfehlbare Wirkung von unterschwelligen Botschaften enttarnt zu haben. Er behauptete, durch die unterschwelligen Botschaften »Eßt Popcorn« und »Trinkt Coca-Cola« seien die Verkaufszahlen für Popcorn um 57,5 Prozent und für Coca-Cola um 18,1 Prozent gestiegen. Jedenfalls wenn man davon ausgehen will, daß Vicary mit den Ergebnissen nicht ähnliche Spiele trieb wie mit seinen Arbeitgebern – er wurde anschließend Marketing-Berater, verdiente ungefähr 4,5 Millionen Dollar (was heute einer Summe von etwa 22,5 Millio-

Vicarys Popcorn-Experiment wurde angeblich in einem Autokino in Fort Lee, New Jersey, durchgeführt. In vielen Quellen wurde der Ort jedoch fälschlicherweise in die Nähe von Grover's Mill verlegt. X-Philes werden sich erinnern, daß das der Schauplatz von ›Krieg der Koprophagen‹ war. Langjährige Sciencefiction-Freaks erkennen natürlich auch sofort den Bezug zu Orson Welles' Hörspielklassiker über die Invasion vom Mars, *Krieg der Welten*.

nen Dollar, also um die 33 Millionen Mark, entspräche) und verschwand dann ohne Angabe einer neuen Adresse. Der Wissenschaftler Stuart Rogers, den die Neigung auszeichnet, Studien wie die Vicarys gründlich zu überprüfen, hat überzeugend dargelegt, daß Vicary sein berühmtes ›Popcorn-Experiment‹ nie durchgeführt hat.

Sollten unterschwellige Botschaften tatsächlich nicht die ihnen vielfach zugeschriebene Wirkung erzielen, dann ist zumindest ein Spielehersteller einem Irrglauben aufgesessen. Time Warner stellte sein Computerspiel ›Endorfun‹ als Mischung aus ›Tetris‹ und Gehirnwäsche vor. Man warb damit, daß dieses Spiel nicht nur unterhalte, sondern auch zu einem ›positiven Selbstwertgefühl‹ verhelfe. Die Spieler kämen in den Genuß eines qualitativ hochwertigen CD-ROM-Spiels, das nicht wie viele Neuerscheinungen auf diesem Markt auf Gewalt aufbaue, sondern zweiundvierzig verschiedene Spiele (mit fünfhundert Levels) biete. Zwischenzeitlich wird dem Anwender an vielen Stellen unterschwellig vermittelt:

»Ich bin ein Gewinnertyp!«
»Ich bin ganz ruhig!«
»Ich kann alles erreichen!«
»Ich bin glücklich und zufrieden!«

Sollte sich herausstellen, daß die nächste Generation von Spielern glücklicher und zufriedener ist, dann könnte damit die Frage nach der Wirksamkeit von unterschwelligen Botschaften beantwortet worden sein.

# Codename: ›Talitha Cumi‹

Mulder und Scully kommen an den Tatort, der eigentlich Szenerie eines blutigen Verbrechens sein sollte. Sie sind erstaunt, als sie die Opfer des bewaffneten Überfalls auf wunderbare Weise geheilt vorfinden. Der

**ZUSAMMEN-FASSUNG**

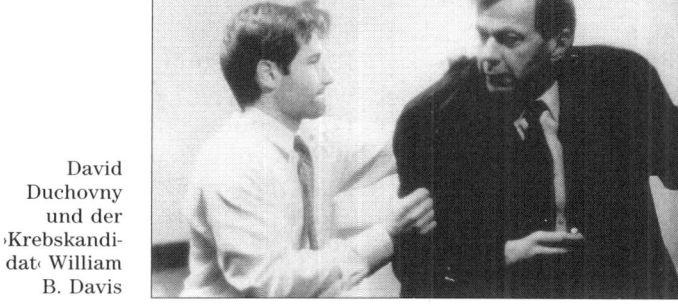

David Duchovny und der ›Krebskandidat‹ William B. Davis

**ZITAT**

»Menschen können nie frei sein, denn sie sind schwach, korrupt, wertlos und rastlos. Sie glauben an Autorität und sind es leid, auf Wunder und Mysterien zu warten. Ihre Religion ist die Wissenschaft. Höhere Erklärungen existieren für sie nicht. Wenn das ›Projekt‹ weitergeführt wird, werden sie auch nie etwas anderes glauben müssen.«

– DER KETTENRAUCHER

mysteriöse Wohltäter ist, um einer Befragung zu entgehen, ›einfach verschwunden‹. Die Jagd auf Jeremiah Smith spitzt sich zu, als Scully übers ganze Land verstreut eine Reihe identischer Männer entdeckt, die den geklonten Gregors auf erschreckende Weise ähneln.

## Am Anfang – und am Ende!

Wenn es einen Satz gibt, der dem Fernsehpublikum verhaßt ist, dann »Fortsetzung folgt«.

Mit diesen zwei brutal an das Ende von ›Anasazi‹ angehängten Worten wurde die *Akte-X*-Fangemeinde zu einer viermonatigen, beinahe unerträglichen Wartezeit zwischen den Staffeln verurteilt. X-Philes wurden mit der quälenden Frage allein gelassen, ob oder wie Mulder aus dem geschlossenen, brennenden Eisenbahnwaggon in einem abgelegenen Winkel des Navajo-Reservates entkommen kann. Erinnerungen an das Ende der vorhergehenden Staffel, die auf ähnlich grausame Weise geendet hatte, kamen auf. Auch hier gab das *Akte-X*-Team seinem Publikum einige heimtückische Fragen mit auf den langen Weg durch die Sommerpause: Ließ sich *Akte X* dazu herab, in einer Hommage an klassische Science-fiction- und Horrorgeschichten den Schluß von *Krieg der Sterne* zu imitieren? Stand Fox Mulder, von Schuldgefühlen gebeutelt, vor der Erkenntnis, daß seine Nemesis niemand anderes als sein Vater war? War seine Mutter, die er so liebevoll ins Bett brachte – was unter X-Philes eine heftige Diskussionen über den Ödipuskomplex auslöste – früher einmal die Geliebte des Feindes?

Wilde Spekulationen liefen den Fragen »Wer tötete Laura Palmer?« und »Wer erschoß J. R.?« den Rang ab. Längst begannen die Videoaufzeichnungen zu verblassen, während die Fangemeinde noch immer auf die Auflösung im September – und auf den nächsten tiefen

Atemzug – wartete. Um die Spannung halbwegs erträglich zu gestalten, gruben sich die X-Philes ein, kratzten den letzten Rest Geduld zusammen und behalfen sich mit einer Notlösung, um den Streß der vielen Zwei- und Dreiteiler abzubauen. Da jedesmal gegen Staffelende die Verwicklungen der Verschwörung von Episode zu Episode undurchsichtiger, die Monster schrecklicher und der nackte Horror unerträglicher geworden waren, hatten clevere Fans ein Spiel erfunden, mit dem sich sowohl die Zeit zwischen den Staffeln als auch die Werbeunterbrechungen überbrücken ließen: Das inoffizielle ›Akte-X-Trinkspiel‹. (Jugendliche ersetzen die Drinks durch Gummibärchen, Erdnußflips oder, um einen Hauch von Nostalgie ins Spiel zu bringen, durch Sonnenblumenkerne. Bitte beachten Sie, daß Sie sich nach einem *Akte-X*-Episodenmarathon für einige Tage nicht ans Steuer eines Wagens setzen oder komplizierte Maschinen bedienen sollten!)

1. SCHRITT: *Bereiten Sie den Rahmen vor.*

• Legen Sie so viele Videos mit Episoden bereit, wie Sie an einem Abend bequem anschauen können.
• Laden Sie andere X-Philes ein.
• Stellen Sie Getränke und eine Auswahl Knabbereien in Reichweite.
• Schalten Sie das Licht aus.
• Vergewissern Sie sich, daß *Sie* die Fernbedienung bedienen.

2. SCHRITT: *Passen Sie genau auf, denn jetzt beginnt der Spaß!*

Nippen Sie einmal an ihrem Getränk, oder nehmen Sie ein Knabberstück, wenn folgendes geschieht:

• Jemand sagt: »Ich weiß es nicht!«
• Scully verdreht die Augen.

## RÄTSEL 25

**Leichte Fragen: Notieren Sie sich 1 Punkt für jede richtige Antwort.**

1. Weshalb muß Mrs. Mulder ins Krankenhaus?
2. Wo findet Mulder das Mikrofon?
3. Welches Wort schreibt Mrs. Mulder als Nachricht in Scullys Notizbuch?
4. Wie viele Menschen sind im Restaurant erschossen worden?
5. In welcher Gefängniszelle sitzt Jeremiah Smith ein?

**Es wird schwieriger: Notieren Sie sich 2 Punkte für jede richtige Antwort.**

6. Für welche Agentur arbeitet Jeremiah Smith?
7. Welcher Sender gibt Mulder ein Band von Jeremiah Smith?
8. Welche anderen Personen scheint Jeremiah Smith während des Verhörs zu sein?
9. Wo hat Familie Mulder ein Sommerhaus?
10. Welche ›Diagnose‹ stellt Jeremiah Smith dem Kettenraucher?

Ihre Punktzahl:

- Mulder erläutert eine Theorie, die seine Partnerin verblüfft.
- Es wird eine andere Sprache als Deutsch gesprochen, oder Untertitel werden eingeblendet.
- Scully oder Mulder sagen:»Ich bin's.«
- Mulder wird anders als ›Mulder‹ genannt.
- Der Kettenraucher blickt durch die Rauchwolken seiner Zigarette.
- Mulder verliert seine Waffe oder sein Handy.
- Unsere Lieblingsagenten benutzen ihre Spezialtaschenlampen.
- Irgendeine Figur auf dem Bildschirm sieht/ißt/erwähnt Sonnenblumenkerne.
- Scully nimmt eine Autopsie an einer menschlichen Leiche vor.
- Mulder, Scully oder einer ihrer Kollegen bringen die Wissenschaft durcheinander.
- Eine Filmfigur, die nur durch einen beschreibenden Namen (zum Beispiel ›Kettenraucher‹) bekannt ist, taucht während einer Ermittlung auf.
- Eine Großaufnahme von Scullys Füßen wird eingeblendet.
- Im Hintergrund spielt moderne Musik.
- Mulder und/oder Scully geraten mit Vertretern der örtlichen Polizei- oder Justizbehörden in Konflikt.
- Scully und/oder Mulder stecken etwas in ein Fläschchen für Untersuchungsproben.
- Sie ertappen sich dabei, daß Sie ein Lexikon zu Rate ziehen.
- Irgendeine Filmfigur untersucht irgend etwas allein.

Wenn Sie folgendes hören oder sehen, nippen Sie zweimal an ihrem Getränk oder nehmen Sie zwei Knabberstücke:

- Scully erläutert eine Blutung.

- Eine Ziffernfolge erweckt den Anschein, als müsse sie etwas bedeuten.
- Bewaffnete Uniformierte, die bereit sind, unsere Helden zu erledigen, erscheinen auf Befehl eines geheimnisvollen Mannes.
- Scully und/oder Mulder mieten einen Wagen bei Lariat Rent-A-Car.
- Mulder spielt auf seine pornografische Sammlung oder sein Interesse für Pornografie an.
- Jemand befestigt Klebeband in X-Form an einem Fenster.
- Eine häufig auftretende Person sagt die Wörter ›Entführung‹ und ›Samantha‹ in einem Atemzug.
- Scully führt eine Autopsie an etwas *anderem* als einer menschlichen Leiche durch.
- Ein Hubschrauber erscheint.
- Jemand wird in einem Badezimmer angegriffen.
- Scully und Mulder bekommen DNS-/PKR-Testergebnisse in weniger als vierundzwanzig Stunden zurück.
- Eine Figur nennt eine andere ›Hurensohn‹.
- Eine tote Figur erscheint unter ›ungewöhnlichen‹ Umständen.
- Ein Außerirdischer (oder mehrere) taucht auf.
- Wir kommen in den Genuß, etwas durch ein Mikroskop betrachten zu dürfen.
- Mrs. Mulder schnieft.
- Scully und/oder Mulder tragen eine Brille.
- Die Kamera zeigt eine Uhr in Großaufnahme.
- Jemand spielt auf den Roswell-Zwischenfall an.
- Mulder scheint zu vergessen, daß er einen Abschluß in Psychologie besitzt, Scully vergißt ihren Abschluß in Physik.
- Jemand zitiert aus der Bibel.

Bei folgenden, seltenen Szenen haben Sie sich einen großen Schluck oder eine Handvoll Knabbereien verdient:

**Haben Sie den Namen des Restaurants bemerkt? ›Brothers K‹ ist eine Anspielung auf *Die Brüder Karamasow* von Fjodor Dostojewskij. Die Szenen zwischen dem Kettenraucher und dem inhaftierten Jeremiah Smith sind dem Kapitel ›Der Großinquisitor‹ nachempfunden.**

- Scully ist mit Mulder einer Meinung.
- Mulder spricht Scully anders als mit ›Scully‹ an.
- Scully und Mulder befinden sich in einem dunklen Raum und haben *etwas anderes* als ihre Spezialtaschenlampen dabei.
- Der Abspann enthält eine andere Botschaft als THE TRUTH IS OUT THERE.
- Mulder oder Scully treffen eine frühere Geliebte/einen früheren Geliebten.
- Eine der Hauptfiguren erscheint ohne Straßenkleidung.
- Jemand aus den Familien Mulder oder Scully wird ermordet.
- Irgend jemand wird hypnotisiert.
- Etwas explodiert.
- Jemand, gegen den ermittelt wird, befindet sich offenbar in einem bipolaren Zustand.
- Mulder und Scully erfahren in ihren Ermittlungen unbedingte Unterstützung durch die örtlichen Polizei- und/oder Justizbehörden.
- Tote Tiere sind zu sehen.

Sollte sich eine der folgenden Szenen ereignen, schalten Sie das Videogerät (oder den Fernsehapparat) ab. Gehen Sie mit Freunden aus, und machen Sie sich einen unvergeßlichen Abend, denn jetzt ist ohnehin alles vorbei!

- Die echte, ungeklonte Samantha Mulder wird gefunden.
- Mulder präsentiert dem Kongreß unwiderlegbare Beweise für die Existenz außerirdischer biologischer Einheiten.
- Scully und Mulder landen miteinander im Bett.

3. SCHRITT: *Laden Sie die nächste Gruppe von Opfern ein.*

Beginnen Sie wieder mit dem 1. Schritt.

4. SCHRITT: ***Halten Sie diese Liste bereit, falls die nächste Staffel wieder an der spannendsten Stelle enden sollte, nur Wiederholungen ausgestrahlt werden oder falls Sie die Zeit zwischen den unvermeidlichen Zweiteilern überbrücken müssen.***

... viel Vergnügen!

# Betreff: X-Akten.
## *Man lernt sich näher kennen*

D as Publikum darf erwarten, daß die Filmfiguren im Laufe von drei Staffeln und mehr als siebzig Episoden kleine Besonderheiten entwickeln. Eine gewisse Ausprägung persönlicher Eigenarten, Vorlieben, Abneigungen und anderer emotionaler Wesenszüge erscheint normal. Wenn eine junge, attraktive Agentin darauf versessen ist, jeden Kadaver, über den sie stolpert, eigenhändig aufzuschneiden, obwohl dafür zahlreiche teils vom Staat und teils von der Kommune beschäftigte Mediziner angestellt sind, dann sollte man den Zuschauern verzeihen, wenn sie wissen wollen, wie diese Agentin ihre Freizeit verbringt.

# ERSTE STAFFEL

### PILOTFILM: ›GEZEICHNET‹

In ihrem ersten gemeinsamen Fall beginnt für Scully, die bis dahin anscheinend noch nie an einer Exhumierung teilgenommen hat, ein lang andauernder und sehr persönlicher Umgang mit Leichen. Die erste Autopsie führt sie an dem toten ›Ray Soames‹ durch – oder einem Schimpansen – oder einem Orang Utan – oder...

### ›SCHATTEN‹

Als könnte Scully gar nicht genug Zeit im Leichenschauhaus verbringen, untersucht sie sogar für die CIA Leichen! In diesem Fall sind es die zweier Möchtegerngauner, die zu ihrem Unglück versucht hatten, Lauren Kyte zu berauben. Das Auffällige an diesen Todesfällen – daß die Kehlen von *innen* zerdrückt worden waren – war bereits festgestellt worden.

### ›EIS‹

›Eis‹ beschert Scully mehr Autopsiepraxis als jeder andere Fall. Sie untersucht die sechs Leichen der Forscher, die in den Einrichtungen des arktischen Eiskernprojektes zu Tode kamen, sowie die von Bear und Denny. Insgesamt finden acht Tote den Weg in Leichensäcke und Kühlraum, bevor sie das Gelände verlassen. Der Hund des Projektes wird nur durch einige interessante Untersuchungstechniken davor bewahrt, ebenfalls auf der Liste zu landen.

## ›DER WUNDERHEILER‹

Trotz der Einwände eines evangelischen Kirchenvertreters gelingt es Scully schließlich, eine Autopsie an einem der vielen Bittsteller durchzuführen, die unter den Augen des wundertätigen Geistlichen starben. Wie vermutet, starb das Opfer Margaret Homan nicht an Handauflegen. Scully stellt als direktere und glaubwürdigere offizielle Todesursache Gift fest.

## ›WIEDERGEBOREN‹

Als nächstes bekommt Scully Detective Barbala unters Messer. Er hatte sich in Begleitung von Michelle Bishop aus dem Fenster einer Polizeistation gestürzt. Nachträglich mag es Scully wie Zeitverschwendung vorgekommen sein, denn der einzige verwertbare Beweis – eine Verletzung wie nach einer Hinrichtung auf dem elektrischen Stuhl – war bereits von ihrem Partner vorausgesagt worden.

### ›KONTAKT‹

Sogar wenn Mulder sie nicht in neue, bizarre Fälle hineinzieht, kann Scully den scheußlichen grünen Ärztekitteln offensichtlich nicht entrinnen. Nachdem die X-Akten geschlossen wurden und man Scully nach Quantico zurückbeorderte, erfährt sie, daß ihre erste Aufgabe dort darin besteht, eine Autopsie als Anschauungsunterricht für Nachwuchsagenten durchzuführen.

### ›DER PARASIT‹

Eigentlich sollte man meinen, daß Scully mittlerweile von Autopsien genug gehabt hätte. Während des ersten Jahres hat sie durchschnittlich eine Leiche pro Monat autopsiert, und zu Beginn des zweiten Jahres befaßt sie sich zum Wohle ihrer Studenten praktisch und theoretisch mit einem weiteren Schwung Leichen. Dennoch genügt ihr das offensichtlich nicht. In ›Der Parasit‹ *bittet* sie darum, die bisher unangenehmste aller Leichen obduzieren zu dürfen – die, in der sich ein kleines Egelwesen befindet.

### ›BLUT‹

Offenbar hält Mulder Scullys freiwillige Autopsien seiner zahlreichen ›reisefertigen‹ Leichen für ein Zeichen von Enthusiasmus. Dieser soll natürlich auch erhalten bleiben, nachdem es ihr gelungen ist, den Schulungslabors von Quantico wieder zu entkommen. Mrs. MacRoberts, die Hausfrau, die scheinbar an einer Untersuchung Mulders vor dessen Tod interessiert war, dann aber selbst erschossen wurde, kommt als erste auf den Seziertisch. Im Laufe der nächsten Episoden sollen noch viele folgen.

### ›SCHLAFLOS‹

Mulder bleibt seiner Praxis treu, Leichen zu behandeln, als könnten sie zum Versand eingepackt werden. Er *schickt* Scully buchstäblich einen ihrer seltsamsten Fälle. Trotz aller körperlichen Gegenanzeigen weist Dr. Grissom die erforderlichen biologischen Merkmale auf, die Scullys Neugier wecken. Um wieviel neugieriger müßte sie wohl sein, damit sie sich von ihrer zweiten Unterrichtsstunde am Bildschirm im Fach ›Wie-man-sie-am-besten-zerschneidet‹ ablenken ließe?

### ›DER VULKAN‹

Falls es in Scullys Leben ein einschneidendes Ereignis gegeben hat, dann war es ihre Entführung. Aber auch das bringt sie nicht von ihrer alten Gewohnheit ab, sich mit dem Inneren toter Körper zu beschäftigen. Trotz eines Mangels an geeignetem Werkzeug schafft sie es, eine ausführliche Autopsie an Tanaka durchzuführen. Dabei identifiziert sie einen bis dato unbekannten Organismus, obwohl ihr lediglich ein geologisches Labor zur Verfügung steht. Keine schlechte Leistung für eine Frau, die ihren ersten Fall seit Monaten bearbeitet und noch dazu soeben selbst dem Tod von der Schippe gesprungen ist. Trotzdem war sie wahrscheinlich froh, als Trepkos Ludwig in den Dampfhöhlen sorgfältig einäscherte. Die *Akte-X*-Crew mag das Bizarre. Es muß schwierig gewesen sein, mit jener kondomartigen Prothese zu arbeiten, ohne in Gelächter auszubrechen.

### ›TODESTRIEB‹

Diese Folge war eine Offenbarung für die meisten Scully-Fans. Nachdem Scully zwei Jahre lang massenweise Autopsien mit eisiger Routine durchgeführt hat, überrascht sie das Publikum jetzt. Mulder mag beim Anblick eines sternenklaren Himmels poetisch werden. Scullys einzigartiger Moment, in dem sie endlich einmal eine *kleine* Reaktion auf die dramatischen und bedrückenden Ereignisse seit ihrem Zusammentreffen mit Duane Barry zeigt, ereignet sich ausgerechnet angesichts der verstümmelten Leiche einer Prostituierten.

### ›FRISCHE KNOCHEN‹

Zeigte Scully in ›Todestrieb‹ angesichts einer Leiche noch Emotionen, erscheint sie jetzt wieder völlig ausgeglichen. Sie verlangt, die Leiche eines jungen Soldaten, dessen Todesursache ein gewöhnlicher Autounfall war, persönlich zu begutachten. Sie findet einen toten Hund, wo eigentlich der Leichnam sein sollte. Das ändert ihre Einstellung zu unmittelbar nach dem Tod durchgeführten Autopsien. Auf lange Sicht ist das eine vernünftige Überlegung – immerhin könnte die Leiche ja noch leben.

### ›DIE KOLONIE – TEIL 1‹

Vielleicht legt man ein bißchen weniger Wert darauf, die Untersuchung als erster durchzuführen, wenn die Autopsieobjekte aufstehen und den Raum verlassen. Obwohl Mulder anregt, Scully solle sich einen Autopsietisch für die Untersuchung eines verstorbenen Agenten suchen, scheint sie in ›Die Kolonie – Teil 1‹ damit zufrieden zu sein, die Leiche in Augenschein zu nehmen und sich auf das offizielle Ergebnis einer früheren Autopsie zu verlassen.

### ›SOPHIE‹

Obwohl Scully für einige Wochen keinen Autopsieraum mehr betreten wird, kommt sie nicht umhin, im Inneren ihrer Opfer nach Beweisen zu suchen. In einem behelfsmäßigen Leichenschauhaus steckt sie buchstäblich bis zur Halskrause in ihrem nächsten und bislang größten Untersuchungsobjekt: Sie muß Gewebe aus der Gebärmutter eines Elefanten entnehmen und untersuchen. In der langen Reihe ihrer durchgeführten Autopsien ist diese Leichenschau die wohl sonderbarste, schmutzigste und produktivste ihrer Laufbahn. Immerhin findet Scully diesmal eine eindeutige Antwort: Ja, die Elefantenkuh war trächtig. Im Nachhinein, unter der

Dusche, muß sie sich allerdings fragen, ob diese Antwort es wert war, in einem drei Tage alten, verwesenden Kadaver eines Elefanten gestanden zu haben.

## ›DER ZIRKUS‹

Die Neugier läßt Scully keine Ruhe. Einmal mehr wird bewiesen, daß der Zirkus die ultimative Form der Unterhaltung ist. Dort findet jeder etwas für seinen Geschmack – sogar jemand, der in der Zeit, in der ihn die Kamera nicht erfaßt, in den Eingeweiden anderer Leute wühlt. Wie oft hat ein Mädchen schließlich Gelegenheit, das Innere eines Mannes, der als Motel für einen umherwandernden Zwilling fungiert, aus der Nähe zu betrachten?

## ›UNSERE KLEINE STADT‹

Scully ist beinahe wieder zur Routinearbeit zurückgekehrt. Während der Autopsie von Paula Gray entdeckt sie eine einfache, unspektakuläre, aber dennoch seltene Krankheit, die sich mit traditionellen Mitteln diagnostizieren läßt. Ihr Kommentar: »Ich glaube, die Autopsie von Paula Gray wird einiges aufklären.«

## DRITTE STAFFEL

### ›BLITZSCHLAG‹

Darren Oswalds ungewöhnliche Art, seine Opfer umzubringen, führt dazu, daß Scully interessantes Beweismaterial zu untersuchen hat. Obwohl ein örtlicher Leichenbeschauer bereits Untersuchungen durchgeführt hat, widmet sie sich den Leichen erneut. Der einzige Grund dafür, sich den Morgen mit geröstetem grauem Star und gut durchgebratenen Herzmuskeln um die Ohren zu schlagen, besteht darin, daß ihr Partner sie darum gebeten hat. Vielleicht ist sie auch nur dankbar, daß Mulder nicht von ihr erwartet, die gleichen Untersuchungen an den toten Kühen durchzuführen.

### ›DER HELLSEHER‹

Man muß kein Hellseher sein, um vorauszusehen, daß Scully wieder einmal einen Vormittag in zu großer Einwegkleidung und Latexhandschuhen verbringen wird, wenn eine Leiche gefunden wird. Aber ›Der Hellseher‹ wartet mit einer netten Variante auf.

Obwohl jemand anderes den größten Teil der Autopsien an den Hellsehern bereits vorgenommen zu haben scheint, kann Scully nicht widerstehen und schaltet sich ein. Sie autopsiert einen Puppensammler, der die Zukunft aus Teeblättern vorherzusagen pflegte und dessen Leiche aus einem See in der Nähe eines ›Nazi-Sturmtrupplers‹ gezogen wurde.

### ›DIE LISTE‹

Trotz der vielen Leichen, die sich aufgrund ›der Liste‹ einstellen, beweist Scully in diesem Fall bewundernswerte Zurückhaltung. Sie beschränkt sich auf die Anregung, der offizielle Pathologe solle die Leichen in den Kühlraum schaffen, bevor die Maden eventuell vorhandene Beweise zerstören könnten. Sogar als schließlich der Körper zu einem abgetrennten Kopf, der bereits im Leichenschauhaus liegt, gefunden wird, ignoriert Scully Mulders Sticheleien und läßt jemand anderen den wachsenden Leichenberg bearbeiten. Erstaunlicherweise obduziert die Agentin keinen der fünf toten Männer von Neechs Liste.

### ›FETT‹

In einem Rückfall in alte Gewohnheiten entschließt sich Scully, die Autopsie an Lauren MacKalvey selbst durchzuführen. Sie ersetzt den zuständigen Pathologen Dr. Kramer und bringt die Gefühlswelt des zartbesaiteten jungen Ermittlers Detective Cross durcheinander. Weil das Opfer bereits stark verwest ist, erweist sich die Untersuchung als fragwürdig – vielleicht überläßt Dr. Kramer sein Labor deshalb willig einer Außenstehenden.

### ›OFFENBARUNG‹

Als Scully den Eindruck hat, daß sich die religiösen Überzeugungen aus ihrer Jugend vor ihr auf dem Obduktionstisch bewahrheiten, sinkt ihre Begeisterung für das Leichenschauhaus rapide. ›St. Owen‹, wie Mulder den ungewöhnlichen Mann nennt, der nur ›in den Himmel kommen‹ wolle, verfolgt Scully auf eine Art wie sonst selbst die groteskesten Leichen nicht. Religion im fest umrissenen, konfessionellen Rahmen ist offensichtlich etwas ganz anderes als Religion, die sich in der sterilen, wissenschaftlichen Umgebung eines Leichenschauhauses regt. Normalerweise erwartet im Leichenschauhaus niemand den Duft frischer Rosen.

### ›ANDERE WAHRHEITEN‹

Scullys unheimliche Begegnung im Leichenschauhaus von Ohio hat ihren Enthusiasmus für diese Art der Ermittlungsarbeit offensichtlich gedämpft.

Bis zu ›Andere Wahrheiten‹ hat sie kein Autopsielabor mehr betreten. In diesem Fall ist ihr Untersuchungsobjekt jedoch alles andere als übernatürlich. Der Karriere ist es eben nicht unbedingt förderlich, wenn sie als neue Hauptdarstellerin in dem Film *Der tote Außerirdische: Wahrheit oder Erfindung*? auftritt und Reißverschlüsse und Gummiköpfe aufspürt. Für den Rest der Episode bleibt sie der Autopsieabteilung fern.

### ›HEIMSUCHUNG‹

Scullys nächster Ausflug in die sterile Atmosphäre des Autopsietheaters ist wenig befriedigend. Weil Skinner in den Mord an einer Prostituierten verwickelt ist, fühlt sich die Agentin persönlich verpflichtet, die Ergebnisse der vor ihr tätigen Pathologen noch einmal gewissenhaft zu überprüfen. In ihrem Versuch, das ›merkwürdige und nicht analysierbare‹ Wesen des Vorfalls zu ergründen, zerrt sie sogar ihren Partner noch einmal vor die normal aussehende Leiche, damit er sie einem weiteren kritischen Blick unterziehe – alles vergebens. Trotz des Einsatzes aller der Abteilung zur Verfügung stehenden Mittel und ihrer Unvoreingenommenheit findet sie nichts. Allerdings werfen ihre Vorgesetzten ihr bald vor, daß sie Beweismittel verfälscht habe, um Skinner zu entlasten. Anscheinend lassen sich zwischen den Organen und Konservierungsmitteln sowohl Politik als auch Religion finden.

Nach zweiundsiebzig Fällen hat Scully nicht weniger als zwanzig Männer, sieben Frauen, einen Elefanten und ein unbekanntes Wesen, das ein Orang Utan gewesen sein könnte oder auch nicht, aufgeschnitten und wieder zugenäht. Nicht schlecht für eine Agentin, die innerhalb der Autopsiebehörde keine Amtsgewalt besitzt, keiner Klinik angehört und selbst beim FBI nicht für Laboruntersuchungen verantwortlich ist.

# Betreff: X-Rätsel.
## *Auswertungstabelle für die Rätsel*

So. Glauben Sie, daß Sie reif für eine Bewerbung beim FBI sind? Kann man Ihnen schon eigene Fälle übertragen? Zählen Sie zunächst Ihre Punktzahl zusammen – nicht mogeln! –, und stellen Sie fest, an welcher Position Sie rangieren.

| *Punkte* | *Auswertung* |
|---|---|
| **1–25** | Hm, wie soll man das höflich formulieren? Ein Lone Gunman auf einer Eisbahn wäre weniger auffällig als Sie. Beginnen Sie noch einmal mit der Grundausbildung. Erbetteln, borgen oder stehlen Sie sich die sorgfältig gehüteten Videos aus den Sammlungen, die um die Videorecorder echter X-Philes herum entstanden sind. Und machen Sie sich diesmal Notizen! |
| **26–100** | Danke fürs Mitmachen! Aber wir könnten uns vorstellen, daß Sie für einen anderen Dienst besser geeignet sind – vorzugsweise unter einer anderen Regierung. Nimmt die Fremdenlegion eigentlich noch Bewerber auf? |
| **101–150** | Wären die Eintrittsanforderungen nicht auf 70 Prozent angehoben worden, hätten Sie's geschafft. Vielleicht könnte Sie ein Mentor durchschleusen. Zumindest würde er dazu beitragen, daß Sie bei Tischgesprächen über die populärste Fernsehserie der neunziger Jahre keine allzu schlechte Figur abgeben. |

| Punkte | Auswertung |
|--------|-----------|
| **151–200** | Sie werden in Quantico wahrscheinlich nicht der alles überragende ›Junge mit dem goldenen Haar‹ sein, aber Sie könnten sich dort von der breiten Masse abheben. Schließlich sind die Pendrels und Danny Bernsteins das eigentliche Rückgrat der Behörde, nicht wahr? |
| **201–205** | Ja! Mit Ihrer scharfen Beobachtungsgabe, Ihrem unglaublichen Gedächtnis und Ihrer Fähigkeit, scheinbar unvereinbare Informationsteile zusammenzusetzen, sind Sie die Zukunft des FBI! Sie vermissen nicht zufällig eine Schwester, seit Sie zwölf waren? |
| **206–?** | Entschuldigen Sie, würden Sie bitte hier eintreten? Ignorieren Sie den Sicherheitshinweis. Wissen Sie, wir beobachten Leute mit Ihren – Fähigkeiten. Wer wir sind? Wir haben keine Namen… |

**HEYNE**
**BÜCHER**

# Thomas Harris

*Beklemmende Charakterstudien von unheimlicher Spannung und erschreckender Abgründigkeit.*

*01/8294*

Heyne-Taschenbücher

**HEYNE**
**BÜCHER**

Die Ameisen
*01/9054*

Der Tag der Ameisen
*01/9885*

# Bernard Werber

*»In minuziös geschilderten
Horrorszenen taucht der
Leser ins unbekannte
Reich der Ameisen hinab,
das fast wie eine Zukunfts-
vision der menschlichen
Zivilisation erscheint.«*

*BuchJournal*

*01/9054*

Heyne - Taschenbücher

**HEYNE BÜCHER**

# Dean Koontz

*»Er bringt die Leser dazu, die ganze Nacht lang weiterzulesen... das Zimmer hell erleuchtet und sämtliche Türen verriegelt.«*

**H e y n e - T a s c h e n b ü c h e r**

**HEYNE**
BÜCHER

# Unerklärliche Geschehnisse aus der Überwelt

*Ernst Meckelburg erklärt rätselhafte Phänomene jenseits von Raum und Zeit.*

*19/481*

## H e y n e - T a s c h e n b ü c h e r

# AKTE X

*01/10252*

Heyne-Taschenbücher